W0255356

ALLE ZEIT WACH
1842

F. L. Bauer   H. Wössner

Algorithmische Sprache und Programmentwicklung

Unter Mitarbeit von
H. Partsch und P. Pepper

Zweite, verbesserte Auflage

Mit 109 Abbildungen

Springer-Verlag Berlin Heidelberg GmbH 1984

Prof. Dr. Dr. h.c. Friedrich L. Bauer
Dr. Hans Wössner

Institut für Informatik der Technischen Universität München
Postfach 202420, D-8000 München 2

AMS Subject Classification: 68 A 05, 68 A 10, 68 A 20, 68 A 25, 68 A 30
CR Subject Classification: 4.20, 4.22, 5.22, 5.24, 5.25, 5.27

ISBN 978-3-662-05655-4 ISBN 978-3-662-05654-7 (eBook)
DOI 10.1007/978-3-662-05654-7

CIP-Kurztitelaufnahme der Deutschen Bibliothek
Bauer, Friedrich L.: Algorithmische Sprache und Programmentwicklung/
F. L. Bauer; H. Wössner. – Unter Mitarb. von H. Partsch u. P. Pepper. –
2., verb. Aufl. – Berlin; Heidelberg; New York; Tokyo: Springer, 1984.
Engl. Ausg. u.d.T.: Bauer, Friedrich L.: Algorithmic language and program development

NE: Wössner, Hans:

Ursprünglich erschienen bei Springer-Verlag Berlin Heidelberg New York in 1984.
Softcover reprint of the hardcover 2nd edition 1984
Bindearbeiten: J. Schäffer OHG, Grünstadt
2145/3140-543210

Zum Andenken an

KLAUS SAMELSON
1918 – 1980

Vorwort zur zweiten Auflage

Es wurden kleinere Fehler korrigiert und einige Unklarheiten beseitigt. Wir danken allen, die uns entsprechende Hinweise gegeben haben, insbesondere R. Berghammer, H. Langmaack, F. Nickl und M. Woodger.

München, im Herbst 1983 F. L. Bauer, H. Wössner

Vorwort zur ersten Auflage

Im Titel dieses Buches steht ALGORITHMISCHE SPRACHE, im Singular. Dahinter steckt die Grundidee, nicht die Vielfalt der Programmiersprachen anzusprechen, sondern das sie umfassende Gemeinsame. Als geeignete Richtschnur erwies sich dabei die Aufgabenstellung der *formalen Programmentwicklung.* Sie erlaubt eine Einordnung der Konzepte und hebt fundamentale Begriffe von notationellen Spielarten (*features*) ab. Damit ergibt sich unmittelbar eine Systematik des Aufbaus. Didaktische, praktische und theoretische Gesichtspunkte sprechen für dieses Vorgehen. Es ist bemerkenswert, wie klar die Struktur einer nach den Prinzipien der Programmtransformation aufgebauten Sprache ausfällt.

Natürlich gibt es verschiedene Notationen für eine solche Sprache. Die im Buch verwendete Notation ist grundsätzlich an ALGOL 68 orientiert, aber auch stark von PASCAL beeinflußt – es hätte auch anders herum sein können. In Anhängen sind gelegentlich Hinweise auf die in ALGOL, PASCAL, LISP und anderswo verwendeten Schreibweisen gegeben.

Der Aufbau des Buches zeigt eine klare Dreiteilung: die ersten vier Kapitel konzentrieren sich auf die Ebene der „applikativen" Formulierung, gekennzeichnet durch die Funktionsanwendung als beherrschendes Sprachelement – unter Einbeziehung von Problemspezifikationen. Der Übergang auf die durch das Auftreten von Programmvariablen charakterisierte Ebene der „prozeduralen" Formulierung wird in Kap. 4 motiviert und in Kap. 5 und 6 durchgeführt. Die Weiterentwicklung führt in Kap. 7 auf Begriffe, die insbesondere in der Systemprogrammierung für heutige Maschinen von Bedeutung sind: organisierte Speicher, Zeiger und Geflechte; charakteristisch für diese Ebene ist eine gewisse Verselbständigung von Variablen und Zeigern als Objekten.

Die Übergänge zwischen diesen Ebenen sind durch definierende Transformationen beschrieben. Allgemein fassen wir den gesamten Programmierprozeß als Kette von Programmtransformationen auf; die einzelnen Klassen von Transformationsregeln erweisen sich dabei auch didaktisch als vorzügliches Gliederungsmittel.

Die erwähnte Dreiteilung ist grundlegend. Die Abgrenzung „applikativ" gegen „prozedural" hat sich durchgesetzt, die Vorteile applikativer Programmierung erklären den relativen Erfolg von LISP und APL.

Es kann hier allerdings nicht darum gehen, sich ins eine oder ins andere Lager zu schlagen. Der erfahrene Programmierer muß beide Stile und den Übergang zwischen ihnen beherrschen. Bedeutsam ist auch die Abgrenzung der dritten Ebene, der Ebene der verselbständigten Variablen und Zeiger. Der vergleichsweise geringe Umfang von Kap. 7 bedeutet einerseits, daß die Beschreibung sich auf Grundsätzliches beschränkt, dem sich viele aus der Literatur der Systemprogrammierung bekannte Einzelheiten unterordnen, beispielsweise aus D. E. Knuth's ‚The Art of Computer Programming' oder G. Seegmüllers ‚Einführung in die Systemprogrammierung', andererseits aber auch, daß die Vervollständigung der theoretischen Grundlagen noch aussteht.

Zu den einzelnen Abschnitten dieses Buches gibt es einen Hintergrund unterschiedlich weit entwickelter mathematischer Theorien. Wichtige Grundbegriffe sind verbandstheoretischer Natur. Die fundamentalen Arbeiten von D. Scott haben das eindrucksvoll bewiesen. Bei den Rechenstrukturen des 3. Kapitels steht die moderne Theorie der universellen Algebra im Hintergrund, insbesondere Arbeiten von Birkhoff und Tarski sind hier von Bedeutung. Da wir kein mathematisches Lehrbuch vorlegen, müssen wir uns meistens mit Andeutungen und Hinweisen begnügen.

Das Buch hat sich aus Vorlesungen und begleitenden Übungen entwickelt, die in den letzten Jahren an der Technischen Universität München gehalten wurden. Es entstand in enger Wechselwirkung mit dem Projekt CIP („Computer-aided Intuition-guided Programming") und dem Teilprojekt „Breitbandsprache und Programmtransformation" im Sonderforschungsbereich 49, Programmiertechnik, an der Technischen Universität München. Bei dem Versuch, für ein einigermaßen abgerundetes, geschlossenes Lehrgebäude der Programmierung die Fundamente zu legen, mußte vieles fragmentarisch bleiben. In manchen Punkten war es notwendig, Positionen zu beziehen, die auf den ersten Blick unkonventionell erscheinen mögen, um Erstarrungen zu lösen und einseitige Doktrinen zu korrigieren. Insofern richtet sich das Buch nicht nur an Studenten, sondern auch an ihre akademischen Lehrer.

Es handelt sich also um kein reines Anfängerbuch: Obwohl, wie man sagt, „keine Vorkenntnisse vorausgesetzt werden", ja gewisse Vorkenntnisse sogar hinderlich sein können, erfordert das Verständnis der vielfältigen Zusammenhänge doch eine gewisse Denkschulung. Ebensowenig handelt es sich um eine Monographie, da didaktische Rücksichten doch sehr maßgeblich die Anordnung des Stoffes bestimmen. Das Buch richtet sich vielmehr – wie die Vorlesungen, aus denen es entstanden ist – an Studenten mittlerer Semester, es wird aber auch als Orientierungshilfe für den Einführungsunterricht dienen können.

Dieses Buch spiegelt dreißig Jahre Auseinandersetzung mit dem *computer* wider. Vor allem Zuse, Rutishauser, Samelson, McCarthy und Floyd, Landin und Strachey, Dijkstra und Hoare haben mit ihren Ideen die geistige Entwicklungslinie beeinflußt, die zu dem Buch führte; dies sei dankbar anerkannt. Eine Reihe weiterer Namen müßten genannt werden; man findet diesbezüglich Hinweise im Text, wobei auch kritische Bemerkungen eine Wertschätzung beinhalten.

K. Samelson †, G. Seegmüller, C. A. R. Hoare und M. Woodger verdanken wir viele Anregungen und Diskussionen. Besonders aber gebührt unser Dank den Münchner Mitarbeitern, vor allem M. Broy, W. Dosch, F. Geiselbrechtinger, R. Gnatz, U. Hill-Samelson, B. Krieg-Brückner, A. Laut, B. Möller, G. Schmidt, M. Wirsing und nicht zuletzt H. Partsch und P. Pepper, die an Aufbau, Inhalt und Darstellung des Buches erheblich mitgewirkt haben. Auch allen anderen, die viel Mühe und Geduld bei der Fertigstellung des Buches aufgewandt haben, insbesondere den Mitarbeitern des Springer-Verlags, danken wir sehr.

München, im Frühjahr 1981 F. L. Bauer, H. Wössner

Inhaltsverzeichnis

Hinweise für den Leser

Im Kleindruck sind Nebenbemerkungen wiedergegeben, die beim ersten Lesen überschlagen werden können.

Einige grundlegende mathematische Begriffe sind mit kurzen Definitionen in einem Glossar am Ende des Buches zusammengestellt. Die in den Text eingestreuten Aufgaben werden innerhalb der einzelnen Abschnitte fortlaufend numeriert, so daß etwa auf Aufgabe 1 in Abschnitt 1.7.2 mit 1.7.2-1 verwiesen werden kann. Hinweise wie McCarthy 1961 oder McCarthy (1961) beziehen sich auf das Literaturverzeichnis. Im Text gelegentlich explizit angegebene Literatur wird dem Leser besonders empfohlen.

Brett- und Ziffernrechner

Propädeutik des Algorithmenbegriffs

0.1 Etymologie des Wortes Algorithmus

Muhammed ibn Musa abu Djafar al-Choresmi (auch Al Khwarizmi, al-Khowârizmi, al-Ḫwârazmî geschrieben), geboren etwa 780, gestorben etwa 850, aus dem südöstlich des Aral-Sees gelegenen Choresmien in der heutigen Sowjetrepublik Usbekistan stammend, lebte in Bagdad, im „Haus der Weisheit" des Kalifen al-Mamun, zu den Zeiten, als die Hauptwerke der griechischen Mathematiker ins Arabische übertragen wurden. Sein Werk „Aufgabensammlung für Kaufleute und Testamentvollstrecker" zeigt in Bezeichnungen und in der algebraisierenden Tendenz auch indischen Einfluß. Die lateinische Übersetzung wurde später *liber algorithmi* genannt. Der im 15. Jh. aufkommende Gegensatz zwischen den mit Ziffern rechnenden **Algorithmikern** (ihre Kunstfertigkeit stammte aus den *algorismus*-Schriften der Scholastiker, aus Übersetzungen und Bearbeitungen aus dem Arabischen) und den **Abacisten**, die, vom (römischen) Abacus herkommend, das Rechnen „auf den Linien" lehrten und sich bis ins 17. Jh. hielten (in Rußland bis heute), ist auf zeitgenössischen Holzschnitten abgebildet (Abb. 0.1).

Abb. 0.1. Der Streit zwischen Abacisten und Algorithmikern in einer zeitgenössischen Darstellung. Aus: K. Menninger, Zahlwort und Ziffer, Bd. II, Vandenhoeck & Ruprecht, Göttingen 1958

Algorithmen waren zur Zeit von Adam Riese so „schwierige" Aufgaben wie Verdoppeln (Abb. 0.2), Halbieren, Multiplizieren und Dividieren mit ziffernmäßig geschriebenen Dezimalzahlen. Später kamen ernsthaftere algebraische Aufgaben hinzu, etwa die Bestimmung der Quadratwurzel aus einer dezimal geschriebenen Zahl. Stifel (in der *arithmetica integra*, Nürnberg 1544) und Cardano (in der *ars magna sive de regulis algebraicis,* Nürnberg 1545) gaben Algorithmen zur Auflösung einiger höherer algebraischer Gleichungen an. Noch Leibniz spricht vom „Algorithmus der Multiplikation". Mit der weiteren Ent-

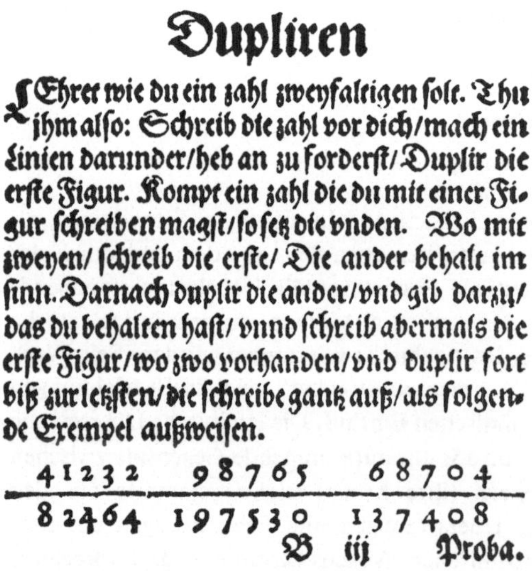

Dupliren

LEhret wie du ein zahl zweyfaltigen ſolt. Thu ihm alſo: Schreib die zahl vor dich/mach ein Linien darunder/heb an zu forderſt/Duplir die erſte Figur. Kompt ein zahl die du mit einer Figur ſchreiben magſt/ſo ſetz die vnden. Wo mit zweyen/ ſchreib die erſte/ Die ander behalt im ſinn. Darnach duplir die ander/vnd gib darzu/ das du behalten haſt/ vnnd ſchreib abermals die erſte Figur/wo zwo vorhanden/vnd duplir fort biß zur letzſten/die ſchreibe gantz auß/als folgende Exempel außweiſen.

41232	98765	68704
82464	197530	137408

B iij Proba.

Abb. 0.2. Verdoppeln nach Adam Riese. Aus: A. Risen, Rechenbuch, Frankfurt 1574; Faksimiledruck Satyr-Verlag, Brensbach/Odw. 1978

wicklung der Mathematik bekam „Algorithmus“ (auch die Form „Algarithmus“ war gebräuchlich: Meyers Konversationslexikon von 1897; und im Oxford English Dictionary steht: „*Algorithm: erroneous refashioning of algorism*“) den Beigeschmack von mechanisch ausführbarer, den Mathematiker nicht sonderlich reizender Tätigkeit.

Solche Algorithmen waren schon im Altertum bekannt, etwa die „altägyptische Multiplikation“ (vgl. 1.13.1.3), babylonische Verfahren zur ganzzahligen Lösung gewisser Systeme quadratischer Gleichungen (nach O. Neugebauer) oder „Euklids Algorithmus“ zur Bestimmung des größten gemeinsamen Teilers zweier natürlicher Zahlen, der sich im 7. Buch der Elemente findet (um 300 v. Chr.) und vermutlich auf Eudoxus (um 375 v. Chr.) zurückgeht.

Mit dem Aufkommen der modernen programmgesteuerten Rechenanlagen bekam das Wort „Algorithmus“ wieder einen guten Klang, erkannte man nun doch, daß das Auffinden (und nicht das Ausführen) von Algorithmen eine mathematische Leistung sein konnte (etwa Rutishausers qd-Algorithmus, 1954, Wynns ε-Algorithmus, 1956)[1]. Den Ausdruck „algorithmische Sprache“ gebrauchte 1958 Bottenbruch.

Algorithmus bedeutet heute „eine allgemeine Methode zur Lösung einer Klasse von Problemen“ (Brauer), „ein Spiel mit Ziffern und Zeichen nach festen Regeln“, „der Inbegriff jeder Rechenvorschrift schlechthin“ (Behnke), „ein spezifischer Satz von Regeln, d. h. ein Rezept, das bei genauer Befolgung Erfolg verspricht“. Der Algorithmus der Polynomdivision ist ein gutes Beispiel: auch wenn man eine spezielle Aufgabe dieser Art noch nie ausgeführt hat, bereitet die Ausführung keine Schwierigkeit. Wir verzichten darauf, aus der Fülle elementarer Algorithmen, die es in allen Lebensbereichen, vom Inbetriebsetzen eines Automobils bis zur Herstellung Salzburger Nockerln gibt, einige auszuzeichnen.

In der mathematischen Logik untersuchte man schon einige Zeit vorher (Skolem 1923, Gödel 1931, Church 1936, Turing 1936) „Algorithmen“ im Zusammenhang mit dem Beweis der Unlösbarkeit des von Hilbert 1918 aufgeworfenen sogenannten Entscheidungsproblems der Prädikatenlogik oder des von A. Thue 1914 behandelten Wortproblems der Gruppentheorie.

Eine erste direkte, nicht den Umweg über eine eindeutige Abbildung in die natürlichen Zahlen („Gödelisierung“) gehende Präzisierung des Algorithmenbegriffes für Zeichenreihen gab A. A. Markov 1951. Für Einzelheiten hierzu sei auf das Buch von W. Brauer und K. Indermark „Algorithmen, Rekursive Funktionen und Formale Sprachen“ (Mannheim 1968) verwiesen.

Im folgenden soll, aufbauend auf und motiviert durch elementare Erfahrungen im Programmieren, der **Algorithmenbegriff** beleuchtet und relativiert werden.

0.2 Was charakterisiert Algorithmen?

0.2.1 Die Verwendung des Wortes Algorithmus läßt manchmal mehr den Charakter der (allgemeinen) Vorschrift, manchmal mehr den des (jeweiligen) Ablaufes im Vordergrund stehen. Weiter ist zwischen der Vorschrift „an sich“ und ihrer (sprachlichen) Niederschrift, die (zumindest im Jargon) auch „Programm“ genannt wird, zu unterscheiden.

---

1 Lonseth spricht 1945 von einem „Algorithm of Hotelling“. Dies ist die früheste Erwähnung des Wortes Algorithmus in Zusammenhang mit Verfahren der numerischen Mathematik, die uns bekannt ist. Weder in Householders „Principles of Numerical Analysis“ von 1953 noch in Faddejew und Faddejewas „Numerische Methoden der linearen Algebra“ von 1950 spielt das Wort eine besondere Rolle.

Speziell zur Niederschrift von Algorithmen, die auf Rechenanlagen ablaufen sollen, dienen Programmiersprachen[2]. Sie zeigen sowohl notationelle Varianten wie auch Varianten des Repertoires, wobei einige bewußt eng gehalten sind, bei anderen bewußt ein weiterer begrifflicher Umfang angestrebt wird – je nachdem ob die (maschinelle) Übersetzung oder die Benutzung erleichtert werden soll –, viele allerdings nicht mehr als trübe Mischungen sind. Manche Programmiersprachen sind dabei nicht universell: sie erlauben nicht, alle Algorithmen zu beschreiben, die man irgendwie beschreiben kann.

Als universell glaubt man nach heutiger Auffassung beispielsweise die Beschreibungsmöglichkeiten ansehen zu können, die die oben erwähnten Markov-Algorithmen bieten. Eine Reihe anderer Ansätze, auf voneinander unabhängigen Wegen zu universellen Beschreibungsmöglichkeiten zu gelangen, worunter ebenso die Beschreibung durch „partiell rekursive Funktionen" fällt wie die durch Turing-Maschinen, haben sich als untereinander gleichwertig herausgestellt, was die These (Church) unterstützt, man habe mit diesen (formalen) Beschreibungen alle Möglichkeiten des (intuitiven) Begriffs der Berechenbarkeit ausgeschöpft. Es hat dabei auch keine Rolle gespielt, daß etwa eine Beschreibung durch „partiell rekursive Funktionen" stärker problembezogen, eine Beschreibung durch eine Turing-Maschine stärker maschinenbezogen erscheinen mag.

Andererseits kann es, um einfachere Probleme mit adäquaten Mitteln zu lösen, angezeigt sein, eine nicht universelle Sprache zu verwenden bzw. eine den Beschreibungen in dieser Sprache gehorchende abstrakte Maschine[3], die weniger Vorkehrungen braucht.[4]

Zunächst sollen jedoch universelle Maschinen unterstellt sein, und es soll die Gesamtheit der auf ihnen durchführbaren Algorithmen in Betracht kommen.

Es muß auch darauf hingewiesen werden, daß es unentscheidbare Probleme gibt, d. h. Probleme, für die sich sogar mittels einer universellen Beschreibungsmöglichkeit kein Algorithmus formulieren läßt.

Darunter befinden sich Aufgaben, denen der Informatiker nicht ausweichen kann oder soll, z. B. die sackgassenfreie Einbettung einer beliebigen Chomsky-2-Sprache in eine Chomsky-1-Sprache. Um trotz der generellen Unentscheidbarkeit zu praktischen Resultaten zu kommen, betrachtet man üblicherweise ein eingeschränktes Problem, hier das der sackgassenfreien Einbettung gewisser Chomsky-2-Sprachen, etwa solcher, die einen (m,n)-Kontext haben[5].

Für ein einfaches Beispiel einer nicht berechenbaren ganzzahligen Funktion (und für das zur Konstruktion verwendete „Diagonalverfahren") siehe Hermes 1978, § 22.

0.2.2 Alle diese Arten von Algorithmen haben nun, unabhängig von wechselnden Notationen und Mechanismen, zwei charakteristische Eigenschaften gemeinsam.

Zunächst ist die **Finitheit der Beschreibung** zu nennen: der vollständige Algorithmus muß in einem endlichen Text aufgeschrieben sein

(Gegenbeispiel: Reihe $1 + \frac{1}{2} + \frac{1}{4} \ldots$).

Gewisse elementare Bestandteile dieser Aufschreibung bezeichnen sogenannte „Schritte". Ein „Ablauf" des Algorithmus kann als gerichteter Graph dargestellt werden, dessen Kan-

---

2 Aus der Fülle seien nur einige wenige herausgegriffen, die entwicklungsgeschichtlich interessant sind: Zuses Plankalkül (1945), FORTRAN (1956), ALGOL (1958, 1960), LISP (1960), APL (1962), EULER (1966), SIMULA (1967), ALGOL 68 (1968), PASCAL (1970).

3 Offensichtlich besteht eine Korrespondenz zwischen Maschinen und der Klasse von Algorithmen, die sie durchführen können, also auch zwischen Maschinen und Klassen von Programmiersprachen.

4 Z. B. anstatt einer Turing-Maschine einen Kellerautomaten oder einen endlichen Automaten.

5 Siehe etwa F. L. Bauer, J. Eickel (eds.), „Advanced Course on Compiler Construction" (Lecture Notes in Computer Science Vol. 21, 2nd ed. Springer 1976).

ten mit Elementen aus der aufgeschriebenen endlichen Menge von „Schritten“ bezeichnet sind.

Dann ist die **Effektivität** zu nennen: jeder der oben genannten „Schritte“ eines jeden Ablaufs muß ausführbar, der Algorithmus also „operativ“ sein.

(Gegenbeispiel: «Falls eine durch endliche Aufschreibung definierte 0,1-Folge Dualbruchdarstellung einer transzendenten Zahl ist, nimm 1, andernfalls nimm 0».)

0.2.3 Eine Eigenschaft, an der man aus theoretischen wie praktischen Gründen interessiert ist, ist die **Terminierung:** Der Algorithmus kommt in endlich vielen „Schritten“ zu einem Ende („terminierender Algorithmus“).

Nicht-terminierende Algorithmen zur Definition „berechenbarer reeller Zahlen“ hat Myhill 1953 studiert, vgl. Hermes 1978, § 36.

Ein nicht-terminierender Algorithmus zur Berechnung der (transzendenten) Zahl e ist der auf Lambert zurückgehende Kettenbruch-Algorithmus: Beginnend mit $A_0 = 1$, $A_1 = 2$ und $B_0 = 0$, $B_1 = 1$, berechne man

$$A_{i+1} = (4 \times i + 2) \times A_i + A_{i-1} \quad \text{und} \quad B_{i+1} = (4 \times i + 2) \times B_i + B_{i-1}$$

und bilde die rationalen Zahlen $(A_i + B_i)/(A_i - B_i)$, d. h. $\frac{3}{1}, \frac{19}{7}, \frac{193}{71}, \frac{2721}{1001}, \frac{49171}{18089}, \ldots$

Diese Folge (die rascher konvergiert als die übliche Taylorreihe) gewinnt bei jedem Schritt mehr korrekte Dezimalstellen als beim vorhergehenden. Es ist nicht schwer, einen (nichtterminierenden) Algorithmus zu formulieren, der sukzessive die Dezimalziffern der Dezimalbruchdarstellung gewinnt.

Auch der Euklidsche Beweis für die Existenz von unendlich vielen Primzahlen läßt sich als nichtterminierender Algorithmus zur Erzeugung beliebig vieler Primzahlen auffassen.

Eine weitere Eigenschaft ist der **Determinismus**: der (nicht notwendig linear angeordnete) Ablauf ist eindeutig vorgeschrieben.

Nichtdeterministische Algorithmen wurden zuerst in der Automatentheorie betrachtet (Rabin, Scott 1959).

Als ein Beispiel für einen nichtdeterministischen Algorithmus betrachten wir die Aufgabe, ein gegebenes Element x in eine sortierte Sequenz s so einzufügen, daß wieder eine sortierte Sequenz entsteht. Wenn die Sequenz s leer ist, ersetzen wir sie einfach durch das Element x. Andernfalls teilen wir die Sequenz s in einen Linksbestandteil u, ein Element t und einen Rechtsbestandteil v auf; diese Zerteilung kann in beliebiger Weise vorgenommen werden, und bei dieser Gelegenheit kommt der Nichtdeterminismus ins Spiel. Nunmehr wird x mit t verglichen, und je nach dem Ergebnis wird x entweder in u oder in v durch das gleiche Verfahren eingefügt. Wir bemerken dazu noch, daß man verschiedene Sortierstrategien wie lineares oder binäres Sortieren erhält, wenn man die Zerteilung in bestimmter Weise festlegt.

Von der *Effektivität* ist zu unterscheiden die **Effizienz**, zunächst vage etwa so zu fassen: Ein Algorithmus ist effizienter als ein anderer, wenn er das gleiche mit weniger Aufwand leistet. Aufwand wird dabei möglicherweise in Anzahl vergleichbarer Schritte gemessen, kann aber auch andere Aspekte haben, wie Speicheraufwand bei bestimmten Maschinen. (Beispiel: Die Cramersche Regel ist für die Auflösung eines 10×10-Gleichungssystems weniger effizient als der Gaußsche Algorithmus.)

Die Effizienz ist lediglich eine praktische Frage – eine sehr wichtige allerdings.

Gelegentlich gibt es eine effektive Lösung eines Problems, die recht wenig effizient ist. Es gibt sogar Probleme, die (überraschenderweise) eine effektive Lösung besitzen, die aber praktisch undurchführbar ist, etwa das Problem „Kann Weiß im Schachspiel so spielen, daß es auch bei bestem Gegenspiel von Schwarz stets gewinnt?“. Zur Lösung dieses Problems beschreibt man (Knuth 1973) die

Menge aller Abspiele als Baum, jeder Knoten enthält die Position *und* die zu ihr führende Zugfolge als eindeutige Kennzeichnung (infolge letzterem zyklenfrei), jeder Knoten hat ferner nur endlich viele Nachfolger, es existieren auch nur endlich viele Züge wegen der Remis-Regel für „dreimal gleiche Stellung mit gleichem Spieler am Zug".

Diesen Baum „markiert" man nun wie folgt:

1. Markiere alle Endknoten, die Gewinnstellung von Weiß (bei Schwarz „am Zug") darstellen.
2. Wiederhole, solange sich dadurch an der Markierung etwas ändert: Markiere unter den unmarkierten Knoten einen Knoten

2a. falls Weiß am Zug ist, genau dann, wenn einer seiner Nachfolger markiert ist,

2b. falls Schwarz am Zug ist, genau dann, wenn alle seine Nachfolger markiert sind.

Wenn nach Abbrechen des Markierungsalgorithmus die Baumwurzel markiert ist, lautet die Antwort „Ja", andernfalls „Nein".

Nun ist dieser Algorithmus vielleicht nicht der effizienteste[6], aber es muß mit der Möglichkeit gerechnet werden, daß auch jeder effizientere oder, falls es einen solchen gibt, der effizienteste auf einer konkreten Maschine praktisch undurchführbar ist. Wir sagen dann, der Algorithmus ist „im Prinzip" durchführbar, er ist auf einer **Gedankenmaschine** durchführbar. Durchführbar auch im praktischen Sinn ist der Algorithmus für eine typische Problemschach-Stellung, wie sie die Abb. 0.3 zeigt: Abb. 0.4 zeigt den Baum mit markierten Endknoten, Abb. 0.5 nach Abschluß des Markierungsalgorithmus (nach Zagler). Die Markierung erlaubt auch, den Strategiebaum für Weiß herauszuholen (Abb. 0.6).

Es kann auch vorkommen, daß die Umkehrung einer (eineindeutigen) Abbildung weitaus umständlicher zu berechnen ist als die Abbildung selbst. Ein Beispiel solcher „Falltüren" (engl. *trapdoor*) ist die Multiplikation zweier Primzahlen: Während es auf heutigen Anlagen nur Sekundenbruchteile dauert, um zwei Primzahlen mit je 30 Dezimalstellen (entsprechend 100 Binärstellen) zu multiplizieren, erfordert die klassische Zerlegung des Produkts in zwei Primfaktoren Billionen von Jahren, und es ist offen, ob es weit effizientere allgemeine Verfahren gibt.[7]

Probleme solcher Art werden in der *Komplexitätstheorie* behandelt, die außerhalb des Rahmens dieses Buches liegt.

Das letztgenannte Beispiel zeigt, daß durch eine umkehrbare Abbildung zwar keine Information verlorengeht, wohl aber eine *unpraktische* Darstellung entstehen kann. Die eineindeutige Abbildung von (endlichen) Sequenzen natürlicher Zahlen in die natürlichen Zahlen

$$(a_1, a_2, a_3, a_4, a_5, \ldots, a_n) \mapsto 2^{a_1} \times 3^{a_2} \times 5^{a_3} \times 7^{a_4} \times 11^{a_5} \times \ldots \times p_n^{a_n} \quad ,$$

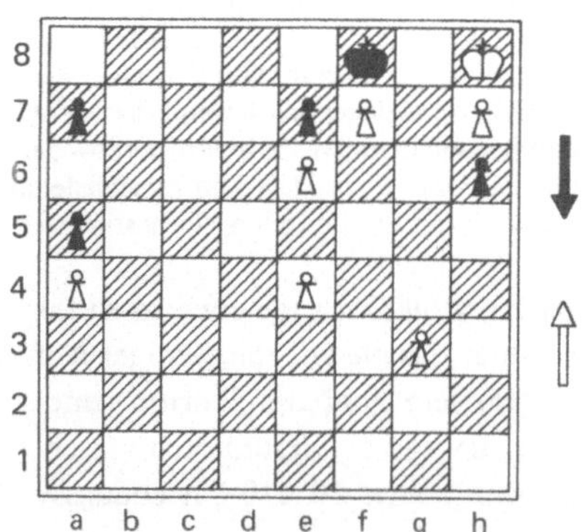

Abb. 0.3

6 Seine Durchführung auf den schnellsten heute verfügbaren Maschinen würde noch um viele Zehnerpotenzen länger dauern, als das Sonnensystem alt ist.

7 Nach R. Schroeppel soll es einen Algorithmus geben, der diese Faktorisierung bereits in wenigen Tagen erledigt, er braucht aber für die Faktorisierung des Produkts zweier fünfzigstelliger Primzahlen doch wieder Billionen von Jahren.

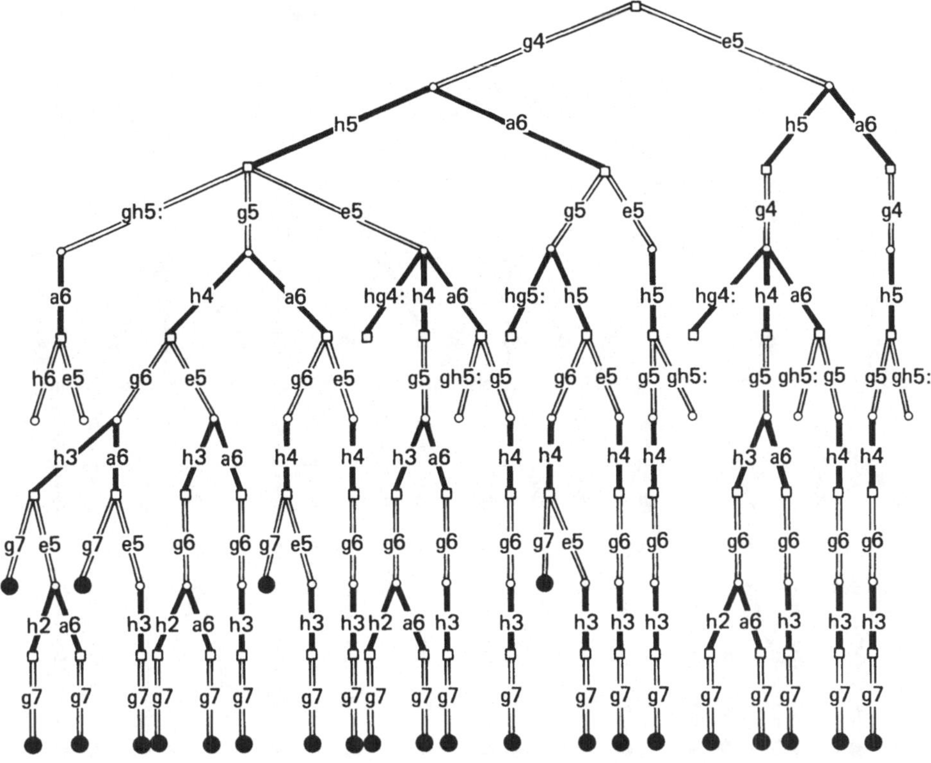

Abb. 0.4

die für theoretische Zwecke häufig benutzt wird („Gödelisierung"), läßt nurmehr in sehr ineffizienter Weise die ursprüngliche Information zurückgewinnen.

0.2.4 Unter praktischen Gesichtspunkten kann das Erscheinungsbild eines Algorithmus nicht vernachlässigt werden. Menschliche Lesbarkeit ist für das Aufstellen und Verwenden eines Programms oder, wie wir es lieber sehen würden, für eine systematische Programmentwicklung, von kardinaler Bedeutung.

Andererseits muß eine Definition des Begriffs Algorithmus, wie sie für theoretische Untersuchungen gebraucht wird, „lediglich so abgefaßt sein, daß sie formal in einfacher Weise handhabbar ist, daß man also in einfacher Weise über den Begriff Algorithmus selbst Aussagen machen kann. Dagegen brauchen die Algorithmen, die dieser Präzisierung entsprechend abzufassen sind, selbst nicht mehr gut leserlich zu sein" (Eickel 1974).

Nun trifft dies für Turing-Maschinen und für Markov-Algorithmen zu. Aus diesem Grunde kann man sich nicht auf Turing-Maschinen oder Markov-Algorithmen stützen, wenn man die praktischen Aspekte algorithmischer Sprachen nicht vernachlässigen will. "Turing machines are not conceptually different from the automatic computers in general use, but they are very poor in their control structure. ... Of course, most of the theory of computability deals with questions which are not concerned with the particular ways computations are represented. It is sufficient that computable functions be represented somehow by symbolic expressions, e.g. numbers, and that functions computable in terms of given functions be somehow represented by expressions computable in terms of expressions representing the original functions. However, a practical theory of computation must be applicable to particular algorithms. The same objection applies to basing a theory of computation

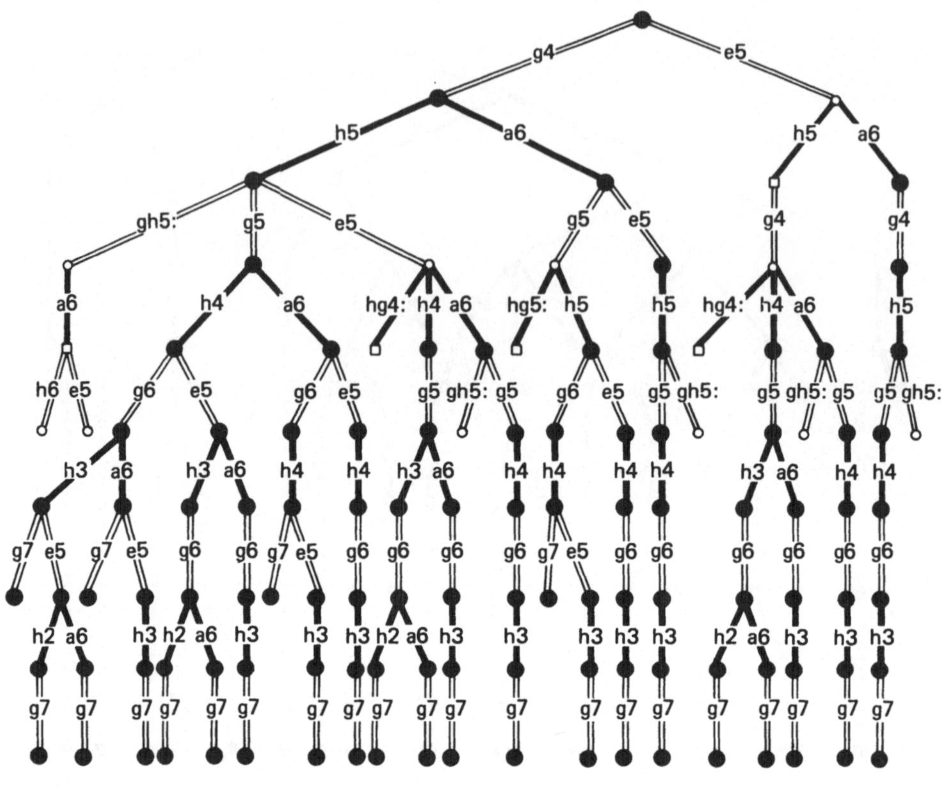

Abb. 0.5

on Markov's normal algorithms as applies to basing it on properties of the integers; namely flow of control is described awkwardly" (McCarthy 1961).

Auch Versuche, eine strenge Definition des Begriffs Algorithmus auf Regelsysteme formaler Sprachen zu gründen, würden methodisch nicht in den Rahmen dieses Buches passen.

Wir werden die Verbindung zur Algorithmentheorie deshalb auf die Theorie rekursiver Funktionen stützen, allerdings nicht in der Form des ursprünglichen Church-Kleene-Formalismus. "... both the original Church-Kleene formalism and the formalism using the minimalization operation use integer calculations to control the flow of the calculations. That this can be done is noteworthy, but controlling the flow in this way is less natural than using conditional expressions which control the flow directly" (McCarthy 1961). Wir werden direkt an die if-then-else-Konstruktion anknüpfen, die McCarthy 1959, 1960 eingeführt hat[8], und die bereits ALGOL 60 beeinflußt hat.

Für die Gleichwertigkeit mit den „partiell rekursiven Funktionen" siehe McCarthy 1961.

Es wäre übrigens falsch, nun nur auf leichte Formulierbarkeit und gute Verständlichkeit von Algorithmen zu achten. Es muß gerade auch möglich sein, solch algorithmische

8 Vgl. auch J. Loeckx, „Algorithmentheorie" (Springer 1976). Dort wird ebenfalls die if-then-else-Konstruktion zugrunde gelegt.

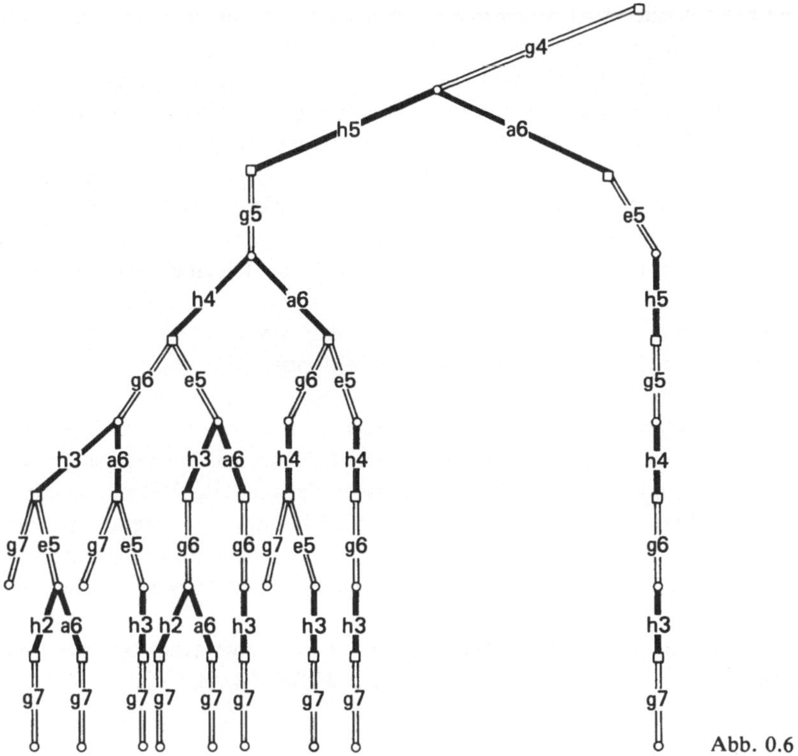

Abb. 0.6

Formulierungen *formal* in einfacher Weise zu handhaben, um auch Zusammenhänge zwischen Algorithmen und Überführungen von Algorithmen in andere formal erfaßbar und überprüfbar zu machen.

0.3 Programmieren als evolutionärer Prozeß

Die Forderung der Finitheit der Beschreibung und der Effektivität ausnützend, kann man einen Algorithmus „im Prinzip" stets maschinell (und das schließt ein, durch einen Menschen) durchführen lassen. Welche Art von Maschine dabei Verwendung findet, mag von der Art des Algorithmus abhängen. Am Beginn der Lösung eines Problems wird man jedenfalls häufig eine andere Maschinenart unterstellen, eine andere Formulierungsart gebrauchen („in einer anderen Maschine denken"), als sie schließlich wirklich verwendet wird: man wird von einer „problemnahen" zu einer „maschinennahen" Formulierung übergehen, anders ausgedrückt, von einer abstrakten Maschine zu der konkreten Maschine.

Praktisches Programmieren sollte in der (schrittweisen) Entwicklung eines Algorithmus – von der problemnahen zur maschinennahen Fassung hin – bestehen. Nur selten wird die problemnahe Fassung auch schon die maschinennahe sein. Jedoch muß damit gerechnet werden, daß beim Ansatz der Lösung unbewußt bereits eine Entwicklung erfolgt von einer tatsächlich problemnahen Fassung zu einer solchen, für die sprachliche (formale) Hilfsmittel zur Verfügung stehen (im Klartext: zu einer Formulierung im Rahmen einer erlernten Programmiersprache). Dies ist insbesondere dann zu erwarten, wenn Programmiersprachen wie FORTRAN oder BASIC die Begriffswelt eingeengt haben.

Die Programmentwicklung ist somit ein evolutionärer Prozeß, der von einer möglicherweise nicht operativen Spezifikation des Problems ausgeht mit drei Zielvorgaben:

(1) Gewinnung eines (operativen) Algorithmus

(2) Verfeinerung des Algorithmus im Hinblick auf die Möglichkeiten einer konkreten Maschine

(3) Verbesserung des Algorithmus im Hinblick auf den Aufwand.

Die Erreichung dieser drei Ziele erfordert im allgemeinen eine Reihe von Schritten, die überdies voneinander nicht unabhängig sind.

Einzelne Beispiele der Programmentwicklung werden sich in diesem Sinne durch das ganze Buch hindurchziehen. Damit wird die Bandbreite sprachlicher Ausdrucksmöglichkeiten, die zur Formulierung von Algorithmen praktische Verwendung finden, umrissen.

Im allgemeinen Fall erfolgt häufig eine simultane Verfeinerung von Operations- und Objektstrukturen (von Rechenstrukturen, siehe Kap. 3), so etwa wenn durch Übergang zu einer anderen Objektstruktur eine Verbesserung im Hinblick auf den Aufwand erzielt werden kann.

Normalerweise steht heute (noch) am Endpunkt der Programmentwicklung die vollständig binär-organisierte von-Neumann-Maschine, also ein Schaltwerk[9].

0.4 'How to solve it'

Wie kommt man zu einer Lösung? verbleibt natürlich als Frage. Oft führt ein *Einfall*, eine *Idee*, die *Intuition* zu einer Lösung.

Beispiel: Kann ein verstümmeltes Schachbrett (Abb. 0.7)

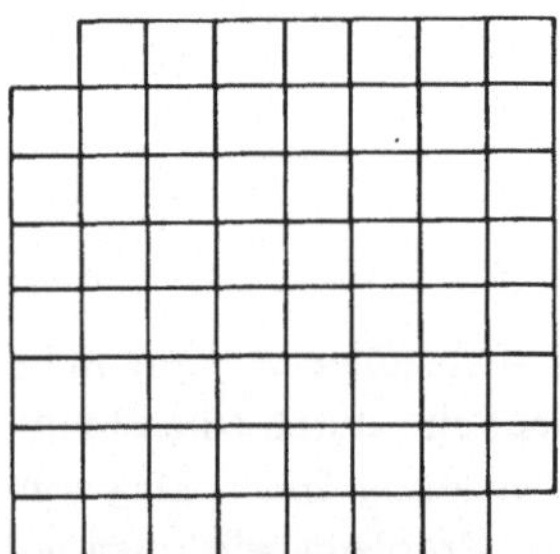

Abb. 0.7

mit (31) Dominosteinen

gepflastert werden?

9 Daß die evolutionäre Programmentwicklung bis zum Schaltwerk reicht, wird schlagwortartig als „Systemeinheitlichkeit von *software* und *hardware*" (Wiehle 1973) angesprochen.

Die Antwort erhält man überraschend, wenn man das Brett mit der Schwarz-Weiß-Färbung des Schachbretts versieht und die Dominosteine ebenfalls (Abb. 0.8).

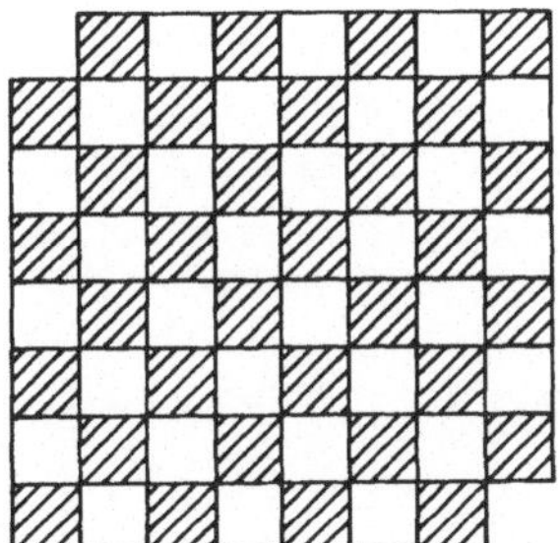

Abb. 0.8

Das neue Problem ist offensichtlich mit dem alten verwandt, und es ist elementar beantwortbar. Man nimmt auch hier einen „Wechsel der Objektstruktur" vor, die Verfeinerung der Objekte führt auf den Lösungsgedanken.

Häufiger als man denkt, ist die Lösung in der Problemstellung schon versteckt, nicht nur bei „berechne 3×4", sondern auch bei «subtrahiere, falls $a < b$, a von b, d. h. finde dasjenige x, für das $add(a, x) = b$» (vgl. 1.10, 1.11).

Oft kann man nämlich die Lösung konstruktiv erhalten, falls nur ihre Existenz und Eindeutigkeit gesichert ist – man muß sie allerdings suchen wie in einem Vexierbild.

Eine rekursive Situation (Hommage à Saul Steinberg)

1. Kapitel. Rechenvorschriften

"Mathematical formulation allows us to remain much further from the computer than would otherwise be the case, and in this context any programming language is already too near."

Griffiths 1975

In diesem Kapitel sollen, einen allgemeinen Algorithmenbegriff naiv voraussetzend, Rechenvorschriften eingeführt und in ihrem Aufbau untersucht werden. Besondere Beachtung erfordern dabei rekursive Rechenvorschriften und Systeme. Es ist zunächst wenig erheblich, von welcher Art und Sorte die Objekte solcher Rechenvorschriften sind, sie werden als primitive Objektmengen zusammen mit gewissen, ihnen eigentümlichen primitiven Operationen vorausgesetzt (Tab. 1.3.1). Erst im nächsten (und übernächsten) Kapitel wird auf den Aufbau von Objektmengen und auf die eventuelle innere Struktur von Objekten eingegangen.

Wichtige Begriffe dieses Kapitels sind: der Parameterbegriff, das Einsetzungsprinzip, die Rekursivität, die Unterdrückung von Parametern. Die hier zu besprechenden Konstruktionen (Ebene der „applikativen", „funktionalen" Formulierung) sind frei von explizit ablaufbestimmenden Elementen (eine „natürliche Sequentialisierung" wird allein durch das Einsetzungsprinzip implizit festgelegt) und entsprechend auch frei von „Variablen im Sinne der Programmiersprachen" (Quine 1960: „referential transparency"). Erst im 5. und 6. Kapitel werden Programmvariable und ablaufbestimmende Elemente eingeführt werden.

1.1 Der Parameterbegriff

Betrachtet man vertraute Formeln aus einer Formelsammlung, wie etwa die für die Berechnung des Kegelstumpfvolumens:

$$\frac{\pi}{3} h(r^2 + rR + R^2),$$

so findet man, daß darin Bezeichnungen verschiedener Natur vorkommen: π, oder besser $\frac{\pi}{3}$ (als ein einziges Zeichen aufgefaßt, vgl. $\hbar$ in der Quantenphysik), bezeichnet eine bestimmte (irrationale) reelle Zahl, ist also eine **Konstante**, während *r*, *R* und *h* „variieren" können. Diese „Variablen" (im mathematischen Sinne) werden die **Parameter** der Formel genannt. Die Formel beschreibt eine Berechnung, einen Algorithmus: sie ist eine „Rechenvorschrift".

Die Parametrisierung eines Problems ermöglicht es, statt einen Katalog für die Lösungen aller gewünschten „Varianten" des Problems anzulegen, eine allgemeine Lösung in der Form einer Rechenvorschrift anzugeben. Parametrisierung schafft Allgemeinheit und ist deshalb eine Investition, die sich lohnt. Über ihre weitere Bedeutung als Lösungsmethode siehe später (1.4).

In gewissen Anwendungen der obigen Formel mag *h* konstant gehalten sein, dann sind nur noch *r* und *R* Parameter. Solche verschiedenen Auffassungen einer Formel setzen aber die Möglichkeit voraus, Parameter als solche zu kennzeichnen. Dieses Problem wurde in seiner Tiefe von Church 1941 erkannt („Lambda-Kalkül"), der als **Abstraktion** die Kennzeichnung einer Bezeichnung als Parameter eingeführt hat. Dabei wird der Formel, dem **Rumpf** der **Rechenvorschrift**, eine Aufreihung der Parameter vorangestellt; in unserem Beispiel schreiben wir etwa (s. u.)

(**real** *r*, **real** *R*, **real** *h*) **real**: $\frac{\pi}{3} \times h \times (r \times r + r \times R + R \times R)$

oder

(**real** *r*, **real** *R*) **real**: $\frac{\pi}{3} \times h \times (r \times r + r \times R + R \times R)$.

Hier weist **real** auf die Objektmenge $\hat{\mathbb{R}}$ der numerisch-reellen Zahlen hin.

Der Begriff des Parameters ist natürlich nicht darauf beschränkt, daß die Rechenvorschrift operativ formuliert ist; so bedeutet etwa

(**nat** *a*, **nat** *b*) **nat**: «der größte gemeinsame Teiler (g. g. T.) von *a* und *b*» ,

wo **nat** auf die Objektmenge $\mathbb{N}$ der natürlichen Zahlen hinweist, daß *a* und *b* die Parameter der Bestimmung des größten gemeinsamen Teilers sind.

r, *R* und *h* bzw. *a* und *b* sind dabei **frei gewählte Bezeichnungen**. Sie werden durch die Kennzeichnung als Parameter in der betreffenden Rechenvorschrift **gebunden**, d. h., ihre Bedeutung wird auf die Rechenvorschrift als ihren **Bindungsbereich** (engl. *range of binding*) beschränkt (vgl. die „Integrationsvariable" x in $\int_a^b f(x)\,dx$, oder die Verwendung von x in $\{x \in \mathbb{N}: x^2 \leq 73\}$ und $\exists x \in \mathbb{N}: x = 2x^2 - 3$).

Die Bezeichnung π bzw. $\frac{\pi}{3}$ ist in der obigen Rechenvorschrift nicht gebunden, sie ist „nicht-lokal" für die Rechenvorschrift: möglicherweise ist sie ebenfalls frei gewählt, aber „weiter außen" gebunden, oder sie ist eine **Standardbezeichnung** für ein festes Objekt. Die freie Wahl der Parameterbezeichnungen besteht darin, daß sie innerhalb ihres Bindungsbereiches (konsistent!) durch andere Bezeichnungen ersetzt werden können. Beispielsweise ergibt sich durch konsistente Ersetzung der Parameterbezeichnungen, daß (**int** weist auf die Objektmenge $\mathbb{Z}$ der ganzen Zahlen hin)

(**int** *a*, **int** *b*) **int**: $a - b$

und

$$(\textbf{int } b, \textbf{ int } a) \textbf{ int}: b - a$$

dieselbe Rechenvorschrift darstellen, während in

$$(\textbf{int } b, \textbf{ int } a) \textbf{ int}: a - b$$

die Parameter (und nicht nur deren Bezeichnungen) vertauscht wurden. Da aber lediglich eine veränderte Reihenfolge der Parameter vorliegt, die durch eine entsprechend veränderte Anwendung ausgeglichen werden kann, ist die letztere Rechenvorschrift noch als im wesentlichen gleich den übrigen anzusehen.

Dagegen sind die beiden Rechenvorschriften für ganze Zahlen

$$(\textbf{int } a, \textbf{ int } b) \textbf{ int}: (a + b) \times (a - b)$$

$$(\textbf{int } a, \textbf{ int } b) \textbf{ int}: a^2 - b^2$$

nicht gleich: sie sind nurmehr **gleichwertig** („wertverlaufsgleich"), d. h., sie stellen zwei verschiedene Algorithmen für die Berechnung derselben Funktion dar.

Nicht als Parameter gekennzeichnete Bezeichnungen, etwa h oder $\frac{\pi}{3}$ in

$$(\textbf{real } r, \textbf{ real } R) \textbf{ real}: \tfrac{\pi}{3} \times h \times (r \times r + r \times R + R \times R) \quad ,$$

müßten, dem mathematischen Gebrauch („freie Variable") folgend, „freie Bezeichnungen" genannt werden. Es ergäbe sich dann die beinahe paradoxe Redeweise, daß gebundene Bezeichnungen frei auswechselbar sind, freie Bezeichnungen jedoch nicht. Aus didaktischen Gründen vermeiden wir daher den Ausdruck „freie Bezeichnungen" und benutzen dafür den Ausdruck Konstante.

In der eben benutzten Schreibweise drückt sich bereits der *Abbildungscharakter* einer Rechenvorschrift f aus: *Rechenvorschriften definieren Funktionen.* Man würde im Jargon der Mathematik für unser Beispiel etwa schreiben[1]

$$f: (r, R, h) \mapsto \tfrac{\pi}{3} \times h \times (r^2 + r \times R + R^2) \quad ,$$

und als Ergänzung dazu Definitionsbereich und Wertebereich angeben:

$$f: \hat{\mathbb{R}} \times \hat{\mathbb{R}} \times \hat{\mathbb{R}} \to \hat{\mathbb{R}} \quad .$$

Dementsprechend haben wir den **Parametersatz** (r, R, h) ergänzt durch Angabe der Objektmengen, auf die sich die Parameter und das Ergebnis erstrecken, und zusammengefaßt in der Kopfleiste

$$(\textbf{real } r, \textbf{ real } R, \textbf{ real } h) \textbf{ real}:$$

Der Abbildungstyp der Rechenvorschrift wird dabei durch ihre **Funktionalität** charakterisiert:

---

1 In der „typenfreien" Notation des Lambda-Kalküls von Church würde unser Beispiel lauten $\lambda\, r\, R\, h.\ \frac{\pi}{3} \times h \times (r^2 + r \times R + R^2)$.

funct (real, real, real) real entspricht $\hat{\mathbb{R}} \times \hat{\mathbb{R}} \times \hat{\mathbb{R}} \to \hat{\mathbb{R}}$,
funct (nat, nat) nat entspricht $\mathbb{N} \times \mathbb{N} \to \mathbb{N}$
funct (int, int) int entspricht $\mathbb{Z} \times \mathbb{Z} \to \mathbb{Z}$.

Die mit **real, nat, int** bezeichneten Objektmengen werden auch **Arten** (oder „Sorten", „Typen") genannt.

Der **Aufruf**, d. h. die Anwendung (**Applikation**) der Rechenvorschrift auf einen Satz von geeigneten Objekten, **Argumente** genannt, kann durch Anfügen dieses Argumentsatzes ausgedrückt werden, z. B.:

((**real** r, **real** R, **real** h) **real**: $\frac{\pi}{3} \times h \times (r^2 + r \times R + R^2)$) (0.19, 0.26, 9.6)
((**nat** a, **nat** b) **nat**: «der g. g. T. von a und b») (18, 30)
((**int** a, **int** b) **int**: $(a + b) \times (a - b)$) (17, −8)

mit der Bedeutung, daß die („formalen") Parameter durch Objekte, die („aktuellen") Argumente, ihrer Reihenfolge gemäß zu ersetzen sind, und zwar überall, wo sie (im Rumpf) vorkommen[2].

Ob diese Ersetzung *vor* dem Ausführen des Rumpfs stattfindet, oder ob sie erst *bei* der Ausführung des Rumpfs „nach Bedarf" vorgenommen wird, soll zunächst noch offen bleiben. Verschiedene Vorgehensweisen werden später als „Berechnungsregeln" genauer erörtert. Wir werden jedoch im folgenden bereits darauf achten, ob für die *Wahl* einer dieser Möglichkeiten die volle Freiheit verbleibt (d. h., ob das Ergebnis von der Art der Ausführung unabhängig ist) oder ob sich dafür Einschränkungen ergeben.

1.2 Vereinbarung einer Rechenvorschrift

Um eine Rechenvorschrift bequem verwenden zu können, gibt man auch ihr eine frei gewählte Bezeichnung (wie f bei der obigen Abbildung). Dies geschieht durch eine **Vereinbarung**[3], etwa in der Form

funct $f \equiv$ (**real** r, **real** R, **real** h) **real**: $\frac{\pi}{3} \times h \times (r^2 + r \times R + R^2)$

oder

funct *gcd* $\equiv$ (**nat** a, **nat** b) **nat**: «der g. g. T. von a und b»

oder

funct *quadiff* $\equiv$ (**int** a, **int** b) **int**: $(a + b) \times (a - b)$.

2 Der Begriff Aufruf umfaßt die Anwendung einer Rechenvorschrift sowohl in Funktions- als auch in Operationsschreibweise. Von Operationen spricht man insbesondere, wenn eine Rechenvorschrift in klammerfreier oder Infix-Notation angewandt wird. Wir wollen solche Schreibweisen (s. u.) stets nur als notationelle Varianten der (vollständig geklammerten) Funktionsschreibweise ansehen.

3 In Bauer, Goos 1973, 1974 „Gleichheitsvereinbarung"

Ein Aufruf lautet dann für die behandelten Fälle einfach

$f(0.19, 0.26, 9.6)$ bzw. $gcd(18, 30)$ bzw. $quadiff(17, -8)$,

und die Ersetzung der (formalen) Parameter durch die (aktuellen) Objekte ergibt

real: $\frac{\pi}{3} \times 9.6 \times (0.19^2 + 0.19 \times 0.26 + 0.26^2)$

bzw.

nat: «der g. g. T. von 18 und 30»

bzw.

int: $(17 + (-8)) \times (17 - (-8))$.

Im ersten Beispiel ist unterstellt, daß $.+.$ und $.\times.$ assoziative zweistellige Rechenvorschriften von der Funktionalität (**real**, **real**) **real** und $.^2$ eine einstellige von der Funktionalität (**real**) **real** sind[4], und 0.19, 0.26 und 9.6 Objekte der Art **real** bezeichnen.

Da diese (Standard-)Bezeichnungen für arithmetische Operationen auch mit anderen Funktionalitäten, in denen z. B. **real** durch **int** ersetzt ist, gebraucht werden, ist die durch Ersetzung entstandene obige Schreibweise für sich allein noch unvollständig. Vollständig wäre

real: (**real**: $\frac{\pi}{3}$) × (**real** : 9.6) × (**real** : (**real**: (**real**: 0.19)²) +
(**real**: (**real**: 0.19) × (**real**: 0.26)) +
(**real**: (**real**: 0.26)²)) .

Selbstverständlich wird man bestrebt sein, diesen Ballast notationell zu unterdrücken, wo immer er aus dem Kontext ergänzt werden kann[5].

1.3 Hierarchischer Aufbau von Rechenvorschriften

Beim Aufbau einer Rechenvorschrift stützt man sich im allgemeinen wieder auf Rechenvorschriften. So ist etwa das vorige Beispiel

funct *quadiff* ≡ (**int** *a*, **int** *b*) **int**: $(a + b) \times (a - b)$

auf die Rechenvorschriften $.\times.$, $.+.$ und $.-.$ gestützt; in[6]

funct *heron* ≡ (**rat** *a*, **rat** *b*, **rat** *c*) **rat**:
$s(a,b,c) \times (s(a,b,c) - a) \times (s(a,b,c) - b) \times (s(a,b,c) - c)$

4 Durch den Gebrauch der Punkte deuten wir an, daß (und wie) beim Aufruf von der (vollständig geklammerten) Funktionsschreibweise abgewichen wird.

5 Aber auch darin kann man zu weit gehen, wie ALGOL 68 gezeigt hat.

6 **rat** weist auf die Objektmenge $\mathbb{Q}$ der rationalen Zahlen hin.

stützt man sich außer auf . ×. und . −. auf eine noch zu vereinbarende weitere Rechenvorschrift s (wobei hier $s(a, b, c)$ den halben Umfang des Dreiecks mit den Seitenlängen a, b, c liefern soll).

1.3.1 Die Stützrelation und primitive Rechenstrukturen

Eine Rechenvorschrift A **stützt sich (direkt)** auf eine Rechenvorschrift B, wenn in der Aufschreibung des Rumpfs von A ein Aufruf von B vorkommt; A **stützt sich (indirekt)** auf B, wenn A sich auf eine Rechenvorschrift C direkt stützt, die sich direkt oder wieder indirekt auf B stützt. Dabei heißen Rechenvorschriften, die (noch) nicht durch eine Vereinbarung spezifiziert sind[7], also sich nicht weiter abstützen, **primitive Rechenvorschriften**[8].

Eine Einheit von Objektmengen und *zugehörigen* Rechenvorschriften (**Operationen**) soll eine **Rechenstruktur** heißen (engl. 'computational structure'). Prominenteste Beispiele sind die Rechenstruktur $\mathbb{N}$ der natürlichen Zahlen und die Rechenstruktur $\mathbb{Z}$ der ganzen Zahlen. Für $\mathbb{N}$ oder $\mathbb{Z}$ als primitive Rechenstrukturen bezeichnen .×., .+. und .−. zweistellige primitive Operationen, −. bezeichnet zusätzlich noch eine einstellige Operation; 0 und 1 bezeichnen je ein Objekt (die Zahl »null«, die Zahl »eins«), das wir auch als eine *nullstellige* primitive Operation, eine parameterlose primitive Rechenvorschrift auffassen können. Auch $\frac{\pi}{3}$ bezeichnet ein berechenbares primitives Objekt aus dem Körper $\mathbb{R}$ der reellen Zahlen (zu dessen Darstellung in einem Stellenwertsystem es zwar keinen terminierenden, wohl aber einen nichtterminierenden Algorithmus gibt).

Die Vereinbarung einer Rechenvorschrift unterstellt stets eine primitive Rechenstruktur, für deren Objekte, gestützt auf die zugehörigen primitiven Operationen, durch die Vereinbarung eine *zusätzliche* Operation definiert wird. Ein solcherart erweiterter Satz von Operationen (und Objekten, wenn man nullstellige Operationen hinzunimmt), kann selbst wieder eine Rechenstruktur bilden. Dies wird im Kap. 3 in den Vordergrund treten.

Ergänzt man das Beispiel *heron* durch die Vereinbarung der Rechenvorschrift s, so erhält man das folgende **System von** (zwei) **Rechenvorschriften**

funct *heron* ≡ (**rat** *a*, **rat** *b*, **rat** *c*) **rat**:
$s(a,b,c) \times (s(a,b,c) - a) \times (s(a,b,c) - b) \times (s(a,b,c) - c)$,

funct *s* ≡ (**rat** *u*, **rat** *v*, **rat** *w*) **rat**: $(u + v + w)/2$,

wobei s der Rechenvorschrift *heron* hierarchisch untergeordnet ist.

Hier sind nun primitiv die zweistelligen assoziativen Operationen .×. und .+. , die zweistelligen Operationen .−. und ./. sowie die nullstellige Operation 2, das Objekt »zwei« (falls man nicht vorzieht, ./2 als einstellige Operation «halbiere» aufzufassen, wofür man dann besser . /2 schreibt).

Einen Überblick über einige Rechenstrukturen, die zunächst, dem üblichen Gebrauch entsprechend, stets als primitiv vorausgesetzt werden, gibt Tabelle 1.3.1. (Dabei können einige Operationen noch weiter zurückgeführt werden; Einzelheiten darüber und über die abstrakte Definition von Rechenstrukturen folgen in Kap. 3.)

---

7 Man unterstellt dabei, daß die (für den jeweiligen Stand der Programmentwicklung) wesentlichen Aspekte ihrer Bedeutung pragmatisch klar sind (**pragmatischer Standpunkt**) oder daß die Bedeutung („semantische Interpretation") offen bleibt (**formaler Standpunkt**).

8 Dijkstra spricht in diesem Zusammenhang von '*"ready-made" arithmetic operations*' (Dijkstra 1969).

Tabelle 1.3.1. Universelle und einige häufig als primitiv unterstellte Rechenstrukturen

Universelle Objekte und universelle Operationen

1.1 Die Rechenstruktur mit der Art **bool** (Boolescher Verband $\mathbb{B}$)

Objektmenge			
bool			(Wahrheitswerte »wahr«, »falsch«)
Ausgezeichnete Elemente			
bool	**T**	**true**	(»wahr«)
	F	**false**	(»falsch«)
Operationen			
(bool) bool	¬.	*not*	(Negation)
(bool, bool) bool	.∧.	*and*	(Konjunktion)
	.∨.	*or*	(Disjunktion)
Prädikat			
(bool, bool) bool	.<.	*lt*	(Kleiner-Relation **false** < **true**, *less than*)

1.2 Universell verfügbare Prädikate (in allen Rechenstrukturen) für beliebige Art **μ**

(**μ**, **μ**) **bool**	.=.	*eq*	(Gleichheitsrelation, *equal*)
	.≠.	*ne*	(Ungleichheitsrelation, *not equal*)

1.3 Universelles Pseudoobjekt, artunspezifisch

μ	*Ω*		(Pseudoobjekt »undefiniert«)

Primitive Rechenstrukturen

2.1a Die Rechenstruktur mit der Art **char** (lineare Ordnung $\mathcal{V}$, Ordinalzahl *1.*, *2.*, *3.*, ...))

Objektmenge			
char			((beliebiger) endlicher nichtleerer Zeichenvorrat, linear geordnet: endliches Alphabet)
Ausgezeichnete Elemente			
char	*α*		(erstes Zeichen)
	ω		(letztes Zeichen)

(Operationen und Prädikate siehe 2.1b)

2.1b Die Rechenstruktur mit der Art **bit** (Ordinalzahl *2.*)

Objektmenge			
bit			(zweielementiges Alphabet)
Ausgezeichnete Elemente			
bit	**O**		(erstes Zeichen)
	L		(letztes Zeichen)
Operationen und Prädikate für **μ** = **char** bzw. **bit**			
(**μ**) **μ**	**succ**.	*succ*	(Nachfolger, *successor*, »undefiniert« für *ω* bzw. **L**)
	pred.	*pred*	(Vorgänger, *predecessor*, »undefiniert« für *α* bzw. **O**)
(**μ**, **μ**) **bool**	.≤.	*le*	(Kleiner-oder-gleich-Relation, *less or equal*)
	.≥.	*ge*	(Größer-oder-gleich-Relation, *greater or equal*)
	.<.	*lt*	(Kleiner-Relation, *less than*)
	.>.	*gt*	(Größer-Relation, *greater than*)

Tabelle 1.3.1 (Fortsetzung)

2.2a Die Rechenstruktur mit der Art **nat** (geordneter kommutativer Halbring $\mathbb{N}$)

Objektmenge

nat			(natürliche Zahlen unter Einschluß der Null, linear geordnet)

Ausgezeichnete Elemente

nat	0		(»null«)
	1		(»eins«)
	2		(»zwei«)

Operationen und Prädikate
wie bei **char**, jedoch *succ* total definiert, 0 entspricht α, ω fehlt; hinzu kommen

(nat, nat) nat	.+.	*add*	(Summe)
	.−.	*sub*	(Differenz, »undefiniert« für (m, n) mit $m < n$)
	.×.	*mult*	(Produkt)
	.**div**.	*div*	(Quotient, »undefiniert« für (., 0))
	.**mod**.	*mod*	(Rest, »undefiniert« für (., 0))
	./.		(wie **div**, zusätzlich »undefiniert«, wenn Rest nicht verschwindet)
(nat) nat	. ×2	*dupl*	(Verdopplung, „Duplation")
	. /2	*med*	(Halbierung, „Mediation", *n* /2 »undefiniert« für ungerades *n*)
	$.^2$	*sq*	(Quadrat)
	$\sqrt{.}$	*sqrt*	(Quadratwurzel, nur partiell definiert)
(nat) bool	**odd**.	*odd*	(ungerade)
	even.	*even*	(gerade)
(nat, nat) bool	$.\mid.$	*meas*	(teilt, *measures*)

2.2b Die Rechenstruktur mit der Art **int** (geordneter Ring $\mathbb{Z}$)

Objektmenge

int			(ganze Zahlen, linear geordnet)

Ausgezeichnete Elemente, Operationen und Prädikate
wie bei **nat**, jedoch *pred* und *sub* total definiert, sowie

(int) int	−.	*minus*	(Negativum)
	sign.	*sign*	(Signum)
(int) nat	$\lvert.\rvert$	*abs*	(Betrag)

3 Die Rechenstruktur mit der Art **sequ** μ (freie Halbgruppe μ^* über μ: nichtkommutative Halbgruppe mit neutralem Element)

Objektmenge

sequ μ			(Sequenzen, „Zeichenreihen", „Worte" von Objekten der Art μ, lexikographisch linear geordnet, falls μ linear geordnet)

Ausgezeichnetes Element

sequ μ	$\diamond$	*empty*	(leere Sequenz)

Operationen und Prädikate

(sequ μ**, sequ** μ**) sequ** μ	.&.	*conc*	(Konkatenation)
(sequ μ**)** μ	**top**.	*top*	(„oberstes", „linkestes", „vorderstes" Element, »undefiniert« für $\diamond$)
(sequ μ**) sequ** μ	**rest**.	*rest*	(Rechtsrest, »undefiniert« für $\diamond$)
(sequ μ**,** μ**) sequ** μ		*append*	(Anhängen eines Elements „oben", „links", „vorne")

Tabelle 1.3.1 (Fortsetzung)

(sequ μ) μ	**bottom.**	*bottom*	(„unterstes", „rechtestes", „hinterstes" Element, »undefiniert« für ◊)
(sequ μ) sequ μ	**upper.**	*upper*	(Linksrest, »undefiniert« für ◊)
(sequ μ, μ) sequ μ		*stock*	(Anhängen eines Elements „unten", „rechts", „hinten")
(sequ μ) nat	|.|	*length*	(Länge)
(sequ μ, sequ μ) bool	**.lp.**	*lpart*	(Linksbestandteil-Relation, *left part*)
	.rp.	*rpart*	(Rechtsbestandteil-Relation, *right part*)
	.≦.	*le*	(Kleiner-oder-gleich-Relation)
	.≧.	*ge*	(Größer-oder-gleich-Relation)
	.<.	*lt*	(Kleiner-Relation)
	.>.	*gt*	(Größer-Relation)

1.3.2 Das Einsetzungsprinzip

Das wichtigste Definitionshilfsmittel für den Aufbau einer Rechenvorschrift unter Abstützung auf (primitive oder vereinbarte) Rechenvorschriften ist das

Einsetzungsprinzip: *Im Rumpf einer Rechenvorschrift A kann jede Parameterposition eines Aufrufs irgendeiner Rechenvorschrift entweder mit einem Parameter von A oder wieder mit dem Aufruf einer Rechenvorschrift besetzt sein.*

Ein solcher **Ausdruck** kann durch den **Kantorovic-Baum** (nach L. V. Kantorovic, 1957) dargestellt werden, den man (in linearer Darstellung) erhält, indem man zur (vollständig geklammerten) Funktionsschreibweise übergeht; für die obigen Beispiele ergibt sich etwa Abb. 1.1.

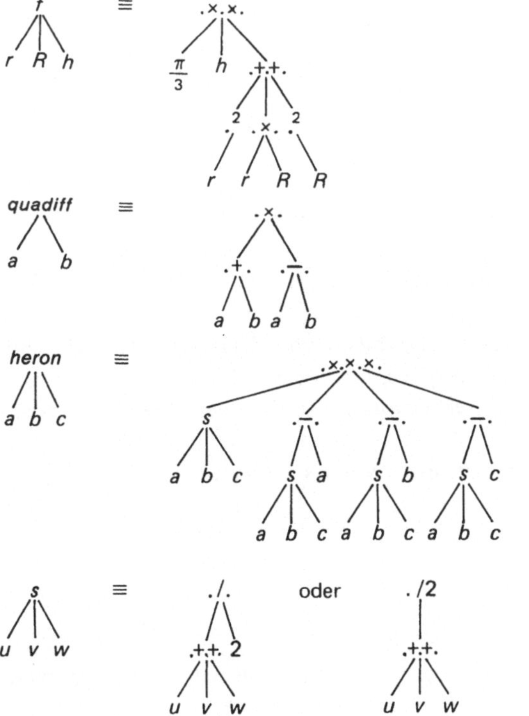

Abb. 1.1

Anmerkung: Dabei wird, motiviert durch die Assoziativität, z. B. . × . × . als *eine* (dreistellige) Operation aufgefaßt.

Kantorovic-Bäume sind eine Verallgemeinerung der Datenflußpläne nach DIN 44300 und DIN 66001 und geben die Struktur von Rechenformularen wieder.

Das Einsetzungsprinzip wird nunmehr illustriert durch die Möglichkeit der textuellen Ersetzung („Einkopieren", „direktes Einsetzen") einer Rechenvorschrift. Beispielsweise ergibt sich aus *heron* und *s*

funct *heron* ≡ (**rat** *a*, **rat** *b*, **rat** *c*) **rat**:
$(a + b + c)/2 \times ((a + b + c)/2 - a) \times ((a + b + c)/2 - b) \times$
$((a + b + c)/2 - c))$.

Man sagt, *s* wurde **eliminiert**; es verschwindet dabei die Bezeichnung der Rechenvorschrift. (Der umgekehrte Fall, die Einführung von Rechenvorschriften mit frei gewählten Bezeichnungen als Strukturierungsmittel, wird in 1.13 aufgegriffen werden.)

1.3.3 Alternativen

Das neben dem Einsetzungsprinzip wichtigste Element für den Aufbau von Rechenvorschriften ist die **binäre Fallunterscheidung** oder **Alternative**, bei der in Abhängigkeit von einem Wahrheitswert (**true** oder **false**) aus der primitiven Objektmenge **bool** (vgl. Tabelle 1.3.1) eines von zwei Objekten (derselben Art) ausgewählt wird. Sie kann als **universelle**, d. h. allgemeingültige und damit stets primitive, dreistellige Operation mit der Funktionalität (für beliebige Art **μ**)

funct (**bool**, **μ**, **μ**) **μ**

und der Eigenschaft

$$(b, x, y) \mapsto \begin{cases} x, & \text{falls } b = \textbf{true} \\ y, & \text{falls } b = \textbf{false} \end{cases}$$

eingeführt werden[9]. Die übliche Notation der Alternative lautet

if ›Wahrheitswert‹ **then** ›Ja-Objekt‹ **else** ›Nein-Objekt‹ **fi** ,

wobei die Operanden ›Wahrheitswert‹, sowie ›Ja-Objekt‹ und ›Nein-Objekt‹ nach dem Einsetzungsprinzip auch als Parameter oder als (Ergebnisse der) Aufrufe einer Rechenvorschrift mit der Ergebnisart **bool** bzw. von Rechenvorschriften mit der (übereinstimmenden) Ergebnisart **μ** gegeben sein können.

Ein Ausdruck, der eine Alternative enthält, heißt **bedingter Ausdruck**.

Beispiel: Berechnung des Absolutbetrags

funct *abs* ≡ (**int** *a*) **int**:
  if $a \geqq 0$ **then** *a*
    else $-a$ **fi** .

---

9 Beachte, daß diese Auswahloperation unabhängig von *y* ist, falls b = **true**, und unabhängig von *x*, falls b = **false**; diese Eigenschaft wird in 1.5.2.1 eine wichtige Rolle spielen.

Die (für die Fallunterscheidung benötigten) Rechenvorschriften mit einem Wahrheitswert als Ergebnis heißen **Boolesche Rechenvorschriften, Erkennungsvorschriften, Bedingungen, Aussagen** oder **Prädikate**. Als universelle Boolesche Rechenvorschrift legen wir die Prüfung auf Gleichheit (oder Ungleichheit) zweier Objekte zugrunde (s. auch 2.4). Ebenso setzen wir die Rechenstruktur $\mathbb{B}$ der Wahrheitswerte als universell voraus, siehe Tabelle 1.3.1.

Definitionsgemäß gilt für Alternativen die fundamentale beidseitige Transformationsregel

if ›Wahrheitswert‹ **then** ›Ja-Objekt‹ **else** ›Nein-Objekt‹ **fi**

ist gleichbedeutend mit

if ¬ ›Wahrheitswert‹ **then** ›Nein-Objekt‹ **else** ›Ja-Objekt‹ **fi** .

Für die häufig vorkommende Schachtelung von Alternativen

if ›Wahrheitswert 1‹ **then** ›Ja-Objekt‹
else **if** ›Wahrheitswert 2‹ **then** ›Nein-Ja-Objekt‹
else ›Nein-Nein-Objekt‹ **fi** **fi**

gibt es die abkürzende Schreibweise der **sequentiellen Fallunterscheidung**

if ›Wahrheitswert 1‹ **then** ›Ja-Objekt‹
elsf ›Wahrheitswert 2‹ **then** ›Nein-Ja-Objekt‹
else ›Nein-Nein-Objekt‹ **fi** .

Diese Schreibvereinfachung, die darauf hinausläuft, das Symbol **else** durch ein *rechtsassoziatives* Symbol **elsf** zu ersetzen und dabei **if-fi**-Klammern einzusparen, kann auch iteriert werden (ein Beispiel wird sich in 1.4.2 ergeben).

Für spezielle Formen Boolescher Alternativen werden häufig Abkürzungen verwendet: Für Boolesche Objekte *a, b* ist

$a \mathbin{\dot\vee} b$ **(sequentielle Disjunktion)**

eine Schreibabkürzung für **if** *a* **then true else** *b* **fi** und

$a \mathbin{\dot\wedge} b$ **(sequentielle Konjunktion)**

eine solche für **if** a **then** *b* **else false fi** (McCarthy 1960).

Man kann auch

$a \mathbin{\dot\Rightarrow} b$ **(sequentielle Subjunktion)**

für $\neg a \mathbin{\dot\vee} b$, d. h.für **if** *a* **then** *b* **else true fi** schreiben.

1.3.4 Eingabe und Ausgabe

Ein- und Ausgabeoperationen sind funktionell keine besonderen Operationen. Zunächst genügt es anzunehmen, daß für das Arbeiten eines Menschen oder einer Maschine nach einer gewissen Rechenvorschrift deren Parameterleiste als „Aufforderung zur Eingabe von Argumenten der verlangten Art“ angesehen wird und daß die Beendigung der Rechenvorschrift dazu führt, daß das abzuliefernde Resultat „sichtbar gemacht wird“. Soweit es sich dabei um die Ein- oder Ausgabe von Tabellen, Zahlenkolonnen etc. handelt, ist mit Sequenzen (s. Tabelle 1.3.1) zu arbeiten. Ist eine solche Sequenz Parameter, so kann mit ihren konsekutiven Elementen mittels *top* und *rest* gearbeitet werden. Eine resultierende Sequenz wird mittels *append* aufgebaut. Beispiele e), f) und g) in 1.4.1 illustrieren dies.

1.4 Rekursive Rechenvorschriften und Systeme

Eine Rechenvorschrift kann sich außer auf andere Rechenvorschriften auch auf sich selbst stützen, entsprechend der allgemeinen Lösungsmethode einer Zurückführung eines Problems auf einen „einfacheren Fall“ desselben Problems. Wir nennen eine Rechenvorschrift **rekursiv**, wenn sie sich direkt oder indirekt auf sich selbst stützt; ein System von Rechenvorschriften heißt rekursiv, wenn es mindestens eine rekursive Rechenvorschrift umfaßt. Eine direkt rekursive Rechenvorschrift durch textuelle Einsetzung zu eliminieren (1.3.2), ist nicht möglich.

Die für Algorithmen naiv zu fordernde Eigenschaft der Terminierung ist bei rekursiven Rechenvorschriften nicht mehr selbstverständlich gegeben. Der *circulus vitiosus* des nicht endenden Rückgriffs auf sich selbst kann mit dem Hilfsmittel der Fallunterscheidung vermieden werden. Dabei sagt man: Ein Aufruf einer Rechenvorschrift **terminiert**, wenn er nur endlich viele weitere (korrekte) Aufrufe der Rechenvorschrift selbst oder anderer (*rekursiver*) Rechenvorschriften bewirkt. Eine Rechenvorschrift **terminiert**, wenn jeder Aufruf terminiert.

1.4.1 Beispiele

Beispiele rekursiver Rechenvorschriften und Systeme sind:

a) die „klassische“ Definition der Fakultät

```
funct fac ≡ (nat n) nat:
    if n = 0 then 1
              else n × fac(n − 1) fi
```

mit Gleichheitsrelation, Subtraktion (eigentlich nur Nullvergleich und Vorgängerfunktion), der 1 und der 0 neben der Multiplikation als Primitiven. Die Terminierung ist hier leicht zu zeigen: Ein Aufruf *fac*(m) für eine natürliche Zahl m bewirkt genau m weitere Aufrufe von *fac* (Induktion über m).

b) das System (*gcd, mod*) mit Nullvergleich . = 0, Kleiner-Relation . < . und Subtraktion . − . als Primitiven

```
funct gcd ≡ (nat a, nat b) nat:
    if b = 0 then a
             else gcd (b, mod(a, b)) fi,
funct mod ≡ (nat a, nat b) nat:
    if a < b then a
             else mod (a − b, b) fi
```

Wie man sofort sieht, terminiert *mod* genau dann, wenn $b \neq 0$ gilt; *gcd* terminiert immer.

Aufgabe 1: Zu zeigen:
Für natürliche Zahlen m, n mit $m \geqq n$ *und* $f_k \leqq n < f_{k+1}$, *wobei* f_i, $i \geqq 1$, *die Fibonacci-Zahlen*

$$f_1 = 1, \quad f_2 = 2, \quad f_{i+2} = f_i + f_{i+1}$$

sind, bewirkt der Aufruf gcd(m, n) höchstens jeweils k weitere Aufrufe von gcd und mod (G. Lamé 1844).

c) das gegenüber b) „tiefer fundierte" System

```
funct gcd ≡ (nat a, nat b) nat:
    if b = 0 then a
             else gcd(b, mod(a, b)) fi,

funct mod ≡(nat a, nat b) nat:
    if lt(a, b) then a
                else mod (sub(a, b), b) fi,

funct sub ≡ (nat a, nat b) nat:
    if b = 0 then a
             else sub(pred(a), pred(b)) fi,

funct lt ≡ (nat a, nat b) bool:
    if b = 0 then false
             else if a = 0 then true
                           else lt(pred(a), pred(b)) fi fi
```

mit Nullvergleich und Vorgängerfunktion *pred* als einzigen Primitiven.

Der Terminierungsbeweis für *gcd* ergibt sich aus dem zu b) mit dem Zusatz, daß jeder Aufruf *lt*(*a*, *b*) genau *min*(*a*, *b*) weitere Aufrufe von *lt* bewirkt.

d) ein System von Erkennungsvorschriften, das für natürliche Zahlen feststellt, ob sie ungerade oder gerade sind:

```
funct odd ≡ (nat n) bool:
    if n = 0 then false else even(pred(n)) fi,
```

```
funct even ≡ (nat n) bool:
      if n = 0 then true else odd(pred(n)) fi    ,
```

wobei ebenfalls nur Nullvergleich und Vorgängerfunktion primitiv sind. Jeder Aufruf einer dieser Rechenvorschriften mit einer natürlichen Zahl *i* bewirkt genau *i* weitere Aufrufe von *odd, even.*

Aufgabe 2: Man schreibe odd und even unter Verwendung der sequentiellen Konjunktion und Disjunktion.

e) ein System von Rechenvorschriften, das eine Sequenz von Vorzeichen auf ein einziges reduziert, wobei + und − durch **true** bzw. **false** dargestellt sind:

```
funct pos ≡ (sequ bool a) bool:
      if a = ◊ then true
                else if top(a) then pos(rest(a))
                               else neg(rest(a)) fi fi,

funct neg ≡ (sequ bool a) bool:
      if a = ◊ then false
                else if top(a) then neg(rest(a))
                               else pos(rest(a)) fi fi
```

mit den Primitiven Leervergleich, sowie *top* und *rest* (vgl. Tabelle 1.3.1). Hier führt etwa ein Aufruf *pos*(*s*) für eine Sequenz *s* der Länge $|s|$ auf genau $|s|$ weitere Aufrufe von *pos, neg.*

f) eine Rechenvorschrift zur Konkatenation zweier Sequenzen von Objekten einer beliebigen Art μ (vgl. Tabelle 1.3.1),

```
funct conc ≡ (sequ μ a, sequ μ b) sequ μ:
      if a = ◊ then b
                else append(conc(rest(a), b), top(a)) fi    .
```

Primitiv sind dabei der Leervergleich, *top* und *rest*, sowie die Rechenvorschrift *append*, die statt einer Sequenz lediglich ein Element an eine Sequenz linksseitig anfügt. Die Terminierung beruht wie im vorigen Beispiel wieder auf der endlichen Länge (des aktuellen Wertes) von *a*.

g) eine Rechenvorschrift *s0* zur Erkennung aller Binärworte (Bitsequenzen, vgl. Tabelle 1.3.1), die mit einer geraden Anzahl von **L** enden, im System (*s0, s1*):

```
funct s0 ≡ (sequ bit u) bool:
      if u = ◊ then true
                else if top(u) = O then s0(rest(u))
                                   else s1(rest(u)) fi fi,

funct s1 ≡ (sequ bit u) bool:
      if u = ◊ then false
                else s0(rest(u)) fi    .
```

1.4.2 Nachweis der Terminierung

Die in diesen Beispielen gezeigten informellen Überlegungen lassen sich zu folgendem für die Praxis sehr nützlichen **Verfahren zum Terminierungsbeweis** präzisieren[10]:

Sei

funct $F \equiv (\lambda x)\ \mu: \ldots F(k_i\lfloor x\rfloor) \ldots$

eine Rechenvorschrift mit n rekursiven Aufrufen $F(k_i\lfloor x\rfloor)$, $i = 1, \ldots, n$. Jedem dieser Aufrufe wird eine Bewertungsfunktion

$$\delta_i: \boldsymbol{\lambda} \to \boldsymbol{\nu}$$

zugeordnet, wobei $\boldsymbol{\nu}$ eine abzählbare, durch $\lessdot$ Noethersch strikt geordnete Menge – zum Beispiel die Menge der natürlichen Zahlen – ist. Diese Funktionen δ_i müssen die folgende Monotoniebedingung erfüllen

$$\delta_i(k_i\lfloor x\rfloor) \lessdot \delta_i(x) \quad \text{und}$$
$$\delta_i(k_j\lfloor x\rfloor) \leqq \delta_i(x), \quad j \neq i \quad .$$

D. h. jede Funktion δ_i muß unter der Parameterabbildung k_i des Aufrufs, dem sie zugeordnet ist, echt abnehmen und darf für keines der übrigen k_j zunehmen.

Da in einer Noetherschen Ordnung nur endliche absteigende Ketten möglich sind, folgt aus der Existenz solcher Funktionen die Terminierung der Rechenvorschrift.

Häufig wird dabei der Fall eintreten, daß alle δ_i identisch gewählt werden können. Im übrigen ist dieses Verfahren auf Systeme von Rechenvorschriften analog übertragbar. (Auf kompliziertere Fälle von Rekursionen wird in 1.6 noch einmal eingegangen.)

Ein einfaches Beispiel liefert die Rechenvorschrift, die zwei sortierte Sequenzen in eine neue Sequenz zusammenmischt, wobei (wie in den Ausgangs-Sequenzen) gleiche Elemente nur einmal vorkommen sollen:

```
funct merge ≡ (sequ μ a, sequ μ b) sequ μ:
        if a = ◊ then b
      elsf b = ◊ then a
      elsf top(a) < top(b) then append(merge(rest(a), b), top(a))
      elsf top(a) = top(b) then append(merge(rest(a), rest(b)), top(a))
                              else append(merge(a, rest(b)), top(b))    fi
```

Dem ersten rekursiven Aufruf $merge(rest(a), b)$ wird zugeordnet $\delta_1: (a, b) \mapsto |a|$; damit gilt

$$\begin{aligned}
\delta_1(rest(a), b) &= |rest(a)| = |a| - 1 < |a| = \delta_1(a, b)\\
\delta_1(rest(a), rest(b)) &= |rest(a)| = |a| - 1 < |a| = \delta_1(a, b)\\
\delta_1(a, rest(b)) &= |a| = \delta_1(a, b) \quad .
\end{aligned}$$

10 Zurückgehend auf Ansätze von Floyd 1966, wurde dieses Verfahren im wesentlichen von Dijkstra ausgestaltet, siehe Dijkstra 1976.

Für δ_1 ist also die obige Monotonie-Bedingung in allen rekursiven Aufrufen erfüllt. Für den zweiten rekursiven Aufruf *merge*(*rest*(*a*), *rest*(*b*)) kann ebenfalls δ_1 benutzt werden. Für den dritten Aufruf *merge*(*a*, *rest*(*b*)) muß dagegen neu definiert werden δ_3: $(a, b) \mapsto |b|$; die Monotonie-Bedingungen lassen sich analog zu oben sofort nachweisen.

Aufgabe 1: Man gebe für das obige Beispiel einen Terminierungsbeweis an, der sich auf eine einzige (streng monotone) Bewertungsfunktion stützt.

Aufgabe 2: Man variiere den obigen Terminierungsbeweis, indem man (statt eine Abbildung auf $\mathbb{N}$ *vorzunehmen) eine geeignete Noethersche Ordnung auf Sequenzen verwendet.*

1.4.3 Taxonomie der Rekursivität

Charakteristisch für die Situation – „Situation" wörtlich verstanden – der Rekursivität sind sowohl die („makroskopische") Struktur eines Systems als auch der („mikroskopische", durch den Kantorovic-Baum ausgedrückte) innere Aufbau jeder einzelnen Rechenvorschrift. So zeigt etwa der innere Aufbau einer Rechenvorschrift *f* **geschachtelte Rekursion**, wenn im Rumpf von *f* ein Aufruf der Form *f*(... *f* ...) vorkommt, **kaskadenartige Rekursion**[11], wenn im Rumpf von *f* mehrere Aufrufe von *f* „nebeneinander" stehen, wie etwa in der Form *f* + *f* bei der Berechnung der Fibonacci-Zahlen (vgl. 1.4.1-1) durch

```
funct fib ≡ (nat n) nat:
    if n ≤ 1 then 1
             else fib(n − 2) + fib(n − 1) fi
```

mit dem Kantorovic-Baum, der den hierarchischen Aufbau illustriert (Abb. 1.2).

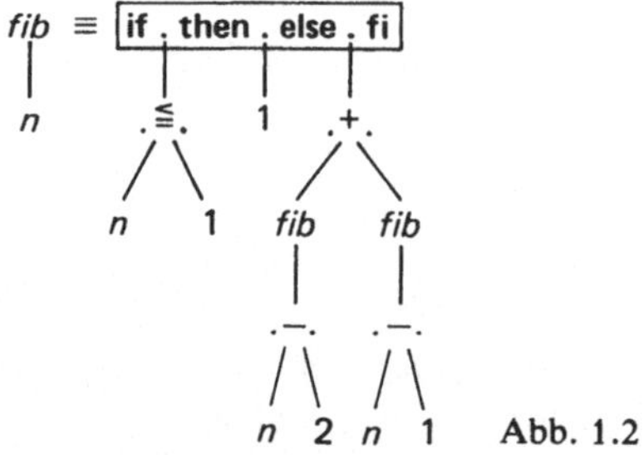

Abb. 1.2

Geschachtelte und kaskadenartige Rekursion sind ausgeschlossen bei der **linearen Rekursion**, die dadurch charakterisiert ist, daß zwei rekursive Aufrufe von *f* nur in *verschiedenen* Zweigen einer gewissen Fallunterscheidung stehen. Ob es sich um lineare Rekursion handelt, läßt sich ebenfalls aus dem Kantorovic-Baum leicht ersehen, etwa für *merge* aus 1.4.2 (Abb. 1.3).

11 Bei R. Péter (Péter 1976) „mehrfache Rekursion" genannt.

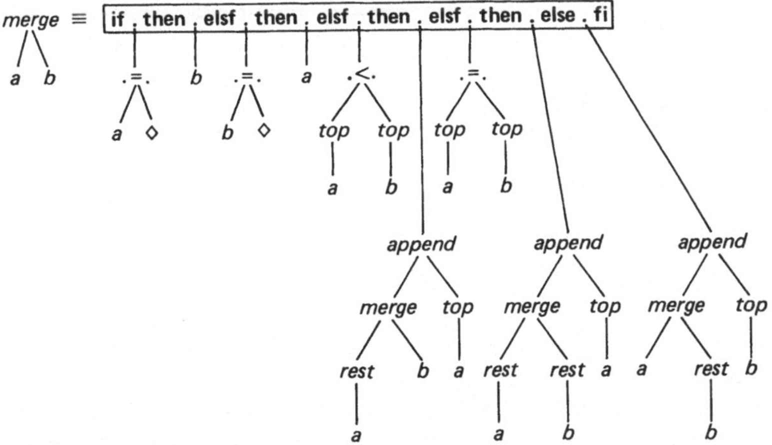

Abb. 1.3

Die Rechenvorschriften *fac* und *conc* und jede einzelne des Systems c) von 1.4.1 sind linear rekursiv, im letzteren Fall handelt es sich um ein System aus linear rekursiven Rechenvorschriften, das durch die Kantorovic-Bäume von Abb. 1.4 illustriert wird.

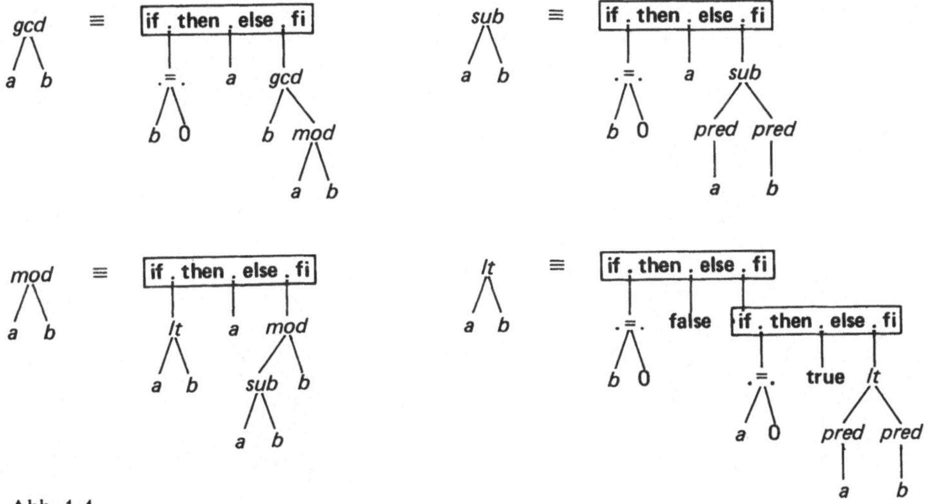

Abb. 1.4

Das System (*gcd, mod*) (Beispiel b) von 1.4.1), mit . – . und . < . als Primitiven, zeigt bezüglich *gcd* und *mod geschachtelte* Rekursion, es ist – obwohl jede einzelne Rechenvorschrift für sich linear rekursiv ist, *als System* nicht linear rekursiv. Die Systeme (*odd, even*) und (*pos, neg*) sind dagegen **linear rekursive Systeme** von Rechenvorschriften (Abb. 1.5). Dieser Unterschied wird sich in 1.7.4 und in Kap. 5, 6 bei der Behandlung der Rekursion widerspiegeln.

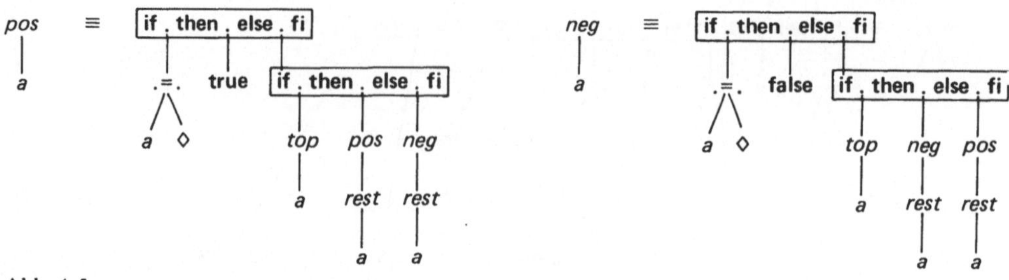

Abb. 1.5

Die darüberliegende „makroskopische" Struktur eines Systems, das im Grenzfall auch aus einer einzigen Rechenvorschrift bestehen kann, läßt sich als (gerichteter) **Aufrufgraph** darstellen: Jede Rechenvorschrift des Systems wird durch einen Knoten dargestellt, Kanten führen von einer Rechenvorschrift zu allen Rechenvorschriften, auf die sie sich direkt stützt.

Für die betrachteten Beispiele ergeben sich die folgenden (gegenüber dem vollständigen System der Kantorovic-Bäume stark verkürzten) Aufrufgraphen[12] (ohne Berücksichtigung primitiver Rechenvorschriften) (Abb. 1.6a – g). In den Fällen a) und f) handelt es sich um je eine (direkt) rekursive Rechenvorschrift, in den Fällen b) und c) um **hierarchisch gestaffelte** rekursive Systeme; in den Fällen d) und g) liegt jeweils ein **indirekt rekursives** System vor, wobei *eine* Rechenvorschrift eliminierbar ist (1.3.2, vgl. auch Aufgabe 1.7.1-2), und im Fall e) schließlich ein **verschränkt rekursives** System[13].

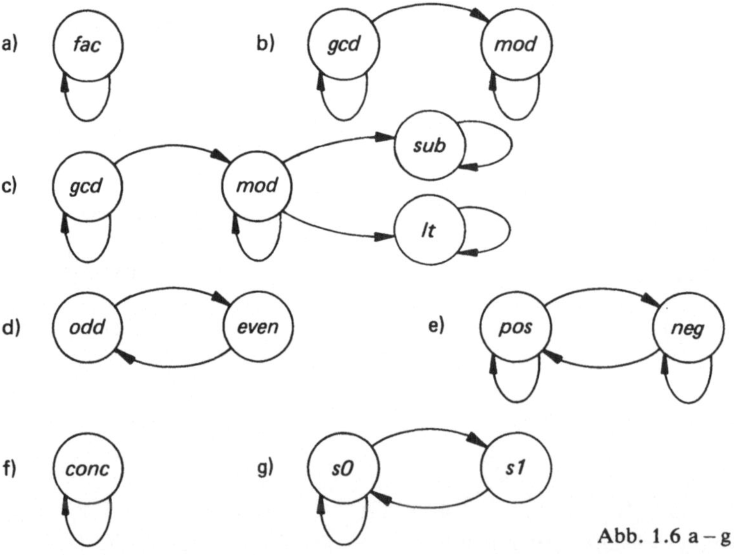

Abb. 1.6 a – g

12 Die Parallele zwischen dem Aufrufgraphen und dem Übergangsgraphen eines zugehörigen Erkennungsautomaten ist offensichtlich.

13 Diese Typisierung wird auch durch die Behandlung in Kap. 4 und Kap. 6 gerechtfertigt werden.

Daneben haben nichtrekursive Rechenvorschriften wie

h) *abs* (1.3.3)

und hierarchische Systeme nichtrekursiver Rechenvorschriften, wie

i) (*heron*, *s*) (1.3.1)

die trivialen Aufrufgraphen von Abb. 1.6h, i.

Abb. 1.6 h, i

Ein Aufruf einer nichtprimitiven Rechenvorschrift wird **schlichter Aufruf** genannt, wenn er die „letzte" Aktion in einem Rumpf ist. Ein schlichter Aufruf hat also im zugehörigen Kantorovic-Baum hierarchisch über sich außer Fallunterscheidungen keine weitere Operation stehen. Über die Bedeutung dieses Spezialfalles wird sich mehr in 1.7.4 ergeben.

Eine Rechenvorschrift (oder ein System von Rechenvorschriften), in dem jeder Aufruf einer nichtprimitiven Rechenvorschrift ein *schlichter* Aufruf ist, ist notwendig linear rekursiv, sie wird speziell als **repetitiv**[14] bezeichnet. Die einzelnen Rechenvorschriften *gcd, mod, sub* und *lt* (nicht aber *fac* und *conc* und auch nicht *merge*) sind repetitive Rechenvorschriften, die Systeme (*odd, even*) und (*pos, neg*) (aber nicht das System (*gcd, mod*)) sind repetitive Systeme. Für repetitive Rechenvorschriften und Systeme werden sich in Kap. 5 und Kap. 6 besondere Behandlungsmöglichkeiten ergeben.

1.4.4 Die Ebene der applikativen Formulierung

Mit den bisher eingeführten sprachlichen Mitteln zum Aufbau von Rechenvorschriften und Systemen ist die Ebene der **applikativen**[15] (oder **funktionalen**[16]) Formulierung erreicht, die, auf Abstraktion und Applikation basierend, durch Einsetzungsprinzip und Fallunterscheidung charakterisiert ist.

Die Gesamtheit der von einem Satz *S* primitiver Rechenvorschriften ausgehend funktional formulierbaren Rechenvorschriften und Systeme wird als C(*S*) bezeichnet. Es ist bekannt, daß *C*(*succ*, . = .) auf **nat** die Speziesoperationen und Ordnungsrelationen umfaßt und damit auch die Arithmetik der natürlichen Zahlen. Dasselbe gilt für *C*(*succ, pred*, . = 0), wo . = 0 die (einstellige) Operation des Nullvergleichs ist. (Man beachte auch, daß für ein *gcd*-System nur *pred* und . = 0 gebraucht werden.)

Aufgabe 1: Man gebe eine Definition von pred in C(succ, . = .) auf **nat**.

Aufgabe 2: Man gebe ein System add, mult für die Addition und die Multiplikation in C(succ, pred, . = 0) auf **nat**.

---

14 Oder auch **iterativ** (McCarthy 1962). Auch 'tail recursion' wird gebraucht.

15 Engl. applicative, scheint sich gegenüber functional, denotative, declarative durchzusetzen.

16 Für „funktionale Programmierung" im engeren Sinne s. 1.14.2.

Aufgabe 3: Man gebe in C(succ, . = .) eine Definition des Prädikates (**nat** *x*) **bool**: *«x ist Primzahl»*.

Aufgabe 4: Man gebe eine Definition der Eulerschen φ-Funktion (**nat** *x*) **nat**: *«die Anzahl natürlicher Zahlen kleiner als x und relativ prim zu x»*.

Die Aufschreibung mit Hilfe eines Kantorovic-Baumes macht deutlich, wie das Einsetzungsprinzip zu einer **natürlichen Sequentialisierung** führt: keine Operation – mit Ausnahme der Fallunterscheidung – kann durchgeführt werden, bevor alle ihre Operanden verfügbar sind (wir werden später auch darüber hinausgehende künstliche Sequentialisierungshandhaben kennenlernen). Für die auf Parameterposition nebeneinander stehenden Objekte ist jedoch keinerlei Vorrang in der Beschaffung festgelegt: diese kann nebeneinander erfolgen, oder nacheinander in irgendeiner Reihenfolge (z. B. auch in der Reihenfolge der Aufschreibung von links nach rechts) oder teilweise neben-, teilweise nacheinander. Dies geht aus der früher gemachten Bemerkung, daß die Reihenfolge der Parameter willkürlich (aber fest) gewählt wird, hervor. Die geschilderte Situation in der Beschaffung der Parameter nennt man **kollateral.**

1.5 Mathematische Semantik: Fixpunkttheorie

In 1.4 wurden notationelle Fragen der Definition rekursiver Rechenvorschriften diskutiert; die Bedeutung solcher Rechenvorschriften war aus den aufgeführten einfachen Beispielen intuitiv klar. Eine formale Erklärung kann dadurch erfolgen, daß auch rekursiven Rechenvorschriften eine Abbildung ihres Definitionsbereichs $\mathscr{D}$ in ihren Wertebereich $\mathscr{W}$ zugeordnet wird (vgl. 1.1); dieses Vorgehen ist unter dem Stichwort „mathematische Semantik“ (engl. *denotational semantics*, s. z. B. Tennent 1976, Stoy 1977) bekannt geworden[17].

1.5.1 Rekursive Rechenvorschriften und Funktionalgleichungen

1.5.1.1 Während bei nicht-rekursiven Rechenvorschriften wie z. B. *heron* die Abbildung offensichtlich eindeutig bestimmt ist als Komposition der auftretenden primitiven Funktionen, stellen rekursive Rechenvorschriften Gleichungen für Abbildungen (Funktionalgleichungen) dar. Eine solche Gleichung kann mehrere Lösungen besitzen, wie folgendes Beispiel zeigt (Morris 1968):

```
funct morris ≡ (int x, int y) int:
(*)    if x = y then succ y
                 else morris(x, morris(pred x, succ y)) fi    .
```

Hier ist *morris* die „Unbekannte“ (der Funktionalgleichung). Durch Einsetzen sowohl der Funktion $morris_0$ mit

17 Weitere Formalisierungsmöglichkeiten werden wir später noch antreffen: die „operative Semantik“ in 1.7 und die „axiomatische Semantik“ in 5.4.

$$morris_0(x, y) =_{\text{def}} \mathbf{succ}\ x$$

wie auch der Funktion $morris_1$ mit

$$morris_1(x, y) =_{\text{def}} \mathbf{if}\ x \geqq y\ \mathbf{then\ succ}\ x\ \mathbf{else\ pred}\ y\ \mathbf{fi}$$

für die Unbekannte wird die Funktionalgleichung erfüllt: für $morris_0$ erhält man nämlich

```
  if x = y then succ y
           else morris_0(x, morris_0(pred x, succ y)) fi
= if x = y then succ y
           else succ x fi
= succ x  (= morris_0(x, y))    .
```

Für $morris_1$ wird der Nachweis aufwendiger; ausführlich geschrieben, ergibt sich:

```
  if x = y then succ y
           else morris_1(x, morris_1(pred x, succ y)) fi

= if x = y then succ y
           else if x ≧ morris_1(pred x, succ y)
                   then succ x
                   else pred morris_1(pred x, succ y) fi fi

= if x = y then succ y
           else if x ≧ (if pred x ≧ succ y
                           then succ pred x
                           else pred succ y fi)
                   then succ x
                   else pred morris_1(pred x, succ y) fi fi

= if x = y then succ y
           else if pred x ≧ succ y
                   then (if x ≧ x then succ x
                                  else pred morris_1(pred x, succ y) fi)
                   else (if x ≧ y then succ x
                                  else pred morris_1(pred x, succ y) fi) fi fi
```

(Vereinfachung des Zweiges mit $x \geqq x$)

```
= if x = y then succ y
           else if pred x ≧ succ y
                   then succ x
                   else if x ≧ y then succ x
                                 else pred (if pred x ≧ succ y
                                               then succ pred x
                                               else pred succ y fi) fi fi fi
```

(Vereinfachung des inneren Zweiges mit **pred** $x \geqq$ **succ** y, was **false** ist unter dem dominierenden Zweig mit $x < y$, und Ersetzung von y durch x in der ersten Zeile)

```
= if x = y then succ x
          else if pred x ≧ succ y
                  then succ x
                  else if x ≧ y then succ x
                                else pred pred succ y fi fi fi
```

(Der letzte Zweig steht unter der Bedingung $x \neq y \wedge$ **pred** $x <$ **succ** $y \wedge x < y$, die sich zu $x < y$ vereinfacht)

```
= if x ≧ y then succ x
          else pred y fi
= morris₁(x, y)
```

1.5.1.2 Die Definition (*) für *morris* hat die allgemeine Gestalt **funct** $F \equiv \tau[F]$ mit

$\tau[F] =_{\text{def}}$ (**int** x, **int** y) **int**: **if** $x = y$ **then succ** y
else $F(x, F($**pred** x, **succ** y)) **fi** ,

die dazugehörige Funktionalgleichung lautet allgemein

$$F(x) = \tau[F](x)$$

bzw.

$$F(x_1, x_2, \ldots, x_r) = \tau[F](x_1, x_2, \ldots, x_r) \quad .$$

Dabei ist x ein Element aus dem Definitionsbereich $\mathscr{D}$, F eine Variable (im Sinne der Mathematik) für die Funktionen aus $\mathscr{D} \rightarrow \mathscr{W}$ und τ ein **Funktional**, d. h. eine Abbildung der Funktionsmenge in sich selbst.

Abbildungen, wie $morris_0$ und $morris_1$, die eine solche Gleichung $F(x) = \tau[F](x)$ (oder ein Gleichungssystem $F_j(x) = \tau_j[F_1, F_2, \ldots, F_n](x)$, $j = 1, 2, \ldots, n$) lösen, heißen **Fixpunkte** des Funktionals τ (oder Fixpunkte des Funktionalsystems). Wie eine algebraische Gleichung mehrere verschiedene Lösungen haben kann, kann auch ein Funktional verschiedene Fixpunkte besitzen: z. B. gilt

$$morris_0 \not\equiv morris_1 \quad \text{da etwa} \quad morris_0(0, 1) = 1, \quad morris_1(0, 1) = 0 \quad .$$

Noch deutlicher wird dies für die Funktionalgleichung (Manna, Ness, Vuillemin 1973) der Rechenvorschrift

```
       funct mnv ≡ (nat x) nat:
(**)         if x = 0 then 0
                      else mnv(x + 1) fi   ,
```

die unendlich viele verschiedene Fixpunkte $mnv_i(x)$, $i = 0, 1, 2, \ldots$, besitzt:

$$mnv_i(x) =_{\text{def}} \textbf{if } x = 0 \textbf{ then } 0 \textbf{ else } i \textbf{ fi} \quad .$$

Die Funktionalgleichung schließlich der Rechenvorschrift

$$(\ast\ast\ast) \quad \textbf{funct } K \equiv (\textbf{nat } x) \textbf{ nat}: \textbf{if } K(x) = 0 \textbf{ then } 1 \textbf{ else } 0 \textbf{ fi}$$

besitzt gar keinen Fixpunkt!

Es drängt sich die Frage auf: Welche Abbildungen definieren die Rechenvorschriften *morris* und *mnv*, d. h., welcher Wert soll einem Aufruf wie *morris*(0,1) oder *mnv*(2) zukommen?

Man möchte hoffen, daß die Berechnung in solchen Fällen, wo mehrere Fixpunkte existieren, eher gar kein Ergebnis liefert als ein willkürliches. In der Tat terminieren die beiden obigen Aufrufe nicht, sie liefern also kein (wohldefiniertes) Ergebnis. $mnv(x)$ beispielsweise terminiert nur (und liefert das Ergebnis 0), wenn $x = 0$.

Setzt man Ω für »undefiniert«, so kann der Rechenvorschrift *mnv* auch folgende Abbildung zugeordnet werden:

$$mnv_\Omega(x) =_{\text{def}} \textbf{if } x = 0 \textbf{ then } 0 \textbf{ else } \Omega \textbf{ fi}$$

mnv_Ω ist ebenfalls ein Fixpunkt der Gleichung (**):

$$\begin{aligned}
& \textbf{if } x = 0 \textbf{ then } 0 \\
& \qquad\qquad \textbf{else } mnv_\Omega(x+1) \textbf{ fi} \\[1em]
= {} & \textbf{if } x = 0 \textbf{ then } 0 \\
& \qquad\qquad \textbf{else if } x + 1 = 0 \textbf{ then } 0 \\
& \qquad\qquad\qquad\qquad\qquad\qquad \textbf{else } \Omega \textbf{ fi fi} \\[1em]
= {} & \textbf{if } x = 0 \textbf{ then } 0 \\
& \qquad\qquad \textbf{else } \Omega \textbf{ fi} \\[1em]
= {} & mnv_\Omega(x) \quad .
\end{aligned}$$

Ferner hat die Gleichung ($\ast\ast\ast$) jetzt den Fixpunkt $K_\Omega(x) =_{\text{def}} \Omega$.

Die Verwendung eines solchen **Pseudoobjekts** Ω bedeutet, daß sowohl die Definitionsbereiche $\mathcal{D} = \mathcal{D}_1 \times \mathcal{D}_2 \times \ldots \times \mathcal{D}_r$ als auch die Wertebereiche $\mathcal{W}$ aller auftretenden Rechenvorschriften um Ω erweitert werden müssen auf $\mathcal{D}_1^+ \times \mathcal{D}_2^+ \times \ldots \times \mathcal{D}_r^+$ bzw. $\mathcal{W}^+$, wobei, für eine beliebige Menge $\mathcal{M}$, $\mathcal{M}^+ =_{\text{def}} \mathcal{M} \cup \{\Omega\}$. Die Einführung von Ω bedeutet weiterhin, daß wir uns hinfort auf die Betrachtung totaler Funktionen beschränken können.

1.5.2 Fixpunkttheorie

1.5.2.1 Die Erweiterung um das Pseudoobjekt Ω schafft die formale Grundlage für eine Theorie[18], in der jeder (rekursiven) Rechenvorschrift *genau eine Abbildung* zugeordnet wird. Es wird genügen, einen kurzen Abriß zu geben:

Eine Funktion $\mathscr{D}_1^+ \times \mathscr{D}_2^+ \times \ldots \times \mathscr{D}_r^+ \rightarrow \mathscr{W}^+$ heißt **strikt**, wenn sie Ω liefert, falls wenigstens eines ihrer Argumente Ω ist. Insbesondere sind also nullstellige Funktionen strikt. Die „natürliche Erweiterung" von Funktionen $\mathscr{D} \rightarrow \mathscr{W}$ zu strikten Funktionen ist evident.

Für alle primitiven Operationen und Prädikate fordern wir die Striktheit, auch die Gleichheitsoperation wird zu einer strikten Funktion erweitert; einzige Ausnahme ist die Fallunterscheidung, für die (mit $a, b \in \mathscr{S}^+$) gilt:

```
if true then a else Ω fi  =def a
if false then Ω else b fi =def b
if Ω then a else b fi     =def Ω   .
```

(Auch die abkürzenden Konstruktionen mit $\triangledown$ und $\vartriangle$ (vgl. 1.3.3) sind damit natürlich nicht strikt und unterscheiden sich darin von den gewöhnlichen Booleschen Operationen; so gilt

```
true ∨ Ω = Ω,  aber
true ⩒ Ω = true, Ω ⩒ true = Ω.)
```

Wie wichtig es ist, daß die Alternative nicht strikt ist, zeigt etwa das folgende System:

```
funct divtwo ≡ (nat a) nat:
      if even a then med(a)
                else med(a - 1) fi,

funct med ≡ (nat a) nat:
      if a = 0 then 0
                else med(a - 2) + 1 fi   .
```

Die Rechenvorschrift *med* ist nur für gerades *a* definiert; im Rumpf von *divtwo* liefert also einer der beiden Aufrufe *med*(*a*), *med*(*a* − 1) immer Ω. Die Fallunterscheidung sorgt jedoch dafür, daß genau der Zweig mit dem definierten Objekt ausgewählt wird.

Bei theoretischen Untersuchungen betrachtet man Funktionen mit mehreren Parametern gerne als solche mit einem Parametertupel als einzigem Argument. Beschränkt man sich auf strikte Funktionen, so können in der Tat alle Parametertupel, in denen wenigstens einmal Ω vorkommt, identifiziert werden unter der gemeinsamen Bezeichnung Ω. Im weiteren werden wir diese Auffassung zugrunde legen und nur einstellige Funktionen betrachten.

Eine zweite Theorie (vgl. Manna 1974) verzichtet auf diese Vereinfachung, sie berücksichtigt damit auch nicht-strikte Funktionen.

---

18 Die Überlegungen gehen zurück auf D. Scott 1970; die speziell hier verwendete Fixpunkttheorie des *smash*-Produkts hat de Roever 1972 angegeben.

1.5.2.2 Mit Hilfe des Pseudoobjekts Ω kann in einer Menge $\mathcal{M}^+$ eine (partielle) Ordnung definiert werden:

$$x \sqsubseteq_{\mathcal{M}^+} y \Leftrightarrow_{\text{def}} x = \Omega \lor x = y \quad .$$

Dies induziert eine partielle Ordnung für Funktionen $\mathcal{D}^+ \to \mathcal{W}^+$:

Eine Funktion f_1 heißt **schwächer** als eine Funktion f_2 – in Zeichen $f_1 \sqsubseteq f_2$ – genau dann, wenn $\forall x \in \mathcal{D}^+ : f_1(x) \sqsubseteq_{\mathcal{W}^+} f_2(x)$, wenn also

$$\forall x \in \mathcal{D}^+ : f_1(x) = \Omega \lor f_1(x) = f_2(x) \quad .$$

Eine andere Sprechweise hierfür ist auch „f_1 approximiert f_2“. f_1 heißt überdies **stärker** als f_2, wenn f_2 schwächer ist als f_1.

Offensichtlich ist die Funktion Ω, die konstant Ω liefert: $\Omega(x) = \Omega$, schwächer als jede Funktion.

Eine Funktion f heißt **monoton**, wenn

$$\forall x, y \in \mathcal{D}^+ : x \sqsubseteq_{\mathcal{D}^+} y \Rightarrow f(x) \sqsubseteq_{\mathcal{W}^+} f(y) \quad .$$

Offensichtlich ist jede strikte Funktion auch monoton.

Aufgabe 1: Man zeige: Wenn f_1 schwächer ist als f_2, dann gilt:

$$f_2(x) = \Omega \Rightarrow f_1(x) = \Omega \quad .$$

Man kann nun zeigen

Lemma: *Eine aufsteigende Kette*

$$f_0 \sqsubseteq f_1 \sqsubseteq f_2 \sqsubseteq \ldots \sqsubseteq f_i \sqsubseteq \ldots$$

strikter und damit monotoner Funktionen f_i besitzt eine kleinste obere Schranke lub$\{f_i\}$, *die ebenfalls strikt ist.*

Es gilt also

$$\forall i \in \mathbb{N} : f_i \sqsubseteq \text{lub}\{f_i\}$$

und

$$(\forall i \in \mathbb{N} : f_i \sqsubseteq g) \Rightarrow \text{lub}\{f_i\} \sqsubseteq g \quad ,$$

die f_i sind immer besser werdende Approximationen an den Grenzwert lub$\{f_i\}$.

Die partielle Ordnung $\sqsubseteq$ für Funktionen führt bei Funktionalen sofort auf die Begriffe der Monotonie und Stetigkeit:

Ein Funktional τ heißt **monoton**, wenn für alle strikten Funktionen f, g gilt

$$f \sqsubseteq g \Rightarrow \tau[f] \sqsubseteq \tau[g] \quad .$$

Ein monotones Funktional τ heißt **stetig**, wenn für jede aufsteigende Kette von strikten Funktionen gilt

$$\tau[\text{lub}\{f_i\}] \equiv \text{lub}\{\tau[f_i]\} \quad .$$

Es gilt der

Satz: *Jedes Funktional, das mittels der Fallunterscheidung aus strikten Funktionen und der Funktionsvariablen aufgebaut ist, ist monoton und sogar stetig.*

Alle bisher betrachteten Funktionale sind also stetig. Für stetige Funktionale gilt nun der wichtige

Satz (Fixpunktsatz von S. C. Kleene 1952): *Jedes stetige Funktional τ besitzt einen eindeutig bestimmten schwächsten Fixpunkt $f_{\min}$, der strikt ist und übereinstimmt mit*

$$\text{lub}\{f_i\} \quad ,$$

wo die f_i induktiv definiert sind durch die mit Ω beginnende Funktionaliteration

$$f_0(x) = \Omega$$
$$f_{i+1}(x) = \tau[f_i](x), \quad i = 0, 1, 2, \ldots \quad .$$

Zum Beweis zeigt man zuerst, daß alle f_i strikt sind. Man beweist dann einerseits, daß $\text{lub}\{f_i\}$ ein Fixpunkt ist, und andererseits, daß $\text{lub}\{f_i\} \sqsubseteq g$ für jeden Fixpunkt g von τ, was auch die Eindeutigkeit ergibt.

Beispiel:
Zu

```
funct zer ≡ (int n) int:
        if n > 0 then n − 1 else zer(zer(n + 2)) fi
```

gehört das Funktional

```
τ[f] =def (int n) int: if n > 0 then n − 1 else f(f(n + 2)) fi    .
```

Es ergibt sich die mit τ gebildete Kette

```
f0(n) = Ω
f1(n) = if n > 0 then n − 1 else Ω fi
f2(n) = if n > 0 then n − 1
                     else if n + 1 > 0 then n else Ω fi fi
      =    if n > 0 then n − 1
        elsf n = 0 then 0
                     else Ω    fi   ,
```

und allgemein ($i \geq 2$)

```
fi(n) =    if n > 0                       then n − 1
        elsf n + 1 + 2 × (i − 2) > 0 then 0
                                          else Ω    fi   .
```

Für den Grenzwert folgt sofort

$$\text{lub}\{f_i(n)\} = \textbf{if } n > 0 \textbf{ then } n - 1 \textbf{ else } 0 \textbf{ fi} \quad .$$

(Beachte: Schränkt man den Definitionsbereich von *zer* auf **nat** ein, so ergibt sich bereits für alle $i \geqq 2$:

$$f_i(n) = \textbf{if } n > 0 \textbf{ then } n - 1 \textbf{ else } 0 \textbf{ fi} \quad .)$$

1.5.2.3 Der obige Fixpunktsatz, der auch auf Systeme erweitert werden kann und nicht an natürliche Zahlen als Objekte gebunden ist, motiviert die folgende Festlegung einer mathematischen Semantik für Rechenvorschriften:

Zu einer Rechenvorschrift mit der Funktionalgleichung $F(x) = \tau[F](x)$ (mit stetigem Funktional τ) soll als Abbildung gehören der schwächste Fixpunkt von τ.

Damit wird beispielsweise der Rechenvorschrift *zer* die Abbildung zugeordnet

$$zer_{\min}(n) =_{\text{def}} \textbf{if } n > 0 \textbf{ then } n - 1 \textbf{ else } 0 \textbf{ fi} \quad .$$

Für die Gleichung (**) ist nach der Erweiterung der schwächste Fixpunkt $mnv_{\min}$ tatsächlich gleich mnv_Ω, für (⁎⁎⁎) ist es K_Ω.

Im Beispiel (*) wird der Rechenvorschrift *morris* jetzt die Abbildung zugeordnet:

$$morris_{\min}(x, y) =_{\text{def}} \textbf{if } x \geqq y \wedge \textbf{even } (x - y) \textbf{ then succ } x \textbf{ else } \Omega \textbf{ fi} \quad .$$

Dagegen ist $morris_0(x, y) =_{\text{def}} \textbf{succ } x$ nach der natürlichen Erweiterung kein Fixpunkt mehr[19], da für $x \neq \Omega$, $y = \Omega$ gilt:

$$\tau[morris_0](x, y) = \textbf{if } x = \Omega \textbf{ then succ } \Omega \textbf{ else succ } x \textbf{ fi} = \Omega \quad .$$

Jedoch ist

$$morris_2(x, y) =_{\text{def}} \textbf{if } x = y \textbf{ then succ } y \textbf{ else succ } x \textbf{ fi} \quad ,$$

das für $x \neq \Omega$ mit $morris_0$ übereinstimmt, Fixpunkt.

Aufgabe 2: Man zeige, daß für die in morris, mnv und K verwendeten Funktionale die Monotonie-Eigenschaft erfüllt ist.

Es ist von Bedeutung, daß nach dem Fixpunktsatz sich lediglich strikte Funktionen ergeben, wenn Rechenvorschriften rekursiv, gestützt auf strikte Funktionen, mit Hilfe von Alternativen gebildet werden.

Es soll hier wenigstens noch eine kurze Bemerkung zur oben erwähnten zweiten Theorie gemacht werden. Hier führt man für Parametertupel eine von den Komponenten induzierte partielle Ordnung $\sqsubseteq_{\mathscr{M}}$ ein und definiert auf $\mathscr{D}_1^+ \times \mathscr{D}_2^+ \times \ldots \times \mathscr{D}_r^+$ statt strikten sogleich monotone Funktionen. Der übrige Aufbau geschieht dann unter Benutzung dieser monotonen Funktionen analog. Umgekehrt

---

19 $morris_0$ ist auch nicht strikt!

lassen sich die Beweise etwa aus Manna 1974 auf unseren Fall umschreiben. Bei allen bisher besprochenen Rechenvorschriften ergeben sich in beiden Theorien dieselben Grenzwerte (die die schwächsten Fixpunkte sind). Dies muß jedoch nicht immer so sein, wie das folgende Beispiel zeigt:

Die Rechenvorschrift (Manna, Ness, Vuillemin 1973)

```
funct ble ≡ (int x, int y) int:
      if x = 0 then 1
               else ble(x − 1, ble(x − y, y)) fi
```

hat in der ersten Theorie – wo ein Parametertupel insgesamt Ω ist, sobald eine Komponente Ω ist – als Fixpunkt den Grenzwert der Kette $f_0, f_1, f_2 \ldots$, wobei

$$
\begin{aligned}
f_0(x,y) &= \Omega \\
f_1(x,y) &= \textbf{if } x = 0 \textbf{ then } 1 \textbf{ else } f_0(x-1, f_0(x-y, y)) \textbf{ fi} \\
&= \textbf{if } x = 0 \textbf{ then } 1 \textbf{ else } \Omega \textbf{ fi} \\
f_2(x,y) &= \textbf{if } x = 0 \textbf{ then } 1 \textbf{ else } f_1(x-1, f_1(x-y, y)) \textbf{ fi} \\
&= \textbf{if } x = 0 \textbf{ then } 1 \\
&\qquad \textbf{else } f_1(x-1, \textbf{if } x-y = 0 \textbf{ then } 1 \textbf{ else } \Omega \textbf{ fi}) \textbf{ fi} \\
&= \textbf{if } x = 0 \textbf{ then } 1 \\
&\quad \textbf{elsf } x - y = 0 \textbf{ then } f_1(x-1, 1) \\
&\qquad \textbf{else } f_1(x-1, \Omega) \textbf{ fi} \\
&= \textbf{if } x = 0 \lor (x,y) = (1,1) \textbf{ then } 1 \\
&\qquad \textbf{else } \Omega \textbf{ fi} \quad ,
\end{aligned}
$$

analog

$$
\begin{aligned}
f_3(x,y) = \textbf{if } x = 0 \lor (x,y) = (1,1) \lor (x,y) = (2,2) \lor \\
(x,y) = (2,1) \textbf{ then } 1 \\
\textbf{else } \Omega \textbf{ fi} \quad ,
\end{aligned}
$$

und so weiter. Man erhält schließlich den Grenzwert

$$
\begin{aligned}
f_{\min}(x,y) = \textbf{if } x = 0 \lor (x > 0 \land y > 0 \land y | x) \textbf{ then } 1 \\
\textbf{else } \Omega \textbf{ fi}
\end{aligned}
$$

als schwächsten Fixpunkt nach der ersten Theorie.

In der zweiten Theorie entsteht dagegen die Kette $g_0, g_1, g_2, \ldots$, wobei

$$
\begin{aligned}
g_0(x,y) &= \Omega \\
g_1(x,y) &= \ldots = \textbf{if } x = 0 \textbf{ then } 1 \textbf{ else } \Omega \textbf{ fi} \\
g_2(x,y) &= \ldots = \textbf{if } x = 0 \textbf{ then } 1 \\
&\quad \textbf{elsf } x - y = 0 \textbf{ then } g_1(x-1, 1) \\
&\qquad \textbf{else } g_1(x-1, \Omega) \textbf{ fi} \\
&= \textbf{if } x = 0 \textbf{ then } 1 \\
&\quad \textbf{elsf } x = y \textbf{ then if } x - 1 = 0 \textbf{ then } 1 \textbf{ else } \Omega \textbf{ fi} \\
&\qquad \textbf{else if } x - 1 = 0 \textbf{ then } 1 \textbf{ else } \Omega \textbf{ fi fi} \\
&= \textbf{if } x = 0 \textbf{ then } 1 \\
&\quad \textbf{elsf } x = 1 \textbf{ then } 1 \\
&\qquad \textbf{else } \Omega \textbf{ fi} \\
&= \textbf{if } x = 0 \lor x = 1 \textbf{ then } 1 \textbf{ else } \Omega \textbf{ fi} \quad ,
\end{aligned}
$$

analog

$$g_3(x,y) = \textbf{if } x = 0 \lor x = 1 \lor x = 2 \textbf{ then } 1 \textbf{ else } \Omega \textbf{ fi}$$

und so weiter.

Das ergibt schließlich den Grenzwert

$$g_{\min}(x, y) = \textbf{if } x \geqq 0 \textbf{ then } 1 \textbf{ else } \Omega \textbf{ fi}$$

als schwächsten Fixpunkt nach der zweiten Theorie.

Man beachte, daß gilt $f_{\min} \sqsubseteq g_{\min}$ und $f_{\min} \neq g_{\min}$. Damit kann $f_{\min}$ in der zweiten Theorie nicht einmal Fixpunkt von *ble* sein, was sofort aus der Tatsache folgt, daß $g_{\min}$ dort der *schwächste* Fixpunkt ist.

Aber auch umgekehrt ist $g_{\min}$ in der ersten Theorie kein Fixpunkt, was durch einfaches Einsetzen sofort nachgerechnet werden kann.

Aus einem Satz von Vuillemin 1975 kann man jedoch folgern: Wenn der – nach der zweiten Theorie bestimmte – Fixpunkt strikt ist, so stimmt er mit dem Fixpunkt der ersten Theorie überein. Wie man schon der sehr speziellen Konstruktion von *ble* ansieht, ist diese Bedingung nur bei sehr wenigen Funktionen verletzt. D. h., die Unterscheidung der beiden Theorien ist vor allem von theoretischem Interesse und hat für die überwiegende Mehrzahl aller in der Praxis auftretenden Rechenvorschriften keinerlei Auswirkungen.

Die Fixpunkttheorie ist insbesondere auch für nicht-terminierende Rekursionen nützlich. Prominentestes Beispiel dafür sind Rekursionen, die den Sprachschatz einer kontextfreien Grammatik (eine nicht-endliche Menge!) definieren, vgl. auch 3.4.4. Eine andere Anwendung wird uns in 1.14.3 begegnen.

1.6 Induktionsbeweise für Eigenschaften von Rechenvorschriften

Beim Nachweis von Eigenschaften rekursiver Rechenvorschriften kommt man im allgemeinen nicht ohne Induktion aus (McCarthy 1961). Zwei Verfahren haben sich in der Praxis als besonders nützlich erwiesen: die **Berechnungsinduktion** (engl.: *computational induction*), die sich auf die Fixpunkttheorie gründet, und die **Parameterinduktion** (engl.: *structural induction*), die sich an den „üblichen" mathematischen Induktionsmethoden orientiert.

Streng genommen, bedeutet ein Induktionsbeweis das Aufzeigen einer Beweisstrategie (Lorenzen 1962).

1.6.1 Die Berechnungsinduktion

Um für den schwächsten Fixpunkt $f_{\min}$ einer Rechenvorschrift

$$\textbf{funct } f \equiv \tau[f]$$

eine gewisse Eigenschaft $P(f_{\min})$ nachzuweisen, zeigt man, daß P für jede Funktion der mit $f_0 = \Omega$ beginnenden Kette $f_0, f_1, f_2, \ldots$ iterierter Funktionen gilt, wobei also

$$f_0(x) = \Omega$$
$$f_{i+1}(x) = \tau[f_i](x), \quad i = 0, 1, 2, \ldots ;$$

denn damit gilt P auch für den Grenzwert $f_{min} \equiv \text{lub}\{f_i\}$. Allerdings sind dabei nicht beliebige Prädikate P zugelassen, jedenfalls aber solche von der Bauart[20]

$$P[f] : \alpha[f](x) = \beta[f](x) \quad ,$$

wobei α und β stetige Funktionale sind.

Der Induktionsanfang $P[f_0]$ ist trivialerweise erfüllt, wenn α und β nur aus strikten Funktionen aufgebaut sind und f in $\alpha[f]$ und in $\beta[f]$ tatsächlich vorkommt, denn dann gilt:

$$\alpha[f_0](x) = \Omega = \beta[f_0](x) \quad .$$

Als Induktionsschritt ist zu zeigen, daß P beim Übergang von einem Glied der Kette zum nächsten gültig bleibt; dies ist sicher dann der Fall, wenn für beliebige Funktionen f aus der *Induktions-Voraussetzung* $P[f]$ folgt, daß auch $P[\tau[f]]$ gilt.

Zusammenfassend erhält man das

Prinzip der Berechnungsinduktion (de Bakker, Scott 1969, vgl. Manna 1974):
Für den schwächsten Fixpunkt f_{min} einer Rechenvorschrift

funct $f \equiv \tau[f]$

gilt eine Eigenschaft $P[f_{min}]$, wenn P für Ω gilt und unter der Anwendung[21] von τ invariant bleibt:

$$\forall f, f \text{ strikt}: P[f] \Rightarrow P[\tau[f]] \quad .$$

Diese Methode überträgt sich direkt auf Systeme von Rechenvorschriften; ein besonders wichtiger Fall ist dabei der Nachweis der Gleichwertigkeit zweier Rechenvorschriften f und g als Eigenschaft des Systems (f, g):

$$P[f_{min}, g_{min}] \quad ,$$

wobei

$$P[f, g] : f(x) = g(x) \quad .$$

Beispiel: Für die Rechenvorschriften

```
funct fac ≡ (nat n) nat:
      if n = 0 then 1
               else n × fac(n − 1) fi    ,
```

kurz

funct $fac \equiv \tau[fac]$,

20 Wir beschränken uns hier auf Fälle, die im Rahmen dieses Buches benötigt werden; für eine genauere Diskussion siehe etwa Manna 1974, wo auch eine größere Klasse von zulässigen Prädikaten angegeben wird.

21 Die Anwendung von τ muß dabei im Sinne der Theorie des *smash*-Produkts erfolgen, vgl. die Berechnung von f_{min} für *ble* in 1.5.

und

$$\textbf{funct}\ fact \equiv (\textbf{nat}\ n, \textbf{nat}\ z)\ \textbf{nat}: \\ \textbf{if}\ n = 0\ \textbf{then}\ z \\ \textbf{else}\ fact(n-1, z \times n)\ \textbf{fi} \quad ,$$

kurz

$$\textbf{funct}\ fact \equiv \sigma[fact] \quad ,$$

soll gezeigt werden

$$P\left[fac_{min}, fact_{min}\right] \quad ,$$

wobei

$$P[f, g] : f(n) = g(n, 1) \quad .$$

Zunächst wird die allgemeinere Eigenschaft $Q\left[fac_{min}, fact_{min}\right]$ mit

$$Q[f, g] : f(n) = g(n, 1) \quad \wedge \quad a \times g(n, z) = g(n, a \times z)$$

bewiesen, aus der $P\left[fac_{min}, fact_{min}\right]$ dann unmittelbar folgt. Dazu wird die Invarianz von Q unter Anwendung von τ und σ auf f bzw. g gezeigt:

$$\begin{aligned} & \tau[f](n) \\ = & \ \textbf{if}\ n = 0\ \textbf{then}\ 1 \\ & \qquad \textbf{else}\ n \times f(n-1)\ \textbf{fi} \\ =_{(\text{Vor.})} & \ \textbf{if}\ n = 0\ \textbf{then}\ 1 \\ & \qquad \textbf{else}\ n \times g(n-1, 1)\ \textbf{fi} \\ =_{(\text{Vor.})} & \ \textbf{if}\ n = 0\ \textbf{then}\ 1 \\ & \qquad \textbf{else}\ g(n-1, n \times 1)\ \textbf{fi} \\ = & \ \textbf{if}\ n = 0\ \textbf{then}\ 1 \\ & \qquad \textbf{else}\ g(n-1, 1 \times n)\ \textbf{fi} \\ = & \ \sigma[g](n, 1) \end{aligned}$$

und

$$\begin{aligned} & a \times \sigma[g](n, z) \\ = & \ a \times \textbf{if}\ n = 0\ \textbf{then}\ z \\ & \qquad \textbf{else}\ g(n-1, z \times n)\ \textbf{fi} \\ = & \ \textbf{if}\ n = 0\ \textbf{then}\ a \times z \\ & \qquad \textbf{else}\ a \times g(n-1, z \times n)\ \textbf{fi} \\ =_{(\text{Vor.})} & \ \textbf{if}\ n = 0\ \textbf{then}\ a \times z \\ & \qquad \textbf{else}\ g(n-1, a \times (z \times n))\ \textbf{fi} \\ = & \ \textbf{if}\ n = 0\ \textbf{then}\ a \times z \\ & \qquad \textbf{else}\ g(n-1, (a \times z) \times n)\ \textbf{fi} \\ = & \ \sigma[g](n, a \times z) \quad . \end{aligned}$$

Für diesen Beweis wurde im wesentlichen nur benutzt, daß die Multiplikation eine assoziative Verknüpfung mit dem neutralen Element 1 ist (wir kommen darauf in 4.2.1 noch zurück).

1.6.2 Die Parameterinduktion

Im Gegensatz zur Berechnungsinduktion baut die Parameterinduktion nicht auf der Fixpunkttheorie auf. Aus diesem Grund gibt es auch keinerlei Einschränkungen für die Eigenschaften $P\lceil F \rceil$. Notwendig ist nur, daß der Parameterbereich $\mathscr{D}$ der Rechenvorschrift eine Noethersche (Strikt-)Ordnung $\lessdot$ besitzt. Analog zu den Induktionsmethoden der Mathematik ist hier zu zeigen: für beliebige Elemente $a \in \mathscr{D}$ ist die Eigenschaft P erfüllt, sobald P für alle $b \lessdot a$ erfüllt ist. Formal ergibt sich also das

Prinzip der Parameterinduktion (Burstall 1969):

Für eine Rechenvorschrift F, deren Definitionsbereich $\mathscr{D}$ eine Noethersche (Strikt-)Ordnung $\lessdot$ besitzt, gilt die Eigenschaft

$$\forall x \in \mathscr{D}: P\lceil F(x) \rceil \quad ,$$

wenn gilt[22]

$$\forall a \in \mathscr{D}: ((\forall b \in \mathscr{D}, b \lessdot a: P\lceil F(b) \rceil) \Rightarrow P\lceil F(a) \rceil) \quad .$$

Beispiel: Für die Rechenvorschrift (1.4.1, b))

```
funct mod ≡ (nat a, nat b) nat:
      if a < b then a
               else mod(a − b, b) fi
```

gilt:

$$P\lceil mod \rceil: b \neq 0 \Rightarrow mod(a, b) < b \quad .$$

Beweis: Als Noethersche Ordnung diene hier

$$(a_1, b_1) \lessdot (a_2, b_2) \Leftrightarrow_{\text{def}} a_1 < a_2$$

Induktionsannahme:

$$mod(c, b) < b \quad \text{gilt für alle} \quad c < a.$$

Dann gilt wegen $b \neq 0$ insbesondere

$$mod(a - b, b) < b \quad .$$

Nach der Definition von *mod* folgt sofort:

falls $a < b$: $mod(a, b) = a < b$,
falls $a \geq b$: $mod(a, b) = mod(a - b, b) < b$.

---

22 Der Induktionsanfang ist in dieser Formel enthalten: Wenn es zu einem a_0 kein kleineres b gibt, so ist die Prämisse wahr, also ist $P\lceil F(a_0) \rceil$ zu zeigen.

(Beachte, daß diese Eigenschaft von *mod* notwendig ist, um in Beispiel c) von 1.4.1 die Terminierung der Rechenvorschrift *gcd* nachzuweisen.)

Die Parameterinduktion kann auch verwendet werden, um etwa in komplizierten Fällen geschachtelter Rekursionen die Terminierung zu beweisen: Für

```
funct ack ≡ (nat x, nat y) nat:
        if x = 0 then y + 1
      elsf y = 0 then ack(x - 1, 1)
              else ack(x - 1, ack(x, y - 1)) fi
```

zeige man die Gültigkeit von

$P\lceil ack \rceil$: „Die Rechenvorschrift *ack* terminiert für alle Argumente x, y aus ihrem Definitionsbereich".

Beweis (Manna, Ness, Vuillemin 1973): Als Noethersche Ordnung $\lessdot$ nimmt man die lexikographische Ordnung der Zahlenpaare

$$(x_1, y_1) \lessdot (x_2, y_2) \Leftrightarrow_{\text{def}} x_1 < x_2 \vee (x_1 = x_2 \wedge y_1 < y_2) \quad .$$

In dieser Ordnung sind die Parameter aller drei vorkommenden rekursiven Aufrufe kleiner als (x, y). Also terminieren nach Induktionsvoraussetzung alle diese Aufrufe und damit auch $ack(x, y)$ selbst.

Verglichen mit der verwandten Methode von 1.4.2 hat dieser Terminierungsbeweis den Vorteil, daß man keine geeigneten Funktionen δ explizit angeben muß.

1.7 Operative Semantik: Maschinen

Man muß die Bedeutung einer Rechenvorschrift nicht unbedingt dadurch erklären, daß man die zugehörige Abbildung beschreibt; eine andere Möglichkeit besteht darin, eine *abstrakte Maschine* anzugeben und zu zeigen, wie diese Maschine die Rechenvorschrift abarbeitet. Diese zweite Methode wird als *operative Semantik* (engl.: *operational semantics*) bezeichnet. Wir werden hier zwei Grundtypen von Maschinen betrachten: Die Textersetzungsmaschinen und die Kellermaschinen. Auch für das Verständnis nicht-rekursiver Rechenvorschriften sind solche abstrakten Maschinen nützlich, obwohl hier die operative Semantik intuitiv klar ist.

1.7.1 Expandieren und Komprimieren

Zum besseren Verständnis der im Anschluß zu behandelnden Textersetzungsmaschinen diskutieren wir zunächst zwei elementare *Programmtransformationen*, die (unter gewissen Voraussetzungen) den schwächsten Fixpunkt unverändert lassen:

a) **Expandieren**, d. h. textuelle Ersetzung des Aufrufs einer Rechenvorschrift durch ihren Rumpf, wobei für die formalen Parameter die aktuellen Objekte (Argumente) substituiert werden, und invers dazu

b) **Komprimieren**, d. h. textuelle Ersetzung eines Ausdrucks durch den Aufruf einer Rechenvorschrift, deren Rumpf nach Substitution der Parameter mit diesem Ausdruck übereinstimmt.

Beide Umformungen traten uns bereits entgegen, etwa in 1.3: die Hilfsrechenvorschrift *s* wurde zu dem Zweck eingeführt, im Rumpf von *heron* zu komprimieren; durch die „Probe" des „Einkopierens" oder „direkten Einsetzens", also durch Expandieren von *s*, wurde diese Einbettung auf das Einsetzungsprinzip abgestützt.

Expandieren und Komprimieren haben jedoch eine besondere Bedeutung in rekursiven Situationen; Expandieren kann zum „Strecken" einer Rekursion dienen[23]. Darunter versteht man das (wiederholte) Herausziehen eines Schrittes aus einer Rekursion. So führt beispielsweise für *fac* (1.4.1, Beispiel a)) einmaliges Expandieren zu

```
funct fac ≡ (nat n) nat:
      if n = 0 then 1
               else n × (if n − 1 = 0 then 1
                                      else (n − 1) × fac((n − 1) − 1) fi) fi   .
```

„Durchziehen der Bedingung" und triviale Algebra ergeben

```
funct fac ≡ (nat n) nat:
      if n = 0 then 1
               else if n = 1 then n × 1
                             else n × (n − 1) × fac(n − 2) fi fi   .
```

Die Rekursion braucht nunmehr nur noch halb soviel Aufrufe wie vorher und endet mit den Terminierungsfällen $n = 0$ oder $n = 1$, je nachdem ob n gerade oder ungerade ist. Eine weitere Vereinfachung bringt noch der Schritt, im Zweig $n = 1$ der inneren Alternative das Ergebnis $n \times 1$ durch 1×1, d. h. durch 1, zu ersetzen (‚Spezialisierung des Einzelfalles').

Im Endergebnis erhält man also

```
funct fac ≡ (nat n) nat:
          if   n = 0 then 1
          elsf n = 1 then 1
                     else n × (n − 1) × fac(n − 2) fi   .
```

23 Der Ausdruck „Strecken" geht auf Rutishauser 1952 zurück.

Dies kann noch vereinfacht werden zu

```
funct fac ≡ (nat n) nat:
      if n ≦ 1 then 1
               else n × (n − 1) × fac(n − 2) fi   .
```

Aufgabe 1: Man expandiere den Aufruf von mod in der Rechenvorschrift gcd von 1.4.1 b) und vereinfache anschließend.

Einen weiteren Anwendungsbereich zeigt das folgende Beispiel, in dem *wiederholtes* Expandieren einen Weg zeigt, wie eine gegebene Rechenvorschrift in eine gleichwertige Variante umgeformt werden kann[24]:

Aus der Rechenvorschrift

```
    funct gcd ≡ (nat a, nat b) nat:
(*)       if    b = 0 then a
          elsf a < b then gcd(b, a)
                     else gcd(a − b, b) fi
```

erhält man schrittweise durch Expandieren in der jeweils letzten Zeile und einfache algebraische Manipulationen

```
if    b = 0        then a
elsf a < b         then gcd(b, a)
elsf a < 2 × b then gcd(b, a − b)
                   else gcd(a − 2 × b, b) fi,
```

```
if    b = 0        then a
elsf a < b         then gcd(b, a)
elsf a < 2 × b then gcd(b, a − b)
elsf a < 3 × b then gcd(b, a − 2 × b)
                   else gcd(a − 3 × b, b) fi   ,
```

schließlich für beliebiges $q \geqq 1$

```
if    b = 0        then a
elsf a < b         then gcd(b, a)
elsf a < 2 × b then gcd(b, a − b)
          ⋮
elsf a < q × b then gcd(b, a − (q − 1) × b)
                   else gcd(a − q × b, b)       fi   .
```

Sei nun q derart, daß gilt

$$a \geqq q \times b \quad \text{und} \quad a < (q + 1) \times b \quad ;$$

24 Die Gleichwertigkeit ist dann allerdings noch durch einen formalen Induktionsbeweis (1.6) nachzuweisen.

dann verbleibt wegen $a \geqq q \times b$

```
if b = 0 then a
         else gcd(a − q × b, b) fi   .
```

Wegen $a < (q + 1) \times b$ ist aber $a - q \times b < b$, so daß weiteres Expandieren von *gcd* ergibt

```
if b = 0 then a
         else gcd(b, a − q × b) fi   .
```

Da für das angegebene q aber $a - q \times b$ gerade der Rest der Division von a durch b ist, ergibt sich (vgl. 1.4.1 b))

```
     funct gcd ≡ (nat a, nat b) nat:
(**)     if b = 0 then a
                  else gcd(b, mod(a, b)) fi   ,
```

wobei *mod* nach dem Induktionsschritt offensichtlich zu bestimmen ist als

```
funct mod ≡ (nat a, nat b) nat:
    if a < b then a
              else mod(a − b, b) fi   .
```

In 1.11.2 wird sich ein Weg ergeben, der diesen formal schwierigen Übergang von (*) nach (**) vermeidet.

Aufgabe 2: Zeige, daß durch Expandieren aus den Systemen d) und g) von 1.4.1 je eine Rechenvorschrift eliminiert werden kann (vgl. 1.4.3).

Aufgabe 3: Eliminiere med aus dem System (divtwo, med) in 1.5.2

Expandieren und Komprimieren bergen die Gefahr in sich, daß der schwächste Fixpunkt verändert wird.

Beim Expandieren tritt dieses Problem allerdings nur bei so artifiziellen Beispielen wie *ble* auf und ist harmlos: der schwächste Fixpunkt der neuen Rechenvorschrift kann echt *stärker* sein als der der ursprünglichen Rechenvorschrift. In praktischen Anwendungen ist diese Transformation im allgemeinen unkritisch. (Wird als mathematische Semantik die zweite Theorie verwendet, so erhält Expandieren sogar den schwächsten Fixpunkt.)

Beim Komprimieren kann dagegen die Terminierung verlorengehen, der schwächste Fixpunkt der neuen Rechenvorschrift kann echt *schwächer* sein als der der alten Rechenvorschrift. Ein simples Beispiel ergibt sich insofern, als der Rumpf einer Rechenvorschrift F natürlich alle Voraussetzungen erfüllt, um zu einem Aufruf von F komprimiert zu werden. Daraus entsteht dann die Rechenvorschrift

```
funct F ≡ (λ x) ρ: F(x)   ,
```

die offensichtlich total undefiniert ist.

1.7.2 Teilberechnung

Ist im Aufruf einer Rechenvorschrift ein Argument eine Konstante, also nicht selbst formaler Parameter, so bewirkt die Operation des Expandierens das Auftreten dieses konstanten Objekts im Rumpf der Rechenvorschrift (**Instantiierung**) und damit die Möglichkeit von Vereinfachungen, insbesondere die Reduktion von Fallunterscheidungen. Als Beispiel sei die auf Ackermann 1928 zurückgehende Rechenvorschrift zugrunde gelegt:

```
funct hyp ≡ (nat i, nat x, nat y) nat:
      if i = 0 then succ y
               else if y = 0 then if    i = 1 then x
                                  elsf i = 2 then 0
                                              else 1 fi
                             else hyp(pred i, x, hyp(i, x, pred y)) fi fi   .
```

Expandieren des Aufrufs *hyp*(0, *x*, *y*) ergibt trivialerweise **succ** *y*.
Expandieren des Aufrufs *hyp*(1, *x*, *y*) in der Einbettung

```
funct addh ≡ (nat x, nat y) nat: hyp(1, x, y)
```

ergibt

```
if y = 0 then x
         else hyp(0, x, hyp(1, x, pred y)) fi   .
```

Die Anwendung der obigen Äquivalenz *hyp*(0, *x*, *y*) = **succ** *y* und Komprimieren ergeben sodann

```
funct addh ≡ (nat x, nat y) nat:
      if y = 0 then x
               else succ addh(x, pred y) fi   ,
```

also eine Definition der Addition, gestützt auf **succ** und **pred** (vgl. Aufgabe 1.4.4-2).
Für die nächste Einbettung

```
funct multh ≡ (nat x, nat y) nat: hyp(2, x, y)
```

entsteht analog zunächst durch Expandieren

```
if y = 0 then 0
         else hyp(1, x, hyp(2, x, pred y)) fi   .
```

Zweimaliges Komprimieren ergibt sodann

```
funct multh ≡ (nat x, nat y) nat:
      if y = 0 then 0
               else addh(x, multh(x, pred y)) fi   ,
```

also die Definition der Multiplikation, gestützt auf das eben definierte *addh* und **pred** (vgl. ebenfalls Aufgabe 1.4.4-2).

In gleicher Weise erhält man für die Einbettung

```
funct powh ≡ (nat x, nat y) nat: hyp(3, x, y)
```

die rekursive Definition der Potenzfunktion

```
funct powh ≡ (nat x, nat y) nat:
      if y = 0 then 1
               else multh(x, powh(x, pred y)) fi   .
```

Für $i > 3$ ergeben sich die sogenannten Hyperpotenzfunktionen.

Eine andere mögliche Einbettung mittels *hyp* ist

```
funct ackh ≡ (nat x, nat y) nat: hyp(x, 2, y)   .
```

Expandieren und (zweimaliges) Komprimieren ergibt

```
funct ackh ≡ (nat x, nat y) nat:
      if x = 0 then y + 1
               elsf y = 0 then if   x = 1 then 2
                               elsf x = 2 then 0
                                          else 1 fi
                          else ackh(x - 1, ackh(x, y - 1)) fi
```

eine Definition, die uns in 1.6.2 in leicht abgeänderter Form bereits begegnet ist.

Schließlich sollen noch Aufrufe von *hyp* betrachtet werden, bei denen zwei der Argumente Konstante sind, etwa

hyp(2, 3, *x*) oder *hyp*(2, *x*, 3) .

Der Aufruf *hyp*(2, 3, *x*) ist gleichwertig zu *multh*(3, *x*), es ergibt sich keine weitere Vereinfachung. Anders ist es mit *hyp*(2, *x*, 3), also mit *multh*(*x*, 3). Expandieren ergibt zunächst

addh(*x*, *multh*(*x*, 2)) ,

dann

addh(*x*, *addh*(*x*, *multh*(*x*, 1)))

und schließlich

addh(*x*, *addh*(*x*, *addh*(*x*, 0))) .

Die Rekursion von *multh* kann also, wenn das zweite Argument eine Konstante ist, in einen Ausdruck **gestreckt** werden. Ershov 1977 nennt einen solchen Vorgang eine „gemischte Berechnung“.

1.7.3 Textersetzungsmaschinen

Als Extremfall der Teilberechnung kann ein Aufruf einer Rechenvorschrift, bei dem alle Argumente Konstante sind, so lange abwechselnd expandiert und vereinfacht werden, bis nur noch ein konstantes Objekt übrigbleibt – das Ergebnis des Aufrufs. Eine formale Fassung dieses Vorgehens[25] liefert die Definition der Arbeitsweise von **Textersetzungsmaschinen** (die für den nichtrekursiven Fall trivial sind):

Sei **funct** $F \equiv \tau\lfloor F \rfloor$ eine (rekursive) Rechenvorschrift[26] über einem Definitionsbereich $\mathcal{D}$. Für einen Eingabewert $d \in \mathcal{D} \cup \{\Omega\}$ wird die Sequenz der Terme $t_0, t_1, t_2, \ldots$ folgendermaßen konstruiert:

1. Starte mit $t_0 =_{\text{def}} F(d)$
2. Für $i = 0, 1, 2, \ldots$ bilde t_{i+1} aus t_i in zwei Schritten:
2.1. *Expansion* („Substitution"): *Gewisse* Vorkommnisse von F in t_i werden simultan expandiert;
2.2. *Vereinfachung:* Primitive Operationen werden, soweit möglich, ausgewertet. (Vor allem Fallunterscheidungen werden dabei, soweit möglich, auf einen Zweig reduziert.)

Der Vorgang, **Ablauf** genannt, endet (die Maschine „terminiert"), wenn kein Schritt mehr anwendbar ist, wenn also der letzte Term t_k ein Objekt ist.

Die verschiedenen Textersetzungsmaschinen unterscheiden sich darin, wie der Ausdruck *gewisse* in Schritt 2.1 spezifiziert wird. Zum Beispiel wird bei der **Herbrand-Kleene-Maschine** *gewisse* durch *alle* ersetzt **(Vollsubstitutions-Berechnungsregel)**[27].

Beispiel: Berechnung von *ble*(1, 0) (vgl. 1.5)

funct *ble* = (**int** *x*, **int** *y*) **int**:
  if $x = 0$ **then** 1 **else** *ble*$(x - 1, ble(x - y, y))$ **fi** .

t_0 ist *ble*(1, 0)

t_1 aus **if** $1 = 0$ **then** 1 **else** *ble*$(1-1, ble(1-0, 0))$ **fi**

  vereinfacht: *ble*(0, *ble*(1, 0))

t_2 aus **if** $0 = 0$ **then** 1 **else** *ble*$(0-1, ble(0-$ [ ], [ ]$))$ **fi** ,

  vereinfacht: 1

Aufgabe 1: Man berechne ble(2, 1).
Aufgabe 2: Man berechne fac(3) *und gcd*(30, 18) *gemäß den Rechenvorschriften a) von 1.4.1 bzw. (*) von 1.7.1 mit der Herbrand-Kleene-Maschine.*

Andere bekannte Berechnungsregeln, die mit weniger Aufwand auszukommen versuchen, sind:

Substitution *des am weitesten links stehenden F* (**LO-Regel**, *„leftmost-outermost"-rule*).

25 Manna 1974, S. 375.
26 Beachte, daß F mehrfach in τ auftreten kann. Die Erweiterung auf Systeme ist offensichtlich.
27 Genaugenommen hat Kleene 1936, zurückgehend auf Herbrand 1931, eine etwas diffizilere Vorschrift gegeben.

Substitution *des am weitesten links stehenden F, dessen Argumente keine F's mehr enthalten* (**LI-Regel**, „*leftmost-innermost*"-*rule*).

Die LI-Regel verlangt, kurz gesagt, daß alle Argumente als Werte weitergereicht werden – in Übereinstimmung mit der „natürlichen" Sequentialisierung von 1.4.4 –, während sie nach der LO-Regel als Ausdrücke übergeben werden[28].

Diese beiden Berechnungsregeln sind nicht gleichwertig: Für den Aufruf *ble*(1, 0) terminiert eine nach der LO-Regel arbeitende Maschine und liefert den Wert 1, während eine nach der LI-Regel arbeitende Maschine nicht terminiert. Generell liefert die erstere Maschine, wie man durch mathematische Induktion zeigt,

$$ble_{\mathrm{LO}}(x, y) =_{\mathrm{def}} \textbf{if } x \geqq 0 \textbf{ then } 1 \textbf{ else } \Omega \textbf{ fi} \quad ,$$

während die andere das schwächere Resultat

$$ble_{\mathrm{LI}}(x, y) =_{\mathrm{def}} \textbf{if } x = 0 \vee (x > 0 \wedge y > 0 \wedge y \mid x) \textbf{ then } 1 \textbf{ else } \Omega \textbf{ fi} \quad ,$$

das heißt aber genau den schwächsten Fixpunkt $f_{\min}(x, y)$, vgl. 1.5, ergibt.

Der Fixpunktsatz legt die Forderung nahe, daß eine Maschine genau den schwächsten Fixpunkt berechnen soll, d. h., daß sie (wohldefinierte) Ergebnisse nur für denjenigen Teil des Definitionsbereiches liefert, auf dem alle Fixpunkte übereinstimmen, d. h. Werte haben, und im übrigen Bereich nicht terminiert. Maschinen, die immer den schwächsten Fixpunkt berechnen, heißen **sicher**.

Wie in 1.5 gezeigt wurde, kann eine Rechenvorschrift mehrere verschiedene schwächste Fixpunkte haben, abhängig davon, welche mathematische Theorie benutzt wird. Der Begriff „sicher" ist daher nur relativ zu einer bestimmen Theorie zu verstehen.

Es läßt sich zeigen, daß (für die erste Theorie) die LI-Regel stets den schwächsten Fixpunkt liefert, während die LO-Regel, wie oben gezeigt, und die Vollsubstitutionsregel gelegentlich einen stärkeren Fixpunkt liefern[29].

Die mit der LI-Regel arbeitende Maschine ist also (für die erste Theorie) eine sichere Maschine. Dies ist von größter praktischer Bedeutung, weil die LI-Regel dem „Wertaufruf" (engl. *call by value*) von ALGOL entspricht. Nach dieser Regel wird eine Funktion erst dann ausgewertet, wenn alle ihre Argumente vorliegen[30]; das bedeutet aber, daß Ausdrücke auf den Argumentpositionen nur einmal ausgewertet werden, während sie etwa bei der LO-Regel jedesmal neu berechnet werden müssen, wenn der betreffende Parameter im Rumpf auftritt. Man sieht das bereits an dem einfachen Beispiel

funct *dupl* ≡ (**int** *a*) **int**: *a* + *a*

---

28 Es gibt noch weitere Regeln, insbesondere die *D*-Regel („normal computation rule", Manna, Ness, Vuillemin 1973, Vuillemin 1973), die als eine strategische Kombination von LI-Regel und LO-Regel angesehen werden kann (s. 1.14.3).

29 LO-Regel und Vollsubstitutionsregel liefern den schwächsten Fixpunkt in der zweiten Theorie.

30 Alternativen werden jedoch vereinfacht, auch wenn der nicht zutreffende Zweig noch nicht behandelt ist. Sie spielen als nicht-strikte Operationen (in der ersten Theorie) ohnehin eine ausgezeichnete Rolle.

etwa für den Aufruf

dupl(*powh*(2, *m*)) .

Wenn wir also künftig annehmen, daß (vgl. 1.5) alle rekursiven Definitionen auf strikte Funktionen abgestützt sind und somit ein schwächster Fixpunkt (nach der ersten Theorie) stets bestimmt ist, so berechnet eine nach der LI-Regel arbeitende Textersetzungsmaschine (**ALGOL-Maschine**) gerade diesen (der übrigens wieder eine strikte Funktion ist).

Aufgabe 3: Wieviel Schritte braucht die Berechnung von ble(4, 2) *nach der Vollsubstitutionsregel und nach der leftmost-innermost-Regel?*

Aufgabe 4: Für die Ackermann-Hermes-Funktion ack von 1.6.2 berechne man ack(2, 0) *und ack*(4, 4).

Neben Monstern wie *ack* oder *ble*, die der Fixpunkttheorie ihre Würze geben, könnte man leicht übersehen, daß es auch „einfachere" rekursive Definitionen gibt. Für linear rekursive und damit insbesondere für repetitive Systeme fallen alle Berechnungsregeln zusammen und liefern den gleichen (schwächsten) Fixpunkt. Es verbleibt lediglich festzustellen, für welche Argumente die ALGOL-Maschine terminiert, vgl. 1.4.2.

1.7.4 Die Kellermaschine

1.7.4.1 In 1.7.3 wurden Textersetzungsmaschinen zur Verarbeitung von (rekursiven) Rechenvorschriften betrachtet, die sich nur durch den verwendeten Ersetzungsmechanismus unterscheiden. Es zeigte sich dabei, daß anstelle der Vollsubstitutions-Berechnungsregel unter gewissen Sicherheitsvorkehrungen auch die weniger aufwendige LI-Regel verwendet werden kann. Im folgenden wird eine solche ALGOL-Maschine, die „Kellermaschine", angegeben, die gegenüber den theoretischen Textersetzungsmaschinen stärker mechanisiert erscheint: sie arbeitet ausgeprägt sequentiell, ist deutlich arbeitsteilig organisiert und benutzt besondere Mechanismen, um die Rekursion zu bewältigen.

Die **Kellermaschine** (s. Abb. 1.7) hat zwei Verarbeitungseinheiten: ein **Rechenwerk,** das (primitive) Operationen durchführt, und ein **Leitwerk**, das den Ablauf regelt nach Maßgabe eines **Programmzettels**, und schließlich zwei Einrichtungen zur zeitweiligen Speicherung: einen **Werte-Keller** (engl. *value stack*), auch **Parameter-Keller** genannt, und einen **Protokoll-Keller** (engl. *protocol stack*).

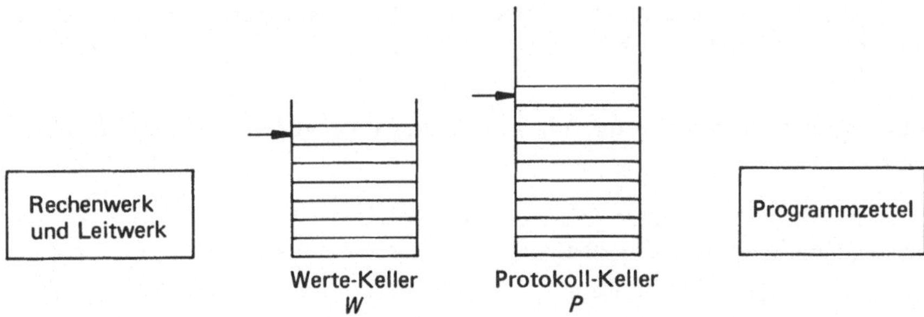

Abb. 1.7. Bestandteile der Kellermaschine

Wir werden die Kellermaschine und ihre Einrichtungen nur informell betrachten mit dem Ziel, Erkenntnisse über das Wesen der Rekursivität zu gewinnen, die den weiteren Aufbau der algorithmischen Sprache leiten sollen. Begriffe wie Rechenwerk oder Keller, die hier nur pragmatisch gebraucht werden, werden im Verlauf der weiteren Entwicklung der Sprache formal und inhaltlich präzisiert werden.

Wir wollen der Einfachheit halber annehmen, daß die Beschreibung einer Rechenvorschrift außer in der gewohnten linearen Aufschreibung auch als kompletter Kantorovic-Baum vorliegt (vgl. 1.4.3). Dann ist es ein leichtes, auch die zugehörige klammerfreie Postfix-Schreibweise anzugeben. Entsprechend der Sonderstellung der **if. then. else. fi**-Konstruktion in der Textersetzungsmaschine behalten wir jedoch **iftruethen**, **else** und **fi** als trennende Postfix-Symbole bei.

Die Rechenvorschrift *fib* (vgl. 1.4.3)

funct *fib* ≡ (**nat** *n*) **nat**:
  if $n \leqq 1$ **then** 1
    else $fib(n-2) + fib(n-1)$ **fi**

lautet dann in klammerfreier Postfix-Schreibweise

$n\ 1 \leqq$ **iftruethen** 1 **else** $n\ 2 - fib\ n\ 1 - fib +$ **fi** .

Dies nennen wir ein **Programm** für die Kellermaschine, das auf dem Programmzettel verzeichnet ist, und nach dem die Maschine in links-vor-rechts-Sequentialisierung arbeitet.

Dabei werden im (artunspezifischen) Wertekeller Zwischenergebnisse aufbewahrt und in typischer Stapelmanier (*last-in-first-out*) für anfallende Operationen bereitgehalten. Die Rekursivität drückt sich in Aufrufen („Rückkehrsprüngen") verschiedener **Inkarnationen**[31] derselben Rechenvorschrift aus, deren Abfolge im Protokollkeller festgehalten wird. Eine nicht-rekursive Rechenvorschrift beansprucht, wie sich noch zeigen wird, den Protokollkeller nicht.

Der leichteren Erkennung wegen wird *vor* jedes Objekt und *vor* jeden Parameter das (Befehls-)Symbol **load** bzw. **loadp** eingefügt, außerdem vor jedes Operationszeichen und vor jede Rechenvorschriftsbezeichnung das (Befehls-)Symbol **exec**, ergänzt durch die Angabe der Anzahl der Parameter und Ergebnisse[32]. *Nach* der gesamten Aufzeichnung einer Rechenvorschrift wird das (Befehls-)Symbol **return** eingefügt (auch bei primitiven Rechenvorschriften ist am Ende ein **return** zu unterstellen), ergänzt durch die Angabe der Anzahl der Ergebnisse. Der erste Befehl einer Rechenvorschrift bekommt als Marke die Bezeichnung der Rechenvorschrift. (Wir wollen auch die übrigen Befehle markieren, um den Ablauf besser beschreiben zu können.)

1.7.4.2 Ein solches Programm genügt folgender Syntax (in erweiterter ALGOL-Beschreibungsform)

‹Programm› ::= ‹Befehlssequenz› ‹Marke›: **return** [‹*e*›]
‹Befehlssequenz› ::= {‹Marke›: ‹Befehl›}*

31 Den Ausdruck hat Dijkstra 1960 eingeführt.
32 Systematisch wäre es, auch etwa **load** 1 als **exec** 1 [0, 1] aufzufassen.

```
‹Befehl›        ::= load ‹Objekt› | loadp ‹Parameter› |
                    exec ‹Funktion› [‹p›, ‹e›] | .
                    iftruethen ‹Befehlssequenz›
                          else ‹Befehlssequenz› fi |
                    goto ‹Funktion› [‹p›]
```

Dabei bedeuten:

‹Objekt›	eine Konstante, angegeben durch eine Objektbezeichnung;
‹Parameter›	eine freigewählte Bezeichnung für einen formalen Parameter;
‹Funktion›	die Bezeichnung einer Rechenvorschrift;
‹*p*›	die Anzahl der Parameter der betreffenden Funktion;
‹*e*›	die Anzahl der Ergebnisse der betreffenden Funktion;
‹Marke›	eine eindeutig kennzeichnende Nummer oder die Bezeichnung einer Rechenvorschrift.

Im obigen Beispiel ergibt sich

```
fib: loadp n
  2: load 1
  3: exec ≦ [2, 1]
  4: iftruethen  5: load 1
           else  6: loadp n
                 7: load 2
                 8: exec  -  [2, 1]
                 9: exec fib [1, 1]
                10: loadp n
                11: load 1
                12: exec  -  [2, 1]
                13: exec fib [1, 1]
                14: exec  +  [2, 1]      fi
 15: return [1]
```

1.7.4.3 Die Arbeitsweise der Kellermaschine ist in groben Zügen folgendermaßen charakterisiert:

Die **Steuerbefehle exec** ... und **return** ... bewirken (mit Hilfe des Protokoll-Kellers *P*) den Aufruf von (Unter-)Programmen einschließlich des Zugriffs auf deren Parameterwerte (im Werte-Keller *W*), bzw. die Rückkehr aus Unterprogrammen unter Ersetzung ihrer nunmehr nicht mehr benötigten Parameterwerte (im Werte-Keller *W*) durch das oder die Ergebnisse des eben erledigten Aufrufs. Eine in 1.7.4.4 zu diskutierende Vereinfachungsmöglichkeit führt auf den zusätzlichen Steuerbefehl **goto** ... .

Der nicht artspezifische Werte-Keller *W* enthält ausschließlich Operandenwerte.

Der Protokoll-Keller *P*, der die Aufruforganisation trägt, enthält Paare, bestehend aus einer Marke und einer natürlichen Zahl, der **Distanz**. Der letzte Eintrag in *P* enthält jeweils die Marke der Rückkehrstelle und als Distanz die Entfernung des ersten der jeweils aktuellen Parameterwerte vom letzten Eintrag in *W*.

Im einzelnen gilt für die Wirkungsweise der Befehle:

exec ‹Funktion› [‹*p*›, ‹*e*›]
- vermindert (falls *P* nicht leer ist) die Distanz im letzten Eintrag von *P* um ‹*p*› – ‹*e*›
- kellert sodann in *P* das Paar (‹Marke› des Folgebefehls, ‹*p*›)
- leitet die Ausführung von ‹Funktion› ein („Rückkehrsprung")

return [‹*e*›]
- merkt und beseitigt die in *W* zuletzt gekellerten Ergebnisse (Anzahl ‹*e*›)
- beseitigt in *W* die (nicht mehr benötigten) Parameterwerte (ihre Anzahl ist die um ‹*e*› verminderte Distanz im letzten Eintrag von *P*)
- kellert sodann in *W* die gemerkten Ergebnisse
- setzt die Ausführung fort beim Befehl, dessen Marke im letzten Eintrag von *P* steht, und beseitigt den letzten Eintrag von *P*

load ‹Objekt›
- kellert ‹Objekt› in *W*
- erhöht (falls *P* nicht leer ist) die Distanz im letzten Eintrag von *P* um 1

loadp ‹Parameter›
- kellert den betreffenden *i*-ten Parameter in *W* (er wird aus einem tieferliegenden Eintrag in *W* abgelesen, dessen Lage sich aus *i* und der Distanz im letzten Eintrag von *P* ergibt)
- erhöht die Distanz im letzten Eintrag von *P* um 1

iftruethen ‹Befehlssequenz› **else** ‹Befehlssequenz› **fi**
- stellt fest, ob der letzte Eintrag in *W* **true** bzw. **false** ist
- beseitigt den letzten Eintrag in *W*
- vermindert die Distanz im letzten Eintrag von *P* um 1
- führt die erste bzw. die zweite ‹Befehlssequenz› aus

goto ‹Funktion› [‹*p*›]
- merkt und beseitigt die in *W* zuletzt gekellerten Parameterwerte von ‹Funktion› (Anzahl ‹*p*›)
- beseitigt in *W* die (nicht mehr benötigten) Parameterwerte (ihre Anzahl ist die um ‹*p*› verminderte Distanz im letzten Eintrag von *P*)
- kellert sodann in *W* die gemerkten Parameterwerte
- setzt die Distanz im letzten Eintrag von *P* gleich ‹*p*›
- leitet die Ausführung von ‹Funktion› ein („echter" Sprung)

Die Wirkungsweise der Kellermaschine für Rechenvorschriften mit mehreren Parametern, mehreren Ergebnissen sowie für Systeme von Rechenvorschriften ist evident (vgl. auch Beispiel (*gcd, mod*) und Aufgabe 1.7.4-2).

Beispiel 1

Für die Rechenvorschrift *fib* zeigt Tabelle 1.7.4.a den Ablauf der Berechnung von *fib*(3). Dabei kann angenommen werden, daß die Befehlssequenz

100: **load** 3
101: **exec** *fib* [1, 1]
102: ~~~~~

von außen angestoßen worden ist – falls sie nicht Bestandteil eines übergeordneten Programms ist. Bei Beendigung (letztes **return**) wartet die Maschine auf weitere Befehle, das Ergebnis steht im Werte-Keller.

Der klareren Übersicht wegen sind im Werte-Keller die Parameterwerte (-tupel) jeweils unterstrichen, und zwar von dem Ablaufpunkt an, in dem ein **exec**-Befehl auf sie als zugehörige Parameter wirkt, bis zu ihrer Freigabe (und Beseitigung) durch den entsprechenden **return**-Befehl.

Aufgabe 1: Man schreibe für die Kellermaschine ein Programm für die Rechenvorschrift ble (siehe 1.5.2.3) und verfolge den Ablauf der Berechnung von ble (2, 1).

Wir betrachten noch ein weiteres Beispiel eines Programms für die Kellermaschine:

Beispiel 2

Für die Rechenvorschrift *fac* von 1.4.1 a) lautet der Kantorovic-Baum (Abb. 1.8) in linearer Aufschreibung

n 0 = **iftruethen** 1 **else** n n 1 – *fac* × **fi** .

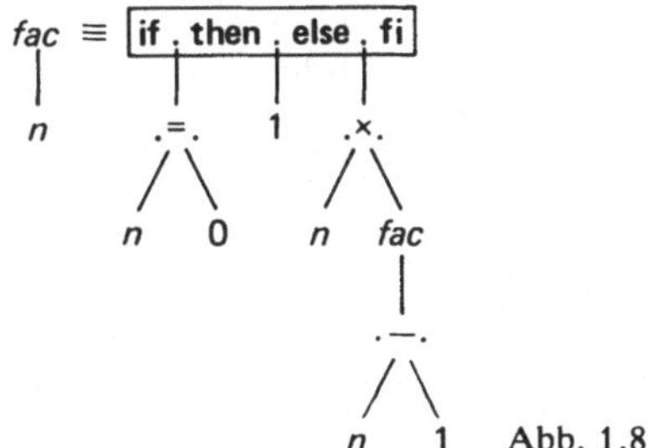

Abb. 1.8

Damit ergibt sich das Programm

fac: **loadp** *n*
2: **load** 0
3: **exec** = [2, 1]
4: **iftruethen** *5:* **load** 1
else *6:* **loadp** *n*
7: **loadp** *n*
8: **load** 1
9: **exec** – [2, 1]
10: **exec** *fac* [1,1]
11: **exec** × [2, 1] **fi**
12: **return** [1]

Tabelle 1.7.4.a. Berechnung von *fib*(3)

	Befehl	*W*	*P*			
100:	**load** 3	3				
101:	**exec** *fib* [1, 1]	$\underline{3}$	(*102*,1)			
fib:	**loadp** *n*	$\underline{3}\ 3$	(*102*,2)			
2:	**load** 1	$\underline{3}\ 3\ 1$	(*102*,3)			
3:	**exec** ≦ [2, 1]	$\underline{3}$ **F**	(*102*,2)			
4:	**iftruethen**	$\underline{3}$	(*102*,1)			
6:	**loadp** *n*	$\underline{3}\ 3$	(*102*,2)			
7:	**load** 2	$\underline{3}\ 3\ 2$	(*102*,3)			
8:	**exec** − [2, 1]	$\underline{3}\ 1$	(*102*,2)			
9:	**exec** *fib* [1, 1]	$\underline{3}\ \underline{1}$	(*102*,2)	(*10*,1)		
fib:	**loadp** *n*	$\underline{3}\ \underline{1}\ 1$	≀	(*10*,2)		
2:	**load** 1	$\underline{3}\ \underline{1}\ 1\ 1$	≀	(*10*,3)		
3:	**exec** ≦ [2, 1]	$\underline{3}\ \underline{1}$ **T**	≀	(*10*,2)		
4:	**iftruethen**	$\underline{3}\ \underline{1}$	≀	(*10*,1)		
5:	**load** 1	$\underline{3}\ \underline{1}\ 1$	(*102*,2)	(*10*,2)		
15:	**return** [1]	$\underline{3}\ 1$	(*102*,2)	└──→ *10:*		
10:	**loadp** *n*	$\underline{3}\ 1\ 3$	(*102*,3)			
11:	**load** 1	$\underline{3}\ 1\ 3\ 1$	(*102*,4)			
12:	**exec** − [2, 1]	$\underline{3}\ 1\ 2$	(*102*,3)			
13:	**exec** *fib* [1, 1]	$\underline{3}\ 1\ \underline{2}$	(*102*,3)	(*14*,1)		
fib:	**loadp** *n*	$\underline{3}\ 1\ \underline{2}\ 2$	(*102*,3)	(*14*,2)		
2:	**load** 1	$\underline{3}\ 1\ \underline{2}\ 2\ 1$	≀	(*14*,3)		
3:	**exec** ≦ [2, 1]	$\underline{3}\ 1\ \underline{2}$ **F**	≀	(*14*,2)		
4:	**iftruethen**	$\underline{3}\ 1\ \underline{2}$	≀	(*14*,1)		
6:	**loadp** *n*	$\underline{3}\ 1\ \underline{2}\ 2$	≀	(*14*,2)		
7:	**load** 2	$\underline{3}\ 1\ \underline{2}\ 2\ 2$	≀	(*14*,3)		
8:	**exec** − [2, 1]	$\underline{3}\ 1\ \underline{2}\ 0$	≀	(*14*,2)		
9:	**exec** *fib* [1, 1]	$\underline{3}\ 1\ \underline{2}\ \underline{0}$	≀	(*14*,2)	(*10*,1)	
fib:	**loadp** *n*	$\underline{3}\ 1\ \underline{2}\ \underline{0}\ 0$	≀	≀	(*10*,2)	
2:	**load** 1	$\underline{3}\ 1\ \underline{2}\ \underline{0}\ 0\ 1$	≀	≀	(*10*,3)	
3:	**exec** ≦ [2, 1]	$\underline{3}\ 1\ \underline{2}\ \underline{0}$ **T**	≀	≀	(*10*,2)	
4:	**iftruethen**	$\underline{3}\ 1\ \underline{2}\ \underline{0}$	≀	≀	(*10*,1)	
5:	**load** 1	$\underline{3}\ 1\ \underline{2}\ \underline{0}\ 1$	≀	(*14*,2)	(*10*,2)	
15:	**return** [1]	$\underline{3}\ 1\ \underline{2}\ 1$	≀	(*14*,2)	└→ *10:*	
10:	**loadp** *n*	$\underline{3}\ 1\ \underline{2}\ 1\ 2$	≀	(*14*,3)		
11:	**load** 1	$\underline{3}\ 1\ \underline{2}\ 1\ 2\ 1$	≀	(*14*,4)		
12:	**exec** − [2, 1]	$\underline{3}\ 1\ \underline{2}\ 1\ 1$	≀	(*14*,3)		
13:	**exec** *fib* [1, 1]	$\underline{3}\ 1\ \underline{2}\ 1\ \underline{1}$	≀	(*14*,3)	(*14*,1)	
fib:	**loadp** *n*	$\underline{3}\ 1\ \underline{2}\ 1\ \underline{1}\ 1$	≀	≀	(*14*,2)	
2:	**load** 1	$\underline{3}\ 1\ \underline{2}\ 1\ \underline{1}\ 1\ 1$	≀	≀	(*14*,3)	
3:	**exec** ≦ [2, 1]	$\underline{3}\ 1\ \underline{2}\ 1\ \underline{1}$ **T**	≀	≀	(*14*,2)	
4:	**iftruethen**	$\underline{3}\ 1\ \underline{2}\ 1\ \underline{1}$	≀	≀	(*14*,1)	
5:	**load** 1	$\underline{3}\ 1\ \underline{2}\ 1\ \underline{1}\ 1$	≀	(*14*,3)	(*14*,2)	
15:	**return** [1]	$\underline{3}\ 1\ \underline{2}\ 1\ 1$	≀	(*14*,3)	└→ *14:*	
14:	**exec** + [2, 1]	$\underline{3}\ 1\ \underline{2}\ 2$	(*102*,3)	(*14*,2)		
15:	**return** [1]	$\underline{3}\ 1\ 2$	(*102*,3)	└────→ *14:*		
14:	**exec** + [2, 1]	$\underline{3}\ 3$	(*102*,2)			
15:	**return** [1]	3	└──────→ *102:*			
102:	∿∿∿					

Tabelle 1.7.4.b zeigt den Ablauf der Berechnung von *fac*(3), eingeleitet durch

100: **load** 3
101: **exec** *fac* [1, 1]
102: ~~~~

Tabelle 1.7.4.b. Berechnung von *fac*(3)

	Befehl	*W*	*P*				
100:	**load** 3	3					
101:	**exec** *fac* [1, 1]	$\underline{3}$	(*102*,1)				
fac:	**loadp** *n*	$\underline{3}$ 3	(*102*,2)				
2:	**load** 0	$\underline{3}$ 3 0	(*102*,3)				
3:	**exec** = [2, 1]	$\underline{3}$ **F**	(*102*,2)				
4:	**iftruethen**	$\underline{3}$	(*102*,1)				
6:	**loadp** *n*	$\underline{3}$ 3	(*102*,2)				
7:	**loadp** *n*	$\underline{3}$ 3 3	(*102*,3)				
8:	**load** 1	$\underline{3}$ 3 3 1	(*102*,4)				
9:	**exec** − [2, 1]	$\underline{3}$ 3 2	(*102*,3)				
10:	**exec** *fac* [1, 1]	$\underline{3}$ 3 $\underline{2}$	(*102*,3)	(*11*,1)			
fac:	**loadp** *n*	$\underline{3}$ 3 $\underline{2}$ 2	(*102*,3)	(*11*,2)			
2:	**load** 0	$\underline{3}$ 3 $\underline{2}$ 2 0		(*11*,3)			
3:	**exec** = [2, 1]	$\underline{3}$ 3 $\underline{2}$ **F**		(*11*,2)			
4:	**iftruethen**	$\underline{3}$ 3 $\underline{2}$		(*11*,1)			
6:	**loadp** *n*	$\underline{3}$ 3 $\underline{2}$ 2		(*11*,2)			
7:	**loadp** *n*	$\underline{3}$ 3 $\underline{2}$ 2 2		(*11*,3)			
8:	**load** 1	$\underline{3}$ 3 $\underline{2}$ 2 2 1		(*11*,4)			
9:	**exec** − [2, 1]	$\underline{3}$ 3 $\underline{2}$ 2 1		(*11*,3)			
10:	**exec** *fac* [1, 1]	$\underline{3}$ 3 $\underline{2}$ 2 $\underline{1}$		(*11*,3)	(*11*,1)		
fac:	**loadp** *n*	$\underline{3}$ 3 $\underline{2}$ 2 $\underline{1}$ 1		(*11*,3)	(*11*,2)		
2:	**load** 0	$\underline{3}$ 3 $\underline{2}$ 2 $\underline{1}$ 1 0			(*11*,3)		
3:	**exec** = [2, 1]	$\underline{3}$ 3 $\underline{2}$ 2 $\underline{1}$ **F**			(*11*,2)		
4:	**iftruethen**	$\underline{3}$ 3 $\underline{2}$ 2 $\underline{1}$			(*11*,1)		
6:	**loadp** *n*	$\underline{3}$ 3 $\underline{2}$ 2 $\underline{1}$ 1			(*11*,2)		
7:	**loadp** *n*	$\underline{3}$ 3 $\underline{2}$ 2 $\underline{1}$ 1 1			(*11*,3)		
8:	**load** 1	$\underline{3}$ 3 $\underline{2}$ 2 $\underline{1}$ 1 1 1			(*11*,4)		
9:	**exec** − [2, 1]	$\underline{3}$ 3 $\underline{2}$ 2 $\underline{1}$ 1 0			(*11*,3)		
10:	**exec** *fac* [1, 1]	$\underline{3}$ 3 $\underline{2}$ 2 $\underline{1}$ 1 $\underline{0}$			(*11*,3)	(*11*,1)	
fac:	**loadp** *n*	$\underline{3}$ 3 $\underline{2}$ 2 $\underline{1}$ 1 $\underline{0}$ 0			(*11*,3)	(*11*,2)	
2:	**load** 0	$\underline{3}$ 3 $\underline{2}$ 2 $\underline{1}$ 1 $\underline{0}$ 0 0				(*11*,3)	
3:	**exec** = [2, 1]	$\underline{3}$ 3 $\underline{2}$ 2 $\underline{1}$ 1 $\underline{0}$ **T**				(*11*,2)	
4:	**iftruethen**	$\underline{3}$ 3 $\underline{2}$ 2 $\underline{1}$ 1 $\underline{0}$				(*11*,1)	
5:	**load** 1	$\underline{3}$ 3 $\underline{2}$ 2 $\underline{1}$ 1 $\underline{0}$ 1			(*11*,3)	(*11*,2)	
12:	**return** [1]	$\underline{3}$ 3 $\underline{2}$ 2 $\underline{1}$ 1 1			(*11*,3)	└→	*11:*
11:	**exec** × [2, 1]	$\underline{3}$ 3 $\underline{2}$ 2 $\underline{1}$ 1		(*11*,3)	(*11*,2)		
12:	**return** [1]	$\underline{3}$ 3 $\underline{2}$ 2 1		(*11*,3)	└→		*11:*
11:	**exec** × [2, 1]	$\underline{3}$ 3 $\underline{2}$ 2	(*102*,3)	(*11*,2)			
12:	**return** [1]	$\underline{3}$ 3 2	(*102*,3)	└→			*11:*
11:	**exec** × [2, 1]	$\underline{3}$ 6	(*102*,2)				
12:	**return** [1]	6	└→				*102:*
102:	~~~~						

1.7.4.4 Im Falle repetitiver Rechenvorschriften und Systeme läßt sich die Kellermaschine wesentlich vereinfachen.

Beispiel 3

Für das System der Rechenvorschriften (*gcd, mod*) von 1.4.1 b) lauten die Kantorovic-Bäume (vgl. 1.4.3) in linearer Aufschreibung

b 0 = **iftruethen** *a* **else** *b a b mod gcd* **fi** und
a b < **iftruethen** *a* **else** *a b* − *b mod* **fi**

und damit das Programmsystem für die Kellermaschine

```
 gcd: loadp b
   2: load 0
   3: exec = [2, 1]
   4: iftruethen  5: loadp a
            else  6: loadp b
                  7: loadp a
                  8: loadp b
                  9: exec mod [2, 1]
                 10: exec gcd [2, 1] fi
  11: return [1]
 mod: loadp a
  13: loadp b
  14: exec < [2, 1]
  15: iftruethen 16: loadp a
            else 17: loadp a
                 18: loadp b
                 19: exec - [2, 1]
                 20: loadp b
                 21: exec mod[2, 1] fi
  22: return [1];
```

gcd (30, 18) wird berechnet etwa durch

```
101: load 30
102: load 18
103: exec gcd[2, 1]
104: ~~~~~,
```

den Ablauf der Berechnung zeigt Tabelle 1.7.4.c.

Bei Betrachtung der letzten Beispiele fällt auf, daß die tiefer gekellerten Parameterwerte (bzw. -wertetupel: sie sind jeweils durch Unterstreichung gekennzeichnet) früherer Aufrufe nicht mehr gebraucht werden. Der Wertekeller enthält also nutzlose Information, die bei einer Realisierung zu unnötigem Platzbedarf führt. Ein Blick auf Beispiel 1 zeigt jedoch, daß dies keine grundsätzliche Verschwendung ist: im allgemeinsten Fall der nichtlinearen Rekursion (vgl. 1.4.3) werden die tiefer gekellerten Parameterwerte durchaus wieder gebraucht.

Tabelle 1.7.4.c. Berechnung von *gcd*(30, 18)

	Befehl	W	P		
101:	**load** 30	30			
102:	**load** 18	30 18			
103:	**exec** *gcd* [2, 1]	$\underline{30}$ $\underline{18}$	(*104*,2)		
gcd:	**loadp** *b*	$\underline{30}$ $\underline{18}$ 18	(*104*,3)		
2:	**load** 0	$\underline{30}$ $\underline{18}$ 18 0	(*104*,4)		
3:	**exec** = [2, 1]	$\underline{30}$ $\underline{18}$ **F**	(*104*,3)		
4:	**iftruethen**	$\underline{30}$ $\underline{18}$	(*104*,2)		
6:	**loadp** *b*	$\underline{30}$ $\underline{18}$ 18	(*104*,3)		
7:	**loadp** *a*	$\underline{30}$ $\underline{18}$ 18 30	(*104*,4)		
8:	**loadp** *b*	$\underline{30}$ $\underline{18}$ 18 30 18	(*104*,5)		
9:	**exec** *mod* [2, 1]	$\underline{30}$ $\underline{18}$ 18 $\underline{30}$ $\underline{18}$	(*104*,4)	(*10*,2)	
mod:	**loadp** *a*	$\underline{30}$ $\underline{18}$ 18 $\underline{30}$ $\underline{18}$ 30	(*104*,4)	(*10*,3)	
13:	**loadp** *b*	$\underline{30}$ $\underline{18}$ 18 $\underline{30}$ $\underline{18}$ 30 18	~	(*10*,4)	
14:	**exec** < [2, 1]	$\underline{30}$ $\underline{18}$ 18 $\underline{30}$ $\underline{18}$ **F**	~	(*10*,3)	
15:	**iftruethen**	$\underline{30}$ $\underline{18}$ 18 $\underline{30}$ $\underline{18}$	~	(*10*,2)	
17:	**loadp** *a*	$\underline{30}$ $\underline{18}$ 18 $\underline{30}$ $\underline{18}$ 30	~	(*10*,3)	
18:	**loadp** *b*	$\underline{30}$ $\underline{18}$ 18 $\underline{30}$ $\underline{18}$ 30 18	~	(*10*,4)	
19:	**exec** − [2, 1]	$\underline{30}$ $\underline{18}$ 18 $\underline{30}$ $\underline{18}$ 12	~	(*10*,3)	
20:	**loadp** *b*	$\underline{30}$ $\underline{18}$ 18 $\underline{30}$ $\underline{18}$ 12 18	~	(*10*,4)	
21:	**exec** *mod* [2, 1]	$\underline{30}$ $\underline{18}$ 18 $\underline{30}$ $\underline{18}$ $\underline{12}$ $\underline{18}$	~	(*10*,3)	(*22*,2)
mod:	**loadp** *a*	$\underline{30}$ $\underline{18}$ 18 $\underline{30}$ $\underline{18}$ $\underline{12}$ $\underline{18}$ 12	~	(*10*,3)	(*22*,3)
13:	**loadp** *b*	$\underline{30}$ $\underline{18}$ 18 $\underline{30}$ $\underline{18}$ $\underline{12}$ $\underline{18}$ 12 18	~	~	(*22*,4)
14:	**exec** < [2, 1]	$\underline{30}$ $\underline{18}$ 18 $\underline{30}$ $\underline{18}$ $\underline{12}$ $\underline{18}$ **T**	~	~	(*22*,3)
15:	**iftruethen**	$\underline{30}$ $\underline{18}$ 18 $\underline{30}$ $\underline{18}$ $\underline{12}$ $\underline{18}$	~	~	(*22*,2)
16:	**loadp** *a*	$\underline{30}$ $\underline{18}$ 18 $\underline{30}$ $\underline{18}$ $\underline{12}$ $\underline{18}$ 12	~	(*10*,3)	(*22*,3)
22:	**return** [1]	$\underline{30}$ $\underline{18}$ 18 $\underline{30}$ $\underline{18}$ 12	(*104*,4)	(*10*,3)	└→ *22:*
22:	**return** [1]	$\underline{30}$ $\underline{18}$ 18 12	(*104*,4)	└→ *10:*	
10:	**exec** *gcd* [2, 1]	$\underline{30}$ $\underline{18}$ $\underline{18}$ $\underline{12}$	(*104*,3)	(*11*,2)	
gcd:	**loadp** *b*	$\underline{30}$ $\underline{18}$ $\underline{18}$ $\underline{12}$ 12	(*104*,3)	(*11*,3)	
2:	**load** 0	$\underline{30}$ $\underline{18}$ $\underline{18}$ $\underline{12}$ 12 0		(*11*,4)	
3:	**exec** = [2, 1]	$\underline{30}$ $\underline{18}$ $\underline{18}$ $\underline{12}$ **F**		(*11*,3)	
4:	**iftruethen**	$\underline{30}$ $\underline{18}$ $\underline{18}$ $\underline{12}$	(*104*,3)	(*11*,2)	

Tabelle 1.7.4.c (Fortsetzung)

	Befehl	W	P				
6:	**loadp** *b*	30 18 18 12 12	(104,3)	(11,3)			
7:	**loadp** *a*	30 18 18 12 12 18	~	(11,4)			
8:	**loadp** *b*	30 18 18 12 12 18 12	~	(11,5)			
9:	**exec** *mod* [2, 1]	30 18 18 12 12 18 12	~	(11,4)	(10,2)		
mod:	**loadp** *a*	30 18 18 12 12 18 12 18	~	(11,4)	(10,3)		
13:	**loadp** *b*	30 18 18 12 12 18 12 18 12	~	~	(10,4)		
14:	**exec** < [2, 1]	30 18 18 12 12 18 12 **F**	~	~	(10,3)		
15:	**iftruethen**	30 18 18 12 12 18 12	~	~	(10,2)		
17:	**loadp** *a*	30 18 18 12 12 18 12 18	~	~	(10,3)		
18:	**loadp** *b*	30 18 18 12 12 18 12 18 12	~	~	(10,4)		
19:	**exec** − [2, 1]	30 18 18 12 12 18 12 6	~	~	(10,3)		
20:	**loadp** *b*	30 18 18 12 12 18 12 6 12	~	~	(10,4)		
21:	**exec** *mod* [2, 1]	30 18 18 12 12 18 12 6 12	~	~	(10,3)	(22,2)	
mod:	**loadp** *a*	30 18 18 12 12 18 12 6 12 6	~	~	(10,3)	(22,3)	
13:	**loadp** *b*	30 18 18 12 12 18 12 6 12 6 12	~	~	~	(22,4)	
14:	**exec** < [2, 1]	30 18 18 12 12 18 12 6 12 **T**	~	~	~	(22,3)	
15:	**iftruethen**	30 18 18 12 12 18 12 6 12	~	~	~	(22,2)	
16:	**loadp** *a*	30 18 18 12 12 18 12 6 12 6	~	~	(10,3)	(22,3)	
22:	**return** [1]	30 18 18 12 12 18 12 6	(104,3)	(11,4)	(10,3)	└	→ *22:*
22:	**return** [1]	30 18 18 12 12 6	(104,3)	(11,4)	└		→ *10:*
10:	**exec** *gcd* [2, 1]	30 18 18 12 12 6	~	(11,3)	(11,2)		
gcd:	**loadp** *b*	30 18 18 12 12 6 6	~	(11,3)	(11,3)		
2:	**load** 0	30 18 18 12 12 6 6 0	~	~	(11,4)		
3:	**exec** = [2, 1]	30 18 18 12 12 6 **F**	~	~	(11,3)		
4:	**iftruethen**	30 18 18 12 12 6	~	~	(11,2)		
6:	**loadp** *b*	30 18 18 12 12 6 6	~	~	(11,3)		
7:	**loadp** *a*	30 18 18 12 12 6 6 12	~	~	(11,4)		
8:	**loadp** *b*	30 18 18 12 12 6 6 12 6	~	~	(11,5)		
9:	**exec** *mod* [2, 1]	30 18 18 12 12 6 6 12 6	~	~	(11,4)	(10,2)	
mod:	**loadp** *a*	30 18 18 12 12 6 6 12 6 12	~	~	(11,4)	(10,3)	
13:	**loadp** *b*	30 18 18 12 12 6 6 12 6 12 6	~	~	~	(10,4)	
14:	**exec** < [2, 1]	30 18 18 12 12 6 6 12 6 **F**	~	~	~	(10,3)	

Tabelle 1.7.4.c (Fortsetzung)

	Befehl	W	P					
15:	**iftruethen**	30 18 18 12 12 6 6 12 6	~	~	~	(*10*,2)		
17:	**loadp** *a*	30 18 18 12 12 6 6 12 6 12	(*104*,3)	(*11*,3)	(*11*,4)	(*10*,3)		
18:	**loadp** *b*	30 18 18 12 12 6 6 12 6 12 6	(*104*,3)	(*11*,3)	(*11*,4)	(*10*,4)		
19:	**exec** − [2, 1]	30 18 18 12 12 6 6 12 6 6	(*104*,3)	(*11*,3)	(*11*,4)	(*10*,3)		
20:	**loadp** *b*	30 18 18 12 12 6 6 12 6 6 6	(*104*,3)	(*11*,3)	(*11*,4)	(*10*,4)		
21:	**exec** *mod* [2, 1]	30 18 18 12 12 6 6 12 6 6 6	~	~	~	(*10*,3)	(*22*,2)	
mod:	**loadp** *a*	30 18 18 12 12 6 6 12 6 6 6 6	~	~	~	(*10*,3)	(*22*,3)	
13:	**loadp** *b*	30 18 18 12 12 6 6 12 6 6 6 6 6	~	~	~	~	(*22*,4)	
14:	**exec** < [2, 1]	30 18 18 12 12 6 6 12 6 6 6 **F**	~	~	~	~	(*22*,3)	
15:	**iftruethen**	30 18 18 12 12 6 6 12 6 6 6	~	~	~	~	(*22*,2)	
17:	**loadp** *a*	30 18 18 12 12 6 6 12 6 6 6 6	~	~	~	~	(*22*,3)	
18:	**loadp** *b*	30 18 18 12 12 6 6 12 6 6 6 6 6	~	~	~	~	(*22*,4)	
19:	**exec** − [2, 1]	30 18 18 12 12 6 6 12 6 6 6 0	~	~	~	~	(*22*,3)	
20:	**loadp** *b*	30 18 18 12 12 6 6 12 6 6 6 0 6	~	~	~	~	(*22*,4)	
21:	**exec** *mod* [2, 1]	30 18 18 12 12 6 6 12 6 6 6 0 6	~	~	~	~	(*22*,3)	(*22*,2)
mod:	**loadp** *a*	30 18 18 12 12 6 6 12 6 6 6 0 6 0	~	~	~	~	(*22*,3)	(*22*,3)
13:	**loadp** *b*	30 18 18 12 12 6 6 12 6 6 6 0 6 0 6	~	~	~	~	~	(*22*,4)
14:	**exec** < [2, 1]	30 18 18 12 12 6 6 12 6 6 6 0 6 **T**	~	~	~	~	~	(*22*,3)
15:	**iftruethen**	30 18 18 12 12 6 6 12 6 6 6 0 6	~	~	~	~	~	(*22*,2)
16:	**loadp** *a*	30 18 18 12 12 6 6 12 6 6 6 0 6 0	~	~	~	~	(*22*,3)	(*22*,3)
22:	**return** [1]	30 18 18 12 12 6 6 12 6 6 6 0	~	~	~	(*10*,3)	(*22*,3)	→ *22:*
22:	**return** [1]	30 18 18 12 12 6 6 12 6 0	~	~	(*11*,4)	(*10*,3)	→ *22:*	
22:	**return** [1]	30 18 18 12 12 6 6 0	~	~	(*11*,4)	→ *10:*		
10:	**exec** *gcd* [2, 1]	30 18 18 12 12 6 6 0	~	~	(*11*,3)	(*11*,2)		
gcd:	**loadp** *b*	30 18 18 12 12 6 6 0 0	~	~	(*11*,3)	(*11*,3)		
2:	**load** 0	30 18 18 12 12 6 6 0 0 0	~	~	~	(*11*,4)		
3:	**exec** = [2, 1]	30 18 18 12 12 6 6 0 **T**	~	~	~	(*11*,3)		
4:	**iftruethen**	30 18 18 12 12 6 6 0	~	~	~	(*11*,2)		
5:	**loadp** *a*	30 18 18 12 12 6 6 0 6	~	~	(*11*,3)	(*11*,3)		
11:	**return** [1]	30 18 18 12 12 6 6	~	(*11*,3)	(*11*,3)	→ *11:*		
11:	**return** [1]	30 18 18 12 6	(*104*,3)	(*11*,3)	→ *11:*			
11:	**return** [1]	30 18 6	(*104*,3)	→ *11:*				
11:	**return** [1]	6	→ *104:*					
104:	~							

Im Beispiel 2 ist die Rechenvorschrift linear rekursiv und das Programm der Kellermaschine wurde so gefaßt[33], daß die Wirkungsweise der Kellermaschine hinsichtlich des Wertekellers vereinfacht werden könnte: es wäre möglich, die alten Parameterwerte durch die neuen jeweils zu überschreiben. Die Funktion des Protokollkellers bleibt jedoch bestehen.

Wie Beispiel 3 zeigt, kann aber auch die Behandlung des Protokollkellers vereinfacht werden, wenn nach der Rückkehr aus einem aufgerufenen Programm keine Operationen mehr „hängen" und statt dessen sofort eine weitere Rückkehr erfolgt. Dieser Sonderfall (schlichter Aufruf, vgl. 1.4.3) tritt für alle Aufrufe ein, die im Ablauf einem **return** unmittelbar vorhergehen. In einem solchen Fall kann ein Aufruf wie z. B.

10: **exec** *gcd* [2, 1]

ersetzt werden durch den einfacheren **Sprungaufruf**

10: **goto** *gcd* [2],

wobei der neue Befehl **goto** den Protokollkeller im wesentlichen unberührt läßt – nur die Distanz wird revidiert – und im Wertekeller die Parameterwerte bzw. -wertesätze überschreibt (s. o., Wirkungsweise der Befehle).

Das entsprechend vereinfachte Programm der Kellermaschine lautet für Beispiel 3

```
gcd: loadp b
  2: load 0
  3: exec = [2, 1]
  4: iftruethen  5: loadp a
           else  6: loadp b
                 7: loadp a
                 8: loadp b
                 9: exec mod [2, 1]
                10: goto gcd [2]    fi
                11: return [1]

mod: load a
 13: load b
 14: exec < [2, 1]
 15: iftruethen 16: load a
           else 17: load a
                18: load b
                19: exec − [2, 1]
                20: load b
                21: goto mod [2]  fi
 22: return [1]
```

33 Da die Beschaffung der Operanden von × kollateral zu geschehen hat und die Multiplikation kommutativ ist, hätte man auch schreiben können

```
      ⋮
    else     6: loadp n
             7: load 1
             8: exec − [2, 1]
             9: exec fac [1, 1]
            10: loadp n
            11: exec × [2, 1]     fi
12: return [1]
```

Jetzt muß man auf sämtliche gekellerten Parameterwerte zurückgreifen.

Den zugehörigen Ablauf der Berechnung von *gcd*(30, 18) entsprechend Beispiel 3 zeigt Tabelle 1.7.4.d. Die erzielte Einsparung an Speicheraufwand ist beträchtlich. Insbesondere hängt der Speicheraufwand nicht mehr von der Rekursionstiefe ab und ist deshalb beschränkt.

Tabelle 1.7.4.d. Vereinfachte Berechnung von *gcd*(30, 18)

	Befehl	*W*	*P*		
101:	**load** 30	30			
102:	**load** 18	30 18			
103:	**exec** *gcd* [2, 1]	30 18	(*104*,2)		
gcd:	**loadp** *b*	30 18 18	(*104*,3)		
2:	**load** 0	30 18 18 0	(*104*,4)		
3:	**exec** = [2, 1]	30 18 **F**	(*104*,3)		
4:	**iftruethen**	30 18	(*104*,2)		
6:	**loadp** *b*	30 18 18	(*104*,3)		
7:	**loadp** *a*	30 18 18 30	(*104*,4)		
8:	**loadp** *b*	30 18 18 30 18	(*104*,5)		
9:	**exec** *mod* [2, 1]	30 18 18 30 18	(*104*,4)	(*10*,2)	
mod:	**loadp** *a*	30 18 18 30 18 30	(*104*,4)	(*10*,3)	
13:	**loadp** *b*	30 18 18 30 18 30 18		(*10*,4)	
14:	**exec** < [2, 1]	30 18 18 30 18 **F**		(*10*,3)	
15:	**iftruethen**	30 18 18 30 18		(*10*,2)	
17:	**loadp** *a*	30 18 18 30 18 30		(*10*,3)	
18:	**loadp** *b*	30 18 18 30 18 30 18		(*10*,4)	
19:	**exec** − [2, 1]	30 18 18 30 18 12		(*10*,3)	
20:	**loadp** *b*	30 18 18 30 18 12 18		(*10*,4)	
21:	**goto** *mod* [2]	30 18 18 12 18		(*10*,2)	
mod:	**loadp** *a*	30 18 18 12 18 12		(*10*,3)	
13:	**loadp** *b*	30 18 18 12 18 12 18		(*10*,4)	
14:	**exec** < [2, 1]	30 18 18 12 18 **T**		(*10*,3)	
15:	**iftruethen**	30 18 18 12 18		(*10*,2)	
16:	**loadp** *a*	30 18 18 12 18 12	(*104*,4)	(*10*,3)	
22:	**return** [1]	30 18 18 12	(*104*,4)	└→	*10:*
10:	**goto** *gcd* [2]	18 12	(*104*,2)		
gcd:	**loadp** *b*	18 12 12	(*104*,3)		
2:	**load** 0	18 12 12 0	(*104*,4)		
3:	**exec** = [2, 1]	18 12 **F**	(*104*,3)		
4:	**iftruethen**	18 12	(*104*,2)		
6:	**loadp** *b*	18 12 12	(*104*,3)		
7:	**loadp** *a*	18 12 12 18	(*104*,4)		
8:	**loadp** *b*	18 12 12 18 12	(*104*,5)		
9:	**exec** *mod* [2, 1]	18 12 12 18 12	(*104*,4)	(*10*,2)	
mod:	**loadp** *a*	18 12 12 18 12 18	(*104*,4)	(*10*,3)	
13:	**loadp** *b*	18 12 12 18 12 18 12		(*10*,4)	
14:	**exec** < [2, 1]	18 12 12 18 12 **F**		(*10*,3)	
15:	**iftruethen**	18 12 12 18 12		(*10*,2)	
17:	**loadp** *a*	18 12 12 18 12 18		(*10*,3)	
18:	**loadp** *b*	18 12 12 18 12 18 12		(*10*,4)	
19:	**exec** − [2, 1]	18 12 12 18 12 6		(*10*,3)	
20:	**loadp** *b*	18 12 12 18 12 6 12		(*10*,4)	
21:	**goto** *mod* [2]	18 12 12 6 12		(*10*,2)	

Tabelle 1.7.4.d (Fortsetzung)

	Befehl	W	P	
mod:	**loadp** *a*	$\underline{18}$ $\underline{12}$ 12 $\underline{6}$ $\underline{12}$ 6	≀	(*10*,3)
13:	**loadp** *b*	$\underline{18}$ $\underline{12}$ 12 $\underline{6}$ $\underline{12}$ 6 12	≀	(*10*,4)
14:	**exec** < [2, 1]	$\underline{18}$ $\underline{12}$ 12 $\underline{6}$ $\underline{12}$ **T**	≀	(*10*,3)
15:	**iftruethen**	$\underline{18}$ $\underline{12}$ 12 $\underline{6}$ $\underline{12}$	≀	(*10*,2)
16:	**loadp** *a*	$\underline{18}$ $\underline{12}$ 12 $\underline{6}$ $\underline{12}$ 6	(*104*,4)	(*10*,3)
22:	**return** [1]	$\underline{18}$ $\underline{12}$ 12 6	(*104*,4)	└→ *10:*
10:	**goto** *gcd* [2]	$\underline{12}$ $\underline{6}$	(*104*,2)	
gcd:	**loadp** *b*	$\underline{12}$ $\underline{6}$ 6	(*104*,3)	
2:	**load** 0	$\underline{12}$ $\underline{6}$ 6 0	(*104*,4)	
3:	**exec** = [2, 1]	$\underline{12}$ $\underline{6}$ **F**	(*104*,3)	
4:	**iftruethen**	$\underline{12}$ $\underline{6}$	(*104*,2)	
6:	**loadp** *b*	$\underline{12}$ $\underline{6}$ 6	(*104*,3)	
7:	**loadp** *a*	$\underline{12}$ $\underline{6}$ 6 12	(*104*,4)	
8:	**loadp** *b*	$\underline{12}$ $\underline{6}$ 6 12 6	(*104*,5)	
9:	**exec** *mod* [2, 1]	$\underline{12}$ $\underline{6}$ 6 $\underline{12}$ $\underline{6}$	(*104*,4)	(*10*,2)
mod:	**loadp** *a*	$\underline{12}$ $\underline{6}$ 6 $\underline{12}$ $\underline{6}$ 12	(*104*,4)	(*10*,3)
13:	**loadp** *b*	$\underline{12}$ $\underline{6}$ 6 $\underline{12}$ $\underline{6}$ 12 6	≀	(*10*,4)
14:	**exec** < [2, 1]	$\underline{12}$ $\underline{6}$ 6 $\underline{12}$ $\underline{6}$ **F**	≀	(*10*,3)
15:	**iftruethen**	$\underline{12}$ $\underline{6}$ 6 $\underline{12}$ $\underline{6}$	≀	(*10*,2)
17:	**loadp** *a*	$\underline{12}$ $\underline{6}$ 6 $\underline{12}$ $\underline{6}$ 12	≀	(*10*,3)
18:	**loadp** *b*	$\underline{12}$ $\underline{6}$ 6 $\underline{12}$ $\underline{6}$ 12 6	≀	(*10*,4)
19:	**exec** − [2, 1]	$\underline{12}$ $\underline{6}$ 6 $\underline{12}$ $\underline{6}$ 6	≀	(*10*,3)
20:	**loadp** *b*	$\underline{12}$ $\underline{6}$ 6 $\underline{12}$ $\underline{6}$ 6 6	≀	(*10*,4)
21:	**goto** *mod* [2]	$\underline{12}$ $\underline{6}$ 6 $\underline{6}$ $\underline{6}$	≀	(*10*,2)
mod:	**loadp** *a*	$\underline{12}$ $\underline{6}$ 6 $\underline{6}$ $\underline{6}$ 6	≀	(*10*,3)
13:	**loadp** *b*	$\underline{12}$ $\underline{6}$ 6 $\underline{6}$ $\underline{6}$ 6 6	≀	(*10*,4)
14:	**exec** < [2, 1]	$\underline{12}$ $\underline{6}$ 6 $\underline{6}$ $\underline{6}$ **F**	≀	(*10*,3)
15:	**iftruethen**	$\underline{12}$ $\underline{6}$ 6 $\underline{6}$ $\underline{6}$	≀	(*10*,2)
17:	**loadp** *a*	$\underline{12}$ $\underline{6}$ 6 $\underline{6}$ $\underline{6}$ 6	≀	(*10*,3)
18:	**loadp** *b*	$\underline{12}$ $\underline{6}$ 6 $\underline{6}$ $\underline{6}$ 6 6	≀	(*10*,4)
19:	**exec** − [2, 1]	$\underline{12}$ $\underline{6}$ 6 $\underline{6}$ $\underline{6}$ 0	≀	(*10*,3)
20:	**loadp** *b*	$\underline{12}$ $\underline{6}$ 6 $\underline{6}$ $\underline{6}$ 0 6	≀	(*10*,4)
21:	**goto** *mod* [2]	$\underline{12}$ $\underline{6}$ 6 $\underline{0}$ $\underline{6}$	≀	(*10*,2)
mod:	**loadp** *a*	$\underline{12}$ $\underline{6}$ 6 $\underline{0}$ $\underline{6}$ 0	≀	(*10*,3)
13:	**loadp** *b*	$\underline{12}$ $\underline{6}$ 6 $\underline{0}$ $\underline{6}$ 0 6	≀	(*10*,4)
14:	**exec** < [2, 1]	$\underline{12}$ $\underline{6}$ 6 $\underline{0}$ $\underline{6}$ **T**	≀	(*10*,3)
15:	**iftruethen**	$\underline{12}$ $\underline{6}$ 6 $\underline{0}$ $\underline{6}$	≀	(*10*,2)
16:	**loadp** *a*	$\underline{16}$ $\underline{6}$ 6 $\underline{0}$ $\underline{6}$ 0	(*104*,4)	(*10*,3)
22:	**return** [1]	$\underline{12}$ $\underline{6}$ 6 0	(*104*,4)	└→ *10:*
10:	**goto** *gcd* [2]	$\underline{6}$ $\underline{0}$	(*104*,2)	
gcd:	**loadp** *b*	$\underline{6}$ $\underline{0}$ 0	(*104*,3)	
2:	**load** 0	$\underline{6}$ $\underline{0}$ 0 0	(*104*,4)	
3:	**exec** = [2, 1]	$\underline{6}$ $\underline{0}$ **T**	(*104*,3)	
4:	**iftruethen**	$\underline{6}$ $\underline{0}$	(*104*,2)	
5:	**loadp** *a*	$\underline{6}$ $\underline{0}$ 6	(*104*,3)	
11:	**return** [1]	6	└──→	*104:*
104:	∿∿∿∿			

1.7.4.5 Ob ein schlichter Aufruf vorliegt und somit **goto**-Aufrufe statt **exec**-Aufrufen verwendet werden dürfen, kann aus dem Kantorovic-Baum erkannt werden. Eine entsprechende Bedingung läßt sich auch syntaktisch fassen, die Vereinfachung kann somit von einem Übersetzer (*compiler*) vorgenommen werden[34]. Ist eine Rechenvorschrift oder ein System repetitiv, können für alle nichtprimitiven Rechenvorschriften **goto**-Aufrufe verwendet werden.

In einer dementsprechend eingeschränkten Kellermaschine, die nur noch repetitive Systeme zuläßt, verkümmert der Wertekeller zu einem **Parameter-Register** (einem Register, das die jeweiligen Parameterwerte aufnehmen kann), sowie zu einem Register für den Aufbau der neuen Parametertupel. Auch dieses Register ist ein Keller (**Zwischenergebniskeller**, „Zahlkeller" in Bauer-Samelson 1957), seine Füllungstiefe ist aber, sobald ein System gegeben ist, beschränkt. Der Protokollkeller entfällt ganz[35]. Wir wollen eine solche Maschine eine **Babbage-Zuse-Maschine** nennen. Obwohl sie nur einfachste Rekursionstypen verarbeiten kann – nämlich genau die repetitiven –, ist ihre Leistungsfähigkeit recht beträchtlich: In „99%" aller praktischen Fälle gelingt es, eine Rechenvorschrift für die Babbage-Zuse-Maschine „zurechtzubiegen". Wir werden auf solche Möglichkeiten im 4. Kapitel zu sprechen kommen. Als „Sprung" wird sodann im 6. Kapitel der schlichte Aufruf wieder aufgegriffen werden.

Aufgabe 2: Schreibe ein Programm für die Kellermaschine für die verschränkten Systeme odd, even von 1.4.1d) und pos, neg von 1.4.1e).

Neuerdings wurden auf der Basis von Textersetzung auch andersartige rekursive Maschinen vorgeschlagen: Berkling 1974, Magó 1979 (Reduktionsmaschinen), Dennis 1979 (Datenflußmaschinen).

1.8 Einschränkung der Parametererstreckung

Zuweilen ist eine Rechenvorschrift nicht auf dem vollen Bereich der Parametererstreckung definiert – sei es, weil eine Einschränkung willkürlich vorgenommen wird, sei es, weil eine Einschränkung in natürlicher Weise aus der Problemstellung folgt. Dies gilt schon für manche Rechenvorschriften, die üblicherweise als primitiv angesehen werden, – etwa für *sub* auf **nat**. Definiert man *sub* als Umkehrung der Addition, so ist die Lösung x von $a + x = b$ zwar eindeutig bestimmt, existiert aber nur für $a \leqq b$. Nur partiell definiert ist auch *pred*, mehr darüber wird sich in 1.11.2 ergeben. Andere Fälle **natürlicher Einschränkungen** der Parametererstreckung gelten etwa für *gcd* (der „größte gemeinsame Teiler" von 0 und 0 ist, wörtlich genommen, undefiniert – wenn auch das System b) von 1.4.1 den Wert 0 ergibt) und für *mod* (der Divisor muß von 0 verschieden sein).

Der Aufruf einer Rechenvorschrift muß, um definiert zu sein, selbstverständlich unter Bedingungen erfolgen, die eine eventuelle Einschränkung der Parametererstreckung ga-

34 Der BLISS-Compiler (Wulf et al. 1971) und einige LISP-Implementierungen nützten das aus.

35 Auch im Falle einer Verschachtelung, wie sie das System (*gcd, mod*) zeigt, von Rechenvorschriften, die für sich allein repetitiv sind, verkümmert der Wertekeller zu je einem Parameterregister für jede der Rechenvorschriften und einem Zwischenergebniskeller; der Protokollkeller kann funktionell vereinfacht werden durch Verwendung von Rückkehrsprüngen im übergeordneten Programm *gcd* für die Aufrufe des untergeordneten Programms *mod*. Zuse hat in der für Zürich verbesserten Z4 mehrere Programmabtaster für verschachtelte Schleifen vorgesehen.

rantieren. Es ist also empfehlenswert, einer Rechenvorschrift solche Einschränkungen in geeigneter Form mitzugeben.

Eine Schreibweise wie

```
funct sub ≡ (nat a, nat b) nat:
    if a < b then Ω
             else if b = 0 then a
                           else sub(pred(a), pred(b)) fi fi
```

unter expliziter Verwendung des universellen Pseudoobjektes »undefiniert« mit der Bezeichnung Ω bietet sich an, ist jedoch unbefriedigend: anstatt die Abbildung auf der vollen Parametererstreckung künstlich total zu machen, sollte es besser möglich sein, die Parametererstreckung auf den echten Definitionsbereich einzuschränken.

Häufig kommen in Systemen Aufrufe von Rechenvorschriften mit eingeschränkten Parametererstreckungen unter genau den passenden Bedingungen vor. Solche Systeme entstehen oft in natürlicher Weise bei der Programmentwicklung (s. 1.11.4); man betrachte daraufhin das System c) von 1.4.1. Es wäre dann eine unnötige Verdoppelung des Aufwands, eine stets abzuprüfende Bedingung an den Eingang des Rumpfs der Rechenvorschrift zu stellen. Man soll also eine Einschränkung der Parametererstreckung unmittelbar dem Kopf der Rechenvorschrift entnehmen können. Wir erhalten so die total definierten Rechenvorschriften

```
funct sub ≡ (nat a, nat b: a ≥ b) nat:
    if b = 0 then a
             else sub(pred(a), pred(b)) fi
```

bzw.

```
funct mod ≡ (nat a, nat b: b ≠ 0) nat:
    if a < b then a
             else mod(a − b, b) fi   .
```

Man beachte, daß diese Schreibweise Anklänge an die übliche Mengencharakterisierung durch Prädikate enthält:

{(**nat** a, **nat** b): $a \geq b$}

bzw.

{(**nat** a, **nat** b): $b \neq 0$}

sind die Definitionsbereiche dieser Rechenvorschriften. Die einschränkenden Prädikate wie

$a \geq b, \quad b \neq 0$

werden auch **Zusicherungen** (Wirth 1972), engl. *assertions*, genannt.

1.9 Dijkstras Wächter

1.9.1 Nicht immer liegt bei der Fallunterscheidung natürlicherweise die binäre Form, also die Alternative vor. Im nachfolgenden Algorithmus etwa zum lexikographischen Vergleich zweier Sequenzen *a, b* von Objekten einer Art μ vergleicht man *top*(*a*) mit *top*(*b*) und unterscheidet drei Fälle, wobei vorausgesetzt („zugesichert", vgl. 1.8) sei, daß von den Sequenzen *a, b* keine Anfang der anderen ist (Fano-Bedingung):

$top(a) < top(b)$ – dann steht *a* vor *b*
$top(a) > top(b)$ – dann steht *b* vor *a*
$top(a) = top(b)$ – dann ist der Vergleich mit *rest*(*a*) und *rest*(*b*) fortzusetzen.

Auch brauchen die Fälle nicht disjunkt zu sein: es ist, etwa für ganze Zahlen

$abs(x) = x$ für $x \geqq 0$
$abs(x) = -x$ für $x \leqq 0$

Weiterhin kann es sein, daß nicht für alle vorkommenden Fälle das Ergebnis definiert ist; nicht überall eindeutig ist z. B. das Vorzeichen einer ganzen oder rationalen Zahl *x*, definiert als diejenige Zahl, die mit *abs*(*x*) multipliziert *x* ergibt: für $x = 0$ tut das jede Zahl.

Schließlich ist es auch im Fall der Alternative nicht unangebracht, die Bedingung für den zweiten Zweig, die ja die Negation der Bedingung für den ersten Zweig ist und bisher durch das **else** ausgedrückt wird, explizit anzugeben: Dem (trivialen) Schreibaufwand steht eine Erleichterung beim Lesen und beim formalen Umformen gegenüber. Aus diesen und anderen Überlegungen heraus hat Dijkstra 1975 sogenannte **Wächter** eingeführt, Wahrheitswerte, die vor ein Objekt geschrieben werden, wobei

true bedeutet: das Objekt ist **zulässig**, d. h. darf ausgewählt werden,
false bedeutet: das Objekt ist **unzulässig**, d. h. darf nicht ausgewählt werden.

Nach dem Einsetzungsprinzip dürfen an der Stelle der Wahrheitswerte auch Aufrufe Boolescher Rechenvorschriften, also Bedingungen stehen. Zur Notation verwenden wir, in Anlehnung an die bisherige Schreibweise[36], die **bewachte Fallunterscheidung**

if ›Wahrheitswert 1‹ **then** ›Objekt 1‹
▯ ›Wahrheitswert 2‹ **then** ›Objekt 2‹
⋮
▯ ›Wahrheitswert *n*‹ **then** ›Objekt *n*‹ **fi**

$\}\ n \geqq 1$

als eine $2n$-stellige ($n \in \mathbb{N}$) universelle Operation von der Funktionalität

funct (bool, μ, **bool,** μ, ..., **bool,** μ) μ

36 Dijkstra benutzt einen Pfeil → anstelle von **then**. Wegen der vielfältigen anderweitigen Verwendung des Pfeils (für Übergänge, Ableitungen, nach DIN 5474 auch als Zeichen für Subjunktion) behalten wir **then** bei. Dijkstras Zeichen ▯ drückt die Verwandtschaft mit dem Zeichen | der Bildung der direkten Summe aus, die bei regulären Ausdrücken und bei BNF-Grammatiken vorliegt.

mit der operativen Bedeutung

„werte zunächst alle Wächter aus, sodann nimm irgendein zulässiges Objekt (möglicherweise auch Ω), falls ein solches existiert und keiner der Wächter Ω ist; Ω, falls kein zulässiges Objekt existiert oder einer der Wächter Ω ist".

Auch diese Operation ist also, gleich der Alternative, nicht strikt. Ein sinnvoller Grenzfall dieser Schreibweise ist

if ›Wahrheitswert‹ **then** ›Objekt‹ **fi**

(mit der Bedeutung „Nimm das Objekt, sofern es der Wächter erlaubt, andernfalls Ω"), während **if fi** offensichtlich die Bedeutung Ω bekäme und entbehrt werden kann. Wie die Alternative in dieser Schreibweise lautet, ist klar:

if ›Wahrheitswert‹ **then** ›Ja-Objekt‹ **else** ›Nein-Objekt‹ **fi**

ist gleichbedeutend mit

if ›Wahrheitswert‹ **then** ›Ja-Objekt‹
▯ ¬ ›Wahrheitswert‹ **then** ›Nein-Objekt‹ **fi** .

Dijkstra plädiert dafür, Alternativen grundsätzlich mit Wächtern zu schreiben, weil man zu leicht geneigt ist, unter dem **else**-Fall den „verbleibenden Rest" zu subsumieren, was zu einem Übersehen weiterer Sonderfälle führen kann.

Die oben gegebenen Beispiele schreiben sich also

funct *comp* ≡ (**sequ** μ *a*, **sequ** μ *b*: «*a*, *b* erfüllen die Fano-Bedingung») **bool**:
  if $top(a) < top(b)$ **then true**
  ▯ $top(a) > top(b)$ **then false**
  ▯ $top(a) = top(b)$ **then** $comp(rest(a), rest(b))$ **fi**

funct *abs* ≡ (**int** *a*) **int**:
  if $a \geqq 0$ **then** a
  ▯ $a \leqq 0$ **then** $-a$ **fi**

funct *sign* ≡ (**int** *a*: $a \neq 0$) **int**:
  if $a > 0$ **then** 1
  ▯ $a < 0$ **then** -1 **fi**

Weiterhin läßt sich die Fassung (*) von *gcd* in 1.7.1 nun schreiben

funct *gcd* ≡ (**nat** *a*, **nat** *b*) **nat**:
  if $b = 0$ **then** a
  ▯ $b > 0 \wedge a < b$ **then** $gcd(b, a)$
  ▯ $b > 0 \wedge a \geqq b$ **then** $gcd(a - b, b)$ **fi**

Vor allem erlaubt die Schreibweise mit Wächtern häufig eine problemgerechtere Formulierung, wo sequentielle Fallunterscheidungen (vgl. 1.3.3) willkürlich erscheinen. So läßt sich die Rechenvorschrift *merge* von 1.4.2 schreiben als

```
funct merge ≡ (sequ μ a, sequ μ b) sequ μ:
      if a = ◊              then b
      [] b = ◊              then a
      [] a ≠ ◊ ∧ b ≠ ◊ then if top(a) < top(b) then append(merge(rest(a), b), top(a))
                                  [] top(a) = top(b) then append(merge(rest(a), rest(b)), top(a))
                                  [] top(a) > top(b) then append(merge(a, rest(b)), top(b))         fi fi
```

1.9.2 In bewachten Fallunterscheidungen ist bei mehreren zulässigen Objekten nicht vorgeschrieben, welches davon auszuwählen ist. Dies bedeutet (in der mathematischen Semantik), daß eine Rechenvorschrift nicht mehr unbedingt eine *Funktion*, sondern nur noch eine Zuordnung definiert. Wir bezeichnen deshalb die bewachte Fallunterscheidung als eine „nichtdeterministische Konstruktion".

Wir nennen eine Rechenvorschrift **determiniert**, wenn sie eine Funktion beschreibt, und **nichtdeterminiert**, wenn sie eine echte, nicht-funktionale Zuordnung, eine „mehrdeutige Funktion", beschreibt.

Wir verwenden diese Bezeichnung auch für einen einzelnen Aufruf einer Rechenvorschrift: ein Aufruf heißt **determiniert**, wenn er genau *ein* mögliches Ergebnis hat, sonst heißt er **nichtdeterminiert**.

Wie das obige Beispiel *abs* zeigt, können Rechenvorschriften also auch dann determiniert sein, wenn sie überlappende bewachte Fallunterscheidungen enthalten. Dies gilt auch für rekursive Rechenvorschriften, wie etwa im folgenden Beispiel:

Es sei μ eine beliebige Art mit einer zweistelligen assoziativen Verknüpfung ρ und einem Einselement e, und es sei

$$x^n =_{\mathrm{def}} \underbrace{x\rho\, x\rho \ldots x\rho}_{n}\, e, \quad n \in \mathbb{N} \quad ,$$

zu berechnen („Potenzierung"). Dies leistet die (determinierte!) Rechenvorschrift

```
      funct pow ≡ (μ a, nat n) μ:
            if n = 0                  then e
(*)         [] n > 0                  then a ρ pow(a, pred n)
            [] n > 0 ∧ even n then pow(a ρ a, n/2)     fi   .
```

Für die Terminierung ist es gleichgültig, ob für $n > 0$ der zweite oder dritte Zweig der Fallunterscheidung benutzt wird: n wird jedenfalls verkleinert, und damit terminiert der Algorithmus[37] (über seine Herleitung siehe später in 1.11.4.).

Die leicht abgeänderte Version

```
      funct pow  ≡ (μ a, nat n) μ:
            if n = 0  then e
(**)        [] n > 0  then a ρ pow(a, pred n)
            [] even n then pow(a ρ a, n/2)     fi
```

37 Das in 1.4.2 angegebene Verfahren zum Terminierungsbeweis ist auch bei nichtdeterminierten Rechenvorschriften brauchbar.

muß jedoch nicht terminieren, kann also auch Ω ergeben: Für $n = 0$ kann man – man muß zwar nicht, aber man darf – stets den dritten Zweig wählen! Diese Version ist nichtdeterminiert: sie liefert Ω oder *pow*(a, n), wo *pow* wie oben determiniert definiert ist.

Aufgabe 1: Gib einen Algorithmus für das Mischen sortierter Sequenzen (vgl. 1.4.2) ohne Unterdrückung mehrfach vorkommender Elemente an.

Nichtdeterminierte Rechenvorschriften erhält man insbesondere durch Umkehrung von nicht eineindeutigen Abbildungen[38]; ein Beispiel liefert etwa die Umkehrung von *abs*

```
funct inversabs ≡ (int x) int:
      if x ≧ 0 then x
      ▯ x ≧ 0 then −x fi    ,
```

wo man für $x \geqq 0$ sowohl x nehmen kann als auch $-x$; für $x < 0$ ergibt sich Ω.

Eine bewachte Fallunterscheidung

```
if p₁ then a₁
▯ p₂ then a₂
⋮
▯ pₙ then aₙ fi
```

ist für beliebige Objekte a_i sicher determiniert, falls $p_i \wedge p_k =$ **false** für alle $i \neq k$ („disjunkte Wächter"); sie ist total definiert (d. h. $\neq \Omega$), falls $p_1 \vee p_2 \vee \ldots \vee p_n =$ **true** und kein zulässiges Objekt gleich Ω ist.

1.9.3 Spezialfälle, die zu einer Verkürzung der Schreibweise Anlaß geben, liegen vor, wenn ein Wächter konstant **false** oder konstant **true** ist. Im ersten Fall kann man den betreffenden Zweig einfach streichen (und wenn nur noch **if fi** übrigbleibt, dieses durch Ω ersetzen). Im zweiten Fall wird man vor allem ein gehäuftes Auftreten von nur formal bewachten Zweigen (mit **true** als Wächter) lästig finden.

Man möchte etwa schreiben

(2 ▯ 3 ▯ 5 ▯ 7) für «irgendeine Primzahl unter 10»

und

(3 ▯ −3) für «irgendeine Lösung von $x^2 = 9$»,

also allgemein

a_i für **true then** a_i ,

falls alle Wächter **true** sind, sowie **if** ⁓ **fi** durch (⁓) ersetzen.

---

38 In der klassischen Kryptologie betrachtet man mit der Verwendung von Homophonen (vgl. Bauer, Goos 1974, S. 188) gerade Zuordnungen, die Umkehrungen von Abbildungen sind.

Dazu führen wir die Konstruktion

›Wahrheitswert‹ **then** ›Objekt‹ als ›bewachtes Objekt‹

ein und $\square$ als Symbol zur (kommutativen und assoziativen) Bildung einer Auswahl von Objekten und bewachten Objekten, und schließen diese Auswahl in die Klammern **if**, **fi** oder, wenn kein Objekt bewacht ist, auch in (,) ein.

Man beachte auch, daß

$(2 \square 3) = (3 \square 4)$, aber auch $(2 \square 3) = (2 \square 3)$

nichts anderes liefert als (**true** $\square$ **false**)[39].

Zwar ist

$a = (b \square c)$

nicht gleichbedeutend mit $a = b \vee a = c$ (denn etwa $a = (b \square a)$ ergibt (**true** $\square$ **false**), während $a = b \vee a = a$ determiniert ist und **true** ergibt); jedoch ist es gleichbedeutend oder **gleichwertig** mit

$(a = b \quad \square \quad a = c)$,

denn die Mengen möglicher Werte stimmen überein.

Die obige Rechenvorschrift *pow* läßt sich jetzt sogar in folgender Variante fassen:

if $n = 0$ **then** e
$\square$ $n > 0$ **then** $(a \rho\, pow(a,$ **pred** $n)$ $\square$ $pow(a,$ **pred** $n)\ \rho\, a)$
$\square$ $n > 0 \wedge$ **even** n **then** $(pow(a \rho\, a, n/2)$ $\square$ $sq(pow(a, n/2)))$ **fi** ,

wobei die Primitive *sq* definiert werden kann als

funct $sq \equiv (\mu\, x)\ \mu{:}\ x \rho\, x$.

1.9.4 Die Tatsache, daß bei der LI-Regel (vgl. 1.7.3) die Ausdrücke auf den Argumentpositionen nur einmal ausgewertet werden, erweist sich in nichtdeterminierten Situationen als besonders vorteilhaft. Für die beiden Rechenvorschriften

funct $dupl \equiv$ (**int** t) **int**: $t + t$

und

funct $dupl' \equiv$ (**int** t) **int**: $2 \times t$

39 (**true** $\square$ **false**) ist nicht etwa ein neues Objekt; **funct** *arbitbool* $\equiv$ **bool**: (**true** $\square$ **false**) ist eine (parameterlose) nichtdeterminierte Rechenvorschrift. (Wenn jemand zu seinem Dackel sagt „Gehst her“, so ist das (**true** $\square$ **false**), weswegen auch die Redeweise „Gehst her oder net“ verbreitet ist.)

erwartet man intuitiv, daß sie gleichwertig sind. Für die nichtdeterminierten Aufrufe

$dupl(a \,\square\, b)$ und $dupl'(a \,\square\, b)$

ist dies bei der LI-Regel tatsächlich der Fall, nicht jedoch bei manchen anderen Berechnungsregeln.

In engem Zusammenhang damit steht auch die Tatsache, daß das Expandieren im Gegensatz zum determinierten Fall (vgl. 1.7.1) nicht mehr harmlos ist: der Aufruf

$dupl(a \,\square\, b)$

ist *nicht* gleichwertig zu dem Ausdruck

$(a \,\square\, b) + (a \,\square\, b)$.

Dagegen kommen beim Komprimieren keine neuen Probleme durch Nichtdeterminiertheit hinzu. Komprimieren führt im allgemeinen auf geringere Nichtdeterminiertheit, im Grenzfall sogar auf Determiniertheit, siehe 1.11.3, „Abkömmling".

Bisher nahmen wir stillschweigend an, die Wächter seien stets determiniert. Auch für die Alternative mit nichtdeterminierter Bedingung oder für die bewachte Fallunterscheidung mit nichtdeterminierten Wächtern gilt natürlich, daß zu allererst die Bedingung(en) ausgewertet wird (werden). Damit ergibt sich, daß zum Beispiel

if (**true** $\square$ **false**) **then** a **else** b **fi**

nichts anderes bedeutet als

$(a \,\square\, b)$.

1.10 Prä-algorithmische Formulierungen mittels Auswahl und Kennzeichnung

Problemstellungen sind häufig in **prädikativer**[40] Form gegeben: ein Prädikat charakterisiert das Ergebnis. Nicht immer ist das Prädikat so einfach wie in

„diejenige natürliche Zahl x, für die $x = 3$ gilt"

oder in

„dasjenige y: $y = f(x)$" .

40 Auch ‚deskriptiv' und ‚implizit' werden benutzt.

Für

„ein maximales Element t aus der Menge aller natürlichen Zahlen, das sowohl Teiler von a wie Teiler von b ist"

lautet das charakteristische Prädikat

$$t \mid a \wedge t \mid b \wedge \forall \textbf{nat}\, y: (y \mid a \wedge y \mid b \Rightarrow y \leqq t) \quad .$$

Für

„eine natürliche Zahl s, deren Nachfolger a ist"

ist das charakteristische Prädikat

$$succ(s) = a \quad .$$

Unter die Problemstellungen prädikativer Art fallen alle Funktions- oder Abbildungsumkehrungen und Gleichungsauflösungen, also etwa auch

„eine ganze Zahl, deren Quadrat 1 ist",
„eine Nullstelle des Polynoms $\mathscr{P}(x)$",
„eine natürliche Zahl t, die mit 0 multipliziert 0 ergibt",
„eine ungerade natürliche Zahl",
„eine Sequenz, die Rechtsbestandteil einer gegebenen Sequenz a ist".

Im allgemeinen bestimmen solche Prädikate das charakterisierte Element nicht eindeutig: häufig verbleibt eine Auswahl aus endlich vielen oder auch aus abzählbar vielen Möglichkeiten; gelegentlich, beispielsweise in den Fällen

„eine ganze Zahl, deren Quadrat -1 ist",
„eine ganzzahlige Lösung t von $t \times 0 = 1$",

existiert überhaupt kein Element mit der gewünschten Eigenschaft.

1.10.1 Der Auswahloperator η

Um den Charakter der Auswahl eines Elements aus einer durch ein Prädikat p charakterisierten Teilmenge von Objekten einer Art μ zu betonen, verwenden wir die Sprechweise „irgendein ..." und schreiben

$$\eta\{\mu x: p(x)\}, \quad \text{kurz} \quad \eta\,\mu x: p(x)$$

mit dem (nichtdeterministischen) **Auswahloperator η**. Für den Fall, daß die charakterisierte Teilmenge leer ist, setzen wir fest, daß das Ergebnis Ω ist, genauer

$$(\eta\,\mu x: p(x)) = \Omega \Leftrightarrow_{\text{def}} \{\mu x: p(x)\} = \emptyset \quad .$$

Einige der obigen Beispiele lauten damit:

η **nat** t: $t|a \wedge t|b \wedge$ **∀ nat** y: $(y|a \wedge y|b \Rightarrow y \leqq t)$
η **nat** s: $succ(s) = a$
η **int** x: $x \uparrow 2 = 1$
η **nat** t: $t \times 0 = 0$
η **sequ** μ v: **∃ sequ** μ u : $a = u \,\&\, v$
η **nat** t: $t \times 0 = 1$

Als Rechenvorschriften aufgefaßt, sind die ersten beiden Beispiele determiniert, allerdings nur partiell definiert:

$a = b = 0$ erlaubt jede natürliche Zahl als gemeinsamen Teiler; in dieser Menge gibt es kein maximales Element,
$a = 0$ ist nicht Nachfolger irgendeiner natürlichen Zahl.

Unter Einführung geeigneter Zusicherungen haben wir also die folgenden Spezifikationen für total definierte Rechenvorschriften

funct gcd ≡ (**nat** a, **nat** b: $a \neq 0 \vee b \neq 0$) **nat**:
η **nat** t: $t|a \wedge t|b \wedge$ **∀ nat** y: $(y|a \wedge y|b \Rightarrow y \leqq t)$

funct $pred$ ≡ (**nat** a: $a \neq 0$) **nat**:
η **nat** s: $succ(s) = a$.

Auch das letzte der obigen Beispiele ist determiniert, das Ergebnis ist allerdings Ω. Die übrigen Beispiele sind nichtdeterminiert:

funct $unit$ ≡ **int**: η **int** x: $x \uparrow 2 = 1$
funct $arbitrary$ ≡ **nat**: η **nat** t: $t \times 0 = 0$
funct $trailer$ ≡ (**sequ** μ a) **sequ** μ : η **sequ** μ v: **∃ sequ** μ u : $a = u \,\&\, v$

Der Auswahloperator η ist in gleicher Weise nichtdeterministisch wie die bewachte Fallunterscheidung: die Auswahl erfolgt willkürlich[41]. Wenn die charakterisierte Teilmenge einelementig ist, ist der Auswahloperator determiniert.

Auswahloperator und bewachte Fallunterscheidung hängen zusammen: Falls sowohl a als auch b determiniert und von Ω verschieden sind, ist (a ▯ b) nichts anderes als

$\eta \mu x$: $x = a \vee x = b$,

---

41 Der in der Logik häufig vorkommende μ-Operator (Hilbert, Bernays 1934) ist eine deterministische Implementierung des Auswahloperators, er ist sinngemäß folgendermaßen definiert:
$\mu \lambda x$: $p(x)$ bedeutet min $\{\lambda x: p(x)\}$, wobei in λ eine lineare Noethersche Ordnung (Wohlordnung) unterstellt wird.
Die Voraussetzung, daß in λ eine lineare Noethersche Ordnung existiert (und konstruiert werden kann), garantiert auch, daß der η-Operator für nichtleere Mengen operativ ist: man kann das minimale Element nehmen. Vgl. auch 2.4.
Den η-Operator haben Hilbert und Bernays 1939 eingeführt.

und **if** p **then** a ▯ q **then** b **fi** ist nichts anderes als

$$\eta\,\mu x\colon (p \wedge (x = a)) \vee (q \wedge (x = b)) \quad .$$

Diese Beziehungen können auch zur Definition verwendet werden.

Aufgabe 1: Zeige durch Zurückführung auf den η-Operator, daß
if p **then** a ▯ q **then** b **fi** *gleichwertig zu*
if q **then** b ▯ p **then** a **fi** *ist.*

Aufgabe 2: Zeige durch Zurückführung auf den η-Operator, daß
if p **then** a ▯ q **then** b **fi**
determiniert ist, falls $p \wedge q$ **false** *ergibt,*
definiert ist, falls $p \vee q$ **true** *ergibt.*

Aufgabe 3: Unter welchen Bedingungen ist
if p **then** a ▯ q **then** a **fi**
gleichwertig zu a („Aufspalten einer Tautologie")?

1.10.2 Der Kennzeichnungsoperator ι

Der Auswahloperator η liefert gelegentlich ein eindeutiges Ergebnis, d. h. er kann determiniert sein. Der **Kennzeichnungsoperator** ι (von griech. ἴσος) ist nun folgendermaßen definiert:

Er stimmt mit dem Auswahloperator überein, wenn dieser determiniert ist, und liefert sonst als Ergebnis Ω. Er ist also definitionsgemäß stets determiniert. Wir verwenden ihn in der Sprechweise „dasjenige ..." und schreiben[42]

$$\iota\{\mu x\colon p(x)\}, \quad \text{kurz} \quad \iota\,\mu x\colon p(x) \quad .$$

Wir können also spezifizieren

funct $gcd \equiv$ (**nat** a, **nat** b: $a \neq 0 \vee b \neq 0$) **nat**:
    ι **nat** t: $t \mid a \wedge t \mid b \wedge \forall$ **nat** y: $(y \mid a \wedge y \mid b \Rightarrow y \leq t)$

und bekommen Übereinstimmung mit der Definition in 1.10.1, wenn wir die Determiniertheit nachweisen, was hier nicht schwer ist: Wären t_1 und t_2 dem Prädikat entsprechend, so wäre $t_1 \leq t_2$ und $t_2 \leq t_1$. Aus der Antisymmetrie einer Ordnung, hier $\leq$, folgt $t_1 = t_2$, also die Eindeutigkeit des Ergebnisses.

Aufgabe 1: Zeige, daß im angegebenen Definitionsbereich $gcd(a, b) \neq \Omega$ ist.

---

42 Vgl. DIN 5474. Den auf Ideen von Frege zurückgehenden Kennzeichnungsoperator haben Whitehead, Russell 1910 und Hilbert, Bernays 1934 behandelt. Zuse hat ihn 1945 im Plankalkül zu programmiertechnischen Zwecken verwendet, ebenso McCarthy 1961, und Landin 1966 meint: "This discussion ... reveals the possibility that primitives might be sensationally non-algorithmic."

Aufgabe 2: Zeige, daß die Definition
$\textbf{funct } gcd \equiv (\textbf{nat } a, \textbf{nat } b\colon a \neq b \vee b \neq 0)\ \textbf{nat}\colon$
$\iota\ \textbf{nat } x\colon x \mid a \wedge x \mid b \wedge \forall \textbf{ nat } y\colon (y \mid a \wedge y \mid b \Rightarrow y \mid x)$
mit der obigen, auf der linearen Ordnung $\leq$ beruhenden Definition gleichbedeutend ist.

Aufgabe 3: Führe den Kennzeichnungsoperator zurück auf den Auswahloperator.

Ebenso können wir übereinstimmend schreiben

$$\begin{aligned}&\textbf{funct } pred \equiv (\textbf{nat } a\colon a \neq 0)\ \textbf{nat}\colon\\ &\quad \iota\ \textbf{nat } s\colon succ(s) = a \quad ,\end{aligned}$$

wenn wir für die Eindeutigkeit aus dem 4. Peanoschen Axiom für natürliche Zahlen entnehmen, daß

$succ(s_1) = succ(s_2)$ nach sich zieht $s_1 = s_2$.

Aufgabe 4: Es sei M eine Menge, 0 ein Element daraus und succ eine Abbildung $M \to M$ mit den Eigenschaften
(*P1*) $0 \in M$
(*P2*) $x \in M \Rightarrow succ(x) \in M$
(*P3*) $x \in M \Rightarrow succ(x) \neq 0$
(*P4*) $x \in M \wedge y \in M \wedge succ(x) = succ(y) \Rightarrow x = y$
Zeige:
1) M ist **unendlich:** *es gibt eine umkehrbar eindeutige Abbildung von M auf eine echte Teilmenge von M.*
2a) Die Aussage
„Zu $a \in M$: $a \neq 0$ existiert $s \in M$: $succ(s) = a$“ folgt nicht aus (P1) bis (P4).
2b) Die Aussage
„Es existiert kein $s \in M$: $succ(s) = s$“ folgt nicht aus (P1) bis (P4).
3) Sei pred für $a \in M$: $a \neq 0$ wie in obiger Rechenvorschrift definiert. Welche der Eigenschaften (P1) bis (P4) werden gebraucht zum Beweis von
$x \in M \Rightarrow pred(succ(x)) = x$
4) Was müßte man fordern, um sogar
$x \in M.\ x \neq 0 \Rightarrow succ(pred(x)) = x$
zeigen zu können?

Wir werden bei der Einführung der natürlichen Zahlen als Rechenstruktur in 3.5.1 hieran anschließen (vgl. auch 3.5.2).

1.11 Semantik nicht-deterministischer Konstruktionen

1.11.1 Prä-Algorithmen und Algorithmen

Gewisse Spezifikationen mit den Operatoren η und ι haben unmittelbar algorithmischen Charakter, etwa

$$\eta\,\mu x\colon x = a \vee x = b \vee x = c$$

oder

$\eta\, \mu x\colon x = f(d)$

sofern gesichert ist, daß die einzelnen „Schritte", die Vergleiche und die Berechnung von f, effektiv sind.

Generell kann man sagen, daß es zur Bestimmung von

$\eta\, \mu x\colon p(x)$ oder $\iota\, \mu x\colon p(x)$

stets einen Algorithmus gibt, wenn p eine auf μ total definierte, also terminierende, determinierte Boolesche Rechenvorschrift und μ eine endliche Objektmenge ist. Es gibt dann nämlich eine triviale Maschine, die **Suchmaschine**, die durch Exhaustion von μ feststellt, ob ein derart charakterisiertes Objekt existiert, und gegebenenfalls ein solches, andernfalls Ω als Ergebnis liefert[43]. Allerdings ist für die Operationen η und ι dabei kein bestimmter (Such-)Algorithmus festgelegt. Im allgemeinen, d. h. bei unendlichem μ, ist jedoch für ein beliebiges Prädikat p nicht einmal mehr die Effektivität derartiger Konstruktionen ohne weiteres gegeben. Wir sprechen daher insbesondere bei Rechenvorschriften, zu deren Formulierung neben den Operatoren η und ι die Quantoren $\forall$ und $\exists$ verwendet werden, von **Prä-Algorithmen**. Jedenfalls erfordern sie die Überführung in Algorithmen oder zumindest den Nachweis, daß es sich um Algorithmen handelt. Dies kann eventuell dadurch geschehen, daß die η- bzw. ι-Operatoren eliminiert werden (oder doch ihre Anwendung auf endliche Objektmengen eingeschränkt wird), wobei rekursive Definitionen entstehen können. Auch hierbei spielt die Technik des Expandierens und Komprimierens (1.7.1) eine wichtige Rolle, wie die nachfolgenden Beispiele zeigen werden.

Die prä-algorithmische oder prädikative, d. h. nicht-operative, Formulierung bietet einige Vorteile. Da ist zunächst ihre Problemnähe zu nennen: viele Probleme fallen in dieser Form an[44]. Weiterhin erlaubt sie häufig, auf einfachste Weise Eigenschaften festzustellen, die später den daraus entwickelten Algorithmen kaum mehr anzusehen sind. So ist etwa für *gcd* die Kommutativität und die Assoziativität allein aufgrund entsprechender Gesetze für Boolesche Operationen fast unmittelbar ersichtlich.

Für das Arbeiten mit prädikativen Formulierungen gilt folgende grundlegende Umformungsregel, die man als **Exportation unabhängiger Bedingungen** bezeichnen kann:

Für definierte und determinierte Prädikate $P(x)$, $Q(x)$ auf μ und Prädikate p, q, in denen x nicht frei vorkommt, gilt unter der *Voraussetzung*

$p \wedge q \Rightarrow ((\exists\, \mu x\colon P(x)) \Leftrightarrow (\exists\, \mu x\colon Q(x)))$, daß

$\eta\, \mu x\colon (p \wedge P(x)) \vee (q \wedge Q(x))$ gleichwertig ist mit

if p **then** $\eta\, \mu x\colon P(x)$
▯ q **then** $\eta\, \mu x\colon Q(x)$ **fi**

(analog für ι).

---

43 Eine Kartei von Randlochkarten samt Zubehör ist eine gute Annäherung an eine solche Maschine. Die exhaustive Lösung durch eine Suchmaschine wird wegen ihrer Ineffizienz manchmal abschätzig als *british museum method* bezeichnet.

44 Allerdings nicht alle; beim Aufbau der Arithmetik beispielsweise wird zwar *pred* prädikativ auf *succ* aufgebaut, aber die Addition und die Multiplikation werden wesensgemäß jeweils rekursiv eingeführt.

1.11.2 Gewinnung von Algorithmen aus Prä-Algorithmen

Expandieren, gefolgt von algebraischen Umformungen, und anschließendes Komprimieren erlauben oft die Beseitigung von η- und ι-Operatoren. Dadurch wird aus einem Prä-Algorithmus ein Algorithmus.

Ein erstes Beispiel beginnt direkt mit den algebraischen Umformungen: Ausgehend von der schon am Ende von 1.7.1 gegebenen Charakterisierung ergibt sich schrittweise

funct $mod \equiv$ (**nat** a, **nat** b: $b \neq 0$) **nat**:
  ι **nat** r: ($\exists$ **nat** q: $r + q \times b = a \wedge 0 \leqq r < b$)

ι **nat** r: ($a \geqq b \wedge \exists$ **nat** q: $r + q \times b = a \wedge 0 \leqq r < b$)
  $\vee$ ($a < b \wedge \exists$ **nat** q: $r + q \times b = a \wedge 0 \leqq r < b$)

---

if $a \geqq b$ **then** ι **nat** r: ($\exists$ **nat** q: $r + q \times b = a \wedge 0 \leqq r < b$)
[] $a < b$ **then** ι **nat** r: ($\exists$ **nat** q: $r + q \times b = a \wedge 0 \leqq r < b$) **fi**

---

if $a \geqq b$ **then** ι **nat** r: ($\exists$ **nat** q: $r + (q - 1) \times b = a - b \wedge 0 \leqq r < b$)
[] $a < b$ **then** ι **nat** r: $r = a$ **fi**

---

if $a \geqq b$ **then** ι **nat** r: ($\exists$ **nat** q': $r + q' \times b = a - b \wedge 0 \leqq r < b$)
[] $a < b$ **then** a **fi** .

Schließlich ergibt Komprimieren (und Umschreibung auf eine Alternative)

funct $mod \equiv$ (**nat** a, **nat** b: $b \neq 0$) **nat**:
  if $a \geqq b$ **then** $mod(a - b, b)$
    else a **fi** .

Man beginnt dabei mit der „Aufspaltung einer Tautologie“, die zur Unterscheidung der Fälle $a \geqq b$ und $a < b$ führt[45]. Die Grundregel von der Exportation der Bedingungen führt dann zur äußeren Fallunterscheidung, die übrigens automatisch total definiert ist. Man benutzt schließlich an algebraischen Umformungen lediglich

$q \times b - b = (q - 1) \times b$ (Distributivgesetz)

und vereinfacht.

Daß die so gewonnene Rechenvorschrift terminiert, muß grundsätzlich bewiesen werden. Hier ergibt sich der Terminierungsbeweis (vgl. 1.4.2) aus einer Betrachtung des ersten Arguments: es nimmt bei jedem Aufruf streng monoton ab. Spätestens in a Rekursionsschritten terminiert der Algorithmus. Eine bessere Abschätzung wird sich in 1.12 ergeben.

---

45 Eine geeignete Aufspaltung zu finden, erfordert im allgemeinen Intuition.

Ein weiteres Beispiel liefert *gcd*. Hier ist es bequem, zuerst den Maximumoperator („größtes Element") bezüglich einer Ordnung ρ auf einer Teilmenge $\mathcal{N}$ von $\boldsymbol{\mu}$ einzuführen[46]

$$\max_\rho \mathcal{N} =_{\text{def}} \iota\,\boldsymbol{\mu} x\colon x \in \mathcal{N} \wedge \forall z \in \mathcal{N}\colon z \rho x \quad .$$

Mit

$$\mathcal{N}(a, b) = \{\textbf{nat}\ t\colon t \mid a \ \wedge\ t \mid b\}$$

gilt dann

funct *gcd* ≡ (**nat** *a*, **nat** *b*: $a \neq 0 \vee b \neq 0$) **nat**:
$\max_{\leqq} \mathcal{N}(a, b)$.

Offensichtlich ist

$$\max_{\leqq} \mathcal{N}(a, a) = a,$$

und es gilt für $a > b$

$$\mathcal{N}(a, b) = \mathcal{N}(a - b, b) \quad .$$

Somit gilt

$$gcd(a, a) = a$$

und für $a \geqq b$:

$$gcd(a - b, b) = gcd(a, b) \quad .$$

Ferner ist trivialerweise $\mathcal{N}(a, b) = \mathcal{N}(b, a)$, also

$$gcd(a, b) = gcd(b, a);$$

somit gilt auch für $a \leqq b$

$$gcd(a, b - a) = gcd(a, b) \quad .$$

---

46 Wegen der Antisymmetrie von ρ ist ein solches x, wenn es existiert, eindeutig bestimmt (vgl. 1.10.2).
Es gibt auch den schwachen Maximumoperator („maximales Element")
$\text{wmax}_\rho \mathcal{N} =_{\text{def}} \eta\,\boldsymbol{\mu} x\colon x \in \mathcal{N} \wedge \forall z \in \mathcal{N}\colon x \rho z \Rightarrow x = z$.
Beachte, daß $z \rho x$ wegen der Antisymmetrie impliziert $\neg (x \rho z) \vee x = z$, also $x \rho z \Rightarrow x = z$.
Die Umkehrung gilt, wenn die Ordnung ρ linear ist: dann fallen $\max_\rho$ und wmax_ρ zusammen.

Eine mögliche rekursive Fassung für *gcd* ist deshalb

```
funct gcd' ≡ (nat a, nat b: a ≠ 0 ∨ b ≠ 0) nat:
    if a ≦ b then gcd'(a, b − a)
    [] a = b then a
    [] a ≧ b then gcd'(a − b, b) fi     ,
```

die aber nicht immer terminiert: Für $a = 0$ kann man stets die erste Zeile, für $b = 0$ stets die dritte Zeile der Fallunterscheidung wählen. Bloße Einschränkung auf $a \neq 0 \wedge b \neq 0$ ist untauglich. Schränkt man aber auch die erste und dritte Zeile passend ein, so erhält man disjunkte Wächter und die determinierte Rechenvorschrift

```
funct gcd ≡ (nat a, nat b: a ≠ 0 ∧ b ≠ 0) nat:
    if a < b then gcd(a, b − a)
    [] a = b then a
    [] a > b then gcd(a − b, b) fi     ,
```

deren Definitionsbereich nunmehr tatsächlich auf $a \neq 0 \wedge b \neq 0$ eingeschränkt werden kann. Terminierung zeigt man nach dem in 1.4.2 angegebenen Verfahren mit $\delta(a, b) = a + b$. Daraus ersieht man übrigens auch, daß der Algorithmus zur Berechnung von $gcd(a, b)$ höchstens $a + b$ Rekursionsschritte benötigt.

Ein unsymmetrischer, daher weniger elegant erscheinender, aber auch für $a = 0$ oder für $b = 0$ terminierender Algorithmus ist der folgende (vgl. 1.7.1, (∗)):

```
funct gcd ≡ (nat a, nat b) nat:
    if b = 0 then a
    [] b > 0 ∧ a < b then gcd(b, a)
    [] b > 0 ∧ a ≧ b then gcd(a − b, b) fi     .
```

Er entsteht aus den früher hergeleiteten Relationen (unter weiterer Anwendung der Kommutativität) und aus der Tatsache, daß

$$\mathcal{N}(a, 0) = \{\mathbf{nat}\ x : x \mid a \wedge x \mid 0\} = \{\mathbf{nat}\ x : x \mid a\}, \quad \text{somit} \quad \max_{\leqq} \mathcal{N}(a, 0) = a \quad .$$

Der Algorithmus terminiert auch für $a = 0$ oder $b = 0$. Um dies zu zeigen, kann man die Funktion $\delta(a, b) = a + 2b$ benutzen. Insgesamt kommt die Berechnung von $gcd(a, b)$ nach diesem Algorithmus spätestens nach $a + 2b$ Schritten zum Ende.

Zieht man überdies mit einem Schritt der zweiten Zeile den stets nachfolgenden Schritt der dritten Zeile zusammen, so erhält man

```
funct gcd ≡ (nat a, nat b) nat:
    if b = 0 then a
    [] b > 0 ∧ a < b then gcd(b − a, a)
    [] b > 0 ∧ a ≧ b then gcd(a − b, b) fi     .
```

Die Funktion $\delta(a, b) = a + 2b$ läßt sich auch hier zum Nachweis der Terminierung benutzen.

Auch die Fassung b) von 1.4.1 kann man direkt aus der prä-algorithmischen Fassung gewinnen, indem man zeigt – ähnlich wie oben und unter Benutzung der Kommutativität –, daß $gcd(a, b) = gcd(b, mod(a, b))$. (Für den Terminierungsbeweis s. 1.4.1 und 1.6.2.)

Ein anderes Beispiel bietet die Subtraktion als Umkehrung der Addition, wobei man sich auf eine bereits rekursiv definierte Rechenvorschrift stützt:

```
funct sub ≡ (nat a, nat b: a ≧ b) nat:
      ι nat x: add(x, b) = a,
funct add ≡ (nat a, nat b) nat:
      if b = 0 then a
                else succ add(a, pred b) fi    .
```

Expandieren ergibt

```
funct sub ≡ (nat a, nat b: a ≧ b) nat:
      ι nat x: if b = 0 then x
                        else succ add(x, pred b) fi = a
      ______________________________________________________
      if b = 0 then ι nat x: x = a
                else ι nat x: succ add(x, pred b) = a fi
      ______________________________________________________
      if b = 0 then a
                else ι nat x: add(x, pred b) = pred a fi    .
```

Hierbei wurde die Grundregel von der Exportation unabhängiger Bedingungen und die algebraische Umformung

```
pred succ y = y
```

benützt. Schließlich entsteht durch Komprimieren

```
funct sub ≡ (nat a, nat b: a ≧ b) nat:
      if b = 0 then a
                else sub (pred a, pred b) fi    .
```

Man beobachtet an den vorangehenden Beispielen, daß die Umformungen genauso hätten geführt werden können, wenn die Rechenvorschriften *mod, gcd* und *sub* mit dem η-Operator definiert worden wären. Es wären dieselben rekursiven Fassungen entstanden. In der technischen Behandlung der beiden Operatoren besteht kein Unterschied (vgl. die für η wie für ι gültige Grundregel am Ende von 1.11.1), der ι-Operator ist lediglich schwächer (im Sinne von 1.9) als der η-Operator.

Aufgabe 1: Man leite aus

```
funct pow ≡ (μ a, nat n) μ:
      if n = 0 then e
               else a p pow(a, pred(n)) fi
```

die nichtdeterministische Rechenvorschrift (*) von 1.9 her.

Aufgabe 2: Man leite aus
funct *less* ≡ (**nat** *n*) **nat**:
η **nat** x: $x < n$
einen Algorithmus her.

Aufgabe 3: Was ergibt
ι **nat** x: $x \geqq a \wedge sub(x, a) = b$,
gestützt auf das oben rekursiv definierte sub?

Eine wiederholte Warnung ist angebracht: Der Gebrauch der Operatoren η und ι ist gefährlich, insofern er zu Konstruktionen verleiten kann, für die keine operative Lösung bekannt ist, ja nicht einmal entscheidbar ist, ob es eine operative Lösung gibt. In der überwiegenden Zahl praktischer Fälle kann man jedoch diese Gefahr als unerheblich ansehen. Immerhin sind aber zur Gewinnung operativer Lösungen gelegentlich Hilfsmittel der Prädikatenlogik 2. Stufe, beispielsweise Induktionsbeweise (vgl. 1.6) erforderlich.

Auch der Gebrauch der Quantoren $\forall$ und $\exists$ in rekursiven Definitionen bringt Komplikationen für die Fixpunkttheorie (vgl. Manna 1974, S. 368, Ex. 5-7.2), insofern als das Funktional τ nicht mehr ohne weiteres stetig ist.

1.11.3 Mathematische Semantik nicht-determinierter Rechenvorschriften

1.11.3.1 Nicht-determinierte Rechenvorschriften werden in der mathematischen Semantik (nachdem wie in 1.5.1 das Pseudoobjekt Ω eingeführt wurde) als links-totale Zuordnungen betrachtet. Um eine Fixpunkttheorie aufzubauen, führt man eine Relation „schwächer" auch für Zuordnungen ein.

Wie bei Funktionen soll also eine Zuordnung f_1 eine andere Zuordnung f_2 genau dann approximieren, wenn f_1 häufiger undefiniert ist, aber sonst mit f_2 übereinstimmt. Diese intuitive Beschreibung läßt sich formal fassen (Egli 1975), indem man die zwei Fälle unterscheidet, ob für ein gegebenes x in f_1 der Wert Ω möglich ist oder nicht:

$$f_1 \sqsubseteq f_2 \Leftrightarrow_{\text{def}} \forall x \in \mathscr{D}^+, y \in \mathscr{W}^+: \begin{cases} \text{falls } (x, \Omega) \in f_1 \wedge y \neq \Omega\text{:} & (x, y) \in f_1 \Rightarrow (x, y) \in f_2 \\ \text{falls } (x, \Omega) \notin f_1\text{:} & (x, y) \in f_1 \Leftrightarrow (x, y) \in f_2 \end{cases}$$

Für die Rechenvorschrift *pow* in 1.9 ist also die Version (**) schwächer als die Version (*).

$.\sqsubseteq.$ ist wiederum antisymmetrisch und definiert damit eine (partielle) Ordnung für Zuordnungen, die für Funktionen mit der in 1.5.2 gegebenen übereinstimmt. Für weitere Einzelheiten siehe de Bakker 1976, Plotkin 1976, Broy et al. 1979.

1.11.3.2 Abgesehen von der Relation „schwächer", gibt es eine andere wichtige Beziehung zwischen gewissen nicht-determinierten Rechenvorschriften, die allerdings für determinierte Rechenvorschriften trivial wird.

Es seien F_d und F zwei „mehrdeutige Funktionen" (1.9) von einem Definitionsbereich $\mathscr{D}$ in einen Wertebereich $\mathscr{W}$. F_d heißt **Abkömmling** von F (McCarthy 1961), wenn für jedes $x \in \mathscr{D}$ jeder möglicherweise resultierende Wert von $F_d(x)$ auch möglicherweise resultierender Wert von $F(x)$ ist, jedoch $F_d(x)$ nicht undefiniert ist, außer es ist bereits $F(x)$ undefiniert.

Führt man wie in 1.5.1 Ω ein und macht man F_d und F damit total, so erhält man die Bedingung der Inklusion

$$\forall x \in \mathscr{D}^+, y \in \mathscr{W}^+: (x,y) \in F_d \Rightarrow (x,y) \in F \quad ,$$

die wir als allgemeine Definition des Abkömmlings F_d von F nehmen.

Der Begriff des Abkömmlings ist fundamental für das Arbeiten mit nichtdeterminierten Rechenvorschriften:

Von Natur aus wird ein Problem, das durch eine Rechenvorschrift F gelöst wird, auch durch deren Abkömmling F_d *gelöst.*

Beachte, daß das Gegenteil nicht gilt. Jedoch ist der Abkömmling eines Abkömmlings wieder Abkömmling – die Relation ist transitiv.

Komprimieren kann (in Verbindung mit der LI-Regel) zur einmaligen Berechnung von Teilausdrücken auf Argumentpositionen führen und ergibt, wenn es überhaupt eine Änderung der Rechenvorschrift bewirkt, einen Abkömmling. Man sehe sich daraufhin den Ausdruck $(a \,[]\, b) + (a \,[]\, b)$ und seinen Abkömmling *dupl*$(a \,[]\, b)$ in 1.9 an.

Abkömmlinge treten natürlicherweise auch auf in Verbindung mit Auswahloperatoren: Sei F ein Auswahlausdruck $\eta\, \mu x: p(x)$. Ein Abkömmling F_d entsteht, wenn die Menge von Objekten, auf die der Auswahloperator wirkt, eingeschränkt wird, ohne jedoch leer zu werden. Somit ist der Ausdruck $\eta\, \mu x: q(x)$ ein Abkömmling F_d von F, wenn $\forall\, \mu x: q(x) \Rightarrow p(x)$, jedoch $\{\mu x: q(x)\}$ nichtleer ist, es sei denn $\{\mu x: p(x)\}$ ist bereits leer. Damit ergibt sich die grundlegende Transformationsregel

$$\frac{\eta\, \mu x: p(x)}{\eta\, \mu x: q(x)}\!\downarrow \quad (\forall\, \mu x: q(x) \Rightarrow p(x)) \wedge ((\exists\, \mu x: p(x)) \Rightarrow (\exists\, \mu x: q(x))) \quad .$$

Die Regel ist einseitig, die Bedingung für ihre Anwendbarkeit ist rechts angegeben.

Ein ablauforientierter Spezialfall dieser Regel ist die **Einengung**, d. h. die Umformung einer bewachten Fallunterscheidung durch Abändern ihrer Wächter p_i in p_i' unter Einhaltung der Bedingungen

$$p_i' \Rightarrow p_i \quad \text{und} \quad p_1 \vee \ldots \vee p_n = p_1' \vee \ldots \vee p_n' \quad .$$

Sei F der Algorithmus (vgl. 1.9)

```
      funct pow ≡ (μa, nat n) μ:
            if n = 0             then e
(*)         [] n > 0             then a ρ pow(a, pred n)
            [] n > 0 ∧ even n then pow(a ρ a, n/2)    fi   .
```

F_d entstehe aus F durch Einschränkung des zweiten Zweiges zu

```
n > 0 ∧ odd n then a ρ pow(a, pred n)   .
```

F_d ist ein Abkömmling von F und kann, da die Wächter nunmehr disjunkt sind, als deterministische Implementierung des nichtdeterministischen, aber determinierten Algorithmus F umgeschrieben werden:

```
funct pow ≡ (μ a, nat n) μ:
      if n = 0                then e
      ▯ n > 0 ∧  odd n then a ρ pow(a, pred n)
      ▯ n > 0 ∧ even n then pow(a ρ a, n/2)     fi
```

oder

```
      if n = 0    then e
(⁂)   elsf odd n then a ρ pow(a, pred n)
                  else pow(a ρ a, n/2)    fi   .
```

1.11.3.3 Nichtdeterminierte Algorithmen können, ebenso wie determinierte, nützlich sein. Ein Beispiel ist der folgende Algorithmus, der irgendeine natürliche Zahl, die kleiner als *n* ist, liefert (McCarthy 1961):

```
funct less ≡ (nat n: n > 0) nat:
      if n > 1 then less(pred n)
      ▯ n > 0 then pred n       fi   .
```

less ist ein nichtdeterminierter Algorithmus, d. h., *less*(n) ist für $n > 1$ nicht determiniert.
Nimmt man die „mehrdeutige Funktion“ *less* als primitiv und definiert

```
funct ult ≡ (nat a, nat n) nat:
      if n = 0 then ℰ ⌊a⌋
               else ult(a, less(n)) fi   ,
```

so ist

$$ult_1(a, n) =_{\text{def}} \mathscr{E}\,\lfloor a \rfloor$$

der einzige Fixpunkt von *ult*; *ult*(a, n) terminiert stets und liefert das Ergebnis $\mathscr{E}\,\lfloor a \rfloor$.
Sei nun

```
funct ultg ≡ (nat a, nat n) nat:
      if n = 0 then ℰ ⌊a⌋
               else ultg(a, g(n)) fi   ,
```

wobei g ein Abkömmling von *less* ist. Dann terminiert auch *ultg*(a, n) stets und liefert das Ergebnis $\mathscr{E}\,\lfloor a \rfloor$. Man beachte, daß sowohl

```
(nat n: n > 0) nat: pred n
```

als auch

```
(nat n: n > 0) nat: 0
```

Abkömmlinge von *less* sind.

Nichtdeterministische Algorithmen haben nur langsam in die Informatik Eingang gefunden. Floyd schrieb 1967: "Programs to solve combinatorial search problems may often be simply written by using multiple-valued functions ..." und gab einen einfachen nichtdeterministischen Algorithmus für die Suche nach einer Lösung des Problems der acht Königinnen (vgl. Bauer, Goos 1973, S. 130).

Die Bedeutung nichtdeterministischer (determinierter oder nichtdeterminierter) Algorithmen liegt darin, daß die nichtdeterministische Konstruktion Freiheit läßt, die im weiteren Verlauf der Programmentwicklung häufig noch geschickt ausgenützt werden kann („verzögerte Entwurfsentscheidung").

Eine Implementierungsstrategie unter Effizienzgesichtspunkten zu finden, ist oft eine schwierige, aber lohnende Aufgabe. Ein total definierter, terminierender Algorithmus befindet sich zwischen Scylla und Charybdis: fügt man Fälle hinzu oder weitet man die Wächter aus, besteht die Gefahr, daß er nicht mehr terminiert – wenn er nicht gar falsche Resultate liefert; läßt man Fälle weg oder schränkt man die Wächter ein, besteht die Gefahr, daß er in eine undefinierte Situation läuft.

Ein Beispiel für eine deterministische Implementierung von $a \,[]\, b$ ist neben a auch

if odd n **then** a
[] **even** n **then** b **fi** ,

abhängig von einem beliebigen Parameter n. Wer will, kann $a \,[]\, b$ auch stochastisch implementieren, wenn er den dazu nötigen Aufwand nicht scheut. Man kann, wenn für die auszuwählenden Objekte eine Wohlordnung vorliegt, das in dieser Ordnung kleinste Element auswählen (s. 1.10.1, μ-Operator); $\min(a, b)$ ist ebenfalls ein Abkömmling. Es ist nämlich $a \,[]\, b$ nichts anderes als **if true then** a [] **true then** b **fi**; dies kann zulässig eingeschränkt werden zu

if $a \leqq b$ **then** a [] $a \geqq b$ **then** b **fi** .

Das letzte Beispiel legt eine abschließende Bemerkung über die Natur nicht-deterministischer Konstruktionen nahe. Floyd schreibt a.a.O.: "Because the word 'nondeterministic' has a double meaning, it is perhaps desirable to make clear that nondeterministic algorithms are not probabilistic, random or Monte Carlo algorithms". Tatsächlich wird nur verlangt, „daß irgendein Objekt ausgewählt wird" – dies kann nach einer Vorschrift („das jeweils am weitesten links stehende", „das noch am wenigsten oft benutzte") geschehen, braucht sich aber nicht nach einer Vorschrift zu richten. Floyd gebraucht das Wort „free will". Ähnlich äußert sich Dijkstra: "... not equipped with an unbiased coin, but with a totally erratic demon, such a demon makes all ... probabilistic questions a priori void"[47]. Wir sagen, die Auswahl erfolgt **willkürlich**, und sprechen auch von **mehrdeutigen** Funktionen (engl. *ambiguous function*). "Ambiguous functions are not really functions. For each prescription of values to the arguments the ambiguous function has a collection of possible values" (McCarthy 1961).

---

47 Schöpft man dagegen die Gesamtheit aller möglichen Werte aus, spricht man auch von "backtracking nondeterminism" (Kennaway, Hoare 1980).

1.11.4 Operative Semantik nichtdeterministischer Algorithmen

Im Rahmen der mathematischen Semantik kann man nur zwischen Funktionen und (echten) Zuordnungen unterscheiden; die Begriffe determiniert und nichtdeterminiert beziehen sich also nur auf die Kardinalität der Menge möglicher Ergebnisse eines Algorithmus. Die operative Semantik erlaubt dagegen eine subtilere Analyse durch die Frage, ob ein bestimmtes Ergebnis nur auf einem oder auf mehreren Wegen erarbeitet werden kann. Sie bezieht sich dabei auf die evidente Verallgemeinerung zu einer nichtdeterministischen Textersetzungsmaschine[48] oder auch auf eine geeignet erweiterte Kellermaschine, die zuerst die Wächter berechnet und dann einen zulässigen Zweig auswählt.

Die folgenden Überlegungen stützen sich also vor allem auf den Begriff des Ablaufs (vgl. 1.7.3). Drei Möglichkeiten sind hier zu unterscheiden:

Ein Ablauf heißt **regulär,** wenn er mit einem von Ω verschiedenen Ergebnis endet.
Ein Ablauf heißt **abbrechend,** wenn er mit dem Ergebnis Ω endet, weil er zu einer Operation mit undefiniertem Ergebnis führt (insbesondere zu einer bewachten Fallunterscheidung mit leerer Auswahl).
Sonst, wenn also der Ablauf nicht endet und *dadurch* Ω liefert, heißt er **nichtterminierend.**

Abhängig von der Menge und Art der möglichen Abläufe lassen sich nun die (Aufrufe von) Rechenvorschriften klassifizieren. Dazu betrachten wir für den Aufruf $F(x)$ einer Rechenvorschrift die Menge $\mathscr{A}_x(F)$ aller möglichen Abläufe und die Menge $\mathscr{R}_x(F)$ aller regulären Abläufe.

Ein Aufruf (einer nichtdeterministischen Konstruktion) ist determiniert genau dann, wenn alle Abläufe dasselbe Ergebnis erbringen.

Ein Aufruf $F(x)$ heißt **regulär,** wenn alle möglichen Abläufe regulär sind (d. h. $\mathscr{A}_x(F) = \mathscr{R}_x(F)$), und er heißt **terminierend,** wenn alle möglichen Abläufe terminierend sind.

Eine Rechenvorschrift heißt **regulär/terminierend,** wenn alle zulässigen Aufrufe regulär/terminierend sind.

Für einen *durch Einengung* entstehenden Abkömmling F_d gelten dann einige wichtige Eigenschaften:

Die Menge der möglichen Abläufe für F_d ist sicher in der Menge der möglichen Abläufe für F selbst enthalten, wir haben

$$\mathscr{A}_x(F_d) \subseteq \mathscr{A}_x(F) \quad .$$

Alle für F_d verbleibenden regulären Abläufe sind dann auch reguläre Abläufe für F, es gilt

$$\mathscr{R}_x(F_d) \subseteq \mathscr{R}_x(F) \quad .$$

Für den Abkömmling können durch Einengung der Auswahlmenge auch keine neuen abbrechenden Abläufe hinzukommen.

48 Hierbei sind wieder die verschiedensten Berechnungsregeln denkbar (Broy 1980).

So ergibt sich der

Satz:
Für einen durch Einengung entstehenden Abkömmling F_d von F gilt
(i) *F terminiert* $\Rightarrow$ *F_d terminiert*
(ii) *F ist regulär* $\Rightarrow$ *F_d ist regulär*
(iii) *F ist determiniert* $\Rightarrow$ *F_d ist determiniert.*

Die möglichen Beziehungen zwischen ursprünglicher Rechenvorschrift und Abkömmling können durch ein Beispiel illustriert werden (vgl. (**) in 1.9)

```
funct pow ≡ (μa, nat n) μ:
      if n = 0              then e
      [] n = 0              then pow(a ρ a, 0)
      [] n > 0              then a ρ pow(a, pred n)
      [] n > 0 ∧ even n then pow(a ρ a, n/2)     fi   .
```

Diese Rechenvorschrift erlaubt verschiedene Abläufe, sie ist nicht determiniert und auch nicht terminierend, da für jeden Parameterwert sowohl Abläufe möglich sind, die die korrekte Potenz liefern, als auch solche, die schließlich stets den zweiten Zweig wählen und somit nicht terminieren.

Durch Streichen des zweiten Zweiges entsteht ein Abkömmling, der zwar noch nicht deterministisch, aber bereits determiniert und regulär (also auch terminierend) ist. In der Tat handelt es sich um die Version (*), von der wir in 1.9 ausgingen.

Streicht man jetzt auch noch den vierten Zweig, so entsteht ein weiterer Abkömmling, der wiederum regulär ist. Er könnte tatsächlich in die deterministische Form einer Alternative umgeschrieben werden.

Dabei handelt es sich allerdings nicht um eine effiziente Implementierung, verglichen mit der deterministischen Implementierung ($^{*}_{**}$), die wir in 1.11.3 durch Einengung des dortigen zweiten Zweiges erhalten haben. Wird jedoch statt des vierten der dritte Zweig gestrichen, so entsteht *kein* Abkömmling; der Algorithmus wird zwar determiniert und terminierend, aber nicht regulär, da jetzt für ungerades *n* die Auswahlmenge leer ist und somit Abbruch erfolgt.

Aus der Tatsache, daß ein Abkömmling regulär/terminierend ist, können also keinerlei Rückschlüsse auf entsprechende Eigenschaften des ursprünglichen Algorithmus gezogen werden.

Zwei Algorithmen F_1, F_2 heißen **operativ gleichwertig**, wenn

$$\mathcal{A}_x(F_1) = \mathcal{A}_x(F_2) \quad \text{und somit auch} \quad \mathcal{R}_x(F_1) = \mathcal{R}_x(F_2) \quad .$$

Ist F_1 ein Abkömmling von F_2, der durch Einengung entsteht und umgekehrt, so sind F_1 und F_2 operativ gleichwertig. Operativ gleichwertige Algorithmen sind selbstverständlich auch gleichwertig im Sinne von 1.1, d. h. „wertverlaufsgleich". So sind etwa

(int *a*, **int** *b*) **int**: *a* [] *b* und **(int** *a*, **int** *b*) **int**: *b* [] *a*

operativ gleichwertig und damit wertverlaufsgleich. Die Umkehrung gilt nicht:

$$(\textbf{int}\ a,\ \textbf{int}\ b)\ \textbf{int}\colon (a + b) \times (a - b)$$

und

$$(\textbf{int}\ a,\ \textbf{int}\ b)\ \textbf{int}\colon a^2 - b^2$$

sind nicht operativ gleichwertig.

In der „schwächer"-Relation der mathematischen Semantik kann über Abkömmlinge, die durch Einengung entstehen, keine definitive Aussage gemacht werden: Etwa durch das Streichen eines Zweiges können einerseits nichtterminierende oder abbrechende Abläufe (und damit einige der möglicherweise resultierenden Ω's) verschwinden, andererseits aber können keine abbrechenden Abläufe neu eingeführt werden.

1.12 Rechenvorschriften mit mehrfachem Ergebnis

Eine Rechenvorschrift kann ein **mehrfaches** (engl. *multiple*) Ergebnis haben. In diesem Fall werden die zur Berechnung der einzelnen (Teil-)Ergebnisse dienenden Ausdrücke nebeneinandergestellt und geklammert („kollateral", wie bereits die Parameter), und die einzelnen Arten werden entsprechend in der Kopfleiste angegeben: Ein Beispiel ist:

$$\begin{array}{l} \textbf{funct}\ ord \equiv (\textbf{int}\ a,\ \textbf{int}\ b)\ (\textbf{int},\ \textbf{int})\colon \\ \quad \textbf{if}\ a \geqq b\ \textbf{then}\ (a, b) \\ \quad [\!]\ a \leqq b\ \textbf{then}\ (b, a)\ \textbf{fi} \quad . \end{array}$$

Um auch hier ein Beispiel für eine prädikative Formulierung zu geben, erweitern wir die Definition von *mod* in 1.11.4, um Quotient und Rest zu erhalten. Die Elimination des Kennzeichnungsoperators verläuft dann analog wie bei *mod*. Es ergibt sich[49]

$$\begin{array}{l} \textbf{funct}\ natdiv \equiv (\textbf{nat}\ a,\ \textbf{nat}\ b\colon b \neq 0)\ (\textbf{nat},\ \textbf{nat})\colon \\ \quad \iota\,(\textbf{nat}\ q,\ \textbf{nat}\ r)\colon r + q \times b = a \wedge 0 \leqq r < b \\ \hline \quad \textbf{if}\ a \geqq b\ \textbf{then}\ \iota\,(\textbf{nat}\ q,\ \textbf{nat}\ r)\colon r + q \times b = a \wedge 0 \leqq r < b \\ \quad [\!]\ a < b\ \textbf{then}\ \iota\,(\textbf{nat}\ q,\ \textbf{nat}\ r)\colon r + q \times b = a \wedge 0 \leqq r < b\ \textbf{fi} \\ \hline \quad \textbf{if}\ a \geqq b\ \textbf{then}\ \iota\,(\textbf{nat}\ q,\ \textbf{nat}\ r)\colon r + (q - 1) \times b = a - b \wedge 0 \leqq r < b \\ \quad [\!]\ a < b\ \textbf{then}\ \iota\,(\textbf{nat}\ q,\ \textbf{nat}\ r)\colon q = 0 \wedge r = a \qquad \textbf{fi} \\ \hline \quad \textbf{if}\ a \geqq b\ \textbf{then}\ (1, 0) + \iota\,(\textbf{nat}\ q',\ \textbf{nat}\ r)\colon r + q' \times b = a - b \wedge 0 \leqq r < b \\ \quad [\!]\ a < b\ \textbf{then}\ (0, a) \qquad \textbf{fi}, \end{array}$$

49 Ein Vergleich der Spezifikation von *natdiv* mit der von *mod* zeigt, daß ι **nat** q, wenn q nicht benötigt wird, zu $\exists$ **nat** q abgeschwächt werden kann. Daher werden η und ι auch „existentielle Operatoren" genannt.

also schließlich durch Komprimieren:

```
funct natdiv ≡ (nat a, nat b: b ≠ 0) (nat, nat):
      if a ≥ b then (1, 0) + natdiv(a − b, b)
      [] a < b then (0, a)                      fi  .
```

Dabei ist die durch + bezeichnete Addition auf Zahlenpaare auszudehnen.

Die Terminierung des resultierenden Algorithmus ist ebenfalls wie bei *mod* nachzuweisen. Die Anzahl der Rekursionsschritte ist offensichtlich gleich dem Quotienten q. Dies ergibt auch eine (gegenüber 1.11.4) bessere Abschätzung für die Anzahl der Rekursionsschritte von *mod*.

Offenbar kann der obige Algorithmus nämlich ohne Veränderung des Terminierungsverhaltens zerlegt werden in die Bestandteile

```
funct div ≡ (nat a, nat b: b ≠ 0) nat:
      if a ≥ b then 1 + div(a − b, b)
      [] a < b then 0                   fi
```

und

```
funct mod ≡ (nat a, nat b: b ≠ 0) nat:
      if a ≥ b then mod(a − b, b)
      [] a < b then a                fi  .
```

Aufgabe 1: Man forme die auf div und mod abgestützte „kombinierte" Rechenvorschrift

```
funct dm ≡ (nat a, nat b: b ≠ 0) (nat, nat):
(div(a, b), mod(a, b))
```

mittels Expandieren, Umformen und Komprimieren zu einer selbständigen rekursiven Rechenvorschrift um („Verschmelzung").

Die in 1.10 erwähnte (nichtdeterministische) Aufgabe, einen Rechtsbestandteil zu bilden, erlaubt eine natürliche Erweiterung zur Zerlegungsaufgabe (vgl. *trailer* in 1.10.1)

```
funct part ≡ (sequ μ a) (sequ μ, sequ μ):
      η(sequ μ u, sequ μ v): a = u & v
```

mit einer Variante, die für nichtleere Sequenzen eine Zerteilung in einen (möglicherweise leeren) Linksbestandteil, ein „herausgegriffenes" Element und einen (möglicherweise leeren) Rechtsbestandteil liefert

```
funct parse ≡ (sequ μ a: a ≠ ◊) (sequ μ, μ, sequ μ):
      η (sequ μ u, μ t, sequ μ v): a = u & append(v, t)   .
```

1.13 Strukturierung von Rechenvorschriften

Beispiele von strukturierten Rechenvorschriften sind uns schon in den Systemen (*heron, s*) (1.3.1) oder (*gcd, mod*) (1.4.1, b)) begegnet. Strukturierung ist ein wichtiges Hilfsmittel der Programmentwicklung („strukturiertes Programmieren"): Durch Unterordnung und Untergliederung lassen sich Rechenvorschriften und Systeme häufig übersichtlicher schreiben und auch für effizientere Ausführung aufbereiten. Unterordnung kann, wenn sie explizit sichtbar gemacht wird, die Einsparung von Parameterangaben ermöglichen („unterdrückte Parameter"). Untergliederung zum Zwecke des Herausholens gemeinsamer Teilausdrücke suggeriert eine abkürzende Schreibweise, die *Objektvereinbarung.* Objektvereinbarungen führen Bezeichnungen für Zwischenresultate ein: dies führt zum Begriff *Resultatparameter.*

1.13.1 Strukturierung durch Abstraktion und durch Einbettung

1.13.1.1 Eine Rechenvorschrift kann dadurch strukturiert werden, daß man aus einem in ihrem Rumpf vorkommenden Teilausdruck eine neue (Teil-)Rechenvorschrift ableitet; dieser Vorgang wird **Abstraktion** genannt (vgl. 1.1). So kann etwa aus einem Teilausdruck der Rechenvorschrift zur Berechnung des Kegelstumpfvolumens (vgl. 1.2)

$$\textbf{funct}\, f \equiv (\textbf{real}\ r,\ \textbf{real}\ R,\ \textbf{real}\ h)\ \textbf{real}\colon \tfrac{\pi}{3} \times (r^2 + r \times R + R^2) \times h$$

die neue Rechenvorschrift abgeleitet werden

$$\textbf{funct}\, m \equiv (\textbf{real}\ r,\ \textbf{real}\ R)\ \textbf{real}\colon r^2 + r \times R + R^2 \quad .$$

Unter Verwendung dieser Rechenvorschrift entsteht dann

$$\textbf{funct}\, f \equiv (\textbf{real}\ r,\ \textbf{real}\ R,\ \textbf{real}\ h)\ \textbf{real}\colon \tfrac{\pi}{3} \times m(r, R) \times h \quad .$$

Nachdem durch Abstraktion eine (Teil-)Rechenvorschrift definiert ist, stellt die Ersetzung des entsprechenden Teilausdrucks durch einen Aufruf dieser Rechenvorschrift formal ein „Komprimieren" (1.7.1) dar.

Besonders vorteilhaft ist die Abstraktion, wenn durch sie (zusammen mit mehrfachem Komprimieren) mehrere Teilausdrücke erfaßt werden können, die entweder zeichenweise identisch sind oder wenigstens in der Form, d. h. bis auf eine geeignete zusätzliche Parametrisierung übereinstimmen. So entstand etwa das System (*heron, s*) in 1.3.1 aus der Heronschen Formel nach Umformung zu

$$(a + b + c)/2 \times ((a + b + c)/2 - a) \times ((a + b + c)/2 - b) \times ((a + b + c)/2 - c)$$

durch Herausziehen der identischen Teilausdrücke $(a + b + c)/2$. Da jeder Faktor aber die Form

$$(a + b + c)/2 - x$$

hat, können auch diese *ähnlichen* Teilausdrücke mittels *einer* Rechenvorschrift herausgezogen werden; dies führt zu dem System (*heron, t*):

funct *heron* ≡ (**rat** *a*, **rat** *b*, **rat** *c*) **rat**:
$t(a, b, c, 0) \times t(a, b, c, a) \times t(a, b, c, b) \times t(a, b, c, c)$,
funct *t* ≡ (**rat** *u*, **rat** *v*, **rat** *w*, **rat** *x*) **rat**:
$(u + v + w)/2 - x$.

Für identische Teilausdrücke hat sich im Bereich des Übersetzerbaus das Schlagwort **gemeinsame Teilausdrücke** (engl.: *common subexpressions*) eingebürgert.

Das Herausziehen von (gemeinsamen) Teilausdrücken $\mathscr{E}_1, \mathscr{E}_2, \ldots, \mathscr{E}_n$ aus einer Rechenvorschrift g durch Abstraktion zu Rechenvorschriften $s_1, s_2, \ldots, s_n$ läßt sich allgemein durch das folgende Verfahren beschreiben:

Eine Rechenvorschrift g mit verschiedenen Teilausdrücken $\mathscr{E}_i\lfloor a \rfloor$ der Arten μ_i ($i = 1, \ldots, n$), die sämtlich enthalten sind in einem umfassenden Ausdruck $\mathscr{G}$ der Art ρ, erlaubt die Transformation[50]

funct g ≡ $(\lambda a)\ \rho$: $\mathscr{G}\lfloor a, \mathscr{E}_1\lfloor a \rfloor, \ldots, \mathscr{E}_n\lfloor a \rfloor \rfloor$

$\updownarrow$

funct g ≡ $(\lambda a)\ \rho$: $\mathscr{G}\lfloor a, s_1(a), \ldots, s_n(a) \rfloor$,
funct s_1 ≡ $(\lambda a)\ \mu_1$: $\mathscr{E}_1\lfloor a \rfloor$,
⋮
funct s_n ≡ $(\lambda a)\ \mu_n$: $\mathscr{E}_n\lfloor a \rfloor$.

Die Gleichwertigkeit beruht auf dem Einsetzungsprinzip – man beachte die Beidseitigkeit der Transformation.

Aufgabe 1: Gib die Transformation an, die dem Herausziehen eines ähnlichen Teilausdrucks entspricht.

1.13.1.2 Neben dieser naheliegenden gibt es noch eine völlig andere Möglichkeit der Strukturierung: die **Einbettung**. Dabei wird nicht aus jedem Teilausdruck $\mathscr{E}_i$ selbst eine Rechenvorschrift abgeleitet, sondern aus dem Ausdruck $\mathscr{G}$, der Vorkommnisse dieser *identischen* Teilausdrücke umfaßt.

Das Herausziehen von $(a + b + c)/2$ aus der Heronschen Formel kann nicht nur durch die Systeme (*heron, s*) oder (*heron, t*) erreicht werden, sondern auch durch das System

funct *heron* ≡ (**rat** *a*, **rat** *b*, **rat** *c*) **rat**:
$he(a, b, c, (a + b + c)/2)$,
funct *he* ≡ (**rat** *u*, **rat** *v*, **rat** *w*, **rat** *s*) **rat**:
$s \times (s - u) \times (s - v) \times (s - w)$.

In diesem speziellen Fall, wo der umfassende Ausdruck der gesamte Rumpf der ursprünglichen Rechenvorschrift ist, spricht man von **kompletter Einbettung**, sonst von **inkompletter Einbettung**.

50 Durch die Verwendung spezieller Klammern wird z. B. x in $\mathscr{E}_i\lfloor x \rfloor$ als Teilausdruck von $\mathscr{E}_i$ hervorgehoben; $\mathscr{E}_i\lfloor a \rfloor$ entsteht dann daraus durch Ersetzen aller Vorkommnisse von x durch a.

Das Herausziehen von (gemeinsamen) Teilausdrücken aus einer Rechenvorschrift g durch Einbettung in eine Rechenvorschrift f läßt sich allgemeiner durch das folgende Verfahren beschreiben:

Eine Rechenvorschrift g mit verschiedenen (gemeinsamen) Teilausdrücken $\mathscr{E}_i\lceil a\rfloor$ der Arten μ_i ($i = 1, \ldots, n$), die sämtlich enthalten sind in dem umfassenden Ausdruck $\mathscr{F}$ der Art μ, erlaubt unter gewissen Bedingungen die Transformation

$$\frac{\textbf{funct } g \equiv (\lambda a)\ \rho\colon\ \mathscr{G}\lceil a,\ \mathscr{F}\lceil a,\ \mathscr{E}_1\lceil a\rfloor, \ldots, \mathscr{E}_n\lceil a\rfloor\rfloor\rfloor}{\begin{array}{l}\textbf{funct } g \equiv (\lambda a)\ \rho\colon\ \mathscr{G}\lceil a, f(a,\ \mathscr{E}_1\lceil a\rfloor, \ldots, \mathscr{E}_n\lceil a\rfloor)\rfloor,\\ \textbf{funct } f \equiv (\lambda a,\ \mu_1 s_1, \ldots, \mu_n s_n)\ \mu\colon\ \mathscr{F}\lceil a, s_1, \ldots, s_n\rfloor\end{array}}\ .$$

Die neue Rechenvorschrift f hat für jeden der zu behandelnden Teilausdrücke einen zusätzlichen Parameter; der Rumpf von f ergibt sich, indem im umfassenden Ausdruck $\mathscr{F}$ jedes Auftreten eines $\mathscr{E}_i\lceil a\rfloor$ durch den entsprechenden Parameter s_i ersetzt wird.

Die Ersetzung des Teilausdrucks $\mathscr{F}$ im Rumpf von g durch einen Aufruf der Rechenvorschrift f stellt formal wieder ein „Komprimieren" dar. Da hierbei – wie bereits am Ende von 1.7.1 bemerkt – die Terminierung verlorengehen kann, ist diese Transformation nur unter der Bedingung gestattet, daß die Terminierung von g beim Übergang von der ursprünglichen Rechenvorschrift zu dem System (g, f) erhalten bleibt. Dafür ist hinreichend (aber natürlich nicht notwendig), daß g durch keinen der Teilausdrücke $\mathscr{E}_i\lceil a\rfloor$ (rekursiv) aufgerufen wird. Außerdem muß auch die Definiertheit aller Aufrufe von f gewährleistet sein (s. u.).

Die Umkehrung der Transformation gilt, wenn jedes $\mathscr{E}_i\lceil a\rfloor$ entweder determiniert ist oder nur einmal vorkommt.

Der Begriff der Einbettung ist, zumindest im Falle der kompletten Einbettung, durch die übliche mathematische Terminologie gerechtfertigt: Zu den beiden obigen Rechenvorschriften gehören die Abbildungen $g\colon \mathscr{D} \to \mathscr{W}$ und $f\colon \mathscr{D} \times \mathscr{E} \to \mathscr{W}$, und es existiert eine Teilmenge $\mathscr{E}_0 \subsetneq \mathscr{E}$, so daß für die Einschränkung von f auf $\mathscr{D} \times \mathscr{E}_0$ gilt: $f|_{\mathscr{D}\times\mathscr{E}_0} \simeq g$.

Vom Standpunkt der Aufschreibung könnte man das frühere Vorgehen, aus jedem gemeinsamen Teilausdruck eine Hilfsrechenvorschrift zu bilden, direkter und durchsichtiger finden. Jedoch wird dabei nach dem zugrundegelegten Einsetzungsprinzip jede Hilfsrechenvorschrift ebensooft aufgerufen, wie der entsprechende gemeinsame Teilausdruck vorkommt. Dies führt i. allg. zu einem Effizienznachteil gegenüber der Einbettung, da bei dem einzigen Aufruf der Hilfsrechenvorschrift gemäß der LI-Regel (vgl. 1.7.3) die gemeinsamen Teilausdrücke nur einmal berechnet werden.

Auch im Beispiel

funct $p \equiv$ (**rat** z) **rat**:
$(z + 1/z) \uparrow 3 + (z + 1/z) \uparrow 2 - 2 \times (z + 1/z) - 1$

wird man wohl der Strukturierung mittels Abstraktion

funct $p \equiv$ (**rat** z) **rat**: $t(z) \uparrow 3 + t(z) \uparrow 2 - 2 \times t(z) - 1$,
funct $t \equiv$ (**rat** w) **rat**: $w + 1/w$

eine Einbettung vorziehen:

funct $p \equiv$ (**rat** z) **rat**: $q(z, z + 1/z)$,
funct $q \equiv$ (**rat** z, **rat** t) **rat**: $t \uparrow 3 + t \uparrow 2 - 2 \times t - 1$.

Das Ergebnis dieser Einbettung kann hier zusätzlich vereinfacht werden: Der Parameter z kommt außerhalb des gemeinsamen Teilausdrucks nicht mehr vor und kann daher in der Rechenvorschrift q auch weggelassen werden.

Übrigens hätte man in diesem Beispiel den gleichen Zweck mit der folgenden (inkompletten) Einbettung erreicht:

funct $p \equiv$ (**rat** z) **rat**: $q(z + 1/z) - 1$,
funct $q \equiv$ (**rat** t) **rat**: $t \uparrow 3 + t \uparrow 2 - 2 \times t$.

Die Einbettung ist also nicht eindeutig festgelegt.

Gemeinsame Teilausdrücke herauszuziehen ist insbesondere angebracht, wenn sie Aufrufe komplizierter Rechenvorschriften enthalten. So wird man etwa die Berechnung des Ausdrucks

$$p(x) \times ln\, p(x) + (1 - p(x)) \times ln(1 - p(x)) \quad ,$$

in dem p (als primitive Rechenvorschrift) eine komplizierte Berechnung darstellt, durch Einbettung abkürzen zu (wobei in g wieder ein Parameter eingespart werden kann)

funct $h \equiv$ (**real** x) **real**: $g(p(x))$,
funct $g \equiv$ (**real** s) **real**: $s \times ln(s) + (1 - s) \times ln(1 - s)$

oder weiter durch Einbettung zu

funct $h \equiv$ (**real** x) **real**: $g(p(x))$,
funct $g \equiv$ (**real** s) **real**: $f(s, 1 - s)$,
funct $f \equiv$ (**real** $s1$, **real** $s2$) **real**: $s1 \times ln(s1) + s2 \times ln(s2)$.

Mit Abstraktion statt Einbettung erhält man dagegen

funct $h \equiv$ (**real** x) **real**: $g(p(x))$,
funct $g \equiv$ (**real** s) **real**: $f(s) + f(1 - s)$,
funct $f \equiv$ (**real** t) **real**: $t \times ln(t)$.

Einbettung und Abstraktion können also auch gemischt angewandt werden.

1.13.1.3 In rekursiven Situationen kann das Herausziehen gemeinsamer Teilausdrücke besonders wichtig sein. Als Beispiel betrachten wir die folgende Rechenvorschrift für die „altägyptische Multiplikation", eine „schnelle" Variante der gewöhnlichen Multiplikation *multh* (1.7.2):

```
funct bmult ≡ (int a, nat n) int:
      if n = 0 then 0
               else if even n then bmult(a, n div 2) + bmult(a, n div 2)
                              else bmult(a, n div 2) + bmult(a, n div 2) + a fi fi   .
```

Wegen der kaskadenartigen Ausdehnung der Aufrufe ergibt sich zunächst kaum ein Effizienzgewinn gegenüber der gewöhnlichen Multiplikation. Dies wird anders, wenn man eine Strukturierung durch inkomplette Einbettung vornimmt und mit Hilfe der Rechenvorschrift *dupl*,

```
funct dupl ≡ (int t) int: t + t
```

die beiden Teilausdrücke, die die Aufrufe enthalten, herauszieht:

```
funct bmult ≡ (int a, nat n) int:
      if n = 0 then 0
               else if even n then dupl(bmult(a, n div 2))
                              else dupl(bmult(a, n div 2)) + a fi fi   .
```

Eine komplette Einbettung würde hier nicht zum gewünschten Ziel führen: es ergäbe sich nämlich (die Verwendung von *dupl* ist dabei völlig unerheblich):

```
funct bmult ≡ (int a, nat n) int: f(a, n, dupl(bmult(a, n div 2)))   ,
funct f ≡ (int a, nat n, int s) int:
      if n = 0 then 0
               else if even n then s
                              else s + a fi fi   .
```

Dieses System terminiert aber nicht mehr, weil der rekursive Aufruf aus der Fallunterscheidung herausgelöst wurde, die die Terminierung bewirkte.

Die umfassendste Einbettung, die die Terminierung noch erhält, lautet offenbar

```
funct bmult ≡ (int a, nat n) int:
      if n = 0 then 0
               else f'(a, n, dupl(bmult(a, n div 2))) fi,
funct f' ≡ (int a, nat n, int s) int:
      if even n then s
                else s + a fi   .
```

Durch (unvorsichtiges) Herauslösen von Teilausdrücken aus einer Fallunterscheidung kann außerdem (auch in nichtrekursiven Situationen) die Definiertheit verlorengehen. Dies zeigt die folgende Variante des obigen Beispiels:

```
funct bmult ≡ (int a, nat n) int:
      if n = 0 then 0
               else if even n then bmult(a, n/2) + bmult(a, n/2)
                              else bmult(a, (n - 1)/2) + bmult(a, (n - 1)/2)
                                   + a                              fi fi .
```

Die inkomplette Einbettung mit Hinzunahme von *dupl* funktioniert wie zuvor. Doch bereits in der (noch terminierenden) umfassenderen Einbettung

```
funct bmult ≡ (int a, nat n) int:
      if n = 0 then 0
               else f'(a, n, dupl(bmult(a, n/2)), dupl(bmult(a, (n - 1)/2))) fi,
funct f' ≡ (int a, nat n, int s1, int s2) int:
      if even n then s1
                else s2 + a fi
```

ist der Aufruf von f' stets undefiniert, da entweder $n/2$ oder $(n - 1)/2$ undefiniert ist (vgl. Tabelle 1.3.1).

Aufgabe 2: Bilde eine „schnelle" Variante durch Halbierung für gcd (1.7.1, (*)) und für mod (1.4.1, (b)).

1.13.2 Abschnitte und unterdrückte Parameter

> "In ordinary mathematical communication, these uses of **where** require no explanation."
>
> Landin 1966

1.13.2.1 Bei dem Strukturierungsvorgehen des vorigen Abschnitts entstehen (Teil-)Rechenvorschriften wie etwa *t*, *he* oder *dupl*, die den entsprechenden Ausgangsrechenvorschriften hierarchisch untergeordnet (1.3.1) sind; hierarchische Unterordnung haben wir auch an früheren Beispielen schon gesehen. Sie ist implizit durch das Einsetzungsprinzip gegeben.

Man kann die Unterordnung einer Rechenvorschrift oder eines Systems von Rechenvorschriften aber auch explizit sichtbar machen, indem man den Bereich der Unterordnung, **Abschnitt** genannt, durch geeignete Klammern markiert. Solche **Abschnittsklammern** sind etwa **begin**. **end** oder die Winkelklammern ⌈. ⌋; sie können entfallen, wenn klammernde Symbole wie **if**.**then**.**else**.**fi** oder **if**.**then**.▯.**then**. ... **fi** sie vertreten. Die unterzuordnende Rechenvorschrift wird im betreffenden Abschnitt aufgeführt. Ein Abschnitt wird sodann wieder als **(verallgemeinerter) Ausdruck** angesehen.

Für das System (*heron*, *t*) ergibt sich etwa die Schreibweise

```
funct heron ≡ (rat a, rat b, rat c) rat:
   ⌈ t(a, b, c, 0) × t(a, b, c, a) × t(a, b, c, b) × t(a, b, c, c)
     where funct t ≡ (rat a, rat b, rat c, rat x) rat:
                   (a + b + c)/2 - x                          ⌋
```

oder auch

```
funct heron ≡ (rat a, rat b, rat c) rat:
   ⌈ funct t ≡ (rat a, rat b, rat c, rat x) rat:
           (a + b + c)/2 - x
     within t(a, b, c, 0) × t(a, b, c, a) × t(a, b, c, b) × t(a, b, c, c) ⌋
```

Da der innerhalb der Abschnittsklammern vorgeschriebene Berechnungsablauf bereits implizit durch das Einsetzungsprinzip (im Sinne der Funktionsanwendung, „Applikation") festgelegt ist, wäre dafür eine explizite notationelle Regelung, wie sie durch den Gebrauch von **where** oder **within** getroffen wird, eigentlich nicht nötig. Daher würde im folgenden statt der Symbole **where** oder **within** das Komma, das schon zur Trennung der einzelnen Rechenvorschriften eines Systems verwendet wurde, weiterverwendet werden können. Die Kennzeichnung der Unterordnung selbst ist jedoch Voraussetzung für die sogleich zu besprechende Unterdrückung von Parametern.

1.13.2.2 In der Rechenvorschrift *heron* werden die Parameter a, b, c in den einzelnen Aufrufen von t nicht ausgewechselt. Bei solchen Beispielen kommt die Idee auf (sie entstand mit ALGOL zwischen 1958 und 1960), *die Angabe von Parametern, die bei keinem Aufruf ausgewechselt werden, zu unterlassen.* Eine derartige **Unterdrückung von Parametern** ist natürlich nur möglich, wenn die Rechenvorschrift mit den zu unterdrückenden Parametern einer anderen Rechenvorschrift explizit untergeordnet ist, so daß die unterdrückten Parameter als Parameter der „umfassenden" Rechenvorschrift wieder aufscheinen[51]. **Unterdrückte Parameter** werden auch oft **implizite Parameter** genannt, sie sind Konstante relativ zu ihrer Umgebung.

Wir können dann in unseren Beispielen schreiben

```
funct heron ≡ (rat a, rat b, rat c) rat:
    ⌈ t(0) × t(a) × t(b) × t(c)) where
      funct t ≡ (rat x) rat: (a + b + c)/2 − x ⌋
```

oder

```
funct p ≡ (rat z) rat:
    ⌈ t ↑ 3 + t ↑ 2 − 2 × t − 1 where
      funct t ≡ rat: z + 1/z              ⌋   .
```

Ebenso ergibt sich

```
funct heron ≡ (rat a, rat b, rat c) rat:
    ⌈ s × (s − a) × (s − b) × (s − c) where
      funct s ≡ rat: (a + b + c)/2           ⌋   ,
```

aber auch

```
funct heron ≡ (rat a, rat b, rat c) rat:
    ⌈ he((a + b + c)/2) where
      funct he = (rat s) rat: s × (s − a) × (s − b) × (s − c) ⌋   .
```

Eine notwendige und hinreichende Bedingung für die Möglichkeit der Unterdrückung ist, daß der betreffende Parameter „konstant besetzt" ist. Dabei heißt ein Parameter x_i an i-ter Stelle einer Rechenvorschrift f (innerhalb eines Systems $\mathfrak{S}$ von Rechenvorschriften) **konstant besetzt** oder auch **starr** (engl. ,fixed'), wenn ein Aufruf $f(\ldots, x_i, \ldots)$ zu keinen

51 Insbesondere müssen sie also die gleiche Bezeichnung haben, was durch einfache Umbezeichnung natürlich immer erreicht werden kann.

anderen Aufrufen von f (innerhalb des Systems $\mathfrak{S}$) führt als solchen, die wieder von der Form $f(\ldots, x_i, \ldots)$ sind. Trivialerweise sind also alle Parameter nicht-rekursiver Rechenvorschriften starr.

Tritt nun ein Aufruf $f(\ldots, a, \ldots)$ auf, so wird eine Kopie von f untergeordnet, die man folgendermaßen erhält: In f (in $\mathfrak{S}$) wird x_i durchwegs durch a ersetzt und sodann a als Parameter unterdrückt.

Dieser Vorgang der Parameterunterdrückung wird von Programmierern, die mit der mathematischen Notation vertraut sind, üblicherweise halb unbewußt ausgeführt.

Durch Unterdrückung des konstant besetzten Parameters b in

```
funct mod ≡ (nat a, nat b: b ≠ 0) nat:
        if a < b then a
                 else mod(a − b, b) fi
```

entsteht so aus dem System (b) von 1.4.1

```
funct gcd ≡ (nat a, nat b) nat:
     ⌈ if b = 0 then a
                else gcd(b, mod(a)) fi where
       funct mod ≡ (nat a) nat:
            if a < b then a
                     else mod(a − b) fi     ⌋ .
```

Unterdrückte Parameter einer Rechenvorschrift heißen auch **nicht-lokal**, aufgelistete heißen **lokal**. Der Bindungsbereich einer Parameterbezeichnung ist der Rumpf derjenigen Rechenvorschrift, in der der Parameter aufgelistet ist. Parameter, die überhaupt nicht aufgelistet sind, sind **global** – von ihnen muß angenommen werden, daß sie „weiter außen" vereinbart sind.

1.13.2.3 Vom Bindungsbereich einer Parameterbezeichnung zu unterscheiden ist nun der **Gültigkeitsbereich** (engl. *scope*): Behält man die freie Wählbarkeit der Parameterbezeichnung bei, so kann ein und dieselbe Bezeichnung als Parameterbezeichnung in einer Rechenvorschrift und auch als Parameterbezeichnung in einer ihr untergeordneten Rechenvorschrift vorkommen. Innerhalb letzterer hat dann die „eigene" Bezeichnung Vorrang und „verschattet" die weiter außen eingeführte Bezeichnung, deren Gültigkeitsbereich ihr Bindungsbereich, vermindert um den Bindungsbereich der untergeordneten Rechenvorschrift, ist. Man spricht auch von einem „Loch".

Die operative Semantik untergeordneter Rechenvorschriften kann dadurch erklärt werden, daß man die Unterordnung (unter expliziter Wiedereinführung der unterdrückten Parameter) rückgängig macht und sich auf die Textersetzungsmaschine, oder die Kellermaschine, beruft.

Für die ALGOL-Maschine ist es jedoch nur konsequent, eine effizientere Semantik zu benützen: Faßt man unterdrückte Parameter als Konstante auf, so kann man die Vereinbarung einer (untergeordneten) Rechenvorschrift erklären als Instantiierung ihrer nicht-lokalen Parameter (Teilberechnung, vgl. 1.7.2). Dies muß jedoch „dynamisch", im Ablauf erfolgen; im obigen Beispiel bedeutet es die Definition einer eigenen Rechenvorschrift *mod* für jede Inkarnation von *gcd*.

Werden nicht-lokale Parameter von untergeordneten Rechenvorschriften grundsätzlich – wie es sich im Verlauf einer Programmentwicklung auch ergibt – als Konstante aufgefaßt, so erhält man für ihre Gültigkeitsbereiche eine Festlegung, die im Übersetzerbau als *static scoping* bekannt ist.

Demgegenüber bringt das von Dijkstra 1960 beschriebene *dynamic scoping*, bei dem für nicht-lokale Parameter einer Rechenvorschrift nicht die Stelle der Vereinbarung dieser Rechenvorschrift, sondern die Stelle ihres Aufrufs maßgebend ist, in gewissen Fällen Implementierungsvorteile, aber auch für das Verständnis des Ablaufs verwirrende Komplikationen. In der ursprünglichen Form von LISP („pure LISP") war *dynamic scoping* unterstellt. Da jedoch für eine mathematische Semantik des *dynamic scoping* Schwierigkeiten bestehen (Gordon 1975, Steele, Sussman 1978), ist neuerdings selbst unter LISP-Anwendern ein Zug zum *static scoping* feststellbar (Steele 1978). Schließlich ist in theoretischer Hinsicht *static scoping* mächtiger als *dynamic scoping* (Langmaack, Olderog 1980).

1.13.2.4 Vollständige Unterdrückung von Parametern ist von besonderer Bedeutung im Zusammenhang mit Strukturierung durch Abstraktion (1.13.1); sie erlaubt den Übergang von einem Ausdruck zu einem Abschnitt mit einem System untergeordneter „entparametrisierter" Rechenvorschriften:

$$\begin{array}{l}\textbf{funct}\ g \equiv (\lambda a)\ \rho: \ulcorner\ \mathscr{G}\left(a, s_1, \ldots, s_n\right)\ \textbf{where}\\ \qquad\qquad\qquad\quad \textbf{funct}\ s_1 \equiv \mu_1: \mathscr{E}_1\left(a\right),\\ \qquad\qquad\qquad\quad \vdots\\ \qquad\qquad\qquad\quad \textbf{funct}\ s_n \equiv \mu_n: \mathscr{E}_n\left(a\right) \quad \lrcorner\end{array}$$

ist eine Kurzschreibweise für das System

$$\begin{array}{l}\textbf{funct}\ g \equiv (\lambda a)\ \rho:\ \mathscr{G}\left(a, s_1(a), \ldots, s_n(a)\right),\\ \textbf{funct}\ s_1 \equiv (\lambda a)\ \mu_1:\ \mathscr{E}_1\left(a\right),\\ \vdots\\ \textbf{funct}\ s_n \equiv (\lambda a)\ \mu_n:\ \mathscr{E}_n\left(a\right) \quad ,\end{array}$$

wobei natürlich die s_i nicht außerhalb dieses Systems vorkommen.

Der oben als Rumpf von g stehende Abschnitt ist eine Strukturierung des Ausdrucks

$$\mathscr{G}\left(a,\ \mathscr{E}_1\left(a\right), \ldots, \mathscr{E}_n\left(a\right)\right) \quad .$$

Dabei kommt natürlich in keinem der $\mathscr{E}_i$ eines der s_k vor – unter diesen Umständen gilt Gleichwertigkeit.

Wir stellen abschließend noch einmal Abstraktion und Einbettung gegenüber am (einfachen) Beispiel des Ausdrucks

$$\mathscr{H}\left(\mathscr{G}\left(\mathscr{F}\left(e\right)\right)\right) \quad .$$

Sukzessive Abstraktion bedeutet ein Aufrollen der Formel

$$\begin{array}{l}\ulcorner\ h\ \textbf{where}\\ \quad \textbf{funct}\ h \equiv \mu_3: \mathscr{H}\left(g\right),\\ \quad \textbf{funct}\ g \equiv \mu_2: \mathscr{G}\left(f\right),\\ \quad \textbf{funct}\ f \equiv \mu_1: \mathscr{F}\left(e\right)\ \lrcorner \quad ,\end{array}$$

während sukzessive Einbettung ein Aufbauen der Formel ist,

```
⌈ funct f ≡ (μ0 a) μ1: 𝓕 [a],
  funct g ≡ (μ1 b) μ2: 𝓖 [b],
  funct h ≡ (μ2 c) μ3: 𝓗 [c]
  within h(g(f(e)))          ⌋ .
```

1.13.3 Objektvereinbarungen

1.13.3.1 Bei der Strukturierung mittels Abstraktion können die entstehenden Rechenvorschriften durch Unterdrückung von Parametern zwar übersichtlicher geschrieben werden, die schon in 1.13.1 erwähnte Ineffizienz im Vergleich zur Einbettung bleibt jedoch erhalten, da nach wie vor die (Teil-)Rechenvorschrift wiederholt aufgerufen wird.

Um nun aber doch nicht die (so indirekt anmutende)[52] Einbettung, also in unserem Beispiel

```
funct p ≡ (rat z) rat: ⌈ q(z + 1/z) where
                         funct q ≡ (rat t) rat: t ↑ 3 + t ↑ 2 − 2 × t − 1 ⌋
```

schreiben zu müssen, führt man eine dazu *gleichbedeutende* Schreibweise ein, die äußerlich an die Schreibweise der Abstraktion

```
funct p ≡ (rat z) rat:
        ⌈ t ↑ 3 + t ↑ 2 − 2 × t − 1 where
          funct t ≡ rat: z + 1/z           ⌋
```

angelehnt ist, man schreibt

```
funct p ≡ (rat z) rat:
        ⌈ rat t ≡ z + 1/z within
          t ↑ 3 + t ↑ 2 − 2 × t − 1 ⌋ .
```

Ähnlich schreibt man an Stelle von (vgl. 1.13.2)

```
funct heron ≡ (rat a, rat b, rat c) rat:
            ⌈ he((a + b + c)/2) where
              funct he ≡ (rat s) rat: s × (s − a) × (s − b) × (s − c) ⌋
```

„einfacher", nämlich ohne äußerliche Einführung einer (Hilfs-)Rechenvorschrift

```
funct heron ≡ (rat a, rat b, rat c) rat:
            ⌈ rat s ≡ (a + b + c)/2 within s × (s − a) × (s − b) × (s − c) ⌋ .
```

Damit nennt man

```
rat t ≡ z + 1/z   bzw. rat s ≡ (a + b + c)/2
```

---

52 ‚horror procedurae'!

eine **Objektvereinbarung**, die eingeführte Bezeichnung eine **(Zwischen-)Ergebnisbezeichnung** oder auch **lokale Hilfsbezeichnung**, die in Winkelklammern stehende Konstruktion wieder einen **Abschnitt**, der als **(verallgemeinerter) Ausdruck** anzusehen ist.

Entsprechendes gilt von einer **kollektiven Objektvereinbarung** eines **Satzes** $s_1, s_2, \ldots, s_n$ von Bezeichnungen

$$(\mu_1 s_1, \mu_2 s_2, \ldots, \mu_n s_n) \equiv (\mathscr{E}_1, \mathscr{E}_2, \ldots, \mathscr{E}_n) \quad \text{(s. u.)}$$

Wir erkennen damit eine für die heutige Programmierung wesentliche begriffliche Konstruktion als notationelle Variante einer streng applikativen Ausdrucksweise (ähnlich wird es mit Variablen und Sprüngen sein).

In ALGOL 68 allerdings wurde die Situation umgekehrt; die Objektvereinbarung ist dort fundamental und wird so zur Festlegung der Bedeutung eines Prozeduraufrufs verwendet.

Unter Einführung von Objektvereinbarungen ergibt sich für die „altägyptische Multiplikation" von 1.13.1 „abgekürzt":

```
funct bmult ≡ (int a, nat n) int:
    if n = 0 then 0
             else if even n then int m ≡ bmult(a, n/2) within
                                     m + m
                            else int m ≡ bmult(a, (n − 1)/2) within
                                     m + m + a                      fi fi   .
```

Die Definition einer (kollektiven) Objektvereinbarung geschieht also in diesem Buch allgemein als Einführung einer Kurzschreibweise:

```
funct g ≡ (λa)ρ:
        ⌈ (μ1 s1, ..., μn sn) ≡ (𝓔1 ⌊a⌋, ..., 𝓔n ⌊a⌋) within
          𝒢 ⌊a, s1, ..., sn⌋                                   ⌋
        ──────────↕──────────
funct g ≡ (λa) ρ: ⌈ f(𝓔1 ⌊a⌋, ..., 𝓔n ⌊a⌋) where
                    funct f ≡ (μ1 s1, ..., μn sn) ρ: 𝒢 ⌊a, s1, ..., sn⌋ ⌋   ,
```

wobei natürlich f weder in $\mathscr{G}$ noch in einem der $\mathscr{E}_i$ vorkommt, und auch nicht außerhalb des Systems. Unter diesen Umständen gilt auch die Umkehrung. Anders ausgedrückt, steht (Landin 1964) der Abschnitt

$$\ulcorner (\mu_1 s_1, \ldots, \mu_n s_n) \equiv (\mathscr{E}_1 \lfloor a \rfloor, \ldots, \mathscr{E}_n \lfloor a \rfloor) \ \textbf{within}\ \mathscr{G} \lfloor a, s_1, \ldots, s_n \rfloor \lrcorner$$

für den Aufruf

$$((\mu_1 s_1, \ldots, \mu_n s_n)\ \rho\colon\ \mathscr{G} \lfloor a, s_1, \ldots, s_n \rfloor)\ (\mathscr{E}_1 \lfloor a \rfloor, \ldots, \mathscr{E}_n \lfloor a \rfloor)$$

Dementsprechend sind Bindungsbereich und Gültigkeitsbereich der durch eine Objektvereinbarung eingeführten Bezeichnung(en) diejenigen der entsprechenden Parameter, d. h. der die Objektvereinbarung unmittelbar umfassende Abschnitt, unbeschadet möglicher Löcher im Gültigkeitsbereich.

Rückblickend auf 1.13.1 erkennen wir, daß der oben als Rumpf von g stehende Abschnitt mit einer kollektiven Objektvereinbarung eine Strukturierung des Ausdrucks

$$\mathscr{G}\left(a, \mathscr{E}_1(a), \ldots, \mathscr{E}_n(a)\right)$$

ist.

1.13.3.2 Die Tatsache, daß bei einer Einbettung gemeinsame Teilausdrücke nur einmal berechnet werden (1.13.1), bedeutet natürlich, daß auch für eine Objektvereinbarung die Auswertung ein für allemal erfolgt. Dies rechtfertigt geradezu die Bezeichnung „Objektvereinbarung". Einer Einsparung von Aufrufen dient demnach die Ersetzung von Vereinbarungen für entparametrisierte Funktionen durch Objektvereinbarungen (unter den in 1.13.1.2 gemachten Vorbehalten)

$$\begin{array}{l}\ulcorner\ \mathscr{G}(s_1, \ldots, s_n)\ \textbf{where}\\ \quad \textbf{funct}\ s_1 \equiv \mu_1 : \mathscr{E}_1(a),\\ \quad\quad \vdots\\ \quad \textbf{funct}\ s_n \equiv \mu_n : \mathscr{E}_n(a)\ \lrcorner\\ \hline \quad\quad\quad\quad \downarrow \\ \ulcorner\ (\mu_1 s_1, \ldots, \mu_n s_n) \equiv (\mathscr{E}_1(a), \ldots, \mathscr{E}_n(a))\ \textbf{within}\ \mathscr{G}(s_1, \ldots, s_n)\ \lrcorner \quad .\end{array}$$

Beachte, daß auch die Umkehrung nicht ohne weiteres gilt.

Bei mehrstufiger Einbettung entstehen **mehrstufige** (von kollektiven Objektvereinbarungen wohl zu unterscheidende) **Objektvereinbarungen**, so etwa (vgl. das Beispiel am Ende von 1.13.2)

$$\begin{array}{l}\ulcorner\ \mu_0 a \equiv e\ \textbf{within}\\ \quad \ulcorner\ \mu_1 b \equiv \mathscr{F}(a)\ \textbf{within}\\ \quad\quad \ulcorner\ \mu_2 c \equiv \mathscr{G}(b)\ \textbf{within}\\ \quad\quad\quad\quad \mathscr{H}(c)\quad \lrcorner\ \lrcorner\ \lrcorner\end{array}$$

Die dabei auftretende Häufung rechtsbündiger Winkelklammern suggeriert eine vereinfachte Schreibweise mit dem *rechtsassoziativen*[53] Sequentialisierungszeichen „;" an Stelle von **within**,

$$\ulcorner\ \mu_0 a \equiv e;\quad \mu_1 b \equiv \mathscr{F}(a);\quad \mu_2 c \equiv \mathscr{G}(b);\quad \mathscr{H}(c)\ \lrcorner \quad .$$

Diese Notation werden wir hauptsächlich schon in Kap. 4 benutzen; das Semikolon wird als ablaufbestimmendes Zeichen in Kap. 5 in Verbindung mit der Einführung von Variablen eine besondere Rolle spielen.

---

53 Beachte die Parallele zur Einführung der sequentiellen Fallunterscheidung in 1.3.3.

1.13.3.3 Objektvereinbarungen sind notationell besonders nützlich im Falle von Rechenvorschriften mit mehreren Ergebnissen, wenn mit den einzelnen Ergebnissen weitergerechnet werden soll. So entfällt im Beispiel *natdiv* von 1.12 die notationelle Notwendigkeit, die Addition auf Zahlenpaare auszudehnen: es ergibt sich

```
funct natdiv ≡ (nat a, nat b: b ≠ 0) (nat, nat):
      if a ≥ b then (nat q, nat r) ≡ natdiv(a − b, b) within
                    (q + 1, r)
      ▯ a < b then (0, a)                                fi   .
```

Das ist allerdings nur eine Umschrift von

```
funct natdiv ≡ (nat a, nat b: b ≠ 0) (nat, nat):
      if a ≥ b then f(natdiv(a − b, b)) where
                     funct f ≡ (nat q, nat r) (nat, nat): (q + 1, r)
      ▯ a < b then (0, a)                                        fi   .
```

Unter Verwendung der nicht-deterministischen Operation *parse* von 1.12 wird die Aufgabe des Einsortierens in eine linear geordnete Sequenz mit der Spezifikation

```
funct insort ≡ (sequ μ a, μ x: issorted(a)) sequ μ:
      η sequ μ b: issorted(b) ∧ ∃ sequ μ u, sequ μ v:
                                   a = u & v ∧ b = u & append(v, x)
```

offenbar gelöst durch

```
funct insort ≡ (sequ μa, μx: issorted(a)) sequ μ:
      if a = ◇ then append(a, x)
      ▯ a ≠ ◇ then (sequ μu, μt, sequ μv) ≡ parse(a) within
                    if x ≤ t then insort(u, x) & append(v, t)
                    ▯ x ≥ t then u & append(insort(v, x), t) fi fi   .
```

Terminierung ist dadurch gesichert, daß sowohl die Länge von *u* wie die Länge von *v* stets kleiner ist als die Länge von *a*.

Durch verschiedenartige deterministische Abkömmlinge von *parse* entstehen verschiedene Methoden des Einsortierens.

Die Zusatzbedingung

$$0 \leqq \mathit{length}(u) - \mathit{length}(v) \leqq 1$$

in der Spezifikation von *parse* erzielt eine „ausgeglichene Zerlegung" und ergibt den Algorithmus des „binären Einsortierens"; Terminierung erfolgt in *n* Schritten, wenn $2^{n-1} \leqq \mathit{length}(a) < 2^n$.

Die Zusatzbedingung

$$u = \lozenge$$

bedeutet, daß *parse* durch das Tripel ($\lozenge$, *top, rest*) implementiert wird; der Algorithmus vereinfacht sich zu „linearem Einsortieren“:

```
funct insort ≡ (sequ μa, μx: issorted(a)) sequ μ:
      if a = ◊
        then append (a, x)
        else if x ≦ top(a) then append(a, x)
                ▯ x ≧ top(a) then append(insort(rest(a), x), top(a)) fi fi   .
```

Aufgabe 1: Gib eine (rekursive) Definition des Prädikats issorted und leite obige Lösung formal aus der Spezifikation ab.

Abschließend soll ein Beispiel behandelt werden, das auf Gries und Griffiths zurückgeht:

Es sei f eine im Intervall $[1 \ldots n]$ monoton steigende ganzzahlige Funktion. Es soll eine Rechenvorschrift angegeben werden, die als Ergebnis einen Funktionswert liefert, der am häufigsten vorkommt (d. h. dessen Häufigkeit von keinem anderen Funktionswert übertroffen wird), und dazu seine Häufigkeit.

Für $n = 1$ ergibt sich $(f(1), 1)$. Für irgendein anderes n vergleichen wir $f(n)$ mit $f(n - numb)$, wo *numb* die für die ersten $n - 1$ Komponenten festgestellte maximale Häufigkeit ist: Sind beide Funktionswerte gleich, so sind es wegen der Monotoniebedingung auch alle dazwischen liegenden; $f(n)$ kommt also $numb + 1$ mal vor und ist häufigster Funktionswert. Andernfalls behält der bisher häufigste Funktionswert seine Dominanz.

Es ergibt sich also (f ist als primitiv angenommen)

```
funct grigri ≡ (nat n: n ≠ 0) (int, nat):
      if n = 1 then (f(1), 1)
      ▯ n ≠ 1 then (int dom, nat numb) ≡ grigri(n - 1) within
                     if f(n) = f(n - numb) then (f(n), numb + 1)
                     ▯ f(n) > f(n - numb) then (dom, numb)      fi fi   .
```

Aufgabe 2: Terminiert grigri auch, wenn die Monotoniebedingung nicht erfüllt ist – ggf. mit welchem Ergebnis?

1.13.4 Resultatparameter und Gleichbesetzungstabu

1.13.4.1 Ein Funktionsaufruf bewirkt lediglich die Ablieferung eines Ergebnisses, eine Objektvereinbarung führt eine Bezeichnung für das Zwischenergebnis ein. Es kann wünschenswert sein, ein (Zwischen- oder End-)Ergebnis unter einer *auswechselbaren* Bezeichnung greifbar zu machen, insbesondere bei Rechenvorschriften mit mehrfachem Ergebnis. Dann muß dafür ein Parameter, ein **Resultatparameter**, eingeführt werden.

Für die Vereinbarung einer Rechenvorschrift mit Resultatparameter(n) wählen wir eine in der Mathematik übliche Schreibweise, bei der zwischen die Objektparameter und die Resultatparameter ein Abbildungspfeil geschrieben wird[54], etwa (vgl. 1.13.1)

funct $jou^* \equiv$ (**rat** z) $\mapsto$ (**rat** w): $w \equiv z + 1/z$

oder in einer Rechenvorschrift zur Bestimmung des Maximums und des Minimums zweier Zahlen (vgl. 1.12)

funct $ord^* \equiv$ (**nat** a, **nat** b) $\mapsto$ (**nat** x, **nat** y):
    $(x, y) \equiv$ **if** $a \geqq b$ **then** (a, b)
        $[]$ $a \leqq b$ **then** (b, a) **fi** .

Das scheinbar Paradoxe am Begriff eines Resultatparameters ist, daß er, obwohl er Resultate betrifft, beim Aufruf schon „besetzt“ wird. Ein *Resultat* wird allerdings nicht eingebracht, sondern ein Hinweis, wohin es geliefert werden soll (vgl. Abb. 1.9).

Andrei gibt Wladimir eine Adresse an, wohin dieser einen am Bahnhof abgestellten Koffer bringen soll

Abb. 1.9. Andreis scheinbares Paradoxon. Aus: F. L. Bauer, „Andrei und das Untier“, Bayerischer Schulbuch-Verlag, München 1972

54 Eine ähnliche Schreibweise war in ALGOL 58 vorgesehen; Rutishauser, Samelson und andere traten (erfolglos) für eine derartige Trennung von gewöhnlichen Parametern („Eingabeparameter“) und Resultatparametern in ALGOL 60 ein. Wirth benutzte wenigstens in ALGOL W eine notationelle Unterscheidung zwischen Eingabe- und Resultatparametern („call by value result“); ähnlich gingen BCPL und eine illegale FORTRAN-Variante vor.

Ein Aufruf gibt nun die aktuellen Besetzungen der Parameter an: Für einen gewöhnlichen Parameter, den wir zur Unterscheidung **Objektparameter** nennen, ist es das Argument, für einen Resultatparameter die **aktuelle Ergebnisbezeichnung**. (Die Aufrufe der behandelten Rechenvorschriften liefern darüber hinaus kein Ergebnis ab und können daher nicht in Ausdrücken vorkommen.)

Man könnte etwa schreiben

$$jou^*(3) \mapsto (s)$$

oder

$$ord^*(3, 5) \mapsto (u, v) \quad ,$$

wenn die aktuellen Ergebnisbezeichnungen s oder u, v selbst wieder Resultatparameter wären. Wenn aber ein Resultatparameter nicht solcherart einfach „durchgereicht" wird, muß eine Vereinbarung erfolgen. Es ist *typisch für Resultatparameter*, daß diese Vereinbarung *mit dem Aufruf erfolgt* – die Verwendung der Resultate geschieht ja „hinterher". Man kann diese Vereinbarung dadurch ausdrücken, daß man beim Aufruf für das Ergebnis dasselbe schreibt, was sonst auf der linken Seite einer Objektvereinbarung steht, also in unserem Beispiel

$$jou^*(3) \mapsto (\textbf{rat}\ s)$$

oder

$$ord^*(3, 5) \mapsto (\textbf{nat}\ u, \textbf{nat}\ v) \quad .$$

Die Bedeutung eines solchen Aufrufs ist dann die einer Objektvereinbarung

$$\textbf{rat}\ s \equiv ((\textbf{rat}\ z)\ \textbf{rat}\!: z + 1/z)\ (3) \quad ,$$

das heißt

$$\textbf{rat}\ s \equiv 10/3$$

bzw.

$$\begin{aligned}(\textbf{nat}\ u, \textbf{nat}\ v) \equiv ((\textbf{nat}\ a, \textbf{nat}\ b)(\textbf{nat}, \textbf{nat})\!:\ & \textbf{if}\ a \geqq b\ \textbf{then}\ (a, b) \\ & \quad a \leqq b\ \textbf{then}\ (b, a)\ \textbf{fi})\ (3, 5) \quad ,\end{aligned}$$

das heißt,

$$(\textbf{nat}\ u, \textbf{nat}\ v) \equiv (5, 3) \quad .$$

Diese Objektvereinbarung ergibt sich durch formales Einsetzen der aktuellen Ergebnisbezeichnung und der aktuellen Werte.

Steht also nun der verallgemeinerte Ausdruck

$$\ulcorner \ulcorner jou^*(3) \mapsto (\textbf{rat } s) \textbf{ within} \\ s \uparrow 3 + s \uparrow 2 - 2 \times s - 1 \lrcorner \textbf{ where} \\ \textbf{funct } jou^* \equiv (\textbf{rat } z) \mapsto (\textbf{rat } w): w \equiv z + 1/z \lrcorner$$

zur Deutung an, so ergibt Parameterersetzung

$$\ulcorner \textbf{rat } s \equiv 10/3 \textbf{ within} \\ s \uparrow 3 + s \uparrow 2 - 2 \times s - 1 \lrcorner \quad .$$

1.13.4.2 Ein System von Rechenvorschriften ist sinnlos, wenn nicht alle Rechenvorschriften verschiedene Bezeichnungen haben. Dementsprechend müssen alle in einem bestimmten Abschnitt befindlichen Objektvereinbarungen verschieden bezeichnete Objekte einführen. Diese Forderung ist so selbstverständlich, daß ihre explizite Erwähnung bisher wohl kaum vermißt wurde[55].

Für den Aufruf einer Rechenvorschrift mit Resultatparametern ergibt sich jedoch daraus eine einschneidende und in ihrer Bedeutung lange verkannte Einschränkung, das

(Gleich-)Besetzungstabu: In einem Aufruf dürfen keine zwei aktuellen Ergebnisbezeichnungen für Resultatparameter übereinstimmen.

Selbstverständlich ist ein Aufruf wie

$$ord^*(3, 5) \mapsto (a, a)$$

sinnlos. Daß das strenge Tabu auch Fälle wie

$$ord^*(3, 3) \mapsto (a, a) \quad ,$$

denen ein Bastler vielleicht noch etwas abgewinnen kann, ausschließt, sollte eher als Vorteil denn als Nachteil angesehen werden.

Die Verwendung von Resultatparametern ist, wie am Beispiel illustriert, ganz auf der applikativen Ebene definiert, d. h. erfordert nicht den im 5. Kap. einzuführenden Begriff der Programmvariablen. (Andererseits haben Variable als Parameter keinen reinen Resultatcharakter, sie sind wesensgemäß *transiente* Parameter (vgl. 5.3.1)). Die Verwendung von Resultatparametern kann man sich ersparen, man kann mit Objektvereinbarungen auskommen und beispielsweise anstatt

$$ord^*(3, 5) \mapsto (\textbf{nat } u, \textbf{nat } v) \textbf{ within } u - v$$

sogleich schreiben, was dies bedeutet, nämlich

$$(\textbf{nat } u, \textbf{nat } v) \equiv ord(3, 5) \textbf{ within } u - v$$

mit der gewöhnlichen Rechenvorschrift *ord* aus 1.12. Vgl. auch die Beispiele *grigri* und *insort*. Immerhin bietet die Möglichkeit des Durchreichens von Resultatparametern notationelle Vorteile. Auch illustrieren Resultatparameter die Bedeutung des Gleichbesetzungstabus.

---

55 Wo wir bisher die *gleiche* Bezeichnung für mehrere Rechenvorschriften verwandt haben, handelte es sich stets um *gleichwertige* Fassungen *derselben* Rechenvorschrift.

1.14 Rechenvorschriften als Parameter und Ergebnisse

Will man im Beispiel *grigri* die Möglichkeit haben, die primitive Funktion *f* beim Aufruf auszuwechseln, so muß man sie als weiteren Parameter von *grigri* aufnehmen. Man bekommt damit die neue Kopfleiste

funct *grigri* $\equiv$ (**funct** ({**nat** x: $x \neq 0$}) **int** *f*, **nat** n: $n \neq 0$) (**int**, **nat**) .

Darin ist

funct ({**nat** x: $x \neq 0$}) **int**

die Funktionalität des Parameters *f*.

Für eine als Parameter auftretende Rechenvorschrift dient ihre Funktionalität als Artbezeichnung; die Gesamtheit der Rechenvorschriften eines gegebenen Abbildungstyps ist selbst wieder eine Art.

Die Rechenvorschrift *grigri* definiert somit ein Funktional von der Art

funct (**funct** ({**nat** x: $x \neq 0$}) **int**, {**nat** n: $n \neq 0$}) (**int**, **nat**) .

Als weiteres Beispiel geben wir die rekursive Rechenvorschrift (vgl. 1.9)

```
funct pow ≡ (nat a, nat n, funct (nat, nat) nat F, nat e) nat:
      if n ≠ 0 then F(a, pow(a, pred n, F, e))
               else e                          fi
```

mit der Funktionalität

funct (**nat**, **nat**, **funct** (**nat**, **nat**) **nat**, **nat**) **nat** .

Wir betrachten die Teilberechnung (für *add* vgl. Aufgabe 1.4.4-2)

pow(*a*, *n*, *add*, 0)

im Rumpf der Rechenvorschrift

funct *mult* $\equiv$ (**nat** *a*, **nat** *n*) **nat**: *pow*(*a*, *n*, *add*, 0) .

Expandieren führt zu

```
funct mult ≡ (nat a, nat n) nat:
      if n ≠ 0 then add(a, pow(a, pred n, add, 0))
               else 0                              fi .
```

Komprimieren ergibt die rekursive Definition

```
funct mult ≡ (nat a, nat n) nat:
      if n ≠ 0 then add(a, mult(a, pred n))
               else 0                        fi   ,
```

das heißt die Definition der Multiplikation, vgl. Aufgabe 1.4.4-2.

In gleicher Weise ergibt *pow*(*a*, *n*, *mult*, 1), das heißt

pow(*a*, *n*, (**nat** *a'*, **nat** *n'*) **nat**: *pow*(*a'*, *n'*, *add*, 0), 1) ,

die Definition der Potenz. Einen solchen stufenweisen Aufbau haben wir schon in 1.7.2 bei der Ackermann-Funktion kennengelernt, dort lief er über den formalen Parameter *i* der Stufenzählung. Es ist klar, daß die Verwendung von Rechenvorschriften als Parametern freiere Möglichkeiten eröffnet.

Bedenkt man, daß man Objekte als nullstellige Rechenvorschriften auffassen kann (vgl. 1.3.1), so erscheint die Erweiterung auf beliebige Rechenvorschriften als Parameter natürlich.

Der Parameterübergabemechanismus muß selbstverständlich geklärt werden. Bei der Textersetzungsmaschine ist das Vorgehen – Textsubstitution – intuitiv klar, es überträgt sich auch auf Systeme von Rechenvorschriften. Geht man bei der Kellermaschine entsprechend vor, muß man nun zulassen, Rechenvorschriftsbezeichnungen im Wertekeller zu halten und auf sie bei Aufrufen wie auf andere Parameter zuzugreifen. Wir können hier nicht in die Einzelheiten gehen, wie diese etwas komplizierte Aufgabe unmittelbar maschinell ausgeführt werden kann (Hewitt 1977). Die Bewältigung von Rechenvorschriften als Parametern ist in frühen Beschreibungen von ALGOL-Übersetzern und von LISP-Interpretierern zu finden, wobei *static* bzw. *dynamic scoping* allerdings zu abweichenden Vorschriften führen. Die in LISP 1.5 gegenüber „pure LISP" vorgenommenen Korrekturen in der Behandlung von Rechenvorschriften als Parametern (FUNARG) legen es nahe, die ALGOL-Vorgehensweise auf LISP zu übertragen (Simon 1978).

1.14.1 Rechenvorschriften als Ergebnisse

Die vorangehenden Beispiele legen es nahe, Rechenvorschriften auch als Ergebnisse von Rechenvorschriften zuzulassen, insbesondere wenn durch Instantiierung von *k* Parametern einer *n*-stelligen Funktion eine (*n* – *k*)-stellige Funktion definiert werden soll. Dies motiviert die Einführung einer **mehrstufigen Parametrisierung** (Schönfinkel 1924, Curry, Feys 1958). Sie erlaubt die Bildung einer neuen Rechenvorschrift durch Instantiierung *einiger* Parameter: Gruppen von Parametern, die jeweils zusammen instantiiert werden sollen, werden – von links nach rechts aufgereiht – gegeneinander durch den Punkt als Trennzeichen abgesetzt. Wir definieren also beispielsweise eine Rechenvorschrift

```
funct pow' ≡ (funct (nat, nat) nat F, nat e). (nat a, nat n) nat:
             if n ≠ 0 then F(a, pow'(F, e) (a, pred n))
                      else e                             fi
```

mit der Funktionalität

funct (funct (nat, nat) nat, nat) funct (nat, nat) nat

und bekommen dann mit dem Aufruf *pow'*(*add*, 0) die Rechenvorschrift für die Multiplikation, mit dem Aufruf *pow'*(*pow'*(*add*, 0), *succ*(0)) die für die Potenzierung.

Ein kompletter Aufruf sieht etwa so aus

pow'(*add*, 0) (3, 5) .

Beachte, daß eine Rechenvorschrift, die eine Rechenvorschrift abliefert, stets als zweistufig parametrisiert aufgefaßt und dementsprechend formuliert werden kann: Eine Abbildung von A in $B \to C$, wo $B \to C$ eine Abbildung von B in C ist, ist auch Abbildung von $A \times B$ in C:

$$A \to (B \to C) \triangleq A \times B \to C \quad .$$

Durch wiederholte Anwendung dieser Regel kann der allgemeinste Fall geschachtelter Abbildungen notationell auf Rechenvorschriften, die nur Objekte als Resultate abliefern, zurückgeführt werden. Allgemeinere Formen von Rechenvorschriften sind unnötig, wenn man mehrstufige Parametrisierung erlaubt.

Aufgabe 1: Reduziere eine Abbildung von Funktionen in Funktionen auf eine (zweistufig parametrisierte) Rechenvorschrift.

Aufgabe 2: Reduziere Abbildungen der Form $(A \to B) \to ((C \to D) \to E)$ *und der Form* $(A \to B) \to (C \to (D \to E))$ *auf mehrstufig parametrisierte Rechenvorschriften.*

Eine artunspezifische Schreibweise erlaubt auch Selbstanwendung (McCarthy 1961, Landin 1966, Ledgard 1971).

Sei

```
funct self ≡ ( Λ n, Λ F) Λ: if n = 0 then 1
                             else n × F(n - 1, F) fi   .
```

Expandieren des Aufrufs *self*(*n*, *self*) in der Rechenvorschrift

```
funct fa ≡ (Λ n) Λ: self(n, self)
```

führt zu

```
funct fa ≡ (Λ n) Λ: if n = 0 then 1
                    else n × self(n - 1, self) fi   ,
```

Komprimieren ergibt

```
funct fa ≡ (Λ n) Λ: if n = 0 then 1
                    else n × fa(n - 1) fi   .
```

Selbstanwendung der nicht-rekursiven Rechenvorschrift *self* ergibt also eine rekursive Rechenvorschrift, nämlich (vgl. 1.4.1. a)) *fac*.

Aus praktischen Bedenken heraus, die auch von Theoretikern aus philosophischer Sicht geteilt werden[56], hat man in ALGOL 68 nur artspezifische Rechenvorschriften zugelassen.

56 „Unsere Art (über Rechenvorschriften) zu denken ist artspezifisch" (K. Indermark). Selbstanwendung kann auch zu paradoxen Rechenvorschriften führen (Tennent 1976).

Sofern man mit *endlichen* Funktionalitäten auskommen will, ist in artspezifischer Weise eine Selbstanwendung nicht möglich. Zwar ist Selbstanwendung in theoretischer Hinsicht leistungsfähiger (Damm, Fehr 1978), ob sie aber praktische Bedeutung hat, sei dahingestellt.

Der Lambda-Kalkül von Church 1941 ist universell im Sinne von Churchs These. Sehr wenige Programmiersprachen erlauben jedoch die volle Allgemeinheit des Lambda-Kalküls. ALGOL 60, zum Beispiel, erlaubt nur Rechenvorschriften, die nichts anderes als Objekte abliefern, und nur solche Rechenvorschriften sind als Parameter zugelassen („ALGOL 60-Rechenvorschriften"). Im Lichte obiger Bemerkungen wird dadurch die Universalität nicht eingeschränkt (Langmaack 1974). ALGOL 68 erlaubt im Prinzip Rechenvorschriften als Resultate, schränkt aber die Verwendbarkeit zu stark ein. LISP/N, eine Adaption von LISP (Simon 1978, Lippe, Simon 1980), erfaßt den vollen Lambda-Kalkül und auch die von Fischer 1972 eingeführten *Lambda Calculus Schemata.*

Wirths Standard-Übersetzer für PASCAL ist sogar enger als ALGOL 60, indem er die Argumente solcher formaler Parameter, die Rechenvorschriften sind, auf Objekte beschränkt (Beschränkung auf „Tiefe zwei"). Fischer hat 1972 gezeigt, daß unter dieser Beschränkung die Textersetzungsmaschine mit einem Keller von Kellern realisiert werden kann.

1.14.2 Funktionale Programmierung

Auf Rechenvorschriften, die als Parameter wie als Ergebnisse Rechenvorschriften haben, wird man in natürlicher Weise geführt durch Aufgaben, in denen Rechenvorschriften konkrete Objekte sind. Solche Aufgaben liegen häufig bei technischen Problemen vor, etwa wenn Funktionen gefaltet oder Fourier-transformiert werden. In größerer Allgemeinheit ist dieses Gebiet der „Formel- und Funktionsmanipulation" noch schwierig zu implementieren, wenn Effizienzeinbußen zur Laufzeit vermieden werden sollen; in der Regel ist individuelle Programmentwicklung erforderlich.

Eine wichtige Grundaufgabe ist die Komposition verketteter Funktionen

funct *Omikron* ≡ (**funct** (μ) ν *a*, **funct** (ν) ρ *b*). (μ *x*) ρ: *b*(*a*(*x*))

mit der Eigenschaft

$$Omikron(u, v)(x) = v(u(x)) \quad .$$

Eine andere Grundaufgabe ist die Erweiterung von Operationen auf der Ergebnisart zu Operationen auf der Funktion, sogenannten „induzierten Operationen". Ein Beispiel sei

funct *addi* ≡ (**funct** (μ) **nat** *u*, **funct** (μ) **nat** *v*). (μ *x*) **nat**: *u*(*x*) + *v*(*x*) .

Diese Aufgabe ist besonders wichtig, wenn Prädikate, d. h. Boolesche Rechenvorschriften, verknüpft werden sollen.

„Geometrische" Objekte sind in der Regel als Mengen auffaßbar, beim Manipulieren solcher Objekte M geht man häufig zum Manipulieren ihrer charakteristischen Prädikate auf der Grundmenge μ,

funct *m* ≡ (μ *x*) **bool**: $x \in M$

über[57]. Dies führt zu Anwendungen z. B. bei graphischen Ausgabesystemen[58] und allgemeiner bei Operationen mit Mengen (siehe 3.4.5.2).

Das charakteristische Prädikat für den Durchschnitt zweier durch ihre charakteristischen Prädikate dargestellter Mengen erhält man beispielsweise durch

funct *meet* ≡ (**funct** (μ) **bool** *u*, **funct** (μ) **bool** *v*). (μ*x*) **bool**: *u*(*x*) ∧ *v*(*x*) .

Bei *addi* und *meet* handelt es sich um die Spezialfälle *Beta*(+) und *Beta*(∧) einer **Funktionalform** *Beta* für induzierte zweistellige Operationen,

funct *Beta* ≡ (**funct** (ν, ν) κ *rho*).
(**funct** (μ) ν *u*, **funct** (μ) ν *v*).
(μ *x*) κ: *rho*(*u*(*x*), *v*(*x*))

mit der Eigenschaft

$$(Beta(rho)\,(u, v))\,(x) = rho(u(x), v(x)) \quad .$$

Das Arbeiten mit Funktionalformen wie *Omikron* oder *Beta* ist **funktionale Programmierung** par excellence. In Besonderheit kann es auch zur gewöhnlichen Programmierung herangezogen werden, wenn man die zu beschreibende Funktion mittels einiger Standardfunktionale aus primitiven Funktionen aufbaut. Erste Ansätze in dieser Richtung finden sich in APL, weitergehende bei Backus 1973, 1978a und Turner 1979. Ein Vorteil dieses Programmierstils liegt darin, daß keine Argumentbezeichnungen eingeführt und mitgeführt werden müssen. Um ein triviales Beispiel zu nehmen,

funct *f* ≡ (**real** *x*) **real**: *sq*(*sin*(*half*(*x*)))

erhält man in funktionaler Programmierung als

funct *f* ≡ *Omikron*(*Omikron*(*half*, *sin*), *sq*)

oder kürzer in Infixschreibweise[59]

funct *f* ≡ (*half* ∘ *sin*) ∘ *sq* .

Für die funktionale Programmierung ist es auch wichtig, Operationen mit beliebiger Stelligkeit (z. B. *n*-fache Summe, *n*-faches Produkt) verfügbar zu haben. Möglichkeiten dazu bietet etwa die Verwendung von Sequenzen als Parametern.

---

57 „Geometrische Örter“

58 Bei mechanischen Geräten ist allerdings häufig die mit den Koordinaten parametrisierte „Parameterdarstellung“ der Objekte günstiger als ihre Darstellung durch charakteristische Prädikate.

59 In der Mathematik werden die Operanden auch in konverser Reihenfolge geschrieben.

1.14.3 Die D-Berechnungsregel

Schließlich ist noch darauf hinzuweisen, daß zwischen einem Objekt und einer nullstelligen Rechenvorschrift hinsichtlich der Auswertung ein Unterschied besteht: ein Ausdruck, der an der Stelle eines Objektparameters steht, wird (vgl. 1.7.3) nach der *leftmost-innermost*-Regel ausgewertet; ein Ausdruck, der an der Stelle eines Parameters für eine nullstellige Funktion steht, wird (unausgewertet) eingebracht. Für determinierte (und definierte) Ausdrücke bedeutet dies nur einen Unterschied in der Auswertungsstrategie, für nichtdeterminierte Ausdrücke jedoch sogar einen möglichen Unterschied im Ergebnis:

dupl(3 ▯-3) **where funct** *dupl* ≡ (**int** *t*) **int**: *t* + *t*

bedeutet (vgl. 1.9) (6 ▯-6);

*dupl**(**int**: 3 ▯-3) **where funct** *dupl** ≡ (**funct int** *f*) **int**: *f* + *f*

bedeutet (6 ▯ 0 ▯-6), ist also nicht gleichwertig. *dupl*(3 ▯-3) ist ein Abkömmling von *dupl**(**int**: 3 ▯-3). Diese Situation im nichtdeterministischen Fall bedeutet eine Differenzierung, die im üblichen Lambda-Kalkül nicht auftritt.

Ersatzweise für das Einbringen einer Rechenvorschrift als Objekt an der Stelle eines Funktionsparameters wird häufig, grob gesagt, ein „Umschalten der Berechnungsregel" auf eine lokale *leftmost-outermost*-Auswertung vorgenommen, d. h., der eingebrachte Ausdruck wird genau dann ausgewertet, wenn man im Ablauf auf ihn stößt. Diese Auffassung eines Argument-Ausdrucks als (nullstellige) Funktion heißt im Jargon „call by name" im Gegensatz zum sonst durchzuführenden „call by value".

Wie sollte man aber nun einen Ausdruck

if $x = 0$ **then** 1 **else** $y + y$ **fi**

hinsichtlich y am effizientesten parametrisieren? Im Falle

(**nat** *x*, **nat** *y*) **nat**

wird der aktuelle Ausdruck für y einmal ausgewertet, im Falle

(**nat** *x*, **funct nat** *y*) **nat**

wird er gar nicht ausgewertet, falls $x = 0$, zweimal ausgewertet, falls $x \neq 0$.

Am ökonomischsten ist es, für $x = 0$ gar nicht, für $x \neq 0$ einmal auszuwerten, also jeden Auswertungsschritt *erst, wenn er notwendig ist, und niemals erneut,* vorzunehmen („call by need", Wadsworth 1971). Im Gegensatz zur LI-Regel wird dabei nicht sogleich nach dem Wert des Parameters verlangt, sondern wie bei der LO-Regel der ganze Ausdruck übernommen; sobald jedoch ein Vorkommnis eines F substituiert werden muß, werden alle ‚gleichgebauten' Aufrufe im selben Schritt erledigt. Eine solche strategische Wahl zwischen LO- und LI-Regel führt zur **D-Regel** („delay rule", Vuillemin 1973): Substitution des am weitesten links stehenden F und aller ‚gleichgebauten'.

Vuillemin gibt einen sukzessiven Markierungsalgorithmus an, um die gleichgebauten Aufrufe festzustellen; in maschinennaher Durchführung kann mit einer Zeigerdarstellung der Textausdrücke gearbeitet werden[60]. Vuillemin zeigt, daß die D-Regel nie mehr Aufrufe ausführt als die LO-Regel und die LI-Regel. (Für die mathematische Semantik muß auf die Spezialliteratur verwiesen werden[61].) So erfordert *ack*(2, 1) 14 Schritte (bei LO-Regel 29, bei LI-Regel 14), *ble*(8, 2) braucht 9 Schritte (bei LO-Regel 9, bei LI-Regel 341).

Aufgabe 1: Führe ack (2, 1) nach der LO-Regel, der LI-Regel und der D-Regel aus.

All diese Berechnungsregeln haben aber noch einen Mangel. Dies zeigt etwa folgendes Beispiel: Eine Rechenvorschrift *natinterval* liefert ein Intervall natürlicher Zahlen als Sequenz, darauf wird eine Rechenvorschrift angesetzt, die alle Nichtprimzahlen aussiebt („Sieb des Eratosthenes"). Das ergibt das System

```
funct natinterval ≡ (nat i, nat k) sequ nat:
      if i > k then ◊ else append(natinterval(i + 1, k), i) fi,
funct multsieve ≡ (sequ nat a, nat x) sequ nat:
      if a = ◊ then a
               else if x | top(a) then multsieve(rest(a), x)
                                  else append(multsieve(rest(a), x), top(a)) fi fi,
funct primesieve ≡ (sequ nat a) sequ nat:
      if a = ◊ then a
               else append(primesieve(multsieve(rest(a), top(a))), top(a)) fi,
```

und mit dem Aufruf

primesieve(*natinterval*(2, *N*))

erhält man die Sequenz aller Primzahlen bis höchstens *N*.

Dabei arbeitet eine Textersetzungsmaschine nach jeder Regel so, daß zunächst die Sequenz aller Zahlen zwischen 2 und *N* gebildet wird und dann ausgesiebt wird. Zweckmäßiger wäre es jedoch, folgendermaßen zu verfahren (Zwischenschritte sind weggelassen):

```
primesieve(natinterval(2, N))
  ⋮
append(primesieve(multsieve(natinterval(3, N), 2)), 2)
  ⋮
append(append(primesieve(multsieve(multsieve(natinterval(4, N), 2), 3)), 3), 2)
  ⋮
append(append(primesieve(multsieve(multsieve(natinterval(5, N), 2), 3)), 3), 2)
  ⋮
append(append(append(primesieve(
                multsieve(multsieve(multsieve(natinterval(6, N), 2), 3), 5)), 5), 3), 2)
  ⋮
```

60 Die D-Regel würde im Endeffekt auf den heute vorherrschenden Anlagen erhöhten Aufwand bedeuten, lediglich die Anlage B5000 von Burroughs zeigt mit der ‚operand call syllable' in dieser Hinsicht freundliches Verhalten.

61 Hierzu noch ein Zitat: 'It is obvious that the semantics can be adjusted to fit any mechanical evaluation method one chooses' (Henderson, Morris 1976).

Es wird immer nur das Nötigste getan, die Aufrufe von *rest* in *multsieve* und *primesieve* treiben die Berechnung mittels Ersetzen von *rest*(*append*(*x*, *S*)) durch *x* und von *top*(*append*(*x*, *S*)) durch *S* voran. Sobald *natinterval*(*k*, *N*) leer wird, fallen die zurückgestellten Aufrufe von *multsieve* in sich zusammen, schließlich bauen die zurückgestellten Aufrufe von *append* die Ergebnissequenz auf („verzögerte Auswertung").

Damit ist aber klar, daß auch der Aufruf

primesieve(*nats*(2)) ,

wo

funct *nats* ≡ (**nat** *i*) **sequ nat**: *append*(*nats*(*i* + 1), *i*) ,

zunächst genau so abläuft wie oben, er führt lediglich nicht zur Terminierung. Dabei ist *nats* ja eine Rechenvorschrift, die nach keiner Berechnungsregel terminiert; *primesieve*(*nats*(2)) würde nach jeder Regel sofort in den nichtterminierenden Aufbau der Sequenz aller natürlichen Zahlen ab 2 eintreten. Folgt man aber der oben skizzierten Vorgehensweise, so wird tatsächlich der Aufbau der Primzahlsequenz Schritt für Schritt vorangetrieben, und die laufenden Teilergebnisse finden sich in den jeweiligen Zwischentexten. Daß dies vorteilhaft ist, zeigt sich nun sofort, wenn jemand etwa die fünfte Primzahl mittels

top(*rest*(*rest*(*rest*(*rest*(*primesieve*(*nats*(2))))))

bestimmen will: Die Berechnung unter verzögerter Auswertung – wieder von *append* – terminiert, obwohl der Ausdruck einen Aufruf einer absolut nichtterminierenden Rechenvorschrift enthält.

Dieser Sachverhalt zeigt, daß man keinen Grund hat, vor nichtterminierenden Rechenvorschriften zurückzuschrecken, ebensowenig wie vor nichtdeterministischen Konstruktionen in determinierten Rechenvorschriften. Die verzögerte Auswertung wird uns in 2.14.2 im Zusammenhang mit unendlichen Objekten wieder begegnen.

"The difference is that the bound is not explicit in the algorithm itself."

Friedman, Wise 1978

Anhang zum 1. Kapitel. Notationen

Die verwendete Notation stimmt grundsätzlich mit ALGOL 68 überein. Für die Erweiterungen durch bewachte Konstruktionen ist die von Dijkstra 1975 vorgeschlagene Notation im wesentlichen beibehalten worden. Der übliche Gebrauch der Quantoren ∀ und ∃, sowie des Auswahl- und des Kennzeichnungsoperators η bzw. ι wurde notationell ALGOL angepaßt, insbesondere steht $\iota\,\mu x$: $p(x)$ für $\iota_x p(x)$.

In der formalen Logik werden zur Definition rekursiver Funktionen verschiedene Schreibweisen benutzt, relativ nahe an der Informatik stehende Autoren wie Manna 1974 schreiben etwa

$F(n) \Leftarrow$ **if** $n = 0$ **then** 1 **else** $n \times F(n-1)$

(wobei die Artangabe, weil stets **nat** bzw. **int**, für entbehrlich gehalten wird).

Für Funktionsvereinbarungen benutzt ALGOL 60 eine geringfügig andere Notation: z. B. wird dort für

```
funct F ≡ (nat n) nat:
        if n = 0 then 1 else n × F(n − 1) fi
```

geschrieben (der Typ „natürliche Zahlen" steht nicht zur Verfügung):

```
integer procedure F(n); integer n; value n;
        if n = 0 then F := 1 else F := n × F(n − 1)    ;
```

im Vorkommen des Ergibt-Zeichens := drückt sich die Dominanz des Programmvariablen-Begriffs in ALGOL 60 aus.

Die Schreibweise in PASCAL lautet, ALGOL 60 näher stehend als ALGOL 68,

```
function F(const n: integer): integer;
   begin if n = 0 then F := 1 else F := n * F(n − 1) end
```

(für indirekt rekursive Systeme sind notationelle Besonderheiten vorgesehen) und schließlich schreibt man in LISP, das eine strenge Präfix-Notation erfordert,

```
DEFINE ((
        (FACT (LAMBDA (N) (COND ((ZEROP N) 1)
                (T (TIMES N (FACT(SUB1 N))) ))) )))     .
```

Hier wirkt lediglich die klammerreiche Notation etwas abschreckend.

In einer Reihe von „Programmiersprachen" (die wegen ihrer begrifflichen Dürftigkeit die Benennung „algorithmische Sprachen" nicht verdienen) kommen wahre Ungetüme zustande, angeblich um Effizienz und Maschinennähe zu garantieren. Ein Beispiel liefert die PL/I-Fassung:

```
FAC: PROCEDURE (N) RECURSIVE RETURNS (FIXED DECIMAL);
     DECLARE N FIXED DECIMAL;
     IF N = 0 THEN RETURN (1);
               ELSE  RETURN (N * FAC(N − 1));
END FAC;
```

oder die SNOBOL-Fassung:

```
DEFINE('FAC(N)')              : (FACEND)

FAC FAC = EQ(N) 1             : S (RETURN)
    FAC = N * FAC(N − 1) : (RETURN)
FACEND
```

In PASCAL werden Objektvereinbarungen („constant declarations“) nur eingeschränkt erlaubt und ohne Artangabe geschrieben

const $a = 0.785398$.

In MESA schreibt man

$a\colon T = \mathscr{E}$,

was unserem **t** $a \equiv \mathscr{E}$ entspricht.

Den Zusammenhang von Objektvereinbarungen mit dem Lambda-Kalkül hat schon Landin 1964 erkannt. Er schreibt sowohl

$\mathscr{F}\lceil X \rceil$ **where** $X = \mathscr{X}$

als auch

let $X = \mathscr{X}; \mathscr{F}\lceil X \rceil$

für den Lambda-Ausdruck $(\lambda X\,.\ \mathscr{F}\lceil X \rceil)(\mathscr{X})$. Man findet dafür auch

with $X = \mathscr{X}; \mathscr{F}\lceil X \rceil$.

Resultatparameter in reiner Form gab es in ALGOL 58, in ALGOL 60 bereits gingen sie in Variablen-Parametern auf. Eine notationelle Trennung gab es wenigstens in ALGOL W (Wirth, Hoare 1966). Deutlich bezeichnet werden Resultatparameter auch in ALPHARD; sonst auf der Linie der PASCAL-Notation liegend, schreiben Wulf et al. 1976

function $f(a\colon \chi)$ **returns** $(b\colon \mu)$,

wo wir

funct $f \equiv (\chi\, a) \mapsto (\mu\, b)$

haben. Eine ähnliche Notation wird in CLU (Liskov et al. 1977) benützt. ALPHARD nimmt auch Zusicherungen in der Prozedurkopf auf und fügt sie dem Rumpf als Bedingung, der das Resultat genügen muß, an; man schreibt etwa ($\mathscr{E}$ sei ein Ausdruck)

function $f(a\colon \chi)$ **returns** $(b\colon \mu)$
  pre $\mathscr{P}\lceil a \rceil$ **post** $b = \mathscr{E}\lceil a \rceil$,

wo wir

funct $f \equiv (\chi\, a\colon \mathscr{P}\lceil a \rceil) \mapsto (\mu\, b)\colon b \equiv \mathscr{E}\lceil a \rceil$

benutzt haben. Diese Schreibweise hat den Vorteil, daß auch weitere Bedingungen angegeben werden können, denen das Ergebnis genügt, etwa

function *sign* (*a*: *integer*) **returns** (*b*: *integer*)
pre $a \neq 0$ **post** $b \times a = abs(a)$.

Sie erlaubt auch eine Fortsetzung auf das mit Variablen arbeitende prozedurale Niveau (vgl. Kap. 5), wobei die durch **pre** und **post** bezeichneten Vor- und Nachbedingungen eine besondere Rolle spielen (vgl. 5.4).

Die binäre Fallunterscheidung wurde in ALGOL 60 in der Form

if $\mathscr{B}$ **then** $\mathscr{S}_1$ **else** $\mathscr{S}_2$

geschrieben, was weite Verbreitung fand. Der Abschluß durch **fi** (ALGOL 68) vereinfacht die Syntax.

McCarthy (1961) schreibt für

if $\mathscr{B}_1$ **then** $\mathscr{E}_1$ **elsf** $\mathscr{B}_2$ **then** $\mathscr{E}_2$ **else** $\mathscr{E}_3$ **fi**

kürzer

$$(\mathscr{B}_1 \rightarrow \mathscr{E}_1, \mathscr{B}_2 \rightarrow \mathscr{E}_2, T \rightarrow \mathscr{E}_3)$$

und auch

$$(\mathscr{B}_1 \rightarrow \mathscr{E}_1, \mathscr{B}_2 \rightarrow \mathscr{E}_2, \mathscr{E}_3) \quad .$$

Die für kompliziertere Fallunterscheidungskaskaden gerne benutzten tabellarischen Hilfsmittel zur Veranschaulichung und fallweisen Überprüfung („Entscheidungstabellen") sind nur notationelle Varianten.

Sofern für einzelne, als primitiv zu betrachtende Operationen keine Funktionsschreibweise, sondern Infix- bzw. Präfixschreibweise verwendet werden soll, wird zwecks Klammernersparnis gern von Vorrangregeln Gebrauch gemacht. ALGOL 68 steht hier mit zehn Rangstufen an der Spitze, ALGOL 60 hatte neun Stufen. PASCAL versucht bei einer gegenüber ALGOL 60 vergrößerten Anzahl von Operationen mit vier Rangstufen auszukommen: Am stärksten bindet auch hier die (einstufige) Negation, dann kommen die „Multiplikationsoperatoren" wie $\times$ / **div mod** $\wedge$, dann die „Additionsoperatoren" wie $+$ $-$ $\vee$, schließlich die „Vergleichsoperatoren" $=$ $\neq$ $<$ $\geqq$ $>$ $\leqq$. Die Potenzierung fehlt in PASCAL.

Solange bezüglich der Vorrangregeln kein Konsensus besteht, trennt man die den Vorrang beschreibende Syntax am besten vom Rest der Syntax ab und beschränkt sich auf die Behandlung der Funktionszusammensetzung („abstract syntax", McCarthy 1962).

2. Kapitel. Objekte und Objektstrukturen

> „Ein Objekt wird im allgemeinen aus *Komponenten* bestehen, die selbst wieder Objekte sind. ... Es gibt *elementare* und *komposite* Objekte. Ein elementares Objekt hat keine Komponenten, es entspricht dem *Terminal* der generativen Syntax."
>
> Zemanek 1968

Dieses Kapitel geht von den Begriffen *Objekt* und *Objektmenge* aus. Es werden insbesondere strukturierte Objekte eingeführt, wobei die Strukturierung auch rekursiv sein kann. Wichtige Beispiele wie Sequenzen und Kaskaden werden ausführlicher behandelt.

Man beachte, daß die im vorangehenden (ersten) Kapitel diskutierten Begriffe von der Wahl der Objektmenge und ihrer Bedeutung („semantische Interpretation") gänzlich unabhängig waren. Umgekehrt werden wir in diesem Kapitel zunächst von den dort besprochenen algorithmischen Aspekten frei bleiben.

Nicht nur Algorithmen, sondern auch Objekte erfahren im Programmierungsprozeß häufig eine Entwicklung, die Verfeinerung der Objektstruktur („Datenstruktur"). Erst im nächsten (dritten) Kapitel soll die simultane Entwicklung der Programm- und der Objektstruktur („joint refinement", Dijkstra 1969) besprochen werden, wobei das Zusammenspiel der Einführung neuer Operationen und neuer Objektmengen zum Begriff der allgemeinen *Rechenstruktur* führt, für den sich erste Ansätze im *class concept* von SIMULA finden.

2.1 Bezeichnungen

Objekte können etwa sein die im 1. Kapitel exemplarisch behandelten (vgl. Tab. 2)

Zahlen
Wahrheitswerte
Sequenzen,

oder auch

Telefonnummern
Spielkarten
Kfz-Zulassungen
Fingerabdrücke
geometrische Figuren
Funktionen $\mathbb{R} \rightarrow \mathbb{R}$
Formeln.

Damit man mit den einzelnen Objekten etwas anfangen kann, hat man für sie Bezeichnungen. Es gibt **Standardbezeichnungen** für gewisse Objekte, etwa

Literale wie	‚a‘ ‚nzz‘ ‚adam_riese‘	für Zeichenreihen,
Numerale wie	5 17 257	für Zahlen,
Wortsymbole wie	**true** **false**	für Wahrheitswerte,
Nummern wie	(08144)252	für Telefonanschlüsse („Rufnummern“)
oder **Grapheme** wie	♣ ♢ ♡ ♠	für Spielkartenfarben.

Standardbezeichnungen sind auf Grund allgemeiner Verabredung („Pragmatik“) bestehende und als Sprachelemente verfügbare Bezeichnungen. Zunächst gibt es Standardbezeichnungen für alle Objekte, die elementar sind, d. h. deren Definition nicht auf andere Objekte abgestützt ist. Um aber bei der Entwicklung von Programmen zusätzliche Abstützungen zu ermöglichen, muß die verwendete Sprache auch die Zuordnung von Standardbezeichnungen zu nicht (mehr) elementaren Objekten erlauben.

Eigentlich sollte man für jedes Objekt höchstens eine Standardbezeichnung haben, aber mit dieser Forderung hapert es manchmal (neben 100 kann man auch +100 finden, oder neben 0.38 auch .38). Manche Objekte haben überhaupt keine Standardbezeichnung oder – besser gesagt – brauchen keine, wie etwa Variable (s. Kap. 7). Aber auch für Objekte, die eine Standardbezeichnung haben, ist es gelegentlich angebracht, eine Nichtstandardbezeichnung zu verwenden, wie (vgl. Aufgabe 1.4.4-3)

$$\iota\ \textbf{nat}\ x: prim(x) \wedge (\forall\ \textbf{nat}\ y: prim(y) \Rightarrow y \geqq x)$$

(**prädikative Bezeichnung**) oder (mit Hilfe einer Rechenvorschrift *ack* für die Ackermann-Hermes-Funktion, 1.6.2)

$ack(4, 4)$

(**operative Bezeichnung**).

Natürlich gibt es für die natürliche Zahl *ack*(4, 4) auch eine Standardbezeichnung, die aber noch niemand angeschrieben hat: Würde man in der Sekunde 4 Ziffern schreiben, bräuchte man $10^{10^{19727}}$ Sekunden – zum Vergleich: die Erde hat ein Alter von etwa 10^{17} Sekunden.

Eine operative Bezeichnung für 21 ist auch 17 + 4. Operative Bezeichnungen wie

succ(0), *succ*(*succ*(0)), *succ*(*succ*(*succ*(0)))

(unter Verwendung einer primitiven Operation *succ*) dienen zuallererst der *Definition* der natürlichen Zahlen 1, 2, 3; wir werden in Kap. 3 generell die Objekte abstrakter Rechenstrukturen operativ einführen. Manche Standardbezeichnungen, z. B. für negative ganze Zahlen, für rationale Zahlen, für komplexe Zahlen sind eigentlich operativ. Allein eine Schreibweise wie 357 ist ja schon operativ und bedeutet $(3 \times 10 + 5) \times 10 + 7$. Hinter der Dezimalziffern-Schreibweise der Standardbezeichnung für Zahlen steckt also nicht nur die Objektstruktur eines zusammengesetzten Objekts (2.5), sondern auch eine operative Bedeutung.

Des weiteren hat man **frei gewählte Bezeichnungen**, die *eingeführt* werden können mittels einer *Vereinbarung für eine nullstellige Operation* wie

funct *millionf* ≡ **int**: 10 × 10 × 10 × 10 × 10 × 10
funct *indf* ≡ **int**: (0 ▯ 1) .

Sie liefern bei ihrem Aufruf jeweils ein bestimmtes Objekt ab. Merke, daß dies zwar in der Regel bei jedem Aufruf dasselbe Objekt (eine „Konstante“) ist, aber nicht sein muß (nichtdeterminierte Rechenvorschrift *indf*, Rechenvorschrift *random* in ALGOL 68!).

Objekte *können* jedenfalls stets durch parameterlose determinierte Rechenvorschriften („konstante Rechenvorschriften“) bezeichnet werden.

Eine frei gewählte Bezeichnung kann jedoch auch eingeführt werden durch eine *Objektvereinbarung* (für ein errechnetes Objekt, d. h. für ein Objekt mit einer operativen Bezeichnung oder für ein prädikativ beschriebenes Objekt). Dies erlaubt, wie in 1.13.3 dargelegt, eine Abkürzung sowohl der operativen Bezeichnung wie auch der Berechnung des Objekts (eine sowohl deskriptive wie operative Verbesserung).

Beispiele:

int *million* ≡ **int**: 10 × 10 × 10 × 10 × 10 × 10
int *ind* ≡ **int**: (1 ▯ 0)
real *pi* ≡ **real**: «Kreiszahl»[1] .

Beachte, daß nunmehr *ind*, wo immer es gebraucht wird, stets dasselbe Objekt bezeichnet; ob allerdings stets 1 oder stets 0, ist nicht determiniert.

1 Im Sinne einer beliebig guten Approximierbarkeit ist eine solche Einführung von π duldbar (und praktisch unentbehrlich). Es gibt jedoch keinen terminierenden Algorithmus, der die Kreiszahl als Dezimal- oder Dualbruch liefert!

2.2 Gültigkeitsbereich einer frei gewählten Bezeichnung

Der Gültigkeitsbereich einer frei gewählten Bezeichnung ist beschränkt auf denjenigen Abschnitt, dem die betreffende Vereinbarung zugeordnet ist (vgl. 1.13.2). Die Winkelklammern ⌈.⌋ bzw. **begin** . **end** können entfallen, sofern klammernde Symbole wie **if** . **then** . **else** . **fi** oder **while** . **do** . **od** (vgl. Kap. 5) bereits diese Rolle übernehmen. Der Gültigkeitsbereich formaler Parameter einer Rechenvorschrift ist ebenfalls wegen des Bindungscharakters der Bezeichnung auf die Rechenvorschrift beschränkt.

Verschwindet beim Expandieren von Rechenvorschriften der äußere Rahmen, so muß doch der Gültigkeitsbereich auf den ursprünglichen Umfang der Rechenvorschrift beschränkt bleiben, wenn die Semantik unverändert bleiben soll – oder es müßten stets explizite Umbezeichnungen vorgenommen werden. Es ergibt sich also in natürlicher Weise die *Blockstruktur* der Gültigkeit von Bezeichnungen. Wir werden Winkelklammern verwenden für syntaktische Einheiten, die den ursprünglichen Charakter von Rechenvorschriften tragen und damit den Gültigkeitsbereich der in ihnen eingeführten Bezeichnungen begrenzen.

Beachte, daß explizite Umbezeichnungen nur durch die Festlegung vermieden werden können, daß beim Bezeichnungskonflikt die „mehr innere" Bezeichnung die „mehr äußere" verschattet, vgl. 1.13.2.

Beispiel:

```
funct h ≡ (real x) real:
    ⌈ real s ≡ p(x) within
      s × ln(s) + ⌈ real s ≡ 1 − p(x) within
                    s × ln(s)                 ⌋ ⌋
```

2.3 Gattungen von Objekten

Wir unterscheiden **einfache Objekte**, die (im gegebenen Zusammenhang) nicht weiter in Bestandteile zerlegt werden können oder sollen, und **zusammengesetzte Objekte** (s. 2.5). Oft ist es Auffassungssache, ob ein Objekt als einfach oder als zusammengesetzt angesehen wird, vgl. **int, rat, complex, string, real**.

Unter den einfachen Objekten unterscheiden wir ferner **elementare Objekte**, die unseren Problemen und Algorithmen letztlich zugrunde liegen, und gewisse **nichtelementare Objekte**, die nur durch das Vorhandensein elementarer Objekte gerechtfertigt sind[2]; Beispiele sind

Rechenvorschriften
(Programm-)Variable
Zeiger (engl. *pointer*).

---

2 Zusammengesetzte Objekte sind in diesem Sinne eo ipso nichtelementar.

Rechenvorschriften (noch allgemeiner: Rechenstrukturen) als Objekte einzuführen, geht schon auf Rutishauser zurück, soweit es sich um die Programmierung handelt. In der Logik tat Church bereits diesen Schritt mit dem Lambda-Kalkül. In ALGOL 68 können Rechenvorschriften sowohl als Parameter wie als Ergebnisse von Rechenvorschriften vorkommen, ebenso in SIMULA (vgl. 1.14).

(Programm-)Variable dienen dem Festhalten wechselnder Objekte unter einer bleibenden Bezeichnung, Zeiger dienen dem Aufbau von Geflechten von Variablen. Für Zeiger und Variable gibt es i. allg. keine Standardbezeichnungen (abgesehen von Fällen wie **AC**, **MR**, **MD**), sie werden als Objekte „erzeugt" (s. Kap. 7).

So wie es bei Algorithmen *primitive* Operationen gibt, gibt es auch **primitive Objekte**[3], die (im gegebenen Zusammenhang) nicht weiter erklärt werden. In beiden Fällen ist der Begriff „primitiv" relativ zu verstehen.

2.4 Objektmengen, Arten

2.4.1 Objektmengen (Arten) bestehen definitionsgemäß aus wohlunterscheidbaren und wohlunterschiedenen Objekten; für je zwei Elemente aus einer Menge ist stets definiert, ob sie gleich sind oder nicht (universelle Gleichheitsrelation $=$, $\neq$)[4]. Im allgemeinen sind Objektmengen durch typische, auf ihnen definierte primitive Operationen ausgezeichnet (mehr darüber im 3. Kap.). Häufig sind Objektmengen geordnet oder sogar linear geordnet.

Um über die zu verwendenden Objektmengen induktiv Aussagen machen zu können, ist es zweckmäßig zu fordern, daß für sie eine Noethersche Ordnung angegeben werden kann oder explizit konstruierbar[5] ist. Meist fordert man überdies, um die zu verwendenden Objektmengen handhaben zu können (z. B. durch Exhaustion, vgl. 1.11.1), daß sie **rekursiv-aufzählbar** (oder: **effektiv-abzählbar**) sind: daß es nämlich eine berechenbare Abzählung für sie gibt[6]. Beachte, daß $\mathbb{R}$ nicht abzählbar und damit auch nicht rekursiv-aufzählbar ist. Man beschränkt sich besser auf die berechenbaren reellen Zahlen, vgl. Hermes 1978, § 36. Auch Objektmengen haben Bezeichnungen, wie **nat**, **bool**, **string** (**Artbezeichnungen.**) Bezeichnungen von Objektmengen dienen in gewissen Fällen zur Bildung von **Testoperatoren**, die fragen, ob das Objekt, auf das sie angewandt werden, der Objektmenge angehört, und bejahendenfalls **true** und sonst **false** ergeben; es steht z. B.

nat :: x für die Testfunktion $x \in \mathbb{N}$.

---

3 Dijkstra spricht z. B. von *„ready-made" integer,* vgl. 1.3.1, Fußnote 8.

4 Unabhängig vom Kontext soll gelten $x = x$ und, wenn p eine Aussage ist, $(x = y \wedge p(x)) \Rightarrow p(y)$. Für zusammengesetzte Objekte wird die Gleichheit auf die Gleichheit der Komponenten zurückgeführt (s. 2.5). Für theoretische Einzelheiten s. a. Lorenzen 1962, S. 40ff.

5 $(\mathbb{R}, \leq)$ ist eine lineare Ordnung, aber keine Noethersche Ordnung, also keine Wohlordnung. Nach dem Auswahlpostulat (vgl. van der Waerden 1971) kann $\mathbb{R}$ wohlgeordnet werden. Niemand hat bisher für diese nichtabzählbare Menge eine Wohlordnung explizit angegeben.

6 Für die einschlägigen Begriffsbildungen vgl. Loeckx, „Algorithmentheorie" (Springer 1976), Absatz 2.5.

In der Kopfleiste einer Rechenvorschrift wird durch solche Art-Bezeichnungen *zugesichert*, daß die Parameter den angegebenen Objektmengen angehören (und eventuell noch weiteren Bedingungen genügen, vgl. 1.8). Mit einem nachgestellten Doppelpunkt dienen die Objektmengenbezeichnungen als Spezifikatoren (wie am Ende der Kopfleiste einer Rechenvorschrift zur Angabe der Ergebnisart). Wir werden darauf bei der Besprechung zusammengesetzter Objekte zurückkommen.

Objektmengenbezeichnungen werden ferner zusammen mit dem Auswahl- oder dem Kennzeichnungsoperator verwendet, vgl. 1.10. Beispiele von Objektmengen (und zugehörigen Bezeichnungen), die weithin als universell gelten, sind (vgl. Tab. 1.3.1)

Übliche mathematische Bezeichnung der Objektmenge	Artbezeichnung	Art
$\mathbb{N}$	**nat**	Menge der natürlichen Zahlen
$\mathbb{Z}$	**int**	Menge der ganzen Zahlen
$\mathbb{B}$	**bool**	Menge der Wahrheitswerte
sowie		
$\mathscr{V}$	**char**	Zeichenalphabet
$\mathscr{V}^*$	**sequ char**	Wortmenge

$\mathscr{V}$ ist dabei ein beliebiger endlicher[7] (oder doch wenigstens abzählbarer) Zeichenvorrat, und zwar ein Alphabet (die lineare Ordnung muß, falls der Zeichenvorrat nicht endlich ist, als Noethersch, d. h. als Wohlordnung vorausgesetzt werden). Standardbezeichnungen für zahlartige Objekte sind geläufig, ebenso für die Wahrheitswerte (**true** und **false**). Standardbezeichnungen für Objekte der Arten **char** und **sequ char** sind zwischen Apostrophe gesetzte beliebige Zeichen bzw. Worte.

2.4.2 Endliche Mengen von Objekten können eingeführt werden durch (endliche) **Aufzählung** der für die Objekte (**Atome**) in Frage kommenden Bezeichnungen, die damit Standardbezeichnungen werden. So sind

atomic {♣, ♢, ♡, ♠}
atomic {**männlich, weiblich**}
atomic {*1., 2., 3., 4., 5., 6., 7., 8., 9.*}
atomic {**O, L**}

explizite Bezeichnungen von *Objektmengen*, sie werden mit den **Mengenklammern** {,} aus den Standardbezeichnungen *ihrer Elemente* gebildet, sofern diese von gewöhnlichen Schriftzeichen abstechen. Symbole[8] wie ♠ oder *3.* werden damit zu Standardbezeichnungen, ebenso Wortsymbole wie **männlich** oder **true**[9].

7 Eine Menge heißt nach Bolzano endlich, wenn sie keiner echten Teilmenge gleichmächtig ist.

8 ♠ oder *3.* sind Zeichen (Nachrichten) zusammen mit einer festen Objektbedeutung (Information) »Pik«, »der dritte«. Vgl. Bauer, Goos 1973, 1.3.4; Standardbezeichnungen für Objekte tragen stets Symbolcharakter.

9 In PASCAL werden frei gewählte Wortsymbole typographisch nicht hervorgehoben.

Für solcherart vereinbarte „aufgezählte Mengen" ist gleichzeitig eine lineare Ordnung, nämlich die der Aufzählungsreihenfolge, universell definierbar, aufgrund welcher die Relationen $<$, $\leq$, $>$, $\geq$ universell sind. Der Deutlichkeit halber sollte die Absicht, diese Ordnung zu gebrauchen, bei der Aufzählung sichtbar gemacht werden, etwa indem man „<" statt „," als Trennzeichen verwendet (s. u.). Ferner sind universell die Funktionen *succ* und *pred*, die den in der Abzählung folgenden bzw. vorangehenden Wert (falls existent) liefern. Beachte, daß in der Aufzählung keine Wiederholung erlaubt ist (Menge!). Auch wenn auf diesen Objektmengen zunächst keinerlei weitere Operationen definiert sind, insbesondere keine Verknüpfungen, so ist doch ihre Verwendbarkeit allein schon aufgrund der universellen Gleichheits- und Größenvergleichsrelationen recht weitreichend.

Selbstverständlich können zur Abkürzung auch frei gewählte Artbezeichnungen durch **Artvereinbarungen** eingeführt werden, etwa

mode suit ≡ **atomic** {♣ < ◇ < ♡ < ♠}
mode mw ≡ **atomic** {**männlich, weiblich**}
mode stand ≡ **atomic** {**led, verh, verw, gesch**}
mode ordinal ≡ **atomic** {*1.* < *2.* < *3.* < *4.* < *5.* < *6.* < *7.* < *8.* < *9.*}
mode bit ≡ **atomic** {**O** < **L**} .

2.4.3 Mengen von Objekten können ferner eingeführt werden als aufgezählte Teilmengen einer schon eingeführten Objektmenge:

int {1, 3, 2}
ordinal {*2.*, *5.*, *8.*} ,

sowie als **Intervalle** aus schon bestehenden *geordneten* Mengen, durch Angabe der beiden (dazugehörigen) Endelemente:

int [1900 .. 1999]
suit [♣ .. ♡]
ordinal [*3.* .. *7.*]
real [0 .. 2 × *pi*] ,

z. B. in den Artvereinbarungen

mode terzett ≡ **int** {1, 2, 3}

oder

mode jh ≡ **int** [1900 .. 1999]
mode trostpreis ≡ **ordinal** [*3.* .. *7.*]
mode bogen ≡ **real** [0 .. 2 × *pi*] .

Eine aufgezählte Teilmenge oder ein Intervall übernimmt die (lineare) Ordnung, die für seine Elemente schon gegeben ist (induzierte Ordnung).

Soweit sie Teilmengen einer gegebenen Grundmenge sind, können Mengen auch durch **Einschränkung** mittels **Prädikaten** definiert werden: die Objektmenge aller ungeraden ganzen Zahlen wird explizit durch {**int** x: **odd** x} bezeichnet. Also kann auch durch eine Artvereinbarung wie

mode oddnumber ≡ {**int** x: **odd** x}

oder

mode pnat ≡ {**nat** x: $x \neq 0$}

eine neue Art eingeführt werden. Das allgemeine Schema hierfür lautet[10]

mode $\boldsymbol{\mu}'$ ≡ {$\boldsymbol{\mu} x$: $p(x)$} ,

wobei p eine Rechenvorschrift mit der Funktionalität ($\boldsymbol{\mu}$) **bool** ist. Die oben besprochene Teilmengenaufzählung und die Intervallbildung sind Spezialfälle hiervon, beispielsweise

mode terzett ≡ {**int** x: $x = 1 \vee x = 2 \vee x = 3$}
mode jh ≡ {**int** x: $1900 \leq x \wedge x \leq 1999$} .

Eine Präzisierung der Einführung einer neuen Art werden wir in 2.8 geben.

Die Ordnung der Gesamtmenge wird wiederum auf die Teilmenge übertragen (induzierte Ordnung). Wir werden künftig regelmäßig annehmen, daß die betrachteten Objektmengen linear geordnet sind. Beachte, daß die Forderung, die Menge solle eine Noethersche Ordnung erlauben (insbesondere: rekursiv-aufzählbar sein), nicht bedeutet, daß die linear geordnete Menge auch tatsächlich eine Wohlordnung ist: Die ganzen Zahlen in der natürlichen Ordnung $\leq$ sind nicht wohlgeordnet. Sie können aber wohlgeordnet werden:

$0, 1, -1, 2, -2, 3, -3, \ldots$

Über die Bedeutung frei eingeführter, durch Aufzählung bestimmter Objektmengen sagt Wirth (1975, S. 23):

> „In vielen Programmen werden ganze Zahlen zur Datendarstellung benutzt, auch wenn auf diese Daten keine numerischen Operationen angewendet werden und die Variablen nur eine kleine Zahl von Alternativwerten annehmen können."

Wenn aber etwa zur Bezeichnung von Schachbrettfeldern wirklich die gängigen Bezeichnungen wie c2 oder h7 verwendet werden sollen, und nicht Zahlenpaare wie (3, 2) oder (8, 7), so müssen auf solchen frei eingeführten Objektmengen Operationen eingeführt werden können, die etwa das Schlagen eines Bauern (c2 × Td3) beschreiben. Wir werden darauf in 3.1.4 zurückkommen.

2.4.4 Abschließend nochmals zu den eingangs gebrachten Beispielen: $\mathbb{B}$ könnte auf der aufgezählten Objektmenge

mode bool ≡ **atomic** {**false** < **true**}

---

10 Als „generische Zeichen" fettgedruckte griechische Buchstaben (vgl. Tab. 1.3.1) sind **Schemaparameter:** sie können als konkrete Arten interpretiert werden.

aufgebaut werden. Mittels Alternativen könnten dann Operationen eingeführt werden, etwa

funct *not* ≡ (**bool** *a*) **bool**:
  if *a* **then false else true fi**[11]

und

funct *and* ≡ (**bool** *a*, **bool** *b*) **bool**:
  if *a* **then if** *b* **then true else false fi**
    else if *b* **then false else false fi fi**[12] .

Da in der Aufzählung **false** vor **true** steht, sind auch Relationen wie $<$, $\leqq$, $>$, $\geqq$ strenggenommen für **bool** definiert: es gilt **false** $<$ **true**. Merke, daß $a \leqq b$ die Subjunktion[13] $a \Rightarrow b$ bedeutet.

Für $\mathscr{V}$ gilt: Wird $\mathscr{V}$ beziehungsweise die Art **char** verwendet, so soll das eigentlich heißen, daß eine präzise Angabe des Zeichenvorrats bzw. Alphabets noch nicht gemacht werden kann oder soll (Parametrisierung der Art; man sollte besser χ statt **char** verwenden, wo χ ein generisches Zeichen ist). $\mathscr{V}^*$ und $\mathbb{Z}$ sind Beispiele für die Bildung zusammengesetzter Objekte, und zwar im ersteren Fall rekursiv (2.8), im letzteren Fall als Paarbildung (2.5) definiert. Abkürzend verwenden wir

mode string ≡ **sequ char** .

Es verbleibt somit $\mathbb{N}$: Endliche Aufzählung ist nicht möglich. Die ganze Objektmenge ist rekursiv-aufzählbar, definiert unter Verwendung einer primitiven Operation *succ* und eines einzigen, mit 0 bezeichneten Objekts (Peanos Axiome). Solche Beschreibungsmittel sprengen den Rahmen dieses Kapitels, wir werden erst im dritten Kapitel darauf zurückkommen; dies ist Grund genug, $\mathbb{N}$ bzw. **nat** normalerweise als primitive Objektmenge einzuführen. Im übrigen kann nicht verschwiegen werden, daß man allerorten unter der Hand Vereinbarungen trifft wie

mode nat ≡ $\mathbb{N}[0 \,..\, 2^{24} - 1]$.

2.4.5 Mehrstufige Parametrisierung (vgl. 1.14) ist unabdingbar in folgender Situation: Objektmengen wie

int [1900 .. 1999] oder {**nat** x: $mod(x, 3) = 1$}

sind **errechnete Arten.** Es ist legitim, die Errechnung zu parametrisieren, also Artangaben wie

---

11 Oder einfacher
funct *not* ≡ (**bool** *a*) **bool**: a = **false**
(wenn man die universelle Gleichheitsrelation benützt).

12 Die einfachere Fassung
if *a* **then** *b* **else false fi** (sequentielle Konjunktion, vgl. 1.3.3)
ist nicht strikt im Sinn von 1.5.
Für definiertes b sind jedoch beide Fassungen gleichwertig.

13 Vgl. DIN 5474.

int $[n \,..\, m]$ oder $\{$**nat** x: $mod(x, p) = 1\}$

zu verwenden.

Ist nun etwa **int** [1900 .. 1999] Artangabe für einen Parameter einer Rechenvorschrift, wie

(**int** [1900 .. 1999] *jahr*) **bool**: «*jahr* ist Schaltjahr» ,

so ist alles in Ordnung. Soll aber **int** $[n \,..\, m]$ als Artangabe für den Parameter *jahr* dienen, so ist die Rechenvorschrift zweistufig zu parametrisieren, etwa

funct q ≡ (**int** n, **int** m) . (**int** $[n \,..\, m]$ *jahr*) **bool**: «*jahr* ist Schaltjahr» .

Der Aufruf

q(1900, 1999)

(partielle Instantiierung) liefert dann obige Rechenvorschrift, der komplette Aufruf

q(1900, 1999) (1924)

liefert das Ergebnis **true**.

2.5 Zusammengesetzte Arten und Objekte

Ein **zusammengesetztes**[14] Objekt ist ein n-Tupel $(c_1, \ldots, c_n)$, $n \geqq 2$, von Objekten c_i der **Komponentenarten** μ_i. Die Menge aller derartigen zusammengesetzten Objekte wird als die **zusammengesetzte Art** $(\mu_1, \ldots, \mu_n)$ bezeichnet. Sind alle Komponentenarten linear geordnet, so ist für die Gesamtheit der Tupel durch die lexikographische Ordnung wieder eine lineare Ordnung gegeben, die die Relationen $\leqq$, $\geqq$, $<$, $>$ festlegt.

Die Gleichheitsrelationen $=$, $\neq$ für zwei zusammengesetzte Objekte der selben Art werden universell auf die Gleichheit der Komponenten zurückgeführt.

Der **Konstruktor**, der die Objekte c_i zu einem Objekt der Art $(\mu_1, \ldots, \mu_n)$ zusammensetzt, wird in der Form

$$(\mu_1, \ldots, \mu_n): \langle c_1, \ldots, c_n \rangle$$

notiert[15]. Die i. allg. notwendige direkte Angabe der zusammengesetzten Art kann entfallen, wenn diese sich eindeutig aus dem jeweiligen Kontext erschließen läßt.

---

14 Engl. *composite*, vgl. Zemanek 1968. Auch *structured* (ALGOL 68), siehe Wirth 1967.

15 Siehe dazu auch die in Zemanek 1968 zusammengefaßte „Wiener Definitionsmethode“ (Lucas, Walk 1969).

Beispiele:

(int, pnat): ⟨3, 5⟩ ist ein Element von **(int, pnat)**,
(nat, nat, int, bool): ⟨4, 12, −2, **true**⟩ ist ein Element von **(nat, nat, int, bool)** .

Die zur Ablieferung mehrfacher Ergebnisse von Rechenvorschriften verwendete Kollektion von (Einzel-)Ergebnissen ist begrifflich (und syntaktisch) von der Bildung eines zusammengesetzten Objekts verschieden. Wir werden darauf in 2.16 zurückkommen.

Zum Zweck der Abkürzung führt man mittels Artvereinbarungen für zusammengesetzte Arten wieder frei gewählte Artbezeichnungen ein, etwa

mode rat ≡ **(int, pnat)**

oder

mode satz ≡ **(nat, nat, int, bool)**
mode datum ≡ (**int**[1 .. 31], **int**[1 .. 12], **int**[1900 .. 1999])
mode pers ≡ **(string, datum)** .

Sie erlauben für die obigen Beispiele die abgekürzte Schreibweise

rat: ⟨3, 5⟩

oder

satz: ⟨4, 12, −2, **true**⟩ .

Natürlich sind auch Objektvereinbarungen möglich, etwa

rat *a* ≡ **rat**: ⟨3, 5⟩ oder **satz** *b* ≡ **satz**: ⟨4, 12, −2, **true**⟩

kurz:

rat *a* ≡ ⟨3, 5⟩ bzw. **satz** *b* ≡ ⟨4, 12, −2, **true**⟩ .

Zusammengesetzte Objekte, bei denen alle Komponenten von gleicher Art sind, heißen **homogen** (Beispiel Reihung, engl. *array*).

Trivialerweise führt man auch n-Tupel ein für $n = 1$ und $n = 0$: Für den Grenzfall des einkomponentigen zusammengesetzten Objekts unterscheidet sich **nat**: a von **(nat)**: ⟨a⟩ nur unwesentlich (siehe 2.8, Artausweitung).

Das **0-Tupel** von Objekten, mit der Standardbezeichnung ◊, ist ein *universelles, artunspezifisches* Sonderobjekt („leeres Objekt", „Nullobjekt", Zemanek 1968), in speziellen Fällen **leere Sequenz** (*null sequence*) oder **leeres Wort, leere Zeichenreihe** (*empty word, empty string*) genannt, wofür auch die Bezeichnungen *empty*, Λ und ε verwendet werden.

Mathematisch handelt es sich bei dem Vorangehenden um die Bildung des kartesischen (oder direkten) Produkts[16] von Mengen. Das kartesische Produkt $A \times B$ zweier Mengen A, B ist die Menge $\{(x, y): x \in A, y \in B\}$ aller (geordneten) Paare von Elementen aus A und

---

16 Engl. *cardinal product.* Strenggenommen handelt es sich um ein *ordinal product,* vgl. G. Birkhoff, „Lattice Theory" (3rd ed., Amer. Math. Soc. 1967), S. 55, 198 – wenn man einbezieht, daß die Ergebnismenge *lexikographisch* geordnet ist.

Elementen aus B. Selbstverständlich ist das kartesische Produkt nicht kommutativ. Es ist auch nicht assoziativ: $((x, y), z)$ ist verschieden von $(x, (y, z))$. Über die Bildung assoziativer Äquivalenzklassen siehe später, 3.4.4. Zunächst wollen wir, der üblichen Aufschreibungsrichtung folgend, bei n-Tupeln mit $n > 2$ fortgesetzte Paarbildung mit einem rechts angefügten Element unterstellen (Rechtsassoziativität). Es steht also

(nat, nat, int, bool) für **(((nat, nat), int), bool)** .

Für die Kardinalität des kartesischen Produkts gilt

$$\text{card}(A \times B) = \text{card}(A) \cdot \text{card}(B) \quad .$$

Bezeichnet $\emptyset$ die leere Menge, so gilt

$$A \times \emptyset = \emptyset = \emptyset \times A \quad .$$

Zu einem kartesischen Produkt zweier Mengen gehören zwei „kanonische Abbildungen"

$\pi_{A \times B}: A \times B \to A, \; \rho_{A \times B}: A \times B \to B,$ wobei
$\pi_{A \times B}(a, b) = a$ und $\rho_{A \times B}(a, b) = b$

(„Projektionsfunktionen").

2.6 Selektoren, Strukturen mit direktem (Selektor-)Zugriff

Häufig, fast in der Regel, wollen wir mit den einzelnen Komponenten eines zusammengesetzten Objekts direkt arbeiten. Um auf eine beliebige Komponente bequem zuzugreifen, um also alle Projektionsfunktionen unmittelbar verfügbar zu haben, verwenden wir **Selektoren**[17]. Der damit ausgedrückte Zugriff heißt **Selektion**.

Selektoren (Projektionsfunktionen) können aus Objekten abgeleitet sein (umgangssprachlich z. B. „die dritte von links") und heißen dann **Indizes**, oder sie werden als frei gewählte Bezeichnungen eingeführt.

Ist eine Komponente eines zusammengesetzten Objekts selbst ein zusammengesetztes Objekt, so läßt sich darauf wieder eine Selektion anwenden. Wir sprechen dann von einer **mehrstufigen** Selektion, die entsprechend der Komposition von Funktionen aus (letztlich elementaren) Selektionen zusammengesetzt ist.

Als Beispiel diene das folgende Diagramm, das die Zusammensetzung der Art **pers** (s. 2.5) zeigt:

```
                pers
              /      \
        string        datum
                    /    |    \
     int [1 .. 31]  int [1 .. 12]  int [1900 .. 1999]   .
```

17 Wegen der Gefahr der Verwechslung mit *pointer* in PASCAL wird hierfür das Wort „Zeiger" (Bauer, Goos 1973, S. 101) vermieden.

Die Selektion ist eine nur partiell definierte Funktion. Dementsprechend ist die Zusammensetzung von Selektionen nicht immer definiert, es muß dafür (wie bei der Komposition von Funktionen) eine Verkettungsbedingung erfüllt sein. Ist nun die Selektion mittels eines Selektors s_1 auf das Ergebnis einer Selektion mittels s_2 anwendbar, kurz:

s_1 nach s_2 anwendbar,

und ist die entsprechend zusammengesetzte Selektion (das „Produkt")

$s_1 \circ s_2$ nach s_3 anwendbar,

so ist auch

s_2 nach s_3 und s_1 nach $s_2 \circ s_3$ anwendbar,

wobei gilt:

$$(s_1 \circ s_2) \circ s_3 = s_1 \circ (s_2 \circ s_3) \quad \text{(Assoziativgesetz)}.$$

Mathematisch gesprochen: Die Gesamtheit der Selektionen bildet eine Kategorie.

Wegen der Assoziativität liegt es nahe, der ganzen Selektion, die durch eine Folge s_1, $s_2, \ldots, s_k$ von Selektoren bewirkt wird, selbst wieder einen **zusammengesetzten** oder **mehrstufigen Selektor** zuzuordnen und diesen durch $s_1 \circ s_2 \circ \cdots \circ s_k$ zu bezeichnen[18]. Die unmittelbar gegebenen Selektoren nennen wir zur Unterscheidung auch **einstufige Selektoren**.

2.6.1 Verbunde

Enthält die Angabe einer zusammengesetzten Art neben den Arten der Komponenten auch die jeweiligen Selektoren als frei gewählte Bezeichnungen, so heißen die entsprechend zusammengesetzten Objekte **Verbunde**:

```
mode rat     ≡ (int zähler, pnat nenner)
mode complex ≡ (real re, real im)
mode datum   ≡ (int [1 .. 31] tag, int [1 .. 12] monat, int [1900 .. 1999] jahr)
mode person  ≡ (string name, string vorname, datum geburtsdatum,
                mw geschlecht, stand stand)   .
```

Beachte, daß (**real** *re*, **real** *im*) und (**real** *im*, **real** *re*) zwar nicht dieselbe, aber doch im wesentlichen (d. h. bis auf die Stellung) die gleiche Verbundart definieren, so wie auch

(**int** *a*, **nat** *b*) **int**: $a - b$ und (**nat** *b*, **int** *a*) **int**: $a - b$

im wesentlichen die gleiche Rechenvorschrift definieren.

---

18 Vgl. auch G. Seegmüller, „Einführung in die Systemprogrammierung" (Mannheim 1974), S. 50 – 60. Die Zusammensetzung von Selektoren hat schon McCarthy 1960 betrachtet, er schreibt z. B. *caddar* für *car* ∘ *cdr* ∘ *cdr* ∘ *car*. Man kann auch festlegen, daß das Ergebnis einer nicht anwendbaren Selektion das leere Objekt ist (Seegmüller), wir werden dafür weiterhin Ω setzen.

Für den Zugriff auf die durch den Selektor s bestimmte Komponente eines Verbundes v schreibt man

s **of** v oder $v.s$.

Beispiele:

Für **complex** $z \equiv \langle 4.0, 3.0 \rangle$

re **of** z oder $z.re$,

für **datum** $h \equiv \langle 30, 12, 1976 \rangle$

jahr **of** h oder $h.jahr$,

für **person** $x \equiv$ ⟨‚bauer', ‚martin', **datum**: ⟨14, 6, 1976⟩, **männlich, led**⟩

tag **of** (*geburtsdatum* **of** x) oder $x.$ *geburtsdatum. tag*
(zweistufiger Zugriff).

Wie das Beispiel

funct *geburtstag* ≡ (**person** x) (**int** [1 .. 31], **int** [1 .. 12]):
(*tag* **of** *geburtsdatum* **of** x, *monat* **of** *geburtsdatum* **of** x)

zeigt, liegt es nahe, auch **kollektive** („simultane", nicht mehrstufige) Selektion zu gebrauchen, etwa

(*name, vorname*) **of** x,
(*tag, monat*) **of** *geburtsdatum* **of** x .

2.6.2 Reihungen

Der Umstand, daß Selektoren verknüpft werden können, legt nahe, Selektoren als Objekte aufzufassen. Als Operation verfügbar ist neben der Zusammensetzung auch die Anwendung einer partiell definierten Nachfolgeroperation «nächster Selektor» für einstufige Selektoren. Aus der entsprechenden linearen Ordnung ergibt sich für zusammengesetzte Selektoren eine lexikographische Ordnung und damit für *endlich zusammengesetzte Objekte* eine allgemeine Nachfolgeroperation auf ihren Selektoren. Damit sind (gewisse) Selektoren auch operativ bestimmbar; es entfällt die unbedingte Notwendigkeit, sie mittels frei gewählter Bezeichnungen anzugeben. Besonders vorteilhaft sind solche berechenbaren Selektoren oder **Indizes** im Falle der homogen zusammengesetzten Arten:

Die (normalerweise nichtleere) Indexmenge $\mathbf{v}$ sei linear geordnet und endlich. Es wird eine *homogene*, d. h. aus gleichartigen Objekten einer Grundart $\boldsymbol{\mu}$ bestehende, mit $\mathbf{v}$ **array** $\boldsymbol{\mu}$ bezeichnete Struktur **Reihung** eingeführt als Menge aller n-Tupel von Elementen aus $\boldsymbol{\mu}$, $n = \text{card}(\mathbf{v})$, wobei Index und Komponentenplatz ordnungstreu und eineindeutig (also auch lückenlos) einander zugeordnet sind. Der Zugriff ist dadurch eindeutig bestimmt, daß **v** wohlgeordnet ist: das kleinste Element von **v** greift auf die erste Komponente des n-Tupels zu.

Beispiele für Artvereinbarungen:

mode ausstoss ≡ **int** [1 .. 12] **array int** (in ALGOL 68: [1 : 12] **int**)
mode konto ≡ **atomic** {**schwarz**, **rot**} **array nat**
mode q ≡ **bool array suit**

↑ Indexart ↑ Grundart

Beachte, daß **int array** **μ** nicht zulässig ist, weil **int** bzgl. $\leq$ keine Wohlordnung ist. Auch eine **unendliche Folge nat array** **μ** ist insofern unrealistisch, als wir den Konstruktor nicht anschreiben können, siehe jedoch 3.3.1.

Für den Zugriff auf die durch den Index i bestimmte Komponente des n-Tupels t schreibt man

$t[i]$[19] oder $t.i$[20]

und bezeichnet diese Selektion auch als **Indizierung**.

Beispiele sind:

für **ausstoss** x ≡ ⟨20, 20, 23, 19, 20, 20, 21, 23, 22, 21, 21, 21⟩

$x[5]$ oder $x.5$,

für **konto** *abschluss* ≡ ⟨1450, 7280⟩

abschluss [**rot**] oder *abschluss*. **rot** ,

für **q** *spiel* ≡ ⟨♣, ♡⟩

spiel [**true**] oder *spiel*. **true** .

Da die Indizes Objekte sind, sind sie (im Gegensatz zu Bezeichnungen) auch berechenbar. Nach dem Einsetzungsprinzip hat man also auch

$x[3 \times 3]$, $x[n + 1]$, $spiel[q \wedge r]$.

Für mehrstufige Reihungen gibt es Schreibabkürzungen, etwa für

int [1 .. 24] **array** (**int** [1 .. 60] **array real**) x

---

19 Aus historischen Gründen steht $t[i]$ für t_i; diese Notation bringt eine eigentlich unnötige Unterscheidung der Indizes von den (expliziten) Selektoren bei Verbunden mit sich.

20 Für $i \in \mathbb{N}$, insbesondere bei mehrstufiger Anwendung, als Dewey-Notation bekannt, im Deutschen auch „Dezimal-Klassifikation" genannt. Sie geht auf Francis Galton 1889 zurück (vgl. Knuth 1973).

kurz

int [1 .. 24, 1 .. 60] **array real** x (in ALGOL 68: [1:24, 1:60] **real** x) .

Gleichermaßen steht

x[23, 45] für x[23][45] .

2.6.3 Die Selektionsstruktur von Verbund und Reihung

Mathematisch handelt es sich bei Verbund und Reihung um das („kartesische") Produkt $\times_{i \in I} A_i$ einer Familie[21] von Mengen A_i $(i \in I)$; bei der Reihung ist die Indexmenge I (zusätzlich zu ihrer Selektionseigenschaft) eine *Objektmenge*. Wegen der Homogenität handelt es sich bei der Reihung ferner um den Spezialfall, daß die A_i für alle i mit einer Menge A übereinstimmen. Letzteres ist aber gerade die Mengenpotenzbildung[22] A^I, auch definiert als Menge aller Abbildungen von I in A, wo I die Indexmenge und A die Grundmenge ist. Eine Abbildung aus A^I ordnet jedem Index $i \in I$ ein Element von A zu; bei festem i ergibt sich die i-te Selektorfunktion, indem man über alle Abbildungen aus A^I geht, als Abbildung von A^I in A.

Beachte, daß $\mathrm{card}(A^I) = (\mathrm{card}(A))^{\mathrm{card}(I)}$. Beachte ferner, daß, wenn I endlich,

$$A^I = \underbrace{A \times A \times \ldots \times A}_{\mathrm{card}(I)} \quad .$$

$A^{\emptyset}$ ist einelementig, $A^{\emptyset} = \{\lozenge\}$, wo $\lozenge$ das 0-Tupel bezeichnet. Mit anderen Worten, $A^{\emptyset}$ ist isomorph zu der Ordinalzahl $\mathit{1.}$ der Kardinalität 1, $A^{\emptyset} \triangleq \mathit{1.}$. Beachte auch, daß $A \times \mathit{1.} \triangleq A \triangleq \mathit{1.} \times A$, sowie $A^{\mathit{1.}} \triangleq A$.

Wir bezeichnen mit **empty** die *universelle Art*, die als einziges Element das universelle Sonderobjekt 0-Tupel mit der Standardbezeichnung $\lozenge$ enthält, d. h.

mode empty ≡ **atomic** $\{\lozenge\}$.

Wir stellen ferner fest, daß

(μ, **empty**) und (**empty**, μ), wie auch (μ)

bzgl. Tupelbildung isomorph sind zu μ, und daß unter diesem Isomorphismus

$\langle \lozenge, x \rangle$ und $\langle x, \lozenge \rangle$, wie auch $\langle x \rangle$

dem Objekt x entsprechen.

Eine Menge zusammengesetzter Objekte, auf deren *sämtliche* Komponenten *unmittelbar* durch Selektion zugegriffen werden kann, heißt **Struktur mit direktem (Selektor-)Zugriff**. Verbund und Reihung fallen hierunter. Im Fall der Reihung spricht man speziell von einer **selektor-sequentiellen Struktur mit direktem Zugriff**, weil unter Verwendung der

21 Vgl. Fischer Lexikon Mathematik I, S. 268.
22 Engl. *cardinal power*.

Nachfolgerfunktion *succ* auf der linear geordneten Indexmenge die Komponenten auch nacheinander abgefragt werden können. Dabei wird auf die Homogenität der Struktur nicht Bezug genommen.

Bei homogener Struktur ist offensichtlich die Notation der Artangabe und des Zugriffs für eine Reihung, sofern die Indexmenge endlich ist, eine Abkürzung der entsprechenden Notation für einen Verbund; z. B. steht

nat [1 .. 4] **array** μ

oder

nat {1, 2, 3, 4} **array** μ

für

(μ *eins*, μ *zwei*, μ *drei*, μ *vier*) ,

und falls *r* ein Objekt dieser Art ist, steht

r[2] für *zwei* **of** *r* .

Weiterhin steht

atomic {**schwarz**, **weiss**} **array** μ

für

(μ *schwarz*, μ *weiss*) .

Insbesondere kann man im Fall der Reihung für die Indexmenge, wenn diese mehrfach vorkommt, eine frei gewählte Bezeichnung verwenden und hat häufig den Vorteil, die Aufzählung durch eine geschlossene Artangabe ersetzen und die Indizes *errechnen* zu können.

Für nicht-endliche Indexmengen läßt sich jedoch eine Schreibweise als Reihung nicht mehr durch eine Schreibweise als Verbund ersetzen. (In 2.9 wird allerdings eine Erweiterung der Verbunde besprochen, die noch „potentiell-unendliche", d. h. unbeschränkte Objektstrukturen erlaubt[23].)

Für Implementierungen ist es naturgemäß erheblich, ob die Indexmenge endlich ist oder nicht. In ALGOL und PASCAL z. B. wird Endlichkeit der Indexmenge verlangt. Aber auch **nat array** μ kann (*cum grano salis*) implementiert werden (siehe 3.3.1 und 7.4.4).

Zwischen Reihungen und Funktionen besteht ein natürlicher Zusammenhang: Eine Reihung etwa von der Art

nat [1 .. 12] **array int**

entspricht einer Rechenvorschrift von der Art

---

23 Unter der Terminierungsforderung für Algorithmen kann selbstverständlich die vollständige Objektstruktur, die zu einer unendlichen Indexmenge gehört, nicht verarbeitet werden. Wohl aber können beliebig große Ausschnitte verarbeitet werden. (Siehe auch 3.3.3, „benummertes Feld".)

funct (**nat** [1 .. 12]) **int**

mit dem Indexbereich **nat** [1 ..12] als Parameterbereich.

Allgemeiner entspricht eine Reihung

ν[*a* .. *b*] **array** μ oder ν **array** μ

einer Rechenvorschrift von der Art

funct (ν[*a* .. *b*]) μ bzw. **funct** (ν) μ .

Reihungen sind „eingefrorene Funktionen".

So entsteht z. B. aus der Rechenvorschrift *grigri* von 1.13.3 und 1.14 unmittelbar die mit einer Reihung *a* der Art **nat** [1 .. *N*] **array int** statt *f* arbeitende Rechenvorschrift

```
funct grigri ≡ (nat n: n ≠ 0 ∧ n ≦ N) (int, nat):
      if n = 1 then (a[1], 1)
      [] n ≠ 1 then (int dom, nat numb) ≡ grigri(n − 1) within
                    if a[n] = a[n − numb] then (a[n], numb + 1)
                    [] a[n] > a[n − numb] then (dom, numb)       fi fi  .
```

Zusammengesetzte Objekte können auch durch Verknüpfung von Verbund- und Reihungs-Bildung entstehen, etwa[24]

mode fstack χ ≡ (**nat** *pegel*, **nat** [1 .. 1024] **array** χ *data*)

oder

mode table μχ ≡ **nat** [1 .. 100] **array** (μ *arg*, χ *value*) .

Wir werden uns in den nächsten Abschnitten nur mit Verbunden beschäftigen und auf einige Besonderheiten von Reihungen in 2.15 zurückkommen.

2.7 Artvarianten

2.7.1 Es ist oft zweckmäßig und natürlich, zwei oder mehrere Objektmengen als Varianten einer Art aufzufassen. So können in gewissen Rechnungen wahlweise natürliche, ganze und rationale Zahlen vorkommen, es kann die Lage eines Punktes wahlweise durch kartesische Koordinaten (**real, real**) oder durch Polarkoordinaten (**real, bogen**) gegeben sein. Solche **Varianten** einer **variierenden Art** führen wir ein durch Artvereinbarungen wie

---

24 Eine beliebige Art ist wieder durch ein generisches Zeichen wie χ, μ ausgedrückt.

```
mode zahl    ≡ nat | int | rat
mode punkt   ≡ (real x, real y) | (real r, bogen phi)
mode person  ≡ ((string name,
                 string vorname,
                 datum geburtsdatum,
                 mw geschlecht,
                 real gewicht,
                 real bartlänge,
                 stand stand)
               |
                (string name,
                 string vorname,
                 datum geburtsdatum,
                 mw geschlecht,
                 real bw,
                 real tw,
                 real hw,
                 stand stand))    .
```

Sind alle Varianten linear geordnet, so ist die variierende Art ebenfalls linear geordnet: alle Objekte der ersten Variante stehen vor allen Objekten der zweiten Variante usw.

Wie das letzte Beispiel (nach Wirth 1975) zeigt, können Varianten auch als Untertupel vorkommen (in der Praxis wird dieser Fall sogar häufig auftreten). In diesem Beispiel ergeben sich zur Personenkennzeichnung Objekte der Struktur

(string, string, datum, mw, (real, real | real, real, real), stand) .

Eine entsprechend verkürzte Artvereinbarung einer solchen Art **person** könnte lauten:

```
mode person ≡ (string name,
               string vorname,
               datum geburtsdatum,
               mw geschlecht,
               (real gewicht, real bartlänge | real bw, real tw, real hw),
               stand stand)    .
```

Vereinbarungen für solcherart zusammengesetzte Objekte haben innerhalb der Varianten Spielraum, etwa

```
zahl a ≡ zahl: (nat: 3), zahl b ≡ zahl: (int: −2),
                         zahl c ≡ zahl: (rat: ⟨4, 7⟩),
```

kurz

```
zahl a ≡ nat: 3, zahl b ≡ int: −2, zahl c ≡ rat: ⟨4, 7⟩,
```

oder

punkt $x \equiv$ **punkt**: ⟨**real**: 4.0, **real**: 3.0⟩,
punkt $y \equiv$ **punkt**: ⟨**real**: 5.0, **bogen**: 0.6435⟩,

kurz

punkt $x \equiv$ ⟨4.0, **real**: 3.0⟩, **punkt** $y \equiv$ ⟨5.0, **bogen**: 0.6435⟩ .

Varianten wurden von McCarthy 1961 eingeführt, wobei es sich mathematisch bei der Auffassung zweier Objektmengen als Varianten um die Bildung der direkten Summe[25] von Mengen handelt. Die direkte Summe $A \oplus B$ zweier Objektmengen A, B ist eine neue Objektmenge: die Vereinigung zweier disjunkter Teilmengen A' und B' einer gewissen Grundmenge, von denen die eine eineindeutig auf A, die andere eineindeutig auf B abbildbar ist, d. h. ($\triangleq$ bedeutet „isomorph")

$$A \oplus B =_{\text{def}} A' \cup B',$$

wobei $A' \triangleq A$, $B' \triangleq B$ und $A' \cap B' = \emptyset$ ist. Die den Elementen $x \in A$ bzw. $y \in B$ dabei entsprechenden Elemente von $A \oplus B$ werden mit x' bzw. y' bezeichnet.

Beachte: $A \oplus A$ ist also nicht A; die direkte Summe $A \oplus B$ ist nicht einfach die Mengenvereinigung von A und B. Es sind im Gegenteil die Elemente des einen A und des anderen A als verschieden anzusehen: etwa die einen mit dem Index 1, die anderen mit dem Index 2 versehen. Dieser Auffassung entsprechend gilt

$$A \oplus A \triangleq \mathbf{2}. \times A,$$

wo **2.** die Ordinalzahl der Kardinalität 2 ist (vgl. auch **bit**, Tabelle 1.3.1). Ferner gilt (für endliche Mengen A, B trivialerweise)

$$\text{card}(A \oplus B) = \text{card}(A) + \text{card}(B)$$

und

$$A \oplus \emptyset \triangleq A \quad (\text{vergleiche } A \times \emptyset = \emptyset) \quad .$$

Kanonische Abbildungen sind

„Ausweitungsfunktionen" (vgl. 2.8, Artausweitung)

$$i_{A \oplus B}: A \to A \oplus B, \quad \text{wobei} \quad i_{A \oplus B}(a) = a'$$
$$j_{A \oplus B}: B \to A \oplus B, \qquad\qquad j_{A \oplus B}(b) = b'$$

---

25 Engl. *direct union*, auch *cardinal sum*. Strenggenommen handelt es sich um eine *ordinal sum*, wenn man berücksichtigt, daß auch die Ergebnismenge geordnet ist.

„Testfunktionen“ (vgl. 2.4, Testoperatoren)

$p_{A \oplus B}: A \oplus B \to \mathbb{B}$, wobei $\quad p_{A \oplus B}(x) = (x \in A')$, d. h. $A :: x$
$q_{A \oplus B}: A \oplus B \to \mathbb{B}$, $\quad q_{A \oplus B}(x) = (x \in B')$, d. h. $B :: x$

Im Hinblick auf die Ordnung ist die direkte Summe nicht kommutativ. Bei mehr als zwei Varianten wollen wir wieder fortgesetzte zweistellige Bildung der direkten Summe mit einem rechts angefügten Element unterstellen (Rechtsassoziativität).

Für den Zusammenhang einer variierenden Art $\mu \mid \lambda$ mit dem Auswahloperator gilt: Ist x ein Objekt der Art μ und y ein Objekt der Art λ, so liefert die (nichtdeterministische) Rechenvorschrift $\mu \mid \lambda$: $(x \,\square\, y)$ eine Auswahl aus den Objekten x und y der Art $\mu \mid \lambda$.

Sind die Varianten μ und λ bereits disjunkte Teilmengen einer Grundmenge, so kann die direkte Summe als gewöhnliche Vereinigung (und die Isomorphie .′ als Identität) interpretiert werden. Die Vereinigungsart von ALGOL 68 (**union**) entspricht dieser disjunkten Vereinigung.

Mittels der Testfunktionen können die einzelnen Varianten einer Art **diskriminiert** werden. Für Objekte der variierenden Art **zahl** etwa erhält man mittels der Testoperatoren **nat** :: ., **int** :: . und **rat** :: . eine Diskriminierung.

Soll für ein Objekt einer variierenden Art eine nur für eine Variante definierte Operation durchgeführt werden, so kann die Einhaltung des Definitionsbereichs – wenn sie nicht ohnehin gewährleistet ist – geprüft werden, etwa für ein Objekt z der Art **zahl**

```
if ¬ nat :: z then −z else z fi     .
```

2.7.2 Gelegentlich ist eine in einem Tupel auftretende variierende Art mit anderen Komponenten gekoppelt. Es mag sein, daß (im obigen Beispiel) die drei Körpermaße nur von Personen weiblichen Geschlechts, und jedenfalls die Bartlänge nur von Personen männlichen Geschlechts erfragt werden sollen. Dann können mit Hilfe solcher Komponenten durch geeignete Einschränkung die Varianten **bewacht** werden (Wirth):

```
mode person ≡ (string name,
               string vorname,
               datum geburtsdatum,
              (mw {männlich} geschlecht, real gewicht, real bartlänge
              | mw geschlecht, real bw, real tw, real hw              ),
               stand stand)   ,
```

oder gar unter völliger Trennung der Geschlechter (mit disjunkten Objektmengen für die *geschlecht*-Komponente)

```
mode person ≡ (string name,
               string vorname,
               datum geburtsdatum,
              (mw {männlich} geschlecht, real gewicht, real bartlänge
              | mw {weiblich} geschlecht, real bw, real tw, real hw   ),
               stand stand)   .
```

Selbstverständlich kann zur expliziten Diskriminierung auch eine zusätzliche Komponente herangezogen werden[26]. Beispielsweise kann **punkt** als diskriminierte Struktur eingeführt werden:

mode punkt ≡ (**bool** {**true**} *kennzeichen*, **real** *x*, **real** *y*)
|(**bool** {**false**} *kennzeichen*, **real** *r*, **bogen** *phi*) .

Vereinbarungen für Objekte sind dann etwa

punkt *a* ≡ ⟨**true**, 4.0, 3.0⟩

oder

punkt *b* ≡ ⟨**false**, 5.0, 1.128⟩ .

Ein anderes Beispiel:

mode punkt1 ≡ ({**real** *r*: *r* > 0} *radius*, **bogen** *phi*)
|(**real** {0} *radius*) .

Die Wächter der einzelnen Varianten können – müssen aber nicht – disjunkt sein. Für jedes Objekt der variierenden Art muß zumindest *ein* Wächter erfüllt, d. h. eine Variante freigegeben sein. Im Spezialfall von zwei Varianten mit disjunkten Wächtern, deren Vereinigung **true** ergibt, sprechen wir auch von **alternativen Varianten**.

Beachte: Explizit diskriminierte Objektstrukturen bilden eine Parallele zu determinierten Rechenvorschriften. So wie man determinierte Implementierungen von Rechenvorschriften einführen kann, so können auch Objektstrukturen durch explizit diskriminierte alternative Varianten implementiert werden.

2.8 Einführung neuer Arten: Zusammenfassung

Bei der Bildung eines direkten Produkts zweier Arten, wie etwa

(int, nat)

entstehen neue Objekte. Aber auch bei der Variantenbildung, wie etwa

nat | int | rat

entstehen neue Objekte, die variierende Art zerfällt in (disjunkte) Teilmengen, die zu den Varianten lediglich isomorph sind. Es liegt nahe, auch bei der Bildung einer neuen Art durch Einschränkung mittels Prädikaten, wie etwa

---

26 PASCAL sieht nur den Fall der expliziten Diskriminierung vor, die entsprechende Komponente heißt „Typ-Diskriminator".

{**nat** x: $x \neq 0$}

mit den Spezialfällen der Intervallbildung wie

int [1900 .. 1999]

und der Aufzählung wie

int {1, 2, 3}

davon auszugehen, daß eine Menge neuer Objekte gebildet wird, die zu der spezifizierten Teilmenge lediglich isomorph ist.

Wir setzen also fest: Durch einen Art-Ausdruck, der mittels direktem Produkt, direkter Summe und Einschränkung (in beliebiger Kombination) gebildet werden kann, werden *neue* Objekte eingeführt und damit eine *neue*, von den konstituierenden Arten verschiedene Art definiert.

Der Übergang zu den Elementen der neuen Art ist eine Abbildung, die im allgemeinen durch Voranstellen der Bezeichnung der neuen Art ausgedrückt wird, etwa

rat: ⟨3, 5⟩ **zahl**: (**rat**: ⟨3, 5⟩) **pnat**: 17 **jh**: 1984 **terzett**: 2

vgl. auch **punkt**: ⟨**real**: 5.0, **bogen**: 0.6435⟩ in 2.7.

Bei dieser strengen Auffassung ist etwa die Art **bogen** von der Art **real** völlig verschieden, die beiden Arten haben kein Element gemeinsam. Es sind auch

cart: ⟨0.87, 0.53⟩ und **polar**: ⟨0.87, 0.53⟩

wo

mode cart ≡ (**real** x, **real** y) und
mode polar ≡ (**real** r, **bogen** *phi*)

verschiedene Objekte; Angaben in Polarkoordinaten sind von Angaben in kartesischen Koordinaten wohlunterschieden.

Führt man also zwei Arten **dmark** und **dollar** ein mittels

mode dmark ≡ **nat**,
mode dollar ≡ **nat** ,

so sind das *verschiedene* Arten, das auf der rechten Seite stehende **nat** ist jeweils als ausgearteter Ausdruck – beispielsweise als eingliedrige Variantenbildung – anzusehen. Damit sind Beträge in verschiedenen Währungen wohlunterschieden und kann einer Verwechslung von D-Mark- und Dollarbeträgen mnemotechnisch vorgebeugt werden.

Diese Überlegungen machen verständlich, warum man bei der Bildung neuer Arten durch Einschränkung von einer naiven (und durch die gewählte übliche Schreibweise auch naheliegenden) Teilmengenbeziehung abgeht. Der Hintergrund dieser Motivation wird sich im Kap. 3 aufhellen: dort wird die Bildung neuer Arten grundsätzlich abstrakt-axiomatisch erfolgen, und damit werden Angaben eo ipso nur bis auf Isomorphie festgelegt. Der Vorteil unserer strengen Auffassung liegt insbesondere darin, daß das Problem der Äquivalenz von Arten nicht entsteht.

Selbstverständlich ist man rein notationell bestrebt, die explizite Bezeichnung des Artüberganges durch Artangabe unterdrücken zu können, wo diese aus dem Zusammenhang klar ist. Zu diesem Zweck führt man, rein auf textuelle Beziehungen gestützt, eine transitive Relation „. ist Unterart von ." ein, die erzeugt wird durch

(1) Wenn **mode** $\mu \equiv \mu_1 | \mu_2 | \ldots | \mu_n$ oder **mode** $\mu \equiv (\lambda)$
dann ist μ_i $(i = 1, \ldots, n)$ bzw. λ Unterart von μ

(2) Wenn **mode** $\lambda \equiv \{\mu x \colon p(x)\}$
dann ist λ Unterart von μ

Sodann kann man festlegen: Ist eine Art λ Unterart einer Art μ, so kann der Übergang von einem Objekt aus λ zu einem Objekt aus μ unbezeichnet bleiben, wenn er aus dem Zusammenhang ersichtlich ist (**Artausweitung**).

Der umgekehrte Übergang zu Objekten einer Unterart ist jedoch im allgemeinen nur partiell definiert und muß durch den zugehörigen Test abgesichert sein.

Aus dem Zusammenhang ersichtlich ist ein solcher Artübergang sicherlich, wenn
(1) die Zielart eines auf der rechten Seite einer Objektvereinbarung auftretenden Objekts aus der Spezifikation dieser Objektvereinbarung (oder auch einer Variablen-Vereinbarung, siehe 5.2.2) ersichtlich ist,
(2) die Zielart eines als Argument auftretenden Objekts aus der Spezifikation dieses Parameters ersichtlich ist,
(3) die Zielart eines als abgeliefertes Ergebnis auftretenden Objekts aus der Resultatspezifikation ersichtlich ist.

Einzelne Programmiersprachen legen, wie das auch in dieser Hinsicht führende ALGOL 68, mehr oder weniger umfangreiche Artverwandtschaften fest.

Abschließend sollen noch die „klassischen" Fälle von Artverwandtschaft besprochen werden. Sie sind enthalten in den Definitionen

mode int ≡ (**nat** *soll*, **nat** *haben*) | **nat**,
mode rat ≡ (**int** *zähler*, **pnat** *nenner*) | **int**

oder

mode nat ≡ {**int** x: $x \geqq 0$},
mode rat ≡ (**int** *zähler*, **pnat** *nenner*) | **int** ,

wobei die Paarbildungen jeweils die „eigentliche" Erweiterung des Zahlbereichs darstellen.

Man beachte, daß diese Artverwandtschaften jetzt in natürlicher Weise als Begleiterscheinungen einer konstruktiven Einführung von **int** und **rat** bzw. von **rat** und **nat** auftreten. Einzelheiten wird Kap. 3 bringen.

2.9 Rekursive Objektstrukturen

Ähnlich wie bei Rechenvorschriften, spricht man auch bei einer Artvereinbarung davon, daß man sich auf eine Art **stützt**. Ist dies direkt oder indirekt die vereinbarte Art, erhält man **rekursive** Artvereinbarungen (McCarthy 1961, Hoare 1970, 1973).

2.9.1 Definition rekursiver Objektstrukturen

2.9.1.1 Eine Artvereinbarung

mode stri ≡ (**stri** *a*, **char** *b*)

ist vergleichbar mit einer Rechenvorschrift wie

funct f ≡ (**int** n) **int**: $n \times f(n-1)$,

denn die Rekursion terminiert nicht. Terminierung kann nur erreicht werden, wenn Varianten auftreten. So ist durch

mode rs χ ≡ χ | (**rs** χ *trunk*, χ *item*)

eine Objektmenge mit χ als Primitivem definiert, die

$$\chi \mid (\chi, \chi) \mid ((\chi, \chi), \chi) \mid (((\chi, \chi), \chi), \chi) \mid \ldots \mid (\ldots \underbrace{((\chi, \chi), \chi) \ldots, \chi)}_{n}$$

umfaßt, für jedes $n \in \mathbb{N}$.

Die Forderung der Terminierung kann auch dahin gehend interpretiert werden, daß jedes Objekt nur aus endlich vielen Teilobjekten zusammengesetzt ist („Finitheit der Objekte", vgl. 2.14).

Auch

mode lisp χ ≡ χ | (**lisp** χ *car*, **lisp** χ *cdr*)

ist eine rekursiv definierte Objektmenge, die für jedes $n \in \mathbb{N}$

$$\chi \mid (\chi, \chi) \mid ((\chi, \chi), \chi) \mid (\chi, (\chi, \chi)) \mid ((\chi, \chi), (\chi, \chi)) \mid \ldots \mid \underbrace{(\chi, (\chi, \ldots (\chi, \chi) \ldots))}_{n}$$

umfaßt.

Wiederum ist χ als primitiv anzusehen, die entsprechenden Objekte werden in Anlehnung an LISP[27] auch als **Atome** bezeichnet. Der strukturelle Unterschied zwischen **rs** χ und **lisp** χ liegt auf der Hand.

---

27 Die Verwandtschaft mit der in LISP zugrundegelegten Listenstruktur wird deutlicher in der analogen Form
mode lisp ≡ **atom** | (**lisp** *car*, **lisp** *cdr*) ,
die auf eine mit **atom** bezeichnete Grundart gestützt ist, in unserem Beispiel (χ primitiv)
mode atom ≡ χ.

Nach Definition ist χ eine Unterart von **rs** χ, jedem Element von χ entspricht ein Element aus **rs** χ. Es ist also zulässig, **rs** χ: *a* zu schreiben, wenn *a* Objekt aus χ ist. Gleiches gilt für **lisp** χ.

Sowohl **rs** χ wie **lisp** χ enthalten nicht das nullgliedrige direkte Produkt, die (einelementige) Menge **empty**, die aus dem 0-Tupel, dem universellen Sonderobjekt ◇, besteht. Dem kann bei **rs** χ leicht abgeholfen werden:

mode rsequ χ ≡ **empty** |(**rsequ** χ *trunk*, χ *item*) .

Damit ist allerdings weder χ noch **rs** χ Unterart von **rsequ** χ. Es ist also strenggenommen unzulässig,

rsequ χ: *a* oder **rsequ** χ: **rs** χ: *a*

zu schreiben, wenn *a* Objekt aus χ ist; es muß korrekt heißen

rsequ χ: ⟨◇, *a*⟩ .

Ähnlich bezeichnet **rsequ** χ: ◇ das **artspezifische 0-Tupel** aus der Objektstruktur **rsequ** χ.

Selbstverständlich wird man auch hier bestrebt sein, statt ⟨◇, *a*⟩ kurz *a* zu schreiben und auch (**empty**, χ) durch χ zu bezeichnen; die unverkürzte, korrekte Schreibweise dient jedoch der Klarheit und ist auch implementierungsfreundlich.

Ähnlich, mit Links-Rechts-Vertauschung, führt man **lsequ** χ und **ls** χ ein:

mode lsequ χ ≡ **empty** |(χ *item*, **lsequ** χ *trunk*)

bzw.

mode ls χ ≡ χ |(χ *item*, **ls** χ *trunk*) .

Eine dritte Sorte rekursiver Objektstrukturen ist

mode cs χ ≡ χ |(**cs** χ *left*, χ *node*, **cs** χ *right*)

bzw.

mode casc χ ≡ **empty** |(**casc** χ *left*, χ *node*, **casc** χ *right*) .

Die ersten beiden der drei wichtigsten Sorten rekursiver Objektstrukturen hat schon McCarthy 1961 betrachtet. Strukturen der Bauart **rs** und **rsequ** werden oft als „lineare Listen“[28] oder **Sequenzen** bezeichnet, während die Bauart **lisp** die „echten Listenstrukturen“ umfaßt, die McCarthy 1960 (parallel zu Ansätzen von Newell und Simon in IPL[29]) in einer Programmiersprache (LISP) realisiert hatte. Strukturen der Bauart **cs** bzw.

28 Knuth 1973: „linear list“. Sie gehen zurück auf „pushdown lists“ (Newell, Shaw 1957) und auf „Kellerspeicher“ (Bauer, Samelson 1957, vgl. Samelson, Bauer 1959).

29 Siehe auch Bobrow und Raphael 1964. Nicht zu verwechseln mit „list structure“ oder „List“ (mit großem L) bei Knuth 1973, siehe unten.

casc, die wir auch **Kaskaden** nennen, werden heute meistens als „Binärbäume“ [30] bezeichnet. Unglücklicherweise ist ein „Binärbaum“ nicht ein Spezialfall eines Baums im Sinne der Graphentheorie, sondern eine (endlich binäre) Arboreszenz, die außerdem geordnet ist: die Selektoren *left* und *right* können nicht ausgetauscht werden.

Der Unterschied zwischen **lisp** χ einerseits und **cs** χ bzw. **casc** χ andererseits liegt hauptsächlich darin, daß die Arboreszenz **cs** χ bzw. **casc** χ **markiert** ist: jeder (nichtleere) Knoten trägt ein Element der Grundart χ, dagegen ist die Arboreszenz **lisp** χ nur **beblättert**: lediglich die Endknoten („Blätter“) tragen ein Element („Atom“) der Art χ.

Aufgabe 1: Gib eine rekursive Definition für „Ternärbäume“, sowie eine für „Bäume“ mit beliebiger Vergabelung.

Aufgabe 2: Gib eine Darstellung eines beliebigen (d. h. beliebig vergabelten) „Baums“ (endliche, markierte, geordnete Arboreszenz) mittels **lisp** χ, **cs** χ, **casc** χ.

Aufgabe 3: Vergleiche die Codebäume für den Morse-Code (Abb. 2.1) und für den Huffman-Code (Abb. 2.2).
Welcher entspricht eher einer Struktur der Bauart **lisp**, welcher eher einer von der Bauart **cs**? *Gib die jeweiligen Standarddarstellungen an!*

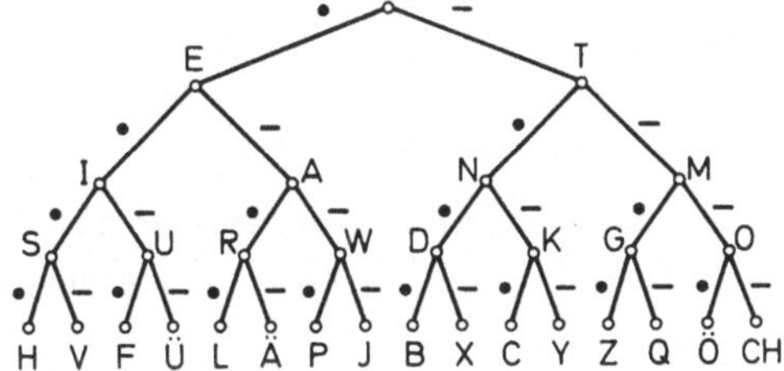

Abb. 2.1. Morse-Code. Aus: F. L. Bauer, G. Goos, Informatik, 1. Teil, 2. Aufl., Springer-Verlag, Berlin Heidelberg New York 1973

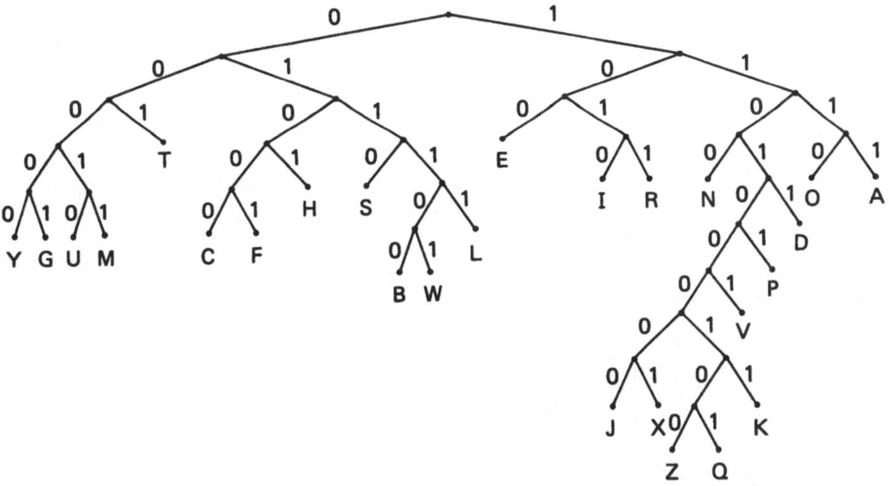

Abb. 2.2. Huffman-Code. Aus: Lance J. Hoffman, Modern Methods for Computer Security and Privacy, S. 66. © 1977 Prentice-Hall, Inc., Englewood Cliffs, N.J. (Abdruck mit Genehmigung des Verlages)

30 Knuth 1973: „binary tree“.

2.9.1.2 Die Parallele zwischen der rekursiven Definition von *Sequenzen* und der von linear rekursiven Rechenvorschriften wie *fac* liegt auf der Hand, ebenso die Parallele zwischen der rekursiven Definition von Kaskaden und der von Rechenvorschriften wie *fib* (1.4.2). Die Parallele geht weiter: es gibt auch indirekt rekursive und verschränkt rekursive Systeme von Artvereinbarungen, die Objektstrukturen definieren.

Nachfolgendes Beispiel stellt ein System dar:

mode expression ≡ (**term** *opd1*, **operator** *op*, **term** *opd2*),
mode term ≡ **id** | (**lbrack** *lb*, **expression** *subexpr*, **rbrack** *rb*)

mit den Primitiven **operator**, **lbrack**, **rbrack** und **id**; es entspricht der BNF-Grammatik

‹expression› ::= *‹term›* *‹operator›* *‹term›*
‹term› ::= *‹id›* | *‹lbrack›* *‹expression›* *‹rbrack›* .

Weitere Beispiele ließen sich durch geeignete Umschreibungen von kontextfreien Grammatiken gewinnen. Es ist offensichtlich, wie zu kontextfreien Grammatiken Objektstrukturen gehören (und umgekehrt), die bei der Formulierung von Erkennungs- und Zerteilungsalgorithmen für ebensolche Grammatiken nützlich sind.

Hier sei nur erwähnt, daß zu dem Spezialfall rechtslinearer regulärer Grammatiken besonders einfache Systeme von rekursiven Artvereinbarungen gehören, die wir als **rechtslineare Systeme** bezeichnen wollen. Darunter fallen trivialerweise **ls** und **lsequ**.

2.9.1.3 Zur informellen Darstellung der Form rekursiv definierter Objektstrukturen sind verschiedene Arten von Graphen-Diagrammen gebräuchlich, wie etwa die Gabelbilder (Bauer 1971)

a) für **rs** χ und **rsequ** χ (Abb. 2.3)

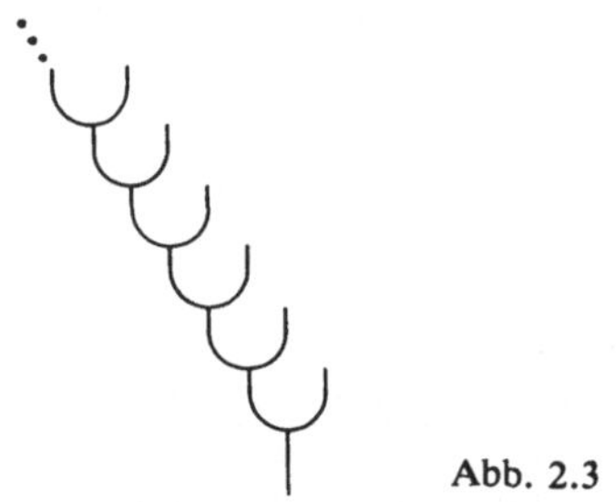

Abb. 2.3

b) für **lisp** χ (Abb. 2.4)

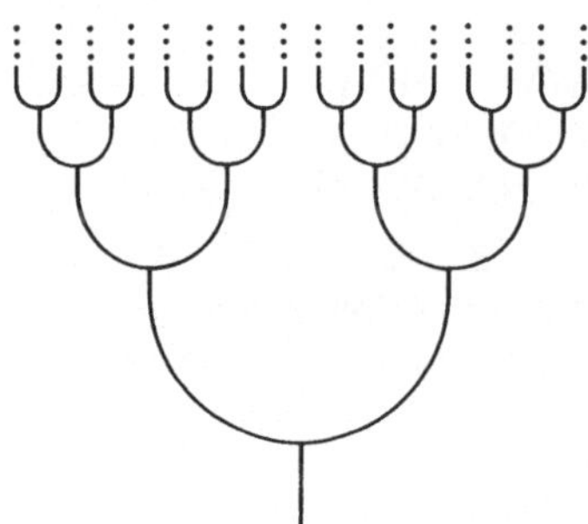

Abb. 2.4

c) für **casc** χ (Abb. 2.5)

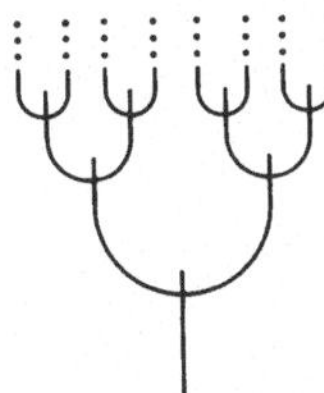

Abb. 2.5

d) für **mode lsrsequ** χ ≡ **empty** |(**rsequ** χ *r*, **lsrsequ** χ *k*) (Abb. 2.6).

Abb. 2.6

Letzteres ist eine zweistufige hierarchische Rekursivität, die auch durch

mode lsrsequ χ ≡ **lsequ rsequ** χ

festgelegt ist[31]. Es gibt auch noch kompliziertere Rekursivitäten, etwa die von Aufg. 2.9.1-1 für beliebig vergabelte Kaskaden oder folgende Verallgemeinerung von **lisp** χ:

mode plex χ ≡ χ | **lsequ plex** χ

(vgl. Vuillemin 1975, S. 9, wo eine Geflechtimplementierung hierfür angedeutet ist, sowie ein Erkennungsalgorithmus).

Verwandt damit ist, was Knuth 1973 als „list structure" oder „List" (bei Seegmüller 1974 Liste) bezeichnet, die **allgemeine Liste**

mode list χ ≡ **lsequ** (χ | **list** χ) ,

Strukturarten, die bei maschinennaher Programmierung häufig verwendet werden. Gleichbedeutend ist

mode list χ ≡ **empty** |(χ, **list** χ) |(**list** χ, **list** χ) .

31 Sie ist eine angemessene Struktur zur Darstellung von Sätzen einer natürlichen Sprache, die in Worte gegliedert sind.

Aufgabe 4: Wodurch unterscheidet sich
mode list1 ≡ atom | lsequ list1
von
mode list2 ≡ lsequ (atom | list2) ?

2.9.2 Objektdiagramme

„Objekte lassen sich auch als Bäume (Verzweigungsgraphen) bestimmter Art darstellen oder als Verschachtelung abstrakter ‚black boxes'."

Zemanek 1968

2.9.2.1 Für die Darstellung der nach einer gewissen Struktur zusammengesetzten *Objekte* selbst benutzt man neben der **Standarddarstellung** mittels Klammern auch Diagramme (**Objektdiagramme**), und zwar sowohl (links) Graphen-Diagramme[32] wie (rechts) Schachtel-Diagramme (wobei es mehr barocke und mehr gotische Formen gibt):

a) für das Objekt ⟨⟨⟨⟨**L**, **O**⟩, **O**⟩, **L**⟩, **L**⟩ der Art **rs bit** (Abb. 2.7)

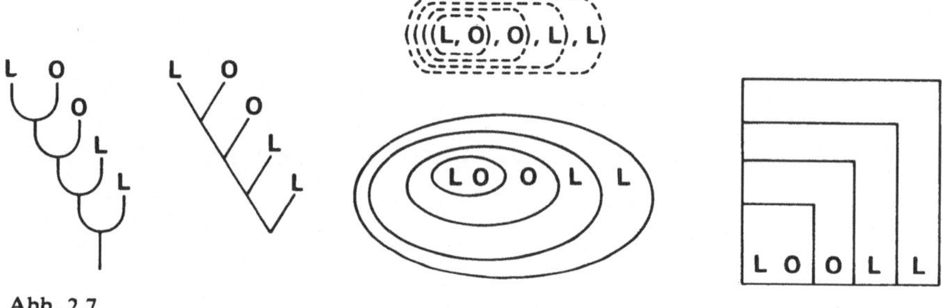

Abb. 2.7

b) für das i. w. gleiche Objekt ⟨⟨⟨⟨⟨◇, **L**⟩, **O**⟩, **O**⟩, **L**⟩, **L**⟩ der Art **rsequ bit** (Abb. 2.8)

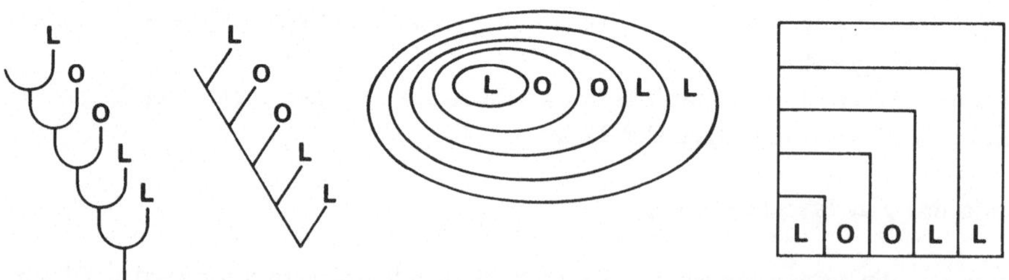

Abb. 2.8

32 "Each instance of a data structure is represented by a graph („V-graph") constructed from *atoms*, *nodes* and *links*. Atoms represent data with no substructure, links are given labels called selectors and are directed" (Earley 1971). Earley benutzt im übrigen Graphen sogar zur Definition von Objektstrukturen.

c) für das Objekt ⟨⟨⟨**O**, ⟨**L**, **O**⟩⟩, **O**⟩, ⟨**O**, ⟨**L**, **O**⟩⟩⟩ der Art **lisp bit** (Abb. 2.9)

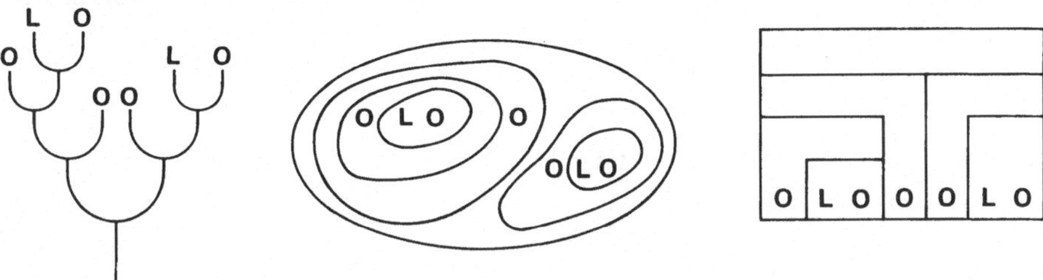

Abb. 2.9

d) für ⟨⟨⟨**L**, ⟨**O**⟩⟩, **O**, ⟨**L**⟩⟩, **L**, ⟨⟨⟨**O**⟩, **L**⟩, **L**⟩⟩, aufgefaßt als Objekt der Art **casc bit** (Abb. 2.10)

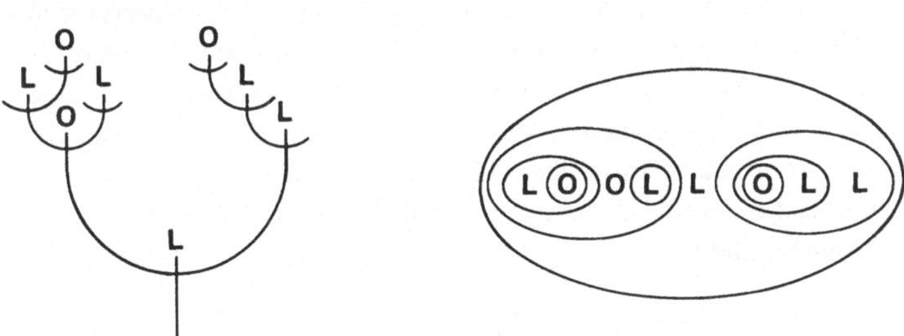

Abb. 2.10

e) für ⟨**(**, ⟨⟨**(**, ⟨*a*, +, *b*⟩, **)**⟩, ×, *c*⟩, **)**⟩ aufgefaßt als Objekt der Art **term**, wobei

+ und × von der Art **operator**,
a, *b* und *c* von der Art **id**,
(von der Art **lbrack** und
) von der Art **rbrack**

sind (Abb. 2.11).

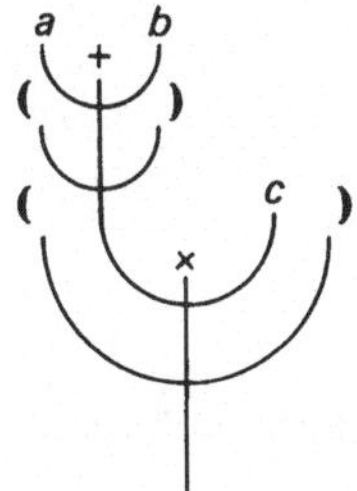

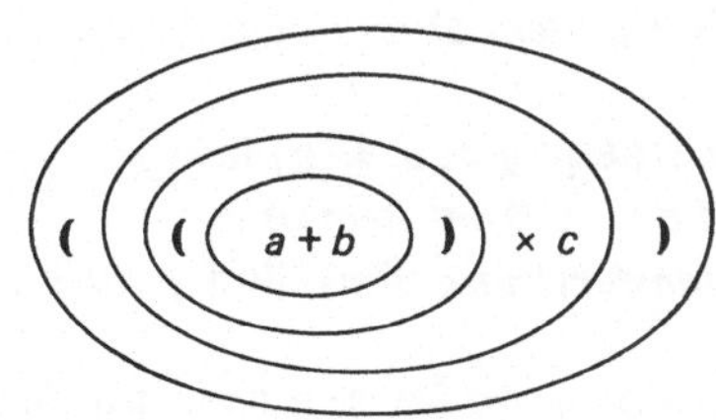

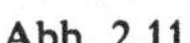
Abb. 2.11

2.9.2.2 Statt der Graphen-Diagramme verwendet man (insbesondere bei Strukturen, die mit formalen Grammatiken zusammenhängen) auch verkürzte Diagramme (Kantorovic-Bäume), wie in Abb. 2.12.

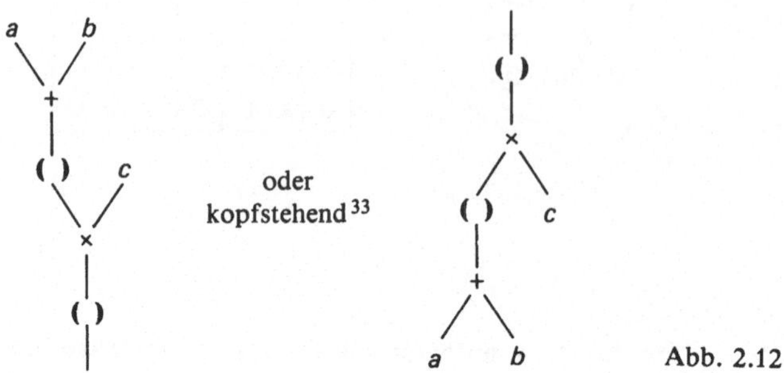

Abb. 2.12

Beachte, daß Graphen- und Schachtel-Diagramme nur „verlängerte“ Klammerschreibweisen sind, und daß bei Schachtel-Diagrammen zusätzlich die Ordnung der Elemente beachtet werden muß. Bei **list** und **casc** zeigt sich jedenfalls, daß die Rechts- oder Linksstellung einen Unterschied macht, eine zwiebelartige Mengen-Interpretation könnte hier irreführen. Bei **rsequ** und **casc** kommen überdies leere Gabelenden (oder abgebrochene Gabelzinken) vor. Beachte, daß es bei **casc** nicht gleichgültig ist, ob man die rechte oder linke Zinke abbricht. Als „Binärbäume“ sind

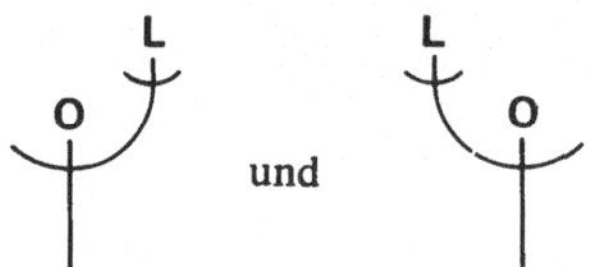

jedenfalls verschieden.

2.9.2.3 In McCarthy 1961 werden die Arten **lsequ** χ und **lisp** χ diskutiert, während in LISP nur die letztere realisiert ist. Der Grund hierfür ist natürlich, daß **lsequ** χ wie auch **rsequ** χ unter Ausschluß von ◊ in **lisp** χ implementiert werden kann[34]. Dies geschieht durch folgende (umkehrbare) Transferoperationen:

funct *transfer* ≡ (**lsequ** χ *a*: *a* ≠ ◊) **lisp** χ:
  if *trunk* **of** *a* = ◊ **then** *item* **of** *a*
   else ⟨**lisp** χ: *item* **of** *a*, *transfer*(*trunk* **of** *a*)⟩ **fi** .

funct *transfer* ≡ (**rsequ** χ *a*: *a* ≠ ◊) **lisp** χ:
  if *trunk* **of** *a* = ◊ **then** *item* **of** *a*
   else ⟨*transfer*(*trunk* **of** *a*), **lisp** χ: *item* **of** *a*⟩ **fi** .

---

33 „In der Informatik wachsen die Bäume nicht in den Himmel“ (K. Samelson). Siehe auch Knuth 1973, 2.3.

34 Da χ Unterart von **lisp** χ ist, darf *item* **of** *a* kurz für **lisp** χ: *item* **of** *a* stehen (implizite Artausweitung).

Das Objekt **rsequ nat**: ⟨⟨⟨⟨⟨◊, 3⟩, 2⟩, 5⟩, 7⟩, 0⟩ wird dabei überführt in das Objekt **lisp nat**: ⟨⟨⟨⟨3, 2⟩, 5⟩, 7⟩, 0⟩ mit dem Graphen-Diagramm (Abb. 2.13), das Objekt **lsequ nat**: ⟨3, ⟨2, ⟨5, ⟨7, ⟨0, ◊⟩⟩⟩⟩⟩ wird überführt in das Objekt **lisp nat**: ⟨3, ⟨2, ⟨5, ⟨7, 0⟩⟩⟩⟩ mit dem Graphen-Diagramm (Abb. 2.14). Wird also **lisp** χ durch Geflechte (7.4) implementiert, so ergibt sich daraus auch eine Implementierung sowohl für **rsequ** χ als auch eine für **lsequ** χ[35]. Beachte jedoch, daß die Umformung einer Links- zu einer Rechtssequenz durch „Um-Klammerung" wie oben (s. a. 2.11.1) eine tiefgreifende Strukturveränderung der als **lisp** χ implementierten Objekte verlangt.

Abb. 2.13 Abb. 2.14

rsequ χ und **lsequ** χ können aber auch in **casc** χ implementiert werden. Eine Transferfunktion ist jetzt etwa

```
funct transfer ≡ (rsequ χ a) casc χ:
      if a = ◊ then ◊
                else ⟨transfer(trunk of a), item of a, ◊⟩ fi   .
```

Das obige Objekt der Art **rsequ nat** wird jetzt überführt in das Objekt der Art **casc nat** mit dem Gabelbild (Abb. 2.15). Offensichtlich kann man auch **lisp** χ in **casc** χ implementieren, indem man (**lisp** χ *car*, **lisp** χ *cdr*) zu einer Dreiergabel mit belanglosem *node*-Element ergänzt, und χ zu einer Dreiergabel mit leeren Bestandteilen *left* und *right*. Dies ergibt, angewandt auf das Objekt **lisp nat**: ⟨⟨⟨⟨3, 2⟩, 5⟩, 7⟩, 0⟩, schließlich das Gabelbild (Abb. 2.16) (mit ω als belanglosem Element). Über eine *gemeinsame* Implementierung von **rsequ** χ *und* **lsequ** χ mittels **casc** χ siehe 2.14.

Abb. 2.15 Abb. 2.16

2.9.2.4 Die bisherigen Beispiele zeigten (rekursive) Objektstrukturen mit undiskriminierten Varianten. Unter Hinzunahme wenigstens einer zusätzlichen Komponente lassen sich

35 Noch allgemeiner als **lisp** χ ist **list** χ, siehe 7.6.3.

Diskriminierungen einführen. Beispielsweise kann man damit die folgende *diskriminierte Implementierung* angeben für **rs** χ:

mode rsd χ ≡ (**bool** {**false**}*feld,* χ *item*) | (**bool** {**true**}*feld,* **rsd** $\dot{\chi}$ *trunk,* χ *item*)

Für das Objekt[36] ⟨**T**, ⟨**T**, ⟨**T**, ⟨**T**, ⟨**F**, **L**⟩, **O**⟩, **O**⟩, **L**⟩, **L**⟩ ergeben sich die Diagramme in Abb. 2.17. In den Mengendiagrammen werden den Diskriminatoren besondere Plätze angewiesen, um die Zusammengehörigkeit der übrigen Komponenten zu markieren, etwa in der Form von Abb. 2.18.

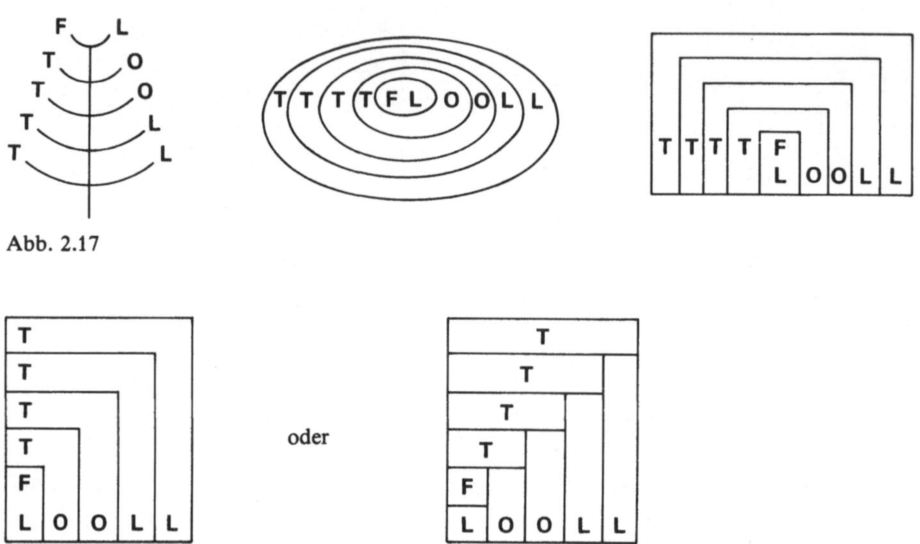

Abb. 2.17

Abb. 2.18

Ähnlich steht es mit **lisp** χ, das folgendermaßen diskriminiert implementiert werden kann:

mode lispd χ ≡ (**bool** {**false**}*feld,* χ *atom*) |
(**bool** {**true**}*feld,* **lispd** χ *car,* **lispd** χ *cdr*) .

Beispielsweise hat man für das Objekt

⟨**T**, ⟨**T**, ⟨**T**, ⟨**F**, **O**⟩, ⟨**T**, ⟨**F**, **L**⟩, ⟨**F**, **L**⟩⟩⟩, ⟨**F**, **O**⟩⟩, ⟨**T**, ⟨**F**, **O**⟩, ⟨**T**, ⟨**F**, **L**⟩, ⟨**F**, **O**⟩⟩⟩⟩

der Art **lispd bit** das Mengendiagramm (Abb. 2.19). Auch das System **expression, term** kann so behandelt werden: **term** wird abgeändert in **termd,**

mode termd ≡ (**bool** {**false**}*feld,* **id** *iden*) |
(**bool** {**true**}*feld,* **lbrack** *lb,* **expression** *subexpr,* **rbrack** *rb*) .

36 **T, F** stehen für **true** bzw. **false** (s. Tab. 1.3.1)

<table>
<tr><td colspan="7">T</td></tr>
<tr><td colspan="4">T</td><td colspan="3">T</td></tr>
<tr><td colspan="3">T</td><td rowspan="3">F</td><td rowspan="3">F</td><td colspan="2">T</td></tr>
<tr><td rowspan="2">F</td><td colspan="2">T</td><td rowspan="2">F</td><td rowspan="2">F</td></tr>
<tr><td>F</td><td>F</td></tr>
<tr><td>O</td><td>L</td><td>L</td><td>O</td><td>O</td><td>L</td><td>O</td></tr>
</table>

Abb. 2.19

Abb. 2.20, 2.21 zeigen Beispiele einiger Mengendiagramme (vgl. oben Beispiel e)), zur Erläuterung sind auch die Kantorovic-Diagramme angegeben. Parallel zu **rsd** χ hat man als diskriminierte Implementierung von **rsequ** χ

mode rsequd χ ≡ (**bool** {**false**}*feld*) |
(**bool** {**true**}*feld*, **rsequd** χ *trunk*, χ *item*) .

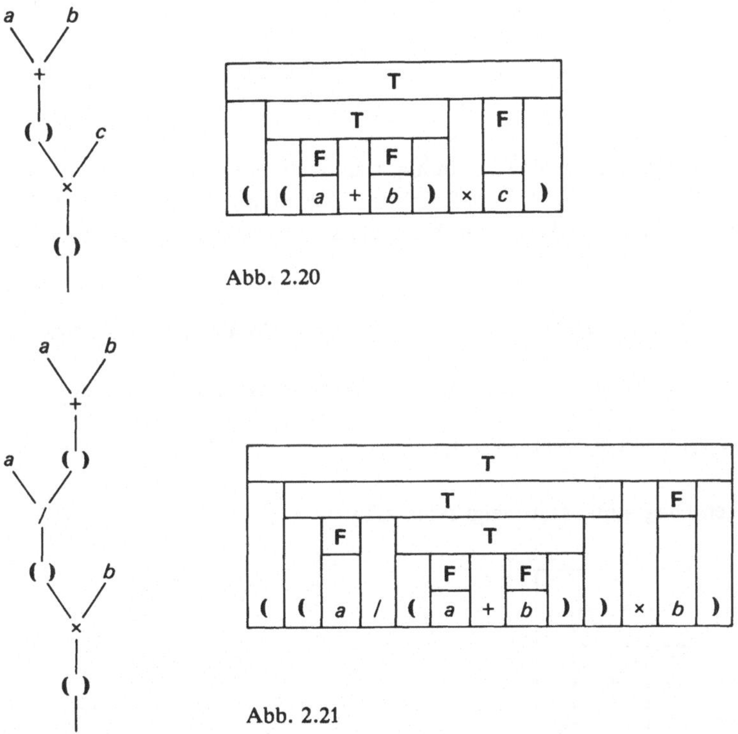

Abb. 2.20

Abb. 2.21

Dieser Spezialfall entspricht der von Wirth 1975 in (4.10) angegebenen Konstruktion.

Zur Darstellung der nach dieser Struktur zusammengesetzten Objekte ergeben sich z. B. für das mit Verkürzung von ⟨**F**, ◊⟩ zu ⟨**F**⟩ geschriebene Objekt

⟨**T**, ⟨**T**, ⟨**T**, ⟨**T**, ⟨**T**, ⟨**F**⟩, **L**⟩, **O**⟩, **O**⟩, **L**⟩, **L**⟩

die Diagramme in Abb. 2.22. Entsprechend kann man **casc** χ durch

mode cascd χ ≡ (**bool** {**false**} *feld*) |
(**bool** {**true**} *feld*, **cascd** χ *left*, χ *node*, **cascd** χ *right*)

diskriminiert implementieren und erhält so beispielsweise für das Objekt von 2.9.1 d) das entsprechende Objekt

⟨T, ⟨T, ⟨T, ⟨F⟩, L, ⟨T, ⟨F⟩, O, ⟨F⟩⟩⟩, O, ⟨T, ⟨F⟩, L, ⟨F⟩⟩⟩,
L, ⟨T, ⟨T, ⟨T, ⟨F⟩, O, ⟨F⟩⟩, L, ⟨F⟩⟩, L, ⟨F⟩⟩⟩

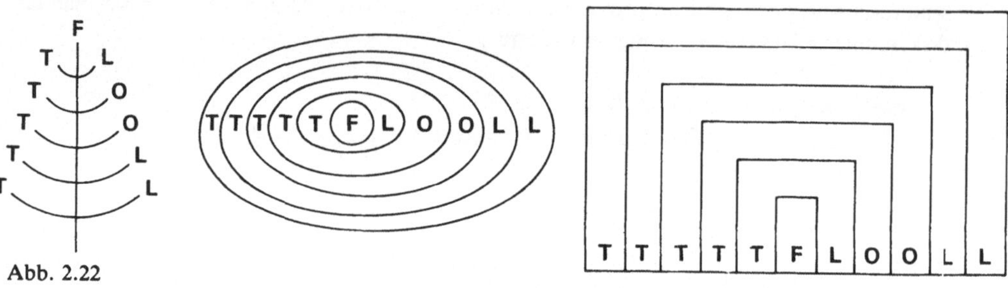

Abb. 2.22

2.9.2.5 Selbstverständlich kann man als Diskriminatoren auch andere als solche der Art **bool** nehmen. Eine für Sequenzen nützliche Information ist die Länge, und mit ihrer Hilfe läßt sich die Diskriminierung ebenfalls durchführen, etwa in folgender Implementierung von **rsequ** χ

mode rsequc χ ≡ (**nat** {0} *length*) | ({**nat** *i*: *i* > 0} *length*, **rsequc** χ *trunk*, χ *item*)

mit der Festlegung, daß dem obigen Beispielobjekt der Art **rsequd bit** das Objekt

⟨5, ⟨4, ⟨3, ⟨2, ⟨1, ⟨0⟩, **L**⟩, **O**⟩, **O**⟩, **L**⟩, **L**⟩

entspricht; das Mengen-Diagramm dazu zeigt Abb. 2.23.

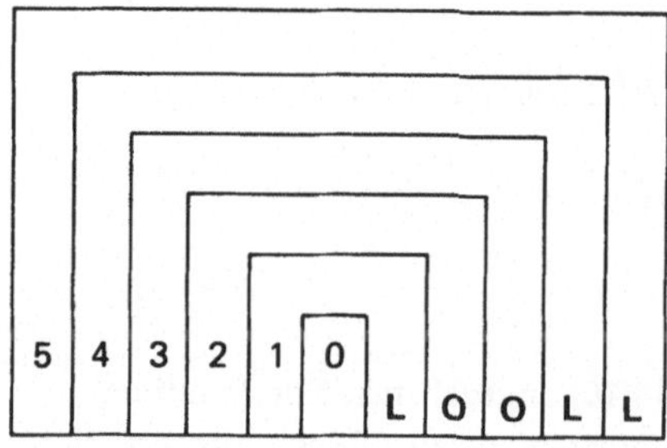

Abb. 2.23

In diesem Beispiel werden die beiden Varianten nach wie vor nur durch die beiden Fälle *length* **of**. = 0 und *length* **of**. > 0 diskriminiert. Liegen allerdings mehr als zwei Varianten vor, so ist *ein* boolescher Diskriminator selbstverständlich nicht mehr ausreichend, und es *müssen* dann entweder mehrere boolesche Diskriminatoren oder ein Diskriminator einer anderen Art (mit entsprechend vielen Objekten) eingeführt werden.

2.9.3 Operative Detaillierung von Objekten

> "Program structure and data structure merge in our view."
>
> Friedman, Wise 1978

Die in den vorangehenden Abschnitten verwendeten Diagramme legen es nahe, den detaillierten Aufbau zusammengesetzter Objekte auch sprachlich auszudrücken. In der Tat kann ein Ausdruck wie

$\langle 24, \langle 6, \langle 2, \langle 1, \diamond \rangle\rangle\rangle\rangle$,

der eine Linkssequenz liefert, sowohl nach außen (Einbettung) wie nach innen (Abstraktion) strukturiert werden. Es ergeben sich bei vollständiger Objekt-Einbettung unter Einführung von Hilfsbezeichnungen für Teilobjekte[37]

⌈ **lsequ nat** $a_5 \equiv \diamond$;
lsequ nat $a_4 \equiv \langle 1, a_5 \rangle$;
lsequ nat $a_3 \equiv \langle 2, a_4 \rangle$;
lsequ nat $a_2 \equiv \langle 6, a_3 \rangle$;
lsequ nat $a_1 \equiv \langle 24, a_2 \rangle$;
a_1 ⌋

beziehungsweise bei vollständiger Abstraktion unter Einführung von entparametrisierten Hilfsfunktionen für den Aufbau von Teilobjekten

⌈ a_1 **where**
funct $a_1 \equiv$ **lsequ nat**: $\langle 24, a_2 \rangle$,
funct $a_2 \equiv$ **lsequ nat**: $\langle 6, a_3 \rangle$,
funct $a_3 \equiv$ **lsequ nat**: $\langle 2, a_4 \rangle$,
funct $a_4 \equiv$ **lsequ nat**: $\langle 1, a_5 \rangle$,
funct $a_5 \equiv$ **lsequ nat**: $\diamond$ ⌋ .

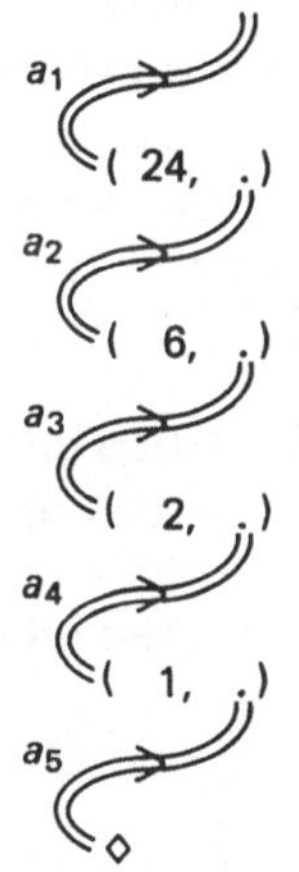

Abb. 2.24

Beide Formen lassen sich veranschaulichen durch ein und dasselbe Objektdiagramm. Im Hinblick auf 7.4 führen wir eine andere Form des Diagramms ein (Abb. 2.24): die Doppellinien-Pfeile bezeichnen die Einsetzung.

---

37 Als Abkürzung (1.13.3) für
funct $f_1 \equiv$ (**lsequ nat** a_5) **lsequ nat**: $\langle 1, a_5 \rangle$,
funct $f_2 \equiv$ (**lsequ nat** a_4) **lsequ nat**: $\langle 2, a_4 \rangle$,
funct $f_3 \equiv$ (**lsequ nat** a_3) **lsequ nat**: $\langle 6, a_3 \rangle$,
funct $f_4 \equiv$ (**lsequ nat** a_2) **lsequ nat**: $\langle 24, a_2 \rangle$
within $f_4(f_3(f_2(f_1(\diamond))))$.

Für das in 2.9.1c) betrachtete Objekt

⟨⟨⟨O, ⟨L, O⟩⟩, O⟩, ⟨O, ⟨L, O⟩⟩⟩

der Art **lisp bit** lautet die vollständig detaillierte Form mit Objektdiagramm (Abb. 2.25):

⌈ a_0 **where**
funct a_0 ≡ **lisp bit**: ⟨a_1, a_2⟩,
funct a_1 ≡ **lisp bit**: ⟨a_3, O⟩,
funct a_2 ≡ **lisp bit**: ⟨O, a_4⟩,
funct a_3 ≡ **lisp bit**: ⟨O, a_5⟩,
funct a_4 ≡ **lisp bit**: ⟨L, O⟩,
funct a_5 ≡ **lisp bit**: ⟨L, O⟩ ⌋

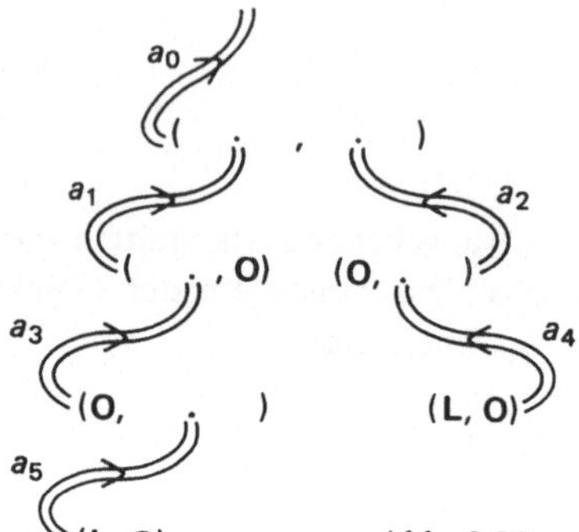

Abb. 2.25

Beachte, daß die einzelnen Rechenvorschriften des Systems a_0 .. a_5 keinerlei Vorrang untereinander haben: die Aufschreibungsreihenfolge ist unabhängig von der Aufrufstruktur. Würden wir eine Detaillierung durch Einbettung vornehmen, müßten wir bis auf gelegentlich mögliche kollektive Objektvereinbarungen bestimmte Reihenfolgen auszeichnen, etwa:

⌈ **lisp bit** a_5 ≡ ⟨L, O⟩;
(**lisp bit** a_4, **lisp bit** a_3) ≡ (⟨L, O⟩, ⟨O, a_5⟩);
(**lisp bit** a_2, **lisp bit** a_1) ≡ (⟨O, a_4⟩, ⟨a_3, O⟩);
lisp bit a_0 ≡ ⟨a_1, a_2⟩;
a_0 ⌋ ,

oder auch

⌈ (**lisp bit** a_5, **lisp bit** a_4) ≡ (⟨L, O⟩, ⟨L, O⟩);
(**lisp bit** a_3, **lisp bit** a_2) ≡ (⟨O, a_5⟩, ⟨O, a_4⟩);
lisp bit a_1 ≡ ⟨a_3, O⟩;
lisp bit a_0 ≡ ⟨a_1, a_2⟩;
a_0 ⌋ .

Wir werden im weiteren nur noch die Detaillierung durch Abstraktion verwenden.

Definitionsgemäß kann man Bestandteile von Objektdiagrammen ineinander einsetzen (entlang der Pfeilrichtung!), man erhält so etwa die unvollständig detaillierten Objektdiagramme (Abb. 2.26).

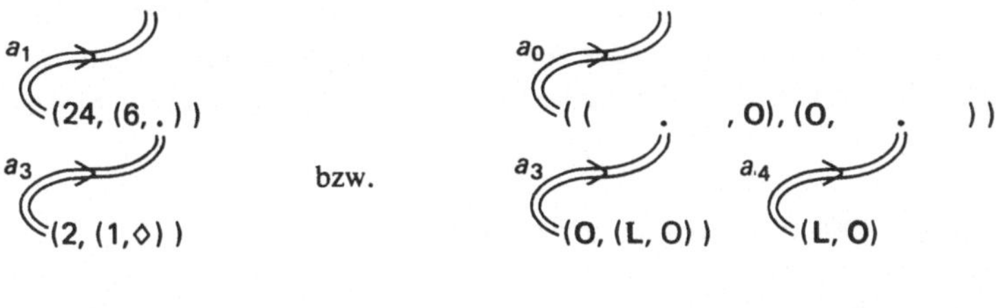

Abb. 2.26

Dem Einsetzen entspricht ein Eliminieren von Hilfsfunktionen aus dem System, durch vollständiges Einsetzen erhält man die Standarddarstellung zurück.

Gemeinsame Teilausdrücke brauchen nur *eine* abkürzende Rechenvorschrift, sie können damit im Objektdiagramm mehrfach verwendet werden (**gemeinsame Teilobjekte**), etwa im obigen Beispiel ($a_5 \equiv a_4$, $a_3 \equiv a_2$)

⌈ a_0 **where**
funct $a_0 \equiv$ **lisp bit**: $\langle a_1, a_2 \rangle$,
funct $a_1 \equiv$ **lisp bit**: $\langle a_2$, **O**$\rangle$,
funct $a_2 \equiv$ **lisp bit**: $\langle$**O**, $a_4 \rangle$,
funct $a_4 \equiv$ **lisp bit**: $\langle$**L**, **O**$\rangle$ ⌋

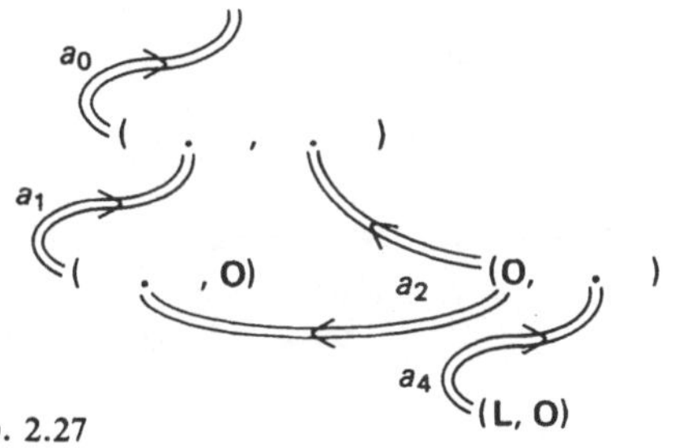

Abb. 2.27

Darin liegt zunächst der Hauptvorteil einer Objekt-Detaillierung.

2.10 Algorithmen mit linearen Objektstrukturen

2.10.1 Einige Beispiele sollen das Arbeiten mit Objekten der rekursiven Strukturen **lsequ** χ oder **rsequ** χ als Prototypen *linearer* Objektstrukturen zeigen.

Eine Grundform des Aufbaus von Objekten aus solchen Objektstrukturen ist der Tabellenaufbau (den Aufbau mit Einsortieren werden wir später behandeln). Typisch für den Tabellenaufbau ist das Schema

```
funct tab ≡ (nat n, funct (nat) χ F) rsequ χ:
        if n = 0 then ◊
               else ⟨tab(n − 1, F), F(n)⟩ fi
```

zur Tabellierung der Werte $F(i)$, $i = 1, \ldots, n$, einer Funktion F: **nat** → χ. Häufig wird allerdings zur Berechnung eines neuen Elements der Wert des vorhergehenden Elements gebraucht („zweigliedrige Rekurrenz"). Diese kleine Verallgemeinerung ergibt (mit dem Anfangswert *FI*)

```
funct tabrec ≡ (nat n, funct (nat, χ) χ G, χ FI) rsequ χ:
        if n = 0 then ◊
        ▯ n = 1 then ⟨◊, FI⟩
        ▯ n ≧ 2 then ⌈ rsequ χ h ≡ tabrec(n − 1, G, FI) within
                       ⟨h, G(n, item of h)⟩                ⌋ fi   .
```

Ist das in *tab* vorkommende *F* rekursiv definiert, und zwar in der speziellen Form

```
funct F ≡ (nat n) χ: if n = 1 then FI
                         else G(n, F(n − 1)) fi   ,
```

so kann *tab* in *tabrec* überführt werden.

Beispiel: Tabelliere $i!$ für $i = 1, \ldots, n$.

Mit

```
funct fac ≡ (nat i) nat:
        if i = 1 then 1
              else i × fac(i − 1) fi
```

für *F* ist

$G(n, u) = n \times u$

$FI \quad = 1$,

woraus sich ergibt

```
funct tabfac ≡ (nat n) rsequ nat:
        if n = 0 then ◊
        ▯ n = 1 then ⟨◊, 1⟩
        ▯ n ≧ 2 then ⌈ rsequ nat h ≡ tabfac(n − 1) within
                       ⟨h, n × item of h⟩             ⌋ fi   .
```

Aufgabe 1: Erweitere das Schema tabrec auf den Fall einer „dreigliedrigen Rekurrenz".

tab und *tabrec* können durch die sogenannte „Funktionsumkehrung" (siehe 4. Kap.) in eine noch einfachere, nämlich repetitive Form gebracht werden. Das gilt auch für einige der noch zu besprechenden Algorithmen.

Weiterhin sollen die Beispiele e) und f) von 1.4.1 für explizit angegebene Objektstrukturen umgeschrieben werden. Für **sequ bool** soll die Linkssequenz **lsequ bit** verwendet werden. Dann liefert *pos* aus nachfolgendem System die „Quersumme":

funct *pos* ≡ (**lsequ bit** *a*) **bit**:
  if *a* = ◊ **then O**
    else if *item* **of** *a* = **O then** *pos*(*trunk* **of** *a*)
      ▯ *item* **of** *a* = **L then** *neg*(*trunk* **of** *a*) **fi fi**,

funct *neg* ≡ (**lsequ bit** *a*) **bit**:
  if *a* = ◊ **then L**
    else if *item* **of** *a* = **O then** *neg*(*trunk* **of** *a*)
      ▯ *item* **of** *a* = **L then** *pos*(*trunk* **of** *a*) **fi fi** .

Der Unterschied gegenüber 1.4.1e) besteht hauptsächlich darin, daß die dortigen Primitiven *top* und *rest* jetzt durch die Selektorfunktionen *item* **of** ., *trunk* **of** . auf der konkreten Objektstruktur **lsequ bit** implementiert sind. Als primitiv verbleibt der Vergleich mit dem universellen 0-Tupel ◊, sowie die Objektmenge **bit**.

Man beobachtet hier, daß partiell definierte Operationen, wie *top* und *rest*, auf natürliche Weise nur in Fallunterscheidungen vorkommen, die ihre Anwendbarkeit garantieren.

2.10.2 Die Gleichheit zweier Linkssequenzen kann zurückgeführt werden auf komponentenweise Übereinstimmung:

funct *equ* ≡ (**lsequ** χ *a*, **lsequ** χ *b*) **bool**:
  if *a* ≠ ◊ ∧ *b* ≠ ◊ **then** *item* **of** *a* = *item* **of** *b* ⩓ *equ*(*trunk* **of** *a*, *trunk* **of** *b*)
    else *a* = ◊ ∧ *b* = ◊ **fi**.

Beachte, daß die Verwendung der sequentiellen Konjunktion statt der gewöhnlichen Konjunktion den Algorithmus repetitiv und wesentlich effizienter macht.

Diffiziler ist bereits die „Konkatenation" zweier Linkssequenzen. Sie kann nur durch sukzessives Links-Anfügen der Komponenten der linken Linkssequenz erfolgen (vgl. 1.4.1 f)):

funct *lconc* ≡ (**lsequ** χ *a*, **lsequ** χ *b*) **lsequ** χ:
  if *a* = ◊ **then** *b*
    else ⟨*item* **of** *a*, *lconc*(*trunk* **of** *a*, *b*)⟩ **fi** .

Analog dazu für Rechtssequenzen:

funct *rconc* ≡ (**rsequ** χ *a*, **rsequ** χ *b*) **rsequ** χ:
  if *b* = ◊ **then** *a*
    else ⟨*rconc*(*a*, *trunk* **of** *b*), *item* **of** *b*⟩ **fi** .

Beachte, daß für *x* der Art χ

lconc(**lsequ** χ: ⟨*x*, ◊⟩, *b*) = **lsequ** χ: ⟨*x*, *b*⟩ und
rconc(*a*, **rsequ** χ: ⟨◊, *x*⟩) = **rsequ** χ: ⟨*a*, *x*⟩ .

An eine Linkssequenz *links* ein Element anzufügen, ist natürlich trivial. Anders ist es mit der Aufgabe, an eine Linkssequenz *rechts* ein Element anzufügen (**Aufstocken**, engl. *stock*, einer Linkssequenz). Dies geschieht durch Einbettung in *lconc*,

```
funct stock ≡ (lsequ χ a, χ x) lsequ χ: lconc(a, lsequ χ: ⟨x, ◊⟩)   .
```

Aufgabe 2: Man verfolge den Ablauf von stock(**OLLO, L**).

Ein weiteres Beispiel liefert die Aufgabe, eine Linkssequenz zu „revertieren", am anschaulichsten wohl definiert durch

```
funct reverse ≡ (lsequ χ a) lsequ χ:
      if a = ◊ then a
                else stock(reverse(trunk of a), item of a) fi   .
```

Man bettet sie am besten ein in die Aufgabe, die revertierte Linkssequenz an eine andere Linkssequenz links „anzuhängen", und hat dann eine effizientere repetitive Lösung

```
funct reverse ≡ (lsequ χ a) lsequ χ:
      ⌈ F(a, ◊) where
        funct F ≡ (lsequ χ a, lsequ χ b) lsequ χ:
              if a = ◊ then b
                       else F(trunk of a, ⟨item of a, b⟩) fi ⌋   .
```

Aufgabe 3: Man verfolge den Ablauf von reverse(**LOOO**).

Aufgabe 4: Man zeige formal:
lconc(reverse(a), a) ist ein Palindrom, d. h. geht durch reverse in sich über.

Aufgabe 5: Es soll festgestellt werden, ob lconc(reverse(b), a) ein Palindrom gerader Länge ist. Wodurch unterscheiden sich diesbezüglich pal1, pal2?

```
funct pal1 ≡ (lsequ χ a, lsequ χ b) bool:
(equ(a, b) ▯ if a ≠ ◊ then pal1(trunk of a, ⟨item of a, b⟩)
                      else b = ◊                             fi)
funct pal2 ≡ (lsequ χ a, lsequ χ b) bool:
(equ(a, b) ∨ if a ≠ ◊ then pal2 (trunk of a, ⟨item of a, b⟩)
                      else b = ◊                             fi)
```

Man untersuche ihr Ablaufverhalten und stelle jeweils fest, ob sie das Problem lösen.

Bei vielen Anwendungen nützlich ist schließlich noch die Operation

```
funct length ≡ (lsequ χ a) nat:
      if a = ◊ then 0 else length(trunk of a) + 1 fi   .
```

2.10.3 Das am „tiefsten" versteckte Element einer Linkssequenz *a* findet man mittels *item* **of** *reverse*(*a*), effizienter durch

```
funct bottom ≡ (lsequ χ a: a ≠ ◊) χ:
      if trunk of a = ◊ then item of a
                        else bottom(trunk of a) fi   .
```

Dieses Element wird offenbar beseitigt durch die Rechenvorschrift

funct *upper* ≡ (**lsequ** χ *a*: *a* ≠ ◊) **lsequ** χ:
reverse(*trunk* **of** *reverse*(*a*)) .

Effizienter ist

funct *upper* ≡ (**lsequ** χ *a*: *a* ≠ ◊) **lsequ** χ:
if *trunk* **of** *a* = ◊ **then** ◊
else ⟨*item* **of** *a*, *upper*(*trunk* **of** *a*)⟩ **fi** .

Aufgabe 6: Leite bottom aus bottom(a) = item **of** *reverse(a) durch Expandieren und Komprimieren her.*

Aufgabe 7: Leite die letztere Fassung von upper aus upper(a) = ι **lsequ** *χ x: stock (x, bottom(a)) = a her.*

Linkssequenzen (oder auch Rechtssequenzen) für sich allein haben also unsymmetrische „Zugriffs"-Eigenschaften: Anfügen, Ablesen und Wegnehmen ist nur auf einer Seite unmittelbar möglich, auf der anderen Seite erfordert es komplizierte Manipulationen. Objekte mit diesem Zugriffsverhalten (abstrahiert davon, ob es Rechts- oder Linkssequenzen sind) heißen **Stock** (engl. *stack*[38]), **Stoß** oder (norddeutsch) **Stapel**[39]. Im Unterschied zu dem in 2.6 besprochenen einheitlichen Zugriffsverhalten spricht man hier von **streng sequentiellem (Selektor-)Zugriff**. Viele technische Geräte realisieren grundsätzlich nur ein solch eingeschränktes Zugriffsverhalten[40].

Im Wesen der rekursiven Definition liegt übrigens, daß man nicht mehr für jeden Bestandteil einen (einstufigen) Selektor hat – entsprechend dem Umstand, daß man unbeschränkt viele Bestandteile haben kann, aber nur eine feste Anzahl von Selektoren. Man sagt auch, es sind **iterierte Selektionen**, die auf die nicht direkt zugänglichen Bestandteile führen, vgl. 2.6.

Beachte, daß gilt

(A″) $a = \lozenge \vee stock(upper(a), bottom(a)) = a$
(R″) $upper(stock(a, x)) = a$
(T″) $bottom(stock(a, x)) = x$

in Analogie zu

(A′) $a = \lozenge \vee append(rest(a), top(a)) = a$
(R′) $rest(append(a, x)) = a$
(T′) $top(append(a, x)) = x$.

38 Das Lexikon gibt an: *stack* für (Heu-)Haufen, (Holz-)Stoß, syn.: *pile, heap.*

39 Engl. *pile*; *to pile up* und *to stack up* sind synonym. Andere gebräuchliche Ausdrücke sind *pushdown list* und *LIFO („last in, first out") list.*

40 Eine abstrakte Definition werden wir in Kap. 3 kennenlernen.

Dabei sind *top, rest* und *append* definiert durch

```
funct top    ≡ (lsequ χ a: a ≠ ◊) χ: item of a
funct rest   ≡ (lsequ χ a: a ≠ ◊) lsequ χ: trunk of a
funct append ≡ (lsequ χ a, χ x) lsequ χ: ⟨x, a⟩   .
```

Letzteres sind reine Abkürzungen. Erst im 3. Kap. wird sich mit den Sequenzen schlechthin eine vollständige Symmetrie ergeben. Über die Auswirkung auf Implementierungen (durch Reihungen oder Geflechte) wird in Kap. 7 Näheres gesagt werden.

2.10.4 Für die Aufgabe zu entscheiden, ob ein Stapel a ein Element x enthält,

```
funct contains ≡ (lsequ χ a, χ x) bool:
      ∃ (lsequ χ u, lsequ χ v): a = lconc (stock(u, x), v)
```

hat man die repetitive Lösung

```
funct contains ≡ (lsequ χ a, χ x) bool:
      if a = ◊ then false
               else if top(a) = x then true
                                  else contains(rest(a), x) fi fi   .
```

Eine wichtige Aufgabe ist das Durchmustern der Elemente eines Stapels auf eine Eigenschaft p hin mit dem Ergebnis eines Stapels der f-Bilder aller gefundenen Elemente („*linear search*“):

```
funct scan ≡ (lsequ χ a, funct (χ) bool p, funct (χ) μ f) lsequ μ:
      if a = ◊ then a
              else if p(top(a)) then append(scan(rest(a), p, f), f(top(a)))
                                else scan(rest(a), p, f)                fi fi  .
```

Speziell ergibt sich ein Algorithmus zum Aussieben von Elementen, vgl. *multsieve* in 1.14:

```
funct sieve ≡ (lsequ χ a, funct(χ) bool p) lsequ χ:
      if a = ◊ then a
               else if p(top(a)) then append(sieve(rest(a), p), top(a))
                                 else sieve(rest(a), p)             fi fi  .
```

Komplizierter ist das Ersetzen eines gewissen Elements x in einem Stapel a (überall) durch ein Element oder gar einen Stapel b[41]:

```
funct replace ≡ (lsequ χ a, χ x, lsequ χ b) lsequ χ:
      if a = ◊ then a
              else if top(a) = x then lconc(b, replace(rest(a), x, b))
                                 else append(replace(rest(a), x, b), top(a)) fi fi .
```

---

41 Das „Einflicken“ von b unmittelbar nach bzw. vor jedem Vorkommnis von x erledigt man durch Ersetzen von x durch $\langle x, b\rangle$ bzw. $\langle b, x\rangle$.

Eine verwandte Operation ist das Entfernen aller Vorkommnisse eines Elements aus einem Stapel, man erhält aus

```
funct deleteall ≡ (lsequ χ a, χ x) lsequ χ: replace(a, x, ◇)
```

durch Teilberechnung (*b* in *replace* ist konstant besetzter Parameter!)

```
funct deleteall ≡ (lsequ χ a, χ x) lsequ χ:
      if a = ◇ then a
               else if top(a) = x then deleteall(rest(a), x)
                                  else append(deleteall(rest(a), x), top(a)) fi fi   .
```

Dagegen hat man für das Entfernen des von *top* her gesehenen ersten Vorkommnisses eines Elements *x*

```
funct delete ≡ (lsequ χ a, χ x) lsequ χ:
      if a = ◇ then a
               else if top(a) = x then rest(a)
                                  else append(delete(rest(a), x), top(a)) fi fi   .
```

Wird nur das *f*-Bild des ersten gefundenen Elements gewünscht, vereinfacht sich *scan* zu

```
funct search ≡ (lsequ χ a, funct (χ) bool p, funct (χ) χ f: ∃ χ x: (p(x) ∧ contains(a, x))) μ:
    if p(top(a)) then f(top(a))
                 else search(rest(a), p, f) fi   .
```

Aufgabe 8: Gib eine Variante von replace, die unter der Zusicherung contains(a, x) irgendein Vorkommnis von x in a durch b ersetzt.

Schließlich ist noch das Einsortieren eines Elements zu diskutieren. Dazu nehmen wir an, ein Stapel (**lsequ** χ) sei bezüglich einer Merkmalfunktion m: $\chi \rightarrow$ **int** bereits (aufsteigend) sortiert, d. h., es sei für alle Teilsequenzen *a* mit $rest(a) \neq \Diamond$

$$m(top(a)) \leq m(top(rest(a)));$$

dann soll das Element *x* einsortiert werden („lineare Sortierung", vgl. 1.13.3):

```
funct sort ≡ (lsequ χ a, χ x, funct (χ) int m) lsequ χ:
      if a = ◇ ∨ m(top(a)) ≥ m(x)
               then append(a, x)
               else append(sort(rest(a), x, m), top(a)) fi   .
```

Auf diesen Algorithmus läßt sich der Abbau eines Stapels unter gleichzeitigem „Aufbau mit Sortieren" abstützen:

```
funct tabsort ≡ (lsequ χ b, funct (χ) int m) lsequ χ:
      tabsort1(b, m, ◇),
```

```
funct tabsortl ≡ (lsequ χ b, funct (χ) int m, lsequ χ c) lsequ χ:
      if b = ◇ then c
               else tabsortl(rest(b), m, sort(c, top(b), m)) fi   .
```

tabsortl („Sortieren durch direktes Einfügen") löst die allgemeinere Aufgabe, die Elemente von *b* Zug um Zug in *c* einzuordnen. Die Aufgabe von *tabsort* und *tabsortl* tritt bei der Übertragung von Sportveranstaltungen wie Abfahrtslauf und Skispringen auf, wo *b* die Sequenz der anfallenden Resultate ist und *laufende* Einsortierung verlangt wird.

Abschließend soll ein komplettes Beispiel aus Wirth 1976 behandelt werden: das Aufstellen einer Häufigkeitstabelle. Der wesentliche Teil des dortigen Programms 4.1 lautet in unserer abstrakten Form

```
mode w ≡ (χ key, nat numb),
funct frequ ≡ (lsequ χ b) lsequ w: insp(b, ◇),
funct insp ≡ (lsequ χ b, lsequ w r) lsequ w:
      if b = ◇ then r
               else insp(rest(b), count(top(b), r)) fi,
funct count ≡ (χ x, lsequ w r) lsequ w:
      if r = ◇ then append(◇, ⟨x, 1⟩)
      [] r ≠ ◇ ∧ key of top(r) = x
            then append(rest(r), ⟨x, numb of top(r) + 1⟩)
      [] r ≠ ◇ ∧ key of top(r) ≠ x
            then append(count(x, rest(r)), top(r))          fi   .
```

frequ liefert zu einem Stapel *b* von Objekten der Art χ einen Stapel von Objekten der Art **w**, der eine Häufigkeitstabelle darstellt: jedes in *b* enthaltene Objekt der Art χ kommt darin genau einmal vor, die Tabelle definiert also eine Funktion.

Dieses Beispiel zeigt eine zweistufige Objektstruktur, wie sie sich in Anwendungen häufig findet: Stapel von Paaren geben in voller Allgemeinheit Korrespondenz-Tabellen wieder (und beschreiben Relationen). Auch Stapel von Reihungen sind bedeutsam.

2.11 Sequentielle Dateien

Die neben Stapeln wohl wichtigste Klasse linearer Objektstrukturen ist dadurch charakterisiert, daß sie den Zugriff „irgendwo mittendrin" erlaubt.

2.11.1 „Zusammenstricken" von Sequenzen

Wir diskutieren zunächst das Zusammenspiel von Rechts- und Linkssequenzen. Einfach ist die Konkatenation einer Rechtssequenz mit einer Linkssequenz (mit dem Ergebnis etwa einer Linkssequenz):

```
funct concatl ≡ (rsequ χ a, lsequ χ b) lsequ χ:
      if a = ◊ then b
                else concatl(trunk of a, ⟨item of a, b⟩) fi    .
```

Diese Operation ist vom Stricken her bekannt.

Eine wichtige Aufgabe besteht darin, durch „Um-Klammerung“ eine Linkssequenz in eine Rechtssequenz umzuwandeln (und umgekehrt). Bildet man erst die zu *concatl* parallele Rechenvorschrift

```
funct concatr ≡ (rsequ χ a, lsequ χ b) rsequ χ:
      if b = ◊ then a
                else concatr(⟨a, item of b⟩, trunk of b) fi    ,
```

so ergibt sich eine Umwandlung durch Einbettung

```
funct makersequl ≡ (lsequ χ a) rsequ χ: concatr(◊, a)    .
```

Entsprechend hat man

```
funct makelsequl ≡ (rsequ χ a) lsequ χ: concatl(a, ◊)    .
```

Damit ergeben sich neue Formulierungsmöglichkeiten für die Zugriffe am „falschen“ Ende: Für **lsequ** χ *a* und χ *x* werden bewirkt (vgl. 2.10.1)

bottom(*a*)	durch	*item* **of** *makersequl*(*a*)
upper(*a*)	durch	*makelsequl*(*trunk* **of** *makersequl*(*a*))
stock(*a*, *x*)	durch	*makelsequl*(*makersequl*(*a*), *x*)

(analog für **rsequ** χ *a*), jedoch ergibt sich gegenüber dem früheren kein effizienterer Zugriff.

Einfacher ist natürlich die Umwandlung, die statt der „äußeren Struktur“ (Aufschreibungsreihenfolge) die „innere Struktur“ (Zugriffsreihenfolge) beibehält:

```
funct readlsequ ≡ (rsequ χ a) lsequ χ:
      if a = ◊ then a
                else ⟨item of a, readlsequ(trunk of a)⟩ fi    .
```

Hinsichtlich der Aufschreibungsreihenfolge ergibt sich dabei allerdings eine „Revertierung“. Diese kann man wiederum kompensieren und erhält anstelle von *makelsequl*

```
funct makelsequ2a ≡ (rsequ χ a) lsequ χ: readlsequ(rreverse(a))
```

oder

```
funct makelsequ2b ≡ (rsequ χ a) lsequ χ: reverse(readlsequ(a))    ,
```

wo *rreverse* analog zu *reverse* in 2.10.1 definiert ist. Jedoch wird man diese Fassungen wegen der zweimaligen Rekursion über die ganze Länge der Sequenz als operativ ineffizienter ansehen als *makelsequ1*. Operativ weniger effizient als *makelsequ1* ist insbesondere die auf *stock* von 2.10 gestützte Fassung

funct *makelsequ3* ≡ (**rsequ** χ *a*) **lsequ** χ:
  if *a* = ◇ **then** ◇
    else *stock*(*makelsequ3*(*trunk* **of** *a*), *item* **of** *a*) **fi** .

2.11.2 Hefte und Rollen

Die Einfachheit der Algorithmen *concatr* und *concatl* für das „Zusammenstricken" einer Rechts- und einer Linkssequenz legt nahe, ein Paar von Rechts- und Linkssequenzen über derselben Objektmenge χ als neues Objekt anzusehen:

mode file χ ≡ (**rsequ** χ *l*, **lsequ** χ *r*)

Veranschaulichen kann man das als Papierbündel oder als Aktenordner oder als Buch (Abb. 2.28). Als deutsche Bezeichnung wählen wir **Heft**[42]. Es gibt dann das „Umblättern" vorwärts

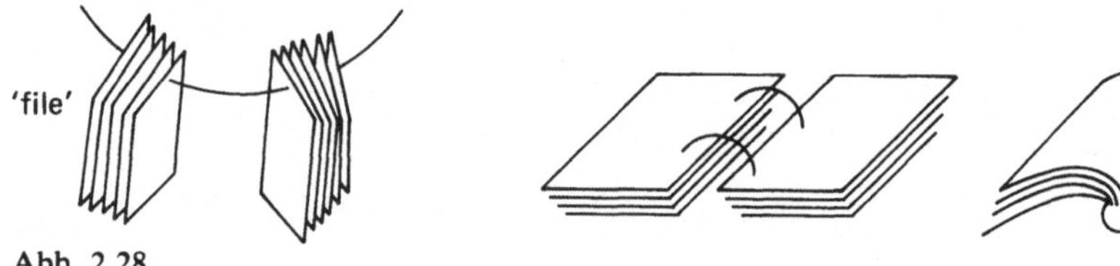

Abb. 2.28

funct *advance* ≡ (**file** χ *m*: *r* **of** *m* ≠ ◇) **file** χ:
  ⟨**rsequ** χ: ⟨*l* **of** *m*, *item* **of** *r* **of** *m*⟩, *trunk* **of** *r* **of** *m*⟩

und rückwärts

funct *recede* ≡ (**file** χ *m*: *l* **of** *m* ≠ ◇) **file** χ:
  ⟨*trunk* **of** *l* **of** *m*, **lsequ** χ: ⟨*item* **of** *l* **of** *m*, *r* **of** *m*⟩⟩ .

Diese typischen Operationen haben die Eigenschaften, daß (z. B.)

concatr(*l* **of** *m*, *r* **of** *m*)

invariant bleibt.

Führt man also ein

funct *close* ≡ (**file** χ *m*) **file** χ:
  ⟨*concatr*(*l* **of** *m*, *r* **of** *m*), ◇⟩

42 Engl. *file*. Das Lexikon gibt an: 1. Faden, 2. Stoß (Papier), 3. Reihe, Rolle, 4. Akte(nstück), 5. Briefordner, 6. ... Für das Verb *to file*: aufreihen, einheften, ablegen, einordnen ...; frz. *liasse*: Bund, Pack, Aktenstoß.

und

$$\textbf{funct } open \equiv (\textbf{file } \chi\ m)\ \textbf{file } \chi: \\ \langle \Diamond,\ concatl(l \textbf{ of } m,\ r \textbf{ of } m)\rangle \quad ,$$

so kann man dadurch das Heft in eine der beiden Grundformen bringen: man „klappt das Buch zu". Das „Anheften" am Ende kann durch

$$\textbf{funct } append \equiv (\textbf{file } \chi\ m,\ \chi\ x)\ \textbf{file } \chi: \langle l \textbf{ of } close(m),\ \textbf{lsequ } \chi: \langle x,\ \Diamond\rangle\rangle$$

erfolgen. $\langle \Diamond, \Diamond \rangle$ bezeichnet natürlich das „leere Heft".

Die Operationen des Suchens, Entfernens oder Einfügens eines Elements sind besonders einfach mittels eines Heftes zu beschreiben. So hat man für das „Herausreißen eines Blattes" etwa

$$\textbf{funct } extract \equiv (\textbf{file } \chi\ m)(\chi,\ \textbf{file } \chi): \\ (item \textbf{ of } r \textbf{ of } m,\ \langle l \textbf{ of } m,\ trunk \textbf{ of } r \textbf{ of } m\rangle) \quad .$$

Aufgabe 1: Übertrage die Rechenvorschriften contains, replace, delete sinngemäß auf Hefte.

Verwandt und manchmal günstiger ist die Einführung einer Art **Rolle**[43] (Abb. 2.29),

$$\textbf{mode roll } \chi \equiv (\textbf{rsequ } \chi\ l,\ \chi\ joint,\ \textbf{lsequ } \chi\ r) \quad ,$$

wobei die *joint*-Komponente an der Stelle des „ausgezeichneten Zugriffs" steht.

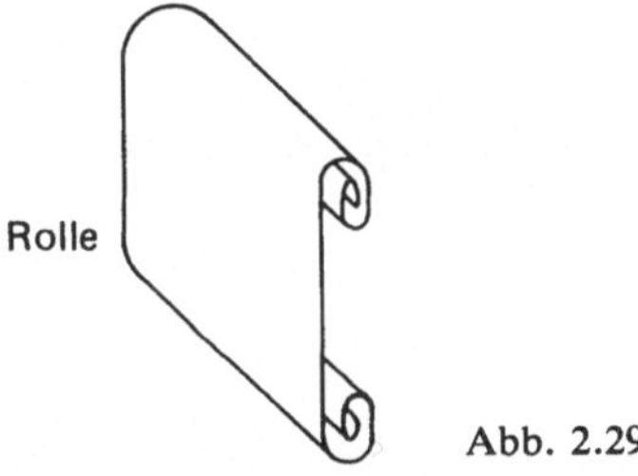

Abb. 2.29

Aufgabe 2: Formuliere entsprechende Grundoperationen für Rollen.

Anmerkung: Ebensogut hätten wir ein Paar von Stapeln einführen können mit entsprechend umgeschriebenen Grundoperationen. Das hier gewählte Vorgehen scheint jedoch „intuitiv" das treffendere zu sein, vgl. dafür 3.4.4.

Aufgabe 3: Welche Grundoperationen wird man für eine Reihung von Stapeln einführen („Blockstruktur")?

Hefte und Rollen sind Prototypen von sogenannten **sequentiellen Dateien**. Das Zugriffsverhalten für eine sequentielle Datei ist etwas flexibler als das für einen Stapel. Man spricht jedoch auch hier von **streng sequentiellem (Selektor-)Zugriff** und schließt Rechts- und Linkssequenzen als Grenzfälle ein.

43 Engl. *roll, scroll*; frz. écrou.

Manche technischen Geräte realisieren für die auf ihnen dargestellten Objekte das Zugriffsverhalten einer Datei. Das gilt insbesondere für Ein-Ausgabe-Geräte, die oft nichts anderes darstellen als „Variable" für sequentielle Dateien, s. 5.5. Oft bestehen Einschränkungen, etwa daß nur *advance* und *open* erlaubt sind, und also *append*(m, x) nur, wenn r **of** $m = \lozenge$, d. h. wenn *close*$(m) = m$.

Aufgabe 4: Gib einen formalen Beweis für die Idempotenz von open.

2.12 Algorithmen mit kaskadenartigen Objektstrukturen

"I find it difficult to believe that whenever I see a tree I am really seeing a string of symbols."
J. McCarthy

Die einfachsten Operationen bei einem Objekt der Art **lisp** χ (s. 2.9.1) sind die Selektorfunktionen. Sie sind allerdings wie bei Rechtssequenzen und Linkssequenzen nur partiell definiert, aber anders als dort genügt es hier nicht, auf $\neq \lozenge$ zu prüfen, um die Definiertheit sicherzustellen. In vielen Fällen jedoch sind Selektorfunktionen auf natürliche Weise durch Fallunterscheidungszweige in den betreffenden Algorithmen abgesichert. Andernfalls muß zu expliziten Diskriminatoren gegriffen werden.

Weitere Grundoperationen bei Objekten der Art **lisp** χ sind das Zusammenfügen zweier solcher **lisp**-Strukturen A, B zu einer einzigen und das „Anhängen" einer **lisp**-Struktur A an eine andere B (was natürlich an verschiedenen Stellen erfolgen kann). Im ersten Fall benutzt man einfach den Konstruktor:

funct *cons* $\equiv$ (**lisp** χ A, **lisp** χ B) **lisp** χ: $\langle A, B \rangle$.

Ist A Implementierung einer Linkssequenz, B Implementierung einer Rechtssequenz, so ergibt *cons*(B, A) eine Implementierung einer Datei (Abb. 2.30).

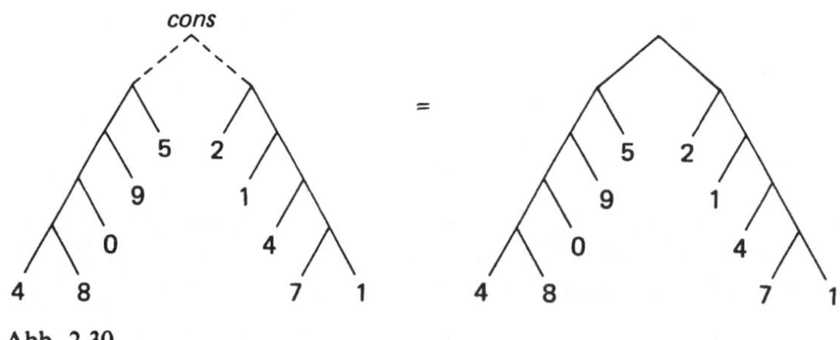

Abb. 2.30

Im letzteren Fall handelt es sich etwa um die Rechenvorschrift

funct *rconc* $\equiv$ (**lisp** χ A, **lisp** χ B) **lisp** χ:
  if $\chi :: B$ **then** $\langle A, B \rangle$
  $\square$ $\neg\, \chi :: B$ **then** $\langle$*rconc*$(A$, *car* **of** $B)$, *cdr* **of** $B\rangle$ **fi** .

Die Bezeichnung *rconc* wird mit Fug und Recht verwendet, denn für den Fall, daß A und B Rechtssequenzen implementieren, ist das Ergebnis wieder die Implementierung einer Rechtssequenz (vgl. 2.10).

Zwei Beispiele sollen die Wirkung von *rconc* veranschaulichen (Abb. 2.31). Anschaulich gesprochen, ersetzt *rconc* das am weitesten „linksaußen" befindliche Blatt x von B durch $cons(A, x)$.

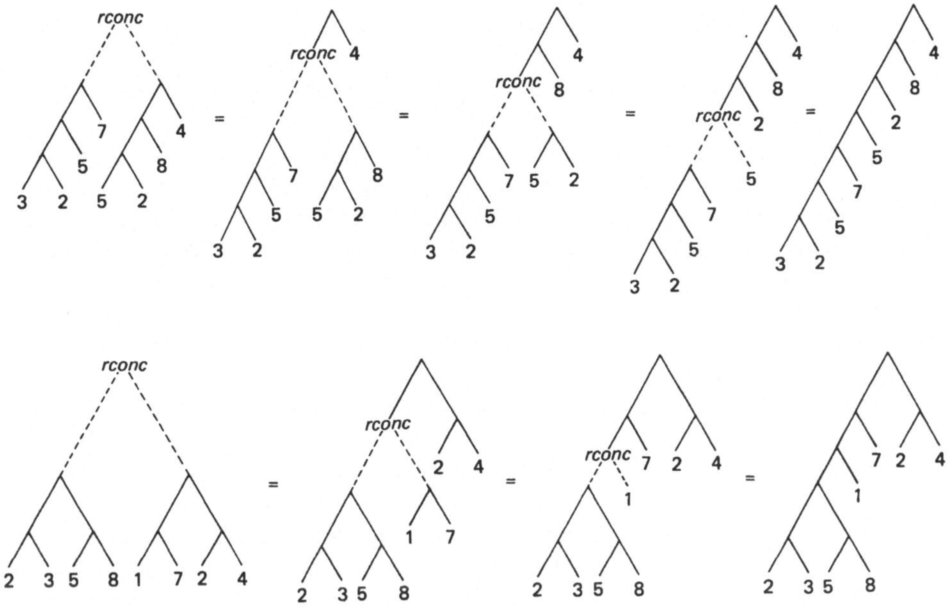

Abb. 2.31

Seitenvertauscht hat man, zu Linkssequenzen passend,

funct *lconc* ≡ (**lisp** χ A, **lisp** χ B) **lisp** χ:
  if $\chi :: A$ **then** $\langle A, B\rangle$
  ▯ $\neg\ \chi :: A$ **then** $\langle$*car* **of** A, *lconc*(*cdr* **of** A, B)$\rangle$ **fi** .

Wesentlich bei beiden Algorithmen ist die auf den Testoperator χ:: abgestellte Fallunterscheidung. Beachte, daß eine Unterscheidung der Fälle χ bzw. **lisp** χ nicht ausreicht, da ein Objekt der Art χ zur Art **lisp** χ ausgeweitet werden kann (vgl. auch 2.8). Wäre, falls A ein Blatt ist, der Weg im zweiten Zweig der Fallunterscheidung nicht versperrt, so wären dort *car* **of** . und *cdr* **of** . undefiniert.

Die obige Aufgabe war dadurch stark vereinfacht, daß das Anhängen an einer ganz bestimmten Stelle erfolgte. Demgegenüber muß bei der Aufgabe festzustellen, ob ein bestimmtes Element x irgendwo als Blatt auftritt, die Suche auf die gesamte **lisp**-Struktur ausgedehnt werden. Dies ergibt den Erkennungsalgorithmus mit kaskadenartiger Rekursion

```
funct contains ≡ (lisp χ A, χ x) bool:
      if χ :: A then A = x
                else contains(car of A, x) ∨ contains(cdr of A, x) fi   .
```

Die Aufgabe, ein bestimmtes Element x überall, wo es in A vorkommt, durch eine **lisp**-Struktur B zu ersetzen, leistet der Algorithmus

```
funct replace ≡ (lisp χ A, χ x, lisp χ B) lisp χ:
      if   χ :: A then if A = x then B
                       ▯ A ≠ x then A fi
      ▯ ¬ χ :: A then ⟨replace(car of A, x, B), replace(cdr of A, x, B)⟩ fi   .
```

Auch andere Grundaufgaben, die denen von 2.10 entsprechen, führen auf kaskadenartige Rekursion. Diese Situation ist nicht auf **lisp** χ (und **casc** χ) beschränkt, nichtlineare Rekursion stellt sich gleichermaßen ein bei komplizierterer Rekursion wie **list** χ, allgemein bei allen rekursiven Objektstrukturen, die nicht linear rekursiv sind. Solche Algorithmen mit einer Rekursionsstruktur, die der Objektstruktur auf den Leib geschrieben ist, sind übersichtlicher als die üblichen Ariadnefaden-Methoden („backtracking algorithms"), aber weniger effizient als diese. Dies gilt insbesondere für die im nächsten Abschnitt zu besprechenden Durchlauf-Methoden.

Ersetzt man in *contains* die Disjunktion durch eine Auswahl,

```
... else (contains(car of A, x) ▯ contains(cdr of A, x)) fi   ,
```

so erhält man einen Algorithmus mit *linearer* Rekursion, der freilich nicht nur nichtdeterministisch, sondern auch nichtdeterminiert ist. Der Algorithmus *kann* **true** ergeben, falls x Blatt in A ist; dies tritt jedoch nur ein, wenn der Dämon guter Laune ist. Über den Zusammenhang solcher Algorithmen (vgl. auch den nichtdeterministischen Erkennungsalgorithmus *pall* für Palindrome in 2.10-5) mit nichtdeterministischen Automaten siehe 6.7.1.

2.13 Durchlaufen und Durchmustern rekursiver Objektstrukturen

2.13.1 Bei linear rekursiven Strukturen ist das „Durchlaufen" der ganzen Struktur – etwa um die Elemente auf eine Eigenschaft hin zu prüfen („Durchmustern"), oder um sie abzuzählen – trivial: Man erreicht bei iterierter Bildung von *trunk* **of** mittels *item* **of** schließlich jedes Element. Bei den „verzweigten" Strukturen ist das anders.

Als grundlegend erweist sich etwa das Problem, nacheinander alle Atome in einem Objekt der Art **lisp** χ oder alle Knoten in einem Objekt der Art **casc** χ systematisch aufzusuchen („Traversieren" des Objekts[44]). Letztlich bedeutet das, solche Objekte zu „linearisieren", d. h. in einen Stapel umzuformen. Jedes Atom und jeder Knoten ist aber durch einen mehrstufigen Selektor gekennzeichnet. Damit läuft das Problem darauf hinaus, Mengen

---

44 Engl. *list traversal, tree traversal.*

mehrstufiger Selektoren linear zu ordnen. Die Anwendung der dadurch definierten Nachfolgerfunktion auf den in dieser Ordnung ersten Selektor schöpft dann die Möglichkeiten aus (Exhaustion).

Eine lineare Ordnung der mehrstufigen Selektoren ist trivialerweise gegeben als lexikographische Ordnung, vorausgesetzt, für die einzelnen elementaren Selektoren ist eine lineare Ordnung gegeben. Für **lisp** χ gibt es dazu zwei Möglichkeiten:

die Reihenfolge *car, cdr*

und

die Reihenfolge *cdr, car* .

Entsprechend ergeben sich zwei Durchlaufwege. Ein Beispiel zeigt Abb. 2.32.

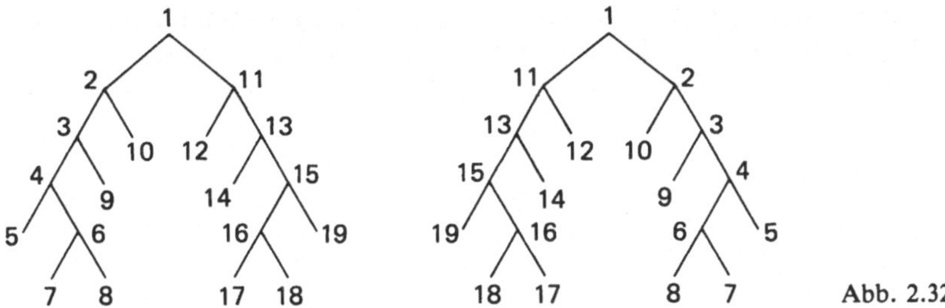

Abb. 2.32

Für **casc** χ oder **cs** χ gibt es sechs Möglichkeiten, die in drei Klassen zerfallen:

a) die Reihenfolge *node, left, right* (oder *node, right, left*) („Präfix-Ordnung"),
b) die Reihenfolge *left, node, right* (oder *right, node, left*) („Infix-Ordnung"),
c) die Reihenfolge *left, right, node* (oder *right, left, node*) („Postfix-Ordnung").

Die angegebenen Bezeichnungen kommen von den bekannten Möglichkeiten der linearen Aufschreibung des Kantorovic-Baums für zweistellige Operationen her. Zum Beispiel ergibt die Kaskade (in verkürzter Aufschreibung)

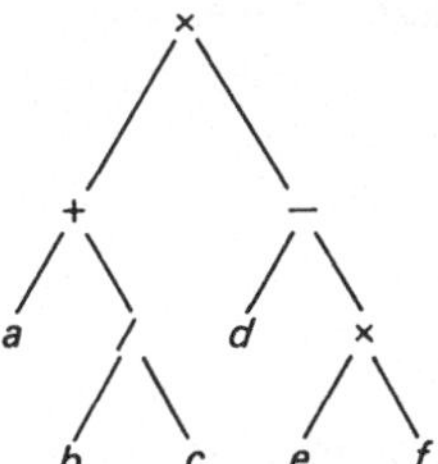

beim Durchlaufen

a) nach der Präfixordnung *node, left, right*
b) nach der Infixordnung *left, node, right* bzw.
c) nach der Postfixordnung *left, right, node*

die Knotenwerte in der Reihenfolge

a)	b)	bzw. c)
$\times$	a	a
$+$	$+$	b
a	b	c
$/$	$/$	$/$
b	c	$+$
c	$\times$	d
$-$	d	e
d	$-$	f
$\times$	e	$\times$
e	$\times$	$-$
f	f	$\times$
(klammerfreie Präfix-Notation[45])	(Infix-Notation[46])	(klammerfreie Postfix-Notation[47])

2.13.2 Nachfolgend geben wir einige Algorithmen (**Traversierungsalgorithmen**) zum Durchlaufen nichtlinearer Objektstrukturen an. Wir geben dazu jeweils die Umwandlung in einen Stapel an, wodurch das Problem auf das Durchlaufen („Lesen") dieses Stapels reduziert wird. Zunächst werden **lisp**-Strukturen nach der Reihenfolge *car, cdr* erfaßt (für *lconc* s. 2.10):

```
funct traverselist ≡ (lisp χ A) lsequ χ:
      if χ :: A then ⟨A, ◇⟩
                else lconc(traverselist(car of A), traverselist(cdr of A)) fi   ;
```

sodann Kaskaden nach der Präfix-Ordnung *node, left, right*:

```
funct traversetree ≡ (casc χ A) lsequ χ:
   if A = ◇ then ◇
             else append(lconc(traversetree(left of A), traversetree(right of A)),
                                                                   node of A) fi ,
```

die Postfix-Ordnung *left, right, node* ergibt sich, wenn man *stock* anstelle von *append* verwendet; man erhält sie auch, wenn man erst die gespiegelte Präfix-Ordnung *node, right, left* herstellt und dann revertiert. Für (häufige) Suchprozesse auf Kaskaden bietet sich damit die (einmalige) Überführung in einen Stapel und der (in 2.10 diskutierte) Suchprozeß im Stapel an, etwa

$$contains(traversetree(A), x) \quad .$$

Für die Durchführung der Berechnung ist verzögerte Auswertung (vgl. 1.14.3) angezeigt: Sie hilft Aufwand sparen dadurch, daß nur der benötigte Teil des Baumes durchlaufen

45 Auch „polnische Notation" genannt, zu Ehren von Jan Łukasiewicz, der sie 1929 („Elementy logiki matematycznej") einführte (Łukasiewicz 1963).

46 Beachte, daß diese Notation nicht eindeutig die Klammern zu ergänzen erlaubt! $((a + b)/c) \times ((d - e) \times f)$ ergibt einen anderen Kantorovic-Baum, aber die gleiche Durchlauffolge.

47 Auch ‚reverse polish notation' genannt.

wird. (Diese Bemerkung über den Nutzen der verzögerten Auswertung gilt übrigens für jede Funktionskomposition.)

Abschließend soll noch der Aufbau einer Kaskade aus einem Stapel besprochen werden, also die Umkehrung der eben besprochenen Aufgaben. Die (eindeutige) Umkehrung der Infix-Ordnung ist nicht möglich (s. Fußnote 46). Die Umkehrung der Präfix- und der Postfix-Ordnung ist möglich, wenn zwischen den Elementen, die Endknoten einnehmen („Blätter"), und den Elementen in den übrigen Knoten unterschieden werden kann. Im allgemeinen kann man aus einem Stapel auf verschiedene Weisen eine Kaskade machen, derart, daß man z. B. durch Präfix-Ordnung den Stapel zurückerhält (Abb. 2.33).

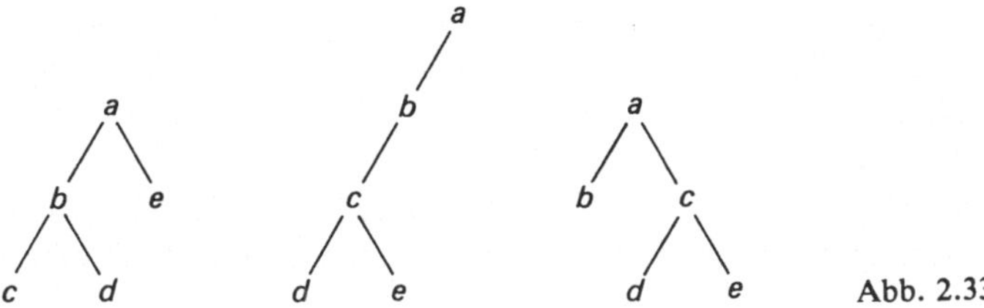

Abb. 2.33

Für die Umkehrung gilt also die Problemspezifikation

$$\textbf{funct } \mathit{buildtree} \equiv (\textbf{lsequ } \chi\ a)\ \textbf{casc } \chi:$$
$$\eta\ \textbf{casc } \chi\ x: \mathit{traversetree}(x) = a \quad .$$

Als Lösung läßt sich verifizieren

$$\textbf{funct } \mathit{buildtree} \equiv (\textbf{lsequ } \chi\ a)\ \textbf{casc } \chi:$$
$$\textbf{if } a = \Diamond \textbf{ then } \Diamond$$
$$\textbf{else } (\textbf{lsequ } \chi\ u, \textbf{lsequ } \chi\ v) \equiv \mathit{part}(\mathit{rest}(a));$$
$$\langle \mathit{buildtree}(u), \mathit{top}(a), \mathit{buildtree}(v)\rangle \textbf{ fi} \quad ,$$

wobei *part* (vgl. 1.12) nichtdeterministisch definiert ist als

$$\textbf{funct } \mathit{part} \equiv (\textbf{lsequ } \chi\ a)(\textbf{lsequ } \chi, \textbf{lsequ } \chi):$$
$$\eta\ (\textbf{lsequ } \chi\ u, \textbf{lsequ } \chi\ v): \mathit{lconc}(u, v) = a \quad .$$

Für eine spezielle Implementierung kann man nun wieder fordern (vgl. auch 1.13.3), daß die zu bildende Kaskade ausgeglichen sein soll („*balanced binary tree*", Bayer 1971), d. h., für jeden Knoten soll die Zahl der Knoten in der rechten Teilkaskade gleich oder höchstens um 1 kleiner als in der linken sein. Das bedeutet, daß man in *part* als Zusatzbedingung einführt

$$0 \leqq \mathit{length}(u) - \mathit{length}(v) \leqq 1 \quad .$$

Als ausgeglichene Kaskaden dargestellte Stapel haben den Vorteil des kürzesten Zugriffs zu allen Elementen, auf Kosten einer komplizierteren Objekt-Struktur.

Aufgabe 1: Gib eine Rechenvorschrift an, die part implementiert.

2.14 Unendliche Objekte

"The user is free to perceive the infinite structure as an infinite graph if he wishes."

Friedman, Wise 1978

Die in 2.9 angesprochene **Endlichkeitsforderung** („Finitheit der Objekte") kann dahin präzisiert werden, daß für jedes zusammengesetzte Objekt jede Folge von (zulässigen) Selektoren einmal abbricht, d. h. auf ein einfaches Objekt führt. Umgekehrt gibt es (für jedes Objekt) für jeden seiner Bestandteile eine endliche Folge $s_0, s_1, \ldots, s_k$ von Selektoren, die zu ihm führen. Wir sagen, solche Objekte von einer terminierenden rekursiven Objektstruktur sind **endliche Objekte**.

Mit Turski nennen wir zusammengesetzte Objekte **halbregulär**, wenn zu jedem einzelnen einfachen Bestandteil genau ein ein- oder mehrstufiger Selektor führt[48]. **Regulär** nennt Turski 1971 halbreguläre Strukturen, bei denen alle einfachen Bestandteile in gleich vielen Selektorschritten angesteuert werden.

Alle durch Reihungen und Verbunde nichtrekursiv aufgebauten Strukturen sind halbregulär; homogen aufgebaute sind regulär. Turski diskutiert auch Strukturen, die nicht halbregulär sind (er nennt sie nicht-regulär). In nicht halbregulären Strukturen kann es insbesondere vorkommen, daß ein bestimmter einfacher Bestandteil auf verschiedenen Wegen ausgewählt werden kann, sowie daß für gewisse Selektionen keine nachfolgende Selektion mehr auf einen einfachen Bestandteil führt (Abb. 2.34).

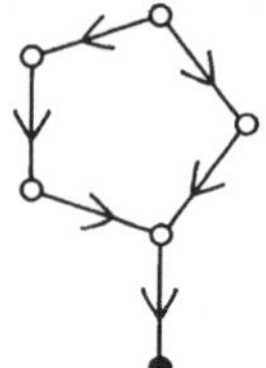

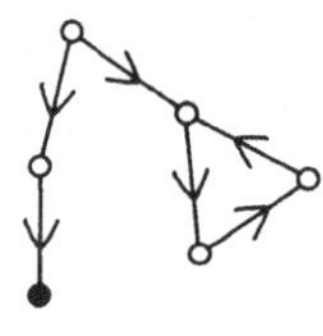

Abb. 2.34

Beschränkt man rekursiv definierte Objektstrukturen auf endliche Objekte, so sind diese Strukturen offensichtlich auch halbregulär. Die Einschränkung ist wesentlich: die rekursiven Definitionen von Arten können als Algorithmen zur Erzeugung von Objektmengen aufgefaßt werden, diese Funktionen besitzen i. allg. auch Fixpunkte, die nicht-endliche Objekte sind (Scott 1970). So gibt es z. B. ein Objekt z von der Art **lsequ** χ mit der Eigenschaft, **zyklisch** zu sein: *trunk* **of** *trunk* **of** *trunk* **of** $z = z$; für dieses Objekt gibt es eine nichtabbrechende Selektorfolge. Die Einschränkung ist auch nicht unrealistisch: die durch terminierende Algorithmen mittels Konstruktoren *aufgebauten* Objekte sind notgedrungen endliche Objekte.

Unendliche Objekte können allerdings die Eigenschaft haben, nicht halbregulär zu sein: Das obige Element z kann durch *trunk* ∘ *trunk* ∘ *trunk* wie durch *trunk* ∘ *trunk* ∘ *trunk* ∘ *trunk* ∘ *trunk* ∘ *trunk* ausgewählt werden.

---

48 Mehrere Vorkommnisse ein und desselben Objekts werden dabei unterschieden.

Um unendliche Objekte in der mathematischen Semantik zu erfassen, muß man nicht nur – wie in 1.5 – Fixpunkte von *Funktionalen* betrachten, sondern auch Fixpunkte von *Funktionen*. Ähnlich wie etwa die Gleichung

$$fac(x) \equiv \tau\,[fac]\,(x)$$

kann man jetzt zum Beispiel rekursive Objektvereinbarungen wie

nat $x \equiv x + 1$

oder

nat $x \equiv x \times x$ betrachten.

(Die erste dieser Gleichungen hat nur Ω als Fixpunkt, die zweite dagegen hat die drei Fixpunkte Ω, 0 und 1, von denen natürlich Ω als der schwächste ausgezeichnet wird.)

Wir behandeln die mathematische Semantik nicht weiter und beschränken uns auf die Behandlung der operativen Semantik in 2.14.2 mittels entparametrisierter Rechenvorschriften.

Das Hauptproblem bei der operativen Semantik war bisher, sicherzustellen, daß der Ablauf genau dann terminiert, wenn das Ergebnis nicht Ω ist. Es ist klar, daß dies bei nichtendlichen Objekten besondere Schwierigkeiten bereiten wird. Als eine mögliche Lösung wird sich ergeben, daß man „lokal" auf *verzögerte Berechnung* umschaltet (vgl. 1.14.3).

2.14.1 Nexen von Objekten

2.14.1.1 Auch die in 2.9.3 durch gestaffelte Systeme parameterfreier Rechenvorschriften detailliert aufgebauten Objekte sind endlich. Rechenvorschriften für den Aufbau nichtendlicher Objekte erhält man jedoch als Fixpunkte nicht-terminierender rekursiver Systeme von (entparametrisierten) Rechenvorschriften.

Erweitert man eine rekursiv definierte Art nicht, wie in 1.5, durch Ω, sondern durch die Menge aller unendlichen Objekte dieser Art, so hat das System

funct $a \equiv$ **lsequ rat**: $\langle 2, b\rangle$,
funct $b \equiv$ **lsequ rat**: $\langle -1, c\rangle$,
funct $c \equiv$ **lsequ rat**: $\langle 1/2, a\rangle$

für *a*, *b* und *c* je einen Fixpunkt[49], und beispielsweise definiert die Rechenvorschrift *z* in dem System

funct $z \equiv$ **lsequ rat**: $\langle 0, a\rangle$,
funct $a \equiv$ **lsequ rat**: $\langle 2, b\rangle$,
funct $b \equiv$ **lsequ rat**: $\langle -1, c\rangle$,
funct $c \equiv$ **lsequ rat**: $\langle 1/2, a\rangle$

---

49 Für eine eingehendere theoretische Behandlung siehe Scott 1976.

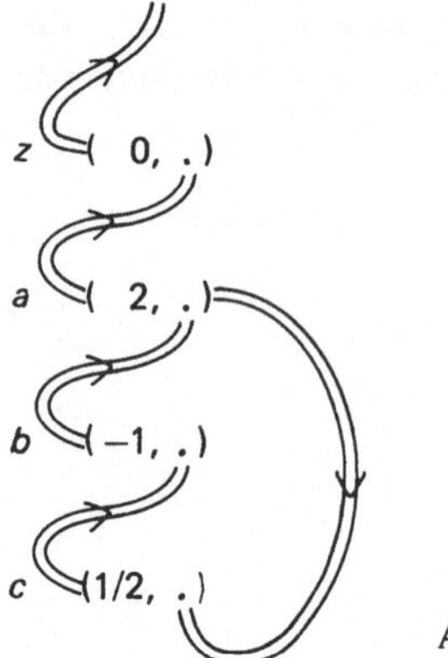

Abb. 2.35

ein Objekt $\hat{z}$, dessen detailliertes Objektdiagramm in Abb. 2.35 angegeben ist und das informell auch mittels

$$\langle 0, \langle 2, \langle -1, \langle 1/2, \langle 2, \langle -1, \langle 1/2, \langle \ldots \rangle\rangle\rangle\rangle\rangle\rangle\rangle\rangle$$

bezeichnet werden könnte.

Objekte, die in dieser Weise zusammenhängen, sollen ein **Nexus** (engl. *nexus*) von Objekten heißen.

trunk **of** $\hat{z}$, *trunk* ∘ *trunk* **of** $\hat{z}$ und *trunk* ∘ *trunk* ∘ *trunk* **of** $\hat{z}$ sind sogar zyklisch von der Ordnung 3. Diese durch *a*, *b* und *c* definierten Objekte bilden eine „Ringstruktur“. Anders als bei endlichen Objekten besteht keine hierarchische Unterordnung mehr: jedes der Objekte enthält jedes andere als Teilobjekt.

Beachte, daß die hier behandelten unendlichen Objekte endlich beschreibbar (‚finitär‘) sind: Jedes enthält nur eine endliche Anzahl *verschiedener* Teilobjekte.

Vollständiges Einsetzen ist bei nicht endlichen Objekten ein nichtterminierender Prozeß. Teilweise Einsetzung ist möglich, im obigen Beispiel muß jedoch stets *ein* Einsetzungspfeil verbleiben, etwa

(0, (2, (−1, (1/2, .))))

Die durch *endliche* Systeme entparametrisierter Rechenvorschriften definierbaren endlichen und unendlichen Nexen von Objekten der Art **lsequ** χ (und anderer linearer Objektstrukturen) sind bequem überschaubar: der dem detaillierten Objektdiagramm zugrundeliegende (gerichtete) Graph hat den Eingangsgrad 1 und ist somit nach einem elementaren Satz der Graphentheorie[50] eine Arboreszenz oder ein Zyklus mit aufsitzenden Arboreszenzen. Im ersten Fall handelt es sich um einen endlichen, im letzteren um einen unendlichen Nexus.

Ein einzelnes Objekt ist somit entweder eine lineare Liste oder eine Ringliste mit einer (eventuell leeren) aufsitzenden linearen Liste.

---

50 der seltsamerweise in manchem Buch über Graphentheorie für Informatiker fehlt.

Nachfolgend ein Beispiel für einen Nexus aus **lsequ nat**[51] (Abb. 2.36).

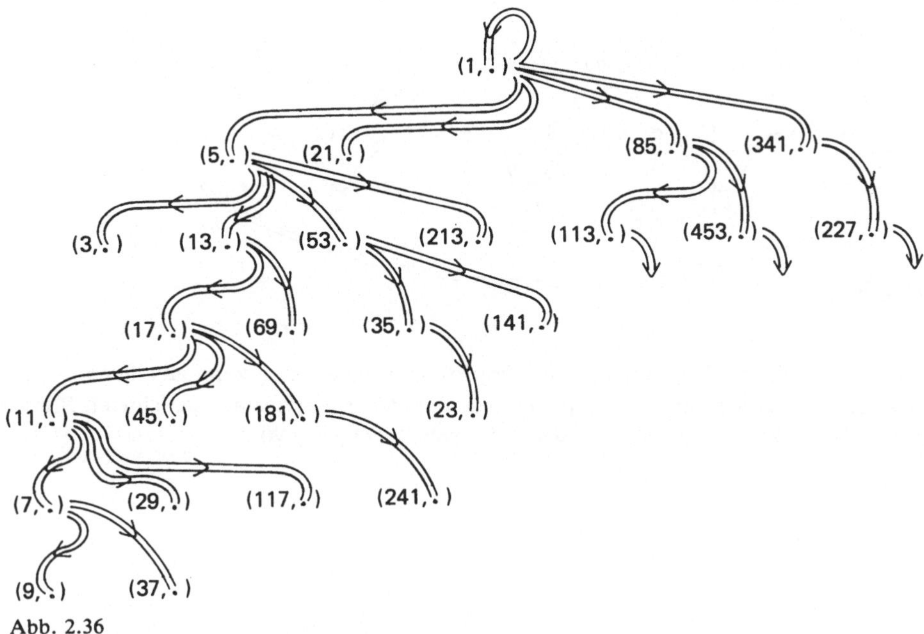

Abb. 2.36

Aufgabe 1: Gib eine Darstellung von 4/3, 2/7, 1/271 *im Dezimalsystem durch einen Nexus aus Objekten der Art* **lsequ char**.

2.14.1.2 Auch bei kaskadenartigen Objektstrukturen gibt es endliche und unendliche Objekte. Die den detaillierten Objektdiagrammen zugrundeliegenden gerichteten Graphen sind jedoch in ihrer Allgemeinheit nicht mehr wesentlich beschränkt. Deshalb greifen wir nur einige Nexen-Klassen heraus:

a) Die Klasse der **hierarchischen Kaskaden**, wofür Beispiele in 2.9 gegeben wurden – die Klasse aller endlichen Objekte aus **casc** χ.
b) Die Klasse der **linearen Zweiwegstrukturen** – unendliche Objekte aus **casc** χ.
c) Die Klasse der **Zweiweg-Ringstrukturen** – unendliche Objekte aus **casc** χ.

Formale Definitionen zu b) und c) dürften sich erübrigen, es mögen als Beispiele dienen aus **casc char** die Nexen in Abb. 2.37 bzw. 2.38.

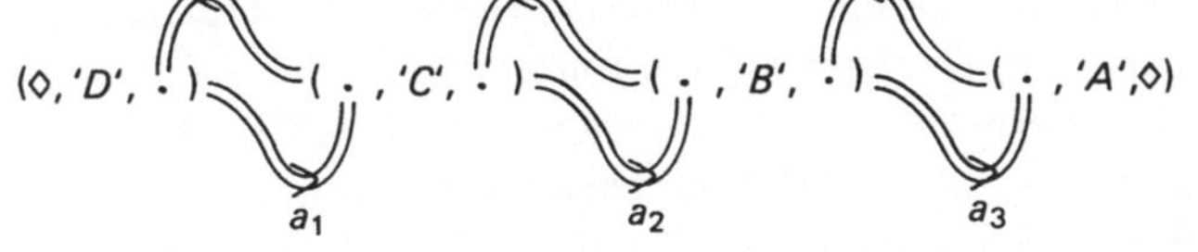

a_2 a_3 a_4

(◊, 'D', .) (. , 'C', .) (. , 'B', .) (. , 'A', ◊)

a_1 a_2 a_3

Abb. 2.37

51 Dem Diagramm liegt folgende Gesetzmäßigkeit zugrunde: für ein Objekt q gilt
item **of** *trunk* **of** $q = \varphi(1 + 3 \times$ *item* **of** $q)$, wobei
funct $\varphi \equiv$ (**nat** x) **nat**: ι **nat** z: $\exists$ **nat** y: $x = 2^y \times z \wedge \neg\, 2 \mid z$.

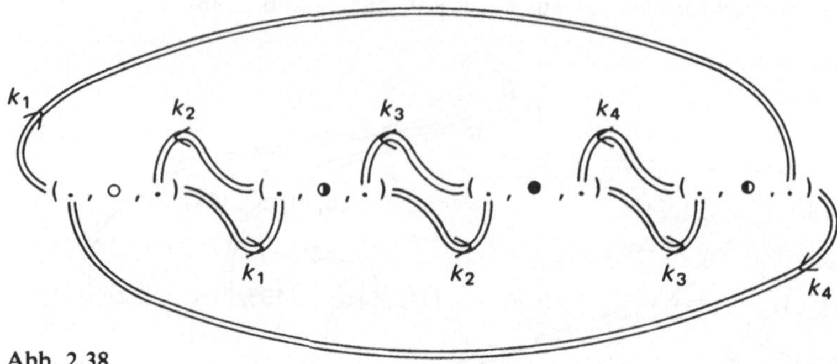

Abb. 2.38

Die Nützlichkeit solcher unendlicher Objekte ist evident: man kann aus ihnen durch Weglassen der auf die right-Komponenten bzw. die left-Komponenten gerichteten Pfeile Rechts-bzw. Links-Sequenzen gewinnen, z. B. Abb. 2.39 bzw. 2.40.

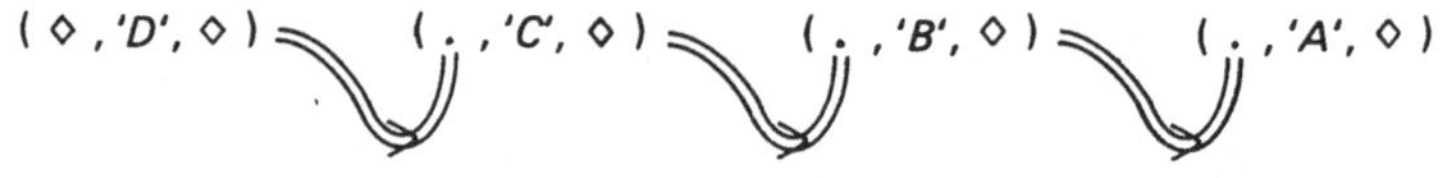

(◇ , 'D', ◇) (. , 'C', ◇) (. , 'B', ◇) (. , 'A', ◇)

Abb. 2.39

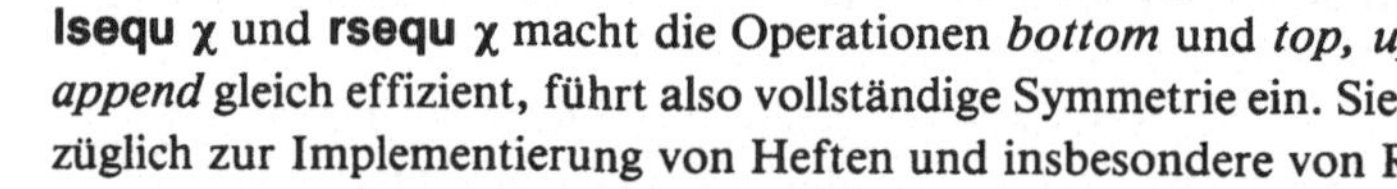

(◇ , 'D', .) (◇ , 'C', .) (◇ , 'B', .) (◇ , 'A', ◇)

Abb. 2.40

Die Verwendung linearer Zweiwegstrukturen zur gemeinsamen Implementierung von **lsequ** χ und **rsequ** χ macht die Operationen *bottom* und *top, upper* und *rest, stock* und *append* gleich effizient, führt also vollständige Symmetrie ein. Sie eignet sich ebenfalls vorzüglich zur Implementierung von Heften und insbesondere von Rollen[52].

Aufgabe 2: Formuliere die Operationen advance, recede etc. für eine Implementierung von Heften durch lineare Zweiweglisten.

Zweiwegstrukturen sind generell dadurch charakterisiert, daß *left* ∘ *right* und *right* ∘ *left*, wenn anwendbar, die identische Abbildung ergeben. Damit ist aber klar, daß die unter b) und c) aufgeführten Zweiwegstrukturen schon durch *endliche* Systeme entparametrisierter Rechenvorschriften definiert werden können, also finitär sind.

Im letzteren Fall gilt in jedem Nexus neben *left* ∘ *right* = *right* ∘ *left* auch

$\underbrace{left \circ left \circ \ldots \circ left}_{n} = \underbrace{right \circ right \circ \ldots \circ right}_{n}$ für ein gewisses $n > 0$.

52 Die Struktur **casc** χ ist Rollen besser angepaßt. Zweiwegstrukturen aus **lisp** χ sind uninteressant.

2.14.2 Verzögerte Auswertung

2.14.2.1 Die Beschreibung umfangreicher Objektdiagramme kann nicht durch explizites Anschreiben endlich vieler entparametrisierter Rechenvorschriften geschehen, aus praktischen Gründen sowohl wie auch grundsätzlich, wenn der Umfang nicht beschränkt ist. Für die Überführung etwa einer natürlichen Zahl in eine Linkssequenz **lsequ bit** kann man jedoch rekursiv vorgehen und im Rumpf der rekursiven Rechenvorschrift die geeignete entparametrisierte Hilfsrechenvorschrift vereinbaren; diese wird dann für jede Inkarnation gesondert vereinbart und stellt die Einsetzverbindung her: aus

```
funct convert ≡ (nat a) lsequ bit:
      if a = 0 then ◇
               else if even(a) then ⟨O, convert(a/2)⟩
                    ▯ odd(a)  then ⟨L, convert((a - 1)/2)⟩ fi fi
```

wird durch Detaillierung

```
funct convert ≡ (nat a) lsequ  bit:
      if a = 0 then ◇
               else ⌈ f where
                        funct f ≡ lsequ bit:
                              if even(a) then ⟨O, convert(a/2)⟩
                              ▯ odd(a) then ⟨L, convert((a - 1)/2)⟩ fi ⌋ fi   .
```

Zum Beispiel führt *convert*(13) zu dem Objekt ⟨**L**, ⟨**O**, ⟨**L**, ⟨**L**, ◇⟩⟩⟩⟩, wobei im Ablauf die Rechenvorschriften $f^{(1)}, f^{(2)}, f^{(3)}, f^{(4)}$ vereinbart werden und die Einsetzung bewirken, nach folgendem Diagramm (Abb. 2.41).

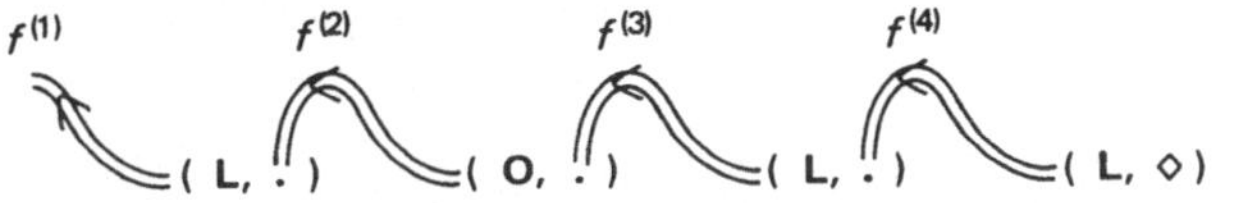

Abb. 2.41

Damit ist allerdings nichts gewonnen. Wir können uns aber vorstellen, daß wir den Einsetzungsprozeß gar nicht durchführen wollen, daß wir statt dessen die Detaillierungsstruktur erhalten wollen. Das Ergebnis der Konvertierung ist dann nicht eine Linkssequenz, sondern eine Rechenvorschrift zur Gewinnung dieser Linkssequenz. Das würde eine Änderung der Rechenvorschrift *convert* bedeuten: die Kopfleiste müßte dann lauten (vgl. 1.14)

```
funct convert ≡ (nat a) funct lsequ bit:   .
```

Was wir suchen, liegt dazwischen: weder sofortige Auswertung noch gar keine Auswertung, sondern lediglich **verzögerte** („träge") **Auswertung** (engl.: *lazy evaluation,* Henderson und Morris 1976): Die Auswertung soll so lange wie irgend möglich verzögert werden (Vuillemin 1973: 'Never do today what you can put off until tomorrow'), sie soll „hängen" (engl. *suspension,* Friedman und Wise 1976), bis sie unumgänglich wird. Das bedeutet, grob gesagt, ein „lokales Umschalten" in der Auswertung gewisser primitiver (Konstruktor-)Operationen. Wir wollen diese Besonderheit durch Vorsetzen von **lazy** vor die zu definierende Rechenvorschrift ausdrücken[53]:

```
funct convert ≡ (nat a) lsequ bit:
      if a = 0 then ◊
         else
         ⌈f where
          lazy funct f ≡ lsequ bit:
                   if even(a) then ⟨O, convert(a/2)⟩
                   ▯ odd(a)  then ⟨L, convert((a − 1)/2)⟩ fi ⌋ fi   .
```

Der Effekt von *convert*(13) ist jetzt, daß jede der vier Inkarnationen von *f* auf ihre Auswertung, also den Einsetzungsprozeß, wartet; d. h., daß die tatsächliche „Bildung" des zusammengesetzten Objekts nur *vorgesehen*, noch nicht *vorgenommen* ist.

Daß dies augenblicklich noch wie ein Spiel mit Worten klingt, hat seinen Grund darin, daß auf der applikativen Ebene, auf der wir uns befinden, die Zusammensetzung von Objekten (noch) ein abstrakter Prozeß ist, auf der Textersetzungsmaschine geschieht dabei nichts als textuelle Zusammensetzung, sogenannte Termbildung. Für eine Implementierung auf der von-Neumann-Maschine bedeutet die Zusammensetzung von Objekten allerdings Aufwand: Speicherverteilung, Adressierung; es ist deshalb von Vorteil, wenn in

lsequ bit *z* ≡ *convert*(13) **within** *trunk* **of** *z*

die tatsächliche Bildung von ⟨**L**, ⟨**O**, ⟨**L**, ⟨**L**, ◊⟩⟩⟩⟩ zurückgestellt wird, weil anschließend nur ein Teil davon, nämlich ⟨**O**, ⟨**L**, ⟨**L**, ◊⟩⟩⟩ gebraucht wird (Friedman und Wise 1976: ‚*cons* should not evaluate its arguments'). **lazy** soll also generell den lokalen Übergang zur vollen Termbildung[54] bedeuten.

2.14.2.2 Verfolgt man am Beispiel der Primzahlsequenzen in 1.14.3 die Termbildung, so erkennt man: die dort verwendete verzögerte Auswertung bezieht sich auf die *Konstruktor*-Funktion *append*.

Aufgabe 1: Schreibe das Beispiel der Bildung einer Primzahlsequenz in 1.14.3 um auf die Bildung detaillierter Linkssequenzen.

Eine operative Semantik der verzögerten Auswertung haben Henderson und Morris 1976 gegeben, sowie Friedman und Wise 1976.

Die Einführung der verzögerten Auswertung war in 1.14.3 unabhängig vom Vorkommen unendlicher Objekte motiviert. Für unendliche Objekte ist sie (oder eine äquivalente Maßnahme) allerdings unabdingbar: Würde man mit der üblichen Berechnungsregel einen Aufruf der Rechenvorschrift *z* von 2.14.1 einleiten, so würde dieser nicht terminieren. Wir werden aber nicht-terminierende Systeme von Rechenvorschriften, die zur Definition von unendlichen Objekten dienen, zulassen dürfen, wenn jeder Aufruf einer Rechenvorschrift

53 Die verzögerte Auswertung könnte auch durchgehend verwendet werden. Dies würde jedoch im Endeffekt auf der von-Neumann-Maschine erhöhten Aufwand bedeuten.

54 Friedman und Wise nennen durch Termbildung aufgebaute Objekte ‚computational structures'. Wir werden diesen Ausdruck in etwas größerer Allgemeinheit in Kap. 3 benutzen.

aus einem solchen System durch Vereinbarung verzögerter Auswertung abgesichert ist (Präfix **lazy**).

Das eingangs 2.14.1 gebrachte Beispiel müßte also geschrieben werden

```
lazy funct z ≡ lsequ rat: ⟨0, a⟩,
lazy funct a ≡ lsequ rat: ⟨2, b⟩,
lazy funct b ≡ lsequ rat: ⟨−1, c⟩,
lazy funct c ≡ lsequ rat: ⟨1/2, a⟩   .
```

2.14.2.3 Wir wollen nun die zu einer Linkssequenz gehörige lineare Zweiwegstruktur beschreiben. Es soll $f = trans(a, z)$ der zu der Linkssequenz a gehörige „linkeste" **casc**-Verbund der Zweiwegstruktur sein, mit z als *left*-Komponente. Die *node*-Komponente von f soll *item* **of** a sein, und die *right*-Komponente von f ist dann der zu *trunk* **of** a gehörige „linkeste" **casc**-Verbund g, mit f als *left*-Komponente: $g = trans($*trunk* **of** $a, f)$. Somit ist $f = \langle z,$ *item* **of** $a, g\rangle$ (Abb. 2.42).

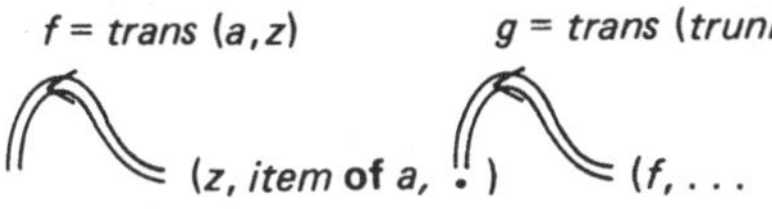

f = trans (a, z) g = trans (trunk of a, f)

(z, item of a, •) (f, . . .

Abb. 2.42

Wir können damit den Aufbau einer Zweiwegstruktur als Implementierung von Linkssequenzen folgendermaßen formulieren:

```
funct transit ≡ (lsequ χ a) casc χ: trans(a, ◇),
funct trans   ≡ (lsequ χ a, casc χ z) casc χ:
      if a = ◇ then ◇
               else ⌈ f where
                      lazy funct f ≡ casc χ: ⟨z, item of a, g⟩,
                      lazy funct g ≡ casc χ: trans(trunk of a, f) ⌋ fi   .
```

Für den Aufruf (χ = **char**)

transit(⟨'D', ⟨'C', ⟨'B', ⟨'A', ◇⟩⟩⟩⟩)

werden in drei Inkarnationen die Paare $(f^{(1)}, g^{(1)})$, $(f^{(2)}, g^{(2)})$ und $(f^{(3)}, g^{(3)})$ eingeführt, man erhält nun das durch das Objektdiagramm (Abb. 2.43) veranschaulichte **detaillierte Objekt** $\hat{f} = f^{(1)}$, das die zurückgestellten Auswertungen noch enthält. Beachte, daß $g^{(1)} = f^{(2)}$, $g^{(2)} = f^{(3)}$.

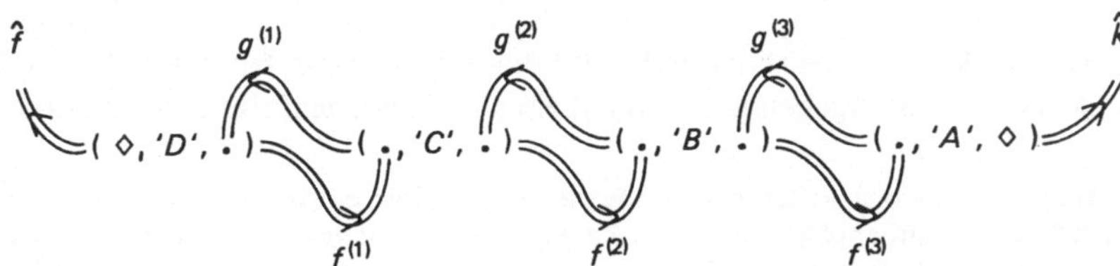

Abb. 2.43

Aus dem System *f*, *g* kann man *g* auch eliminieren, es ergibt sich

```
funct transit ≡ (lsequ χ a) casc χ: trans(a, ◇),
funct trans   ≡ (lsequ χ a, casc χ z) casc χ:
      if a = ◇
        then ◇
        else ⌈ f where
                  lazy funct f ≡ casc χ: ⟨z, item of a, trans(trunk of a, f)⟩ ⌋ fi    ,
```

wobei für den obigen Aufruf nun ein anders detailliertes Objekt $\hat{f}$ entsteht, dessen Objektdiagramm nur noch die eine Sorte von Einsetzungspfeilen enthält (Abb. 2.44) („Linkssequenz mit Rückverweisen")[55].

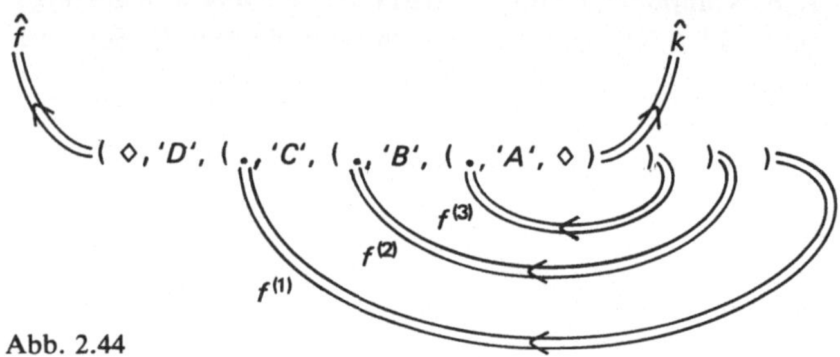

Abb. 2.44

Beachte, daß der Nexus vier Objekte enthält, $\hat{f}$ ist eines davon. Man kann den Algorithmus so einrichten, daß er daneben auch das Objekt $\hat{k}$ abliefert und hat dann volle Symmetrie, insbesondere sind Zugriffe von beiden Seiten durch Selektoren möglich. Man kann auch als Ergebnis das Paar $(\hat{f}, \hat{k})$ abliefern, oder $\langle \hat{f}, \ell, \hat{k} \rangle$, wo ℓ ein Sonderelement ist.

Dieses Schließen einer Zweiwegstruktur zu einer **Zweigweg-Ringstruktur** mittels eines **Listenkopfes** $\langle \hat{f}, \ell, \hat{k} \rangle$ hat allerdings den Nachteil, daß das Abfragen auf Ende (Vergleich mit ◇) durch ein Abfragen auf das Sonderelement ℓ (Vergleich mit ℓ) ersetzt werden muß.

Aufgabe 1: Gib einen Algorithmus für die Konkatenation zweier linearer Zweiweg-Strukturen.

Aufgabe 2: Die Rechenvorschrift

funct *rotate* ≡ (**lsequ** χ *a*: *a* ≠ ◇) **lsequ** χ: *stock*(*trunk* **of** *a*, *item* **of** *a*)

suggeriert die Überführung von endlichen Linkssequenzen in (Einweg-)Ringstrukturen. Man gebe den Algorithmus an. Wie drückt sich rotate auf den Ringstrukturen aus?

2.15 Einige Besonderheiten von Reihungen

Reihungen haben Objekte als Selektoren und sind homogen, sie sind damit Abbildungen verwandt. Einige sich daraus ergebende Besonderheiten werden nachfolgend diskutiert.

---

55 Entparametrisierte Rechenvorschriften mit verzögerter Auswertung entsprechen den „streams" von Landin 1965, sie sind auf applikativem Niveau das getreue Abbild der sogenannten „Referenzen". Im Spezialfall von „Referenzen auf Zusammensetzungen von Variablen" werden wir ihnen in 7.4.1 als „Zeiger" begegnen.

2.15.1 Reihungen mit errechneten Indexgrenzen

Indexmengen sind häufig *errechnete Arten* (vgl. 2.4.5), ihre Indexgrenzen werden erst während der Rechnung erarbeitet. Bekanntestes Beispiel sind ganzzahlig indizierte Reihungen mit errechneten unteren und/oder oberen Indexgrenzen

int [*n* .. *m*] **array** μ .

Treten Objekte solcher *parametrisierter* Arten als Parameter einer Rechenvorschrift auf, so muß diese zweistufig parametrisiert werden, beispielsweise

```
funct tdist ≡ (nat n). (nat [1 .. n] array real a, nat [1 .. n] array real b) real:
          ⌈ d(n) where
                 funct d ≡ (nat i) real:
                     if i = 0 then 0
                              else abs(a[i] − b[i]) + d(i − 1) fi ⌋        .
```

Der Teilaufruf *tdist*(20) liefert sodann eine Rechenvorschrift, die den Tschebyscheff-Abstand zweier 20-komponentiger Reihungen zu berechnen gestattet. Bezeichnen *u* und *v* zwei 20-komponentige Reihungen, so liefert der vollständige Aufruf *tdist*(20)(*u*, *v*) ihren Tschebyscheff-Abstand.

Ein ähnliches Problem tritt auf, wenn das Ergebnis einer Rechenvorschrift von errechneter Art ist. Dann muß zuerst die Ergebnisart festgestellt sein, bevor die Auswertung des Aufrufs begonnen wird.

Zunächst besteht aber noch eine andere Schwierigkeit: Objekte einer Reihung mit errechneten Indexgrenzen können nicht mit dem bisher benutzten enumerativen Konstruktor gebildet werden. In Kap. 3 wird eine allgemeinere Klasse von Reihungen eingeführt werden, bei der weiterreichende Konstruktoren vorhanden sind. Für den Augenblick genügt es zusätzlich festzusetzen, daß das bei der Bildung von Reihungen vorliegende direkte Produkt als *assoziatives* direktes Produkt verstanden werden soll. Seien dann *a* ein Objekt der Art **v** [*lwb* .. *upb*] **array** μ und *x*, *y* Objekte der Art μ, so werden zwei Konstruktoren eingeführt,

v [*lwb* .. *succ*(*upb*)] **array** μ: ⟨*a*, *x*⟩ und
v [*pred*(*lwb*) .. *upb*] **array** μ: ⟨*y*, *a*⟩, wobei
⟨*y*, ⟨*a*, *x*⟩⟩ = ⟨⟨*y*, *a*⟩, *x*⟩ gilt.

Dann kann man etwa das komponentenweise Quadrat einer Reihung bilden:

```
funct sq ≡ (nat n).(nat [1 .. n] array real a) nat [1 .. n] array real:
          ⌈ s(n) where
                funct s ≡ (nat i) nat [1 .. i] array real:
                    if i = 0 then ◊
                             else ⟨s(i − 1), a[i] ↑ 2⟩ fi ⌋    .
```

Für die Hilfsrechenvorschrift *s* muß dabei bei jedem Aufruf zuerst die Ergebnisart festgestellt werden. Wir legen somit zweckmäßigerweise fest: *Bei (ein- oder) mehrstufig parame-*

trisierten Rechenvorschriften werden die errechneten Arten der Teil-Rechenvorschriften sukzessive festgestellt, wobei sich zuletzt eine parameterlose Rechenvorschrift ergibt, die, nachdem auch ihre Art festgestellt ist, ausgewertet wird.

2.15.2 Induzierte Operationen auf Reihungen

In 1.14 wurden Operationen auf Funktionen induziert. Die Ähnlichkeit von Reihungen und Funktionen – beide sind Abbildungen – legt nahe, Operationen der (einheitlichen!) Komponentenart einer Reihung auf die ganze Reihung zu induzieren:

Es soll etwa für zwei Reihungen *a, b* eine Reihung *Rho*(*a, b*) so bestimmt werden, daß

$$Rho(a, b)[i] = rho(a[i], b[i])$$

gilt. In Analogie zu 1.14 kann eine Funktionalform *Beta* eingeführt werden[56],

$$Rho = Beta(rho),$$

wobei

funct *Beta* ≡ (**funct**(μ, μ) κ *rho*).(ν **array** μ *a*, ν **array** μ *b*) ν **array** κ:
ι ν **array** κ *c*: ∀ ν *i*: *c*[*i*] = *rho*(*a*[*i*], *b*[*i*]) .

Im Sinne funktionaler Programmierung (vgl. 1.14) wird man *Beta* und entsprechende Formen für andere Stelligkeiten als universell voraussetzen und notationell möglichst sogar unterdrücken[57]. Jedenfalls ist es zweckmäßig, sich die Implementierung solcher auf Reihungen induzierter Operationen offenzuhalten (die Ausführung kann auf Feldrechnern sehr effizient erfolgen).

Aufgabe 1: Gib eine Implementierung von Beta mit Hilfe der beiden Konstruktoren von 2.15.1 und der Ausdrücke max(ν), *min*(ν) *für die Ober- und Untergrenzen einer Art* ν.

2.16 Nochmals Rechenvorschriften mit mehrfachem Ergebnis

So wie Rechenvorschriften mit mehreren Parametern als Rechenvorschriften mit einem einzigen zusammengesetzten Parameter formuliert werden können, so können auch Rechenvorschriften mit mehreren Resultaten als Rechenvorschriften mit einem einzigen zusammengesetzten Resultat formuliert werden.

Damit ist es möglich, die einzelnen Ergebnisse mittels der zugehörigen Selektoren anzusprechen: Anstatt, wie in der Rechenvorschrift *natdiv* von 1.13.3, eine kollektive Hilfsvereinbarung zu verwenden,

---

56 Die vollständige Analogie zu 1.14 wäre
funct *Beta* ≡ (**funct**(μ, μ) κ *rho*).(ν **array** μ *a*, ν **array** μ *b*).(ν *i*) κ: *rho*(*a*[*i*], *b*[*i*]) .
Dies liefert jedoch nur eine Rechenvorschrift und nicht eine Reihung, die eine „eingefrorene Funktion" ist.

57 Dies kann man aus APL lernen.

```
funct natdiv ≡ (nat a, nat b: b ≠ 0)(nat, nat):
      if a < b then (0, a)
               else (nat q, nat r) ≡ natdiv(a − b, b) within
                    (q + 1, r)                             fi   ,
```

führt man außerhalb von *natdiv* die zusammengesetzte Art

```
mode p ≡ (nat quot, nat rest)
```

ein und erhält (unter Beibehaltung des herausgezogenen Aufrufs)

```
funct natdiv ≡ (nat a, nat b: b ≠ 0) p:
      if a < b then ⟨0, a⟩
               else p x ≡ natdiv(a − b, b) within
                    ⟨quot of x +1, rest of x⟩     fi   .
```

Es nützt selbstverständlich nichts, wenn man die zusammengesetzte Ergebnisart explizit in der Kopfleiste einführt, etwa

```
funct natdiv ≡ (nat a, nat b: b ≠ 0)(nat quot, nat rest):
      if a < b then ⟨0, a⟩
      ▯ a ≥ b then (nat quot, nat rest) x ≡ natdiv(a − b, b) within
                   (quot of x + 1, rest of x)                      fi   .
```

Hier sind *quot* und *rest* nach wie vor Selektoren, sie sind aber nur innerhalb *natdiv* gültig.

Die Verwandtschaft zwischen Selektoren und Resultatparametern zeigt ein Vergleich mit 1.13.4.

Für das Beispiel *grigri* in der Fassung von 2.6 kann man ähnlich mit einer Ergebnisart **mode result** ≡ (**int** *dom*, **nat** *numb*) schreiben

```
funct grigri ≡ (nat n) result:
      if n = 1 then result: ⟨a[1], 1⟩
      ▯ n ≠ 1 then if a[n] = a[n − numb of grigri(n − 1)]
                     then ⟨a[n], numb of grigri(n − 1) + 1⟩
                     else grigri(n − 1)                    fi fi   ,
```

wenn man zunächst auf den doppelten Aufruf von *grigri* keine Rücksicht nimmt. Besser ist

```
funct grigri ≡ (nat n) result:
      if n = 1 then ⟨a[1], 1⟩
      ▯ n ≠ 1 then result h ≡ grigri(n − 1) within
                   if a[n] = a[n − numb of h]
                     then ⟨a[n], numb of h + 1⟩
                     else h                    fi fi   .
```

Anhang zum 2. Kapitel. Notationen

Die verwendete Notation ist grundsätzlich an ALGOL 68 orientiert; hinzugenommen wurden Bildungen von PASCAL. PASCAL benutzt für Artbezeichnungen und Wortsymbole keinen Fettdruck und schreibt etwa für Aufzählungen

type *farbe* = (*club, diamond, heart, spade*)
type *mw* = (*männlich, weiblich*)
type *bool* = (*false, true*) .

Die Einschränkung von Objektmengen durch Prädikate ist in PASCAL nicht vorgesehen, außer bei Intervallen:

type *jahrhd* = 1900 .. 1999
type *trostpreis* = 3 .. 7

Verbunde heißen in PASCAL „record", mit der Schreibweise

type *complex* = **record** *re*: *real*;
im: *real* **end**
type *datum* = **record** *tag*: 1 .. 31;
monat: 1 .. 12;
jahr: 1900 .. 1999 **end**
type *person* = **record** *name*: *alfa*;
vorname: *alfa*;
geburtsdatum: *datum*;
mw: (*männlich, weiblich*);
stand: (*led, verh, verw, gesch*) **end**

Wirth 1975 läßt (in (1.20)) auch die explizite Angabe eines „record"-Objekts in runden Klammern mit vorgesetzter Artangabe zu:

complex (1.0, −1.0)
datum (30, 12, 1976)
person ('bauer', 'martin', *datum* (14, 6, 1976), *männlich, led*)

Der Zugriff erfolgt in Dewey-Notation, z. B.

r.re *x. geburtsdatum. tag*

Reihungen heißen in PASCAL „array", mit der Schreibweise

type *ausstoß* = **array** [1 .. 12] **of** *real*
type *konto* = **array** [(*schwarz, rot*)] **of** *int*
type *q* = **array** [*Boolean*] **of** *farbe*

Die explizite Angabe eines „array“ erfolgt in Wirth 1975, (1.11) wie für einen „record“:

ausstoß (20, 20, 23, 19, 20, 20, 21, 23, 22, 21, 21, 21)
konto (1450, 7280)
q (*club, heart*) ;

der Zugriff erfolgt in ALGOL-ähnlicher Notation, z. B.

x[5], *abschluß* [*rot*] bzw. *spiel* [*true*]

Für mehrstufige Reihungen gibt es ebenfalls Schreibabkürzungen, für

array [1 .. 12] **of array** [1 .. 30] **of** *real*

steht kurz

array [1 .. 12, 1 .. 30] **of** *real* .

Varianten kommen in PASCAL vor in der „Strukturart des varianten Record“, jedoch nur mit expliziter Art-Diskriminierung mittels *frei bezeichneten* Diskriminatoren

type *punkt* = **record case** *kennzeichen*: (*kartesisch, polar*) **of**
kartesisch: (*x*: *real, y*: *real*)
polar: (*r*: *real, phi*: *winkel*) **end** .

Eine aus disjunkten Arten gebildete variante Art wird in ALGOL 68 durch die „Union“ ausgedrückt, etwa

mode zahl = union (int, real)

Zu berücksichtigen ist dabei allerdings, daß in ALGOL 68 die Disjunktheit der Arten auch die dort vorhandenen Anpassungen „überstehen“ muß. Dies wird dadurch ausgedrückt, daß die beteiligten Varianten nicht verwandt (*related*) sein dürfen.

Allgemeine rekursive Objektstrukturen kommen in ALGOL 68 und in der orthodoxen, compilerunterstützten Fassung von PASCAL nicht vor. Lediglich eine spezielle sequenzartige Struktur wird als **file of** ... fest zur Verfügung gestellt, sie entspricht am ehesten der Objektstruktur „Datei“ von 2.11, ist aber mit einem implementierungsbedingten Puffermechanismus versehen (vgl. 7.2). Im übrigen müssen sowohl in ALGOL 68 wie in PASCAL (ersatzweise) Geflechtimplementierungen (vgl. 7.1 bzw. 7.2) herangezogen werden.

In Anlehnung an Hoare 1973 verwendet von Henke 1975 für die Definition von Objektstrukturen eine an die Backus-Normalform angelehnte, sonst PASCAL ähnelnde Notation

rsequ ::= ◊ | *append*(*trunk*: *rsequ*, *item*: *atom*) , wodurch neben den Selektoren *item* und *trunk* der Konstruktor *append* eingeführt wird. Dementsprechend hätten wir in 2.9.1.1 auch

mode rsequ χ ≡ **atomic** {◊} | *append* (**rsequ** χ *trunk*, χ *item*)

schreiben können (vgl. auch Bauer et al. 1981).

Verbunde und Varianten gibt es auch in COBOL, wobei Zusammensetzungen von Zusammensetzungen möglich sind, als primitive Arten aber nur Worte fester Länge aus Dezimalziffern oder alphanumerischen Zeichen vorgesehen sind (generelle Artvereinbarungen sind nicht möglich); der Konstruktion

```
01 ADRESSE
   02 STRASSE
      03 STR  PICTURE A (20)
      03 NR   PICTURE 9  (3)
   02 WOHNORT
      03 PLZ PICTURE 9  (4)
      03 ORT PICTURE A (20)
      03 POSTAMT PICTURE 9 (2)


POSTAMT OF WOHNORT OF ADRESSE
```

entspricht, abgesehen von Zugriffseinschränkungen, ein Satz von Artvereinbarungen

mode adresse ≡ (**strasse** *strasse*, **wohnort** *wohnort*)
mode strasse ≡ (**nat** [1 .. 20] **array char** *str*, **nat** [1 .. 3] **array dec** *nr*)
mode wohnort ≡ (**nat** [1 .. 4] **array dec** *plz*
nat [1 .. 20] **array char** *ort*
nat [1 .. 2] **array dec** *postamt*)

und, wenn *a* von der Art **adresse** ist, die Selektion

postamt **of** *wohnort* **of** *a* .

Für mehrstufige (jedoch höchstens dreistufige) Reihungen gilt eine ähnliche Notation.

PL/I baut bezüglich der Verbunde einigermaßen auf der COBOL-Notation auf.

In SNOBOL sind **int**, **string** und **real** primitiv, Verbunde sind artunspezifisch – nur die Zusammensetzungsstruktur wird definiert.

```
DATA ('COMPL (RE, IM)')
```

definiert die unspezifische Struktur COMPL zugleich mit den Selektoren RE(.) und IM(.) und dem Konstruktor COMPL(., .); wir würden dafür (mit irgendwelchen Arten μ, ν) schreiben

mode complex ≡ (μ *re*, ν *im*)

und

re **of** ., *im* **of** .	als Selektoren,
complex: ⟨., .⟩	als Konstruktor

benützen. Reihungen sind in SNOBOL artunspezifisch.

Auch EULER und GEDANKEN sind artunspezifisch, APL kennt als Grundart nur „Zahlen". BCPL, BLISS und andere Systemimplementierungssprachen beschränken sich dagegen sinnvollerweise auf Binärworte.

Eine Schlange nach Hürlimann

3. Kapitel. Rechenstrukturen

"If at a given level of refinement one is interested only in the behavioural characteristics of certain data objects, then any attempt to abstract data must be based upon those characteristics, and only those characteristics. The introduction of attributes, e.g. a representation, can only serve to cloud the relevant issues!"

Guttag 1975

Im 2. Kapitel hat sich gezeigt, daß Objektmengen nie „isoliert" eingeführt werden, sondern immer zusammen mit für sie typischen Operationen. So gehören etwa zu den zusammengesetzten Objekten die als Konstruktor und Selektor bezeichneten „kanonischen" Operationen (vgl. 2.5 und 2.6); für alle Objektmengen ist grundsätzlich der Vergleichsoperator (vgl. 2.4) verfügbar. Im 1. Kapitel hatten wir bereits gewisse Objektmengen, wie **bool**, **nat**, **int**, **sequ** χ etc., und ihre charakteristischen Operationen pragmatisch vorausgesetzt.

Diese Situation legt nahe, Objektmengen und ihre typischen Operationen begrifflich als Einheit („Rechenstruktur") aufzufassen und notationell entsprechend zu kennzeichnen; dieses Kapitel wird von der Einführung und Verwendung solcher Rechenstrukturen (engl. *computational structures*) handeln.

Setzt man die Operationen einer Rechenstruktur als „primitiv" gegeben voraus, kann man, darauf gestützt, Algorithmen auf einem „höheren Niveau" formulieren; so ließ sich zum Beispiel die Rechenvorschrift *fac* von 1.4.1 gestützt auf die Operationen Subtraktion, Multiplikation und Vergleich der Rechenstruktur der natürlichen Zahlen $\mathbb{N}$ (Tabelle 1.3.1) formulieren, ohne daß die Realisierung dieser drei Operationen sofort berücksichtigt werden mußte. Rechenstrukturen sind also ein wichtiges Hilfsmittel, um ein Problem durch schrittweise Verfeinerung („*stepwise refinement*", Wirth 1971) zu lösen.

Bekannte Beispiele für eine derartige „Modularisierung" sind auch die Ein- und Ausgabeoperationen, die von Programmiersprachen zur Verfügung gestellt werden, oder allgemeiner die Betriebssystem-Funktionen, von denen ein Benutzer in seinem Programm Gebrauch machen kann. Statt diese Operationen wie üblich der Sprache aufzupfropfen, kann man sie ebensogut einheitlich im Rahmen von Rechenstrukturen einführen. Eine verwandte Anwendung von Rechenstrukturen, die heute immer größere Bedeutung erlangt, sind die Zugriffsfunktionen auf Datenbanksysteme.

Dieses letzte Beispiel zeigt besonders deutlich einen weiteren Aspekt der Rechenstrukturen: Der Anwender braucht nicht zu wissen, wie die Information in einem Datenbanksystem intern „gespeichert“ ist; für ihn ist nur wichtig, welche Antworten er auf seine Anfragen zu erwarten hat. Solche unabhängig von der Repräsentation definierten Rechenstrukturen, deren Objektmengen und Operationen allein durch ihre Eigenschaften gekennzeichnet sind, werden als „abstrakte Rechenstrukturen“ bezeichnet.

Ein wesentliches Charakteristikum von Rechenstrukturen ist damit die Sicherheit, die sich aus einem gewissen „Abschirmungseffekt“ ergibt. Da nämlich dem Benutzer die Details der Repräsentation nicht zur Verfügung stehen, sondern nur ausgewählte Funktionen, die er zu seiner Problemlösung braucht, werden mögliche Fehlerquellen beseitigt.

Mehrstufige Abstützung führt überdies zu einer hierarchischen Gliederung, die häufig größere Durchsichtigkeit mit sich bringt.

Wie schon bei Objektstrukturen – beispielsweise Reihungen mit errechneten Indexgrenzen –, lassen wir auch bei Rechenstrukturen Parametrisierung zu; dadurch wird eine größere Anwendungsbreite erreicht.

3.1 Konkrete Rechenstrukturen

Zunächst wird die notationelle Zusammenfassung von Objektmengen und Operationen zu einer Einheit behandelt. Der Abstraktionsgesichtspunkt, der von bestimmten Repräsentationen unabhängig macht, bleibt dabei noch völlig unberücksichtigt.

3.1.1 Der Abschirmungseffekt

Als erstes soll gezeigt werden, wie die „Abschirmung“, d. h. das Abkapseln der Implementierungsdetails gegen den Zugriff des Benutzers, die Sicherheit erhöht. Betrachte dazu die auf $\mathbb{N}$ gestützte Objektstruktur (vgl. 2.9.2)

mode rsequc bool ≡ (**nat** {0} *length*)|
({**nat** *i*: *i* > 0} *length*, **rsequc bool** *trunk*, **bool** *item*) .

Da der Selektor *length* in beiden Varianten auftritt, ist die Selektion *length* **of**. immer definiert; da zudem die beiden entsprechenden Arten disjunkte Teilmengen von **nat** verwenden, kann *length* zur Diskriminierung der beiden Varianten dienen.

Allerdings unterscheidet dieser Diskriminator nur zwischen Null und Nicht-Null. Die Objektstruktur erlaubt also nicht nur Objekte wie

⟨0⟩, ⟨1, ⟨0⟩, **T**⟩ und ⟨2, ⟨1, ⟨0⟩, **T**⟩, **F**⟩ ,

sondern auch etwa

⟨3, ⟨0⟩, **T**⟩ und ⟨1, ⟨1, ⟨0⟩, **T**⟩, **F**⟩ .

Die Wahl der Bezeichnung *length* suggeriert jedoch, daß mit diesem Selektor die Länge direkt vom Objekt abgelesen werden kann, obwohl sie eigentlich erst durch die rekursive Rechenvorschrift *lengthc*

```
funct lengthc ≡ (rsequc bool a) nat:
      if length of a = 0 then 0
                         else lengthc(trunk of a) + 1 fi
```

ermittelt werden muß. Um dieses direkte Ablesen abzusichern, muß man die Gültigkeit der Zusicherung

(L) *length* **of** *a* = *lengthc*(*a*)

fordern. Dies ist (nach Elimination der Rechenvorschrift *lengthc*) gleichbedeutend mit

```
if length of a = 0 then true
                   else length of a = length of trunk of a + 1 fi
```

oder unter Benutzung der sequentiellen Disjunktion (s. 1.3.3)

length **of** *a* = 0 ⩒ *length* **of** *a* = *length* **of** *trunk* **of** *a* + 1

Sobald den Objektstrukturen solche Nebenbedingungen auferlegt werden, muß man für deren Einhaltung Sorge tragen. Es ist klar, daß der freie Gebrauch des zur Objektstruktur gehörenden Konstruktors die Nebenbedingungen verletzen kann; man muß also dessen freie Verwendung unterbinden und statt dessen für die Bildung neuer Objekte lediglich geeignet definierte Rechenvorschriften vorsehen, die die Erhaltung der Nebenbedingungen garantieren. In unserem Beispiel geschieht das durch die Rechenvorschrift

```
funct appendc ≡ (rsequc bool a, bool x) rsequc bool:
      ⟨length of a + 1, a, x⟩   .
```

Erfüllt *a* die Bedingung (L), so erfüllt damit auch *appendc*(*a*, *x*) diese Bedingung.

Es ist jetzt nur konsequent, neben dem Konstruktor auch die Selektoren nach außen zu verbergen und statt dessen den Auf- und Abbau von Objekten nur durch geeignete Operationen zu ermöglichen.

In unserem Beispiel bekommt man dann eine Einheit aus einer Objektstruktur und sechs Rechenvorschriften, die in geeigneter Weise unter Verwendung einer Kopfleiste gekennzeichnet und abgeschirmt (engl. *encapsulated*) wird:

```
(rsequc bool, emptyc, isemptyc, topc, restc, appendc, lengthc):
⌈ mode rsequc bool ≡ (nat {0} length) |
                     ({nat i: i > 0} length, rsequc bool trunk, bool item),
  funct emptyc    ≡ rsequc bool: ⟨0⟩,
  funct isemptyc  ≡ (rsequc bool a) bool: a = ⟨0⟩,
  funct topc      ≡ (rsequc bool a: ¬ isemptyc(a)) bool: item of a,
  funct restc     ≡ (rsequc bool a: ¬ isemptyc(a)) rsequc bool: trunk of a,
```

funct *appendc* $\equiv$ (**rsequc bool** *a*, **bool** *x*) **rsequc bool**:
⟨*length* **of** *a* + 1, *a*, *x*⟩,
funct *lengthc* $\equiv$ (**rsequc bool** *a*) **nat**: *length* **of** *a* ⌋.

Die Kopfleiste gibt Bezeichnungen der Arten und Operationen an, die außen verfügbar sein sollen. Diese Angabe ist notwendig, weil im Rumpf möglicherweise noch Hilfs-Operationen und -Arten definiert sind, deren Bezeichnungen nach außen verborgen sein sollen.

Von den abgeschirmten Arten ist dabei außen nur ihre Bezeichnung und nicht der innere Aufbau der Objekte bekannt, von den abgeschirmten Rechenvorschriften neben ihrer Bezeichnung nur ihre Funktionalität, und nicht ihr Rumpf. Zur notationellen Vereinfachung nehmen wir in die Kopfleiste auch für Rechenvorschriften jeweils nur die Bezeichnung auf; sie steht stellvertretend für die im Rumpf angegebene Funktionalität.

Somit legen wir fest, daß außen nur diejenigen Objekte verfügbar sind, die mit Hilfe verfügbarer Operationen erzeugt werden können. Mit der Einführung einer konkreten Rechenstruktur ist also in der Regel eine Einengung der Objektmenge verbunden; in unserem Beispiel auf solche Objekte, die den der Bedingung (L) genügenden inneren Objekten entsprechen.

3.1.2 Eigenschaften von Operationen

Bei einer strengen Auffassung des Abschirmungseffektes ist nicht nur die innere Struktur der definierten Objekte nach außen verborgen, sondern auch eine zweckgerichtete Manipulation dieser Objekte mittels in der Kopfleiste aufgeführter Operationen ausgeschlossen, da von diesen außer den Bezeichnungen und den entsprechenden Funktionalitäten nach außen nichts bekannt ist. Der Abschirmungseffekt erzwingt somit eine Beschreibung dieser Rechenvorschriften durch (außen verfügbare) charakteristische **Eigenschaften** („Gesetze", „Postulate"), die aus gewissen Abhängigkeiten zwischen den Operationen resultieren.

Im vorausgegangenen Beispiel gelten so u. a. die Eigenschaften (vgl. 2.10.3)

law R: $restc(appendc(a, x)) = a$,
law T: $topc(appendc(a, x)) = x$,
law A: $\neg\, isemptyc(a) \mathrel{\dot{\Rightarrow}} appendc(restc(a), topc(a)) = a$.

Unsere Schreibweise ist an diejenige für Prädikate angelehnt, wobei zur notationellen Vereinfachung Allquantifizierungen unterdrückt sind, wo sie aus dem Kontext (der Funktionalität der entsprechenden Operationen) ergänzt werden können. Die Allquantifizierung erstreckt sich dabei nicht auf das Pseudoobjekt Ω.

Man könnte also ausführlich auch schreiben

law R: ∀ (**rsequc bool** *a*, **bool** *x*): $restc(appendc(a, x)) = a$

bzw.

law A: ∀ **rsequc bool** *a*: $\neg\, isemptyc(a) \mathrel{\dot{\Rightarrow}} appendc(restc(a), topc(a)) = a$

oder

law A: ∀ **rsequc bool** *a*: $isemptyc(a) \mathrel{\dot{\vee}} appendc(restc(a), topc(a)) = a$.

Der besseren Lesbarkeit wegen werden außerdem mehrere (jeweils durch das Wortsymbol **law** und eine frei gewählte Bezeichnung gekennzeichnete) Eigenschaften durch „," anstelle von „∧" getrennt.

Da diese charakterisierenden Eigenschaften von außen zugänglich sein sollen, nimmt man sie in die Kopfleiste einer Rechenstruktur mit auf – als Zusicherungen über die dort angegebenen Bezeichnungen.

Für das Beispiel von 3.1.1 hat man so die erweiterte Kopfleiste:

(**rsequc bool**, *emptyc, isemptyc, topc, restc, appendc, lengthc*:
law R: $restc(appendc(a, x)) = a$,
law T: $topc(appendc(a, x)) = x$,
law A: $\neg\ isemptyc(a) \dot{\Rightarrow} appendc(restc(a), topc(a)) = a$,
law L1: $lengthc(emptyc) = 0$,
law L2: $lengthc(appendc(a, x)) = lengthc(a) + 1$,
law E1: $isemptyc(emptyc)$,
law E2: $\neg\ isemptyc(appendc(a, x))$).

Der Nachweis der Eigenschaften L1, L2, E1, E2 ist unproblematisch.

3.1.3 Definition konkreter Rechenstrukturen

3.1.3.1 An dem vorigen Beispiel sieht man unmittelbar, daß die Überlegungen und Konstruktionen nicht berührt werden, wenn für die Art **bool** (in **rsequc bool**) irgendeine andere Art wie **nat** oder auch **lisp** χ gesetzt wird. Dies legt nahe, daß man sich auf keine spezielle Art festlegt, sondern statt dessen der Kopfleiste die Art als Parameter voranstellt. In diesem Fall müßte man genauer von einem Rechenstruktur-Schema sprechen.

Eine Einheit, bestehend aus einer Kopfleiste (eventuell mit vorangestellten Parametern) und dem **Rumpf**, der zugehörige explizite Rechenvorschriften und Objektstrukturen umfaßt, soll **konkrete Rechenstruktur** heißen. Dabei ist die Gültigkeit der Eigenschaften in der Kopfleiste für die im Rumpf angegebenen Rechenvorschriften nachzuweisen.

Mit der Bezeichnung *RSC* ergibt sich für unser voriges Beispiel:

structure *RSC* ≡ (**mode** χ)(**rsequc** χ, *emptyc, isemptyc, topc, restc,*
appendc, lengthc:
law R: $restc(appendc(a, x)) = a$,
law T: $topc(appendc(a, x)) = x$,
law A: $\neg\ isemptyc(a) \dot{\Rightarrow} appendc(restc(a), topc(a)) = a$,
law L1: $lengthc(emptyc) = 0$,
law L2: $lengthc(appendc(a, x)) = lengthc(a) + 1$,
law E1: $isemptyc(emptyc)$,
law E2: $\neg\ isemptyc(appendc(a, x))$):

⌈ **in terms of** ℕ:
mode rsequc χ ≡ (**nat** {0} *length*) |
({**nat** i: $i > 0$} *length*, **rsequc** χ *trunk*, χ *item*),
funct *emptyc* ≡ **rsequc** χ: ⟨0⟩,

funct *isemptyc* ≡ (**rsequc** χ *a*) **bool**: $a = \langle 0 \rangle$,
funct *topc* ≡ (**rsequc** χ *a*: $\neg$ *isemptyc*(*a*)) χ: *item* **of** *a*,
funct *restc* ≡ (**rsequc** χ *a*: $\neg$ *isemptyc*(*a*)) **rsequc** χ: *trunk* **of** *a*,
funct *appendc* ≡ (**rsequc** χ *a*, χ *x*) **rsequc** χ: $\langle$*length* **of** $a + 1, a, x\rangle$,
funct *lengthc* ≡ (**rsequc** χ *a*) **nat**: *length* **of** *a* ⌋ .

In diesem Beispiel tritt auch die Art **nat** auf; die Rechenstruktur *RSC* stützt sich (neben χ) auch auf eine aus **nat** und den zugehörigen Operationen bestehende Rechenstruktur ℕ (vgl. Tabelle 1.3.1., 2.2a), die im Gegensatz zu χ nicht auswechselbar sein soll. Fest ist auch die stets als grundlegend unterstellte universelle Rechenstruktur 𝔹, die **bool** umfaßt (vgl. Tabelle 1.3.1, 1.1).

Wir drücken die hierarchische Abstützung auf andere, für die zu definierende Rechenstruktur als primitiv vorausgesetzte Rechenstrukturen $A, \ldots, Z$ durch die Angabe „**in terms of** $A, \ldots, Z$:" am Anfang des Rumpfs aus; die universelle Rechenstruktur 𝔹 wird meist nicht aufgeführt.

rsequc χ zusammen mit den Selektionen *length* **of**., *trunk* **of**., *item* **of**. und dem Konstruktor **rsequc** χ: $\langle .,. \rangle$ heißt die dieser Rechenstruktur zugrundeliegende **verborgene** Objektstruktur[1]. Mittels *emptyc* und *appendc* können aus Elementen der vorgegebenen („eingebrachten") Art χ genau die Objekte erzeugt werden, die der erwähnten Nebenbedingung (L) genügen.

Innerhalb des Rumpfs der Rechenstruktur *RSC* umfaßt die Objektstruktur **rsequc** χ nach wie vor auch die Objekte, die die Nebenbedingung verletzen; außerhalb des Rumpfes spielen diese dagegen keine Rolle, da sie mittels der außen verfügbaren Operationen nicht erzeugt werden können und, im Einklang mit unserer Festlegung über die Abschirmung, außen auch nicht ‚existieren'.

3.1.3.2 Eine einfachere Möglichkeit besteht übrigens darin, die Länge der Rechtssequenz nur in der äußersten Zusammensetzung auftreten zu lassen, also mit verborgenen Objekten der Art

(**nat** *length*, **rsequ** χ *s*)

zu arbeiten. Damit ergibt sich für *RSC* alternativ der Rumpf

⌈ **in terms of** ℕ:
mode rsequc χ ≡ (**nat** *length*, **rsequ** χ *s*),
funct *emptyc* ≡ **rsequc** χ: $\langle 0, \diamond \rangle$,
funct *isemptyc* ≡ (**rsequc** χ *a*) **bool**: $a = \langle 0, \diamond \rangle$,
funct *topc* ≡ (**rsequc** χ *a*: $\neg$ *isemptyc*(*a*)) χ: *item* **of** *s* **of** *a*,
funct *restc* ≡ (**rsequc** χ *a*: $\neg$ *isemptyc*(*a*)) **rsequc** χ:
$\langle$*length* **of** $a - 1$, *trunk* **of** *s* **of** *a*$\rangle$,
funct *appendc* ≡ (**rsequc** χ *a*, χ *x*) **rsequc** χ:
$\langle$*length* **of** $a + 1$, **rsequ** χ: $\langle$*s* **of** *a*, *x*$\rangle\rangle$,
funct *lengthc* ≡ (**rsequc** χ *a*) **nat**: *length* **of** *a* ⌋ .

1 Erste Ansätze, solche verborgenen Objektstrukturen einzuführen, enthält SIMULA 67.

Wieder garantiert die Abschirmung, daß die Nebenbedingung (L) gilt.

Von außen ist ununterscheidbar, ob dieser oder der obige Rumpf hinter der Rechenstruktur steht, wie es auch gleichgültig ist, ob mit Rechts- oder mit Linkssequenzen gearbeitet wird.

Aufgabe 1: Gib unter Benutzung von contains (vgl. 2.10.4) eine Rechenstruktur an für (Rechts-)Sequenzen, in denen keine Komponente wiederholt auftritt.

Aufgabe 2: Gib eine Rechenstruktur an für (Rechts-)Sequenzen, die nach einer Merkmalfunktion (vgl. sort, 2.10.4) sortiert sind.

3.1.3.3 Nicht nur Arten, sondern auch Objekte (und Rechenvorschriften) können als Parameter von Rechenstrukturen auftreten. Als Beispiel sei die Rechenstruktur **begrenzter Stapel** (engl.: *bounded stack*) angeführt (vgl. auch Wulf et al. 1976) mit dem Parameter *N* für die maximale Länge:

```
structure BS ≡ (mode χ, nat N: N > 0)(bs χ, empty, top, rest,
                                         append, isempty, isfull:
      law R:  ¬ isfull(a) ⇒̇ rest(append(a, x)) = a,
      law T:  ¬ isfull(a) ⇒̇ top(append(a, x)) = x,
      law A:  ¬ isempty(a) ⇒̇ append(rest(a), top(a)) = a,
      law E1: isempty(empty),
      law E2: ¬ isfull(a) ⇒̇ ¬ isempty(append(a, x)),
      law F1: ¬ isfull(empty),
      law F2: ¬ isempty(a) ⇒̇ ¬ isfull(rest(a)),
      law F3: isfull(a) ⇔ (length(a) = N),
      law L1: length(empty) = 0,
      law L2: ¬ isfull(a) ⇒̇ length(append(a, x)) = length(a) + 1        ):

   ⌈ in terms of ℕ:
      mode bs χ      ≡ empty |(bs χ trunk, χ item),
      funct length   ≡ (bs χ b) nat:
            if b = ◇ then 0
                     else length(trunk of b) + 1 fi,
      funct empty    ≡ bs χ: ◇,
      funct top      ≡ (bs χ b: ¬ isempty(b)) χ: item of b,
      funct rest     ≡ (bs χ b: ¬ isempty(b)) bs χ: trunk of b,
      funct append   ≡ (bs χ b, χ x: ¬ isfull(b)) bs χ: ⟨b, x⟩,
      funct isempty  ≡ (bs χ b) bool: b = ◇,
      funct isfull   ≡ (bs χ b) bool: length(b) = N                  ⌋ .
```

Beachte, daß außen die Art **bs** χ auf Objekte *a* mit einer Länge $length(a) \leqq N$ eingeschränkt ist; sie stimmt im Rumpf nach geeigneter Umbezeichnung mit **rsequ** χ überein. Die Operation *length* ist übrigens eine Hilfsoperation, die nur notwendig ist, um die Rechenstruktur durch Eigenschaften charakterisieren zu können; *length* ist außen nicht verfügbar: Der Benutzer sollte sich nicht damit abgeben, mit *length* zu arbeiten, da *isempty* und *isfull* völlig ausreichen, um die Zusicherungen für die Operationen *top, rest* und *append* zu formulieren.

3.1.4 Atomare Beispiele

Die vorangehenden Beispiele stützten sich (neben **nat**) stets auf eine beliebige Art χ und waren somit (parametrisierte) Klassen von Beispielen. Im folgenden sollen einige Beispiele unparametrisierter, „atomarer“ Rechenstrukturen angegeben werden.

a) *Ein vierelementiges Alphabet* (vgl. auch 2.4.2)

```
structure SUIT ≡ (suit, dom, succ, α, ω:
      law ST1:    ¬ dom (ω, a),
      law ST2:    a ≠ ω ⇒̇ dom (a, ω),
      law ST3:    a ≠ ω  ∧  b ≠ ω ⇒̇ dom (a, b) = dom(succ(a), succ(b)),
      law S1:     a ≠ ω ⇒̇ succ (a) ≠ a,
      law S2:     succ(succ(succ(α))) = ω,
      law TRANS:  dom(a, b) ∧ dom(b, c) ⇒ dom(a, c),
      law IRR:    ¬ dom(a, a),
      law LIN:    a ≠ b ⇒ dom(a, b) ∨ dom(b, a)                          ):

   ⌈ mode suit  ≡ atomic {♣, ♢, ♡, ♠},
     funct dom  ≡ (suit a, suit b) bool:
                       if a = ω then false
                     elsf b = ω then true
                                  else dom(succ(a), succ(b)) fi,
     funct succ ≡ (suit a: a ≠ ω) suit:
                       if a = ♣ then ♢
                       ▯ a = ♢ then ♡
                       ▯ a = ♡ then ♠ fi,
     funct α    ≡ suit: ♣ ,
     funct ω    ≡ suit: ♠                                  ⌋
```

Dem Prinzip nach ähnlich aufgebaut sind Rechenstrukturen, die etwa Unterhaltungsspiele wie Bridge oder Schach zu beschreiben gestatten[2]. Strategien für solche Spiele zu finden, ist allerdings eine andere Sache – exhaustive Methoden sind im allgemeinen unerträglich ineffizient, vgl. 0.2.

b) *Die Rechenstruktur der binären Schaltoperationen*

```
structure BIT ≡ (bit, .∧., .∨., .', T:
      law COMM:  a ∧ b = b ∧ a,
      law ASSOC: (a ∧ b) ∧ c = a ∧ (b ∧ c),
      law IDEMP: a ∧ a = a,
      law HUNT:  (b' ∧ a')' ∧ (a' ∧ b)' = a,
      law MORG:  a ∨ b = (a' ∧ b')'         ):
```

---

2 Im Plankalkül von 1945 gab Zuse schon eine binäre Objektstruktur und einige dazu gehörige Rechenvorschriften für Schachstellungen und -züge.

```
⌈ mode bit  ≡ atomic {O, L},
  funct .∧.  ≡ (bit a, bit b) bit: if a = L then b else O fi,
  funct .∨.  ≡ (bit a, bit b) bit: if a = L then L else b fi,
  funct .′   ≡ (bit a) bit: if a = L then O else L fi,
  funct T    ≡ bit: L                                        ⌋
```

Die angegebenen Eigenschaften bilden ein Axiomensystem der Booleschen Algebra (Huntington 1933).

Aufgabe 1: Für $\Phi(a, b) =_{\text{def}} (b' \wedge a')' \wedge (a' \wedge b)'$ *zeige man mittels* COMM *und* ASSOC

$$\Phi(a, b') \wedge \Phi(a', b') = \Phi(b, a') \wedge \Phi(b', a') \quad \textit{und}$$
$$a' \wedge b = a'' \wedge b' \Rightarrow \Phi(a, b) = \Phi(b, a') \quad .$$

Man leite daraus mittels HUNT *her:*

$$a \wedge a' = b \wedge b' \quad \textit{und} \quad a = a'' \quad .$$

c) *Ein graphisches Beispiel*

Eines der besten unorthodoxen Beispiele von Rechenstrukturen ist ein System zum Zeichnen von Streckenzügen. Das Thema wurde wiederholt aufgegriffen, so von Wirth 1975 (Abschn. 3.3). Hierzu geeignet sind etwa folgende Rechenstrukturen:

1. Eine Rechenstruktur *PLOTTER*, die vierzählige Drehungen und Spiegelungen eines Translationsvektors $\vec{t}$ umfaßt:

```
structure PLOTTER ≡ (go, t⃗, r., s.:
    law I1: r r r r x = x,
    law I2: s s x = x,
    law I3: r s r s x = x,
    law R1: r x ≠ x,
    law R2: r r x ≠ x,
    law R3: r r r x ≠ x,
    law S0: s x ≠ x,
    law S1: s t⃗ = r t⃗,
    law S2: s r t⃗ = t⃗,
    law S3: s r r t⃗ = r r r t⃗,
    law S4: s r r r t⃗ = r r t⃗  ):

  ⌈ mode go ≡ atomic {↑, →, ↓, ←},
    funct t⃗   ≡ go: ↑,
    funct r.  ≡ (go x) go: if x = ↑ then →
                            ▯ x = → then ↓
                            ▯ x = ↓ then ←
                            ▯ x = ← then ↑ fi,
    funct s.  ≡ (go x) go: if x = ↑ then →
                            ▯ x = → then ↑
                            ▯ x = ↓ then ←
                            ▯ x = ← then ↓ fi ⌋   .
```

Aufgabe 2: Für die Rechenstruktur PLOTTER zeige man, daß die Eigenschaften S2, S3, S4 *aus* S1 *und* I1, I2, I3 *ableitbar sind.*

Aufgabe 3: Für die Rechenstruktur PLOTTER zeige man, daß die Eigenschaften I2, I3, R3 *und* S0 *aus den übrigen Eigenschaften ableitbar sind.*

2. Auf *PLOTTER* gestützt, eine Rechenstruktur *HILBERTCURVE*, die Streckenzüge zur Gewinnung von Hilbert-Kurven aufbaut:

```
structure HILBERTCURVE ≡ (hilb, null, next):
  ⌈ in terms of PLOTTER:
    mode hilb ≡ sequ go,
    funct null ≡ hilb: empty,
    funct rot. ≡ (hilb k) hilb:
                 if k = null then null
                              else append(rot rest(k), r top(k)) fi,
    funct refl. ≡ (hilb k) hilb:
                 if k = null then null
                              else append(refl rest(k), s top(k)) fi,
    funct next ≡ (hilb k) hilb:
                 (rot rot refl k) & (r r r t⃗) & k & t⃗ & k & r t⃗ & refl k ⌋    .
```

Dabei bezeichnet *null* die Hilbert-Kurve der Ordnung 0; ihr Nachfolger $k_1 =_{\text{def}} next(null)$, Hilbert-Kurve der Ordnung 1, ist

$$\begin{aligned} k_1 &= empty \;\&\; \mathbf{r\,r\,r}\,\vec{t} \;\&\; empty \;\&\; \vec{t} \;\&\; empty \;\&\; \mathbf{r}\;\vec{t} \;\&\; empty \\ &= \mathbf{r\,r\,r}\,\vec{t} \;\&\; \vec{t} \;\&\; \mathbf{r}\,\vec{t}. \end{aligned}$$

Die entsprechende Zusammensetzung von

$\vec{t} = \uparrow$, $\mathbf{r}\,\vec{t} = \rightarrow$ und $\mathbf{r\,r\,r}\,\vec{t} = \leftarrow$

(in Pfeilrichtung) ergibt die Hilbert-Kurve 1. Ordnung

Nochmaliger Übergang zu $k_2 =_{\text{def}} next(k_1)$ führt mit

refl k_1 = , **rot refl** k_1 = , **rot rot refl** k_1 =

zu der aus den Bestandteilen

zusammengesetzten Hilbertkurve 2. Ordnung:

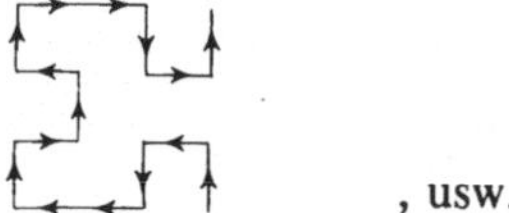

, usw.

3.2 Abstrakte Rechenstrukturen und abstrakte Typen

Wir haben gesehen, daß Objektstrukturen – nach Einführung geeigneter Rechenvorschriften – hinter dem Schirm einer Rechenstruktur verborgen werden können, und daß für den Gebrauch der Rechenstruktur nur die Kenntnis einiger „charakteristischer" Eigenschaften dieser Rechenvorschriften nötig ist. Insbesondere treten dabei Gemeinsamkeiten verschiedener Objektstrukturen deutlicher zutage.

Diese zeigte sich bereits am Vorkommen zweier äquivalenter Konkretisierungen für *RSC* in 3.1.3.1 und 3.1.3.2. Weiter können wir neben diese Rechenstrukturen noch Rechenstrukturen stellen, die auf Objekten der Art **rsequ** χ oder auf Objekten der Art **lsequ** χ aufgebaut sind, mit entsprechenden Operationen *empty, isempty, top, rest, append* und *length*, vgl. 2.10, und jeweils den gleichen Eigenschaften. Es ist sogar – wie in 2.9.2.3 gezeigt wurde – möglich, Objekte der Art **casc** χ oder der Art **lisp** χ zugrunde zu legen.

Die strukturelle Gleichwertigkeit dieser Beispiele konkreter Rechenstrukturen zeigt, daß es bei ihnen in erster Linie auf die Gesamtheit der verfügbaren Operationen mit ihren charakteristischen Eigenschaften (*last-in-first-out*-Organisation) ankommt, und nicht auf ihre Realisierung durch konkrete Algorithmen auf der einen oder anderen konkreten Objektstruktur.

Solche verwandten konkreten Rechenstrukturen heißen „von demselben abstrakten Typ". Die „Abstraktion" besteht darin, daß die Objektmengen und Operationen nicht mehr explizit konstruiert, sondern nur noch durch Angabe ihrer Eigenschaften charakterisiert werden, also unabhängig von einer bestimmten Repräsentation beschrieben werden.

Dieses Vorgehen ist aus der Algebra als „axiomatische Methode" bekannt. Im Rahmen der Grundlegung algorithmischer Sprachen wurde dieser Weg von C. A. R. Hoare 1972 und in jüngerer Zeit vor allem von B. Liskov und S. Zilles 1974 und von J. Guttag 1975 eingeschlagen.

Im folgenden soll insbesondere die Semantik abstrakter Typen und abstrakter Rechenstrukturen geklärt werden.

3.2.1 Grundlegende Begriffe

3.2.1.1 Allgemein bestehen konkrete Rechenstrukturen aus einer Familie von Objektmengen, **Trägermengen**[3] (engl. *carrier*) genannt, einer Anzahl von (determinierten, partiellen) Operationen auf diesen Trägermengen und einer Reihe von Eigenschaften dieser Operationen. Eine konkrete Rechenstruktur ist also ein algebraisches Gebilde, im folgenden kurz **Algebra** genannt. Die Objektstrukturen des 2. Kapitels sind somit zusammen mit den Konstruktoren und Selektoren nichts anderes als Kurzschreibweisen für bestimmte Rechenstrukturen – s. dazu auch 3.2.6.

Die konkrete Rechenstruktur *RSC*(χ) aus 3.1.3 ist – bei gegebenem χ – eine Algebra mit den Trägermengen **rsequc** χ, χ, **nat**, **bool**[4]. Natürlich stehen auch die Operationen

---

3 Je nachdem, ob den Operationen eine oder mehrere Trägermengen unterworfen sind, spricht man auch von einer **homogenen** oder **heterogenen** Struktur: *RSC*(χ) ist eine heterogene Struktur.

4 Da die Vergleichsoperation . = . universell für alle Arten vorhanden sein soll, ist **bool** immer unter den Trägermengen. Also sind, streng genommen, außer $\mathbb{B}$ selbst alle Rechenstrukturen heterogen.

für χ, **nat** und **bool** allgemein zur Verfügung; mit *emptyc, isemptyc, topc, restc, appendc* und *lengthc* sind in der Kopfleiste nur die „neuen" Operationen aufgeführt, die die „neue"Trägermenge **rsequc** χ betreffen.

Diese Situation ist bezeichnend für den Aufbau von Rechenstrukturen: Es wird im allgemeinen eine neue Trägermenge mit darauf definierten neuen Operationen eingeführt, hierarchisch abgestützt auf die Trägermengen und Operationen schon bekannter, primitiver Rechenstrukturen.

Zum Beispiel stützt sich $RSC(\chi)$ auf die primitive Rechenstruktur $\mathbb{N}$ mit der Trägermenge **nat**; sowohl $RSC(\chi)$ wie auch $\mathbb{N}$ sind außerdem auf die universelle Rechenstruktur $\mathbb{B}$ gestützt. Es ergibt sich folgendes Diagramm der hierarchischen Abstützung:

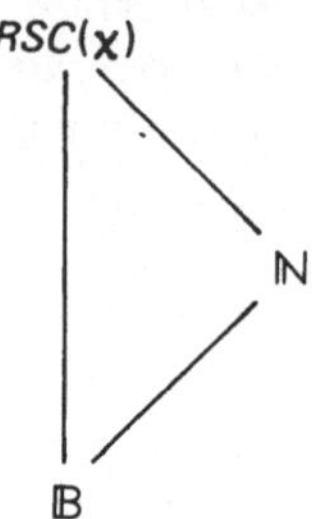

Man unterscheidet bei einer Rechenstruktur also die **definierten Trägermengen**[5] und die als gegeben vorausgesetzten („eingebrachten") **primitiven Trägermengen** $\mathfrak{P}_1, \ldots, \mathfrak{P}_n$, darunter auch die instantiierten Art-Parameter.

Entsprechend zerfällt auch die Menge der Operationen in die beiden Teilmengen $\mathfrak{F}_D$ und $\mathfrak{F}_P$, wobei $\mathfrak{F}_D$ alle die Operationen umfaßt, bei denen auf Argument- oder Resultatposition eine definierte Trägermenge vorkommt, während die Operationen von $\mathfrak{F}_P$ ausschließlich die primitiven Trägermengen betreffen.

Bei der Definition einer konkreten Rechenstruktur haben wir zwar nur die definierten Trägermengen und $\mathfrak{F}_D$ sowie deren Eigenschaften in der Kopfleiste aufgeschrieben, man beachte aber, daß auch die $\mathfrak{P}_i$ ebenso wie $\mathfrak{F}_P$ Bestandteil der betreffenden Rechenstruktur sind. In der Kopfleiste der konkreten Rechenstruktur ist nur der Kern dessen aufgeführt, was für den (zugehörigen) abstrakten Typ von Belang ist. Die Funktionalitäten und die Eigenschaften der Operationen aus $\mathfrak{F}_P$ sind bei den zugehörigen primitiven Rechenstrukturen zu finden.

3.2.1.2 Wir definieren nun:

Die Bezeichnungen der Trägermengen der Algebra und der Operationen der Algebra zusammen mit deren jeweiligen Funktionalitäten bilden eine Menge, die **Signatur** Σ der Algebra genannt wird.

Die Signatur kann durch ein **Signatur-Diagramm** illustriert werden, das heißt durch einen bipartiten Graphen mit den Trägern bzw. den Operationen als Knoten. Für *RSC* von 3.1.3 zum Beispiel ergibt sich das Signaturdiagramm Abb. 3.1.

Es sei ferner $\mathfrak{E}$ eine Menge von Eigenschaften für die Operationen einer Signatur, die im wesentlichen als Prädikate über Identitäten in den Operationsbezeichnungen und freien

5 Auch „*types of interest*" (Guttag 1975). Wir werden das Wort „type" in einem anderen Sinn gebrauchen, nämlich wie bei S. Mac Lane, "Categories for the Working Mathematician" (Springer, New York 1971).

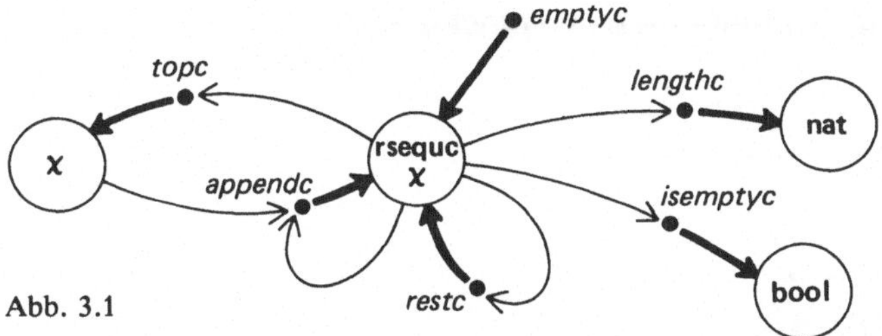

Abb. 3.1

Variablen geschrieben werden. Die Identitäten benutzen das Zeichen = für den universellen Vergleich, der bewußt nicht als Operation aufgelistet wird. Für die freien Variablen wird unterstellt, daß sie durch den All-Quantor gebunden sind, vgl. die obigen Beispiele.

Eine Signatur Σ, ggf. mit festen primitiven Trägermengen und Operationen aus gewissen Algebren, bildet zusammen mit Eigenschaften $\mathfrak{E}$ einen **abstrakten Typ** (Σ, $\mathfrak{E}$) über diesen „eingebrachten" Algebren.

Eine Algebra heißt vom abstrakten Typ (Σ, $\mathfrak{E}$), wenn (eventuell nach passender Umbezeichnung) ihre Signatur Σ ist und ihre Operationen $\mathfrak{E}$ erfüllen. Ist eine Algebra von einem gegebenen abstrakten Typ, so heißt sie auch **Modell** dieses Typs. Algebren gleicher Signatur heißen **homolog**.

Beispiel 1: Abstrakter Typ „Stapel".
Gegeben sei die Signatur mit dem Kern

{**mode stack** χ,
funct stack χ *empty*,
funct (**stack** χ) **bool** *isempty*,
funct ({**stack** χ *x*: ¬ *isempty*(*x*)}) χ *top*,
funct ({**stack** χ *x*: ¬ *isempty*(*x*)}) **stack** χ *rest*,
funct (**stack** χ, χ) **stack** χ *append*,
funct (**stack** χ) **nat** *length* }

(χ, **nat** und **bool** sind primitiv) und die Eigenschaftsmenge

{**law** R: *rest*(*append*(*a*, *x*)) = *a*,
law T: *top*(*append*(*a*, *x*)) = *x*,
law A: ¬ *isempty*(*a*) $\dot{\Rightarrow}$ *append*(*rest*(*a*), *top*(*a*)) = *a*,
law L1: *length*(*empty*) = 0,
law L2: *length*(*append*(*a*, *x*)) = *length*(*a*) + 1,
law E1: *isempty*(*empty*),
law E2: ¬ *isempty*(*append*(*a*, *x*)) } .

Man sieht sofort, daß (nach passender Umbezeichnung) die konkrete Rechenstruktur *RSC* von diesem Typ ist. Genauer gesagt: jeder der beiden in 3.1.3.1 und 3.1.3.2 gegebenen Rümpfe liefert ein Modell. Auch mit Objekten der Art **lsequ** χ oder der Art **rsequ** χ aus dem 2. Kap. und ebenso mit Objekten der Art **lisp** χ oder **casc** χ, vgl. 2.9.2.3, lassen sich Modelle bilden. Wir werden daher den obigen abstrakten Typ als *den* Typ eines Stapels mit Längenoperation ansehen.

Beispiel 2: Abstrakter Typ „Gruppe".
Ein abstrakter Typ **G** habe die Signatur $\Sigma_{\mathbf{G}}$

{**mode g**, **funct (g, g) g** . ∘ ., **funct (g) g** *inv*, **funct g** *e*}

(mit **bool** als einziger primitiver Trägermenge).

Die Eigenschaftsmenge $\mathfrak{E}_{\mathbf{G}}$ sei gegeben durch

{**law** ASSOC: $(a \circ b) \circ c = a \circ (b \circ c)$,
law LI: $inv(a) \circ a = e$,
law RI: $a \circ inv(a) = e$,
law INV: $inv(inv(a)) = a$,
law LN: $e \circ a = a$,
law RN: $a \circ e = a$ } .

Es gibt nun verschiedene nichtisomorphe Modelle dieses abstrakten Typs $\mathbf{G} = (\Sigma_{\mathbf{G}}, \mathfrak{E}_{\mathbf{G}})$ (genannt „Gruppen"), etwa – wie man leicht verifiziert –

a) die Algebra mit **g** = {**n**} und mit den Operationen

inv: **n** ↦ **n**,
. ∘ .: (**n**, **n**) ↦ **n** und
e: ↦ **n**
(„Einheits-Gruppe")

b) die Algebra mit **g** = {**odd**, **even**} und mit den Operationen

e: ↦ **even**
inv: **even** ↦ **even**
odd ↦ **odd** und
. ∘ .: (**even**, **even**) ↦ **even**
(**even**, **odd**) ↦ **odd**
(**odd**, **even**) ↦ **odd**
(**odd**, **odd**) ↦ **even**
(„zyklische Gruppe der Ordnung 2").

3.2.1.3 Während in Beispiel 1 die angeführten Modelle durchaus ähnlich waren, ist dies im Beispiel 2 nicht mehr so: die angegebenen Modelle haben verschiedene Kardinalität von **g**, und es gibt viele weitere Modelle, auch solche mit nichtabzählbarer Trägermenge **g**, etwa die Gruppe der Drehungen einer euklidischen Ebene.

Es erhebt sich daher die Frage: welche Modelle gibt es zu einem vorgegebenen Typ $(\Sigma, \mathfrak{E})$?

Gewisse Algebren sind theoretisch und praktisch für die Untersuchung dieser Frage von besonderer Bedeutung. Zu jeder Signatur Σ gibt es eine Algebra vom **absolut freien** abstrakten Typ $(\Sigma, \emptyset)$ mit leerer Eigenschaftsmenge, nämlich die **Termalgebra** W_Σ; die definierten Trägermengen von W_Σ bestehen aus allen **Termen**[6], d. h. aus allen wohlgeformten

6 Oft auch **Worte** (über Σ) genannt. Übrigens bilden diese Terme im wesentlichen die „Sprache", in der die Eigenschaften $\mathfrak{E}$ formuliert sind. Statt Termalgebra wird auch häufig **Wortalgebra** gebraucht. Den Ausdruck „Zeichenreihe" hat schon Thue 1914 benutzt.

Zeichenreihen, die sich aus den Elementen der primitiven Trägermengen und den Operationssymbolen von $\mathfrak{F}_D$ unter Berücksichtigung der Funktionalitäten aufbauen lassen[7]. Gleichheit von Termen in W_Σ bedeutet zeichenweise Identität.

Die Terme der Termalgebra sind gerade die üblichen Ausdrücke für die Verknüpfung von Operationen. Damit ergibt sich folgender Zusammenhang zwischen der Termalgebra W_Σ und einer gegebenen Algebra A der Signatur Σ: Ein Term t aus W_Σ wird in A **interpretiert**, wenn die in t vorkommenden Operationssymbole als die entsprechenden Operationen von A aufgefaßt werden und der so entstehende Ausdruck dann ausgewertet wird[8].

In Beispiel 1 ist – mit a, b als Elementen von χ –

top(*append*(*rest*(*append*(*empty*, *a*)), *b*))

ein Term der Termalgebra über Σ. Die Interpretation dieses Terms in der Rechenstruktur *RSC*, das heißt die Auswertung von *topc*(*appendc*(*restc*(*appendc*(*emptyc*, *a*)), *b*)) liefert das Ergebnis *b*.

Die partielle Abbildung φ_A: $W_\Sigma \rightarrow A$, die jedem Term über Σ ein „errechnetes" Element aus A zuordnet, heißt **Interpretation** von W_Σ in A.

3.2.2 Semantik abstrakter Rechenstrukturen und Typen

3.2.2.1 Zu einem gegebenen abstrakten Typ $(\Sigma, \mathfrak{E})$ gibt es i. allg. viele Algebren, die nicht notwendig zueinander isomorph sein müssen. Dies zeigt bereits das einfache Beispiel des abstrakten Typs „Gruppe", zu dem alle Gruppen – endliche wie unendliche – gehören. Während in der Mathematik eine solche Vielfalt durchaus erwünscht ist, führt in der Informatik die Forderung der finiten Beschreibung von Algorithmen zu dem Bestreben, alle Strukturen *konstruktiv* beschreiben zu können. Dies wird erreicht durch das

Erzeugungsprinzip: *Wir betrachten als Rechenstrukturen nur solche Algebren eines gegebenen abstrakten Typs, für die die definierten Trägermengen lediglich aus Elementen bestehen, die aus den primitiven Trägermengen* $\mathfrak{P}_i$ *mit Hilfe der Operationen aus* Σ *(endlich) erzeugt werden können.*

Dabei ist ein Element genau dann (endlich) erzeugbar, wenn man es, ausgehend von Objekten der angegebenen primitiven Mengen $\mathfrak{P}_i$ und nullstelligen Operationen aus $\mathfrak{F}_D$, durch endliche Anwendung von Operationen aus $\mathfrak{F}_D$ als Ergebnis erhalten kann. Jede konkrete Rechenstruktur, in deren Rumpf alle Rechenvorschriften terminieren, genügt dem Erzeugungsprinzip.

Ein Vorteil des Erzeugungsprinzips liegt darin, daß man damit Induktionsverfahren („algebraische Induktion", „*data type induction*") zur Verfügung hat, die oft zu Aussagen führen, die aus den Eigenschaften des abstrakten Typs allein nicht folgen – weil sie für nichterzeugbare Modelle nicht gelten müssen.

---

7 Aus dem Wertebereich der äußersten Operation des Terms ergibt sich, zu welcher Trägermenge der Term gehört.

8 Faßt man einen Term algorithmisch als detailliertes Objekt auf (vgl. 2.14.2), so wird die Herkunft des Ausdrucks „Rechenstruktur" (engl. „*computational structure*") deutlich.

3.2.2.2 Wir wenden uns einer mehr mathematischen Charakterisierung der endlich erzeugten Algebren einer bestimmten Signatur Σ zu. Eine solche Algebra ist endlich erzeugt, wenn jedes ihrer Elemente durch eine endliche Anwendung von Operationen aus Σ erhältlich ist. Dies ist gleichbedeutend damit, daß jedes Element durch Interpretation eines Terms der Termalgebra W_Σ entsteht. Somit ist eine Algebra A der Signatur Σ endlich erzeugbar genau dann, wenn die Interpretation $\varphi_A\colon W_\Sigma \to A$ surjektiv ist.

Sei nun A eine endlich erzeugbare Algebra, eine Rechenstruktur der Signatur Σ und $\varphi_A\colon W_\Sigma \to A$ die zugehörige Interpretation. Sei f eine n-stellige Operation aus Σ. Einen Term $f(t_1, t_2, \ldots, t_n)$, wo die t_i weitere Terme sind, zu interpretieren heißt, die zugehörige Operation f_A aus A auf das Resultat der Interpretationen der Terme t_i anzuwenden. Mit anderen Worten, es gilt

$$\varphi_A(f(t_1, t_2, \ldots, t_n)) = f_A(\varphi_A(t_1), \varphi_A(t_2), \ldots, \varphi_A(t_n)) \quad .$$

Eine partielle Abbildung einer Algebra der Signatur Σ auf eine homologe mit dieser Eigenschaft heißt ein **Σ-Homomorphismus**. Ein surjektiver Homomorphismus heißt auch **Epimorphismus**. Für diese Verallgemeinerung der Begriffe auf partielle Abbildungen vgl. auch Broy, Wirsing 1980.

Somit können wir feststellen:

Jede Rechenstruktur A der Signatur Σ ist epimorphes Bild der Termalgebra W_Σ.

3.2.2.3 Ein gegebenes Element einer Rechenstruktur A kann das Bild mehrerer Terme unter der Interpretation φ_A sein. So hat z. B. in jeder Algebra A vom abstrakten Typ „Stapel“ (3.2.1.2, Beispiel 1) jeder Term aus der folgenden Menge die gleiche Interpretation:

$$\{b,\ top(append(empty,\ b)),\ top(append(rest(append(empty,\ x)),\ b)),\ \ldots\} \quad .$$

Der Epimorphismus $\varphi_A\colon W_\Sigma \to A$ definiert also eine Klasseneinteilung auf W_Σ.

Dann gibt es eine Äquivalenzrelation $\equiv(\varphi_A)$, die mit allen Operationen aus Σ verträglich ist – eine **Σ-Kongruenzrelation** –, derart daß A isomorph ist zur Algebra der Äquivalenzklassen von $\equiv(\varphi_A)$, das heißt zur Algebra $W_\Sigma / \equiv(\varphi_A)$ der **Restklassen** nach der Kongruenzrelation $\equiv(\varphi_A)$. Zwei Terme sind (bezüglich dieser Relation) genau dann **kongruent**, wenn sie als das gleiche Element von A interpretiert werden.

Somit können wir auch sagen:

Jede Rechenstruktur A der Signatur Σ ist isomorph zu einer Restklassenalgebra der Termalgebra W_Σ, und umgekehrt.

Die Restklassenalgebren $W_\Sigma / \equiv(\varphi_A)$ bilden also ein Repräsentantensystem für sämtliche Rechenstrukturen der Signatur Σ und erlauben damit einen Überblick über alle Rechenstrukturen eines abstrakten Typs $(\Sigma, \mathfrak{E})$.

3.2.2.4 Welche Beziehung gibt es nun zwischen zwei Rechenstrukturen einer gegebenen Signatur? Da alle Rechenstrukturen der Signatur Σ epimorphe Bilder von W_Σ sind, kann es zwischen je zwei solchen Algebren A, B höchstens *einen* (surjektiven) Homomorphismus $\psi\colon A \to B$ geben (und damit auch eine zugehörige Kongruenzrelation $\equiv(\psi)$, derart daß $B \cong A/\equiv(\psi)$). Man sagt in diesem Fall auch, „A ist **feiner** als B“ (und „B ist **gröber** als A“) und schreibt $A \to B$.

Die Feiner-Relation $\rightarrow$ ist offensichtlich reflexiv und transitiv. Gilt „A ist feiner als B" und „B ist feiner als A", so sind A und B isomorph. Die Relation „feiner" definiert also eine (partielle) Ordnung auf den Klassen isomorpher Rechenstrukturen der Signatur Σ.

Wir können jetzt verschärft definieren:

Eine **abstrakte Rechenstruktur** (bzw. **abstrakte Algebra**) der Signatur Σ ist eine Klasse isomorpher Rechenstrukturen (bzw. Algebren) der Signatur Σ. Die abstrakten Rechenstrukturen ein und derselben Signatur sind (partiell) geordnet.

Wir werden für den Rest dieses Abschnitts nur noch von abstrakten Rechenstrukturen reden und die Restklassenalgebren der Termalgebra als Repräsentanten ansehen. Mit $[A]$ bezeichnen wir die abstrakte Rechenstruktur, zu der die (konkrete) Rechenstruktur A gehört.

3.2.2.5 Wir betrachten nun Rechenstrukturen der Signatur Σ, die auch die Eigenschaften $\mathfrak{E}$ eines abstrakten Typs $(\Sigma, \mathfrak{E})$ erfüllen. Nach dem eben Gesagten beschränken wir uns auf *abstrakte* Rechenstrukturen und bezeichnen die Menge all dieser mit $CS_{\Sigma,\mathfrak{E}}$. Die Menge *aller* abstrakten Rechenstrukturen der Signatur Σ stimmt dann mit $CS_{\Sigma,\emptyset}$ überein; $CS_{\Sigma,\mathfrak{E}}$ ist eine Teilmenge von $CS_{\Sigma,\emptyset}$. Wie ist sie charakterisierbar?

Für die einzelnen abstrakten Rechenstrukturen aus $CS_{\Sigma,\mathfrak{E}}$ ist jedenfalls auch eine partielle Ordnung definiert. Wenn es unter ihnen eine feinste gibt, so heißt diese **initiale abstrakte Rechenstruktur**[9] und wird als $I_{\Sigma,\mathfrak{E}}$ bezeichnet; die einzelnen Algebren dieser Klasse heißen ebenfalls **initial**. Wenn es unter ihnen eine gröbste gibt, so heißt diese **terminale abstrakte Rechenstruktur**[9] und wird als $T_{\Sigma,\mathfrak{E}}$ bezeichnet; die einzelnen Algebren werden ebenfalls **terminal** genannt.

W_Σ selbst ist Algebra des absolut freien abstrakten Typs $(\Sigma, \emptyset)$. Dementsprechend ist bei Beschränkung auf totale Operationen $[W_\Sigma]$ die initiale abstrakte Rechenstruktur dieses Typs. Es gibt von diesem Typ auch eine **triviale Algebra** $\mathbb{1}$, bei der jede Trägermenge einelementig ist – bei Beschränkung auf totale Operationen ist diese Algebra sogar terminal.

$[W_\Sigma]$ ist auch dann initial, wenn lediglich Ungleichungen gefordert werden; $[\mathbb{1}]$ bleibt auch dann terminal, wenn lediglich Gleichungen gefordert werden. Im allgemeinen ist jedoch die initiale bzw. die terminale abstrakte Rechenstruktur, wenn es sie überhaupt gibt, von $[W_\Sigma]$ bzw. $[\mathbb{1}]$ verschieden[10].

Werden widersprüchliche Eigenschaften $\mathfrak{E}$ gefordert, so ist $CS_{\Sigma,\mathfrak{E}}$ leer. Durch Angabe eines Modells zeigt man klassischerweise, daß die Eigenschaftsmenge **konsistent** ist, d. h., daß aus den Eigenschaften kein Widerspruch abgeleitet werden kann. Man beachte jedoch, daß die Klasse $CS_{\Sigma,\mathfrak{E}}$ der *endlich erzeugten* Modelle auch leer sein kann, wenn die Eigenschaftsmenge $\mathfrak{E}$ konsistent ist[11].

$CS_{\Sigma,\mathfrak{E}}$ enthält genau dann eine einzige abstrakte Rechenstruktur, wenn initiale und terminale Algebren existieren und zusammenfallen; in diesem Fall spricht man von einem **monomorphen** abstrakten Typ. Beispiele werden wir in 3.2.5.3 und 3.2.6 finden. Im allgemei-

9 Die Bezeichnungen stammen aus der Kategorientheorie.

10 Wirsing et al. 1980 und Wirsing, Broy 1980 geben ziemlich weitreichende Bedingungen für die Existenz von initialen und terminalen Algebren an.

11 Die Beschränkung auf $CS_{\Sigma,\mathfrak{E}}$ bringt auch mit sich, daß es Aussagen geben kann, die zwar für $CS_{\Sigma,\mathfrak{E}}$ gültig, aber mit $\mathfrak{E}$ nicht beweisbar sind (Unvollständigkeitssatz von Gödel-Rosser). Zu einer solchen Aussage gibt es dann stets eine nicht endlich erzeugte Algebra, in der sie falsch ist (Gödelscher Vollständigkeitssatz der Prädikatenlogik 1. Stufe). Vgl. z. B. Shoenfield 1967.

nen ist es schwierig, die Eigenschaften gerade so einzurichten, daß man den Grat zwischen polymorphen und leeren abstrakten Typen trifft.

Als **Normalformensystem** bezeichnet man ein Repräsentantensystem von Termen für die Restklassen der initialen Algebra. Die klassische Beweismethode für Monomorphie sucht zuerst nach einem Normalformensystem und zeigt dann, daß verschiedene Terme des Normalformensystems („Normalformen") unter jeder Interpretation verschieden bleiben.

Die Situation von $CS_{\Sigma,\mathfrak{E}}$ und $CS_{\Sigma,\emptyset}$ läßt sich durch ein Ordnungsdiagramm veranschaulichen, falls initiale und terminale Algebren existieren (Abb. 3.2); $CS_{\Sigma,\mathfrak{E}}$ ist dann ein Ordnungsintervall (schraffiert).

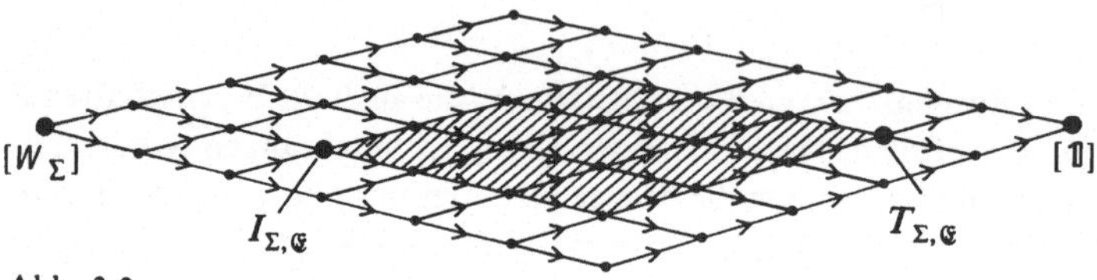

Abb. 3.2

3.2.2.6 Informell lassen sich die beiden extremen Algebren aus $CS_{\Sigma,\mathfrak{E}}$ auch so kennzeichnen: In Algebren, die echt feiner sind als $I_{\Sigma,\mathfrak{E}}$, werden Elemente unterschieden, die auf Grund von $\mathfrak{E}$ gleich sein müßten, in Algebren die echt gröber sind als $T_{\Sigma,\mathfrak{E}}$, sind Elemente gleich, die auf Grund von $\mathfrak{E}$ verschieden sein müßten. In einer initialen Algebra sind alle Elemente verschieden, die in irgendeiner Algebra aus $CS_{\Sigma,\mathfrak{E}}$ verschieden sind; in einer terminalen Algebra dagegen werden Elemente als gleich angesehen, die in irgendeiner Algebra aus $CS_{\Sigma,\mathfrak{E}}$ gleich sind. Eine initiale Algebra enthält demnach „am meisten" verschiedene, eine terminale „am wenigsten" verschiedene Elemente. Eine terminale Algebra ist, praktisch gesehen, am wenigsten redundant; eine initiale am reichhaltigsten.

Die initiale Algebra (falls es sie gibt) hat den (theoretisch relevanten) Vorzug, daß sich aus ihr alle Rechenstrukturen durch Homomorphismen, d. h. durch weitere Klassenbildung, gewinnen lassen. Sind zwei Algorithmen über einem polymorphen Typ definiert, so sind sie bereits dann gleichwertig, wenn für die initiale Algebra gleiche Wirkung (nach außen) gewährleistet ist.

Auf den ersten Blick könnte man also geneigt sein, die initialen Algebren vor den terminalen auszuzeichnen. Umgekehrt würde die folgende Tatsache dafür sprechen, den terminalen den Vorzug zu geben: Sei A irgendeine Algebra aus $CS_{\Sigma,\mathfrak{E}}$. Dann läßt sich durch A immer die terminale Algebra $T_{\Sigma,\mathfrak{E}}$ „repräsentieren", d. h., es gibt einen Homomorphismus von A auf $T_{\Sigma,\mathfrak{E}}$, die initiale Algebra läßt sich jedoch durch A nur „repräsentieren", wenn A selbst initial ist.

Welche Algebra soll nun *das* Modell eines abstrakten Typs sein? Wir ziehen es vor, *undeterminiert* zu lassen, welche Algebra aus $CS_{\Sigma,\mathfrak{E}}$ gemeint ist, falls es sich nicht um einen monomorphen abstrakten Typ handelt. Dies erlaubt während der Programmentwicklung ein Offenhalten der Entscheidung über den letzten Endes zu verwendenden monomorphen abstrakten Typ, der *später* durch Hinzufügen weiterer Eigenschaften festgelegt werden kann.

3.2.2.7 Läßt man im Erzeugungsprinzip die Einschränkung auf *endlich* erzeugte Terme fallen, so bekommt man eine erweiterte Theorie, in der auch unendliche Objekte Platz finden. Schon das Beispiel unendlicher Folgen von **O**, **L**-Elementen zeigt, daß man dabei zu nicht mehr abzählbaren Mengen gelangt – die **O**, **L**-Folgen sind ja, als Dualbrüche gelesen, der Menge der reellen Zahlen zwischen Null und Eins gleichmächtig. Um wieder zu abzählbaren und sogar aufzählbaren Mengen zu kommen, muß man sich auf solche unendliche Terme beschränken, die auch irgendwie endlich beschreibbar sind. Beispiele dafür haben wir in 2.14 kennengelernt; auch die in 0.2.2 erwähnten berechenbaren reellen Zahlen sowie berechenbare unendliche Folgen (2.6.2) fallen hierunter.

3.2.3 Vollständigkeit der Eigenschaften

3.2.3.1 Die Feststellung, daß es in der Menge $CS_{\Sigma,\mathfrak{E}}$ nichtisomorphe Algebren geben kann, ist nicht nur für den Theoretiker interessant, sondern hat auch für die praktische Arbeit schwerwiegende Konsequenzen. Seien nämlich A und B zwei Algebren vom abstrakten Typ $(\Sigma, \mathfrak{E})$, und es sei t irgendein Term der Termalgebra W_Σ, der in einer primitiven Trägermenge $\mathfrak{P}_i$ endet. Dann muß die Interpretation, also die „Auswertung", von t in A nicht unbedingt das gleiche Ergebnis liefern wie die Interpretation von t in B.

Da die Terme der Termalgebra aber genau die Ausdrücke (das heißt also die „Programme") darstellen, die sich mit den Operationen der Rechenstruktur formulieren lassen, bedeutet dies, daß *dasselbe* „Programm" bei der Auswertung *verschiedene* Ergebnisse liefern kann, je nachdem welche Algebra zugrunde gelegt wird.

Dies läßt sich durch ein einfaches Beispiel illustrieren: Wenn man in 3.2.1.2, Beispiel 1 die Eigenschaft

law T: *top*(*append*(a, x)) $= x$

wegläßt, also zu einer kleineren Eigenschaftsmenge $\mathfrak{E}'$ übergeht, so ist die Wirkungsweise von *top* nicht mehr vollständig festgelegt. Man kann sich dann etwa zwei konkrete Rechenstrukturen vorstellen, von denen die eine – wie üblich – bei der Anwendung von *top* immer das zuletzt angefügte Element liefert, während die andere immer ein festes Element n liefert. Beide Strukturen sind vom (polymorphen) Typ $(\Sigma, \mathfrak{E}')$, die Interpretation des Terms

top(*append*(*empty*, x))

liefert aber einmal n und einmal x.

Dies legt nahe zu fordern, daß für jeden Term t der Wortalgebra W_Σ, der nicht in einer definierten Trägermenge, sondern in einer primitiven Trägermenge $\mathfrak{P}_i$ endet (dessen äußerste Operation also die Ergebnisart $\mathfrak{P}_i$ hat), bei der Interpretation in jeder beliebigen Algebra aus $CS_{\Sigma,\mathfrak{E}}$ (über den Trägermengen $\mathfrak{P}_i$) das gleiche Ergebnis entsteht[12].

Ein hinreichendes Kriterium hierfür ist die „hinreichende Vollständigkeit": Die Eigenschaftsmenge $\mathfrak{E}$ eines abstrakten Typs $(\Sigma, \mathfrak{E})$ ist **hinreichend vollständig**[13] (engl. *sufficiently complete,* Guttag 1975), wenn jeder Term $t \in W_\Sigma$, der in einer primitiven Trägermenge $\mathfrak{P}_i$ endet, durch Anwendung der Eigenschaften von $\mathfrak{E}$ auf ein Objekt aus $\mathfrak{P}_i$ „reduziert" werden kann.

---

12 Dies entspricht genau der realen Situation etwa in Datenbanksystemen: die interne Speicherung der Informationen ist uninteressant, die Antworten auf alle möglichen Anfragen müssen dagegen wohldefiniert sein.

13 Da diese Definition nicht genau dem üblichen Vollständigkeitsbegriff der formalen Logik entspricht, hat Guttag das Wörtchen „hinreichend" hinzugefügt.

Gegenbeispiel: Wenn oben die Eigenschaft T weggelassen wird, kann mit den verbleibenden Eigenschaften der Term

„*top*(*append*(*rest*(*append*(*empty*, *x*)), *y*))“

zwar auf

„*top*(*append*(*empty*, *y*))“,

jedoch nicht mehr weiter – etwa auf y – reduziert werden.

Auch dieses Kriterium ist noch schwer nachzuprüfen. Guttag (1975) hat eine Möglichkeit angegeben, wie man bereits der äußeren Form von $\mathfrak{E}$ ansehen kann, ob die Eigenschaften hinreichend vollständig sind – sofern man sich bei der Aufschreibung gewisse Restriktionen auferlegt. Im wesentlichen müssen dazu alle Operationen, die nicht in der definierten Trägermenge enden, in ihrer Wirkung auf alle Operationen, die dort enden, erklärt werden. Wir können auf dieses Verfahren nicht weiter eingehen, es sei nur darauf hingewiesen, daß alle im Verlauf dieses Kapitels aufgeführten abstrakten Typen dem Kriterium der hinreichenden Vollständigkeit genügen, wenn nichts Gegenteiliges gesagt ist.

3.2.3.2 Nicht hinreichend vollständig definierte Typen treten beispielsweise auf, wenn in einem polymorphen Typ eine Äquivalenzrelation *eq* eingeführt werden soll durch das Gesetz

law EQ: $eq(a, b) \Leftrightarrow a = b$.

In einem solchen Typ gibt es nämlich Terme s, t, derart, daß $s = t$ in einem Modell A und $\neg(s = t)$ in einem Modell B gilt; also liefert $eq(s, t)$ einmal **true**, das andere Mal **false**.

Zunächst ergibt sich daraus durch Umkehrung das theoretisch interessante **Monomorphiekriterium**: Ist ein Typ $(\Sigma, \mathfrak{E})$ so beschaffen, daß er nach Erweiterung durch *eq* und EQ hinreichend vollständig ist, so ist der Typ $(\Sigma, \mathfrak{E})$ monomorph oder leer.

Ist die Eigenschaftsmenge eines abstrakten Typs nicht hinreichend vollständig, so können über den Rechenstrukturen dieses Typs immer noch interpretationsinvariante Algorithmen formuliert werden, solange sie nur solche Operationen benutzen, für die gilt: jeder mit ihnen gebildete, in $\mathfrak{P}_i$ endende Term kann auf ein Objekt aus $\mathfrak{P}_i$ reduziert werden. Für derartige Algorithmen ist es unerheblich, ob sie über einer terminalen, einer initialen oder sonst einer Rechenstruktur dieses polymorphen Typs interpretiert werden.

Natürlich kann es sein, daß auch in einem polymorphen Typ ein spezieller Vergleich mit einem festen Element n, d. h. der Term

$a = n$

interpretationsunabhängig ist. Eine entsprechende (einstellige) Operation kann dann zur Signatur hinzugefügt werden, ohne die hinreichende Vollständigkeit der Eigenschaften zu verletzen, vgl. *isempty* in 3.2.5.1.

Für eine hinreichend vollständige Menge von Eigenschaften, die ausschließlich als Identitäten in den Operationssymbolen und freien Variablen geschrieben sind, kann stets die Existenz von (initialen) Modellen nachgewiesen werden. Diese absolute Beschränkung auf Identitäten, wie sie von einigen Autoren bevorzugt wird, ist jedoch nicht unbedingt notwendig, denn Implikationen und Ungleichungen in eingeschränkter Form gefährden die Existenz von Modellen nicht und können daher ebenfalls zugelassen werden.

Es wird übrigens nicht gefordert, daß die Eigenschaftsmenge „minimal" ist; d. h., es können in $\mathfrak{E}$ ohne weiteres Eigenschaften vorhanden sein, die aus den anderen ableitbar sind. Solche „überflüssigen" Eigenschaften können in der Praxis oft sogar zum besseren Verständnis des abstrakten Typs beitragen, vgl. 3.1.4a).

3.2.4 Konkretisierung eines abstrakten Typs

Die theoretischen Überlegungen der letzten Abschnitte erlauben nun, einige Konsequenzen für die praktische Arbeit mit abstrakten Typen und Rechenstrukturen zu ziehen.

Um zu zeigen, daß eine Algebra R mit der Signatur Σ vom Typ $(\Sigma, \mathfrak{E})$ ist, muß zunächst bewiesen werden, daß die Operationen von R alle Eigenschaften aus $\mathfrak{E}$ erfüllen. Dazu werden Verfahren wie etwa die Berechnungsinduktion oder die Parameterinduktion aus 1.6 nötig sein. R ist dann tatsächlich eine Algebra vom Typ $(\Sigma, \mathfrak{E})$ (ein konkretes Modell) und wird **Konkretisierung** des Typs $(\Sigma, \mathfrak{E})$ genannt. Genügt das Modell auch dem Erzeugungsprinzip, so ist es eine Rechenstruktur vom Typ $(\Sigma, \mathfrak{E})$.

Der Nachweis, daß eine Konkretisierung R terminal ist, ist ebenso wie der Nachweis der Initialität in Allgemeinheit schwierig und geht über den Rahmen dieses Buches hinaus. Genauso problematisch ist es oft, zu einem nicht-terminalen R eine Kongruenzrelation $\equiv$ zu finden, so daß $R / \equiv$ terminal ist. Die Angabe einer solchen Kongruenzrelation bedeutet im übrigen, eine explizite Rechenvorschrift für die gröbste unter allen Modellen des Typs mögliche Gleichheit anzugeben.

In 3.6.2 werden wir zahlreiche Beispiele von Konkretisierungen studieren.

3.2.5 Notation und erste Beispiele

3.2.5.1 Zur Beschreibung eines abstrakten Typs (vgl. 3.2.1) verwenden wir eine Notation, die an der Notation für konkrete Rechenstrukturen (vgl. 3.1.3) orientiert ist, mit dem Unterschied, daß bei abstrakten Typen die Signatur in der Kopfleiste vollständig angegeben werden muß[14]; außerdem werden die Klammern durch entsprechende Wortsymbole ersetzt.

Der abstrakte Typ der gewöhnlichen Stapel in 2.10.3 wird dann folgendermaßen geschrieben:

type STACK ≡ (**mode** χ) **stack** χ, *empty, isempty, top, rest, append*:
  mode stack χ,
  funct stack χ *empty*,
  funct (**stack** χ) **bool** *isempty*,
  funct ({**stack** χ *s*: ¬ *isempty*(*s*)}) χ *top*,
  funct ({**stack** χ *s*: ¬ *isempty*(*s*)}) **stack** χ *rest*,

14 Bei konkreten Rechenstrukturen kann dagegen die Angabe der Funktionalität zur notationellen Vereinfachung unterdrückt werden. Aus mnemotechnischen Gründen führen wir in der Bezeichnung der definierten Trägermenge in der Regel eine eingebrachte parametrische Art mit auf.

funct (**stack** χ, χ) **stack** χ *append*,
law R: $rest(append(s, x)) = s$,
law T: $top(append(s, x)) = x$,
law A: $\neg\ isempty(s) \Rightarrow append(rest(s), top(s)) = s$,
law E1: $isempty(empty)$,
law E2: $\neg\ isempty(append(s, x))$ **endoftype** ,

wobei χ ein Parameter[15] ist und für die Eigenschaften hinreichende Vollständigkeit (vgl. 3.2.3) erfüllt ist. **STACK** ist monomorph (siehe 3.2.2.5).

Offensichtlich zieht $s = empty$ wegen E1 $isempty(s)$ nach sich. Die Umkehrung beruht auf E2 und dem Erzeugungsprinzip.

Neben den in der Kopfleiste (vor dem Doppelpunkt) angegebenen Art- und Operationsbezeichnungen, die „nach außen" verfügbar sein sollen, können auch (nach dem Doppelpunkt) „versteckte" Art- und Funktionsspezifikationen auftreten; dies wäre etwa bei einem abstrakten Typ **BSTACK** der Fall, dem die konkrete Rechenstruktur *BS* angehört.

Weiter ist es möglich, Hierarchien zwischen verschiedenen abstrakten Typen auszudrücken, indem man bestimmte Spezifikationen und Eigenschaften durch eine **Typzugehörigkeitsangabe**[16] ersetzt.

So könnte man den in 3.2.1, Beispiel 1 angegebenen abstrakten Typ nun formal beschreiben durch

type LSTACK $\equiv$ (**mode** χ) **lstack** χ, *emptyl, isemptyl, topl, restl, appendl, length*:
(**lstack** χ, *emptyl, isemptyl, topl, restl, appendl*) **isoftype STACK** (χ),
funct (**lstack** χ) **nat** *length*,
law L1: $length\ (emptyl) = 0$,
law L2: $length\ (appendl(s, x)) = length(s) + 1$ **endoftype** .

Aus der Typzugehörigkeitsangabe

(**lstack** χ, *emptyl, isemptyl, topl, restl, appendl*) **isoftype STACK** (χ)

sind sowohl die Funktionalitäten, etwa

funct (**lstack** χ, χ) **lstack** χ *appendl* ,

wie auch die zugehörigen Eigenschaften, etwa

law A: $\neg\ isemptyl(s) \Rightarrow appendl(restl(s), topl(s)) = s$,

unmittelbar ersichtlich.

15 Entsprechend unserer Bemerkung in 3.1.3.1 müßte man daher hier streng genommen wieder von einem Typ-Schema sprechen.

16 Die hier verwendete Typzugehörigkeitsangabe weist Ähnlichkeiten mit den Operationen zum „Aufbau von Theorien" in Burstall, Goguen 1977 auf. Bereits an dieser Stelle ist auch eine Warnung bezüglich der Typzugehörigkeitsangabe angebracht: wenn man sie verwendet, so muß man sehr sorgfältig darauf achten, daß man keine inkonsistenten Eigenschaftensysteme erzeugt.

Überdies wurde in diesem Beispiel von der Umbenennungsmöglichkeit Gebrauch gemacht (etwa *topl* statt *top*), die uns später immer wieder begegnen wird.

Die Typzugehörigkeitsangabe gestattet auch, die Kopfleiste konkreter Rechenstrukturen notationell zu verkürzen. So kann man für die Kopfleiste der (konkreten) Rechenstruktur *RSC* aus 3.1.3 nun kurz

structure *RSC* ≡ (**mode** χ) **LSTACK** (χ)

schreiben. Die Bezeichnungen der Operationen, die durch eine derart angegebene Struktur definiert werden, sind also bereits durch die zugehörige Typdefinition festgelegt – oder anders gesagt, Umbenennungen erfolgen nur durch entsprechende neue Typdefinitionen[17].

3.2.5.2 Eine abstrakte Rechenstruktur wird notiert wie eine konkrete, mit dem Unterschied, daß die Angabe des durch ⌈ und ⌋ geklammerten Rumpfs fehlt; der Übergang von einer abstrakten Rechenstruktur zu einer konkreten besteht also darin, den fehlenden Rumpf zu ergänzen.

Ferner muß durch Schlüsselwörter wie **initial** oder **terminal** ausgedrückt werden, daß die initiale oder die terminale abstrakte Rechenstruktur des angegebenen Typs gemeint ist, durch **some** oder **that**, daß irgendeine bzw. (für einen monomorphen Typ) *die* abstrakte Rechenstruktur in Betracht gezogen wird, etwa

structure *STACK* ≡ (**mode** χ) **that STACK** (χ) .

Beispiele abstrakter Rechenstrukturen erhält man, wenn man bei den Beispielen *SUIT*, *BIT* und *PLOTTER* von konkreten Rechenstrukturen in 3.1.4 die Rümpfe streicht. Weitere Beispiele werden im folgenden behandelt.

3.2.5.3 So lassen sich McCarthys Listen (Objektstruktur **lisp** von 2.9.1) durch einen abstrakten Typ beschreiben, dessen wesentliche Eigenschaften[18] eine auffallende Ähnlichkeit zu denen von **STACK** aufweisen.

type LISP ≡ (**mode atom**) **lisp**, *car, cdr, cons, mklisp, mkatom, isatom*:
  mode lisp,
  funct ({**lisp** *l*: ¬ *isatom*(*l*)}) **lisp** *car*,
  funct ({**lisp** *l*: ¬ *isatom*(*l*)}) **lisp** *cdr*,
  funct (**lisp**, **lisp**) **lisp** *cons*,
  funct (**atom**) **lisp** *mklisp*,
  funct ({**lisp** *l*: *isatom*(*l*)}) **atom** *mkatom*,
  funct (**lisp**) **bool** *isatom*,
  law CAR: *car*(*cons*(*k*, *l*)) = *k*,
  law CDR: *cdr*(*cons*(*k*, *l*)) = *l*,

17 Diese Schreibweise macht nochmals klar, daß die für Algorithmen über einer Rechenstruktur maßgeblichen Aussagen aus den Eigenschaften (und nicht aus der Formulierung des Rumpfs) gewonnen werden; man hat immer die Möglichkeit, den Rumpf einer Rechenstruktur auszuwechseln, ohne gleichzeitig alle Algorithmen über dieser Rechenstruktur ändern zu müssen.

18 Die meisten Eigenschaften stehen bereits bei McCarthy 1960.

law CONS: $\neg$ *isatom*$(l) \dot{\Rightarrow}$ *cons*(*car*(l), *cdr*$(l)) = l$,
law ISATOM1: *isatom*(*mklisp*(a)),
law ISATOM2: $\neg$ *isatom*(*cons*(k, l)),
law MKATOM: *mkatom*(*mklisp*$(a)) = a$,
law MKLISP: *isatom*$(l) \dot{\Rightarrow}$ *mklisp*(*mkatom*$(l)) = l$ **endoftype** .

Die durch *mklisp* aus den Elementen der eingebrachten Art **atom** erzeugten Objekte der definierten Trägermenge **lisp** spielen sozusagen die Rolle der Operation *empty* von **STACK**, die Operation *isatom* ist mit *isempty* vergleichbar. Auch **LISP** ist monomorph.

Wegen der technischen Ähnlichkeit von CAR, CDR, CONS mit R, T, A (3.1.2) lassen sich manche der Definitionen (z. B. Konkatenation von Listen) und Sätze von McCarthy für **STACK** übertragen. Andererseits ergeben die übrigen Eigenschaften signifikante Unterschiede. Man beachte, daß **LISP** hinsichtlich der Operationen *cons, car* und *cdr* homogen ist.

3.2.5.4 Orientiert an dem algebraischen Gebilde Gruppe erhält man einen abstrakten Typ **G** (vgl. 3.2.1.2):

type G ≡ **group**, . ∘ ., *inv*, *e*:
mode group,
funct (group, group) group . ∘ .,
funct (group) group *inv*,
funct group *e*,
law ASSOC: $(a \circ b) \circ c = a \circ (b \circ c)$,
law LI: $inv(a) \circ a = e$,
law RI: $a \circ inv(a) = e$,
law INV: $inv(inv(a)) = a$,
law LN: $e \circ a = a$,
law RN: $a \circ e = a$ **endoftype** .

Zwar erfüllt jede Gruppe bekanntlich die Eigenschaften ASSOC bis RN, aufgrund des in 3.2.3 geforderten Erzeugungsprinzips ist jedoch die einzige abstrakte Rechenstruktur dieses Typs die triviale Einheits-Gruppe. Sie ist gleichzeitig initial und terminal; **G** ist also monomorph, vorausgesetzt, man beschränkt sich auf totale Operationen[19].

Nimmt man noch ein weiteres Element x (mit Hilfe der nullstelligen Operation **funct group** x) hinzu und die Eigenschaften

law U: $x \neq e$,
law Z2: $x \circ x = e$,

so erhält man den monomorphen abstrakten Typ **Z2** der (kommutativen) zyklischen Gruppe der Ordnung 2:

19 Das in 3.2.1.2 angeführte Modell b) ist keine Rechenstruktur dieses Typs, es ist in **G** nicht erzeugbar. Es ist jedoch Rechenstruktur des nachfolgenden abstrakten Typs **Z2**.

```
type Z2 ≡ group, . ∘ ., inv, e, x:
    (group, . ∘ ., inv, e) isoftype G,
    funct group x,
    law U:  x ≠ e,
    law Z2: x ∘ x = e                endoftype   .
```

Nimmt man lediglich ein Element x hinzu, jedoch keine weitere Eigenschaft, so erhält man einen polymorphen abstrakten Typ: als terminale Algebra ergibt sich wieder die triviale Einheits-Gruppe, als initiale Algebra ergibt sich die „freie Gruppe $\mathfrak{F}_1$", eine (kommutative) zyklische Gruppe nicht-endlicher Ordnung, isomorph den ganzen Zahlen unter der Addition (mit e als „Null" und x als „Eins")[20]; dazwischen sind alle zyklischen Gruppen endlicher Ordnung Modelle, wobei A feiner als B ist (das heißt, ein Homomorphismus $A \rightarrow B$ existiert) genau dann, wenn die Ordnung von B ein Teiler der Ordnung von A ist.

Nimmt man U allein hinzu, so ist die Einheits-Gruppe nicht mehr Modell: es gibt keine terminale Rechenstruktur mehr.

Den polymorphen abstrakten Typ der „durch χ erzeugten Gruppen"

```
type GENGROUP ≡ (mode χ) group χ, . ∘ ., inv, e, widen:
    (group χ, . ∘ ., inv, e) isoftype G,
    funct (χ) group χ widen,
    law SEP: widen(x) = widen(y)  ⇒  x = y   endoftype   ,
```

dessen initiale Algebra die frei erzeugte Gruppe über einer Erzeugendenmenge χ ist, erhält man, wenn man zum Typ **G** eine Funktion *widen* hinzunimmt. Die Eigenschaft der Injektivität von *widen* ist für die initiale Algebra von selbst erfüllt.

Aufgabe 1: a) Man formuliere einen abstrakten Typ **MONOID**, *der das algebraische Gebilde Monoid, d. h. Halbgruppe mit neutralem Element, beschreibt.*

b) Man gebe eine alternative Formulierung des abstrakten Typs **GENGROUP**, *indem man den strukturellen Zusammenhang zwischen Monoid und Gruppe ausnutzt.*

3.2.5.5 Das nächste Beispiel zeigt einen typischen Fall von Polymorphie.

Für die über **STACK** definierte Rechenvorschrift (vgl. 2.10.4)

```
funct contains ≡ (stack χ a, χ x) bool:
    if isempty(a) then false
                  else if top(a) = x then true
                                     else contains(rest(a), x) fi fi
```

zusammen mit *append* und *empty* kann man die Eigenschaften C1 und C2 des nachfolgenden Typs herleiten:

---

20 Viele Einzelheiten für endlich erzeugte Gruppen („diskrete Gruppen") findet man bei H. S. M. Coxeter, W. O. J. Moser, "Generators and Relations for Discrete Groups" (3. Aufl., Springer 1972).

type COST ≡ (**mode** χ) **cost** χ, *empty, append, contains*:
  mode cost χ,
  funct cost χ *empty*,
  funct (**cost** χ, χ) **cost** χ *append*,
  funct (**cost** χ, χ) **bool** *contains*,
  law C1: $\neg$ *contains*(*empty*, x),
  law C2: *contains*(*append*(a, x), y) $\Leftrightarrow$ $x = y \vee$ *contains*(a, y) **endoftype** .

Für diesen Typ ist $[W_\Sigma]$ die initiale Algebra.

Ein echt gröberes Modell erhält man, wenn man jedem Term aus **cost** χ die Häufigkeitstabelle der in ihm vorkommenden Elemente von χ zuordnet: Die beiden ungleichen Terme

append(*append*(*append*(*empty*, x), y), x)

und

append(*append*(*append*(*empty*, y), x), x)

entsprechen derselben Häufigkeitstabelle

x	y
2	1

;

die beiden ungleichen Terme

append(*append*(*empty*, x), y)

und

append(*append*(*empty*, y), x)

entsprechen derselben Häufigkeitstabelle

x	y
1	1

.

Ein terminales Modell schließlich ordnet den Termen lediglich die Mengen der in ihnen vorkommenden Elemente zu:

Die beiden verschiedenen Häufigkeitstabellen

x	y
2	1

und

x	y
1	1

entsprechen dabei derselben Menge $\{x, y\}$.

COST ist also polymorph.

Aufgabe 1: Benutze **COST** *zur Beschreibung des Aufbaus von Graphen.*

3.2.5.6 „Komplexe“ Objekte sind generell Paare von Elementen einer vorgegebenen Rechenstruktur G – von der vorausgesetzt wird, daß sie eine Gruppe mit der Verknüpfung $.\circ.$ und dem neutralen Element e ist – mit komponentenweise definierten Operationen. Man hat dafür die folgende Typ-Definition:

type CPL ≡ (**mode** χ) **cpl**, *plus, invers, neutr, re, im, cpl*
  based on GENGROUP (χ):
  mode cpl,
  funct (cpl, cpl) cpl *plus*,
  funct (cpl) cpl *invers*,
  funct cpl *neutr*,
  funct (cpl) group χ *re*,
  funct (cpl) group χ *im*,
  funct (group χ, **group** χ) **cpl** *cpl*,
  law RP: $re(plus(a, b)) = re(a) \circ re(b)$,
  law IP: $im(plus(a, b)) = im(a) \circ im(b)$,
  law RI: $re(invers(a)) = inv(re(a))$,
  law II: $im(invers(a)) = inv(im(a))$,
  law RN: $re(neutr) = e$,
  law IN: $im(neutr) = e$,
  law CR: $cpl(re(a), im(a)) = a$,
  law RC: $re(cpl(x, y)) = x$,
  law IC: $im(cpl(x, y)) = y$,
  law E: $a = b \Leftrightarrow (re(a) = re(b) \wedge im(a) = im(b))$ **endoftype** .

Die hierarchische Abstützung eines neu definierten abstrakten Typs auf bereits vorhandene („eingebrachte“) abstrakte Typen **A**, ..., **Z** wird durch die Angabe **based on A**, ..., **Z** am Ende der Kopfleiste ausgedrückt.

Das Gesetz E ist aus den übrigen Gesetzen ableitbar; es bringt zum Ausdruck, daß die universelle Gleichheit in jedem Modell von **CPL** von der universellen Gleichheit des jeweils zugrunde liegenden Modells G von **GENGROUP** abhängt.

Für den abstrakten Typ **CPL** lassen sich nun die folgenden Gruppeneigenschaften beweisen:

law ASSOC: $plus(a, plus(b, c)) = plus(plus(a, b), c)$,
law LI: $plus(invers(a), a) = neutr$,
law RI: $plus(a, invers(a)) = neutr$,
law INV: $invers(invers(a)) = a$,
law LN: $plus(neutr, a) = a$,
law RN: $plus(a, neutr) = a$.

Wird, über das obige Beispiel hinaus, von der Rechenstruktur G sogar verlangt, daß sie ein kommutativer Ring von „Zahlen“ ist mit einer multiplikativen Verknüpfung $.\times.$, so kommt man zu einer Typdefinition für „komplexe Zahlen“, wenn man zusätzlich

funct (**cpl**, **cpl**) **cpl** *mult*,
law RM: $re(mult(a, b)) = re(a) \times re(b) \circ invers(im(a) \times im(b))$
law IM: $im(mult(a, b)) = re(a) \times im(b) \circ im(a) \times re(b)$

einführt; dieser Typ beschreibt dann wiederum einen Ring. Speziell, wenn G der Ring der ganzen, rationalen oder reellen Zahlen ist, erhält man die entsprechenden komplexen Zahlen[21].

3.2.6 Konstruktoren und Selektoren

Im vorangehenden Beispiel des abstrakten Typs „komplexer Zahlen" ist *cpl* eine Operation, die aus zwei Objekten ein **cpl**-Objekt aufbaut, d. h. eine „Konstruktor"-Operation, während *re* bzw. *im* „Selektor"-Operationen sind, also ein **cpl**-Objekt in seine Bestandteile zerlegen. Diese drei Operationen zusammen mit der Gleichheitsprüfung und den entsprechenden Gesetzen (RC, IC, CR und E) sind typisch für Rechenstrukturen, deren Elemente zusammengesetzte Objekte (vgl. 2.5, 2.6) sind.

Allgemein läßt sich eine (nichtrekursive) zusammengesetzte Art, etwa

mode comp $\equiv (\chi_1\ sel_1, \chi_2\ sel_2, \ldots, \chi_n\ sel_n)$

als eine Rechenstruktur des folgenden monomorphen abstrakten Typs darstellen:

type COMP $\equiv$ (**mode** χ_1, **mode** $\chi_2, \ldots,$ **mode** χ_n) **comp**, $cons, sel_1, sel_2, \ldots, sel_n$:
mode comp,
funct $(\chi_1, \chi_2, \ldots, \chi_n)$ **comp** *cons*,
funct (**comp**) $\chi_1\ sel_1$,
funct (**comp**) $\chi_2\ sel_2$,
⋮
funct (**comp**) $\chi_n\ sel_n$,
law CS: $cons(sel_1(a), sel_2(a), \ldots, sel_n(a)) = a$,
law SC1: $sel_1(cons(x_1, x_2, \ldots, x_n)) = x_1$,
law SC2: $sel_2(cons(x_1, x_2, \ldots, x_n)) = x_2$,
⋮
law SCn: $sel_n(cons(x_1, x_2, \ldots, x_n)) = x_n$,
law E: $a = b \Leftrightarrow (sel_1(a) = sel_1(b) \wedge sel_2(a) = sel_2(b) \wedge \ldots \wedge sel_n(a) = sel_n(b))$ **endoftype**

Aufgabe 1: Beweise mittels des Erzeugungsprinzips CS *und* E *aus den übrigen Gesetzen.*

Aufgabe 2: Man ersetze die Einführung der zusammengesetzten Arten **complex** *und* **datum** *aus 2.6 durch die Definition geeigneter abstrakter Typen.*

21 Vgl. auch den ALGOL 68-Bericht, Ziffer 10.2.7.

In analoger Weise kann man den abstrakten Typ einer Rechenstruktur definieren, die eine variierende Art, etwa

mode v $\equiv \chi_1 \mid \chi_2$

beschreibt:

type V $\equiv$ (**mode** χ_1, **mode** χ_2) **v**, *inj₁*, *inj₂*, *is₁*, *is₂*, *proj₁*, *proj₂*:
mode v,
funct (χ_1) **v** inj_1,
funct (χ_2) **v** inj_2,
funct (**v**) **bool** is_1,
funct (**v**) **bool** is_2,
funct ({**v** x: $is_1(x)$}) χ_1 $proj_1$,
funct ({**v** x: $is_2(x)$}) χ_2 $proj_2$,
law I11: $is_1(inj_1(x))$,
law I12: $\neg\ is_1(inj_2(x))$,
law I21: $\neg\ is_2(inj_1(x))$,
law I22: $is_2(inj_2(x))$,
law PI1: $proj_1(inj_1(x)) = x$,
law PI2: $proj_2(inj_2(x)) = x$,
law IP1: $is_1(x) \mathrel{\dot{\Rightarrow}} inj_1(proj_1(x)) = x$,
law IP2: $is_2(x) \mathrel{\dot{\Rightarrow}} inj_2(proj_2(x)) = x$,
law E: $x = y \Leftrightarrow$
if $is_1(x) \wedge is_1(y)$ **then** $proj_1(x) = proj_1(y)$
▯ $is_2(x) \wedge is_1(y)$ **then false**
▯ $is_1(x) \wedge is_2(y)$ **then false**
▯ $is_2(x) \wedge is_2(y)$ **then** $proj_2(x) = proj_2(y)$ **fi endoftype** .

Auch dieser abstrakte Typ ist monomorph. Außerdem sind die Gesetze E, IP1 und IP2 aus den übrigen Gesetzen beweisbar.

Damit läßt sich nun auch der abstrakte Typ von Rechenstrukturen angeben, deren Elemente bestimmte *rekursiv* zusammengesetzte Objekte sind. Zweckmäßigerweise werden dabei Konstruktion und Injektion wie auch Projektion und Selektion zu jeweils einer Operation zusammengezogen.

Für eine Art wie

mode rcomp $\equiv$ (χ sel_1, **rcomp** sel_2) | **empty**

hat man so die folgende Typdefinition (*cons* und *empty* sind Konstruktoroperationen)

type RCOMP $\equiv$ (**mode** χ) **rcomp**, *cons*, sel_1, sel_2, *empty*, *isempty*:
mode rcomp,
funct (χ, **rcomp**) **rcomp** *cons*,
funct ({**rcomp** a: $\neg$ $isempty(a)$}) χ sel_1,
funct ({**rcomp** a: $\neg$ $isempty(a)$}) **rcomp** sel_2,

funct rcomp *empty*,
funct (rcomp) bool *isempty*,
law CS: $\neg$ *isempty*$(a) \Rightarrow cons(sel_1(a), sel_2(a)) = a$,
law SC1: $sel_1(cons(x, a)) = x$,
law SC2: $sel_2(cons(x, a)) = a$,
law E1: *isempty*(*empty*),
law E2: $\neg$ *isempty*(*cons*(a, x)),
law E: $a = b \Leftrightarrow$ **if** *isempty*$(a) \wedge$ *isempty*(b) **then true**
▯ $\neg$ *isempty*$(a) \wedge$ *isempty*(b) **then false**
▯ *isempty*$(a) \wedge \neg$ *isempty*(b) **then false**
▯ $\neg$ *isempty*$(a) \wedge \neg$ *isempty*(b) **then**
$sel_1(a) = sel_1(b) \wedge sel_2(a) = sel_2(b)$ **fi**
endoftype.

Wie man nun sofort sieht, stimmt dieser abstrakte Typ mit dem in 3.2.5 definierten abstrakten Typ **STACK** bis auf Umbezeichnungen überein. E ist mit Hilfe der anderen Gesetze beweisbar.

Ein anderes Beispiel ist der abstrakte Typ **LISP** in 3.2.5.2.

Umgekehrt lassen sich alle Typ-Definitionen, die – bis auf Gleichheitsprüfung – nur Konstruktor- und Selektor-Funktionen enthalten, welche „Kürzungs"-Eigenschaften wie CS und SC1, SC2 genügen, durch entsprechende Artvereinbarungen abkürzen.

Aus der Tatsache, daß in Typ-Definitionen aber nicht immer derartige „Kürzungs"-Eigenschaften auftreten (siehe z. B. Typ **COST**, 3.2.5.5), sieht man übrigens, daß die Methode, Objektstrukturen mit Hilfe von abstrakten Typen zu definieren, weit allgemeiner ist als die Methode der Artvereinbarungen mittels direktem Produkt und direkter Summe.

Wie auch für Reihungen der Art **index array** χ von 2.6.2 im Prinzip ein (monomorpher) abstrakter Typ **ARRAY(index,** χ**)** eingeführt werden kann, liegt auf der Hand. Eine wesentliche Einschränkung besteht dabei darin, daß **index** endlich ist.

3.3 Abstrakt definierte Reihungen

Wie bereits einleitend gesagt, besteht der wesentliche Zweck von Typdefinitionen darin, auch solche Strukturen abstrakt zu beschreiben, die landläufig nur implizit (durch eine Realisierung) oder verbal beschrieben sind. Ein typisches Beispiel dafür sind verschiedene spezielle Formen von Reihungen[22], beispielsweise die sogenannten flexiblen Reihungen von ALGOL 68.

3.3.1 Einseitig flexible Reihungen

3.3.1.1 Die wesentlichen Anforderungen an Reihungen, die über den Trivialfall endlicher fester Indexmengen hinausgehen, lassen sich bereits durch das nachfolgende Beispiel „ein-

22 Auf die Notwendigkeit, den subtilen Begriff *array* präziser zu fassen, haben insbesondere Hoare 1970 und Dijkstra 1976 hingewiesen.

seitig flexibler Reihungen" erfüllen. Dabei ist **index** eine linear Noethersch geordnete Objektmenge (vgl. 2.6.2), die also ein minimales Element *min* enthält. Weiter sind auf **index** die Operationen «Nachfolger von .» und (partiell) «Vorgänger von.» definiert, die hier mit *succ* bzw. *pred* bezeichnet sind. Als prominentester Vertreter einer solchen Indexmenge kann **nat** mit dem minimalen Element 0 gelten. Eine solche Indexmenge ist eine Rechenstruktur, deren abstrakter Typ folgendermaßen beschrieben werden kann:

```
type INDEX ≡ index, min, succ, pred, .≦.:
             mode index,
             funct index min,
             funct (index) index succ,
             funct ({index i: i ≠ min}) index pred,
             funct (index, index) bool .≦.,
             law S1:  succ(a) ≠ min,
             law S2:  succ(a) = succ(b) ⇒ a = b,
             law S3:  a ≠ min ⇒̇ succ(pred(a)) = a,
             law S4:  pred(succ(a)) = a,
             law LE:  (succ(a) ≦ succ(b)) ⇔ (a ≤ b),
             law M1:  min ≦ a
             law M2:  ¬ (succ(a) ≦ min)
             law E:   a = b ⇔ (a ≦ b ∧ b ≦ a)        endoftype   .
```

Für ein Modell dieses (monomorphen) abstrakten Typs s. 3.5.1.1.

3.3.1.2 Damit läßt sich der abstrakte Typ **einseitig flexibler Reihungen** oder **Folgen** wie folgt definieren:

```
type FLEX ≡ (structure INDEX, mode χ: INDEX isoftype INDEX)
            index flex χ, init, isinit, ext, rem, hib, sel, alt:
            mode index flex χ,
            funct index flex χ init,
            funct (index flex χ) bool isinit,
            funct (index flex χ, χ) index flex χ ext,
            funct ({index flex χ a: ¬ isinit(a)}) index flex χ rem,
            funct ({index flex χ a: ¬ isinit(a)}) index hib,
            funct ({index flex χ a, index i: ¬ isinit(a) ∧ i ≦ hib(a)}) χ sel,
            funct ({index flex χ a, index i: ¬ isinit(a) ∧ i ≦ hib(a)}, χ)
                                                            index flex χ alt,
            law HIB: hib(ext(f, m)) = if isinit(f) then min
                                                   else succ(hib(f)) fi,
            law ALT: i ≦ hib(ext(f, m)) ⇒̇
                     alt(ext(f, m), i, x) =
                     if i = hib(ext(f, m)) then ext(f, x)
                                           else ext(alt(f, i, x), m) fi,
            law SEL: i ≦ hib(ext(f, m)) ⇒̇
                     sel(ext(f, m), i) =
                     if i = hib(ext(f, m)) then m else sel(f, i) fi,
```

law A: $\neg\ isinit(f) \dot{\Rightarrow} ext(rem(f), sel(f, hib(f))) = f$,
law R: $rem(ext(f, m)) = f$,
law I1: $isinit(init)$,
law I2: $\neg\ isinit(ext(f, m))$,
law I3: $\neg\ isinit(f) \dot{\Rightarrow} (isinit(rem(f)) \Leftrightarrow (hib(f) = min))$ **endoftype** .

Beachte, daß bei der hier gewählten Indizierung *hib* den „größten vorkommenden Index" liefert, also *hib*(*init*) undefiniert ist und *hib*(*ext*(*init, m*)) = *min* gilt.

Aufgabe 1: Ist A *aus den übrigen Gesetzen von* **FLEX** *ableitbar?*

Aufgabe 2: Für den abstrakten Typ **FLEX** *beweise man die Gültigkeit der Gesetze*

law HIB2: $\neg\ isinit(f) \dot{\Rightarrow} hib(rem(f)) = pred(hib(f))$,
law HIB3: $(\neg\ isinit(f) \wedge i \leq hib(f)) \dot{\Rightarrow} hib(alt(f, i, m)) = hib(f)$,
law SEL2: $(\neg\ isinit(f) \wedge i \leq pred(hib(f))) \dot{\Rightarrow} sel(rem(f), i) = sel(f, i)$,
law SEL3: $(\neg\ isinit(f) \wedge i \leq hib(f) \wedge j \leq hib(f))$
$\dot{\Rightarrow} sel(alt(f, i, m), j) =$ **if** $i = j$ **then** m
else $sel(f, j)$ **fi** .

3.3.1.3 Obschon **nat flex** χ nicht mit **nat array** χ (vgl. 2.6.2) identisch ist, kann man analog zu gewöhnlichen Reihungen definieren:

funct . [.] ≡ (**index flex** χ *a*, **index** *i*: $\neg\ isinit(a) \wedge i \leq hib(a)$) χ: *sel*(*a, i*) .

Andererseits enthält **FLEX** keine dem expliziten Konstruktor von Reihungen (mit fester Indexmenge) entsprechende Operation; wenn dort (etwa für **mode** ν ≡ **nat** [1 .. 4]) der Konstruktor

$\langle m_1, m_2, m_3, m_4\rangle$

gebraucht werden konnte, so muß jetzt der Term

$ext(ext(ext(ext(init, m_1), m_2), m_3), m_4)$

ausgeschrieben werden.

3.3.1.4 Definiert man über **FLEX**

funct *selhib* ≡ (**index flex** χ *f*: $\neg\ isinit(f)$) χ: *sel*(*f, hib*(*f*)) ,

so wird die Verwandtschaft von einseitig flexiblen Reihungen mit Stapeln deutlich: (**index flex** χ, *init, isinit, selhib, rem, ext*) aus dem abstrakten Typ **FLEX** genügen (nach Umbenennung) dem abstrakten Typ **STACK** mit der Signatur (**stack** χ, *empty, isempty, top, rest, append*), wobei die Indizes „verborgen" bleiben. Die Gesetze A, R, E1 und E2 sind nur Transliterationen; T ergibt sich aus SEL mit *hib*(*ext*(*f, m*)) an Stelle von *i*. Wir sagen auch, **STACK** kann durch **FLEX** (mit beliebigem **index** vom Typ **INDEX**) implementiert werden.

Die Operation *alt* läßt sich auch, auf die Operationen *init, hib, ext* und *selhib* gestützt, rekursiv formulieren: aus ALT und R ergibt sich die Rechenvorschrift

funct *alt* ≡ (**index flex** χ *f*, **index** *i*, χ *m*: ¬ *isinit*(*f*) ∧ *i* ≤ *hib*(*f*)) **index flex** χ:
  if *i* = *hib*(*f*) **then** *ext*(*rem*(*f*), *m*)
    else *ext*(*alt*(*rem*(*f*), *i*, *m*), *selhib*(*f*)) **fi** .

Aufgabe 3: Formuliere sel rekursiv, gestützt auf selhib und rem.

3.3.1.5 Man kann zu **FLEX** noch eine (*upper*, vgl. 2.10, entsprechende) Operation

funct ({**index flex** χ *a*: ¬ *isinit*(*a*)}) **index flex** χ *truncshift*

hinzunehmen, die eine Linksverschiebung der Indizierung unter Beseitigung von *a*[*min*] bewirkt. Zu ihrer Charakterisierung können die zusätzlichen Eigenschaften

law HIBS: ¬ *isinit*(*a*) $\dot{\Rightarrow}$
  if *hib*(*a*) = *min* **then** *truncshift*(*a*) = *init*
    else *hib*(*truncshift*(*a*)) = *pred*(*hib*(*a*)) **fi** ,
law SELS: *succ*(*j*) ≤ *hib*(*a*) $\dot{\Rightarrow}$ *sel*(*truncshift*(*a*), *j*) = *sel*(*a*, *succ*(*j*))

dienen.

Dann liegt es nahe, auch noch eine (*bottom* entsprechende) Operation

funct *selmin* ≡ (**index flex** χ *f*: ¬ *isinit*(*f*)) χ: *sel*(*f*, *min*)

einzuführen.

3.3.2 Zweiseitig flexible Reihungen

Es ist ziemlich offensichtlich, wie man den abstrakten Typ **FLEX** erweitern muß, um **zweiseitig flexible Reihungen** oder **zweiseitige Folgen** zu definieren, die in beiden Richtungen wachsen und schrumpfen können: man führt eine „symmetrische" Indexmenge **indexs** ein und verwendet zum Verlängern nach oben und unten die Operationen *hiext* und *loext*, zum Verkürzen *hirem* und *lorem* ein. Neben *hib* tritt *lob* für den kleinsten vorkommenden Index.

Für den Anfang der Indizierung setzen wir fest, daß

hib(*hiext*(*init*, *x*)) = *lob*(*hiext*(*init*, *x*)) = *origin*

und

hib(*loext*(*init*, *x*)) = *lob*(*loext*(*init*, *x*)) = *pred*(*origin*),

wobei *origin* ein ausgezeichnetes Element der Indexmenge ist.

Abgesehen von einigen weiteren, der Bequemlichkeit dienenden Operationen, die auf die hier angegebenen abgestützt werden können, wollen wir so gerade Dijkstras „*arrays*" (Dijkstra 1976, 11. Kap.) in abstrakter Definition erfassen.

indexs ist zwar auch eine linear geordnete Objektmenge, hat jedoch kein minimales Element; diese Objektmenge kann durch den folgenden abstrakten Typ beschrieben werden:

type INDEXS ≡ **indexs**, *origin*, *succ*, *pred*, $.\leq.$, $.\geq.$:
  mode indexs,
  funct indexs *origin*,
  funct (**indexs**) **indexs** *succ*,
  funct (**indexs**) **indexs** *pred*,
  funct (**indexs**, **indexs**) **bool** $.\leq.$,
  funct (**indexs**, **indexs**) **bool** $.\geq.$,
  law S2′: $pred(x) = pred(y) \Rightarrow x = y$,
  law S2: $succ(x) = succ(y) \Rightarrow x = y$,
  law S4′: $succ(pred(x)) = x$,
  law S4: $pred(succ(x)) = x$,
  law LE1: $succ(x) \leq succ(y) \Leftrightarrow x \leq y$,
  law LE2: $x \leq x$,
  law LE3: $\neg\,(x \leq pred(x))$,
  law LE3′: $\neg\,(succ(x) \leq x)$,
  law LE4: $x \leq y \Rightarrow x \leq succ(y)$,
  law LE4′: $x \leq pred(y) \Rightarrow x \leq y$,
  law E: $x = y \Leftrightarrow (x \leq y \wedge y \leq x)$,
  law GE: $x \geq y \Leftrightarrow y \leq x$ **endoftype** .

Beachte, daß in den Gesetzen die nullstellige Operation *origin* nicht vorkommt. Für ein Modell dieses (bei Beschränkung auf totale Operationen monomorphen) abstrakten Typs siehe 3.5.4.

Für jede Rechenstruktur dieses abstrakten Typs kann man die Gültigkeit der folgenden Aussage zeigen:
Für beliebiges **indexs** j genügen (unter geeigneter Einschränkung der Operationen) sowohl

({**indexs** i: $i \leq j$}, j, *pred*, *succ*, $.\geq.$) als auch
({**indexs** i: $i \geq j$}, j, *succ*, *pred*, $.\leq.$)

aus dem abstrakten Typ **INDEXS** Signatur und Gesetzen des abstrakten Typs **INDEX**.

Leider reicht diese Symmetrie der Indexmenge für eine entsprechende Definition von zweiseitig flexiblen Reihungen nicht aus: Hier lassen sich nämlich – im Gegensatz zu **FLEX** – nicht alle Objekte durch *init*, *hiext* und *loext* allein ausdrücken. So kann etwa ein Objekt a mit $hib(a) \leq pred(origin)$ nur unter Verwendung von *hirem* dargestellt werden. Mit anderen Worten: *hirem* (und entsprechend *lorem*) sind für zweiseitig flexible Reihungen zum Termaufbau unentbehrliche Operationen.

Eine Definition, die diesen Gesichtspunkt konsequent berücksichtigt, würde aber zu einer sehr großen (und daher unüberschaubaren) Anzahl von Gesetzen führen. Dies kann man umgehen, wenn man die leere Reihung nicht starr mit dem Index *origin* koppelt, sondern statt dessen jedes Element der Indexmenge als Anfang der Indizierung zuläßt, was letztlich eine Parametrisierung von *init* bedeutet.

Somit ergibt sich die folgende Definition von zweiseitig flexiblen Reihungen:

```
type BIFLEX ≡ (structure INDEXS, mode χ: INDEXS isoftype INDEXS)
    indexs biflex χ, init, isinit, hiext, loext, hirem, lorem, hib, lob, sel, alt:
    mode indexs biflex χ,
    funct (indexs) indexs biflex χ init,
    funct (indexs biflex χ) bool isinit,
    funct (indexs biflex χ, χ) indexs biflex χ hiext,
    funct (indexs biflex χ, χ) indexs biflex χ loext,
    funct ({indexs biflex χ a: ¬ isinit(a)}) indexs biflex χ hirem,
    funct ({indexs biflex χ a: ¬ isinit(a)}) indexs biflex χ lorem,
    funct (indexs biflex χ a) indexs hib,
    funct (indexs biflex χ a) indexs lob,
    funct ({indexs biflex χ a, indexs i: lob(a) ≦ i ≦ hib(a)}) χ sel,
    funct ({indexs biflex χ a, indexs i, χ x: lob(a) ≦ i ≦ hib(a)})
                                                              indexs biflex χ alt,

    law I:    isinit(a) ⇔ ¬ (lob(a) ≦ hib(a)),
    law H1:   hib(init(i)) = pred(i),
    law H2:   hib(hiext(a, x)) = succ(hib(a)),
    law H3:   hib(loext(a, x)) = hib(a),
    law L1:   lob(init(i)) = i,
    law L2:   lob(hiext(a, x)) = lob(a),
    law L3:   lob(loext(a, x)) = pred(lob(a)),
    law S1:   lob(a) ≦ i ≦ hib(hiext(a, x)) ⇒̇
              sel(hiext(a, x), i) =
              if i = hib(hiext(a, x)) then x
                                      else sel(a, i) fi,
    law S2:   lob(loext(a, x)) ≦ i ≦ hib(a) ⇒̇
              sel(loext(a, x), i) =
              if i = lob(loext(a, x)) then x
                                      else sel(a, i) fi,
    law A1:   lob(a) ≦ i ≦ hib(hiext(a, x)) ⇒̇
              alt(hiext(a, x), i, y) =
              if i = hib(hiext(a, x)) then hiext(a, y)
                                      else hiext(alt(a, i, y), x) fi,
    law A2:   lob(loext(a, x)) ≦ i ≦ hib(a) ⇒̇
              alt(loext(a, x), i, y) =
              if i = lob(loext(a, x)) then loext(a, y)
                                      else loext(alt(a, i, y), x) fi,
    law LO1:  lorem(loext(a, x)) = a,
    law LO2:  lorem(hiext(a, x)) =
              if isinit(a) then init(succ(lob(a)))
                           else hiext(lorem(a), x) fi,
    law HI1:  hirem(hiext(a, x)) = a,
    law HI2:  hirem(loext(a, x)) =
              if isinit(a) then init(hib(a))
                           else loext(hirem(a), x) fi                endoftype   .
```

init und *sel* entsprechen dem 0-Tupel ◊ bzw. der Selektion . [.] bei gewöhnlichen Reihungen; *hiext* und *loext* entsprechen den in 2.15.1 diskutierten besonderen Konstruktoren zur Erweiterung fester Reihungen.

Aufgabe 1: Für den abstrakten Typ **BIFLEX** *leite man die Gültigkeit von isinit(init(i)) ab.*

Man kann zu **BIFLEX** noch eine Operation

funct (indexs biflex χ**) indexs biflex** χ *shift*

hinzunehmen, die eine (Links-)Verschiebung der Indizierung erlaubt. Dann benötigt man die zusätzlichen Eigenschaften

law HIBS: $hib(shift(a)) = pred(hib(a))$,
law LOBS: $lob(shift(a)) = pred(lob(a))$,
law SELS: $lob(a) \leqq succ(j) \leqq hib(a) \overset{.}{\Rightarrow} sel(shift(a), j) = sel(a, succ(j))$.

3.3.3 Aggregate

Weniger anspruchsvoll als flexible Reihungen ist der nachfolgende, mit **GREX** bezeichnete[23] abstrakte Typ der **Aggregate**, bei dem jede (nicht notwendig geordnete und nicht notwendig endliche) rekursiv-aufzählbare Objektmenge als Indexmenge auftreten kann (vgl. auch Guttag 1975 und Wulf et al. 1976, die irreführenderweise die Bezeichnung VECTOR gebrauchen). Statt von Indizierung spricht man hier auch von **Nummerung** oder von **Benennung**. In Bauer, Goos 1974, 6. Kap. wurde eine solche Rechenstruktur informell eingeführt und als „benummertes Feld" bezeichnet – als technische Realisierung findet sie sich bei den *Assoziativspeichern* wieder. In einer an der formalen Logik orientierten Ausdrucksweise ist die Rechenstruktur bei Hoare, Wirth 1973 zu finden. In der Praxis dienen Aggregate dazu, funktionale Wertbeziehungen festzulegen.

Um von einer Ordnung der Indexmenge absehen zu können, werden zunächst *alt* und *ext* bzw. *hiext* und *loext* durch eine allgemeinere Operation *put* ersetzt, deren Definitionsbereich keinen Beschränkungen innerhalb der Indexmenge unterliegt.

Außerdem kann vom „größten" und „kleinsten" vorkommenden Index nicht mehr die Rede sein. Die Operationen *hib* und *lob* entfallen also, und für *sel* führt man eine allgemeinere Zusicherung mittels des Prädikats *isaccessible* ein: Auf die mit *i* benummerte Komponente eines Objekts *a* der zu definierenden Art kann zugegriffen werden, d. h. *isaccessible*(*a*, *i*) gilt, falls bei der Konstruktion dieses Objekts diese Komponente mindestens einmal (mittels *put*) behandelt worden ist.

Unter Umbenennung von *sel* in *get* (um den allgemeineren Definitionsbereich anzuzeigen) erhält man so (mit beliebigem ν statt **index**)

type GREX ≡ (**mode** ν, **mode** χ) ν **grex** χ, *vac, put, get, isaccessible*:
  mode ν **grex** χ,
  funct ν **grex** χ *vac*,

---

23 Lat. *grex*: Herde, Schar – die Sprachwurzel von Aggregat.

funct (ν **grex** χ, ν, χ) ν **grex** χ *put*,
funct ({ν **grex** χ *g*, ν *i*: *isaccessible*(*g*, *i*)}) χ *get*,
funct (ν **grex** χ, ν) **bool** *isaccessible*,
law GP: *isaccessible*(*put*(*g*, *i*, *x*), *j*) $\dot{\Rightarrow}$
get(*put*(*g*, *i*, *x*), *j*) = **if** *i* = *j* **then** *x*
else *get*(*g*, *j*) **fi**,
law NACC: ¬ *isaccessible*(*vac*, *i*),
law ACC: *isaccessible*(*put*(*g*, *i*, *x*), *j*) ⇔
i = *j* ∨ *isaccessible*(*g*, *j*) **endoftype** .

Für *get*(*g*, *i*) kann man auch *g*[*i*] schreiben, wobei

funct .[.] ≡ (ν **grex** χ *g*, ν *i*: *isaccessible*(*g*, *i*)) χ: *get*(*g*, *i*) .

Aufgabe 1: Kann durch die in einer Rechenstruktur vom abstrakten Typ **GREX** *verfügbaren Operationen x aus dem Term put(put(put(vac, i, x), j, y), i, z) wiedergewonnen werden?*

Aufgabe 2: Man erweitere **GREX** *um eine Operation*
funct ({ν **grex** χ *g*, ν *i*: *isaccessible*(*g*, *i*)}) ν **grex** χ *clear* ,
die zu einem vorgegebenen Index die entsprechende Komponente des Aggregats entfernt.

Für den abstrakten Typ **GREX** wird auch wieder der Unterschied zwischen initialer und terminaler Algebra deutlich. Für die terminale Algebra gilt die Eigenschaft

law PP: *put*(*put*(*g*, *i*, *x*), *j*, *y*) =
if *i* = *j* **then** *put*(*g*, *i*, *y*)
else *put*(*put*(*g*, *j*, *y*), *i*, *x*) **fi** ,

nicht aber für die initiale Algebra.

Die Menge der definierten Terme von W_Σ ist ein initiales Modell; in diesem Modell „erinnert man sich vollständig der Vorgeschichte". Ein nicht-isomorphes Modell erhält man mittels Tabellen, deren mit den Indizes überschriebene Spalten der Reihe nach die durch *put* beim Termaufbau hinzugefügten Elemente aufnehmen (eine Familie von Stapeln). Die beiden verschiedenen Terme

put(*put*(*put*(*vac*, 3, ‚*a*'), 5, ‚*b*'), 3, ‚*c*') und
put(*put*(*put*(*vac*, 5, ‚*b*'), 3, ‚*a*'), 3, ‚*c*')

haben in diesem Modell dieselbe Interpretation

... 2	3	4	5	6 ...
	‚*a*' ‚*c*'		‚*b*'	

Ein terminales Modell erhält man daraus, wenn man beim Aufschreiben vom Radiergummi Gebrauch macht und damit „die Vorgeschichte völlig vergißt". Die obigen Terme sowie die Terme *put*(*put*(*vac*, 5, ‚*b*'), 3, ‚*c*') und *put*(*put*(*vac*, 3, ‚*c*'), 5, ‚*b*')

haben dann alle die Interpretation

... 2	3	4	5	6 ...
	‚*c*'		‚*b*'	

Im Hinblick auf Realisierungsmöglichkeiten ist also die Polymorphie dieses Typs durchaus nützlich.

Anmerkung: In Datenbanksystemen finden sich neben den „sequentiellen Dateien" **file** und **roll** von 2.11.2 Rechenstrukturen vom Typ **FLEX** und **BIFLEX** sowie feste Reihungen **array** (2.6.2) als „selektor-sequentielle Dateien", Rechenstrukturen vom Typ **STACK** sowie **DECK** und **SEQU** (vgl. 3.4) als „streng sequentielle Dateien", Rechenstrukturen vom Typ **GREX** sowie feste Verbunde (2.6.1) als „Dateien mit direktem Zugriff".

3.4 Sequenzartige Rechenstrukturen

Bei der Spezifikation abstrakter Typen ist eine der wichtigsten Entscheidungen, welche Operationen Bestandteil der Signatur sein sollen und welche erst „außen", aufbauend auf diesen, hinzugefügt werden sollen. Je nachdem, wie diese Entscheidung ausfällt, erhält man verschiedene – jedoch eng verwandte – abstrakte Typen. Die Methoden und die Konsequenzen eines derartigen Variierens abstrakter Typen zeigen sich besonders deutlich bei der Klasse der sequenzartigen Strukturen.

3.4.1 Stapel, Deck und Schlange

3.4.1.1 Wir gehen aus vom abstrakten Typ **STACK** der Stapel aus 3.2.5. Die typische Unsymmetrie dieser Struktur kann behoben werden durch Hinzunahme der Operationen „am falschen Ende" *bottom, upper* und *stock*.

Werden diese Operationen „außen" hinzugefügt, so müssen sie in operativ aufwendiger Weise auf die Primitiven *top, rest* und *append* zurückgeführt werden, etwa (vgl. 2.10)

```
funct stock ≡ (stack χ a, χ x) stack χ:
      if isempty(a) then append(empty, x)
                    else append(stock(rest(a), x), top(a)) fi   .
```

Dann muß aber auch bei Konkretisierungen von **STACK**, bei denen die gewünschte Symmetrie bereits vorhanden ist (wie z. B. in den linearen Zweiweg-Strukturen, 2.14.1), *stock* durch diesen sehr ineffizienten Rekursionsmechanismus realisiert werden; wird *stock* dagegen in die Signatur aufgenommen und axiomatisch charakterisiert, so sind effiziente Lösungen (z. B. unter Ausnutzung der Eigenschaften einer Zweiweg-Struktur) möglich.

Der Preis, den man für diese größere Flexibilität zu zahlen hat, ist jedoch eine größere Menge von (bei der Konkretisierung zu beweisenden) Eigenschaften. Die Angabe der benötigten neuen Eigenschaften ist i. allg. nicht sehr schwer, da diese meist sehr eng mit den (rekursiven) Rechenvorschriften zusammenhängen.

So kann man z. B. aus der in 2.10 definierten Rechenvorschrift *contains* außer den schon in 3.2.5.5 benutzten Eigenschaften

law C1: $\neg$ *contains*(*empty*, *x*),
law C2: *contains*(*append*(*a*, *x*), *y*) $\Leftrightarrow$ *x* = *y* $\vee$ *contains*(*a*, *y*)

auch

law C3: $\neg$ *isempty*(*a*) $\dot{\Rightarrow}$ *contains*(*a*, *top* (*a*))

gewinnen. Ähnlich kann man aus der ebenfalls in 2.10 eingeführten Rechenvorschrift

```
funct delete ≡ (stack χ s, χ x) stack χ:
      if isempty(s) then empty
                    else if top(s) = x then rest(s)
                                       else append(delete(rest(s), x), top(s)) fi fi
```

die Eigenschaften

law D1: *delete*(*empty*, *x*) = *empty*,
law D2: *delete*(*append*(*s*, *x*), *y*) = **if** *x* = *y* **then** *s*
else *append*(*delete*(*s*, *y*), *x*) **fi**,
law REST: $\neg$ *isempty*(*s*) $\dot{\Rightarrow}$ *rest*(*s*) = *delete*(*s*, *top*(*s*))

herleiten.

Durch Hinzunahme dieser Eigenschaften und der Spezifikationen

funct (**stack** χ, χ) **bool** *contains*,
funct (**stack** χ, χ) **stack** χ *delete*

zur Definition von **STACK** kommt man zur Definition eines abstrakten Typs **SC**, der dieselbe Objektmenge definiert wie **STACK**.

Schließlich könnte man in **SC** auch noch die Operation *rest* und die Gesetze R und REST weglassen und *rest* „außen" definieren:

funct *rest* ≡ (**stack** χ *s*: $\neg$ *isempty*(*s*)) **stack** χ: *delete*(*s*, *top*(*s*)) .

Dabei muß A ersetzt werden durch

law ID: $\neg$ *isempty*(*s*) $\dot{\Rightarrow}$ *append*(*delete*(*s*, *top*(*s*)), *top*(*s*)) = *s* .

Wir erhalten so einen neuen Typ **CODEL** mit der Kopfzeile

type CODEL ≡ (**mode** χ) **codel** χ, *empty*, *isempty*, *top*, *append*, *contains*, *delete*:

Die Funktionalitäten ergeben sich aus dem obigen; die Gesetze des Typs sind T, ID, E1, E2, C1, C2, C3, D1, D2.

3.4.1.2 Für Stapel mit symmetrischen „Zugriffs“-Eigenschaften hat Knuth die Bezeichnung **Deque**[24] geprägt. **Deck**, US-Englisch für ein Spiel Karten, paßt auch nicht schlecht: man kann ja sowohl von oben wie von unten eine Karte wegnehmen. Wir definieren also:

type DECK ≡ (**mode** χ) **deck** χ, *empty*, *isempty*, *top*, *rest*, *append*, *bottom*, *upper*, *stock*:
  (**deck** χ, *empty*, *isempty*, *top*, *rest*, *append*) **isoftype STACK** (χ),
  (**deck** χ, *empty*, *isempty*, *bottom*, *upper*, *stock*) **isoftype STACK** (χ),
  law RS: *rest*(*stock*(*d*, *m*)) = **if** *isempty*(*d*) **then** *empty*
                    else *stock*(*rest*(*d*), *m*) **fi**,
  law TS: *top*(*stock*(*d*, *m*)) = **if** *isempty*(*d*) **then** *m*
                    else *top*(*d*) **fi**,
  law UA: *upper*(*append*(*d*, *m*)) = **if** *isempty*(*d*) **then** *empty*
                    else *append*(*upper*(*d*), *m*) **fi**,
  law BA: *bottom*(*append*(*d*, *m*)) = **if** *isempty*(*d*) **then** *m*
                    else *bottom*(*d*) **fi** **endoftype**.

Man sieht die Symmetrie dieser Struktur deutlich an den angegebenen Eigenschaften. Im Vergleich zu **STACK** hat sich die Menge der Eigenschaften mehr als nur verdoppelt, da auch die Beziehungen der „nicht zusammenpassenden“ Operationen geklärt werden müssen (Eigenschaften RS bis BA).

Die Symmetrie kommt auch zum Ausdruck in einer Verwandtschaft zwischen zweiseitig flexiblen Reihungen und Decks: Für ein beliebiges Element *i* der Art **index** genügen unter Identifizierung aller Terme *init*(*j*)

(**index biflex** χ, *init*(*i*), *isinit*, *selhib*, *hirem*, *hiext*, *sellob*, *lorem*, *loext*)

aus dem abstrakten Typ **BIFLEX** Signatur und Gesetzen des abstrakten Typs **DECK**; dabei bleiben wieder (vgl. 3.3.1.4) die Indizes „verborgen“.

Neben dem „Anreichern“ eines abstrakten Typs um neue Operationen kann natürlich auch ein „Abmagern“ durch Streichen von Operationen vorgenommen werden. Damit eröffnen sich gelegentlich effizientere Konkretisierungsmöglichkeiten. Auf solche Wechsel von Typen werden wir in 3.6.1 zurückkommen. Außerdem ist es für den praktischen Gebrauch grundsätzlich ratsam, in einen abstrakten Typ nicht mehr Operationen aufzunehmen, als „außen“ auch wirklich gebraucht werden.

3.4.1.3 Beschränkt man sich bei **DECK** neben *empty* und *isempty* etwa nur auf *top*, *rest* und *stock*, so hat man das „Zugriffs“-Verhalten einer **Schlange**[25]. Meist spricht man dann von „Anfang“ und „Ende“ einer Schlange (und benutzt oft die Bezeichnungen *front* statt *top* und *rear* statt *bottom*):

---

24 Von engl. „*double-ended queue*“ (Knuth 1973).

25 Engl. *queue*, auch *circular store* oder *FIFO („first in, first out“) list*.

type QUEUE ≡ (**mode** χ) **queue** χ, *empty*, *isempty*, *top*, *rest*, *stock*:
  mode queue χ,
  funct queue χ *empty*,
  funct (**queue** χ) **bool** *isempty*,
  funct ({**queue** χ *q*: ¬ *isempty*(*q*)}) χ *top*,
  funct ({**queue** χ *q*: ¬ *isempty*(*q*)}) **queue** χ *rest*,
  funct (**queue** χ, χ) **queue** χ *stock*,
  law RS: *rest*(*stock*(*q*, *x*)) = **if** *isempty*(*q*) **then** *empty*
                    else *stock*(*rest*(*q*), *x*) **fi**,
  law TS: *top*(*stock*(*q*, *x*)) = **if** *isempty*(*q*) **then** *x*
                    else *top*(*q*) **fi**,
  law E1: *isempty*(*empty*),
  law E2: ¬ *isempty*(*stock*(*q*, *x*))   **endoftype**.

Dual zu dieser Definition könnte die Struktur Schlange natürlich auch auf *bottom*, *upper* und *append* aufgebaut werden; beide Versionen sind bis auf Umbenennung identisch. Das bedeutet aber auch, daß (**index flex** χ, *init*, *isinit*, *selmin*, *truncshift*, *ext*) aus dem erweiterten abstrakten Typ **FLEX** (3.3.1.4) Signatur und Gesetzen des abstrakten Typs **QUEUE** genügen.

Über dem abstrakten Typ **QUEUE** kann man den Typ **DECK** kompakter charakterisieren:

type DECK ≡ (**mode** χ)
  deck χ, *empty*, *isempty*, *top*, *rest*, *append*, *bottom*, *upper*, *stock*:
  (**deck** χ, *empty*, *isempty*, *top*, *rest*, *append*) **isoftype STACK** (χ),
  (**deck** χ, *empty*, *isempty*, *bottom*, *upper*, *stock*) **isoftype STACK** (χ),
  (**deck** χ, *empty*, *isempty*, *top*, *rest*, *stock*) **isoftype QUEUE** (χ),
  (**deck** χ, *empty*, *isempty*, *bottom*, *upper*, *append*) **isoftype QUEUE** (χ)
                    endoftype .

3.4.2 Abschweifung: Teilbarkeitstheorie in Halbgruppen

Die im nächsten Abschnitt zu besprechenden Strukturen Sequenz und Wort, wie auch die zahlartigen Strukturen in 3.5, haben die Eigenschaften von Halbgruppen. Es erscheint daher interessant, einige Eigenschaften von Halbgruppen einleitend zu erörtern.

Wir definieren in einem beliebigen Monoid $M = (M, \circ, e)$ die Prädikate

b **lp** $a \Leftrightarrow_{\text{def}} \exists c: a = b \circ c$ („*b* ist Linksteil von *a*"),
b **rp** $a \Leftrightarrow_{\text{def}} \exists c: a = c \circ b$ („*b* ist Rechtsteil von *a*")

und erhalten offensichtlich den

Satz: **lp** *und* **rp** *sind reflexiv und transitiv, also Quasiordnungen.*

Ferner gilt

Satz: *e ist kleinstes Element bezüglich* **lp** *und* **rp**, *d. h.*

$\forall a \in M$: *e* **lp** *a*, *e* **rp** *a* .

Weiter hat man

Satz: Wenn **lp** (bzw. **rp**) *Ordnung ist, so ist e unzerlegbar, d. h.*

$$b \circ a = e \quad \Rightarrow \quad a = e = b \quad .$$

(Beweis: Sei $b \circ a = e$. Dann b **lp** e (und a **rp** e). Wegen e **lp** b und e **rp** a gilt $e = b$ (bzw. $e = a$). Aus $e = b$ folgt $a = e$ (bzw. aus $e = a$ folgt $b = e$).)

Neben dieser notwendigen Bedingung gibt es eine hinreichende in dem

Satz: *Wenn M linkskürzbar (bzw. rechtskürzbar) ist und e unzerlegbar,*

$$x \circ a = x \circ b \quad \Rightarrow \quad a = b \quad \text{und} \quad b \circ a = e \quad \Rightarrow \quad a = e = b,$$

so ist **lp** (bzw. **rp**) *eine Ordnung.*

(Beweis: a **lp** $b \wedge b$ **lp** $a \Rightarrow \exists x, y$: $a \circ x = b \wedge b \circ y = a \quad \Rightarrow \quad b \circ y \circ x = b$

$$\Rightarrow \quad e = y \circ x \quad \Rightarrow \quad x = e = y \Rightarrow a = b.)$$

Außerdem gilt

Satz: **lp** (bzw. **rp**) *ist linksverträglich (bzw. rechtsverträglich) mit* $\circ$, *d. h.*

$$a \ \mathbf{lp}\ b \Rightarrow (d \circ a)\ \mathbf{lp}\ (d \circ b) \quad .$$

Nun ist[26] ein freies Monoid rechts- und linkskürzbar und hat ein unzerlegbares neutrales Element. Dann sind sowohl **lp** als auch **rp** Ordnungen, wobei **lp** linksverträglich, **rp** rechtsverträglich mit $\circ$ ist. Im allgemeinen ist jedoch **lp** nicht rechtsverträglich (und **rp** nicht linksverträglich) mit $\circ$.

lp und **rp** fallen zu *einer* Relation **p** zusammen, wenn M kommutativ ist. Ist M kommutativ und kürzbar mit unzerlegbarem e, so ist (M, $\circ$, e, **p**) ein kommutatives geordnetes Monoid.

Algorithmen für **lp** bzw. **rp** werden im Zusammenhang mit den Rechenstrukturen des folgenden Abschnitts behandelt.

Aufgabe 1: Läßt sich in **STACK**, *nur auf empty und append abgestützt, die Operation* **lp** *definieren?*

3.4.3 Sequenz und Wort

3.4.3.1 Über einer Rechenstruktur vom abstrakten Typ **DECK** läßt sich leicht eine Rechenvorschrift für die Konkatenation zweier Objekte a, b der Art **deck** χ definieren, etwa (vgl. 1.4.1 (f))

```
funct conc ≡ (deck χ a, deck χ b) deck χ:
      if isempty(a) then b
                    else append(conc(rest(a), b), top(a)) fi   .
```

26 Für Einzelheiten siehe P. Deussen, „Halbgruppen und Automaten“ (Springer 1971), S. 17ff.

Analog zum Übergang von **STACK** nach **DECK** kann *conc* jedoch auch in die Signatur aufgenommen werden. Zur Erklärung der Bedeutung dieser neuen Operation muß ihr Zusammenwirken mit den Operationen *top, rest* und *bottom, upper* beschrieben werden. Wir erhalten so den abstrakten Typ **SEQU** der **Sequenzen** von Objekten einer Art χ:

type SEQU $\equiv$ **(mode** χ**)**
  sequ χ, *empty, isempty, top, rest, append, bottom, upper, stock, conc*:
  (**sequ** χ, *empty, isempty, top, rest, append, bottom, upper, stock*)
                isoftype DECK (χ),
  funct (**sequ** χ, **sequ** χ) **sequ** χ *conc*,
  law RC: $\neg\,(isempty(s) \wedge isempty(t)) \mathrel{\dot\Rightarrow}$
    $rest(conc(s, t)) =$ **if** $isempty(s)$ **then** $rest(t)$
            else $conc(rest(s), t)$ **fi**,
  law TC: $\neg\,(isempty(s) \wedge isempty(t)) \mathrel{\dot\Rightarrow}$
    $top(conc(s, t)) =$ **if** $isempty(s)$ **then** $top(t)$
            else $top(s)$ **fi**,
  law UC: $\neg\,(isempty(s) \wedge isempty(t)) \mathrel{\dot\Rightarrow}$
    $upper(conc(s, t)) =$ **if** $isempty(t)$ **then** $upper(s)$
            else $conc(s, upper(t))$ **fi**,
  law BC: $\neg\,(isempty(s) \wedge isempty(t)) \mathrel{\dot\Rightarrow}$
    $bottom(conc(s, t)) =$ **if** $isempty(t)$ **then** $bottom(s)$
            else $bottom(t)$ **fi**,
  law E3: $isempty(conc(s, t)) \Leftrightarrow isempty(s) \wedge isempty(t)$,
  law ASSOC: $conc(s, conc(t, u)) = conc(conc(s, t), u)$,
  law LN: $conc(empty, s) = s$,
  law RN: $conc(s, empty) = s$,
  law W: $append(empty, x) = stock(empty, x)$ **endoftype** .

Die Eigenschaft E3 beinhaltet die Unzerlegbarkeit von *empty* (vgl. 3.4.2).

Die letzten vier Eigenschaften lassen sich aus den übrigen ableiten; wir zeigen dies am Beispiel von LN und W:
Falls *isempty*(*s*) gilt, folgt LN unmittelbar aus E3; sonst ist

$$conc(empty, s) =_{(A, E3)} append(rest(conc(empty, s)), top(conc(empty, s)))$$
$$=_{(RC, TC)} append(rest(s), top(s))$$
$$=_{(A)} s \quad .$$

W ergibt sich so:

$$append(empty, x) =_{(RS, TS)} append(rest(stock(empty, x)), top(stock(empty, x)))$$
$$=_{(A)} stock(empty, x) \quad .$$

Aufgabe 1: Leite ASSOC *aus den übrigen Eigenschaften ab* (Skolem 1923).

Aufgabe 2: Zeige, daß W *bereits in* **DECK** *gilt.*

Aus LN und den Eigenschaften von *isempty* erhält man übrigens

$$isempty(a) \Rightarrow conc(a, b) = b$$

und mit RC und TC

$$\neg\, isempty(a) \dot{\Rightarrow} rest(conc(a, b)) = conc(rest(a), b) \wedge top(conc(a, b)) = top(a) \quad ,$$

also auch mit A von **DECK** bzw. **STACK**

$$\neg\, isempty(a) \dot{\Rightarrow} conc(a, b) = append(conc(rest(a), b), top(a)) \quad .$$

Insgesamt erhält man so wieder die rekursive Rechenvorschrift *conc* von oben.

Aufgabe 3: Zeige analog, daß aus den Eigenschaften von **SEQU** *auch die folgende repetitive Rechenvorschrift für conc ableitbar ist:*

```
funct conc ≡ (sequ χ a, sequ χ b) sequ χ:
      if isempty(a) then b
                    else conc(upper(a), append(b, bottom(a))) fi   .
```

Jede Rechenstruktur vom abstrakten Typ **SEQU** „umfaßt" Rechenstrukturen der abstrakten Typen **DECK, STACK** und **QUEUE** (sowie von dem noch zu besprechenden abstrakten Typ **WORD**); solche vom abstrakten Typ **STACK** und **QUEUE** sogar in doppelter Weise, vgl. die Definition von **DECK** am Ende von 3.4.1.

Aufgabe 4: Man gebe alle Typzugehörigkeitsangaben, die den Zusammenhang zwischen **SEQU** *einerseits und* **DECK, STACK** *und* **QUEUE** *andererseits beschreiben.*

Häufig wird die Konkatenation (in Infixschreibweise) durch das Zeichen & ausgedrückt:

```
funct .&. ≡ (sequ χ a, sequ χ b) sequ χ: conc(a, b)   .
```

Man vergleiche auch Tab. 1.3.1.

3.4.3.2 Operationen *lpart* und *rpart* für **lp** bzw. **rp** aus 3.4.2 sind in **STACK, DECK** und **SEQU** effizient darstellbar, etwa[27]

```
funct lpart ≡ (sequ χ a, sequ χ b) bool:
      if isempty(a) then true
    elsf isempty(b) then false
                    else top(a) = top(b) ∧ lpart(rest(a), rest(b)) fi   .
```

Dieser Algorithmus ist offenbar verwandt mit dem folgenden für den lexikographischen Vergleich von Sequenzen über einem (linear geordneten) Alphabet χ:

27 Die Aussage $\forall\, a, b \in M \subset$ **sequ** χ: $\neg\, lpart(a, b)$ heißt in der Codierungstheorie „Fano-Bedingung für M", vgl. auch Bauer, Goos 1973, S. 33.

```
funct le ≡ (sequ χ a, sequ χ b) bool:
   if isempty(a) then true
   elsf isempty(b) then false
                   else top(a) < top(b) ∨
                        (top(a) = top(b) ∧ le(rest(a), rest(b))) fi   .
```

Aufgabe 5: Man zeige: lpart(a, b) ⇒ le(a, b).

Aufgabe 6: Gib einen Algorithmus cutoff für das „Abschneiden einer Sequenz a von einer Sequenz b" unter der Zusicherung lpart(a, b) und zeige, daß cutoff und conc sich gegenseitig aufheben.

3.4.3.3 Die Operation *conc* von **SEQU** hat zusammen mit dem Element *empty* die Eigenschaften einer Halbgruppe mit neutralem Element, eines Monoids[28]. Streicht man also alle Operationen aus **SEQU** außer *conc* und *empty*, so entsteht der neue abstrakte Typ der **Worte** über dem Alphabet χ:

```
type WORD ≡ (mode χ) word χ, empty, isempty, widen, conc:
   mode word χ,
   funct word χ empty,
   funct (word χ) bool isempty,
   funct (χ) word χ widen,
   funct (word χ, word χ) word χ conc,
   law ASSOC: conc(u, conc(v, w)) = conc(conc(u, v), w),
   law LN:    conc(empty, w) = w,
   law RN:    conc(w, empty) = w,
   law E1:    isempty(empty),
   law E2:    ¬ isempty(widen(m)),
   law E3:    isempty(conc(u, v)) ⇒ (isempty(u) ∧ isempty(v)),
   law SEP:   widen(m) = widen(n) ⇒ m = n                endoftype .
```

Man vergleiche diesen abstrakten Typ mit **GENGROUP** in 3.2.5.4.

Nach dem Erzeugungsprinzip würde die definierte Trägermenge jeder Struktur dieses abstrakten Typs nur aus dem einzigen Element *empty* bestehen, wenn nicht der Übergang von einem Objekt *m* der Art χ zum Wort mit *m* als einzigem Element hinzugefügt würde. Dieser Übergang, im 2. Kapitel als **word** χ: *m* notiert, erfolgt in **SEQU** durch *append*(*empty*, *m*) oder *stock*(*empty*, *m*) und muß in **WORD** (wo weder *append* noch *stock* zur Verfügung stehen) durch die zusätzliche Operation *widen* ermöglicht werden.

Die Eigenschaft SEP ist in einer initialen Algebra von selbst erfüllt; sie garantiert, daß auch in allen anderen Algebren die durch *widen* erhaltenen **word**-Objekte nicht identifiziert werden. Trotzdem ist **WORD** nicht monomorph: Das freie kommutative Monoid über χ mit kommutativer Operation *conc* ist nämlich eine von der initialen verschiedene abstrakte Rechenstruktur vom Typ **WORD** (χ).

Aufgabe 7: Gib eine konkrete Rechenstruktur für das freie kommutative Monoid über endlichem χ an (Hinweis: Häufigkeitstabelle, vgl. 3.2.5.5).

In der Theorie der formalen Sprachen wird eine Rechenstruktur vom abstrakten Typ **WORD** definiert durch die **Sternoperation**:

---

28 Vgl. damit Aufgabe 3.2.5-1a).

Sei A eine beliebige Menge. Dann ist

$$A^* =_{\text{def}} \bigcup_{n \in \mathbb{N}} A^n, \quad \text{wobei} \quad A^0 =_{\text{def}} \{\Diamond\}, A^{i+1} =_{\text{def}} A \circ A^i$$

gesetzt ist und $\circ$ das assoziative direkte Produkt bezeichnet.

Für ein Element $\langle x_1, \langle x_2, \langle \ldots \langle x_n, \Diamond \rangle \ldots \rangle\rangle\rangle$ von A^* wird üblicherweise kurz $x_1 x_2 \ldots x_n$ geschrieben. Weiter wird definiert:

$$\mathit{empty} =_{\text{def}} \Diamond,$$

$$\mathit{widen}(x) =_{\text{def}} \langle x, \Diamond \rangle \quad \text{und}$$

$$\mathit{conc}(x_1 \ldots x_k, y_1 \ldots y_l) =_{\text{def}} x_1 \ldots x_k y_1 \ldots y_l, \quad \mathit{conc}(w, \Diamond) =_{\text{def}} \mathit{conc}(\Diamond, w) =_{\text{def}} w \quad .$$

Mit diesen Definitionen gilt: Die **Wortalgebra** χ^* ist eine initiale Algebra vom Typ **WORD** (χ).

Das Monoid χ^* hat die algebraische Eigenschaft, **frei über** χ zu sein. Darunter versteht man[29], daß

(1) jedes Element w von χ^* durch fortgesetzte Konkatenation von endlich vielen Elementen aus χ erhalten wird:

$$\exists\, x_1, x_2, \ldots, x_n \colon w = x_1 x_2 \ldots x_n,$$

(2) zu jeder Halbgruppe H jede Abbildung von χ in H zu einem Halbgruppenhomomorphismus von χ^* in H eindeutig fortgesetzt werden kann.

Die zweite Eigenschaft gilt, weil nach Definition der Termgleichheit aus

$$x_1 x_2 \ldots x_m = y_1 y_2 \ldots y_n$$

folgt

$$n = m \quad \text{und} \quad x_i = y_i \ (i = 1, \ldots, n) \quad .$$

Wegen des Erzeugungsprinzips ist auch die Eigenschaft (1) erfüllt.

Dem Satz von der Eindeutigkeit (bis auf Isomorphie) der initialen Algebra entspricht hier der bekannte

Satz: *Ein freies Monoid über einer Grundmenge ist (bis auf Isomorphie) durch die Grundmenge festgelegt (man nennt daher χ^* auch das freie Monoid der Worte über dem Alphabet χ).*

3.4.3.4 Während **WORD** auf **STACK** aufgebaut werden kann, kann **STACK** oder auch **SEQU** nicht ohne weiteres algorithmisch auf **WORD** aufgebaut werden. Man hat nämlich in Rechenstrukturen vom Typ **WORD** keine *direkten* Operationen verfügbar, um Elemente zu zerlegen, und kann z. B. *top* nur für χ endlicher Kardinalität leicht exhaustiv (unter Zuhilfenahme der universellen Gleichheitsrelation) realisieren. Auch für **lp** und **rp** aus 3.4.2 sind exhaustive Algorithmen über dem abstrakten Typ **WORD** sogar für χ endlicher Kardinalität sehr ineffizient. Ein Ausweg wäre hier, **lp** und **rp** als Primitive hinzuzunehmen.

In **WORD** (χ) gilt das Kommutativgesetz genau dann, wenn χ einelementig oder leer ist. **lp** und **rp** fallen dann zu *einer* mit *conc* verträglichen Ordnung **p** zusammen. Dieser Fall wird uns bei den Strichzahlen (3.5.1) wieder begegnen.

---

29 Für Einzelheiten siehe P. Deussen, „Halbgruppen und Automaten" (Springer 1971). Die Eigenschaften finden sich im wesentlichen bereits bei Dyck 1882.

3.4.4 Vergiß-Funktor

Es sei **m** χ eine Art, die unter ausschließlicher Verwendung des direkten Produkts und der Variantenbildung über einer Grundart χ definiert ist. **word** χ hat die Eigenschaft, daß es zu jeder solchen Objektmenge **m** χ eine **Vergiß-Funktion**

v: **m** χ → **word** χ

gibt, die „die Konstruktorklammern entfernt“, d. h. jeweils eine Äquivalenzklasse bezüglich der Assoziativität auf ein Element von **word** χ abbildet[30]. Eine solche Abbildung ist dadurch gekennzeichnet, daß sie mit der Ersetzung eines jeden zur Bildung der Elemente von **m** χ verwendeten Konstruktors durch die mehrfache Konkatenation verträglich ist.

Für **casc** χ lautet v beispielsweise

```
funct cascforget ≡ (casc χ x) word χ:
      if x = ◊
        then empty
        else cascforget(left of x) & widen(node of x) & cascforget(right of x) fi   .
```

Die Abbildung, die jeder solchen Art **m** χ die entsprechende Vergiß-Funktion v zuordnet, heißt **Vergiß-Funktor der Assoziativität.** Es ist leicht zu sehen, wie man für beliebige Objektstrukturen die Vergiß-Funktion algorithmisch beschreibt.

Vergiß-Funktionen sind besonders in der Theorie der formalen Sprachen von Bedeutung: Sie bewirken den Übergang von Ableitungsbäumen zu den entsprechenden Worten der Sprache.

Ein System von Art-Vereinbarungen beschreibt eine kontextfreie Grammatik folgendermaßen: Jede definierte Art $\mathbf{m}_i$ entspricht einer syntaktischen Variablen ‹m_i›, jede Artvereinbarung einer Menge von Produktionen und jede primitive Art $\mathbf{t}_j$ einer Menge T_j von Terminalzeichen.

So gehört zu der Grammatik (vgl. 2.9.1.2)

‹expression› ::= *‹term›* *‹operator›* *‹term›*
‹term› ::= *‹id›* | *‹lbrack›* *‹expression›* *‹rbrack›*

das folgende System von Artvereinbarungen:

```
mode expression ≡ (term, operator, term),
mode term ≡ id | (lbrack, expression, rbrack)   .
```

Zu jedem $\mathbf{m}_i$ hat man dann eine Vergiß-Funktion

v_i: $\mathbf{m}_i$ → **word t** ,

wobei

mode t ≡ $\mathbf{t}_1 | \mathbf{t}_2 | \ldots | \mathbf{t}_k$

die Menge aller Terminalzeichen ist.

---

30 Man könnte bei den folgenden Überlegungen auch **sequ** χ nehmen, in das **word** χ eingebettet ist. Werden Zerlegungsoperationen gebraucht, so ist das sogar notwendig.

Das Wortproblem (für x aus **word t**) „Ist x Wort für $\mathbf{m}_i$?" besteht dann darin zu entscheiden, ob x im Bild von $\mathbf{m}_i$ unter v_i vorkommt. Die Grammatik ist eindeutig, wenn alle v_i injektiv sind. Zerteilungsalgorithmen sind dann operative Formulierungen der v_i^{-1}, wobei **sequ** χ statt **word** χ zugrunde gelegt wird.

Für die Grammatik

mode rsequ $\chi \equiv$ **empty** |(**rsequ** χ *trunk*, χ *item*)

ist das Wortproblem trivial: jedes x aus **sequ** χ ist Wort für **rsequ** χ. **rsequ** χ ist auch eindeutig, und der Zerteilungsalgorithmus lautet

```
funct rsparse ≡ (sequ χ a) rsequ χ:
    if isempty(a) then ◊
                  else ⟨rsparse(rest(a)), top(a)⟩ fi   .
```

Auch für einseitig lineare *Systeme* von Artvereinbarungen sind Wortproblem, Eindeutigkeitsproblem und Zerteilungsproblem einfach lösbar: Aus dem zur entsprechenden einseitig linearen Grammatik gehörigen deterministischen Automaten läßt sich ein Erkennungsalgorithmus ablesen, der die besonders einfache Form eines repetitiven Systems von Rechenvorschriften hat (vgl. 1.4.1, d) und g)).

Aufgabe 1: Man gebe ein Verfahren an, das zu einem beliebigen rechtslinearen System von Artvereinbarungen einen Erkennungsalgorithmus liefert.

Anders ist es bei allgemeineren Systemen von Artvereinbarungen. Von den ihnen entsprechenden allgemeinen kontextfreien Grammatiken weiß man, daß sie gelegentlich nicht eindeutig sind. Bereits für **casc** χ oder **list** χ sind die Vergiß-Funktionen nicht injektiv.

Das abgeschwächte Zerteilungsproblem verlangt nun lediglich, einen Algorithmus anzugeben, der zu jedem x aus dem Bild von v ein beliebiges Urbild liefert. Es gibt nichtdeterministische Algorithmen, die solches leisten, und sogar eine allgemeine Vorschrift, wie man für beliebige Objektstrukturen einen (nichtdeterministischen, rekursiven) Algorithmus erhält, der das abgeschwächte Zerteilungsproblem löst – entsprechend dem Satz, daß es zu jeder kontextfreien Grammatik eine erkennende nichtdeterministische Maschine mit nur einem Keller gibt[31].

Hierzu nur ein Beispiel: Gegen Ende von 2.13 wurden Traversierungsalgorithmen für **list** χ und **casc** χ angegeben. Die Algorithmen mit der Reihenfolge *car, cdr* bzw. *left, node, right* sind gerade diejenigen, die der Vergiß-Funktion entsprechen (wenn man **word** χ statt **stack** χ als Ergebnisart nimmt).

Bekanntlich ist (vgl. 2.13) ein Objekt aus der klammerfreien Infixschreibweise nicht eindeutig rekonstruierbar. **list** χ und **casc** χ sind im Sinne der formalen Sprachen nicht eindeutig. Ein schwacher Zerteilungsalgorithmus ist jedoch leicht angebbar: Es ist der *rsparse* entsprechende Algorithmus, der solche Kaskaden bildet, die Rechtssequenzen implementieren:

```
funct cascparse ≡ (sequ χ a) casc χ:
    if isempty(a) then ◊
                  else ⟨cascparse(rest(a)), top(a), ◊⟩ fi   .
```

31 Vgl. Hopcroft, Ullman 1969.

Dies ist eine deterministische Fassung des nichtdeterministischen Algorithmus (für *parse* vgl. 1.12)

```
funct ndcascparse ≡ (sequ χ a) casc χ:
      if isempty(a) then ◊
                    else (sequ χ u, χ t, sequ χ v) ≡ parse(a) within
                         ⟨ndcascparse(u), t, ndcascparse(v)⟩        fi   .
```

Solche nichtdeterministischen Algorithmen sind allerdings wenig brauchbar: sie suchen nicht systematisch genug. Will man nur deterministische Zerteilungsalgorithmen verwenden, so muß man die Klasse der kontextfreien Grammatiken einschränken; dies führt auf eine Theorie, die auf Eickel und Paul zurückgeht, die aber erst in den Formen, die sie seit 1965 erhalten hat, weitere Verbreitung fand (LR(k)-Grammatiken, LL(k)-Grammatiken; s. z. B. Aho, Ullman 1972).

3.4.5 Mengen

3.4.5.1 Wir wollen von dem abstrakten Typ **CODEL** (vgl. 3.4.1.1) übergehen zu abstrakten Typen, die mengenartige Objektstrukturen charakterisieren.

Bei Mengen ist es belanglos, in welcher Reihenfolge Elemente eingefügt werden. Man wird also zu den Eigenschaften von **CODEL** die Eigenschaft der Rechtskommutativität fordern:

law RC: *append*(*append*(*s*, *y*), *x*) = *append*(*append*(*s*, *x*), *y*) .

Aus Konsistenzgründen kann dann aber die Eigenschaft T nicht mehr in ihrer ursprünglichen Form gefordert werden, da sonst für alle *x*, *y* aus χ

$$y =_{(T)} top(append(append(empty, x), y))$$
$$=_{(RC)} top(append(append(empty, y), x)) =_{(T)} x$$

folgen würde. Daher muß man für *top* schwächere – mit RC verträgliche – Eigenschaften fordern; beispielsweise ist die Eigenschaft

law S: *top*(*append*(*empty*, *x*)) = *x*

noch mit RC verträglich. Durch die Verwendung von S statt T ändert sich aber das „Verhalten" der Operation *top*: es kann jetzt wegen der Rechtskommutativität anstelle des jeweils „letzten" Elements auch eine andere Komponente als Ergebnis abgeliefert werden – in jedem Modell natürlich eine bestimmte (vgl. 3.2.3.1). Dieser Sachverhalt soll durch eine neue Operationsbezeichnung, etwa *elem*, zum Ausdruck gebracht werden.

Mit der Umbezeichnung von *empty, isempty, append* und *top* in *emptybag, isemptybag, collect* und *elem* ergibt sich aus der Definition von **CODEL** der neue abstrakte Typ **BAG**[32], der die Objektmenge der **Haufen** (engl. *multisets*) beschreibt:

type BAG ≡ (**mode** χ) **bag** χ, *emptybag, isemptybag, collect, elem, delete, contains*:
  mode bag χ,
  funct bag χ *emptybag*,
  funct (**bag** χ) **bool** *isemptybag*,
  funct (**bag** χ, χ) **bag** χ *collect*,
  funct ({**bag** χ *b*: ¬ *isemptybag*(*b*)}) χ *elem*,
  funct (**bag** χ, χ) **bag** χ *delete*,
  funct (**bag** χ, χ) **bool** *contains*,
  law E1: *isemptybag*(*emptybag*),
  law E2: ¬ *isemptybag*(*collect*(*b*, *x*)),
  law C1: ¬ *contains*(*emptybag*, *x*),
  law C2: *contains*(*collect*(*b*, *y*), *x*) ⇔ *x* = *y* ∨ *contains*(*b*, *x*),
  law C3: ¬ *isemptybag*(*b*) ⇒̇ *contains*(*b*, *elem*(*b*)),
  law D1: *delete*(*emptybag*, *x*) = *emptybag*,
  law D2: *delete*(*collect*(*b*, *x*), *y*) = **if** *x* = *y* **then** *b*
    else *collect*(*delete*(*b*, *y*), *x*) **fi**,
  law RC: *collect*(*collect*(*b*, *x*), *y*) = *collect*(*collect*(*b*, *y*), *x*),
  law S: *elem*(*collect*(*emptybag*, *x*)) = *x*,
  law ID: ¬ *isemptybag*(*b*) ⇒̇
    collect(*delete*(*b*, *elem*(*b*)), *elem*(*b*)) = *b* **endoftype** .

Die Eigenschaftsmenge von **BAG** ist nicht hinreichend vollständig: *elem* ist nicht eindeutig charakterisiert. Das läßt die Freiheit, *elem* in verschiedenen Modellen verschieden zu definieren.

Nimmt man (**stack** χ, *empty, isempty, append, delete, contains*) aus irgendeinem Modell des monomorphen abstrakten Typs **STACK**(χ) (bzw. **CODEL**(χ)) und bildet die Äquivalenzklassen bezüglich der Eigenschaft RC – definiert also die Gleichheit neu –, so erhält man ein Modell des abstrakten Typs **BAG** (χ), wenn man noch *elem* geeignet definiert, dessen Rolle wegen RC nicht von *top* übernommen werden kann. Für endliches χ kann eine Häufigkeitstabelle (vgl. 3.2.5.5) als Modell für **BAG** (χ) herangezogen werden. Ein weiteres Modell erhält man, wenn man mit sortierten Stapeln arbeitet.

CODEL (und auch **STACK**) wird in **BAG** überführt durch den Vergiß-Funktor der *Kommutativität*, der die Reihenfolge des Anfügens „vergißt".

3.4.5.2 Über **BAG** (wie über **STACK**) kann eine Operation *insert* definiert werden durch die folgenden Eigenschaften, die sich auch sofort in eine rekursive Rechenvorschrift übertragen lassen:

  law IN: *contains*(*b*, *x*) ⇒ *insert*(*b*, *x*) = *b*
  law NIN: ¬ *contains*(*b*, *x*) ⇒ *insert*(*b*, *x*) = *collect*(*b*, *x*) .

---

32 Die Bezeichnung stammt von J. Guttag.

Ferner gilt

law D2′: *delete*(*insert*(*b*, *x*), *y*) = **if** *x* = *y* **then** *delete*(*b*, *y*)
else *insert*(*delete*(*b*, *y*), *x*) **fi** ;

die Eigenschaften E2, C2, S, ID und RC gelten analog für *insert*.

Nimmt man nun in **BAG** *insert* (samt den zugehörigen Gesetzen) hinzu und läßt *collect* (samt den zugehörigen Gesetzen) weg, so gelangt man zum abstrakten Typ **FINSET**, der die Objektmenge **finset** χ der *endlichen Teilmengen* einer gegebenen Grundmenge χ definiert[33,34].

Mit der Umbezeichnung von *emptybag, isemptybag, collect* und *contains* in *emptyset, isemptyset, insert* und *iselem* ergibt sich also

type FINSET ≡ (**mode** χ) **finset** χ, *emptyset, isemptyset, insert, elem, delete, iselem*:
mode finset χ,
funct finset χ *emptyset*,
funct (**finset** χ) **bool** *isemptyset*,
funct (**finset** χ, χ) **finset** χ *insert*,
funct ({**finset** χ *s*: ¬ *isemptyset*(*s*)}) χ *elem*,
funct (**finset** χ, χ) **finset** χ *delete*,
funct (**finset** χ, χ) **bool** *iselem*,
law E1: *isemptyset*(*emptyset*),
law E2: ¬ *isemptyset*(*insert*(*s*, *x*)),
law C1: ¬ *iselem*(*emptyset*, *x*),
law C2: *iselem*(*insert*(*s*, *y*), *x*) ⇔ *x* = *y* ∨ *iselem*(*s*, *x*),
law C3: ¬ *isemptyset*(*s*) $\dot{\Rightarrow}$ *iselem*(*s*, *elem*(*s*)),
law D1: *delete*(*emptyset*, *x*) = *emptyset*,
law D2′: *delete*(*insert*(*s*, *x*), *y*) = **if** *x* = *y* **then** *delete*(*s*, *y*)
else *insert*(*delete*(*s*, *y*), *x*) **fi**,
law IN: *iselem*(*s*, *x*) ⇒ *insert*(*s*, *x*) = *s*,
law RC: *insert*(*insert*(*s*, *x*), *y*) = *insert*(*insert*(*s*, *y*), *x*),
law S: *elem*(*insert*(*emptyset*, *x*)) = *x*,
law ID: ¬ *isemptyset*(*s*) $\dot{\Rightarrow}$ *insert*(*delete*(*s*, *elem*(*s*)), *elem*(*s*)) = *s*
endoftype .

Aufgabe 1: Zeige, daß aus C2 *und* IN *folgt*
law IDEMP: *insert*(*insert*(*s*, *x*), *x*) = *insert*(*s*, *x*).

BAG wird in **FINSET** überführt durch den Vergiß-Funktor der *Idempotenz*, der die Häufigkeit des Vorkommens „vergißt".

---

33 Wenn χ von endlicher Kardinalität ist, so ist die Objektmenge **finset** χ die **Potenzmenge** $\mathfrak{P}(\chi)$ von χ: es gilt
card(**finset** χ) = $2^{\text{card}(\chi)}$.
Falls χ nicht endlich ist, umfaßt **finset** χ allerdings (wegen des Erzeugungsprinzips) nur die Menge $\mathfrak{P}^f(\chi)$ aller endlichen Teilmengen von χ.

34 Die Definition von Mengen durch abstrakte Typen ist auch bei Goguen et al. 1978 zu finden. Die Idee geht auf von Henke 1975 zurück.

Aufgabe 2: Beschreibe die abstrakten Typen, die sich aus **WORD** *durch die Vergiß-Funktoren der Kommutativität und der Idempotenz ergeben.*

Modelle für **FINSET** (χ) kann man also aus Modellen für **BAG** (χ) gewinnen, indem man die Äquivalenzklassen bezüglich IN bildet. Insbesondere erhält man aus irgendeinem Modell von **STACK** (χ) (bzw. **CODEL** (χ)) durch Äquivalenzklassenbildung bzgl. RC und IN ein Modell, bei dem zwar der Vergleich eine komplizierte Operation ist, jedoch *insert* und *elem* einfach bleiben. Repräsentanten für die Äquivalenzklassen nach RC und IN erhält man, wenn man lediglich gemäß irgendeiner linearen Ordnung von χ sortierte Stapel ohne wiederholte Elemente betrachtet. Dadurch vereinfacht sich die Feststellung der Gleichheit auf komponentenweise Überprüfung, jedoch wird *insert* zu einer aufwendigeren, Einsortieren erfordernden Operation (vgl. *sort*, 2.10); *elem* kann beispielsweise das in der Ordnung minimale Element liefern.

Die Häufigkeitstabelle enthält nur noch die Anzahlen 1 und 0, entspricht also einer Darstellung von **finset** χ durch charakteristische Funktionen:

In **FINSET** definiert

funct ξ ≡ (**finset** χ *a*).(χ *x*) **bool**: *iselem*(*a*, *x*)

eine Abbildung ξ: **finset** χ → (χ) **bool**, eine Abbildung von Mengen in Prädikate. Diese Abbildung ist injektiv: Ist $a \neq b$, so enthält entweder *a* ein Element *x*, das nicht in *b* enthalten ist, oder umgekehrt; damit sind aber die zugehörigen Prädikate verschieden. Die Abbildung ist aber für nicht endliches χ nicht surjektiv: die charakteristischen Funktionen *unendlicher* Teilmengen von χ treten nicht als Bilder auf. Für die charakteristischen Funktionen *endlicher* Teilmengen ist jedoch die Umkehrung total definiert, jedem solchen Prädikat *p* auf χ ist eine Menge aus **finset** χ zugeordnet:

ι **finset** χ *a*: ∀ χ *x*: $\xi(a)(x) \Leftrightarrow p(x)$, d. h.
ι **finset** χ *a*: ∀ χ *x*: *iselem*(*a*, *x*) ⇔ *p*(*x*) .

Hierfür kann abkürzend (in vertrauter Notation) auch

{χ *x*: *p*(*x*)}

geschrieben werden. Die Mengenbildung mittels Prädikaten ist also in **FINSET** eine präalgorithmische Operation.

Mit Hilfe der in **FINSET** definierten Operationen lassen sich nun auch die üblichen Mengenoperationen[35] Durchschnitt, Vereinigung und Differenz formulieren; etwa für die Vereinigung erhält man aus *conc*, mit *insert* statt *append* und mit *delete* als Ersatz für *rest*

funct . ∪ . ≡ (**finset** χ *a*, **finset** χ *b*) **finset** χ:
  if *isemptyset*(*a*) **then** *b*
    else *insert*((*delete*(*a*, *elem*(*a*)) ∪ *b*), *elem*(*a*)) **fi** .

35 Geläufiger sind die Infix-Operationssymbole ∩, ∪, \. Für die Operation *iselem* wird auch das Infix-Operationssymbol ∈ verwendet, das vom Anfangsbuchstaben des griechischen *ἐστιν*, der Kopula «ist» der Aristotelischen Logik, herkommt.

Falls χ endlich ist, kann auch die Komplement-Operation algorithmisch formuliert werden.

Aufgabe 3: Man gebe Formulierungen für die übrigen Mengenoperationen sowie für die Teilmengenrelation an.

Für Algorithmen über dem abstrakten Typ **FINSET** (wie auch über **BAG**) ist manchmal eine Operation *split* nützlich, die wie folgt definiert ist:

funct *split* ≡ (**finset** χ *s*: ¬ *isemptyset*(*s*))(**finset** χ, χ):
(*delete*(*s*, *elem*(*s*)), *elem*(*s*)) .

Dem entspricht für Stapel

funct *split* ≡ (**stack** χ *a*: ¬ *isempty*(*a*))(**stack** χ, χ):
(*rest*(*a*), *top*(*a*)) .

3.5 Zahlartige Rechenstrukturen

Polymorphe abstrakte Typen sind geeignet, Gemeinsamkeiten mehrerer nicht-isomorpher Rechenstrukturen herauszustellen. Durch Hinzunahme weiterer Gesetze kann man dann zu monomorphen abstrakten Typen gelangen, die die einzelnen Rechenstrukturen genau charakterisieren. Wir zeigen dies am Beispiel eines polymorphen abstrakten Typs, der die Rechenstruktur der natürlichen Zahlen wie auch die von „Zykelzahlen" umfaßt. Im weiteren Verlauf werden sodann die ganzen und die rationalen Zahlen als abstrakte Rechenstrukturen eingeführt, mit einem Ausblick auf B-al-Brüche.

3.5.1 Peano-Zahlen

3.5.1.1 Eine Rechenstruktur für natürliche Zahlen, die ihrer kulturgeschichtlichen Wurzel nahesteht, liefern Stapel (oder Sequenzen, Worte) über einem einelementigen Alphabet, vgl. 3.4.3.4. Führt man in der Struktur

structure ℕ ≡ **some STACK (stroke) where**
mode stroke ≡ **atomic** {|}

die Abkürzung

mode nat ≡ **stack stroke**

für **Strichzahlen** ein, so kann man die folgenden Operationen definieren:

funct 0 ≡ **nat**: *empty*,
funct *is0* ≡ (**nat** *n*) **bool**: *isempty*(*n*),
funct *succ* ≡ (**nat** *n*) **nat**: *append*(*n*, |),
funct *pred* ≡ (**nat** *n*: ¬ *is0*(*n*)) **nat**: *rest*(*n*) ,

wobei wegen E1 und E2

law S0: $is0(0)$ und
law S1: $\neg\ is0(succ(a))$

gelten. Aus den weiteren Eigenschaften von **STACK** kann man dann folgende Eigenschaften (vgl. **INDEX** in 3.3.1) der Strichzahlen ableiten:

a) Wegen Eigenschaft A ist *succ* die Umkehrung von *pred*:
law S3: $\neg\ is0(a) \dot{\Rightarrow} succ(pred(a)) = a$

b) Wegen Eigenschaft R ist *pred* die Umkehrung von *succ*:
law S4: $pred(succ(a)) = a$

c) Injektivität von *succ*:
law S2: $succ(a) = succ(b) \Rightarrow a = b$
Beweis: Aus $succ(a) = succ(b)$ folgt mit S4:
$a = pred(succ(a)) = pred(succ(b)) = b$
Wegen a) gilt $pred(a) = (\iota$ **nat** $x: succ(x) = a)$

d) Injektivität von *pred*: analog.

Die Addition der Strichzahlen kann direkt als Konkatenation der Strichstapel definiert werden.

Aus *lpart* (vgl. 3.4.3) erhält man auf $\mathbb{N}$ eine „Bestandteil"-Relation

funct $. \leq .$ $\equiv$ (**nat** a, **nat** b) **bool**:
  if $\neg\ is0(a) \wedge \neg\ is0(b)$ **then** $pred(a) \leq pred(b)$
    else $is0(a)$ **fi** .

Hierfür ergeben sich unmittelbar folgende Eigenschaften:

law M1: $0 \leq a$ (wegen S0)
law M2: $\neg\ (succ(a) \leq 0)$ (wegen S1)

und

law LE: $succ(a) \leq succ(b) \Leftrightarrow a \leq b$.

Damit ist

(**nat**, 0, *succ*, *pred*, $. \leq .$)

ein Modell des abstrakten Typs **INDEX** mit der Signatur (**index**, *min*, *succ*, *pred*, $. \leq .$).

Überdies gelten (vgl. die Bemerkung am Ende von 3.4.3.4)

law REFL: $a \leqq a$,
law TRANS: $a \leqq b \wedge b \leqq c \Rightarrow a \leqq c$,
law ANTIS: $a \leqq b \wedge b \leqq a \Rightarrow a = b$,
law TOTAL: $a \leqq b \vee b \leqq a$;

die Strichzahlen bilden unter der Konkatenation ein linear geordnetes kommutatives Monoid.

Weiter kann man – analog zu *equ* in 2.10 – operativ eine Gleichheit auf $\mathbb{N}$ definieren:

funct $.\triangleq.$ ≡ (**nat** a, **nat** b) **bool**:
  if $\neg\, is0(a) \wedge \neg\, is0(b)$ **then** $pred(a) \triangleq pred(b)$
                else $is0(a) \wedge is0(b)$ **fi** ,

wobei

$a \triangleq b \Leftrightarrow a = b$ und
$a \triangleq 0 \Leftrightarrow is0(a)$

gelten.

3.5.1.2 Üblicherweise schreibt man $\mathbb{N}$ auch für die Trägermenge **nat** von $\mathbb{N}$. Das Paar (*succ*, 0) erfüllt somit die folgenden Eigenschaften:

(*P*1) $0 \in \mathbb{N}$,
(*P*2) $succ \in (\mathbb{N} \to \mathbb{N})$,
(*P*3) $\forall a \in \mathbb{N}: succ(a) \neq 0$,
(*P*4) $\forall a, b \in \mathbb{N}: succ(a) = succ(b) \Rightarrow a = b$,
(*Rob*) $\forall a \in \mathbb{N}, a \neq 0: \exists x \in \mathbb{N}: succ(x) = a$.

Dieses System ist eine Variante des im allgemeinen nach Peano 1889 benannten „Axiomensystems" [36], bei der das Induktionsaxiom durch das schwächere Axiom (*Rob*) ersetzt ist. Die Abschwächung wurde von Robinson 1950 untersucht. Bei einem axiomatischen Aufbau der natürlichen Zahlen kann man von diesen Eigenschaften ausgehen.

Wir werden jedoch zunächst (*P*3) nicht fordern, sondern nur die Injektivität von *succ*, und untersuchen, wie weit die Arithmetik unter dieser schwächeren Annahme aufgebaut werden kann. Wir definieren also:

type PEA ≡ **pea**, *succ*, 0:
  mode pea,
  funct pea 0,
  funct (**pea**) **pea** *succ*,
  law INJ: $succ(a) = succ(b) \Rightarrow a = b$ **endoftype** .

Beachte, daß (*Rob*) bereits aus dem Erzeugungsprinzip folgt.

Aufgrund der Konstruktion ist offenbar $\mathbb{N}$ eine Rechenstruktur des (polymorphen) Typs **PEA**.

36 Es ist (in ähnlicher Form) schon vorher von Dedekind in seiner Schrift „Was sind und was sollen die Zahlen?" (Braunschweig 1887) angegeben worden.

An nichtendlichen Modellen des Typs **PEA** gibt es neben den natürlichen Zahlen $\mathbb{N}$, die ($P3$) bzw. S1 erfüllen, die ganzen Zahlen und sogenannte transfinite oder Nicht-Standard-Modelle – sie alle werden durch das Erzeugungsprinzip als Rechenstrukturen ausgeschlossen.

3.5.1.3 Motiviert durch die Eigenschaften von $\mathbb{N}$, definieren wir nun arithmetische Operationen über **PEA**.

In einem ersten Schritt führen wir *pred* als Umkehrung von *succ* ein, wobei (*Rob*) für $a \neq 0$ die Existenz und INJ die Eindeutigkeit gewährleisten:

funct *pred* ≡ (**pea** *a*: $a \neq 0$) **pea**: ι **pea** *x*: *succ*(*x*) = *a* .

Man betrachte dazu noch einmal Aufgabe 1.10.2-4.

Nach dieser Definition gilt S3 (mit 0 statt *min*). S4 folgt sofort aus INJ. Definiert man nun den Größenvergleich

```
funct .≦. ≡ (pea a, pea b) bool:
    if a ≠ 0 ∧ b ≠ 0 then pred(a) ≦ pred(b)
                     else a = 0          fi   ,
```

so ist auch M1 ableitbar. LE und M2 sind dagegen nicht mehr ableitbar ohne ($P3$) bzw. S1.

Eine Rechenvorschrift für die Addition bekommt man durch Umschreibung der Konkatenation *conc* (3.4.3) von **nat** ≡ **stack stroke** auf **pea** (beachte, daß *top*(*a*) = |):

```
funct add ≡ (pea a, pea b) pea:
    if a = 0 then b
            else succ(add(pred(a), b)) fi   .
```

Analog zu Aufgabe 3.4.3-1 zeigt man dann

law ASSOC: *add*(*a*, *add*(*b*, *c*)) = *add*(*add*(*a*, *b*), *c*) .

Die Rechenvorschrift *add* entspricht Skolems Definition der Addition (1923). Für sie zeigt er die Kommutativität folgendermaßen: Es sei *succ*(0) mit 1 bezeichnet. Dann gilt zunächst

law COMM1: *add*(*a*, 1) = *add*(1, *a*) .

Beweis:
Es ist *add*(1, *a*) = *succ*(*a*) nach Definition.
Wir führen nun Induktion nach *a* durch:
Offensichtlich ist

add(0, 1) = 1 = *succ*(0) = *add*(1, 0).

Sei

add(*a*, 1) = *add*(1, *a*) (Induktionsvoraussetzung).

Dann

$$\begin{aligned} &add(succ(a), 1) &&= add(add(1, a), 1) \\ &\text{(ASSOC)} &&= add(1, add(a, 1)) \\ &\text{(Ind.vor.)} &&= add(1, add(1, a)) \\ & &&= add(1, succ(a)). \text{ Somit gilt COMM1 stets.} \end{aligned}$$

Weiterhin gilt

law COMM: $add(a, b) = add(b, a)$.

Beweis:
Wegen COMM1 gilt COMM für $b = 1$.
Wir führen nun Induktion nach b durch:
Sei

$add(a, b) = add(b, a)$ (Induktionsvoraussetzung).

Dann

$$\begin{aligned} &add(a, succ(b)) &&= add(a, add(1, b)) \\ &\text{(ASSOC)} &&= add(add(a, 1), b) \\ &\text{(COMM1)} &&= add(add(1, a), b) \\ &\text{(ASSOC)} &&= add(1, add(a, b)) \\ &\text{(Ind.vor.)} &&= add(1, add(b, a)) \\ &\text{(ASSOC)} &&= add(add(1, b), a) \\ & &&= add(succ(b), a). \text{ Somit gilt COMM stets.} \end{aligned}$$

Weiter ergibt sich aus *cutoff*, Aufgabe 3.4.3-5, durch Umschreiben eine Rechenvorschrift für die Subtraktion

```
funct sub ≡ (pea a, pea b: b ≦ a) pea:
      if b = 0 then a
               else sub(pred(a), pred(b)) fi    ,
```

wobei analog dem dort Bewiesenen gilt

law I1: $sub(add(a, b), b) = a$,

und

law I2: $b \leqq a \Rightarrow add(sub(a, b), b) = a$.

Aufgabe 1: Entwickle einen Algorithmus aus der Spezifikation

funct $sub \equiv$ (**pea** a, **pea** b: $b \leqq a$) **pea**: ι **pea** x: $add(x, b) = a$.

Aufgabe 2: Zeige, daß sub rechtskommutativ ist, d. h., daß $sub(sub(a, b), c) = sub(sub(a, c), b)$ *gilt. Zeige allgemeiner, daß die Umkehrung einer assoziativen, kommutativen Operation rechtskommutativ ist.*

Aufgabe 3: Zeige, daß $sub(a, sub(b, c)) = sub(c, sub(b, a))$ *gilt und somit* $sub(a, sub(a, b)) = b$ *ist.*

3.5.1.4 In **STACK(stroke)** gilt trivialerweise (vgl. 2.10.2)

law RE: *reverse*(*a*) = *a* .

Damit kann die Addition auch nach dem Vorbild von *concatr* in 2.11 durchgeführt werden. Es ergibt sich eine Fassung, die McCarthy 1961 benutzt hat (vgl. auch Aufgabe 3.4.3-3):

```
funct sum ≡ (pea a, pea b) pea:
      if b = 0 then a
               else sum(succ(a), pred(b)) fi   .
```

Nun gilt trivialerweise

law RN: *sum*(*a*, 0) = *a* .

Einen darauf gestützten Induktionsbeweis erfordern

law C: *sum*(*succ*(*a*), *b*) = *succ*(*sum*(*a*, *b*))

und

law RC: *sum*(*sum*(*a*, *b*), *c*) = *sum*(*sum*(*a*, *c*), *b*) (Rechtskommutativität) .

Beweis für C:

C gilt für *b* = 0: *sum*(*succ*(*a*), 0) = *succ*(*a*) = *succ*(*sum*(*a*, 0)).

Sei *sum*(*succ*(*a*), *pred*(*b*)) = *succ*(*sum*(*a*, *pred*(*b*))) (Induktionsvoraussetzung).

Dann

```
              sum(succ(a), b)
(Expand. sum) = if b = 0 then succ(a)
                         else sum(succ(succ(a)), pred(b)) fi
(Ind.vor.)    = if b = 0 then succ(a)
                         else succ(sum(succ(a), pred(b))) fi
              = succ (if b = 0 then a
                               else sum(succ(a), pred(b)) fi
(Komprim.)    = succ(sum(a, b)).   Somit gilt C stets.
```

Beweis für RC:

RC gilt für *c* = 0: *sum*(*sum*(*a*, *b*), 0) = *sum*(*a*, *b*) = *sum*(*sum*(*a*, 0), *b*).

Sei *sum*(*sum*(*a*, *b*), *pred*(*c*)) = *sum*(*sum*(*a*, *pred*(*c*)), *b*) (Induktionsvoraussetzung).

```
                   sum(sum(a, b), c)
(Expand. äuß. sum) = if c = 0 then sum(a, b)
                              else sum(succ(sum(a, b)), pred(c)) fi
(C)                = if c = 0 then sum(a, b)
                              else sum(sum(succ(a), b), pred(c)) fi
```

(Ind.vor.) $\quad = \textbf{if } c = 0 \textbf{ then } sum(a, b) \textbf{ else } sum(sum(succ(a), pred(c)), b) \textbf{ fi}$

$\quad = sum\,(\textbf{if } c = 0 \textbf{ then } a \textbf{ else } sum(succ(a), pred(c)) \textbf{ fi}, b)$

(Komprim.) $\quad = sum(sum(a, c), b)$. Somit gilt RC stets.

Beachte, daß zum Beweis von C und RC die Eigenschaften S3 und S4 sowie INJ nicht benutzt wurden.

Zieht man aber S3 heran, so kann man zeigen

law LN: $sum(0, a) = a$.

Beweis:

LN gilt für $a = 0$: $sum(0,0) = 0$.

Sei $sum(0, pred(a)) = pred(a)$.

Dann

$sum(0, a)$

(Expand.) $= \textbf{if } a = 0 \textbf{ then } 0 \textbf{ else } sum(succ(0), pred(a)) \textbf{ fi}$

(C) $= \textbf{if } a = 0 \textbf{ then } 0 \textbf{ else } succ(sum(0, pred(a))) \textbf{ fi}$

(Ind.vor.) $= \textbf{if } a = 0 \textbf{ then } 0 \textbf{ else } succ(pred(a)) \textbf{ fi}$

(S3) $= \textbf{if } a = 0 \textbf{ then } 0 \textbf{ else } a \textbf{ fi}$

$= a$. Somit gilt LN stets.

Durch algebraische Manipulationen gewinnt man nun aus RC und LN das Kommutativgesetz und dann das Assoziativgesetz (McCarthy 1961).

Die Gleichwertigkeit von *add* und *sum* kann ebenfalls nur durch Induktion gezeigt werden (vgl. auch die Herleitung der beiden Fassungen von *conc* in 3.4.3).

3.5.2 Zykelzahlen und natürliche Zahlen

3.5.2.1 Für eine einstellige Operation wie *succ* sind viele Modelle möglich; jeder Übergangsgraph liefert ein Modell. Die Injektivität läßt als endliche Übergangsgraphen nur noch Zyklen übrig. Solche Modelle heißen **Zykelzahlen**, sie erfüllen das Gesetz

law CYCL: $\exists$ **pea** a: $succ(a) = 0$,

welches gerade die Negation von ($P3$) bzw. von S1 ist.

Nimmt man zu **PEA** die Eigenschaft CYCL hinzu, so erhält man einen neuen abstrakten Typ; dabei kann *pred* nun total definiert werden. Die ganzen Zahlen bilden ein Modell, sind aber nicht erzeugbar[37]. $\{0\}$ mit $succ(0) = 0$ bildet das terminale Modell $\mathbb{1}$, eine initiale Algebra existiert nicht – vorausgesetzt, man beschränkt sich auf totale Operationen.

37 In **INDEXS** gehört *pred* zu den erzeugenden Funktionen.

Mit Zykelzahlen arbeitet die Schaltkreistechnik bei zyklischen Zählern, z. B. mit der Periode 2^N bei einem N-stelligen zyklischen Binärzähler. Die Addition von Zykelzahlen, wie sie sich aus *add* oder *sum* ergibt, ist natürlich eine gewöhnliche Addition modulo der Periode. Bei bestimmten kryptographischen Verfahren wird diese Addition mit Zykelzahlen verwendet.

Gründet man eine Bedingung *less* auf die „Auflösbarkeit der Addition", etwa

funct *less* ≡ (**pea** *a*, **pea** *b*) **bool**: ∃ **pea** *x*: *add*(*a*, *x*) = *b* ,

so erhält man eine Relation, die umfassender sein kann als die oben definierte Ordnung[38] .≦. und es für Zykelzahlen auch ist[39]: *less* gibt dann die Allrelation, liefert stets **true**. Entsprechend ist die Umkehrung von *add* dann total definiert, der Algorithmus *sub* von oben terminiert ohne Einschränkung (vgl. auch 3.5.1-1). Dasselbe gilt für den Algorithmus *sum* von oben mit der Umkehrung *diff*

```
funct diff ≡ (pea a, pea b: less(b, a)) pea:
    if b = 0 then a
              else pred(diff(a, pred(b))) fi   .
```

Auch Nexen von gewissen nichtendlichen Objekten aus **stack** χ (vgl. $\{a, b, c\}$ in 2.14.1) und von Zweiweg-Ringstrukturen aus **casc** χ sind Modelle für Zykelzahlen. (Dies wird sich im 7. Kap. als Weg zur Implementierung von Zykelzahlen durch Geflechte erweisen.)

3.5.2.2 Nimmt man zu **PEA** die Eigenschaft ($P3$) bzw. S1 hinzu, so erhält man einen monomorphen Typ: Jede Rechenstruktur ist zur Termalgebra isomorph. Nunmehr kann auch LE und M2 abgeleitet werden, der Typ **INDEX** ist nur eine „Anreicherung" (siehe 3.6.1) des um das Gesetz S1 erweiterten Typs **PEA**, und alle Modelle dieses Typs sind den als Strichzahlen eingeführten natürlichen Zahlen isomorph; jedes ist damit ein linear geordnetes, kommutatives Monoid mit Kürzbarkeitseigenschaft und unzerlegbarer Null. Der weitere Aufbau der Arithmetik bringt die Einführung der (als assoziativ und kommutativ nachzuweisenden) Multiplikation mittels iterierter Addition (vgl. *pow* in 1.9) und wiederum das Anwenden der Teilbarkeitstheorie auf die multiplikative Halbgruppe, das in die Zahlentheorie einmündet. So ergeben sich die Operationen und Eigenschaften der (abstrakten) Rechenstruktur $\mathbb{N}$ von 1.3.1, eines geordneten kommutativen Halbrings.

Auch für Zykelzahlen ist die Einführung einer Multiplikation durch iterierte Zykel-Addition naheliegend; damit stimmen die Multiplikationsalgorithmen für natürliche Zahlen und für Zykelzahlen definitionsgemäß überein. Daraus folgt aber nicht, daß man von Divisions- und Teilbarkeitsalgorithmen für natürliche Zahlen unmittelbar zu solchen für Zykelzahlen kommt, weil es dort keine *less* entsprechende Ordnung gibt.

Zusammenfassend können wir feststellen:
Der abstrakte Typ **PEA** beschreibt die kommutativen, von *einem* Element (*succ*(0)) unter einer assoziativen Verknüpfung (*add* bzw. *sum*) erzeugten Halbgruppen: neben der Halbgruppe der natürlichen Zahlen die endlichen zyklischen Gruppen.

---

38 Für Zykelzahlen wird .≦. zur Ordnung auf dem „aufgeschnittenen" Zyklus.

39 Gilt CYCL, so ist die Null im Sinne der Teilbarkeitstheorie (3.4.2) zerlegbar, so daß die Teilbarkeit keine Ordnung zu liefern braucht.

3.5.3 Abschweifung: Erweiterung durch formale Quotienten

Eine Halbgruppe mit neutralem Element, ein Monoid also, kann zu einer Gruppe erweitert werden durch Einführung von Äquivalenzklassen von Paaren. Allgemeiner gilt (Malcev 1939, vgl. Clifford, Preston 1961) im Anschluß an 3.4.2:

Satz: *Ein kommutatives kürzbares Monoid (S,* $\circ$, *e,* **p**) *mit unzerlegbarem neutralem Element e (wobei also die Ordnung* **p** *mit* $\circ$ *verträglich ist) läßt sich (durch Einführung von Äquivalenzklassen von Paaren) zu einer geordneten Gruppe erweitern*[40].

Zum Beweis führt man Paare (x, y) von Elementen aus S ein und definiert eine Relation

$$(a, b) \leqq (c, d) \Leftrightarrow_{\text{def}} a \circ d \;\mathbf{p}\; c \circ b$$

und eine Verknüpfung $\circ$

$$(a, b) \circ (c, d) =_{\text{def}} (a \circ c, d \circ b) \quad .$$

Diese Verknüpfung $\circ$ ist kommutativ und assoziativ und hat (e, e) als neutrales Element. Sie ist ferner mit der Relation $\leqq$ verträglich:

$$\begin{aligned}(a, b) \leqq (c, d) &\Rightarrow a \circ d \;\mathbf{p}\; c \circ b \Rightarrow a \circ d \circ x \circ y \;\mathbf{p}\; c \circ b \circ x \circ y \\ &\Rightarrow a \circ x \circ d \circ y \;\mathbf{p}\; c \circ x \circ b \circ y \Rightarrow (a \circ x, b \circ y) \leqq (c \circ x, d \circ y) \\ &\Rightarrow (a, b) \circ (x, y) \leqq (c, d) \circ (x, y) \quad .\end{aligned}$$

Die Relation $\leqq$ ist reflexiv:

$$(a, b) \leqq (a, b)$$

und transitiv:

$$(a, b) \leqq (c, d) \wedge (c, d) \leqq (e, f) \Rightarrow (a, b) \leqq (e, f) \quad .$$

Man betrachtet nun die von $\leqq$ induzierte Äquivalenzrelation $\sim$:

$$(a, b) \sim (c, d) \Leftrightarrow_{\text{def}} (a, b) \leqq (c, d) \wedge (c, d) \leqq (a, b) \quad .$$

Für sie gilt

$$(a, b) \sim (c, d) \Leftrightarrow a \circ d = b \circ c.$$

Es bezeichne $[x, y]$ die Äquivalenzklasse des Paares (x, y). Dann folgt

$$[a, b] = [c, d] \Leftrightarrow a \circ d = b \circ c \quad .$$

---

40 Der Satz gilt noch allgemeiner auch für gewisse nichtkommutative Fälle, die jedoch den für uns interessanten Fall **word** χ mit mehrelementigem χ nicht einschließen.

Definiert man jetzt für diese Äquivalenzklassen eine Relation $\leqq$ durch

$$[a, b] \leqq [c, d] \Leftrightarrow_{\text{def}} (a, b) \leqq (c, d),$$

so ist diese auch antisymmetrisch und somit eine Ordnung.

Als Erweiterung der Verknüpfung $\circ$ ergibt sich

$$[a, b] \circ [c, d] =_{\text{def}} [a \circ c, b \circ d] \quad .$$

$[e, e]$ ist die Äquivalenzklasse des Paares (a, a); sie ist das neutrale Element. Somit gilt

$$[a, b] \circ [b, a] = [e, e]$$

und wir können definieren

$$[a, b]^{-1} =_{\text{def}} [b, a] \quad .$$

Vertauschen der Komponenten eines Repräsentanten ist also Inversenbildung. Jede Äquivalenzklasse hat somit eine Inverse.

Außerdem gilt (s. o.)

$$[a, b] \leqq [c, d] \Rightarrow [a, b] \circ [x, y] \leqq [c, d] \circ [x, y] \quad .$$

Damit bilden die Äquivalenzklassen eine geordnete Gruppe $(G, [e, e], \circ, \leqq)$, was zu beweisen war.

Das ursprüngliche Monoid S ist darin eingebettet vermöge

$$a \mapsto [a, e] \quad .$$

Jedes Element von G ist **formaler Quotient** von Elementen aus S, d. h. es ist Quotient der Einbettungen von Elementen aus S:

$$[a, b] = [a, e] \circ [b, e]^{-1} \quad .$$

Elemente $[a, e]$ mit $a \neq e$ heißen positiv, Elemente $[e, a]$ mit $a \neq e$ heißen negativ, $[e, e]$ heißt auch Null.

3.5.4 Die ganzen Zahlen

3.5.4.1 Eine abstrakte Charakterisierung der „ganzen Zahlen" ist bereits gegeben durch den in 3.3.2 definierten abstrakten Typ **INDEXS**. Zu einem Modell $\mathbb{Z}$ für die ganzen Zahlen kommt man, wenn man die Erweiterung durch formale Quotienten auf die Rechenstruktur $\mathbb{N}$ vom Typ **PEA** (3.5.1) anwendet. Dies ist möglich, da diese Rechenstruktur ein kommutatives kürzbares Monoid mit 0 als unzerlegbarem neutralen Element (und $\leqq$ als Teilbarkeitsrelation) ist. Man erhält so die folgende konkrete Rechenstruktur (*soll* gibt den „positiven", *haben* den „negativen" Anteil einer ganzen Zahl an):

```
structure ℤ ≡ INDEXS:
        ⌈ in terms of ℕ:
          mode int      ≡ (nat soll, nat haben),
          funct origin  ≡ int: ⟨0,0⟩,
          funct pred    ≡ (int i) int: ⟨soll of i, succ haben of i⟩,
          funct succ    ≡ (int i) int: ⟨succ soll of i, haben of i⟩,
          funct .≤.     ≡ (int a, int b) bool:
                            add(soll of a, haben of b) ≤ add(haben of a, soll of b),
          funct .≥.     ≡ (int a, int b) bool: b ≤ a                                ⌋ .
```

Man beachte, daß die Gleichheitsrelation aus 3.5.3 über die Identität der Komponenten hinausgeht, daß also *nicht*

$$a = b \Leftrightarrow (soll\ \mathbf{of}\ a = soll\ \mathbf{of}\ b) \wedge (haben\ \mathbf{of}\ a = haben\ \mathbf{of}\ b)$$

gilt.

Für die Addition und Subtraktion ganzer Zahlen ergibt sich

```
funct .+. ≡ (int a, int b) int:
        ⟨add(soll of a, soll of b), add(haben of a, haben of b)⟩,
funct .−. ≡ (int a, int b) int:
        ⟨add(soll of a, haben of b), add(haben of a, soll of b)⟩    .
```

Die Multiplikation ganzer Zahlen definiert man (gestützt auf die Addition und Multiplikation natürlicher Zahlen) ähnlich einer „Komplexmultiplikation“ (vgl. 3.2.5.6)

```
funct .×. ≡ (int a, int b) int:
        ⟨add(mult(soll of a, soll of b), mult(haben of a, haben of b)),
         add(mult(soll of a, haben of b), mult(haben of a, soll of b))⟩    .
```

Die Einbettung der natürlichen Zahlen in die ganzen Zahlen erfolgt durch

```
funct widen ≡ (nat n) int: ⟨n, 0⟩    .
```

3.5.4.2 Will man **nat** als Unterart von **int** einbeziehen,

```
mode int ≡ nat |(nat soll, nat haben),
```

so benötigt man eine Prüffunktion

```
funct (int) bool isnat
```

und kann dann etwa die Addition mittels Fallunterscheidung auf die Addition natürlicher Zahlen zurückführen:

```
funct plus ≡ (int a, int b) int:
      if isnat(a)
        then if isnat(b)
                then add(a, b)
                else ⟨add(a, soll of b), haben of b⟩ fi
```

```
else if isnat(b)
        then ⟨add(soll of a, b), haben of a⟩
        else ⟨add(soll of a, soll of b), add(haben of a, haben of b)⟩ fi
                                                                     fi
```

Dies ist operativ weniger aufwendig, als stets für Operanden der Art **nat** die Einbettungsfunktion *widen* explizit vorzuschreiben (oder durch einen impliziten Artausweitungsmechanismus zu involvieren).

3.5.4.3 Im übrigen entspricht die gegebene Darstellung der „Soll- und Haben-Rechnung" der Buchführung. In der Buchführung zieht man gelegentlich den „Saldo", d. h., man geht zu einem Repräsentanten der Äquivalenzklasse, zu einem Element „in Normalform" über: zwei Elemente gehören zur selben Äquivalenzklasse, wenn ihre Normalformen *identisch* sind[41]. Als Normalform eignet sich, weil $\leqq$ auf der additiven Halbgruppe der natürlichen Zahlen eine totale Relation ist, die Menge der Elemente der Form $\langle a, 0\rangle$ oder $\langle 0, a\rangle$.

Dies legt eine alternative Darstellung als Paar von Vorzeichen und Betrag nahe:

```
mode sint ≡ (bool sign, nat abs)   .
```

Der Zusammenhang zwischen den beiden Darstellungen wird hergestellt durch eine Rechenvorschrift

```
funct norm ≡ (int i) sint:
      if soll of i ≤ haben of i then ⟨false, haben of i − soll of i⟩
      ▯ haben of i ≤ soll of i then ⟨true, soll of i − haben of i⟩ fi   .
```

Man hat also die Zuordnung

$$norm\colon \langle a, b\rangle \mapsto \begin{cases} \langle \mathbf{true}, a-b\rangle, & \text{falls } a \geqq b \\ \langle \mathbf{false}, b-a\rangle, & \text{falls } a \leqq b \end{cases} \quad .$$

Diese Zuordnung ist nichtdeterminiert, da $norm(\langle 0,0\rangle)$ mit $(\langle \mathbf{false}, 0\rangle \;▯\; \langle \mathbf{true}, 0\rangle)$ wertverlaufsgleich ist.

Die „doppelte Null" wird zum Problem bei der Implementierung der Ordnung: es ist nicht erlaubt, ⟨**false**, 0⟩ kleiner als (und somit verschieden von) ⟨**true**, 0⟩ einzustufen („Aufspalten der Null")[42].

Vorteile bietet die Betrag-Vorzeichen-Darstellung, wenn auch die Multiplikation implementiert werden soll. Trotzdem wird heute fast ausschließlich die Soll-Haben-Darstellung verwendet, und zwar in Verbindung mit der Darstellung ganzer Zahlen beschränkter Stellenzahl (s. auch 3.5.6). Um die Zahlen zwischen $-B^N$ und $B^N - 1$ darzustellen, verwendet man die Soll-Haben-Rechnung mit den Normalformen

---

41 Jeder Buchhalter weiß, daß es sich nicht lohnt, nach jeder Buchung den Saldo zu ziehen. Auch werden in der doppelten Buchführung zu Kontrollzwecken die Sollsummen und Habensummen getrennt betrachtet.

42 Es ist jedenfalls irreführend und fehlerträchtig. Daran ändert auch nichts, daß ein führender Hersteller es sich jahrelang leisten kann, sich über solche Bedenken hinwegzusetzen.

$(k, 0)$ für nichtnegative Zahlen k,
$(k + B^N, B^N)$ für negative Zahlen k

und hat dann die Darstellung, wieder als Paar (**bool, nat**),

$$k \mapsto \begin{cases} \langle \textbf{true}, k \rangle, & \text{falls } k \geqq 0 \\ \langle \textbf{false}, k + B^N \rangle, & \text{falls } k < 0 \end{cases}$$

(sogenannte *modulo*-Darstellung oder B^N-Komplement-Darstellung[43]).

Weitere einschlägige Einzelheiten werden üblicherweise (ohne Bezug auf die hier entwickelte Notation und Begriffsbildung) in Vorlesungen über den funktionellen Aufbau von Rechenanlagen diskutiert (Schecher 1973, S. 25ff.).

3.5.5 Die rationalen Zahlen

Die Multiplikation natürlicher Zahlen ist assoziativ; das Element 1, der Nachfolger der Null, ist neutrales Element. Die natürlichen Zahlen bilden also auch bezüglich der Multiplikation eine (kommutative) Halbgruppe, mit 0 als annihilierendem und 1 als neutralem Element. Wegen der Null ist diese Halbgruppe nicht kürzbar:

aus $0 \cdot a = 0 \cdot b$ folgt nicht $a = b$.

Die Halbgruppe der positiven natürlichen Zahlen bezüglich der Multiplikation ist jedoch eine kommutative kürzbare Halbgruppe mit unzerlegbarem neutralem Element. Die Teilbarkeitstheorie liefert also eine Ordnung, die Teilbarkeitsrelation im klassischen Sinn[44] der positiven natürlichen Zahlen

$$a \mid b \Leftrightarrow_{\text{def}} \exists x \neq 0 : a \cdot x = b \quad .$$

Wiederum ist eine Erweiterung zu einer Gruppe möglich, der Gruppe der positiven rationalen Zahlen unter Ausschluß der Null.

Auch die ganzen Zahlen mit Ausschluß der Null erlauben bezüglich der Multiplikation die Erweiterung zu einer Gruppe, der Gruppe der rationalen Zahlen.

Aufgabe 1: Gib einen abstrakten Typ an für die rationalen Zahlen.

Eine Konkretisierung durch Paare ganzer Zahlen liegt nahe. Sie bedeutet die Einführung einer Äquivalenzrelation $\triangleq$. Zwei Besonderheiten kommen jedoch hinzu: Zum einen ist die (der Relation $. \leqq .$ entsprechende) Teilbarkeitsrelation $. | .$ in der multiplikativen Halbgruppe der natürlichen Zahlen nicht mehr total. Es gibt Paare von Null verschiedener natürlicher oder ganzer Zahlen (a, b) derart, daß weder $a \mid b$ noch $b \mid a$ gilt. Man kommt also nicht mehr zu so einfachen Normalformen wie im vorigen Fall.

---

43 Es hat den Anschein, daß erstmals von Neumann diese Darstellung für Rechenmaschinen in Betracht gezogen hat; für Logarithmen trigonometrischer Funktionen ist sie geläufig.

44 Um nachzuweisen, daß die klassische Teilbarkeitsrelation eine Ordnung ist, zeigt man meist elementar, daß $a \mid b$ nach sich zieht $a \leqq b$, daß also die Teilbarkeitsrelation in die Kleiner-Gleich-Relation eingebettet („topologisch einsortiert") werden kann.

Man kann jedoch zeigen, daß es zu je zwei von Null verschiedenen natürlichen Zahlen a, b stets einen größten gemeinsamen Teiler $ggt(a, b)$ und ein kleinstes gemeinsames Vielfaches $kgv(a, b)$ gibt, wobei die Dedekindsche Beziehung

$$ggt(a, b) \cdot kgv(a, b) = a \cdot b$$

gilt.

Vom größten gemeinsamen Teiler macht man Gebrauch, um bei positiven rationalen Zahlen von einem beliebigen Paar (a, b) zum teilerfremden gekürzten Paar $(a/ggt(a, b), b/ggt(a, b))$ als Normalform überzugehen. Um ein Großwerden der Zähler und Nenner zu vermeiden, lohnt es sich, bei der Implementierung rationaler Arithmetik stets mit der gekürzten Darstellung zu arbeiten.

Aufgabe 2: Man gebe einen Algorithmus an, der direkt (d. h. ohne $ggt(a, b)$ explizit zu berechnen) $a/ggt(a, b)$ und $b/ggt(a, b)$ bestimmt.

Zum anderen will man für rationale Zahlen auch eine Addition festlegen. Für Paare mit übereinstimmendem Nenner liegt es nahe zu verlangen

$$[a, c] + [b, c] = [a + b, c] \quad .$$

Im allgemeinen Fall kann man das kleinste gemeinsame Vielfache der beiden Nenner bestimmen und erhält damit

$$\begin{aligned} [a, c] + [b, d] &= [a \cdot (kgv(c, d)/c), kgv(c, d)] + [b \cdot (kgv(c, d)/d], kgv(c, d)] \\ &= [a \cdot (kgv(c, d)/c) + b \cdot (kgv(c, d)/d), kgv(c, d)] \quad , \end{aligned}$$

was sich besonders bei Verwendung gekürzter Darstellung empfiehlt (beachte aber, daß das Ergebnis u. U. noch gekürzt werden kann:

$$[1,15] + [1,10] = [2,30] + [3,30] = [5,30] = [1,6]).$$

Einfacher macht man es sich, wenn man $c \cdot d$ als gemeinsames Vielfaches nimmt,

$$[a, c] + [b, d] = [a \cdot d + b \cdot c, c \cdot d],$$

aber man muß ein Anwachsen der Zahlen in Kauf nehmen.

Aufgabe 3: Man gebe einen Algorithmus an, der direkt $kgv(c, d)/c$, $kgv(c, d)/d$ und $kgv(c, d)$ bestimmt.

Entsprechend geht man für die Subtraktion und für den Größenvergleich $\leqq$ vor. Den Nenner kann man in der gekürzten Darstellung stets positiv nehmen.

Die so definierte Addition erweist sich wieder als assoziativ, mit der Subtraktion als Auflösung. Es fehlt jedoch ein neutrales Element bezüglich der Addition. Als solches kann fungieren die Äquivalenzklasse der Elemente der Form $[0, b]$ mit $b > 0$, mit dem Repräsentanten $0 =_{\text{def}} [0,1]$. Man erhält so den Körper der rationalen Zahlen.

Für das Paar (0,0) hat man keine Verwendung. Elemente der Form $[a, 0]$ mit $a \neq 0$ kann man hinzunehmen. Führt man als Normalform [1,0] (als $+\infty$ bezeichnet) und $[-1,0]$ (als $-\infty$ bezeichnet) ein und setzt die Addition damit geeignet fest, so erhält man eine geordnete algebraische Struktur (keinen Körper!), die in der Analysis verbandstheoretisch von Bedeutung ist.

Will man eindeutige Inverse haben, so muß man $[-1,0]$ und [1,0] zu *einem* Element (als ∞ bezeichnet) zusammenfallen lassen. Nunmehr gilt $1/0 = \infty$ und $1/\infty = 0$; $\infty - \infty$ und ∞/∞ sind wie 0/0 undefiniert. Man erhält eine algebraische Struktur, die sowohl in der projektiven Geometrie der Linie wie als Zahlenkreis in der Analysis (reeller Schnitt der Zahlenkugel der Funktionentheorie) eine Rolle spielt.

In der Züricher Rechenmaschine ERMETH, die in den fünfziger Jahren unter dem Einfluß von Rutishauser gebaut wurde, gab es eine Sonderzahl ∞ und die zugehörige Arithmetik, die sich vor allem bei kettenbruchartigen Algorithmen mit Vorteil benutzen ließ.

3.5.6 Stellenwertsysteme und B-al-Brüche

Stellenwertsysteme dienen der Zahldarstellung. Mit einer fest vorgegebenen Folge v_i $(i = 1, 2, \ldots)$ von (streng aufsteigenden) **Stellenwerten** wird dabei eine Zahl a durch eine Koeffizientenfolge $/a_n a_{n-1} \ldots a_0/$ dargestellt, wenn gilt

$$a = \sum_{i=0}^{n} a_i v_i \quad .$$

Historisch gesehen, sind viele Münzsysteme, Maßsysteme und Gewichtssysteme Stellenwertsysteme. Bis vor wenigen Jahren hielt sich das Stellenwertsystem der Währung Großbritanniens; ein Preisschild wie 5-8-3 in einem Schaufenster der Carnaby Street bedeutete 5 £, 8 s, 3 d, wo ein Schilling (s) 12 Pence (d, „Denar") und ein Pfund (£) 20 Schilling, also 240 Pence gilt. Soll der Preis in Pence ausgedrückt werden, so hat also die letzte Stelle den Stellenwert 1, die zweitletzte 12, die drittletzte 240.

Heute verwendet man für Münzsysteme generell **Radixsysteme**, das sind Stellenwertsysteme, bei denen die Folge der Potenzen einer natürlichen Zahl B, $B \geqq 2$, der **Basis**, als Stellenwertfolge dient. Im täglichen Leben ist fast stets $B = 10$ (**Dezimalsystem**), schon Leibniz diskutierte jedoch in der *„arithmetica dyadica"* die Verwendung der Basis 2 (**Dualsystem**). Die Dezimalisierung von Maßen und Gewichten ist ein Kind der französischen Revolution. Großbritannien und die USA sträubten sich bis in unsere Tage dagegen.

Ganze Zahlen können in einem Stellenwertsystem dargestellt werden durch Sequenzen ganzer Zahlen, also als Objekte der Art **sequ int**[45]. Der (von links gelesen) erste von Null verschiedene Koeffizient heißt „führende Ziffer". Die Addition ist dann komponentenweise definiert: Für

$$a \triangleq /a_n a_{n-1} \ldots a_2 a_1 a_0/,$$
$$b \triangleq /b_m b_{m-1} \ldots b_2 b_1 b_0/$$

gilt

$$a + b = c \triangleq /c_k c_{k-1} \ldots c_0/ \quad \text{mit} \quad c_i = a_i + b_i \quad (0 \leqq i \leqq k = max(m, n)),$$

wobei, falls etwa $m < n$, $b_i = 0$ für $m + 1 \leqq i \leqq n$ gesetzt wird.

---

45 Genaugenommen handelt es sich um die Einführung einer Rechenstruktur
structure *INT* ≡ **some SEQU (int)**.

Ebenso erhält man die Subtraktion. Darstellung der Null ist auch die leere Sequenz. Man beachte, daß dies zunächst für beliebige Stellenwertsysteme, also auch für Radixsysteme mit beliebiger Basis B gilt.

Für Radixsysteme jedoch wird die Multiplikation einfach, sie erfolgt als **Faltung**

$$a \cdot b = c \quad \text{mit} \quad c_i = \sum_{0 \leqq \nu \leqq i} a_\nu \cdot b_{i-\nu} \quad (0 \leqq i \leqq m + n)$$

Beweis: $$\sum_{0 \leqq \nu \leqq n} a_\nu B^\nu \cdot \sum_{0 \leqq \mu \leqq m} b_\mu B^\mu = \sum_{0 \leqq \nu < n} \sum_{\nu \leqq i \leqq m+\nu} a_\nu \cdot b_{i-\nu} B^\nu B^{i-\nu}$$

$$= \sum_{0 \leqq i \leqq m+n} \left(\sum_{0 \leqq \nu \leqq i} a_\nu \cdot b_{i-\nu} \right) B^i \quad .$$

Die Division als Umkehrung der Multiplikation kann rekurrent erfolgen[46].

Aufgabe 1: Gib geeignete Formulierungen für die obenstehende Darstellung ganzer Zahlen und die Grundoperationen der Arithmetik an.

Bisher wurde nicht angenommen, daß die Darstellungen normalisiert sind: Ein Preisschild 4-27-15 ist zwar unüblich, bezeichnet aber ebenfalls einen eindeutigen Wert. Dies legt die Einführung von Äquivalenzklassen „gleichwertiger" Darstellungen nahe. Nach Faltin et al. 1975 geht dies formal recht einfach mittels der Definition

$$a \sim b \Leftrightarrow \exists c : a = b + c \cdot k \quad ,$$

wobei k die spezielle Darstellung

$$k \triangleq /k_1 k_0/ \quad \text{mit} \quad k_1 = 1, k_0 = -B$$

(mit dem Zahlwert Null) hat. c heißt „Überträger", k heißt „Übertragskonstante".

Als Normalform positiver Elemente dienen nun **bereinigte Darstellungen,** für die gilt

$$0 \leqq a_i < B \quad \text{und} \quad a_n \neq 0 \quad .$$

Es gilt nämlich der

Satz: *Seien a und b bereinigte (positive) Darstellungen und sei $a \sim b$. Dann ist $a = b$.*

Beweis: Wegen $a \sim b$ ist $a - b = c \cdot k$ für ein geeignetes c. Sei o.E.d.A.

$$a - b \triangleq d_n d_{n-1} \dots d_1 d_0 \quad .$$

Dann gilt $-B c_0 = d_0$. Nach Voraussetzung ist jedoch

$$0 \leqq a_i < B \quad \text{und} \quad 0 \leqq b_i < B, \quad \text{also} \quad -B < d_i < B \quad .$$

---

46 Ein solcher Divisionsalgorithmus mit *nachträglicher* Bereinigung (s. u.) des Resultats kann gegenüber der konventionellen Division Vorteile haben.

Somit ist $c_0 = 0$ und damit $a_0 = b_0$. Nun ist entweder $n = 0$, dann sind wir fertig, oder es ist auch $-Bc_1 = d_1$, usw.

Aufgabe 2: Die natürlichen Zahlen seien in bereinigter Radixdarstellung zu einer beliebigen Basis B dargestellt als Objekte der Rechenstruktur

structure *ZAHL* ≡ **some SEQU (ziffer)** .

Man formuliere dazu je einen Algorithmus
a) für die Addition
b) für die Multiplikation
c) für den Größenvergleich. Unter welchen Bedingungen kann der Größenvergleich auch als lexikographischer Vergleich durchgeführt werden?
Dabei setze man die Art **ziffer** *mit entsprechenden Operationen als primitiv voraus.*

Für die Null wäre die konsequente Normalform die leere Sequenz. Ersatzweise wählt man $n = 0$ und $a_0 = 0$ – die Null hat eine führende Null.

In der *modulo*-Darstellung wählt man für negative Zahlen $a_{n+1} = -B$, sonst aber $0 \leqq a_i < B$ $(i \leqq n)$, und für nichtnegative Zahlen $a_{n+1} = 0$, also genau eine führende Null.

In ähnlicher Weise lassen sich auch (nicht-abbrechende) B-al-Brüche einführen, nämlich als Folgen

$$a = /a_n a_{n-1} \ldots a_1 a_0 \,.\, a_{-1} a_{-2} a_{-3} a_{-4} \ldots /,$$

also mittels (unendlicher) Darstellungen in **int biflex int** mit der Nebenbedingung

$$\exists N: \forall i > N: a_i = 0 \quad .$$

Die Definitionen der arithmetischen Operationen, der Übertragungskonstante und der Äquivalenz bleiben die gleichen. Man muß dazu allerdings eine Einschränkung auf den Unterring der „beschränkten“ Elemente vornehmen, die durch die Bedingung

$$\exists z > 0: \forall m \geqq 0: \sum_{\nu \geqq -m} |a_\nu| B^{n+\nu} \leqq z \cdot B^n$$

gekennzeichnet sind, und für Überträger c weitere Bedingungen stellen. Die Äquivalenzklassen bilden dann einen Dedekind-vollständigen geordneten Körper – den Körper der reellen Zahlen; die bereinigten beschränkten Elemente können als Repräsentanten dienen (Faltin et al. 1975).

Die den oben angegebenen Konstruktionen entsprechenden Algorithmen für arithmetische Operationen terminieren dann allerdings nicht mehr. Geht man zu einer Teilmenge abbrechender B-al-Brüche mit konstanter Gesamtstellenzahl über, erhält man die üblicherweise mit **real** bezeichnete Familie von Objektmengen. Einzelheiten über das Rechnen mit solchen Objekten („Gleitpunktzahlen“) werden in der numerischen Mathematik diskutiert (siehe etwa J. Stoer, „Einführung in die Numerische Mathematik I“, 3. Aufl., Springer 1979).

3.6 Wechsel von abstrakten Typen und Objektstrukturen

In den vorhergehenden Abschnitten haben wir eine Fülle von Beispielen abstrakter Typen und darauf gestützter Algorithmen betrachtet. Nun soll die Rolle der abstrakten Typen im Programmentwicklungsprozeß verdeutlicht werden.

In der Programmkonstruktion tritt die Entwicklung von abstrakten Typen und Rechenstrukturen üblicherweise als eine Hierarchie verschiedener Formulierungen auf, bei der eine Typ-Definition an der Spitze steht und ein Satz von Maschinenoperationen – in der Form einer konkreten Rechenstruktur – am Ende. Die Zwischenebenen in dieser Hierarchie sind wieder Typ-Definitionen und konkrete Rechenstrukturen.

Entsprechend dieser Hierarchie verschiedener Formulierungsebenen unterscheidet man auch verschiedene Sorten von Übergängen, die im Prozeß der Programmentwicklung eine wichtige Rolle spielen. So werden im folgenden Typ-Wechsel, Konkretisierung und Implementierung (konkreter Rechenstrukturen durch andere) behandelt.

Wie bereits in 3.2.6 angedeutet, sind Artvereinbarungen nichts anderes als Abkürzungen für bestimmte monomorphe Typ-Definitionen; die Implementierung von Arten durch andere Arten ist hier also mit eingeschlossen.

3.6.1 Typ-Wechsel und Typ-Verwandtschaft

Oft erweist sich ein bereits untersuchter abstrakter Typ für ein gegebenes Problem als zu arm oder zu reich, so daß man zu einem anderen, „verwandten" abstrakten Typ wechseln möchte: sei es, daß eine häufig gebrauchte, über dem Typ formulierte Operation zusammen mit kennzeichnenden Eigenschaften in den Typ aufgenommen werden soll, sei es, daß in den Anwendungen des Typs bestimmte Operationen (und sie betreffende Gesetze) nicht gebraucht werden und man sie weglassen möchte, um „mehr" Modelle zuzulassen. Weiter ist es möglich, daß Operationen nicht vollständig charakterisiert sind und der Typ dadurch „zu viele" Modelle hat, so daß Gesetze hinzugenommen werden müssen, oder daß umgekehrt gewisse Gesetze nicht gebraucht werden und man sie weglassen möchte, um wieder „mehr" Modelle zuzulassen.

A und **B** seien also abstrakte Typen. Wir sagen, **A** und **B** sind (direkt) verwandt, wenn sie in einer der folgenden Relationen stehen.

(1) **A** ▶ **B** $\Leftrightarrow_{\text{def}}$ **A** und **B** sind homolog und die Gesetze von **A** implizieren diejenigen von **B**.

Gilt **A** ▶ **B**, so sagen wir, **A** ist **stärker** als **B**. ▶ ist reflexiv und transitiv. **A** ▶ **B** gilt insbesondere, wenn **A** eine monomorphe Charakterisierung einer abstrakten Rechenstruktur des polymorphen Typs **B** ist; so hat man in 3.5.1 etwa **INDEX** ▶ **PEA**.

(2) **A** ◆ **B** $\Leftrightarrow_{\text{def}}$ **A** ▶ **B** $\wedge$ **B** ▶ **A**
(d. h. **A** und **B** haben dieselben Operationen und äquivalente Gesetze).

Falls **A** ◆ **B** gilt, sagen wir, **A** und **B** sind **stark äquivalent**. ◆ ist eine Äquivalenzrelation. Eine zu einem gegebenen abstrakten Typ stark äquivalenter abstrakter Typ entsteht beispielsweise durch Hinzunehmen bzw. Weglassen eines Gesetzes, das aus den anderen Gesetzen ableitbar ist. Weniger trivial ist die starke Äquivalenz zweier abstrakter Typen zur Charakterisierung der Rechenstruktur *BIT* aus 3.1.4, von denen einer die dort angegebenen Gesetze verwendet und der andere etwa die Verknüpfungen in Form von Gesetzen wie

$$\mathbf{O} \wedge \mathbf{O} = \mathbf{O},\ \mathbf{O} \wedge \mathbf{L} = \mathbf{O},\ \mathbf{L} \wedge \mathbf{O} = \mathbf{O},\ \mathbf{L} \wedge \mathbf{L} = \mathbf{L}$$

(Verknüpfungstafeln) explizit beschreibt.

(3) **A** $\gg$ **B** $\Leftrightarrow_{def}$
Mit **A** = (Σ, $\mathfrak{E}$), **B** = (Σ', $\mathfrak{E}'$) gilt:
a) Σ umfaßt Σ'
b) $\mathfrak{E}$ impliziert $\mathfrak{E}'$
c) Jeder über Σ gebildete Term einer Sorte von Σ' läßt sich mittels $\mathfrak{E}$ auf einen Term über Σ' reduzieren.

Gilt **A** $\gg$ **B**, so heißt **A reicher** als **B** oder **Anreicherung** von **B** (engl.: *enrichment*, Burstall, Goguen 1977). Die Relation $\gg$ ist wieder reflexiv und transitiv. Sie ist uns bereits in 3.2 im Zusammenhang mit der Typzugehörigkeitsangabe begegnet; dort hatten wir etwa

SEQU $\gg$ **DECK** und **DECK** $\gg$ **STACK**.

Offenbar ist **A** $\gg$ **B** $\wedge$ **B** $\gg$ **A** mit **A** ◆ **B** gleichwertig.

Es ist klar, daß die Hinzunahme einer Operation und der zugehörigen Eigenschaften im allgemeinen zu einem abstrakten Typ führt, der andere Trägermengen definiert. Im Falle der Anreicherung ist dies ausgeschlossen.

Die genannten Beispiele zeigen den besonders einfachen und praktisch wichtigen Fall der **operativen Anreicherung**: Die hinzugenommenen Operationen können (unter Erfüllung der geforderten Eigenschaften), gestützt auf die übrigen Operationen, algorithmisch ausgedrückt werden.

Ein weiteres Beispiel liefert der abstrakte Typ **STACK**. Wir haben ihn in 3.4.1 operativ angereichert, indem wir die Operationen *contains* und *delete* hinzugenommen haben. Aus den rekursiven Definitionen dieser Funktionen in **STACK** konnten wir die Eigenschaften

C1, C2, C3, D1, D2, REST

ableiten. Hinzunahme auch dieser Gesetze führt zu einem neuen abstrakten Typ **SC**. Die neu hinzugenommenen Operationen sind durch diese zusätzlichen Gesetze auf die bereits vorhandenen zurückgeführt; die rekursiven Definitionen lassen sich in **SC** sogar als Gesetze ableiten. Somit ist **SC** eine operative Anreicherung von **STACK**.

Wir sind darüber hinaus in 3.4.1 zu einem neuen abstrakten Typ **CODEL** übergegangen, indem wir die Operation *rest* und die Gesetze R und REST weggelassen (und A durch ID ersetzt) haben. Da sich aber *rest*, wie in 3.4.1 gezeigt, über **CODEL** operativ formulieren läßt, kann auch **CODEL** operativ zu **SC** angereichert werden. Dagegen lassen sich die Operationen von **SEQU** über **WORD** *nicht* operativ formulieren; **SEQU** ist (nach Hinzunahme von *widen*) zwar eine Anreicherung von **WORD**, aber keine operative.

BAG und **FINSET** schließlich sind zwar homolog, stehen aber in keiner der drei Verwandtschaftsrelationen.

Für detailliertere Untersuchungen über Typ-Verwandtschaft siehe Broy et al. 1983.

3.6.2 Konkretisierung

Die durch einen abstrakten Typ definierten Trägermengen und Operationen können in umfassenden Programmen ebenso verwendet werden wie diejenigen konkreter Rechenstrukturen, d. h., neue Rechenvorschriften können auf diese Operationen als Primitive abgestützt werden und neue Objektstrukturen auf die Trägermengen als Primitive. Dabei definieren die in einem Programm als primitiv angenommenen Rechenstrukturen eine (abstrakte) Maschine, für die das Programm formuliert ist. Jedoch muß es im Laufe der Programmentwicklung für eine konkrete Maschine einen Schritt geben, in dem ein Modell des abstrakten Typs durch konkrete Objektstrukturen und Rechenvorschriften realisiert wird. Dieser Übergang von einem abstrakten Typ zu einer konkreten Rechenstruktur wurde in 3.2.4 Konkretisierung genannt.

Um nachzuweisen, daß eine gegebene konkrete Rechenstruktur Konkretisierung eines abstrakten Typs ist, muß gezeigt werden, daß die konkret angegebenen Operationen sämtliche im Typ aufgeführten Eigenschaften erfüllen. Dazu werden i. allg. Induktionsverfahren benötigt, vgl. 3.2.4.

Dieser Beweisaufwand ist übrigens einer der Hauptgründe, weshalb die Menge der Gesetze möglichst klein gehalten werden sollte, obschon in der Definition abstrakter Typen keine Forderung nach Minimalität gestellt ist. Oft ist es vorteilhaft, zusätzliche Eigenschaften abstrakt-algebraisch aus den Gesetzen zu beweisen.

3.6.2.1 Für abstrakte Typen, die einer Art-Vereinbarung entsprechen, liegt die Konkretisierung mit Hilfe eben dieser Art-Vereinbarung auf der Hand. Entsprechend hat man etwa die folgende Konkretisierung des abstrakten Typs **STACK**:

```
structure STACK ≡ (mode χ) STACK (χ):
   ⌈ mode empty    ≡ atomic {◇},
     mode stack χ  ≡ empty |(χ item, stack χ trunk)
     funct empty   ≡ stack χ: ◇,
     funct isempty ≡ (stack χ s) bool: empty :: s,
     funct top     ≡ (stack χ s: ¬ isempty(s)) χ: item of s,
     funct rest    ≡ (stack χ s: ¬ isempty(s)) stack χ: trunk of s,
     funct append  ≡ (stack χ s, χ x) stack χ: ⟨x, s⟩           ⌋ .
```

Für derartige Konkretisierungen ist der Nachweis der Gesetze nahezu trivial.

Aufgabe 1: Man beweise, daß die folgende Rechenstruktur eine Konkretisierung des in 3.2.5 angegebenen Typs **Z2** *der zyklischen, kommutativen Gruppe der Ordnung 2 ist:*

```
structure Z2 ≡ Z2:
   ⌈ mode group ≡ atomic { , },
     funct . ○ . ≡ (group a, group b) group:
                   if a = e then b
                   [] a = x then if b = e then x
                                 [] b = x then e fi fi,
     funct inv   ≡ (group a) group: a,
     funct e     ≡ group: ,
     funct x     ≡ group:                  ⌋ .
```

3.6.2.2 Falls ein abstrakter Typ die Möglichkeit bietet, einen Teil der Operationen durch aus den Gesetzen abgeleitete (deskriptive) Formulierungen auf einen Kernsatz der Operationen abzustützen, kann man sich bei der Konkretisierung zunächst auf diesen Kernsatz beschränken. Durch Elimination der deskriptiven Sprachelemente aus den abgestützten Operationen erhält man dann eine vollständige operative Konkretisierung.

Durch diese Vorgehensweise der partiellen Konkretisierung kann der Nachweis der Eigenschaften für die abgestützten Operationen abstrakt-algebraisch geführt werden. Für jede spezielle Konkretisierung muß dann nur noch gezeigt werden, daß der Kernsatz korrekt realisiert ist.

Um im Beispiel **STACK** eine Spezifikation für die Operation *rest* abzuleiten, verwenden wir

law A: $\neg$ *isempty*(*s*) $\dot{\Rightarrow}$ *append*(*rest*(*s*), *top*(*s*)) = *s*

und das aus R und T ableitbare Gesetz

law AA: *append*(*a*, *x*) = *append*(*b*, *y*) $\Leftrightarrow$ (*a* = *b*) $\wedge$ (*x* = *y*) .

Durch Gebrauch von A erhält man eine (möglicherweise mehrdeutige) Funktion

funct *rest* $\equiv$ (**stack** χ *s*: $\neg$ *isempty*(*s*)) **stack** χ:
η **stack** χ *t*: $\exists$ χ *y*: *append*(*t*, *y*) = *s* .

Für diese Rechenvorschrift kann nun die Eigenschaft R bewiesen werden:

rest(*append*(*s*, *x*))
$=_{\text{(Expandieren)}}$ (η **stack** χ *t*: $\exists$ χ *y*: *append*(*t*, *y*) = *append*(*s*, *x*))
$=_{\text{(AA)}}$ (η **stack** χ *t*: $\exists$ χ *y*: (*t* = *s*) $\wedge$ (*y* = *x*)) = *s* .

Beachte, daß die Gültigkeit der Eigenschaft R die Determiniertheit der Operation *rest* garantiert. *rest* sollte daher präziser durch

funct *rest* $\equiv$ (**stack** χ *s*: $\neg$ *isempty*(*s*)) **stack** χ:
ι **stack** χ *t*: $\exists$ χ *y*: *append*(*t*, *y*) = *s*

spezifiziert werden.

In ähnlicher Weise kann man die folgende Spezifikation für *top* ableiten:

funct *top* $\equiv$ (**stack** χ *s*: $\neg$ *isempty*(*s*)) **stack** χ:
ι χ *y*: $\exists$ **stack** χ *t*: *append*(*t*, *y*) = *s* .

3.6.2.3 Als ein weiteres Beispiel betrachten wir eine Konkretisierung des abstrakten Typs **GREX** (ν, χ) (3.3.3) mittels (fester) Reihungen endlicher Länge unter Benutzung eines Sonderelements ℓ:

```
structure AGREX ≡ (mode ν, mode χ) GREX (ν, χ):
    ⌈ mode χ1              ≡ χ | atomic {ℓ},
      mode ν grex χ        ≡ ν array χ1 ,
      funct vac ≡ ν grex χ: ι ν array χ1 g: ∀ ν i: g[i] = ℓ,
      funct get            ≡ (ν grex χ g, ν i: isaccessible(g, i)) χ: g[i],
      funct put            ≡ (ν grex χ g, ν i, χ m) ν grex χ:
            ι ν array χ1 k: k[i] = m ∧ ∀ ν j: j ≠ i ⇒ k[j] = g[j],
      funct isaccessible   ≡ (ν grex χ g, ν i) bool: g[i] ≠ ℓ            ⌋ .
```

Damit Reihungen endlicher Länge verwendet werden können, muß dabei **v** von endlicher Kardinalität und linear geordnet sein; in den Operationen wird von dieser Ordnung aber kein expliziter Gebrauch gemacht.

Für eine wohlgeordnete, möglicherweise sogar unendliche Indexmenge **index** kann **GREX (index,** χ**)** auch mittels einer Struktur

```
structure FLEX ≡ some FLEX (index, χ1) where
mode χ1  ≡ χ | atomic {ℓ}
```

konkretisiert werden. Die Konkretisierungen für *isaccessible, vac* und *get* sind dabei trivial. Für die Operation *put* bietet sich an:

```
funct put ≡ (index grex χ g, index i, χ x) index grex χ:
        if i ≤ hib(g) then alt(g, i, x)
        [] i = succ(hib(g)) then ext(g, x)
        [] i > succ(hib(g)) then put(ext(g, ℓ), i, x) fi    .
```

3.6.2.4 Eine Konkretisierung von **STACK** mittels **FLEX** und **nat** ist trivial, vgl. 3.3.1.4. Eine Konkretisierung von **QUEUE** kann auf die Operation *truncshift* zurückgreifen (vgl. 3.4.1.3). Arbeitet man bei Schlangen mit **FLEX** ohne *truncshift*, so ist auch für Schlangen beschränkter Länge der Wertebereich von *hib* unendlich. Für die Konkretisierung von Decks und Sequenzen mittels **FLEX** und **nat** geht man besser zur symmetrischen Erweiterung von **FLEX**, zu **BIFLEX** über.

Aufgabe 2: Man gebe eine Konkretisierung von **QUEUE** (χ) *mittels*
structure *NGREX* ≡ **(mode** χ**) some GREX (nat,** χ**)** .

Aufgabe 3: Man gebe eine Konkretisierung von Schlangen beschränkter Länge N mittels Aggregaten über Zykelzahlen (vgl. 3.5.2) geeigneter Periode („Ringspeicher", engl. circular store).

Aufgabe 4: Man vervollständige die folgenden Konkretisierungen für **DECK** *mittels* **STACK**:

a)
```
⌈ in terms of some STACK (χ):
  mode deck χ ≡ stack χ, ...   ⌋
```

b)
```
⌈ in terms of some STACK (χ):
  mode deck χ ≡ (stack χ a, stack χ s),
  funct empty   ≡ deck χ: ⟨empty, empty⟩,
  funct append  ≡ (deck χ d, χ x) deck χ: ⟨append(a of d, x), s of d⟩,
  funct stock   ≡ (deck χ d, χ x) deck χ: ⟨a of d, append(s of d, x)⟩, ... ⌋
```

c)
```
⌈ in terms of some STACK (pair) where
  mode pair     ≡ (χ elem, bool as):
  mode deck χ ≡ stack pair,
  funct append  ≡ (deck χ d, χ x) deck χ: append(d, pair: ⟨x, true⟩),
  funct stock   ≡ (deck χ d, χ x) deck χ: append(d, pair: ⟨x, false⟩), ... ⌋   .
```

3.6.2.5 In 3.6.2.3 wurde besprochen, wie **GREX** mittels **FLEX** konkretisiert werden kann. Umgekehrt ist, da **index** wohlgeordnet ist (vgl. 3.3.1), auch eine Konkretisierung von **FLEX** mittels **GREX** unter Benutzung eines Pegels möglich:

```
structure FLEX ≡ (structure INDEX, mode χ:
                        INDEX isoftype INDEX) FLEX (index, χ):
   ⌈ in terms of some GREX (index, χ):
     mode index flex χ ≡ (index i, {index grex χ x: x ≠ vac} g) |
                                              index grex χ {vac},
     funct init      ≡ index flex χ: vac,
     funct isinit    ≡ (index flex χ f) bool: f = init
     funct ext       ≡ (index flex χ f, χ x) index flex χ:
          if isinit(f) then ⟨min, put(vac, min, x)⟩
                        else ⟨succ i of f, put(g of f, succ i of f, x)⟩ fi,
     funct rem       ≡ (index flex χ f: ¬ isinit(f)) index flex χ:
          if hib(f) = min then init
                          else ⟨pred i of f, g of f⟩ fi,
     funct hib       ≡ (index flex χ f: ¬ isinit(f)) index: i of f,
     funct sel       ≡ (index flex χ f, index i: ¬ isinit(f) ∧
                                   i ≤ hib(f)) χ: get(g of f, i),
     funct alt       ≡ (index flex χ f, index i, χ x: ¬ isinit(f) ∧
          i ≤ hib(f)) index flex χ: ⟨i of f, put(g of f, i, x)⟩          ⌋ .
```

Man beachte, daß in dieser Konkretisierung *verschiedene* Objekte $\langle i, g\rangle$ und $\langle i, g'\rangle$ ein und dasselbe Element von **index flex** χ repräsentieren, sofern nur g und g' „unterhalb" des Pegels i übereinstimmen.

Aus dieser Pegel-Darstellung gewinnt man durch Kombination mit der Konkretisierung von **STACK** mittels **FLEX** auch eine Pegel-Darstellung von **STACK** mittels **GREX**, die der technischen Realisierung von Stapeln auf Assoziativspeichern entspricht:

```
structure GSTACK ≡ (mode χ) STACK (χ):
   ⌈ in terms of some GREX (nat, χ):
     mode stack χ ≡ (nat topmost, nat grex χ data),
     funct empty    ≡ stack χ: ⟨0, vac⟩,
     funct isempty  ≡ (stack χ s) bool: topmost of s = 0,
     funct top      ≡ (stack χ s: ¬ isempty(s)) χ: get(data of s, topmost of s),
     funct rest     ≡ (stack χ s: ¬ isempty(s)) stack χ:
                                     ⟨pred topmost of s, data of s⟩,
     funct append   ≡ (stack χ s, χ x) stack χ:
          ⟨succ topmost of s, put(data of s, succ topmost of s, x)⟩        ⌋ .
```

Aufgabe 5: Man beweise, daß GSTACK eine Konkretisierung von **STACK** *ist.*

3.6.2.6 Die Verwandtschaft zwischen **CODEL** (3.4.1) und **BAG** (3.4.5) legt eine Konkretisierung von **BAG** mittels sortierter Stapel nahe, die schon in 3.4.5.2 angesprochen wurde:

```
structure BAG ≡ (mode χ) BAG (χ):
   ⌈ in terms of some STACK (χ):
     mode bag χ        ≡ stack χ,
     funct emptybag    ≡ bag χ: empty,
     funct isemptybag  ≡ (bag χ b) bool: isempty(b),
```

```
funct collect   ≡ (bag χ b, χ x) bag χ: insort(b, x),
funct elem      ≡ (bag χ b: ¬ isemptybag(b)) χ: top(b),
funct delete    ≡ (bag χ b, χ x) bag χ:
        if isempty(b)
          then b
          else if top(b) = x then rest(b)
                              else append(delete(rest(b), x), top(b)) fi fi,
funct contains  ≡ (bag χ b, χ x) bool: ¬ isempty(b) ∧
                        (top(b) = x ∨ contains(rest(b), x))   ⌋ .
```

Für *insort* siehe 1.13.3 und 2.10 (*sort*). Eine operative Formulierung der universellen Gleichheitsrelation für Haufen ist in dieser Konkretisierung durch die Rechenvorschrift *equ* für Stapel (vgl. 2.10) gegeben. In vielen Algorithmen wird allerdings die universelle Gleichheitsrelation nicht benutzt: dann kann man ohne Sortierung auskommen.

Aufgabe 6: Man gebe eine operative Fassung der Gleichheitsrelation für Haufen in einer Konkretisierung von **BAG** *durch unsortierte Stapel.*

In gleicher Weise kann auch **FINSET** konkretisiert werden. Falls allerdings eine effizientere operative Fassung der Gleichheitsrelation benötigt wird, ist es ratsam, *insort* so abzuändern, daß Wiederholungen von Elementen vermieden werden, etwa zu:

```
funct insort1 ≡ (stack χ a, χ x: issorted(a)) stack χ:
      if isempty(a) then append(a, x)
                    else if top(a) = x then a
                         ▯ top(a) > x then append(a, x)
                         ▯ top(a) < x then append(insort1(rest(a), x), top(a)) fi fi.
```

Für eine andere Konkretisierung von **FINSET** – mittels **array** bzw. **GREX** – siehe 3.6.4.2.

3.6.3 Implementierung konkreter Rechenstrukturen

Im Laufe der Entwicklung eines Programms werden nicht nur Rechenvorschriften umgeformt, etwa zum Zweck der „Entrekursivierung“ (s. Kap. 4), sondern auch Objektstrukturen, wobei als neue Strukturen i. allg. solche gewählt werden, die effizientere Operationen erlauben oder die „näher bei der Maschine“ liegen. Ein Wechsel der Objektstrukturen zieht fast immer auch eine Änderung der Operationen nach sich. Für eine solche gemeinsame Entwicklung von Objektstrukturen und (Grund-)Operationen ist der natürliche Rahmen eine Rechenstruktur, bei der dank der Abschirmung alle Änderungen isoliert vom übrigen Programmtext erfolgen können.

Mit der folgenden Definition des Begriffs „Implementierung“ wollen wir diejenigen Übergänge zwischen konkreten Rechenstrukturen erfassen, die die über dem bereitgestellten Satz von Operationen formulierten Programme nicht beeinflussen. Solche Übergänge sind dadurch charakterisiert, daß alle (Objekte und) Operationen der Ausgangsstruktur durch (Objekte und) Operationen der neuen Struktur *homomorph* repräsentiert werden. Im allgemeinen wird dazu nur ein Teil der (Objekte und) Operationen der neuen Struktur benötigt.

Als **Teilalgebra** einer Algebra A bezeichnen wir eine Restriktion von A auf eine Teilsignatur von A. Eine **Verengung** einer konkreten Rechenstruktur A ist dann eine von den Operationen einer Teilalgebra von A erzeugte Unterstruktur. Sei nun A eine konkrete Rechenstruktur, deren Signatur Σ in der Signatur einer konkreten Rechenstruktur B enthalten ist, und sei B' die Verengung von B auf Σ, dann nennen wir B **Implementierung von** A, wenn es einen Homomorphismus von B' auf A gibt. Ist ferner C eine Konkretisierung des monomorphen abstrakten Typs **C**, so heißt A **implementierbar über** C, wenn es eine operative Anreicherung von **C** gibt, deren Rechenstrukturen Implementierungen von A sind.

Da zum Beispiel der monomorphe Typ **STACK** als Abstraktion aus den Objektstrukturen **rsequ** χ, **lsequ** χ, **rsequc** χ entstanden ist, sind diese Objektstrukturen – als konkrete Rechenstrukturen aufgefaßt – jeweils Konkretisierungen von **STACK** und damit paarweise Implementierungen voneinander.

Als weiteres Beispiel betrachten wir die Rechenstruktur *BS* von 3.1.3, die eine Konkretisierung des folgenden monomorphen abstrakten Typs ist:

```
type BS ≡ (mode χ, nat N: N > 0) bs χ, empty, top, rest, append, isempty, isfull:
      funct bs χ empty,
      funct ({bs χ b: ¬ isempty(b)}) χ top,
      funct ({bs χ b: ¬ isempty(b)}) bs χ rest,
      funct ({bs χ b, χ x: ¬ isfull(b)}) bs χ append,
      funct (bs χ) bool isempty,
      funct (bs χ) bool isfull,
      funct (bs χ) nat length,
      law R:  ¬ isfull(b) ⇒̇ rest(append(b, x)) = b,
      law T:  ¬ isfull(b) ⇒̇ top(append(b, x)) = x,
      law A:  ¬ isempty(b) ⇒̇ append(rest(b), top(b)) = b,
      law E1: isempty(empty),
      law E2: ¬ isfull(b) ⇒̇ ¬ isempty(append(b, x)),
      law F1: ¬ isfull(empty),
      law F2: ¬ isempty(b) ⇒̇ ¬ isfull(rest(b)),
      law F3: isfull(b) ⇔ (length(b) = N),
      law L1: length(empty) = 0,
      law L2: ¬ isfull(b) ⇒̇ length (append(b, x)) = length(b) + 1 endoftype   .
```

Eine andere Konkretisierung dieses Typs kann unter Hinzunahme eines Pegels über **GREX** implementiert werden:

```
structure GBS ≡ (mode χ, nat N: N > 0) BS (χ, N):
         ⌈ in terms of some GREX (ν, χ) where
           mode ν        ≡ nat [1 .. N]:
           mode bs χ     ≡ (nat [0 .. N] i, ν grex χ a),
           funct empty   ≡ bs χ: ⟨0, vac⟩,
           funct isempty ≡ (bs χ b) bool: i of b = 0,
           funct top     ≡ (bs χ b: ¬ isempty(b)) χ: get(a of b, i of b),
           funct rest    ≡ (bs χ b: ¬ isempty(b)) bs χ: ⟨i of b − 1, a of b⟩,
           funct append  ≡ (bs χ b, χ x: ¬ isfull(b)) bs χ:
                              ⟨i of b + 1, put(a of b, i of b + 1, x)⟩,
```

```
funct isfull  ≡ (bs χ b) bool: i of b = N,
funct length  ≡ (bs χ b) nat: i of b                    ⌋ .
```

Nach unserer Definition sind *BS* und *GBS* damit paarweise Implementierungen voneinander. Eine weitere Implementierung von **v grex χ** durch **v array χ1** (vgl. 3.6.2.3) kann sich anschließen.

Die nächsten beiden Abschnitte behandeln zwei spezielle Implementierungstechniken: Binarisierung und Packen von Objekten.

3.6.4 Beispiel: Binarisierung

Ein Zeichenvorrat heißt binär, wenn er aus genau zwei Zeichen besteht, etwa

```
mode bool ≡ atomic {false, true}
mode bit  ≡ atomic {O, L}
```

aber auch

```
atomic {0, 1}, atomic {+, −}, atomic {männlich, weiblich}   .
```

Binarisierung ist eine Zurückführung von Objektdarstellungen auf **Binärworte**, d. h. auf Sequenzen **sequ bit** von Binärzeichen, häufig auf solche beschränkter Länge, **bs bit**, oder auf Reihungen **nat** [1 .. *N*] **array bit** fester Länge *N*.

3.6.4.1 Eine Darstellung von Objekten durch Binärworte, d. h. eine injektive Abbildung der Objektmenge in die Menge der Binärworte, ist eine **(Binär-)Codierung**. Die übliche Binärcodierung der natürlichen Zahlen ist die Radixdarstellung zur Basis 2 (3.5.6) mit den Ziffernwerten 1 für **L** und 0 für **O**; wir sprechen von **Dualzahlen.** Der Bildbereich ist dabei die Menge aller Binärworte ohne führendes **O**. Die Ordnung der natürlichen Zahlen induziert eine Ordnung auf Binärworten (vgl. Aufgabe 3.5.6-2c)), die **natürliche Ordnung.**

Eine Binärcodierung einer wohlgeordneten Objektmenge heißt **direkt,** wenn sie ein Ordnungsisomorphismus *auf* einen Anfangsabschnitt der Bildmenge unter der natürlichen Ordnung ist. Die Abbildung ist dann bijektiv, die Codierung somit umkehrbar. Der Übergang zu Dualzahlen ist also eine direkte Binärcodierung.

Wir führen den Übergang von den Strichzahlen zu den Dualzahlen in zwei Schritten durch: der erste Schritt besteht in der Angabe von operativ beschleunigten Formen der Rechenvorschriften, der zweite im Übergang auf eine geeignetere Objektstruktur.

Dabei gehen wir von einer konkreten Rechenstruktur *NAT* aus, deren Typ **EPEA** eine operative Anreicherung von **PEA** um eine Reihe von Operationen ist:

```
structure NAT ≡ EPEA:
 ⌈ in terms of some SEQU (stroke):
   mode stroke ≡ atomic {|},
   mode nat    ≡ sequ stroke,
   funct zero  ≡ nat: empty,
   funct one   ≡ nat: succ(zero),
```

```
funct add   ≡ (nat a, nat b) nat:
      if a = zero
        then b
        elsf  b = zero then a
        else if odd(a)  ∧  odd(b)  then 2× succ(add(pred(a) /2, pred(b) /2))
              ▯ odd(a)  ∧  even(b)  then succ(2× add(pred(a) /2, b /2))
              ▯ even(a)  ∧  odd(b)  then succ(2× add(a /2, pred(b) /2))
              ▯ even(a)  ∧  even(b) then 2× add(a /2, b /2)                  fi fi,
funct mult  ≡ (nat a, nat b) nat:
      if b = zero then zero
                 else if odd(b)  then add(a, mult(2× a, pred(b) /2))
                      ▯ even(b) then mult(2× a, b /2)                fi fi,
funct succ   ≡ (nat a) nat: stock(a, |),
funct pred   ≡ (nat a: a ≠ zero) nat: rest(a),
funct odd    ≡ (nat a) bool: if a = zero then false else even(pred(a)) fi,
funct even   ≡ (nat a) bool: if a = zero then true else odd(pred(a)) fi,
funct 2× .   ≡ (nat a) nat: conc(a, a),
funct ./2    ≡ (nat a: even(a)) nat:
      if a = zero then zero
                 else succ(pred(pred(a)) /2) fi                                    ⌋.
```

Die Rechenvorschriften *add* und *mult* brauchen nun wesentlich weniger rekursive Aufrufe als die entsprechenden Versionen von 3.5.1. Damit sie jedoch wirklich effizienter werden, muß das Verdoppeln und Halbieren günstig realisiert werden. Zu diesem Zweck bietet sich eine Binärdarstellung an, die zunächst noch vermöge geeigneter zueinander reziproker Konversionsfunktionen *conc* und *repr* auf die ursprüngliche Strichzahlendarstellung abgestützt wird:

```
structure DUALS ≡ EPEA:
 ⌈ in terms of NAT, some SEQU (bit):
   mode dual ≡ sequ bit,
   funct conv ≡ (dual a) nat:
         if isempty(a) then zero
                       else add(val(bottom(a)), 2× conv(upper(a))) fi,
   funct val    ≡ (bit b) nat:
         if b = O then zero else one fi,
   funct repr   ≡ (nat n) dual:
         if n = zero then empty
                    else if even(n) then stock(repr(n /2), O)
                                    else stock(repr(pred(n) /2), L) fi fi,
   funct zero   ≡ dual: repr(zero),
   funct one    ≡ dual: repr(one),
   funct add    ≡ (dual a, dual b) dual: repr(add(conv(a), conv(b))),
   funct mult   ≡ (dual a, dual b) dual: repr(mult(conv(a), conv(b))),
   funct succ   ≡ (dual a) dual: repr(succ(conv(a))),
   funct pred   ≡ (dual a: a ≠ zero) dual: repr(pred(conv(a))),
   funct odd    ≡ (dual a) bool: odd(conv(a)),
```

funct *even* ≡ (**dual** *a*) **bool**: *even*(*conv*(*a*)),
funct 2×. ≡ (**dual** *a*) **dual**: *repr*(2× *conv*(*a*)),
funct ./2 ≡ (**dual** *a*) **dual**: *repr*(*conv*(*a*) /2) ⌋ .

Man beachte, daß *conv* alle Sequenzen identifiziert, die bis auf führende **O**'s übereinstimmen. Die „normierten" Sequenzen ohne führende **O**'s, die von *repr* erzeugt werden, können als Repräsentanten der entsprechenden Äquivalenzklassen dienen.

Da diese Rechenstruktur sich hierarchisch auf die Rechenstruktur *NAT* abstützt, sind ihre Operationen nicht rekursiv: so stützt sich etwa die Operation *add* von *DUALS* auf die Operation *add* von *NAT* ab.

Unter Ausnutzung der speziellen Formulierung der Operationen läßt sich nun die Abstützung auf *NAT* durch Umformung eliminieren. Wir wollen dies am Beispiel des Verdoppelns andeuten: Durch Expandieren von *repr* im Rumpf von 2×. ergibt sich

```
if 2× conv(a) = zero then empty
                      else if even(2× conv(a))
                              then stock(repr((2× conv(a)) /2), O)
                              else stock(repr((2× conv(a)) /2), L) fi fi   .
```

Unter Verwendung der Eigenschaften

$2\times\ conv(a) = zero \Leftrightarrow isempty(a)$

und

$even(2\times\ conv(a)) \Leftrightarrow$ **true**

vereinfacht sich dieser Ausdruck zu

```
if isempty(a) then empty
              else stock(repr((2× conv(a)) /2), O) fi   ,
```

woraus sich durch Anwendung von

$(2\times\ n)\ /2 = n$

und

$repr(conv(a)) = a$

schließlich ergibt:

```
if isempty(a) then empty
              else stock(a, O) fi   .
```

Analog lassen sich alle übrigen Operationen von *DUALS* direkt über der Art **sequ bit** realisieren ohne Rückgriff auf die Rechenstruktur *NAT*; dabei ergeben sich u. a. die folgenden Entsprechungen:

```
zero          ↔ empty
one           ↔ sequ bit: stock(empty, L)
odd(a)        ↔ if isempty(a) then false else bottom(a) = L fi
even(a)       ↔ if isempty(a) then true else bottom(a) = O fi
2× a          ↔ if isempty(a) then empty else stock(a, O) fi
succ(2× a)    ↔ stock(a, L)
a /2          ↔ if isempty(a) then empty else upper(a) fi    .
```

Der Effizienzgewinn ist offensichtlich.

Nachdem die hierarchische Abstützung beseitigt ist, kann man auf die ursprüngliche Rechenstruktur *NAT* verzichten und an ihrer Stelle die Struktur *DUALS* benutzen; dazu wird *DUALS* in *NAT* und **dual** in **nat** umbenannt. Wir erhalten so schließlich:

```
structure NAT ≡ EPEA:
⌈ in terms of some SEQU (bit):
  mode nat   ≡ sequ bit,
  funct zero ≡ nat: empty,
  funct one  ≡ nat: stock(empty, L),
  funct add  ≡ (nat a, nat b) nat:
          if isempty(a) then b
        elsf isempty(b) then a
            else if odd(a) ∧ odd(b) then stock(succ(add(upper(a),
                                                    upper(b))), O)
                 ▯ odd(a) ∧ even(b) then stock(add(upper(a), upper(b)), L)
                 ▯ even(a) ∧ odd(b) then stock(add(upper(a), upper(b)), L)
                 ▯ even(a) ∧ even(b) then stock(add(upper(a), upper(b)), O) fi fi,
  funct mult ≡ (nat a, nat b) nat:
        if isempty(b)
          then empty
          else if odd(b) then add(a, mult(stock(a, O), upper(b)))
               ▯ even(b) then mult(stock(a, O), upper(b))          fi fi,
  funct succ ≡ (nat a) nat:
          if isempty(a) then one
        elsf even(a) then stock(upper(a), L)
                     else stock(succ(upper(a)), O) fi,
  funct pred ≡ (nat a: a ≠ zero) nat:
          if a = one then empty
        elsf odd(a) then stock(upper(a), O)
                    else stock(pred(upper(a)), L) fi,
  funct odd  ≡ (nat a) bool:
        if isempty(a) then false else bottom(a) = L fi,
  funct even ≡ (nat a) bool:
        if isempty(a) then true else bottom(a) = O fi,
  funct 2×.  ≡ (nat a) nat:
        if isempty(a) then empty else stock(a, O) fi,
  funct ./2  ≡ (nat a) nat:
        if isempty(a) then empty else upper(a) fi                     ⌋.
```

Diese Rechenstruktur ist eine Implementierung der ursprünglichen Rechenstruktur *NAT* und bis auf die Umbezeichnung der Art **dual** auch Implementierung der Rechenstruktur *DUALS*.

Da die Darstellung von **nat** durch **sequ bit** verborgen ist, ist insbesondere gesichert, daß alle Dualzahlen ohne führende Nullen sind (vgl. 3.5.6, bereinigte Darstellung).

Darüber hinaus ist die neue Struktur *NAT* in folgender Hinsicht interessant: Nach passender Einbettung und Entrekursivierung ergeben sich unmittelbar die Steuerungsabläufe eines Additions- bzw. Multiplikationssteuerwerks. Was man so erhält, ist eine unbeschränkte Ganzzahlarithmetik mit freier Wortlänge (die in keiner auf dem Markt befindlichen Maschine verdrahtet ist!). Offensichtlich läßt sich jedes Rechenwerk abstrakt als Rechenstruktur auffassen und beschreiben.

Auf die klassische Festpunktarithmetik kommt man, wenn man eine feste Wort(höchst)länge N einführt und dementsprechend die Abbildung von **nat** $[0 .. 2^N - 1]$ auf eine Sequenz **bs bit** von beschränkter Länge N durchführt. Regelt man auch noch die Vorzeichenbehandlung für den Fall ganzer Zahlen, so hat man die Grundschaltungen der üblichen Rechner-Arithmetik hergeleitet.

3.6.4.2 Auf Binarisierung wird man auch bei der Darstellung von Teilmengen einer endlichen Objektmenge χ geführt. Als charakteristische Funktion $\xi(a)$ einer Teilmenge a der Art **finset** χ bezeichnet man die Abbildung (vgl. 3.4.5) $\xi(a)$: $\chi \rightarrow$ **bool**, explizit

$$(\chi\ x)\ \textbf{bool}: \mathit{iselem}(a, x) \quad .$$

Aus den Überlegungen von 3.4.5 ergibt sich: Jede Teilmenge a ist eindeutig festgelegt durch ihre charakteristische Funktion. Damit bildet die Menge aller (Klassen gleichwertiger) boolescher Rechenvorschriften auf χ ein Modell von **FINSET** (χ). Nun sind aber Reihungen nichts anderes als „eingefrorene Rechenvorschriften". Hat also χ die Kardinalität N und sind $x_1, x_2, \ldots, x_N$ seine Objekte, so kann a durch eine Reihung **nat** $[1 .. N]$ **array bool** dargestellt werden. Es ergibt sich die umkehrbare Codierung

$$\gamma: \begin{cases} \textbf{set}\ \chi \rightarrow \textbf{nat}\ [1 .. N]\ \textbf{array bool} \\ a \mapsto A, \quad \text{wo} \quad A[i] =_{\text{def}} \mathit{iselem}(a, x_i) \end{cases} \quad .$$

Diese Codierung ist die Grundlage für eine (terminale) Konkretisierung von **FINSET** (χ) (vgl. 3.4.5) mit Hilfe von **nat** $[1 .. N]$ **array bool** für eine endliche Objektmenge χ.

Aufgabe 1: Man gebe diese Konkretisierung vollständig an.

Aufgabe 2: Man gebe ein terminales Modell von **BAG** (χ) *für endliches* χ *an.*

Wird **false, true** durch **O, L** ersetzt, so ergibt sich eine Binarisierung mittels **nat** $[1 .. N]$ **array bit** für **finset** χ. Die Mengenoperationen Durchschnitt, Vereinigung und Komplement werden zur *komponentenweisen* Bildung von $\wedge$, $\vee$ und $\neg$ bzw. zu deren Äquivalenten auf **bit**; diese Operationen sind in größeren Maschinen häufig auf Wortbreite parallel verfügbar. Von welcher konkreten Art die Objekte von χ sind, ist dabei irrelevant, sie können auch *zusammengesetzt* sein, ohne daß sich das auf die Darstellung auswirkt. Natürlich wird bei großen Werten von N auch eine große Anzahl von Bits gebraucht, die bei fester Wortlänge zu einer entsprechend großen Anzahl von Maschinenworten führt.

Für eine nichtendliche Objektmenge χ ergibt sich in ähnlicher Weise eine Konkretisierung von **FINSET** (χ) mittels **GREX**, bei der im wesentlichen das Prädikat *iselem*(s, x) durch *get*(s, x) dargestellt wird:

```
structure GFINSET ≡ (mode χ) FINSET (χ):
⌈ in terms of some GREX (χ, bool):
  mode finset χ   ≡ χ grex bool,
  funct emptyset  ≡ finset χ: vac,
  funct isemptyset ≡ (finset χ s) bool:
                       ∀ χ x: ¬ iselem(s, x),
  funct insert    ≡ (finset χ s, χ x) finset χ: put(s, x, true),
  funct elem      ≡ (finset χ s: ¬ isemptyset(s)) χ:
                       «ein festes χ x mit iselem(s, x)»,
  funct delete    ≡ (finset χ s, χ x) finset χ: put(s, x, false),
  funct iselem    ≡ (finset χ s, χ x) bool: isaccessible(s, x) ∧ get(s, x) ⌋   .
```

3.6.5 Beispiel: Packen von Objekten

Die Binarisierung reduziert alle Objekte einer Art μ im wesentlichen auf die einheitliche Art **sequ bool** oder **sequ bit**. Soweit die Objektmenge nicht-endlich ist, wie **int**, **nat**, **sequ** χ, **stack** χ, **file** χ etc., kann man keine Höchstlänge der Binärworte angeben. Für die Darstellung eines einzelnen Objekts aus einer endlichen Objektmenge μ genügen jedoch k Bits, wenn $2^{k-1} < \text{card}(\mu) \leqq 2^k$;[47] man kann nun eine Codierung mit Worten fester Wortlänge $N \geqq k$ vornehmen. Für Reihungen und Verbunde ist es dann u. U. möglich, *mehrere* ihrer Komponenten in *ein* solches Wort zu **packen**.

Als Beispiel betrachten wir zusammengesetzte Objekte der Art **datum** (vgl. 2.6),

mode datum ≡ (**int** [1 .. 31] *tag*, **int** [1 .. 12] *monat*, **int** [1900 .. 1999] *jahr*) .

Die Menge **int** [1 .. 31] mit 31 Objekten erfordert 5-Bit-Worte, die Menge **int** [1 .. 12] 4-Bit-Worte, die Menge **int** [1900 .. 1999] mit 100 Objekten erfordert 7-Bit-Worte. Ein Objekt der Art **datum** erfordert also insgesamt 16 Bits und kann z. B. in ein Halbwort eines 32-Bit-Wortes gepackt werden. Wird eine Reihung von Objekten der Art **datum** benötigt, so können je zwei in ein 32-Bit-Wort gepackt werden[48].

Bei der 7-Bit-Codierung etwa des Intervalls **int** [900 .. 999] kann man, von der direkten Codierung ausgehend, diejenigen Bits weglassen, die in allen Binäräquivalenten gleich sind. Da

$$900 = 512 + 256 + 128 + 4$$
$$999 = 512 + 256 + 128 + 103 \quad ,$$

sind dies gerade die ersten drei Bits der zehnstelligen Binäräquivalente, und die letzten sieben verbleiben für die Codierung.

Für das in unserem Beispiel verwendete Intervall **int** [1900 .. 1999] geht das aber nicht mehr so einfach: es ist

---

47 Für die Darstellung aller Teilmengen einer Menge χ nach 3.6.4.2 braucht man somit card(χ) Bits.

48 PASCAL sieht die Möglichkeit vor, dem Übersetzer «Packen» und «Entpacken» für zusammengesetzte Objekte vorzuschreiben.

1900 = 1024 + 512 + 256 + 64 + 44
1999 = 1024 + 512 + 256 + 128 + 64 + 15 .

Verwendet man jetzt acht statt sieben Bits, so sind keine besonderen Rekonstruktionsmaßnahmen nötig, um das Jahr numerisch zu erhalten. Das Intervall **int** [1000 .. 1025] zeigt jedoch, daß man auf diese Weise auch alle an sich möglichen Einsparungen verlieren kann.

Abhilfe schafft die Subtraktion einer passenden Zahl, z. B. der unteren Intervallgrenze, vor der direkten Codierung (Relativcodierung). Dann kann der numerische Wert nur durch Rekonstruktion erhalten werden. Wenn jedoch Objekte aus einem Intervall lediglich der zweistelligen Operation . − . oder Vergleichsoperationen unterworfen werden, kann auf die Rekonstruktion verzichtet werden (**Translationsinvarianz** der Subtraktion und der Vergleichsoperationen).

Auch die Addition einer echten ganzen Zahl zu einer relativ-codierten Zahl gibt das Ergebnis (relativ-codiert) richtig wieder (**Translationskovarianz** der Addition). Dies wird sich später bei der *Relativadressierung* (7.6.1) als wichtig erweisen.

Da derartige Überlegungen nur der Effizienzsteigerung (in diesem Fall der Reduzierung des Speicheraufwands) dienen, sollten sie in der Problemlösung selbst überhaupt noch nicht auftreten: sie werden zweckmäßigerweise in einer Rechenstruktur verborgen. Bei einer Programmentwicklung wird dabei im allgemeinen zuerst die Rechenstruktur der ungepackten Objekte vorhanden sein, die dann später durch eine Rechenstruktur für gepackte Objekte implementiert wird.

Anhang zum 3. Kapitel. Notationen

Die Einführung abstrakter Rechenstrukturen in Programmiersprachen ist jüngsten Datums, und geeignete Notationen entwickeln sich erst. Zilles 1974 verwendet die Spezifikation

Functionality		Axioms
CREATE:	→ *STACK*	*TOP* (*PUSH* (*S*, *I*)) = *I*
PUSH:	*STACK* × *INTEGER* → *STACK*	*TOP* (*CREATE*) = *INTEGERERROR*
POP:	*STACK* → *STACK*	*POP* (*PUSH* (*S*, *I*)) = *S*
TOP:	STACK → *INTEGER*	*POP* (*CREATE*) = *STACKERROR*,

um die Funktionalität und die Eigenschaften der Operationen einer Rechenstruktur „Stapel“ anzugeben.

Liskov, Zilles 1975 geben dafür eine Spezifikation in folgender Form:

1 *STACK* (*CREATE*)
2 (*STACK* (*S*) & *INTEGER* (*I*)
  ⊃ *STACK* (*PUSH* (*S*, *I*)) &
  [*POP* (*S*) ≠ *STACKERROR* ⊃ *STACK* (*POP* (*S*))] &
  [*TOP* (*S*) ≠ *INTEGERERROR* ⊃ *INTEGER* (*TOP* (*S*))]
3 (∀ *A*) [*A* (*CREATE*) &
  (∀ *S*) (∀ *I*) [*STACK* (*S*) & *INTEGER* (*I*) & *A* (*S*)
    ⊃ *A* (*PUSH* (*S*, *I*)) &
    [*S* ≠ *CREATE* ⊃ *A* (*POP* (*S*))]]
  ⊃ (∀ *S*) [*STACK* (*S*) ⊃ *A* (*S*)]]

4 *STACK* (*S*) & *INTEGER* (*I*) $\supset$ *PUSH* (*S, I*) $\neq$ *CREATE*
5 *STACK* (*S*) & *STACK* (*S'*) & *INTEGER* (*I*)
$\supset$ [*PUSH* (*S, I*) = *PUSH* (*S'*, *I*) $\supset$ *S* = *S'*]
6 *STACK* (*S*) & *INTEGER* (*I*) $\supset$ *TOP* (*PUSH* (*S, I*)) = *I*
7 *TOP* (*CREATE*) = *INTEGERERROR*
8 *STACK* (*S*) & *INTEGER* (*I*) $\supset$ *POP* (*PUSH* (*S, I*)) = *S*
9 *POP* (*CREATE*) = *STACKERROR*

1 und 2 legen zusammen mit 7 und 9 die Signatur, d. h. die Funktionalitäten und die Einschränkungen der Definitionsbereiche fest (*CREATE, PUSH, POP, TOP* entsprechen *empty, append, rest, top* von **STACK** (3.2.1)). 4 entspricht der Eigenschaft E2, 6 und 8 sind das Gegenstück zu T und R; 5 drückt die Injektivität von *PUSH* im ersten Argument aus. Beachte, daß 4 und 5 aus den übrigen Axiomen abgeleitet werden können. Das Axiom 3 der algebraischen Induktion schließlich ist gleichwertig mit dem Erzeugungsprinzip.

Auch Guttag 1975 und Goguen, Tardo 1977 benutzen zur Spezifikation abstrakter Rechenstrukturen eine algebraisch motivierte Notation.

Konkrete Rechenstrukturen werden in ALPHARD (Wulf et al. 1976) und CLU (Liskov et al. 1977) spezifiziert. Die Rechenstruktur *BS* (3.1.2), implementiert durch Verbunde aus einem Pegel und einer Reihung fester Länge (vgl. 3.6.3) hat in CLU die Kopfleiste

```
stack: cluster (element_type: type)
            is push, pop, top, erasetop, empty;
   rep (type_param: type) = (tp: integer;
                             e_type: type;
                             stk: array (1 ..)
                                  of type_param,
```

der sich die „Implementierung“ von *push, pop, top, erasetop, empty* anschließt. In ALPHARD ist dieselbe Information getrennt in Angaben über die Funktionalität („Spezifikation“) und über den Aufbau der Objektstrukturen („Repräsentation“).

PASCAL sieht als mengenartige Objekte nur Teilmengen einer *endlichen* Menge *m* vor; die entsprechende Artbezeichnung ist **set of** *m*. Mengen werden mit eckigen Klammern notiert, z. B.

[1, 4, 9, 16, 25]

(die geschweiften Klammern sind für Kommentare reserviert).

In der an der Mengentheorie orientierten Programmiersprache SETL ist neben der expliziten Angabe von Mengen durch Aufzählung,

{1, 4, 9, 16, 25},

auch die Charakterisierung durch Prädikate vorgesehen, etwa

$\{i \times i,\ i \in nat \mid 1 \leqq i \leqq 5\}$, oder kurz
$\{i \times i,\ 1 \leqq i \leqq 5\}$.

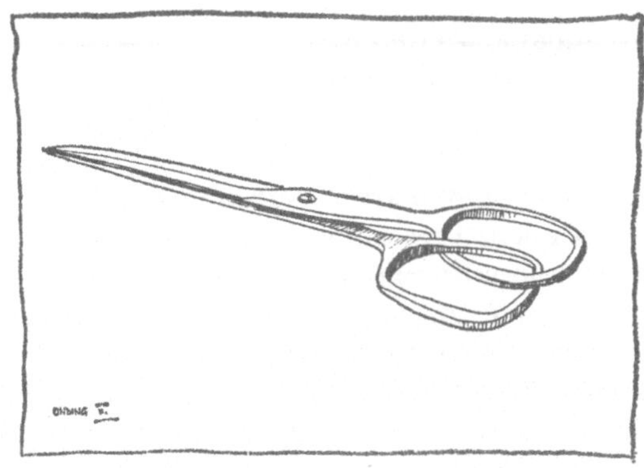

Verschränkung nach Selzer („Unding II“)

4. Kapitel. Überführung in repetitive Form

> “... the transformation from recursion to iteration is one of the most fundamental concepts of computer science.”
>
> Knuth 1974

Die Kellermaschine benötigt Protokollkeller und Wertekeller, um „hängende“ Operationen und dazugehörige Operanden aufzunehmen. Bei repetitiven Rechenvorschriften und Systemen entfällt diese Notwendigkeit, die Kellermaschine kann zu einer Babbage-Zuse-Maschine entarten. In diesem Kapitel werden Methoden und Ansätze besprochen, die der Überführung gewisser rekursiver Rechenvorschriften in repetitive Form dienen können. Die Überlegungen schließen trivialerweise hierarchisch-gestufte Systeme von Rechenvorschriften ein.

4.1 Schemata und Transformationen

In 1.4.3 wurden Klassen von Rechenvorschriften (und Systemen) eingeführt: die linear rekursiven, die repetitiven. Gewisse Teilklassen davon lassen sich einfach syntaktisch kennzeichnen: Rechenvorschriften der Form

$$
\begin{array}{l}
\textbf{funct } L \equiv (\lambda\ m)\ \rho: \\
\qquad \textbf{if } \mathscr{B}\lfloor m \rfloor \textbf{ then } \varphi(L\ (\mathscr{K}\lfloor m \rfloor),\ \mathscr{E}\lfloor m \rfloor) \\
\qquad\qquad \textbf{else } \mathscr{H}\lfloor m \rfloor \qquad\qquad \textbf{fi}
\end{array}
$$

(wo $\mathscr{K}$: $\lambda \to \lambda$ und φ: $(\rho \times \nu) \to \rho$, $\mathscr{E}$: $\lambda \to \nu$, $\mathscr{H}$: $\lambda \to \rho$) gehören zu den linear rekursiven, und solche der Form

$$
\begin{array}{l}
\textbf{funct } R \equiv (\lambda\ m)\ \rho: \\
\quad \textbf{if } \mathscr{B}\lceil m \rceil \textbf{ then } R(\mathscr{K}\lceil m \rceil) \\
\qquad\qquad \textbf{else } \mathscr{H}\lceil m \rceil \quad \textbf{fi}
\end{array}
$$

zu den repetitiven Rechenvorschriften.

Wir bezeichnen eine solche „Form" als **Schema** von Rechenvorschriften: Die darin vorkommenden **Schemaparameter** für Arten (wie λ, ρ) und Funktionen (wie $\mathscr{K}$, $\mathscr{E}$, $\mathscr{H}$) einschließlich Prädikaten (wie $\mathscr{B}$) können durch konkrete Arten und Rechenvorschriften instantiiert (**interpretiert**) werden, wobei auf artrichtige Zusammensetzung zu achten ist. Durch eine solche Interpretation I wird aus einem Schema wie L oder R eine Rechenvorschrift, die (auch) mit L_I, R_I bezeichnet werden kann.

Zwei Schemata heißen **gleichwertig**[1], wenn sie für alle Interpretationen gleichwertige, d. h. wertverlaufsgleiche (vgl. 1.1) Rechenvorschriften liefern. Analog übertragen sich die Begriffe „operativ gleichwertig" und „Abkömmling" direkt von Rechenvorschriften auf Schemata (vgl. 1.11.4 und 1.11.3).

Häufig sind zwei Schemata jedoch nicht für alle, sondern nur für solche Interpretationen gleichwertig, die gewisse einschränkende Bedingungen erfüllen, wie etwa Assoziativität von Operationen, Existenz von neutralen Elementen etc. In diesen Fällen heißen die Schemata gleichwertig bezüglich einer (durch die Nebenbedingungen definierten) **Klasse** von Interpretationen[2].

Jedes Paar P, Q von Schemata definiert eine **Transformation**

$$
\begin{array}{c} P \\ \hline \downarrow \\ Q \end{array} \quad \{\ \mathscr{C}\ ,
$$

wobei $\mathscr{C}$ die Klasse von Interpretationen angibt, für die Q ein Abkömmling von P ist. Ist Q für alle Interpretationen ein Abkömmling von P, kann die Bedingung $\mathscr{C}$ weggelassen werden. Ein naheliegendes Beispiel ist eine determinierte Implementierung einer nichtdeterministischen Konstruktion. Die umgekehrte Transformation

$$
\begin{array}{c} P \\ \hline \uparrow \\ Q \end{array} \quad \{\mathscr{C}'
$$

ist in vielen Fällen nur für eine andere Bedingung $\mathscr{C}'$ zulässig (vgl. etwa unten Beispiel (b)). Unter Verlust an Information können beide Transformationen zu der symmetrischen Transformation zusammengefaßt werden

$$
\begin{array}{c} P \\ \hline \updownarrow \\ Q \end{array} \quad \{\mathscr{C} \wedge \mathscr{C}'\ .
$$

1 Engl. (*strongly*) *equivalent* (Paterson, Hewitt 1970).
2 Dieser Begriff wird etwa von Courcelle und Nivat 1976 benutzt.

Beispiele für Transformationen:

(a) „Negation der Bedingung“:

$$\frac{\textbf{if} \ \mathscr{B}(m) \ \textbf{then} \ \mathscr{U}(m) \ \textbf{else} \ \mathscr{V}(m) \ \textbf{fi}}{\textbf{if} \ \neg \mathscr{B}(m) \ \textbf{then} \ \mathscr{V}(m) \ \textbf{else} \ \mathscr{U}(m) \ \textbf{fi}} \updownarrow$$

Dies ist eine elementare Äquivalenz für Alternativen (1.3.3).

(b) „Kaskadenartige Abfrage“:

$$\begin{array}{l} \textbf{if} \ \mathscr{B}(m) \wedge \mathscr{C}_1(m) \ \textbf{then} \ \mathscr{U}_1(m) \\ \square \ \mathscr{B}(m) \wedge \neg \mathscr{C}_1(m) \ \textbf{then} \ \mathscr{U}_2(m) \\ \square \ \neg \mathscr{B}(m) \wedge \mathscr{C}_2(m) \ \textbf{then} \ \mathscr{V}_1(m) \\ \square \ \neg \mathscr{B}(m) \wedge \neg \mathscr{C}_2(m) \ \textbf{then} \ \mathscr{V}_2(m) \ \textbf{fi} \end{array}$$

$$\updownarrow \quad \left\{ \begin{array}{l} \forall m: \mathscr{C}_1(m) \neq \Omega \wedge \mathscr{C}_2(m) \neq \Omega \\ \mathscr{B}, \mathscr{C}_1, \mathscr{C}_2 \text{ determiniert} \end{array} \right.$$

$$\begin{array}{l} \textbf{if} \ \mathscr{B}(m) \ \textbf{then if} \ \mathscr{C}_1(m) \ \textbf{then} \ \mathscr{U}_1(m) \\ \qquad\qquad\qquad\qquad \textbf{else} \ \mathscr{U}_2(m) \ \textbf{fi} \\ \qquad\qquad \textbf{else if} \ \mathscr{C}_2(m) \ \textbf{then} \ \mathscr{V}_1(m) \\ \qquad\qquad\qquad\qquad \textbf{else} \ \mathscr{V}_2(m) \ \textbf{fi fi} \end{array} \quad .$$

Dies folgt wie (a) aus der Definition der bewachten Ausdrücke.
Aus (b) folgt für den Fall $\mathscr{C}_1 \equiv \mathscr{C}_2$

(c) „Vertauschen zweier Abfragen“:

$$\begin{array}{l} \textbf{if} \ \mathscr{B}(m) \ \textbf{then if} \ \mathscr{C}(m) \ \textbf{then} \ \mathscr{U}_1(m) \\ \qquad\qquad\qquad\qquad \textbf{else} \ \mathscr{U}_2(m) \ \textbf{fi} \\ \qquad\qquad \textbf{else if} \ \mathscr{C}(m) \ \textbf{then} \ \mathscr{V}_1(m) \\ \qquad\qquad\qquad\qquad \textbf{else} \ \mathscr{V}_2(m) \ \textbf{fi fi} \end{array}$$

$$\forall m: \mathscr{C}(m) \neq \Omega \ \} \ \downarrow \qquad \uparrow \ \{ \forall m: \mathscr{B}(m) \neq \Omega$$

$$\begin{array}{l} \textbf{if} \ \mathscr{C}(m) \ \textbf{then if} \ \mathscr{B}(m) \ \textbf{then} \ \mathscr{U}_1(m) \\ \qquad\qquad\qquad\qquad \textbf{else} \ \mathscr{V}_1(m) \ \textbf{fi} \\ \qquad\qquad \textbf{else if} \ \mathscr{B}(m) \ \textbf{then} \ \mathscr{U}_2(m) \\ \qquad\qquad\qquad\qquad \textbf{else} \ \mathscr{V}_2(m) \ \textbf{fi fi} \end{array} \quad .$$

Ähnlich entsteht daraus mit $\mathscr{B}(m) \wedge \mathscr{C}(m) = \textbf{false}$

(d) „Vertauschen disjunkter Zweige“:

$$\begin{array}{l} \textbf{if} \ \mathscr{B}(m) \ \textbf{then} \ \mathscr{U}(m) \\ \qquad \textbf{else if} \ \mathscr{C}(m) \ \textbf{then} \ \mathscr{V}(m) \\ \qquad\qquad \textbf{else} \ \mathscr{W}(m) \ \textbf{fi fi} \end{array}$$

$$\updownarrow \quad \left\{ \begin{array}{l} \forall m: \mathscr{B}(m) \neq \Omega \wedge \mathscr{C}(m) \neq \Omega \\ \wedge \ (\mathscr{B}(m) \wedge \mathscr{C}(m) = \textbf{false}) \end{array} \right.$$

$$\begin{array}{l} \textbf{if} \ \mathscr{C}(m) \ \textbf{then} \ \mathscr{V}(m) \\ \qquad \textbf{else if} \ \mathscr{B}(m) \ \textbf{then} \ \mathscr{U}(m) \\ \qquad\qquad \textbf{else} \ \mathscr{W}(m) \ \textbf{fi fi} \end{array} \quad .$$

Diese Beispiele von Transformationen, die man meist „intuitiv" vornimmt, betreffen nur Kaskaden von Fallunterscheidungen. (Hierhergehörige theoretische Untersuchungen wurden früher als „Schaltalgebra" eingekleidet und neuerdings – ohne die Zusammenhänge aufzudecken – als „Entscheidungstabellentechnik" wiederbelebt.)

In den nächsten Abschnitten werden nichttriviale Transformationen rekursiv definierter Rechenvorschriften behandelt, hauptsächlich solche, die auf repetitive Rechenvorschriften führen. Häufig gebraucht werden dabei Transformationen wie

(e) „Durchziehen einer Bedingung" (vgl. 1.7.1)

$$\textbf{if } \mathscr{B}\lfloor m\rfloor \textbf{ then } \varphi(F(\mathscr{K}_1\lfloor m\rfloor), \mathscr{E}\lfloor m\rfloor) \textbf{ else } \varphi(F(\mathscr{K}_2\lfloor m\rfloor), \mathscr{E}\lfloor m\rfloor) \textbf{ fi}$$

$$\updownarrow$$

$$\varphi(F(\textbf{if } \mathscr{B}\lfloor m\rfloor \textbf{ then } \mathscr{K}_1\lfloor m\rfloor \textbf{ else } \mathscr{K}_2\lfloor m\rfloor \textbf{ fi}), \mathscr{E}\lfloor m\rfloor)$$

und entsprechende für nichtdeterministische Konstruktionen.

4.2 Behandlung linearer Rekursivitäten

Die in diesem Abschnitt betrachteten Transformationen sind auf linear rekursive Rechenvorschriften[3] beschränkt. Typischerweise geht man aus von einem Schema L, wie es in 4.1 diskutiert wurde. Bahnbrechend für diese Methoden war eine Arbeit von Cooper 1966, die sowohl die Operandenvertauschung wie die Funktionsumkehr als Techniken einführte. Die zunächst zu besprechende Technik der Klammernverschiebung wurde von Darlington und Burstall 1973 ebenfalls Cooper zugeschrieben.

4.2.1 Die Technik der Klammernverschiebung („Um-Klammerung")

Die Technik der Klammernverschiebung kann so verstanden werden: Terminiert das Schema L nach der n-ten Inkarnation, so entsteht

$$L(m) = \varphi(\varphi(\varphi(\varphi(\ldots \varphi(\varphi(b, a_{n-1}), a_{n-2}), \ldots, a_3), a_2), a_1), a_0) \quad ,$$

wobei a_i für $\mathscr{E}\lfloor\mathscr{K}^i\lfloor m\rfloor\rfloor$ und b für $\mathscr{H}\lfloor\mathscr{K}^n\lfloor m\rfloor\rfloor$ stehen.

Gibt es nun zu φ: $\boldsymbol{\rho} \times \boldsymbol{\nu} \rightarrow \boldsymbol{\rho}$ ein ψ: $\boldsymbol{\nu} \times \boldsymbol{\nu} \rightarrow \boldsymbol{\nu}$ derart, daß (für den betrachteten Argumentbereich) gilt

$$\varphi(\varphi(r, s), t) = \varphi(r, \psi(s, t)) \quad ,$$

so können für $L(m)$ durch sukzessives „Um-klammern", wobei die Bedingung immer auf die beiden am weitesten links stehenden φ angewandt wird, der Reihe nach die Ausdrücke

3 Im folgenden werden wir der Einfachheit halber häufig kurz von „Rechenvorschriften" statt von „Rechenvorschrifts-Schemata" sprechen.

$$\varphi(\varphi(\varphi(\ldots\varphi(\varphi(b, a_{n-1}), a_{n-2}), \ldots, a_3), a_2), \psi(a_1, a_0))$$
$$\varphi(\varphi(\ldots\varphi(\varphi(b, a_{n-1}), a_{n-2}), \ldots, a_3), \psi(a_2, \psi(a_1, a_0)))$$
$$\vdots$$
$$\varphi(\varphi(b, a_{n-1}), \psi(a_{n-2}, \psi(a_{n-3}, \ldots\psi(a_3, \psi(a_2, \psi(a_1, a_0)))\ldots)))$$
$$\varphi(b, \psi(a_{n-1}, \psi(a_{n-2}, \ldots\psi(a_3, \psi(a_2, \psi(a_1, a_0)))\ldots)))$$

hergeleitet werden. Nun kann aber die Berechnung ohne „hängende" Operationen erfolgen. Somit lautet die Transformation

```
funct L ≡ (λ m) ρ:
    if 𝓑⌊m⌋ then φ(L(𝒦⌊m⌋), ℰ⌊m⌋)
            else ℋ⌊m⌋              fi
                                          ⎧ψ: ν × ν → ν:
    ─────────────────↕─────────────────   ⎨
                                          ⎩φ(φ(r, s), t) = φ(r, ψ(s, t))
funct L ≡ (λ m) ρ:
    ⌈if 𝓑⌊m⌋ then G(𝒦⌊m⌋, ℰ⌊m⌋)
            else ℋ⌊m⌋              fi where
    funct G ≡ (λ m, ν z) ρ:
        if 𝓑⌊m⌋ then G(𝒦⌊m⌋, ψ(ℰ⌊m⌋, z))
                else φ(ℋ⌊m⌋, z)          fi⌋   .
```

Der formale Beweis wird durch Induktion geführt.

Die Bestimmung einer geeigneten Funktion ψ ist bei beliebigem φ nur in Ausnahmefällen einfach genug, um praktisch brauchbar zu sein. Man beachte auch, daß eine vorgegebene Rechenvorschrift verschiedene Aufteilungen auf φ und $\mathcal{E}$ erlauben kann.

Beispiel: Es sei **ρ** ein linearer Raum $\mathcal{V}$, **ν** eine Halbgruppe linearer Abbildungen dieses Raums in sich. Dann wähle man als ψ die (assoziative!) Verknüpfung dieser Abbildungen.

Ist jedoch **ν** = **ρ** und φ assoziativ, gilt also (mit $r \sigma s$ statt $\varphi(r, s)$)

$$\forall\, \nu\, r, s, t: (r \sigma s) \sigma t = r \sigma (s \sigma t)^4,$$

so kann $\psi = \varphi$ gewählt werden. Es ergibt sich die Transformation

```
funct L ≡ (λ m) ρ:
    if 𝓑⌊m⌋ then L(𝒦⌊m⌋) σ ℰ⌊m⌋
            else ℋ⌊m⌋             fi
    ─────────────────↕─────────────────   { (r σ s) σ t = r σ (s σ t)
funct L ≡ (λ m) ρ:
    ⌈if 𝓑⌊m⌋ then G(𝒦⌊m⌋, ℰ⌊m⌋)
            else ℋ⌊m⌋              fi where
    funct G ≡ (λ m, ρ z) ρ:
        if 𝓑⌊m⌋ then G(𝒦⌊m⌋, ℰ⌊m⌋ σ z)
                else ℋ⌊m⌋ σ z          fi⌋   .
```

4 Bei den folgenden Transformationen werden wir die Angabe der Bedingungen meist um die (ohne weiteres ergänzbare) Quantifizierung verkürzen.

Beispiel: Die Rechenvorschrift *fac* (1.4.1 a)) ergibt sich aus dem Schema L durch Interpretation von

λ und ρ	als	**nat**
$\mathscr{B}\lceil m\rfloor$	als	$m \neq 0$
$\mathscr{K}\lceil m\rfloor$	als	$m - 1$
$\mathscr{E}\lceil m\rfloor$	als	m
$r \sigma s$	als	$s \times r$ (beachte die Reihenfolge!)
$\mathscr{H}\lceil m\rfloor$	als	1 .

σ ist assoziativ. Es ergibt sich die Einbettung

```
funct fac ≡ (nat m) nat:
   ⌈ if m ≠ 0 then G(m − 1, m)
              else 1                  fi where
     funct G ≡ (nat m, nat z) nat:
         if m ≠ 0 then G(m − 1, z × m)
                  else z × 1                fi ⌋  .
```

Das letzte Schema läßt sich äußerlich vereinfachen, falls ρ ein neutrales Element e bezüglich der Operation σ besitzt. Wir erhalten dann die Transformation

```
funct L ≡ (λ m) ρ:
   if 𝓑⌈m⌋ then L(𝒦⌈m⌋) σ ℰ⌈m⌋
           else ℋ⌈m⌋                fi
                                          ⎧(r σ s) σ t = r σ (s σ t)
──────────────────↕──────────────────     ⎨
                                          ⎩∀ ρ r: r σ e = r
funct L ≡ (λ m) ρ:
  ⌈ G(m, e) where
    funct G ≡ (λ m, ρ z) ρ:
       if 𝓑⌈m⌋ then G(𝒦⌈m⌋, ℰ⌈m⌋ σ z)
               else ℋ⌈m⌋ σ z              fi ⌋  .
```

Für das Beispiel *fac* ergibt sich dann direkt (mit 1 als Interpretation von e)

```
funct fac ≡ (nat m) nat:
   ⌈ G(m, 1) where
     funct G ≡ (nat m, nat z) nat:
        if m ≠ 0 then G(m − 1, z × m)
                 else z × 1                 fi ⌋  .
```

Man beachte, daß hier zwar die Aufschreibung verkürzt wurde, dafür aber eine Multiplikation (mit 1) zusätzlich ausgeführt wird. G ist offensichtlich äquivalent mit *fact* in 1.6.1.

Abschließend betrachten wir noch einen Spezialfall, der einige Beispiele im 2. Kap. betrifft: das Schema

```
funct R ≡ (lsequ χ a, μ y) lsequ χ:
    if 𝓑⌊a, y⌋ then 𝓗⌊a, y⌋
               else append(R(rest(a), y), top(a)) fi,
```

das wegen (2.10.2) $append(a, x) = lconc($**lsequ** χ: $\langle x, \lozenge\rangle, a)$ und der Assoziativität von *lconc* (vgl. 3.4.3) gleichwertig ist zu

```
funct R ≡ (lsequ χ a, μ y) lsequ χ:
   ⌈ G(a, empty) where
    funct G ≡ (lsequ χ a, lsequ χ z) lsequ χ:
       if 𝓑⌊a, y⌋ then lconc(z, 𝓗⌊a, y⌋)
                  else G(rest(a), stock(z, top(a))) fi ⌋   .
```

Dabei haben wir schließlich $lconc(z,$ **lsequ** χ: $\langle top(a), \lozenge\rangle)$ durch $stock(z, top(a))$ ersetzt (vgl. die Definition von *stock* in 2.10).

Die Anwendung des entsprechenden Transformationsschemas auf Rechenvorschriften in 2.10 ergibt z. B.:

```
funct sort ≡ (lsequ χ a, χ x, funct (χ) int m) lsequ χ:
   ⌈ g(a, ◊) where
    funct g ≡ (lsequ χ a, lsequ χ z) lsequ χ:
       if a = ◊ ∨ m(top(a)) ≧ m(x)
           then lconc(z, append(a, x))
           else g(rest(a), stock(z, top(a))) fi ⌋   .
```

Eine Anwendung des Schemas auf *lconc* liefert dagegen, wie zu erwarten ist, eine Tautologie. Das Auftreten von *stock* weist auf die Bedeutung symmetrischer Implementierungen von *STACK* hin (s. auch 2.14.1 und 7.5.2).

Aufgabe 1: Forme delete von 2.10 so um, daß das Schema anwendbar wird.

Aufgabe 2: Gib für das Schema (γ assoziativ)

```
funct M ≡ (lsequ χ a, μ y) ρ:
    if 𝓑⌊a, y⌋ then 𝓗⌊a, y⌋
               else γ(M(rest(a), y), 𝓠(top(a), y)) fi
```

eine Transformation auf repetitive Form und wende das Ergebnis an auf die Rechenvorschriften length und contains von 2.10.

Eine einheitliche Behandlung von Algorithmen, die in ihrer Struktur dem inneren Aufbau gewisser Objektstrukturen entsprechen, hat von Henke 1975 diskutiert.

4.2.2 Die Technik der Operandenvertauschung

Die „hängenden" Operationen können auch beseitigt werden, wenn die Reihenfolge ihrer Ausführung vertauscht werden kann, wenn also für den betrachteten Argumentbereich

$$\varphi(\varphi(r, s), t) = \varphi(\varphi(r, t), s)$$

gilt („Rechtskommutativität" von φ), oder allgemeiner, wenn ψ: $\boldsymbol{\rho} \times \boldsymbol{\nu} \to \boldsymbol{\rho}$ existiert, derart daß gilt

$$(1) \quad \varphi(\psi(r, s), t) = \psi(\varphi(r, t), s) \quad .$$

Der Ausdruck (mit $b = \mathscr{H}\lfloor mo \rfloor$, $mo = \mathscr{K}^n\lfloor m \rfloor$ und $a_i = \mathscr{E}\lfloor \mathscr{K}^i\lfloor m \rfloor \rfloor$)

$$L(m) = \varphi(\varphi(\varphi(\ldots \varphi(\varphi(b, a_{n-1}), a_{n-2}), \ldots a_2), a_1), a_0)$$

geht dann über in

$$L(m) = \psi(\psi(\psi(\ldots \psi(\psi(b, a_0), a_1), \ldots, a_{n-3}), a_{n-2}), a_{n-1}) \quad .$$

Voraussetzung dazu ist allerdings, daß für den **Endwert** *mo* das Ergebnis $\mathscr{H}\lfloor mo \rfloor$ der Rekursion von vornherein bekannt ist. Es ist dann noch zu fordern, daß für alle $\boldsymbol{\nu}\, x$

$$(2) \quad \varphi(\mathscr{H}\lfloor mo \rfloor, x) = \psi(\mathscr{H}\lfloor mo \rfloor, x)$$

gilt.

Der Endwert ist belanglos, wenn im Schema L der Ausdruck $\mathscr{H}\lfloor m \rfloor$ von m nicht abhängt. Somit hat man die Transformation (mit konstantem *co*)

```
funct L ≡ (λ m) ρ:
   if 𝓑⌊m⌋ then φ(L(𝒦⌊m⌋), ℰ⌊m⌋)
           else co                    fi   ⎧ψ: ρ × ν → ρ:
 ─────────────────↕─────────────────       ⎨φ(ψ(r, s), t) = ψ(φ(r, t), s)
funct L ≡ (λ m) ρ:                         ⎩φ(co, x) = ψ(co, x)
   ⌈ G(m, co) where
     funct G ≡ (λ m, ρ z) ρ:
        if 𝓑⌊m⌋ then G(𝒦⌊m⌋, ψ(z, ℰ⌊m⌋))
                else z                    fi ⌋   .
```

Auch hier erfordert der formale Beweis Induktion.

Beispiel: Für die Rechenvorschrift *fac* (s. o.) ist φ rechtskommutativ und $co = 1$. Es ergibt sich (vgl. auch 4.2.1)

```
funct fac ≡ (nat m) nat:
   ⌈ G(m, 1) where
     funct G ≡ (nat m, nat z) nat:
        if m ≠ 0 then G(m − 1, m × z)
                 else z                 fi ⌋   .
```

Der Endwert der Rekursion kann auch bestimmt werden, wenn $\{\lambda\, m: \neg\, \mathscr{B}\lfloor m \rfloor\}$ einelementig ist, er ist dann nämlich $\lambda\, mo \equiv \iota\, \lambda\, m: \neg\, \mathscr{B}\lfloor m \rfloor$. In diesem Fall hat die Bedingung $\mathscr{B}\lfloor m \rfloor$ in dem Schema L im wesentlichen die Form $m \neq mo$.

Liegt keiner der oben erwähnten Spezialfälle vor, so kann der Endwert der Rekursion immer noch durch eine „Vorberechnung" bestimmt werden. Es ergibt sich ein allerdings aufwendiges repetitives System:

```
funct L ≡ (λ m) ρ:
    if ℬ⌊m⌋ then φ(L(𝒦⌊m⌋), ℰ⌊m⌋)
            else ℋ⌊m⌋              fi   ⎧ ψ: ρ × ν → ρ:
    ─────────────↕─────────────          ⎨ φ(ψ(r, s), t) = ψ(φ(r, t), s)
                                         ⎪ ψ(ℋ⌊mo⌋, r) = φ(ℋ⌊mo⌋, r)
funct L ≡ (λ m) ρ:                       ⎩ 𝒦 determiniert
  ⌈ G(m, ℋ⌊mo⌋) where
    λ mo ≡ F(m),
    funct F ≡ (λ n) λ:
        if ℬ⌊n⌋ then F(𝒦⌊n⌋)
                else n          fi,
    funct G ≡ (λ m, ρ z) ρ:
        if ℬ⌊m⌋ then G(𝒦⌊m⌋, ψ(z, ℰ⌊m⌋))
                else z                    fi ⌋ .
```

Beachte, daß die Vereinfachungsmöglichkeit

```
⌈ G(m, F'(m)) where
  funct F' ≡ (λ n) λ:
      if ℬ⌊n⌋ then F'(𝒦⌊n⌋)
              else ℋ⌊n⌋     fi,
  funct G ≡ ...                ⌋ .
```

besteht.

Ein wichtiger Spezialfall liegt vor, wenn φ nicht explizit von m abhängt, also $φ(r, s) = γ(r)$. Dann gilt trivialerweise Rechtskommutativität, und wir erhalten etwa die Transformation[5]

```
funct L ≡ (λ m) ρ:
    if ℬ⌊m⌋ then γ(L(𝒦⌊m⌋))
            else co          fi
    ──────────↕──────────
funct L ≡ (λ m) ρ:
  ⌈ G(m, co) where
    funct G ≡ (λ m, ρ z) ρ:
        if ℬ⌊m⌋ then G(𝒦⌊m⌋, γ(z))
                else z              fi ⌋ .
```

5 Diese Transformation – mit *co* als starrem Parameter – ist in Morris 1971 zu finden.

Ist $\mathscr{B}\lceil m \rfloor$ wiederum von der Form $m \neq mo$, ergibt sich dazu die Version

```
funct L ≡ (λ m) ρ:
      if m ≠ mo then γ(L(𝒦⌈m⌋))
               else ℋ⌈m⌋        fi
      ─────────────↕─────────────
funct L ≡ (λ m) ρ:
   ⌈ G(m, ℋ⌈mo⌋) where
      funct G ≡ (λ m, ρ z) ρ:
         if m ≠ mo then G(𝒦⌈m⌋, γ(z))
                   else z             fi ⌋ .
```

4.2.3 Funktionsumkehrung

4.2.3.1 Die Techniken der Klammernverschiebung oder Operandenvertauschung stellen einschneidende Forderungen an die Funktion φ, sie erfordern etwa Assoziativität oder Rechtskommutativität.

Die nun zu besprechende Technik basiert auf der **Funktionsumkehrung**: sie rekonstruiert, ausgehend vom Endwert, die Parameterwerte der jeweiligen Inkarnationen und führt mit ihnen die „hängenden" Operationen so lange aus, bis der anfängliche Parameterwert wieder erreicht ist. Voraussetzung dazu ist nur, daß die Funktion $\mathscr{K}$ im fraglichen Argumentbereich umkehrbar ist.
Gestützt wiederum auf eine „Vorberechnung", ergibt sich die Transformation

```
funct L ≡ (λ m) ρ:
      if 𝓑⌈m⌋ then φ(L(𝒦⌈m⌋), ℰ⌈m⌋)
             else ℋ⌈m⌋              fi
      ───────────────↕──────────────── {∀ λx: 𝒦̄⌈𝒦⌈x⌋⌋ = x, falls 𝒦⌈x⌋ ≠ Ω
funct L ≡ (λ m) ρ:
   ⌈ R(mo, ℋ⌈mo⌋) where
      λ mo ≡ P(m),
      funct P ≡ (λ n) λ:
         if 𝓑⌈n⌋ then P(𝒦⌈n⌋)
                else n          fi,
      funct R ≡ (λ y, ρ z) ρ:
         if y ≠ m then R(𝒦̄⌈y⌋, φ(z, ℰ⌈𝒦̄⌈y⌋⌋))
                  else z                        fi ⌋ .
```

Man beachte, daß dabei *mo* zweifach gebraucht wird. Die Transformation ist intuitiv klar, der formale Beweis erfordert Induktion. Es ist auch zu beweisen, daß beide Schemata gleichzeitig terminieren oder nicht terminieren.

Es genügt übrigens, wenn die Bedingung

$$\exists\, \bar{\mathscr{K}}: \forall x \in \{\mathscr{K}^i\lceil m \rfloor : i \in \mathbb{N},\ m \in \lambda \wedge \mathscr{B}\lceil \mathscr{K}^i\lceil m \rfloor \rfloor\}: \bar{\mathscr{K}}\lceil \mathscr{K}\lceil x \rfloor \rfloor = x$$

erfüllt ist, wobei λ der Parameterbereich von L ist.

Beispiel: λ = **int**, $\mathscr{K}$ die Verdopplung. $\bar{\mathscr{K}}$ ist dann die Halbierung (gerader Zahlen).

Ist $\mathscr{K}$ injektiv und von der Ordnung ∞, so sind obige Bedingungen sicher erfüllbar. Immerhin muß dann noch $\bar{\mathscr{K}}$ als Rechenvorschrift angegeben werden.

Ein weiteres Beispiel liefert etwa die Berechnung des Cosinus im Intervall $[-\pi .. \pi]$[6].

Die Reihenentwicklung $rc(x) = \sum_{i=0}^{\infty} (-1)^i \frac{x^{2i}}{(2i)!}$ soll nur im Intervall $[-\pi/8 .. \pi/8]$ zur näherungsweisen Berechnung herangezogen werden; daher wird für betragsgrößere Werte die Rekurrenzbeziehung

$$cos(x) = 2\,cos^2(x/2) - 1$$

benutzt. Wir erhalten so die elegante (aber nicht sehr effiziente) Rechenvorschrift

```
funct cos ≡ (real x) real:
    if |x| > π/8 then 2 × cos²(x/2) − 1
                 else rc(x)                fi   .
```

Mit der Umkehrfunktion $\bar{\mathscr{K}}(x) = 2 \times x$ ergibt die Anwendung des Schemas:

```
funct cos ≡ (real x) real:
  ⌈ R(xo, rc(xo)) where
    real xo ≡ P(x),
    funct P ≡ (real x) real:
        if |x| > π/8 then P(x/2)
                     else x         fi,
    funct R ≡ (real y, real z) real:
        if y ≠ x then R(2 × y, 2 × z² − 1)
                 else z                        fi ⌋   .
```

Zu beachten ist hier übrigens, daß der Vergleich $y \neq x$ wegen möglicher Rundungsfehler als $|y - x| > 10^{-\varepsilon}$, wo ε von der Maschinengenauigkeit abhängt, zu realisieren ist.

4.2.3.2 Hier bietet sich insbesondere eine Variante der Funktionsumkehrung an, die „mitlaufende Zählung" benutzt: P und R erhalten einen weiteren Parameter der Art **nat**, der in P hochgezählt und in R heruntergezählt wird. Beim Aufruf von P wird er mit 0 vorbesetzt. P erhält als weiteres Resultat den Endstand dieses Parameters, und damit wird der Zählparameter beim Aufruf von R vorbesetzt. Die Prüfung $y \neq m$ kann dann durch Prüfung des Zählparameters auf 0 ersetzt werden. Der einzige Vorteil kann darin liegen, daß eine aufwendige Gleichheitsprüfung komplexer Objekte oder eine unsichere Gleichheitsprüfung bei rundungsbehafteter Rechnung vermieden wird.

Für das obige Beispiel ergibt sich

```
funct cos ≡ (real x) real:
  ⌈ R(io, xo, rc(xo)) where
    (nat io, real xo) = P(0, x),
    funct P ≡ (nat i, real x)(nat, real):
```

6 In der numerischen Mathematik werden effizientere und stabilere Verfahren unter Verwendung von Näherungspolynomen benutzt.

```
        if |x| > π/8 then P(i + 1, x/2)
                     else (i, x)        fi,
    funct R ≡ (nat i, real y, real z) real:
        if i ≠ 0 then R(i − 1, 2 × y, 2 × z² − 1)
                 else z                          fi ⌋  .
```

4.2.3.3 Wie bei der Operandenvertauschung besteht eine Vereinfachungsmöglichkeit, wenn *mo* aus der Terminierungsbedingung bestimmt werden kann:

```
funct L ≡ (λ m) ρ:
    if m ≠ mo then φ(L(𝒦⌊m⌋), ℰ⌊m⌋)
              else ℋ⌊m⌋              fi
─────────────────↕─────────────────   ⎧ ∀ λx: 𝒦̄⌊𝒦⌊x⌋⌋ = x, falls 𝒦⌊x⌋ ≠ Ω
                                      ⎩ ∀ i ∈ ℕ: 𝒦̄ⁱ⌊mo⌋ = x ⇒ mo = 𝒦ⁱ⌊x⌋
funct L ≡ (λ m) ρ:
  ⌈ R(mo, ℋ⌊mo⌋) where
    funct R ≡ (λ y, ρ z) ρ:
        if y ≠ m then R(𝒦̄⌊y⌋, φ(z, ℰ⌊𝒦̄⌊y⌋⌋))
                 else z                      fi ⌋  .
```

Für die Rechenvorschrift *fac* (s. o.) ergibt sich z. B.

```
funct fac ≡ (nat m) nat:
  ⌈ R(0, 1),
    funct R ≡ (nat y, nat z) nat:
        if y ≠ m then R(y + 1, (y + 1) × z)
                 else z                    fi ⌋  .
```

4.2.3.4 Ein Beispiel einer Umkehrung, die wir mit dem obigen Schema nicht behandeln können, bietet die Verarbeitung von Sequenzen „von links nach rechts" bzw. „von rechts nach links". Die erste dieser beiden Richtungen wird durch das Operationenpaar (*top, rest*), die zweite durch das Paar (*bottom, upper*) ausgedrückt; die Umkehrung bezieht sich hier also nicht auf eine einzige, sondern auf mehrere, zusammenwirkende Funktionen. Dies kommt in dem folgenden Schema zum Ausdruck:

```
funct L ≡ (sequ μ m) ρ:
    if ¬ isempty(m) then φ(L(rest(m)), ℰ⌊top(m)⌋)
                    else co                      fi
─────────────────↕─────────────────
funct L ≡ (sequ μ m) ρ:
    G(m, co) where
    funct G ≡ (sequ μ y, ρ z) ρ:
        if ¬ isempty(y) then G(upper(y), φ(z, ℰ⌊bottom(y)⌋))
                        else z                              fi  .
```

Beispiel: Die Rechenvorschrift für die Berechnung des Werts einer Zahl in bereinigter Radixdarstellung zur Basis B (siehe 3.5.6)

```
funct conv ≡ (sequ ziffer s) nat:
      if ¬ isempty(s) then B × conv(upper(s)) + val(bottom(s))
                      else 0                                fi  ,
```

geht durch Anwendung der Transformationsregel über in

```
funct conv ≡ (sequ ziffer s) nat:
      ⌈ w(s, 0) where
        funct w ≡ (sequ ziffer y, nat z) nat:
            if ¬ isempty(y) then w(rest(y), B × z + val(top(y)))
                            else z                         fi ⌋  .
```

Aufgabe 1: Zeige, daß die linear rekursive Definition von conc in 1.4.1 und die repetitive Definition von conc in 3.4.3 über die obige Transformation zusammenhängen.

4.2.3.5 Anmerkung: Das „Induktionsschema“ [7]

$$f(k, 0) = g(k)$$
$$f(k, i') = h(f(k, i), k, i) \quad ,$$

das für die „primitiv-rekursiven“ Funktionen typisch ist, lautet in unserer Schreibweise folgendermaßen

```
funct f ≡ (μ k, nat i) ρ:
      if i > 0 then h(f(k, i − 1), k, i − 1)
               else g(k)                 fi  .
```

$\bar{\mathscr{X}}$ existiert, m_0 erweist sich als 0. Funktionsumkehrung ergibt

```
funct f ≡ (μ k, nat i) ρ:
      ⌈ G(0, g(k)) where
        funct G ≡ (nat y, ρ z) ρ:
            if y ≠ i then G(y + 1, h(z, k, y + 1))
                     else z                      fi ⌋  .
```

(Beachte, daß eigentlich $\lambda = (\mu,$ **nat**$)$ und somit zunächst schematisch

```
⌈ G(k, 0, g(k)) where
  funct G ≡ (μ x, nat y, ρ z) ρ:
      if (x, y) ≠ (k, i) then G(x, y + 1, h(z, x, y + 1))
                          else z                        fi ⌋
```

entsteht. Da x ein starrer Parameter von G ist, ergibt sich die angegebene Vereinfachung.)

---

7 Vgl. Hermes 1978, § 10. Man beachte, daß das folgende Ergebnis nur theoretische Bedeutung hat: Das praktische Problem, eine gegebene primitiv-rekursive Funktion auf dieses Schema zu bringen, bleibt unberücksichtigt.

Die Klasse der primitiv-rekursiven Funktionen ist also nicht umfassender als die Klasse der durch repetitive Rechenvorschriften (und Systeme) definierten Funktionen (vgl. dazu auch Rice 1965).

4.2.4 Die Transformation von Paterson und Hewitt

Auch wenn keine der oben gemachten Einschränkungen gegeben ist, wenn also für das linear rekursive Schema L jede beliebige Interpretation zulässig ist, läßt es sich in ein repetitives verwandeln. Die dazu 1970 von Paterson und Hewitt angegebene Transformation hat jedoch nur theoretisches Interesse, da sie zu sehr ineffizienten Abläufen führt.

Wir gehen von der zu Beginn von 4.2.1 angestellten Überlegung aus: Terminiert Schema L nach der n-ten Inkarnation, so ist $L(m) = v_0$, wo

$$v_i = \varphi(v_{i+1}, a_i) \quad (i = 0, \ldots, n-1)$$

und

$$v_n = b \quad .$$

Wird zunächst nur festgestellt, wie groß n ist, so lassen sich $b = \mathscr{H}\lfloor \mathscr{K}^n \lfloor m \rfloor \rfloor$ und dann der Reihe nach

$$a_{n-1} = \mathscr{E}\lfloor \mathscr{K}^{n-1}\lfloor m \rfloor \rfloor,\ a_{n-2} = \mathscr{E}\lfloor \mathscr{K}^{n-2}\lfloor m \rfloor \rfloor,\ \ldots,\ a_1 = \mathscr{E}\lfloor \mathscr{K}\lfloor m \rfloor \rfloor,\ a_0 = \mathscr{E}\lfloor m \rfloor$$

jeweils repetitiv berechnen.

Bei diesem Verfahren wird die im vorigen Abschnitt behandelte Verwendung der Umkehrfunktion $\bar{\mathscr{K}}$ für den Übergang von $\mathscr{K}^{i+1}\lfloor m \rfloor$ zu $\mathscr{K}^i\lfloor m \rfloor$ durch die jeweils erneute vollständige Berechnung von $\mathscr{K}^i\lfloor m \rfloor$ ersetzt; dazu dient folgende Rechenvorschrift, deren Terminierung durch Vergleich mit dem (bekannten) Wert $\mathscr{K}^{i+1}\lfloor m \rfloor$ erfolgt:

```
funct umk ≡ (λ m, λ v) λ:
      if 𝒦⌊m⌋ = v then m
                   else umk(𝒦⌊m⌋, v) fi   .
```

Im Schema für die Funktionsumkehr (4.2.3) wird jetzt an allen Stellen, an denen $\bar{\mathscr{K}}\lfloor y \rfloor$ steht, der Aufruf *umk*(m, y) eingesetzt.

Offensichtlich wird dabei $\mathscr{K}$ etwa $\binom{n}{2}$ mal angewandt. Besser wäre es daher, die schon berechneten Werte von $\mathscr{K}^i$ aufzubewahren (Methode der Einführung von Stapeln, 4.2.5).

Eine Variante dieser Methode, die vor allem wieder für zusammengesetzte Objekte mit aufwendiger Vergleichsoperation in Frage kommt, ergibt sich, wenn man für den Vergleichswert nicht $\mathscr{K}^{i+1}\lfloor m \rfloor$ verwendet, sondern den Zähler i. Die Berechnung von $\mathscr{K}^i\lfloor m \rfloor$ erfolgt dann mit der Rechenvorschrift

```
funct it ≡ (λ m, nat i) λ:
      if i ≠ 0 then it(𝒦⌊m⌋, i − 1)
               else m              fi   .
```

Voraussetzung dazu ist, daß zu Beginn der größte Wert von *i* bestimmt wird. Insgesamt erhält man das Transformationsschema

```
funct L ≡ (λ m) ρ:
    if 𝒝 ⌊m⌋ then φ(L ⌊𝒦 ⌊m⌋⌋, ℰ ⌊m⌋)
             else ℋ ⌊m⌋                fi
─────────────────↕─────────────────  {𝒦 determiniert
funct L ≡ (λ m) ρ:
  ⌈ G(no, ℋ ⌊mo⌋) where
    (λ mo, nat no) ≡ n(m, 0),
    funct n ≡ (λ y, nat i)(λ, nat):
        if 𝒝 ⌊y⌋ then n(𝒦 ⌊y⌋, i + 1)
                 else (y, i)           fi,
    funct it ≡ (λ y, nat i) λ:
        if i ≠ 0 then it(𝒦 ⌊y⌋, i − 1)
                 else y                fi,
    funct G ≡ (nat i, ρ z) ρ:
        if i ≠ 0 then G(i − 1, φ(z, ℰ ⌊it(m, i − 1)⌋))
                 else z                            fi ⌋ .
```

4.2.5 Funktionsumkehrung unter Einführung von Stapeln

4.2.5.1 Der Übergang von linear rekursiven zu repetitiven Rechenvorschriften ist bei den meisten bisher diskutierten Verfahren nur unter gewissen Bedingungen möglich (4.2.1, 4.2.2, 4.2.3). In diesem Abschnitt werden Methoden entwickelt, die – durch Erweiterung der Objektstruktur – einen solchen Übergang generell ermöglichen, ohne dabei auf die ineffizienten Abläufe zu führen, die bei der Transformation von Paterson und Hewitt (4.2.4) entstehen.

In Abschnitt 4.2.3 wurde gezeigt, daß eine Rechenvorschrift der Form

```
funct L ≡ (λ x) ρ:
    if 𝒝 ⌊x⌋ then φ(L(𝒦 ⌊x⌋), ℰ ⌊x⌋)
             else ℋ ⌊x⌋             fi
```

in eine repetitive Rechenvorschrift überführt werden kann, wenn nur zu $\mathcal{K}$ eine Umkehrfunktion $\bar{\mathcal{K}}$ existiert mit $\bar{\mathcal{K}}\lfloor \mathcal{K}\lfloor x \rfloor \rfloor = x$. (Man beachte, daß die Eigenschaft $\mathcal{K}\lfloor \bar{\mathcal{K}}\lfloor x \rfloor \rfloor = x$ *nicht* gefordert wird.)

Betrachtet man unter diesem Gesichtspunkt eine Rechenstruktur vom abstrakten Typ **STACK** (χ) (3.2.5), so ergibt die Eigenschaft R, daß für jedes Objekt **stack** χ *s* gilt

rest(*append*(*s*, *x*)) = *s*

mit beliebigem χ *x*. Also ist – im Hinblick auf den Stapel – die Operation *rest* die Umkehrfunktion für die Operation *append*. Darauf beruht die folgende Entwicklung.

Um übermäßige Klammerschachtelung zu vermeiden, schreiben wir im folgenden

$s \,\&\, x$	für	*append*(s, x)
top s	für	*top*(s)
rest s	für	*rest*(s) .

Als ersten Schritt betten wir L in eine gleichwertige Rechenvorschrift L^* ein, die einen zusätzlichen Parameter von der Art **stack** λ hat:

```
funct L ≡ (λ x) ρ:
   ⌈ L*(x, empty) where
     funct L* ≡ (λ x, stack λ sx) ρ:
           if 𝓑⌊x⌋ then φ(L*(𝓚⌊x⌋, sx & x), 𝓔⌊x⌋)
                   else 𝓗⌊x⌋                      fi ⌋    .
```

Der hinzugenommene Parameter sx ist an sich völlig überflüssig, da er nirgends im Rumpf der Rechenvorschrift verwendet wird, seine Bedeutung liegt lediglich darin, daß zu der Funktion

$$\mathcal{K}^*\lfloor x, sx\rfloor = (\mathcal{K}\lfloor x\rfloor, sx \,\&\, x)$$

nunmehr eine Umkehrfunktion

$$\bar{\mathcal{K}}^*\lfloor x, sx\rfloor = (\mathbf{top}\; sx, \mathbf{rest}\; sx)$$

existiert (die übrigens nur noch von dem zweiten Argument sx abhängt). Anwendung des Schemas aus 4.2.3 auf L^* liefert jetzt ganz formal

```
funct L ≡ (λ x) ρ:
   ⌈ R(xo, so, 𝓗⌊xo⌋) where
     (λ xo, stack λ so) ≡ P(x, empty),
     funct P ≡ (λ x, stack λ sx)(λ, stack λ):
           if 𝓑⌊x⌋ then P(𝓚⌊x⌋, sx & x)
                   else (x, sx)              fi,
     funct R ≡ (λ y, stack λ sy, ρ z) ρ:
           if (y, sy) ≠ (x, empty)
             then R(top sy, rest sy, φ(z, 𝓔⌊top sy⌋))
             else z                               fi ⌋    .
```

Die Rechenvorschrift R läßt sich noch wesentlich vereinfachen, indem der Vergleich $(y, sy) \neq (x, empty)$ durch den gleichwertigen Ausdruck $sy \neq empty$ ersetzt wird. Dadurch wird in R der Parameter y vollkommen überflüssig. Dies erlaubt dann auch eine Vereinfachung von P, das als Resultat statt xo direkt $\mathcal{H}\lfloor xo\rfloor$ liefern kann. Die Zusammenfassung der ganzen bisherigen Entwicklung liefert somit die allgemeine Transformationsregel

```
funct L ≡ (λ x) ρ:
      if ℬ ⌊x⌋ then φ(L(𝒦 ⌊x⌋), ℰ ⌊x⌋)
               else ℋ ⌊x⌋                fi
      ─────────────────↕─────────────────
funct L ≡ (λ x) ρ:
   ⌈ R(P(x, empty)) where
      funct P ≡ (λ x, stack λ sx)(stack λ, ρ):
            if ℬ ⌊x⌋ then P(𝒦 ⌊x⌋, sx & x)
                     else (sx, ℋ ⌊x⌋)        fi,
      funct R ≡ (stack λ sy, ρ z) ρ:
            if sy ≠ empty then R(rest sy, φ(z, ℰ ⌊top sy⌋))
                          else z                            fi ⌋   .
```

Da diese Transformation von keinerlei Bedingungen abhängt, stellt sie also eine universelle Methode zur Überführung linear rekursiver Rechenvorschriften in repetitive Rechenvorschriften dar. Man beachte jedoch, daß der nicht-repetitive Charakter der Rekursivität dabei nur von der Rechenvorschrift auf die Datenstruktur übertragen wird.

4.2.5.2 Die Einführung von Stapeln kann übrigens auch dazu dienen, bei Rechenvorschriften, die abkürzende Objektvereinbarungen enthalten, eine Effizienzsteigerung zu erzielen. Man betrachte etwa das Schema

```
funct L₁ ≡ (λ x) ρ:
   ⌈ μ y ≡ 𝒢 ⌊x⌋ within
     if ℬ ⌊x, y⌋ then φ(L₁(𝒦 ⌊x, y⌋), ℰ ⌊x, y⌋)
                else ℋ ⌊x, y⌋                    fi ⌋   .
```

Zur Behandlung der Rechenvorschrift L_1 sind drei Schritte notwendig:

Eliminierung der Objektvereinbarung, indem überall y durch 𝒢 ⌊x⌋ ersetzt wird;
Anwendung des obigen Schemas;
Wiedereinführung der Objektvereinbarung **μ** y ≡ 𝒢 ⌊...⌋.

Damit entsteht für determiniertes 𝒢

```
funct L₁ ≡ (λ x) ρ:
   ⌈ R(P(x, empty)) where
     funct P ≡ (λ x, stack λ sx)(stack λ, ρ):
         ⌈ μ y ≡ 𝒢 ⌊x⌋ within
           if ℬ ⌊x, y⌋ then P(𝒦 ⌊x, y⌋, sx & x)
                      else (sx, ℋ ⌊x, y⌋)        fi ⌋,
     funct R ≡ (stack λ sy, ρ z) ρ:
           if sy ≠ empty then μ y ≡ 𝒢 ⌊top sy⌋ within
                              R (rest sy, φ(z, ℰ ⌊top sy, y⌋))
                         else z                                fi ⌋   .
```

Man sieht, daß für alle Parameterwerte der Ausdruck 𝒢 sowohl auf dem „Hinweg" in der Rechenvorschrift P als auch auf dem „Rückweg" in der Rechenvorschrift R berechnet werden muß. Diese Doppelberechnung sollte, insbesondere wenn $\mathscr{G}$ aufwendig ist, vermieden werden. Auch hier hilft wieder die Einführung eines weiteren (zunächst überflüssigen) Parameters:

```
funct L₁ ≡ (λ x) ρ:
   ⌈ L₁*(x, empty, empty) where
     funct L₁* ≡ (λ x, stack λ sx, stack μ sy) ρ:
        ⌈ μ y ≡ 𝒢 ⌈x⌋ within
          if ℬ ⌈x, y⌋ then φ(L₁*(𝒦 ⌈x, y⌋, sx & x, sy & y), ℰ ⌈x, y⌋)
                      else ℋ ⌈x, y⌋                              fi ⌋ ⌋   .
```

Die entscheidende Eigenschaft ist nun, daß für die beiden Stapel immer gilt **top** $sy \equiv \mathscr{G}$ ⌈**top** sx⌋. Damit kann also – nach Ausführung der Transformation mittels Funktionsumkehrung – in der Rechenvorschrift R der Ausdruck $\mu\, y \equiv \mathscr{G}$ ⌈**top** sx⌋ durch $\mu\, y \equiv$ **top** sy ersetzt werden

Auch diese Entwicklung läßt sich in einem allgemeinen Transformationsschema zusammenfassen:[8]

```
funct L₁ ≡ (λ x) ρ:
   ⌈ μ y ≡ 𝒢 ⌈x⌋ within
     if ℬ ⌈x, y⌋ then φ(L₁(𝒦 ⌈x, y⌋), ℰ ⌈x, y⌋)
                 else ℋ ⌈x, y⌋                 fi ⌋
―――――――――――――――――――――――――↕―――――――――――――――――――――――――
funct L₁ ≡ (λ x) ρ:
   ⌈ R(P(x, empty, empty)) where
     funct P ≡ (λ x, stack λ sx, stack μ sy)(stack λ, stack μ, ρ):
        ⌈ μ y ≡ 𝒢 ⌈x⌋ within
          if ℬ ⌈x, y⌋ then P(𝒦 ⌈x, y⌋, sx & x, sy & y)
                      else (sx, sy, ℋ ⌈x, y⌋)           fi ⌋ ,
     funct R ≡ (stack λ sx, stack μ sy, ρ z) ρ:
          if sx ≠ empty then μ y ≡ top sy within
                               R (rest sx, rest sy, φ(z, ℰ ⌈top sx, y⌋))
                        else z                             fi ⌋   .
```

Diese Überführung zeigt klar zwei wichtige Situationen, in denen die Einführung des Stapels sy unnötig ist:

1. y tritt in dem Ausdruck $\mathscr{E}$ *nicht* auf: In der Rechenvorschrift R werden die Vereinbarung $\mu\, y \equiv$ **top** sy und damit auch der Parameter sy überflüssig. Dies zeigt ganz formal, daß eine Doppelberechnung nicht stattfindet. Auch in P entfällt dann der Parameter sy.

2. y tritt in dem Ausdruck $\mathscr{K}$ *nicht* auf: Analog zu 1. wird jetzt die Objektvereinbarung in P überflüssig. Mit dem Entfallen des Stapels sy lautet die Objektvereinbarung in R wieder $\mu\, y \equiv \mathscr{G}$ ⌈**top** sx⌋; die einmalige Berechnung von $\mathscr{G}$ ⌈x⌋ findet nun in R statt.

8 Die Voraussetzung, die wir zum Beweis benutzt haben, daß nämlich $\mathscr{G}$ determiniert ist, kann entbehrt werden.

4.3 Behandlung nichtlinearer Rekursivitäten

Nicht alle rekursiven Schemata lassen sich ohne Hinzunahme von Stapeln auf repetitive Form transformieren[9]. Dies zeigt schon das einfache Schema mit kaskadenartigem Aufbau

funct $S \equiv (\lambda\, x)\ \rho$:
  if $\mathscr{B}\,[x]$ **then** $\varphi(S(\mathscr{M}\,[x]),\ S(\mathscr{N}\,[x]))$
    else $\mathscr{H}\,[x]$ **fi**

(worunter *fib* von 1.4.2 fällt sowie einige Algorithmen für kaskadenartige Strukturen aus 2.13). Paterson und Hewitt wie auch Strong haben 1970 gezeigt, daß dieses Schema (ohne weitere Einschränkungen) nicht auf repetitive Form transformiert werden kann. Sie benutzen dabei eine gewisse Interpretation, nämlich die Konkretisierung von λ und ρ als **sequ** {**Q**, **L**, **R**} sowie von $\mathscr{M}\,[x]$ als *append*(*x*, **L**), von $\mathscr{N}\,[x]$ als *append*(*x*, **R**) und von $\varphi(s, t)$ als *append*(*conc*(*s*, *t*), **Q**) (sogenannte „freie Interpretation"). Wird auch noch $\mathscr{H}$ als Identität aufgefaßt und $\mathscr{B}\,[x]$ als *length*$(x) \neq n$ für irgendein festes $n > 0$, so terminiert *S*(*empty*) und liefert

für n = 1: **QLR**
für n = 2: **QQLLRLQLRRR**
für n = 3: **QQQLLLRLLQLRLRRLQQLLRRLRQLRRRRR**
etc.

Die angebrachten Bögen verdeutlichen den Aufbau dieser Sequenzen.

Paterson und Hewitt zeigen nun, daß man zur repetitiven Berechnung von *S*(*empty*) mindestens $n + 1$ Parameter braucht, daß also, da n unbeschränkt ist, kein äquivalentes repetitives Schema existiert.

Man könnte vermuten, daß die Einführung eines Stapels von Parameterwerten geeignet wäre, diese Schwierigkeiten zu überwinden. Paterson und Hewitt zeigen aber mit einer weiteren Interpretation, daß es auch von der Ablaufstruktur her mit repetitiven Rechenvorschriften Schwierigkeiten gibt (daß man also auch den Protokollkeller der Kellermaschine nicht entbehren kann)[10].

Dementsprechend werden wir für nichtlineare Rekursion Spezialfälle untersuchen, in denen man die Explosion der Parameterwerte beherrschen kann (Methode des allgemeinen Ansatzes, 4.3.1), und solche, in denen man den Ablauf beherrschen kann (Arithmetisierung des Ablaufs, 4.3.2). Für allgemeine geschachtelte Rekursivitäten ist man fast ganz auf individuelle Überlegungen angewiesen (4.3.3).

---

9 Dem steht nicht entgegen, daß auch die Babbage-Zuse-Maschine universell ist (für den Zusammenhang mit Ablaufdiagrammen, die bekanntlich auch universelle Mittel zur Darstellung berechenbarer Funktionen sind, siehe 6. Kap.). Dies bedeutet lediglich, daß zu jeder rekursiven eine gleichwertige (aber nicht notwendig operativ gleichwertige) repetitive Rechenvorschrift angegeben werden kann.

10 Interpretation von λ und ρ als **bool**, mit $\mathscr{M}$ und $\mathscr{N}$ als Prädikaten und $\varphi(s, t)$ als **if** *s* **then** *t* **else false fi**, $\mathscr{H}\,[x]$ als **true**. Man zeigt, daß jedes repetitive Schema für eine gewisse Interpretation nicht mehr in all den Situationen terminiert, in denen $\mathscr{S}$ terminiert.

Paterson und Hewitt haben außerdem darauf hingewiesen, daß sowohl die Menge der (uninterpretierten) Schemata, die sich in repetitive Schemata transformieren lassen, wie auch ihr Komplement nicht aufzählbar ist. Dieses an sich theoretische Ergebnis macht Grenzen der Mechanisierbarkeit sichtbar. Strong gibt eine engere Klasse von Schemata („anarchic schemes“) an, innerhalb welcher die repetitiven Schemata effektiv bestimmbar sind.

4.3.1 Methode des allgemeinen Ansatzes

In einigen Fällen nichtlinearer Rekursion, für die keine direkten Transformationen möglich sind, kommt man mit einer einfachen Methode weiter: Man macht unter Abstützung auf die vorgegebene Rechenvorschrift einen „allgemeinen Ansatz“, aus dem sich diese Rechenvorschrift durch Spezialisierung wiedergewinnen läßt; mit Hilfe der Transformationen Expandieren und Komprimieren (vgl. 1.7.1) wird die neue Rechenvorschrift anschließend in eine Form überführt, in der sie sich nur noch – und zwar womöglich repetitiv – auf sich selbst abstützt.

Dieses Vorgehen wird in dem folgenden Beispiel erläutert (Gnatz, Pepper 1977):

Die Rechenvorschrift[11] (zurückgehend auf de Rham 1947)

$$
\begin{array}{l}
\textbf{funct}\ \mathit{fusc} \equiv (\textbf{pnat}\ n)\ \textbf{pnat}: \\
\quad \textbf{if}\ n = 1\ \textbf{then}\ 1 \\
\quad [\!]\ n > 1 \wedge \textbf{even}\ n\ \textbf{then}\ \mathit{fusc}(\frac{n}{2}) \\
\quad [\!]\ n > 1 \wedge \textbf{odd}\ n\ \textbf{then}\ \mathit{fusc}(\frac{n-1}{2}) + \mathit{fusc}(\frac{n+1}{2})\ \textbf{fi}
\end{array}
$$

suggeriert eine Einbettung in eine Linearkombination von $\mathit{fusc}(m)$ und $\mathit{fusc}(m + 1)$, etwa

$$
\begin{array}{l}
\textbf{funct}\ F \equiv (\textbf{pnat}\ m, \textbf{nat}\ a, \textbf{nat}\ b\text{: } (a, b) \neq (0, 0))\ \textbf{pnat}: \\
\quad a \times \mathit{fusc}(m) + b \times \mathit{fusc}(m + 1),
\end{array}
$$

wobei $\mathit{fusc}(n) = F(n, 1, 0)$ gilt.

Expandieren von F mit der Definition von fusc ergibt (nach algebraischer Umformung):

$$
\begin{array}{l}
\textbf{funct}\ F \equiv (\textbf{pnat}\ m, \textbf{nat}\ a, \textbf{nat}\ b\text{: } (a, b) \neq (0, 0))\ \textbf{pnat}: \\
\quad \textbf{if}\ m = 1\ \textbf{then}\ a + b \times \mathit{fusc}(\frac{2}{2}) \\
\quad [\!]\ m > 1 \wedge \textbf{even}\ m\ \textbf{then}\ a \times \mathit{fusc}(\frac{m}{2}) + b \times [\mathit{fusc}(\frac{m}{2}) + \mathit{fusc}(\frac{m}{2} + 1)] \\
\quad [\!]\ m > 1 \wedge \textbf{odd}\ m\ \textbf{then}\ a \times [\mathit{fusc}(\frac{m-1}{2}) + \mathit{fusc}(\frac{m+1}{2})] + b \times \mathit{fusc}(\frac{m+1}{2})\ \textbf{fi} \quad .
\end{array}
$$

Dabei ist zu beachten, daß **even** m impliziert **odd** $(m + 1)$, etc.

---

11 **pnat** bedeutet $\{\textbf{nat}\ n\text{: } n \neq 0\}$ (vgl. 2.4).

Weitere algebraische Umformungen (und Umbenennung von m in n) ergeben:

funct $F \equiv$ (**pnat** n, **nat** a, **nat** b: $(a, b) \neq (0, 0)$) **pnat**:
  if $n = 1$ **then** $a + b$
  $\square$ $n > 1 \wedge$ **even** n **then** $(a + b) \times fusc(\frac{n}{2}) + b \times fusc(\frac{n}{2} + 1)$
  $\square$ $n > 1 \wedge$ **odd** n **then** $a \times fusc(\frac{n-1}{2}) + (a + b) \times fusc(\frac{n-1}{2} + 1)$ **fi** .

Dies aber läßt sich komprimieren zu der *repetitiven* Rechenvorschrift

funct $F \equiv$ (**pnat** n, **nat** a, **nat** b: $(a, b) \neq (0, 0)$) **pnat**:
  if $n = 1$ **then** $a + b$
  $\square$ $n > 1 \wedge$ **even** n **then** $F(\frac{n}{2}, a + b, b)$
  $\square$ $n > 1 \wedge$ **odd** n **then** $F(\frac{n-1}{2}, a, a + b)$ **fi** .

Wegen $fusc(n) = F(n, 1, 0)$ erhält man zusammenfassend die Einbettung

funct $fusc \equiv$ (**pnat** n) **pnat**: $F(n, 1, 0)$,
funct $F \equiv$ (**pnat** n, **nat** a, **nat** b: $(a, b) \neq (0, 0)$) **pnat**:
  if $n = 1$ **then** $a + b$
    else if even n **then** $F(\frac{n}{2}, a + b, b)$
      $\square$ **odd** n **then** $F(\frac{n-1}{2}, a, a + b)$ **fi fi** .

Bemerkung: Wie „löst" man „intuitiv" dieses Problem? Man kann die Aufrufstruktur „berechnen", siehe etwa (mit f als Abkürzung für $fusc$) Abb. 4.1.

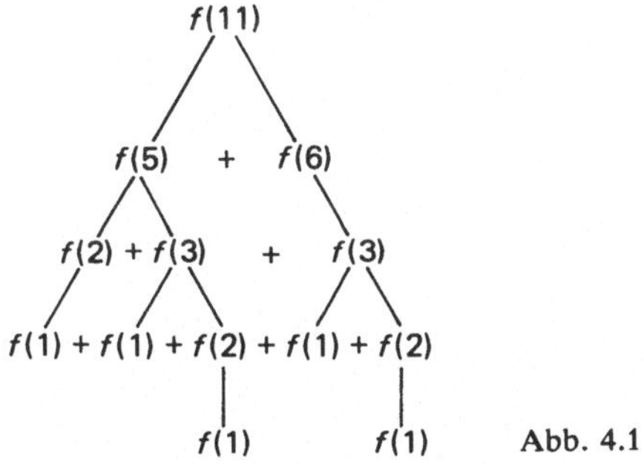

Abb. 4.1

Zählt man, wie oft $f(i)$ und wie oft $f(i + 1)$ hierbei vorkommen, so erhält man „durch Induktion" die repetitive Lösung von oben:

Induktionsannahme:	$f(N)$ ergibt a Aufrufe $f(i)$ b Aufrufe $f(i + 1)$.
Fall A: i ungerade, Dann zerfällt	$i = 2 \times j + 1$. $f(i)$ in $f(j)$ und $f(j + 1)$, $f(i + 1)$ in $f(j + 1)$.

Ergebnis: $f(N)$ ergibt
a Aufrufe $f(j)$
$a + b$ Aufrufe $f(j+1)$; wobei $j = (i-1)/2$;

Fall B: i gerade, $i = 2 \times j$.
Dann zerfällt $f(i)$ in $f(j)$,
$f(i+1)$ in $f(j)$ und $f(j+1)$; wobei $j = i/2$.
Ergebnis: $f(N)$ ergibt
$a + b$ Aufrufe $f(j)$
b Aufrufe $f(j+1)$.

Verwandt damit ist, daß *fusc*(n), indem es die Anzahl der erzeugten Aufrufe $f(1)$ ermittelt, die Anzahl der Wege abzählt, die man im folgenden (zylindrisch geschlossenen) Diagramm (Abb. 4.2) von n nach 1 findet:

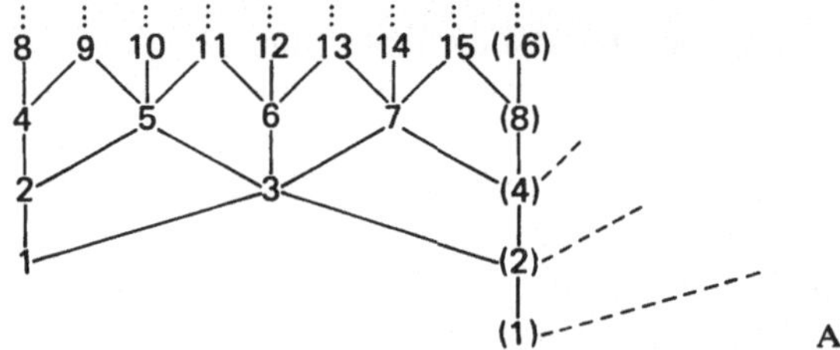

Abb. 4.2

Damit ist auch der kombinatorische Charakter von *fusc* etwas erhellt[12].

Man kann auch eine Funktionsumkehr versuchen: Man stellt erst die Folge $j_1 = N, j_2, j_3, \ldots, j_s = 1$ fest, wobei $j_{k+1} = j_k$ **div** 2, und baut dann rückwärts auf:

Für $N = 11$ ergibt sich z. B.

$$\begin{aligned} j_1 &= 11 \\ j_2 &= 5 \\ j_3 &= 2 \\ j_4 &= 1; \end{aligned}$$

dann rückwärts aufbauend

$$\begin{aligned} f(j_4) &= f(1) = 1, \\ f(j_3) &= f(2) = 1, \end{aligned}$$

da $j_2 \neq 2 \times j_3$, zunächst $f(j_3 + 1) = f(3) = 2$, dann

$$f(j_2) = f(5) = 3,$$

da $j_1 \neq 2 \times j_2$, zunächst $f(j_2 + 1) = f(6) = 2$, dann

$$f(j_1) = f(11) = 5 \quad .$$

12 Es gibt daneben eine zahlentheoretische Interpretation von *fusc*, siehe de Rham 1947.

Auch dies führt im wesentlichen zu der selben repetitiven Lösung.

Anmerkung: Wertetabelle für *fusc*

1	2	3	4	5	6	7	8	9	10	11	12	13	14	15	16	17	18	19
1	1	2	1	3	2	3	1	4	3	5	2	5	3	4	1	5	4	7

20	21	22	23	24	25	26	27	28	29	30	31	32	33	...
3	8	5	7	2	7	5	8	3	7	4	5	1	6	

Ähnlich behandelt man die Rechenvorschrift zur Berechnung der Fibonacci-Zahlen (vgl. Aufgabe 1.4.1-1):

```
funct fib ≡ (pnat n) pnat:
      if n = 1 ∨ n = 2 then 1
      [] n > 2          then fib(n − 2) + fib(n − 1) fi   .
```

Es liegt wiederum nahe, in eine allgemeine Linearkombination von $fib(m)$ und $fib(m+1)$ einzubetten[13]:

```
funct f ≡ (pnat m, nat a, nat b) nat:
      a × fib(m) + b × fib(m + 1)
```

Expandieren von $fib(m+1)$ führt auf

```
if m + 1 = 1 then a × fib(m) + b
[] m + 1 = 2 then a × fib(m) + b
[] m + 1 > 2 then a × fib(m) +
                  b × fib(m − 1) + b × fib(m) fi   .
```

Der Zweig **if** $m + 1 = 1$ ⁓⁓⁓ ist für **pnat** m hinfällig; es verbleibt

```
if m = 1 then a × fib(1) + b
[] m > 1 then b × fib(m − 1) + (a + b) × fib(m) fi   .
```

Durch Komprimieren entsteht schließlich:

```
if m = 1 then a + b
[] m > 1 then f(m − 1, b, a + b) fi   .
```

Wegen $fib(n) = f(n, 1, 0)$ erhält man

```
funct fib ≡ (pnat n) pnat: f(n, 1, 0),
funct f ≡ (pnat m, nat a, nat b) nat:
      if m = 1 then a + b
      [] m > 1 then f(m − 1, b, a + b) fi   .
```

13 Wir brauchen die triviale Kombination mit $(a, b) = (0, 0)$ nicht auszuschließen.

Neben der Entwicklung konkreter Rechenvorschriften hat die Methode des allgemeinen Ansatzes noch einen wesentlichen weiteren Anwendungsbereich: Transformationsschemata wie die in 4.2 angegebenen lassen sich häufig mit diesem Verfahren beweisen.

McCarthy 1961 folgend, zeigt man dazu, daß zwei rekursiv definierte Programmschemata dieselbe Funktionalgleichung erfüllen („recursion induction", vgl. auch 1.6.1). So kann beispielsweise die Gleichwertigkeit der folgenden beiden Schemata H und G gezeigt werden, vorausgesetzt daß $\mathscr{B}\lfloor m \rfloor$ die Definiertheit von $\delta(m)$ impliziert (Wössner 1974):

funct $H \equiv (\lambda\, m, \mu\, r, \mu\, s)\, \mu$:
  if $\mathscr{B}\lfloor m \rfloor \wedge \mathscr{B}\lfloor \delta(m) \rfloor$ **then** $\varphi(H\lfloor \delta(m), r, s \rfloor, H\lfloor \delta^2(m), r, s \rfloor)$
  ▯ $\mathscr{B}\lfloor m \rfloor \wedge \neg \mathscr{B}\lfloor \delta(m) \rfloor$ **then** r
  ▯ $\neg \mathscr{B}\lfloor m \rfloor$ **then** s **fi** ,

funct $G \equiv (\lambda\, m, \mu\, r, \mu\, s)\, \mu$:
  if $\mathscr{B}\lfloor m \rfloor$ **then** $G(\delta(m), \varphi(r, s), r)$
  ▯ $\neg \mathscr{B}\lfloor m \rfloor$ **then** s **fi** .

Zunächst zeigt man, daß G gleichwertig ist zu

funct $G' \equiv (\lambda\, m, \mu\, r, \mu\, s)\, \mu$:
  if $\mathscr{B}\lfloor m \rfloor \wedge \mathscr{B}\lfloor \delta(m) \rfloor$ **then** $G'(\delta(m), \varphi(r, s), r)$
  ▯ $\mathscr{B}\lfloor m \rfloor \wedge \neg \mathscr{B}\lfloor \delta(m) \rfloor$ **then** r
  ▯ $\neg \mathscr{B}\lfloor m \rfloor$ **then** s **fi** .

G läßt sich schreiben als[14]

funct $G \equiv (\lambda\, m, \mu\, r, \mu\, s)\, \mu$:
  if $\mathscr{B}\lfloor m \rfloor \wedge \mathscr{B}\lfloor \delta(m) \rfloor$ **then** $G(\delta(m), \varphi(r, s), r)$
  ▯ $\mathscr{B}\lfloor m \rfloor \wedge \neg \mathscr{B}\lfloor \delta(m) \rfloor$ **then** $G(\delta(m), \varphi(r, s), r)$
  ▯ $\neg \mathscr{B}\lfloor m \rfloor$ **then** s **fi** ;

unter der Bedingung $\neg \mathscr{B}\lfloor \delta(m) \rfloor$ gilt nach Definition von G aber:

$G(\delta(m), \varphi(r, s), r) = r$.

Die Gleichwertigkeit der Schemata G' und H wird mit einem Hilfsschema F bewiesen, das sich folgendermaßen ergibt: In Funktionalschreibweise (vgl. 1.6) sei $H(x) = \tau[H](x)$, $G'(x) = \sigma[G'](x)$. Nach dem Muster von H wird jetzt F definiert als $F(x) = \tau[G'](x)$:

funct $F \equiv (\lambda\, m, \mu\, r, \mu\, s)\, \mu$:
  if $\mathscr{B}\lfloor m \rfloor \wedge \mathscr{B}\lfloor \delta(m) \rfloor$ **then** $\varphi(G'(\delta(m), r, s), G'(\delta^2(m), r, s))$
  ▯ $\mathscr{B}\lfloor m \rfloor \wedge \neg \mathscr{B}\lfloor \delta(m) \rfloor$ **then** r
  ▯ $\neg \mathscr{B}\lfloor m \rfloor$ **then** s **fi** .

---

14 Beachte: In G wird φ einmal mehr als in G' berechnet (das Ergebnis dieser überzähligen Berechnung wird zwar nicht benutzt, muß aber stets definiert sein).

Expandieren des ersten Aufrufs von G' ergibt

$$\begin{array}{l}
\textbf{if} \quad \mathscr{B}\lfloor m \rfloor \wedge \mathscr{B}\lfloor \delta(m) \rfloor \textbf{ then} \\
\quad \varphi(\textbf{if} \quad \mathscr{B}\lfloor \delta(m) \rfloor \wedge \mathscr{B}\lfloor \delta^2(m) \rfloor \textbf{ then } G'(\delta^2(m), \varphi(r, s), r) \\
\qquad \| \quad \mathscr{B}\lfloor \delta(m) \rfloor \wedge \neg \mathscr{B}\lfloor \delta^2(m) \rfloor \textbf{ then } r \\
\qquad \| \neg \mathscr{B}\lfloor \delta(m) \rfloor \qquad \textbf{then } s \qquad \textbf{fi}, \\
\qquad G'(\delta^2(m), r, s)) \\
\| \quad \mathscr{B}\lfloor m \rfloor \wedge \neg \mathscr{B}\lfloor \delta(m) \rfloor \textbf{ then } r \\
\| \neg \mathscr{B}\lfloor m \rfloor \qquad \textbf{then } s \qquad \textbf{fi}
\end{array}$$

oder (Durchziehen des φ)

$$\begin{array}{l}
\textbf{if} \quad \mathscr{B}\lfloor m \rfloor \wedge \mathscr{B}\lfloor \delta(m) \rfloor \wedge \mathscr{B}\lfloor \delta^2(m) \rfloor \textbf{ then } \varphi(G'(\delta^2(m), \varphi(r, s), r), G'(\delta^2(m), r, s)) \\
\| \quad \mathscr{B}\lfloor m \rfloor \wedge \mathscr{B}\lfloor \delta(m) \rfloor \wedge \neg \mathscr{B}\lfloor \delta^2(m) \rfloor \textbf{ then } \varphi(r, G'(\delta^2(m), r, s)) \\
\| \quad \mathscr{B}\lfloor m \rfloor \wedge \mathscr{B}\lfloor \delta(m) \rfloor \wedge \neg \mathscr{B}\lfloor \delta(m) \rfloor \textbf{ then } \sim\sim\sim\sim \\
\| \quad \mathscr{B}\lfloor m \rfloor \wedge \neg \mathscr{B}\lfloor \delta(m) \rfloor \qquad \textbf{then } r \\
\| \neg \mathscr{B}\lfloor m \rfloor \qquad \textbf{then } s \qquad \textbf{fi}.
\end{array}$$

Der Aufruf $G'(\delta^2(m), r, s)$ in der ersten bzw. zweiten Zeile kann nun ersetzt werden durch das äquivalente $G(\delta^2(m), r, s)$; anschließendes Expandieren ergibt dafür

$$\begin{array}{l}
\textbf{if} \quad \mathscr{B}\lfloor \delta^2(m) \rfloor \textbf{ then } G(\delta^3(m), \varphi(r, s), r) \\
\| \neg \mathscr{B}\lfloor \delta^2(m) \rfloor \textbf{ then } s \qquad \textbf{fi} \quad .
\end{array}$$

Unter dem Wächter $\mathscr{B}\lfloor \delta^2(m) \rfloor$ gilt also

$$G'(\delta^2(m), r, s) = G(\delta^3(m), \varphi(r, s), r) = G'(\delta^3(m), \varphi(r, s), r) \quad ,$$

und unter dem Wächter $\neg \mathscr{B}\lfloor \delta^2(m) \rfloor$ entsprechend

$$G'(\delta^2(m), r, s) = G(\delta^2(m), r, s) = s \quad .$$

Die dritte Zeile, die unter der widersprüchlichen Bedingung $\mathscr{B}\lfloor \delta(m) \rfloor \wedge \neg \mathscr{B}\lfloor \delta(m) \rfloor$ steht, kann beliebig abgeändert werden, etwa zu r. Damit ergibt sich bei geeigneter Aufspaltung der Wächter

$$\begin{array}{l}
\textbf{if} \quad \mathscr{B}\lfloor m \rfloor \wedge \mathscr{B}\lfloor \delta(m) \rfloor \textbf{ then} \\
\quad \textbf{if} \quad \mathscr{B}\lfloor \delta(m) \rfloor \wedge \mathscr{B}\lfloor \delta^2(m) \rfloor \textbf{ then } \varphi(G'(\delta^2(m), \varphi(r, s), r), G'(\delta^3(m), \varphi(r, s), r)) \\
\quad \| \quad \mathscr{B}\lfloor \delta(m) \rfloor \wedge \neg \mathscr{B}\lfloor \delta^2(m) \rfloor \textbf{ then } \varphi(r, s) \\
\quad \| \neg \mathscr{B}\lfloor \delta(m) \rfloor \qquad \textbf{then } r \qquad \textbf{fi} \\
\| \quad \mathscr{B}\lfloor m \rfloor \wedge \neg \mathscr{B}\lfloor \delta(m) \rfloor \textbf{ then } r \\
\| \neg \mathscr{B}\lfloor m \rfloor \qquad \textbf{then } s \qquad \textbf{fi} .
\end{array}$$

Schließlich führt Komprimieren mit der Definition von F auf

$$\begin{array}{l}
\textbf{if} \quad \mathscr{B}\lfloor m \rfloor \wedge \mathscr{B}\lfloor \delta(m) \rfloor \textbf{ then } F(\delta(m), \varphi(r, s), r) \\
\| \quad \mathscr{B}\lfloor m \rfloor \wedge \neg \mathscr{B}\lfloor \delta(m) \rfloor \textbf{ then } r \\
\| \neg \mathscr{B}\lfloor m \rfloor \qquad \textbf{then } s \qquad \textbf{fi} \quad .
\end{array}$$

Durch Vergleich ergibt sich: F erfüllt G', d. h. formal (in Funktionalschreibweise):

$$F(x) = \sigma[F](x) \quad .$$

Wegen $G'(x) = \sigma[G'](x)$ gilt (über Terminierung s. u.) $F = G'$.
Aufgrund dieser Gleichwertigkeit von F und G' gilt nun auch, da definitionsgemäß

$$F(x) = \tau[G'](x) \text{ ist, } F(x) = \tau[F](x) \quad .$$

Der Vergleich mit $H(x) = \tau[H](x)$ ergibt schließlich $F = H$. Insgesamt folgt also $G' = F = H$, wzbw.

Hinweis: Nach der Fixpunkttheorie muß noch gezeigt werden, daß die beiden Fixpunkte G' und H totale Funktionen sind; d. h., die gezeigte Gleichwertigkeit gilt nur, wenn zusätzlich für beide Schemata G' und H Terminierung gezeigt wird (genauer, wenn für die jeweiligen Interpretationen der Schemata Terminierung vorliegt).

Für die Terminierung der betrachteten Schemata ist nun, wie sich durch Induktion zeigen läßt, die „klassische" Bedingung ausreichend[15]:

$$\forall m \; \exists i: \neg \mathscr{B} \left(\delta^i(m)\right) \quad .$$

Die eben bewiesene Äquivalenz läßt sich auf die Rechenvorschrift zur Bestimmung der Fibonacci-Zahlen (vgl. oben) anwenden: Mit den Interpretationen

von	λ, μ	als	**pnat** bzw. **nat**
	φ	als	$+$
	$\mathscr{B}(m)$	als	$m > 1$
	$\delta(m)$	als	$m - 1$

und den Anfangswerten $r = 1$ und $s = 1$ gilt

$$fib(N) = G(N, 1, 1) \quad \text{für} \quad N > 0 \quad .$$

Man vergleiche die so entstehende Interpretation von G mit der oben für *fib* entwickelten Hilfsfunktion f.

4.3.2 Arithmetisierung des Ablaufs

Für spezielle geschachtelte Rekursionen ist es möglich, den Ablauf (also die Anwendungsreihenfolge der wesentlichen Operationen) zu analysieren und eine repetitive Form zu fin-

---

15 Sie ist bei der nachfolgenden Interpretation von δ und $\mathscr{B}$ erfüllt.

den, die denselben Ablauf ergibt. Die entscheidende Rolle spielen dabei gewisse „arithmetisierende" Funktionen, die alle relevanten Informationen über den Ablauf und die Parameterwerte eineindeutig auf ein abgeschlossenes Intervall natürlicher Zahlen abbilden („Arithmetisierung"); umgekehrt läßt sich dann aus den Werten dieses Intervalls die benötigte Information zurückgewinnen (Partsch, Pepper 1976).

Wir betrachten folgendes Schema

```
funct F ≡ (nat i, ρ x) ρ:
      if i > 0 then F(i − 1, φ(i, F(i − 1, x)))
             else x                              fi   .
```

Die „Ablaufsteuerung" durch den Parameter *i* wird deutlicher, wenn die geschachtelten Aufrufe durch Einführung von Hilfsbezeichnungen detailliert werden.

```
funct F ≡ (nat i, ρ x) ρ:
      if i > 0 then ρ x1 ≡ F(i − 1, x) within
                    ⌈ ρ x2 ≡ φ(i, x1) within
                      ⌈ ρ x3 ≡ F(i − 1, x2) within
                        x3                         ⌋ ⌋
             else x                                    fi   .
```

Ein Beispiel für dieses Schema ist die Generierung des Gray-Codes für Wörter einer gegebenen Länge *n*, d. h. der Aufbau eines Stapels von aufeinanderfolgenden Codewörtern. Wir benützen dazu die primitiven Arten und Operationen

```
mode codewort      ≡ «Code-Wort einer vorgegebenen Länge n»
mode code          ≡ stack codewort
funct next         ≡ (nat i, code x) code:
   ⌈ codewort a    ≡ top(x) within
     ⌈ codewort b  ≡ «Code-Wort a mit geändertem i-tem Bit» within
       append(x, b)                                            ⌋ ⌋
```

Wird φ durch *next* und ρ durch **code** interpretiert, so erhalten wir mittels

```
funct gray ≡ (nat i, code x) code:
      if i > 0 then code x1 ≡ gray(i − 1, x) within
                    ⌈ code x2 ≡ next(i, x1) within
                      ⌈ code x3 ≡ gray(i − 1, x2) within
                        x3                             ⌋ ⌋
             else x                                        fi
```

das gewünschte Resultat als

```
gray(n, xo) where code xo ≡ append(empty, «⟨L, L, ..., L⟩»)   .
```

Anmerkung: Häufig wird die Rechenvorschrift *gray* nicht mit Ergebnis geschrieben; an der Stelle der Operation *next* steht dann eine Druck-Anweisung. Diese Form benötigt jedoch eine „nicht-lokale Variable“ für den jeweils letzten Zustand des Code-Worts (vgl. Kap. 5). Eine weitere bekannte Rechenvorschrift, die im wesentlichen in dieses Schema fällt, ergibt sich für das Problem der „Türme von Hanoi“.

Typisch für das betrachtete Schema ist, daß es einen Parameter gibt, der im wesentlichen als Zähler wirkend den Ablauf der Rekursion steuert, während mit den übrigen Parametern die eigentliche Arbeit geleistet wird. Die einleitend erwähnten arithmetisierenden Funktionen dienen dazu, vor allem den Wert des „Steuerungs“-Parameters und damit die auf die übrigen Parameter auszuführenden Operationen zu ermitteln (Rechenvorschrift γ im folgenden Schema).

Die Überführung in repetitive Form geschieht nach folgendem Transformationsschema:

```
funct F ≡ (nat i, λ x) λ:
      if i > 0 then F(i − 1, φ(i, F(i − 1, x)))
               else x                           fi
      ─────────────────↕─────────────────
funct F ≡ (nat n, λ x) λ:
   ⌈ G(1, x) where
      funct G ≡ (nat c, λ y) λ:
            if c ≦ 2ⁿ − 1 then G(c + 1, φ(γ(c), y))
                          else y                 fi   ,
      funct γ ≡ (nat c) nat:
            ι nat i: ∃ nat p: c = p · 2^(i−1) ∧ ¬ (2 | p) ⌋   .
```

Eine Realisierung von γ ist sehr einfach möglich durch sukzessive Division durch 2, solange dies „aufgeht“. Nachfolgend eine Wertetabelle für γ:

c	1	2	3	4	5	6	7	8	9	10	11	12	13	14	15	16	17	18	19...
$\gamma(c)$	1	2	1	3	1	2	1	4	1	2	1	3	1	2	1	5	1	2	1...

aus der intuitiv ersichtlich ist, daß $i = \gamma(c)$ den jeweils benötigten Wert des Parameters i der ursprünglichen Rekursionsvorschrift ergibt.

Wir verzichten auf einen formalen Beweis der Transformation, da sich eine andere, systematische Herleitung in 6.1.3 ergeben wird. Das Verfahren kann hier so verstanden werden: Die Informationen über den Ablauf und die dabei auftretenden Parameterwerte werden zunächst als „gestapelt“ gedacht unter geeigneter Codierung, wobei γ die Umkehrung dieser Codierung ist.

Verallgemeinerungen des Schemas F sind denkbar, insbesondere etwa auf die Form

... **then** $\alpha(F(i-1, \varphi(i, F(i-1, \beta(x)))))$ ...

oder auch auf eine Form mit beliebig vielen ineinander geschachtelten Aufrufen von F.

4.3.3 Spezielle Fälle geschachtelter Rekursion

Wir betrachten hier Rechenvorschriften mit geschachtelter Rekursion der Form

funct $F \equiv (\lambda\, x)\ \lambda$:
  if $\mathscr{P}\lfloor x \rfloor$ **then** $\mathscr{G}\lfloor x \rfloor$
    else $F(F(\mathscr{F}\lfloor x \rfloor))$ **fi** .

Hierunter fallen die Rechenvorschrift *zer* aus 1.5.2 und eine Reihe weiterer Varianten, wie etwa McCarthys „91-Funktion" (Manna, McCarthy 1969).

Im Gegensatz zum Schema S von 4.3 kann das Schema F ohne Nebenbedingungen auf repetitive Form transformiert werden: Unter Einbettung ergibt sich

funct $F \equiv (\lambda\, x)\ \lambda$:
 ⌈ $Q(x, 1)$ **where**
  funct $Q \equiv (\lambda\, x,$ **nat** $i)\ \lambda$:
   if $i = 0$ **then** x
   ▯ $i \neq 0$ **then if** $\mathscr{P}\lfloor x \rfloor$ **then** $Q(\mathscr{G}\lfloor x \rfloor, i - 1)$
         else $Q(\mathscr{F}\lfloor x \rfloor, i + 1)$ **fi fi** ⌋ .

Der Beweis wird induktiv geführt, wobei durch Expandieren und Komprimieren gezeigt wird, daß

$$Q(x, i) = F^i(x) \quad .$$

Auch bei dieser Transformation wird die Wirkungsweise des Protokollkellers „arithmetisiert".

Für geeignete Klassen von Interpretationen können jedoch Transformationen gefunden werden, die auf wesentlich effizientere Rechenvorschriften als Q führen.

Beispielsweise zeigen Manna, Ness, Vuillemin 1973, daß F eine idempotente Funktion ist, falls $\mathscr{G}\lfloor x \rfloor$ als Identität interpretiert wird. F ist dann gleichwertig zu

funct $F_1 \equiv (\lambda\, x)\ \lambda$:
  if $\mathscr{P}\lfloor x \rfloor$ **then** x
    else $F_1(\mathscr{F}\lfloor x \rfloor)$ **fi** .

Dies ist ein Spezialfall einer allgemeineren Klasse, für die gilt:

(0) $\mathscr{P}\lfloor x \rfloor \Rightarrow \mathscr{P}\lfloor \mathscr{G}\lfloor x \rfloor \rfloor$.

Man sieht sofort

Satz 1: *Falls* $\forall\, x$: $\mathscr{P}\lfloor x \rfloor \Rightarrow \mathscr{P}\lfloor \mathscr{G}\lfloor x \rfloor \rfloor$, *dann gilt* $F(x) = \mathscr{G}^{n+1}\lfloor \mathscr{F}^n\lfloor x \rfloor \rfloor$, *wo* $n = n(x)$ *bestimmt ist durch*
$\mathscr{P}\lfloor \mathscr{F}^n\lfloor x \rfloor \rfloor \wedge \forall\, i, 0 \leqq i < n: \neg\, \mathscr{P}\lfloor \mathscr{F}^i\lfloor x \rfloor \rfloor$,
vorausgesetzt, daß ein solches (von x abhängiges) n existiert.

Dies bedeutet jedoch: Wenn $\forall\, x$: $\mathscr{P}\lfloor x \rfloor \Rightarrow \mathscr{P}\lfloor \mathscr{G}\lfloor x \rfloor \rfloor$, dann ist F äquivalent zu der *linear* rekursiven Rechenvorschrift

funct $H_1 \equiv (\lambda\, x)\, \lambda$:
  if $\mathscr{P}\,[x]$ **then** $\mathscr{G}\,[x]$
    else $\mathscr{G}\,[H_1(\mathscr{F}\,[x])]$ **fi** .

Man sieht leicht: Unter der weiteren Bedingung

(1) $\mathscr{G}$ und $\mathscr{F}$ kommutieren, d. h. $\mathscr{G}\,[\mathscr{F}\,[x]] = \mathscr{F}\,[\mathscr{G}\,[x]]$

besteht sogar Äquivalenz zu der *repetitiven* Rechenvorschrift

funct $H \equiv (\lambda\, x)\, \lambda$:
 ⌈ $K(x, x)$ **where**
  funct $K \equiv (\lambda\, x, \lambda\, z)\, \lambda$:
   if $\mathscr{P}\,[x]$ **then** $\mathscr{G}\,[z]$
     else $K(\mathscr{F}\,[x], \mathscr{G}\,[\mathscr{F}\,[x]])$ **fi** ⌋ .

Eine andere interessante Frage ist, für welche Klasse (d. h. also unter welchen Bedingungen) F gleichwertig ist zu der repetitiven Rechenvorschrift

funct $G \equiv (\lambda\, x)\, \lambda$:
  if $\mathscr{P}\,[x]$ **then** $\mathscr{G}\,[x]$
    else $G(\mathscr{G}\,[\mathscr{F}\,[x]])$ **fi** .

Unter der obigen Bedingung (1) gilt, falls $F(x)$ und $G(x)$ terminieren[16]:

$F(x)$ ergibt $\mathscr{G}\,[(\mathscr{G}\,\mathscr{F})^k\,[x]]$,
$G(x)$ ergibt $\mathscr{G}\,[(\mathscr{G}\,\mathscr{F})^j\,[x]]$

mit nicht notwendig übereinstimmenden j und k.

Auf dieser Bedingung und auf der weiteren Forderung[17]

(2) $\forall\, x$: $\mathscr{P}\,[x] \Rightarrow \mathscr{P}\,[\mathscr{G}\,\mathscr{F}\,[x]]$

aufbauend, zeigte Pepper

Satz 2: *Unter den Bedingungen* (0) *bis* (2) *gilt für diejenigen x, die die Eigenschaft* $\mathscr{P}\,[x] \vee \mathscr{P}\,[\mathscr{F}\,[x]]$ *haben,* $F(x) = G(x)$.

Dem Beweis durch Berechnungsinduktion legen wir eine Form von F zugrunde, die aus der ursprünglichen durch Expansion des inneren rekursiven Aufrufs – unter Erhaltung des schwächsten Fixpunkts – hervorgeht. Für das entsprechende Funktional τ und das Funktional σ von G ergibt sich:

---

16 $\mathscr{G}\,\mathscr{F}$ bezeichnet die Zusammensetzung von $\mathscr{F}$ und $\mathscr{G}$.

17 Die Beispiele am Ende dieses Abschnitts zeigen, daß (2) in engem Zusammenhang mit der Terminierung von F steht.

$$\begin{aligned}\tau\,[F](x) \;=\; & \textbf{if} \quad \mathscr{P}\lfloor x\rfloor \textbf{ then } \mathscr{G}\lfloor x\rfloor \\ & [] \neg\, \mathscr{P}\lfloor x\rfloor \textbf{ then } F(\textbf{if} \quad \mathscr{P}\lfloor \mathscr{F}\lfloor x\rfloor\rfloor \textbf{ then } \mathscr{G}\mathscr{F}\lfloor x\rfloor \\ & \qquad\qquad\qquad\qquad [] \neg\, \mathscr{P}\lfloor \mathscr{F}\lfloor x\rfloor\rfloor \textbf{ then } F(F(\mathscr{F}\mathscr{F}\lfloor x\rfloor)) \textbf{ fi}) \textbf{ fi}\end{aligned}$$

(wegen der Eigenschaft $\mathscr{P}\lfloor x\rfloor \vee \mathscr{P}\lfloor \mathscr{F}\lfloor x\rfloor\rfloor$ vereinfacht sich dies zu:)

$$\begin{aligned}= \; & \textbf{if} \quad \mathscr{P}\lfloor x\rfloor \textbf{ then } \mathscr{G}\lfloor x\rfloor \\ & [] \neg\, \mathscr{P}\lfloor x\rfloor \textbf{ then } F(\mathscr{G}\mathscr{F}\lfloor x\rfloor) \textbf{ fi}\end{aligned}$$

(im Fall $\neg\, \mathscr{P}\lfloor x\rfloor$ gilt nach Voraussetzung $\mathscr{P}\lfloor \mathscr{F}\lfloor x\rfloor\rfloor$. Wegen (2) gilt dann also auch $\mathscr{P}\lfloor \mathscr{G}\mathscr{F}\lfloor \mathscr{F}\lfloor x\rfloor\rfloor\rfloor$, was aufgrund von (1) gleichwertig ist mit $\mathscr{P}\lfloor \mathscr{F}\lfloor \mathscr{G}\mathscr{F}\lfloor x\rfloor\rfloor\rfloor$. Der Wert $y = \mathscr{G}\mathscr{F}\lfloor x\rfloor$ erfüllt also trivialerweise die Voraussetzung $\mathscr{P}\lfloor y\rfloor \vee \mathscr{P}\lfloor \mathscr{F}\lfloor y\rfloor\rfloor$; daher kann jetzt die Induktionsannahme benutzt werden:)

$$\begin{aligned}= \; & \textbf{if} \quad \mathscr{P}\lfloor x\rfloor \textbf{ then } \mathscr{G}\lfloor x\rfloor \\ & [] \neg\, \mathscr{P}\lfloor x\rfloor \textbf{ then } G(\mathscr{G}\mathscr{F}\lfloor x\rfloor) \textbf{ fi} \quad . \\ = \; & \sigma[G](x)\end{aligned}$$

Dieser Satz stellt die Gleichwertigkeit von F und G nur für eine Teilmenge aller möglichen Argumente x her. Darauf aufbauend kann man jedoch allgemein zeigen

Satz 3: *Unter den obigen Bedingungen* (0) *bis* (2) *gilt*
$\forall x\colon F(x) = G^{n+1}(\mathscr{F}^n\lfloor x\rfloor)$, *für ein gewisses* $n = n(x)$.

Eine vollständige Gleichwertigkeit von F und G ergibt sich erst unter der weiteren Bedingung

(3) $\forall x\colon \mathscr{P}\lfloor x\rfloor \vee \neg\, \mathscr{P}\lfloor \mathscr{G}\lfloor x\rfloor\rfloor$.

Satz 4: *Unter den Bedingungen* (0) *bis* (3) *gilt*
$\forall x\colon F(x) = G(x)$.

(Der Beweis dieses Satzes erfordert eine aufwendige Analyse des Rekursionsablaufs.)

Für den wichtigen Spezialfall, daß $\mathscr{P}\lfloor x\rfloor$ von der Form $x \geqq x_0$ ist, ist die Bedingung (2) insbesondere erfüllt, falls $\mathscr{G}\mathscr{F}\lfloor x\rfloor \geqq x$. Überdies soll (1) gelten. Die Fälle $\mathscr{G}\lfloor x\rfloor \geqq x$ und $\mathscr{G}\lfloor x\rfloor \leqq x$ führen dann auf $F = H_1 = H$ bzw. $F = G$.

Im zweiten Fall sieht man übrigens sofort, daß speziell für $\mathscr{G}\mathscr{F}\lfloor n\rfloor = n + 1$ (mit **int** als Interpretation von λ) die Rechenvorschrift F äquivalent ist zu G_1, wo

$$\begin{aligned}& \textbf{funct } G_1 \equiv (\textbf{int } n)\ \textbf{int}: \\ & \qquad \textbf{if } n \geqq no \textbf{ then } \mathscr{G}\lfloor n\rfloor \textbf{ else } \mathscr{G}\lfloor no\rfloor \textbf{ fi}\end{aligned}$$

(worunter die eingangs erwähnten Beispiele von Funktionen fallen).

Aufgabe 1: Berechne G_1 als Fixpunkt von F, d. h. als lub $\{f_i\}$ *gemäß 1.5.*

4.3.4 Die Technik der Wertverlaufs-Tabellierung

Eine spezielle, jedoch häufig auftretende Form der Rekursion ist die **Wertverlaufsrekursion**. Sie ist dadurch gekennzeichnet, daß für eine derartige Rechenvorschrift F über einer gegebenen wohlgeordneten Parameterart λ bei jedem Aufruf $F(x)$ der Rechenvorschrift jeder weitere (rekursive) Aufruf sich nur auf Parameterwerte stützt, die in dieser Ordnung *vor* x liegen.

Sind nun die Endwerte – also diejenigen Parameterwerte, für die die Rechenvorschrift terminiert – von vornherein bekannt, so kann der Wertverlauf, vom kleinsten Endwert a ausgehend, sukzessive tabelliert werden. Als Tabelle kann man dabei eine mit der Parameterart λ indizierte Sequenz (vgl. *tabrec* in 2.10) oder eine flexible Reihung von Objekten der Resultatart ρ verwenden, etwa die (in 3.3.1 eingeführten) Objekte der Art **ind flex** ρ mit **mode ind** $\equiv$ {**nat** x: $x \geqq a$}, falls λ die Art **nat** ist.

Im folgenden beschränken wir uns auf den Fall λ = **nat**[18] und verwenden Reihungen zur Tabellierung: Ein allgemeines Tabellierungsschema für beliebige Funktionen h mit der Parameterart **nat** und der Ergebnisart ρ ist gegeben durch

```
funct tab ≡ (nat n, funct (nat) ρ h: n ≧ a) ind flex ρ:
    if n = a then ext(init, h(a))
             else ext(tab(n − 1, h), h(n)) fi   ;
```

alle Funktionswerte von $h(a)$ bis $h(n)$ einschließlich werden aufgelistet. Offensichtlich liefert

$sel(tab(n, f), k)$ gerade $f(k)$, falls $k \leqq n$

ist; dies gibt schließlich die Möglichkeit der Einbettung.

Auf *tab* kann aber die Technik der Funktionsumkehrung angewandt werden, und es entsteht

```
funct tab ≡ (nat n, funct (nat) ρ h: n ≧ a) ind flex ρ:
  ⌈ t(a, ext(init, h(a))) where
    funct t ≡ (nat y, ind flex ρ z: y ≧ a) ind flex ρ:
       if y ≠ n then t(y + 1, ext(z, h(y + 1)))
                else z                              fi ⌋  .
```

Dies läßt sich durch eine Verschiebung der *ext*-Operation umformen zu

```
funct tab ≡ (nat n, funct (nat) ρ h: n ≧ a) ind flex ρ:
  ⌈ t(a, init) where
    funct t ≡ (nat y, ind flex ρ z: y ≧ a) ind flex ρ:
       if y ≠ n + 1 then t(y + 1, ext(z, h(y)))
                    else z                          fi ⌋  .
```

18 Die so durch Wertverlaufsrekursion definierten Funktionen sind primitiv-rekursiv (vgl. Hermes 1978, S. 82).

In dieser Form repräsentiert der Parameter z zu jedem Zeitpunkt genau $tab(y - 1, h)$. Dies bedeutet aber, daß durch Expandieren von h (genauer: derjenigen Funktion, die als aktueller Parameter für h eingesetzt wird)

$ext(z, h(y))$ übergeht in $ext(z,$ «... $h(k_i\lfloor y\rfloor)$ ...»)

mit einem oder mehreren Aufrufen der Form $h(k_i\lfloor y\rfloor)$, wobei $a \leqq k_i\lfloor y\rfloor \leqq y - 1$ gilt. Nach dem obigen kann dann aber $h(k_i\lfloor y\rfloor)$ ersetzt werden durch $sel(tab(y - 1, h), k_i\lfloor y\rfloor)$ und somit durch $sel(z, k_i\lfloor y\rfloor)$. Die Rechenvorschrift t ist damit völlig unabhängig geworden von der Rechenvorschrift h, da alle rekursiven Aufrufe $h(k_i\lfloor y\rfloor)$ ersetzt wurden durch $sel(z, k_i\lfloor y\rfloor)$, und die Terminierungszweige von h definitionsgemäß kein h enthalten können.

Durch Einbettung ergibt sich also das (informelle) Transformationsschema

funct $F \equiv$ (**nat** n: $n \geqq a$) ρ: «... $F(\mathcal{K}_i\lfloor n\rfloor)$ ... »

———↕——— $\begin{cases} \forall i: \mathcal{K}_i\lfloor n\rfloor < n \\ \text{«}a \text{ ist kleinster Endwert»} \end{cases}$

funct $F \equiv$ (**nat** n: $n \geqq a$) ρ:
⌈ $sel(t(a, init), n)$ **where**
funct $t \equiv$ (**nat** y, **ind flex** ρ z: $y \geqq a$) **ind flex** ρ:
if $y \neq n + 1$ **then** $t(y + 1, ext(z,$ «... $sel(z, \mathcal{K}_i\lfloor y\rfloor)$ ...»))
else z **fi** ⌋ ,

wobei die Notation «... X ...» andeuten soll, daß hier der Rumpf von F einzusetzen ist unter entsprechender Ersetzung der rekursiven Aufrufe.

Beispiel:

funct $fusc \equiv$ (**pnat** n) **pnat**:
if $n = 1$ **then** 1
▯ $n > 1 \wedge$ **even** n **then** $fusc(\frac{n}{2})$
▯ $n > 1 \wedge$ **odd** n **then** $fusc(\frac{n-1}{2}) + fusc(\frac{n+1}{2})$ **fi** .

Die Wertverlaufsbedingung ist erfüllt, Endwert a ist 1 und somit **ind** = **pnat**. Anwendung des Schemas liefert

funct $fusc \equiv$ (**pnat** n) **pnat**:
⌈ $sel(t(1, init), n)$ **where**
funct $t \equiv$ (**pnat** y, **pnat flex pnat** z) **pnat flex pnat**:
if $y \neq n + 1$ **then** $t(y + 1, ext(z, *))$
else z **fi** ⌋ ,

wobei für * einzusetzen ist

if $y = 1$ **then** 1
▯ $y > 1 \wedge$ **even** y **then** $sel(z, \frac{y}{2})$
▯ $y > 1 \wedge$ **odd** y **then** $sel(z, \frac{y-1}{2}) + sel(z, \frac{y+1}{2})$ **fi** .

Wird zusätzlich noch der Terminierungsfall herausgezogen, so ergibt sich

```
funct fusc ≡ (pnat n) pnat:
  ⌈ if n = 1 then 1
          else pnat flex pnat tab ≡ t(2, ext(init, 1)) within
                 sel(tab, n)                                  fi where
    funct t ≡ (pnat y, pnat flex pnat z: y ≥ 2) pnat flex pnat:
        if y ≠ n + 1
          then t(y + 1, ext(z, if even y then sel(z, y/2)
                                ▯ odd y then sel(z, (y-1)/2) + sel(z, (y+1)/2) fi))
          else z                                               fi ⌋ .
```

Für Systeme überträgt sich die Technik, wenn man eine Abfolge der Aufrufe findet, für die die Wertverlaufsbedingung erfüllt ist.

Aufgabe 1: Man wende die beschriebene Technik an auf die Rechenvorschrift fib von 1.4.3. *Weshalb kann man hier statt eines flexiblen Feldes eine Sequenz benutzen?*

Aufgabe 2: Das Volumen $I(n)$ der n-dimensionalen Einheitskugel ist bestimmt durch die Rekursion

$$I(n) = I(n-1) \times S(n) \quad (n \geq 1), \quad I(0) = 1$$

$$S(n) = \tfrac{n-1}{n} \times S(n-2) \quad (n \geq 2), \quad S(0) = \pi, \quad S(1) = 2.$$

Man verwende die Technik der Wertverlaufs-Tabellierung zur Berechnung von $I(n)$. *Man untersuche, welche Einsparung an Aufrufen sich gegenüber der gewöhnlichen rekursiven Berechnung ergibt*[19].

4.4 Entflechtung des Ablaufs

In 4.2.3 und 4.2.5 wurde die Funktionsumkehrung benutzt, um den Ablauf linear rekursiver Rechenvorschriften repetitiv zu beschreiben. Die Funktionsumkehrung ist jedoch nicht nur in diesem Fall anwendbar, sondern sie kann auch für allgemeinere Rekursionstypen verwendet werden, um eine „entflochtene Form“ zu gewinnen, die auf der Kellermaschine zur Verkümmerung des Wertekellers führt. In gewissen Fällen kann eine dafür geeignete Ausgangsform durch Umformung des Ablauftyps nach anderen Verfahren erreicht werden.

Die nachfolgenden Überlegungen werden nochmals das Verfahren von 4.2.3 und die in 4.3.2 benutzte Detaillierung beleuchten, haben jedoch allgemeinere Bedeutung. Sie werden im 6. Kap. wieder aufgegriffen werden.

4.4.1 Entflochtene Rechenvorschriften

Die Kellermaschine (1.7.4) benötigt im allgemeinen Fall neben dem Werte- noch einen Protokollkeller. Im Falle repetitiver Rechenvorschriften werden beide überflüssig, im Falle linear rekursiver Rechenvorschriften wird zumindest der Protokollkeller weitgehend trivial,

19 Ein bißchen mathematische Umformung führt allerdings weiter: Es ergibt sich z. B. $S(2i-1) \times S(2i) = \frac{1}{i}\pi$ und somit $I(2i) = \frac{1}{i!}\pi^i$.

wenn immer dieselbe Rückkehrstelle eingetragen wird. Dies ist der tiefere Grund dafür, daß wir in 4.2.5 nach Einführung eines Stapels für Parameterwerte bereits auf repetitive Rechenvorschriften übergehen konnten: Der „Rückweg" mit Hilfe der zweiten Rechenvorschrift *R* spiegelt genau die identischen Rückkehrstellen im Protokollkeller wider. Für allgemeine rekursive Rechenvorschriften ist die Rolle des Protokollkellers nicht mehr so trivial, ein derart einfacher Übergang auf repetitive Rechenvorschriften nicht mehr möglich (vgl. 4.3). Jedoch wird sich zeigen, daß wir durch Funktionsumkehr auch in allgemeineren Fällen eine Form der Rechenvorschrift herstellen können, in der die Aufgabe des *Parameterkellers* trivial wird.

Zunächst wird die Aufschreibung einer Rechenvorschrift, wie schon in 4.3.2 geschehen, durch die (eventuell gestufte) Einführung von Hilfsbezeichnungen soweit detailliert, daß auf keiner Parameterposition mehr ein Ausdruck steht und damit insbesondere rekursive Aufrufe „isoliert" sind. Die Rechenvorschrift *morris* von 1.5.1 lautet dann

```
funct morris ≡ (int x, int y) int:
    if x = y then succ y
             else ⌈ (int x₁, int y₁) ≡ (pred x, succ y) within
                  ⌈ int y₂ ≡ morris(x₁, y₁)           within
                    morris(x, y₂)                          ⌋ ⌋ fi
```

oder unter Verwendung der bereits in 1.13.3 eingeführten klammersparenden Kurzschreibweise

```
funct morris ≡ (int x, int y) int:
    if x = y then succ y
             else (int x₁, int y₁) ≡ (pred x, succ y);
                  int y₂ ≡ morris(x₁, y₁);
                  morris(x, y₂)                    fi   .
```

Dabei ergibt sich die Aufschreibungsreihenfolge so, daß die Vereinbarung einer Objektbezeichnung vor allen ihren Verwendungen steht.

Die solcherart detaillierte Form einer rekursiven Rechenvorschrift heißt **entflochten**, wenn keiner der Parameter (und keine der Hilfsbezeichnungen) sowohl vor als auch nach ein und demselben rekursiven Aufruf verwendet wird[20]. Das bedeutet aber, daß bei der Abarbeitung auf der Kellermaschine diese Parameter (und Hilfsbezeichnungen) nie mehr wiederverwendet werden, ihr Eintrag in den Keller also unnötigerweise erfolgt. Der Parameterkeller entartet somit zu einem Parameter-Register (wie in 1.7.4.5).

Die Rechenvorschrift *morris* oben ist nicht entflochten, der Parameter *x* verletzt die Bedingung. Linear rekursive Rechenvorschriften sind ebenfalls in Allgemeinheit nicht entflochten, wie die detaillierte Form für das Schema *L* von 4.1 zeigt:

```
funct L ≡ (λ x) ρ:
    if 𝓑⌊x⌋ then λ x₁ ≡ 𝒦⌊x⌋;
                 ρ z  ≡ L(x₁);
                 φ(z, ℰ⌊x⌋)
           else ℋ⌊x⌋          fi   .
```

20 „Vor" und „nach" sind dabei im Sinne des „natürlichen Ablaufs" (1.4.3), also in der durch den Kantorovic-Baum gegebenen Ordnung, zu verstehen.

Dagegen ist die spezielle linear rekursive Rechenvorschrift

```
funct pbw ≡ (int a, nat e) int:
      if e = 0 then a
               else sq(pbw(a, e − 1)) fi
```

in detaillierter Form bereits entflochten. Repetitive Rechenvorschriften sind stets entflochten. Entflochten ist auch das Schema F von 4.3.3 („91-Funktion"), das in detaillierter Form lautet

```
funct F ≡ (λ x) λ:
      if 𝒫⌊x⌋ then 𝒢⌊x⌋
               else λ x1 ≡ 𝒯⌊x⌋;
                    λ z1 ≡ F(x1);
                    λ z2 ≡ F(z1);
                    z2              fi  .
```

In diesem Fall war mit einer analytischen Behandlung des Ablaufs („Arithmetisierung des Protokollkellers") eine repetitive Fassung erzielbar.

Dies gilt allgemeiner: Um eine entflochtene Rechenvorschrift in repetitive Form zu bringen, ist lediglich eine (allerdings individuelle) Analyse des Ablaufs notwendig, die in 6.1.3 diskutiert werden wird.

4.4.2 Entflechtung rekursiver Rechenvorschriften mittels Funktionsumkehrung

Ziel der folgenden Überlegungen ist es, die entflochtene Form einer rekursiven Rechenvorschrift herzustellen. Dazu dient gerade die Funktionsumkehrung.

Bei dem obigen Schema L erfüllen zwar die Bezeichnungen x_1 und z die Entflochtenheitsbedingung, nicht jedoch der Parameter x. Der entscheidende Schritt zur Entflechtung ist, neben dem eigentlichen Ergebnis zusätzlich noch den Parameterwert, mit dem die Rechenvorschrift aufgerufen wurde, als Resultat abzuliefern. Das Schema L geht dann über in

```
funct L ≡ (λ x) ρ:
   ⌈ b where
     (λ a, ρ b) ≡ L*(x),
     funct L* ≡ (λ x)(λ, ρ):
        if ℬ⌊x⌋ then λ x1 ≡ 𝒦⌊x⌋;
                     (λ y, ρ z) ≡ L*(x1);
                     (x, φ(z, ℰ⌊x⌋))
                else (x, ℋ⌊x⌋)          fi ⌋  .
```

Das zusätzliche Ergebnis findet zunächst keinerlei funktionelle Verwendung, es gilt jedoch die Beziehung

$y = \mathcal{K}\lfloor x \rfloor$

und umgekehrt – falls $\mathscr{K}$ die Inverse $\bar{\mathscr{K}}$ besitzt –

$$x = \bar{\mathscr{K}}\lfloor y\rfloor \quad .$$

Falls $\mathscr{K}$ keine solche Inverse besitzt, kann wieder ein Übergang auf Stapel erfolgen; dann sind in allen folgenden Schemata zu ersetzen:

$\lambda\, x$	durch	$(\lambda\, x,$ **stack** $\lambda\, sx)$
$\mathscr{K}\lfloor x\rfloor$	durch	$\mathscr{K}^*\lfloor x, sx\rfloor = (\mathscr{K}\lfloor x\rfloor, sx \,\&\, x)$
$\bar{\mathscr{K}}\lfloor x\rfloor$	durch	$\bar{\mathscr{K}}^*\lfloor x, sx\rfloor = ($**top** $sx,$ **rest** $sx)$.

Wenn nun x entsprechend der Beziehung $x = \bar{\mathscr{K}}\lfloor y\rfloor$ ersetzt wird, so entsteht als neue Form von L^*

```
funct L* ≡ (λ x)(λ, ρ):
        if ℬ⌊x⌋ then λ x₁ ≡ 𝒦⌊x⌋;
                     (λ y, ρ z) ≡ L*(x₁);
                     (𝒦̄⌊y⌋, φ(z, ℰ⌊𝒦̄⌊y⌋⌋))
                else (x, ℋ⌊x⌋)                fi   .
```

Diese Form ist entflochten. Im übrigen zeigt ein Vergleich mit der repetitiven Form in Abschnitt 4.2.3 sofort, daß der Teil, der vor dem rekursiven Aufruf von L^* steht, dort in die „vorberechnende" Rechenvorschrift P, und der Teil, der hinter dem Aufruf von L^* steht, dort in die Rechenvorschrift R eingegangen ist. Hinter der dortigen Methode steckt also Entflechtung mittels Funktionsumkehrung.

Das Entflechtungsverfahren ist jedoch nicht auf linear rekursive Rechenvorschriften beschränkt. Wir betrachten zunächst ein Beispiel für eine kaskadenartige Rekursion[21]

```
funct F ≡ (λ x) ρ:
        if ℬ⌊x⌋ then φ(F(𝒦₁⌊x⌋), F(𝒦₂⌊x⌋), ℰ⌊x⌋)
                else ℋ⌊x⌋                          fi   .
```

Detaillierung liefert hier

```
funct F ≡ (λ x) ρ:
        if ℬ⌊x⌋ then λ x₁ ≡ 𝒦₁⌊x⌋; ρ z₁ ≡ F(x₁);
                     λ x₂ ≡ 𝒦₂⌊x⌋; ρ z₂ ≡ F(x₂);
                     φ(z₁, z₂, ℰ⌊x⌋)
                else ℋ⌊x⌋                        fi   .
```

Der Parameter x und die Hilfsbezeichnung z_1 verstoßen dabei gegen die Entflochtenheitsbedingung.

Hier zeigt sich übrigens, daß man bei der Detaillierung vorsichtig sein sollte; die ebenfalls zulässige Form

---

21 Wir dürfen annehmen, daß $\mathscr{K}_1$ und $\mathscr{K}_2$ nicht übereinstimmen, da sonst die linear rekursive Rechenvorschrift L von oben vorliegt.

```
funct F ≡ (λ x) ρ:
    if 𝓑⌊x⌋ then λ x₁ ≡ 𝒦₁⌊x⌋; λ x₂ ≡ 𝒦₂⌊x⌋;
                 ρ z₁ ≡ F(x₁); ρ z₂ ≡ F(x₂);
                 φ(z₁, z₂, ℰ⌊x⌋)
        else ℋ⌊x⌋                                fi
```

ist nämlich ungünstiger als die obige Form von F, da jetzt neben x und z_1 auch noch x_2 gegen die Entflochtenheitsbedingung verstößt. Dies bedeutet – wenn keine Umkehrfunktionen existieren –, daß ein doppelt so großer Stapel der Art **stack** λ benötigt wird. Aus diesem Grund sollte die detaillierte Form immer so gewählt werden, daß möglichst viele Hilfsbezeichnungen bereits die Entflochtenheitsbedingung erfüllen.

Analog zum Vorgehen bei dem Schema L führt man auch bei F zunächst ein zusätzliches Ergebnis der Art λ ein und erhält folgende Einbettung:

```
funct F ≡ (λ x) ρ:
  ⌈ b where
    (λ a, ρ b) ≡ F*(x),
    funct F* ≡ (λ x)(λ, ρ):
        if 𝓑⌊x⌋ then λ x₁ ≡ 𝒦₁⌊x⌋; (λ y₁, ρ z₁) ≡ F*(x₁);
                     λ x₂ ≡ 𝒦₂⌊x⌋; (λ y₂, ρ z₂) ≡ F*(x₂);
                     (x, φ(z₁, z₂, ℰ⌊x⌋))
            else (x, ℋ⌊x⌋)                                fi ⌋ .
```

Mit den Umkehrfunktionen $\bar{\mathcal{K}}_1$ und $\bar{\mathcal{K}}_2$ gelten nun die Äquivalenzen

$$y_1 = \mathcal{K}_1\lfloor x\rfloor \quad \text{und} \quad x = \bar{\mathcal{K}}_1\lfloor y_1\rfloor$$
$$y_2 = \mathcal{K}_2\lfloor x\rfloor \quad \text{und} \quad x = \bar{\mathcal{K}}_2\lfloor y_2\rfloor \quad .$$

Dies bringt F^* – abgesehen von z_1 – in die gewünschte Form

```
funct F* ≡ (λ x)(λ, ρ):
    if 𝓑⌊x⌋ then λ x₁ ≡ 𝒦₁⌊x⌋;          (λ y₁, ρ z₁) ≡ F*(x₁);
                 λ x₂ ≡ 𝒦₂⌊𝒦̄₁⌊y₁⌋⌋; (λ y₂, ρ z₂) ≡ F*(x₂);
                 (𝒦̄₂⌊y₂⌋, φ(z₁, z₂, ℰ⌊𝒦̄₂⌊y₂⌋⌋))
        else (x, ℋ⌊x⌋)                                fi .
```

Da hinsichtlich z_1 keine Möglichkeit besteht, mit einer Umkehrfunktion zu arbeiten, hilft nur die Einführung eines Stapels, und zwar, wie schon bei L_1 in 4.2.5, auf Parameterposition und auf Ergebnisposition:

```
funct F ≡ (λ x) ρ:
  ⌈ b where
    (λ a, stack ρ sb, ρ b) ≡ F*(x, empty),
    funct F* ≡ (λ s, stack ρ sz)(λ, stack ρ, ρ):
        if 𝓑⌊x⌋ then (λ x₁, stack ρ sr₁) ≡ (𝒦₁⌊x⌋, sz);
                     (λ y₁, stack ρ sz₁, ρ z₁) ≡ F*(x₁, sr₁);
                     (λ x₂, stack ρ sr₂) ≡ (𝒦₂⌊x⌋, sz & z₁);
                     (λ y₂, stack ρ sz₂, ρ z₂) ≡ F*(x₂, sr₂);
                     (x, sz, φ(z₁, z₂, ℰ⌊x⌋))
            else (x, sz, ℋ⌊x⌋)                                fi ⌋ .
```

Neben den schon oben angegebenen Äquivalenzen zwischen x und y_1 bzw. x und y_2 gelten jetzt noch

$$sz_1 = sr_1 = sz$$
$$sz_2 = sr_2 = sz \,\&\, z_1 \quad \text{und} \quad sz = \textbf{rest}\, sz_2, \quad z_1 = \textbf{top}\, sz_2 \quad .$$

Diese Äquivalenzen lassen sich ausnützen, um eine entflochtene Form herzustellen; z. B. kann im Ergebnis des **then**-Zweiges sz durch den gleichwertigen Ausdruck **rest** sz_2, der nun der Entflochtenheitsbedingung genügt, ersetzt werden. Insgesamt ergibt sich:

$$\begin{array}{l} \textbf{funct}\ F^* \equiv (\lambda\ x,\ \textbf{stack}\ \rho\ sz)(\lambda,\ \textbf{stack}\ \rho,\ \rho): \\ \quad \textbf{if}\ \mathscr{B}[x]\ \textbf{then}\ (\lambda\ x_1,\ \textbf{stack}\ \rho\ sr_1) \equiv (\mathscr{K}_1[x],\ sz); \\ \qquad (\lambda\ y_1,\ \textbf{stack}\ \rho\ sz_1,\ \rho\ z_1) \equiv F^*(x_1,\ sr_1); \\ \qquad (\lambda\ x_2,\ \textbf{stack}\ \rho\ sr_2) \equiv (\mathscr{K}_2[\bar{\mathscr{K}}_1[y_1]],\ sz_1 \,\&\, z_1); \\ \qquad (\lambda\ y_2,\ \textbf{stack}\ \rho\ sz_2,\ \rho\ z_2) \equiv F^*(x_2,\ sr_2); \\ \qquad (\bar{\mathscr{K}}_2[y_2],\ \textbf{rest}\ sz_2,\ \varphi(\textbf{top}\ sz_2,\ z_2,\ \mathscr{E}[\bar{\mathscr{K}}_2[y_2]])) \\ \quad \textbf{else}\ (x,\ sz,\ \mathscr{H}[x]) \qquad \textbf{fi} \quad . \end{array}$$

Der Stapel sz wird häufig als „Zwischenergebniskeller" bezeichnet; man sieht jedoch, daß er sich nicht von einem Keller für Parameter und lokale Hilfsbezeichnungen unterscheidet; die einzige Besonderheit ist, daß er sich auch nicht auf Kosten von Mehrfachberechnungen vermeiden läßt.

Hat die Rechenvorschrift F mehr als zwei nebeneinander stehende Aufrufe, so kann man entweder für alle Aufrufe (bis auf den letzten) einen eigenen Stapel der Art **stack** ρ einführen, oder aber alle Zwischenresultate z_i sukzessive in einen Stapel sz eintragen. In der Funktion φ werden dann die z_i ersetzt durch die Ausdrücke **top** sz, **top rest** sz, **top rest rest** sz etc.

Wir haben festgestellt, daß generell ein Stapel benutzt werden kann, wenn die Umkehrfunktionen $\bar{\mathscr{K}}_1$ und $\bar{\mathscr{K}}_2$ nicht existieren. Eine interessante Variante entsteht, wenn nur eine von beiden, also etwa $\bar{\mathscr{K}}_1$ existiert. Dann können wir definieren

$$\mathscr{K}_1{}^*[x,\ sx] = (\mathscr{K}_1[x],\ sx),$$
$$\mathscr{K}_2{}^*[x,\ sx] = (\mathscr{K}_2[x],\ sx \,\&\, x)$$

und erhalten als Umkehrfunktionen

$$\bar{\mathscr{K}}_1{}^*[x,\ sx] = (\bar{\mathscr{K}}_1[x],\ sx),$$
$$\bar{\mathscr{K}}_2{}^*[x,\ sx] = (\textbf{top}\ sx,\ \textbf{rest}\ sx) \quad .$$

D. h., sobald für irgendeine der Funktionen $\mathscr{K}_i$ keine Inverse existiert, muß ein Stapel als zusätzlicher Parameter eingeführt werden; dieser Stapel bleibt jedoch bei allen Aufrufen, bei denen eine Umkehrfunktion existiert, konstant[22].

Als nächsten Rekursionstyp betrachten wir noch geschachtelte Rekursionen. Ein Beispiel ist das Schema

---

22 Dadurch wird der erforderliche Speicherplatz beträchtlich verringert. Aus diesem Grund ist es vorteilhafter, dem Programmierer Zugang zum Kellermechanismus zu geben, anstatt diesen in einem komplexen Übersetzer zu verbergen.

```
funct G ≡ (λ x) ρ:
    if ℬ⌊x⌋ then φ(G( ψ(G(𝒦₁⌊x⌋), 𝒦₂⌊x⌋)), ℰ⌊x⌋)
            else ℋ⌊x⌋                              fi   ,
```

das in detaillierter Form lautet

```
funct G ≡ (λ x) ρ:
    if ℬ⌊x⌋ then λ x₁ ≡ 𝒦₁⌊x⌋;          ρ z₁ ≡ G(x₁);
                 λ x₂ ≡ ψ(z₁, 𝒦₂⌊x⌋); ρ z₂ ≡ G(x₂);
                 φ(z₂, ℰ⌊x⌋)
            else ℋ⌊x⌋                              fi   .
```

Man sieht sofort, daß dieser Rekursionstyp einfacher zu behandeln ist als die kaskadenartige Rekursion, da die Zwischenergebnisse z_1 und z_2 bereits die Entflochtenheitsbedingung erfüllen. Allerdings gibt es keine allgemeine Möglichkeit, den Wert des Parameters x aus dem Wert x_2 direkt durch eine Umkehrfunktion zu rekonstruieren; daher muß in der Regel ein Stapel eingeführt werden. Aus der Rechenvorschrift G wird damit insgesamt

```
funct G ≡ (λ x) ρ:
   ⌈ b where
     (λ a, stack λ sa, ρ b) ≡ G*(x, empty),
     funct G* ≡ (λ x, stack λ sx)(λ, stack λ, ρ):
        if ℬ⌊x⌋ then (λ x₁, stack λ sx₁)       ≡ (𝒦₁⌊x⌋, sx);
                     (λ y₁, stack λ sy₁, ρ z₁) ≡ G*(x₁, sx₁);
                     (λ x₂, stack λ sx₂)       ≡ (ψ(z₁, 𝒦₂⌊𝒦̄₁⌊y₁⌋⌋),
                                                  sy₁ & 𝒦̄₁⌊y₁⌋);
                     (λ y₂, stack λ sy₂, ρ z₂) ≡ G*(x₂, sx₂);
                     (top sy₂, rest sy₂, φ(z₂, ℰ⌊top sy₂⌋))
                else (x, sx, ℋ⌊x⌋)                              fi ⌋   .
```

4.4.3 Umformung des Ablauftyps

Gelegentlich tritt der Fall auf, daß eine Umwandlung in einen anderen, effizienter handhabbaren Ablauftyp möglich ist. Als Beispiel diene das Schema (mit assoziativer Operation σ)

```
funct F ≡ (λ x) ρ:
    if ℬ⌊x⌋ then F(𝒦₁⌊x⌋) σ F(𝒦₂⌊x⌋) σ ℰ⌊x⌋
            else ℋ⌊x⌋                              fi   .
```

Um – wie bei den Beispielen *fusc* und *fib* in 4.3.1 – mit der Methode des allgemeinen Ansatzes Erfolg zu haben, muß nicht nur σ assoziativ sein, sondern auch eine enge Beziehung zwischen $\mathcal{K}_1$ und $\mathcal{K}_2$ bestehen (etwa $\mathcal{K}_1\lfloor x \rfloor = \mathcal{K}_2\lfloor \mathcal{K}_2\lfloor x \rfloor \rfloor$). Auch bei der Wertverlaufs-Tabellierung aus 4.3.4 müssen $\mathcal{K}_1$ und $\mathcal{K}_2$ einschneidende Bedingungen erfüllen.

In einer wichtigen Klasse von Beispielen sind aber für $\mathcal{K}_1$ und $\mathcal{K}_2$ keine derartigen Bedingungen erfüllt: Das obige Schema ist typisch für das „Abarbeiten von Bäumen“, wobei für die Art λ etwa **casc** χ, **lisp** χ etc. steht und die Funktionen $\mathscr{K}_1$, $\mathscr{K}_2$ „linker Unterbaum" bzw. „rechter Unterbaum" bedeuten. In einem solchen Fall verbleibt meist nur die Einführung von Stapeln. Wie in 4.4.2 gezeigt wurde, werden für solche kaskadenartigen Rekursionen im allgemeinen zwei Stapel benötigt, einer für die Parameter und einer für die Zwischenergebnisse.

Falls die Operation σ jedoch assoziativ ist (wie durch die fehlenden Klammern im obigen Schema schon angedeutet), kann der Zwischenergebniskeller eingespart werden. Um die Aufschreibung etwas einfacher zu halten, soll für σ zusätzlich die Existenz eines neutralen Elements *e* vorausgesetzt werden.

Unter diesen Voraussetzungen kann die Technik der Klammernverschiebung angewandt werden (vgl. 4.2.1), sie ergibt zunächst

```
funct F ≡ (λ x) ρ:
   ⌈ G(x, e) where
     funct G ≡ (λ x, ρ z) ρ:
        if 𝓑 ⌊x⌋ then G(𝒦₁ ⌊x⌋, (F(𝒦₂ ⌊x⌋)) σ ℰ ⌊x⌋) σ z)
                 else ℋ ⌊x⌋ σ z                         fi ⌋   .
```

Gemäß der Äquivalenz $F(x) = G(x, e)$ kann auch der innere Aufruf von F ersetzt werden (da die Terminierung von G nur durch den ersten Parameter x entschieden wird, treten keine Komplikationen auf); wegen der Assoziativität von σ entsteht also

```
funct F ≡ (λ x) ρ:
   ⌈ G(x, e) where
     funct G ≡ (λ x, ρ z) ρ:
        if 𝓑 ⌊x⌋ then G(𝒦₁ ⌊x⌋, G(𝒦₂ ⌊x⌋, e) σ (ℰ ⌊x⌋ σ z))
                 else ℋ ⌊x⌋ σ z                           fi ⌋   .
```

Eine wichtige Eigenschaft von G (die übrigens beim Beweis der Transformation durch Klammernverschiebung benötigt wird[23]) ist, daß für beliebige λ *a*, ρ *b*, ρ *c* gilt

$$G(a, b)\ \sigma\ c = G(a, b\ \sigma\ c) \quad .$$

Dies zusammen mit $e\ \sigma\ b = b$ liefert

```
funct F ≡ (λ x) ρ:
   ⌈ G(x, e) where
     funct G ≡ (λ x, ρ z) ρ:
        if 𝓑 ⌊x⌋ then G(𝒦₁ ⌊x⌋, G(𝒦₂ ⌊x⌋, ℰ ⌊x⌋ σ z))
                 else ℋ ⌊x⌋ σ z                       fi ⌋   .
```

Eine solche geschachtelte Rekursion ist aber – wie schon in 4.4.2 festgestellt – bezüglich des Zwischenergebniskellers günstiger; dies wird auch hier durch die detaillierte Form sofort bestätigt:

23 Vergleiche dazu auch die in 1.6 bewiesene Eigenschaft $Q[fac]$.

```
funct G ≡ (λ x, ρ z) ρ:
      if 𝓑⌊x⌋ then (λ x₁, ρ z₁) ≡ (𝒦₂⌊x⌋, 𝓔⌊x⌋ σ z);
                   ρ r₁         ≡ G(x₁, z₁);
                   (λ x₂, ρ z₂) ≡ (𝒦₁⌊x⌋, r₁);
                   ρ r₂         ≡ G(x₂, z₂);
                   r₂
              else 𝓗⌊x⌋ σ z                    fi  .
```

Nur der Parameter x verstößt darin gegen die Entflochtenheitsbedingung. Da für $\mathcal{K}_1$ und $\mathcal{K}_2$ nichts vorausgesetzt sein soll, muß die Umkehrfunktion mit Hilfe eines Stapels erzeugt werden:

```
funct F ≡ (λ x) ρ:
   ⌈ b where
     (stack λ sa, ρ b) ≡ G(x, empty, e),
     funct G ≡ (λ x, stack λ sx, ρ z)(stack λ, ρ):
           if 𝓑⌊x⌋ then (λ x₁, stack λ sx₁, ρ z₁) ≡ (𝒦₂⌊x⌋, sx & x, 𝓔⌊x⌋ σ z);
                        (stack λ sy₁, ρ r₁)      ≡ G(x₁, sx₁, z₁);
                        (λ x₂, stack λ sx₂, ρ z₂) ≡ (𝒦₁⌊top sy₁⌋, rest sy₁, r₁);
                        (stack λ sy₂, ρ r₂)      ≡ G(x₂, sx₂, z₂);
                        (sy₂, r₂)
                   else 𝓗⌊x⌋ σ z                                        fi ⌋  .
```

Beispiel: Aus der Rechenvorschrift *traversetree* von 2.13, die kaskadenartige Rekursion zeigt, ergibt sich dank der Assoziativität der Konkatenation die „einfachere“ Rechenvorschrift mit geschachtelter Rekursion

```
funct traversetree ≡ (casc χ A) lsequ χ:
   ⌈ G(x, ◊) where
     funct G ≡ (casc χ A, lsequ χ z) lsequ χ:
           if A = ◊ then z
                    else G(left of A, G(right of A, append(z, node of A))) fi ⌋  .
```

Leibniz' Entwurf einer Medaille zu seiner Entdeckung des binären Rechnens

5. Kapitel. Programmvariable

"Variables serve as carriers of values."

Rutishauser 1967

"The basic elements ... are objects and variables. Objects are the data entities that are created and manipulated by ... programs. Variables are just the names used in a program to refer to objects."

Liskov et al. 1977

5.1 Ursprung von Programmvariablen

Die ersten vier Kapitel dieses Buches kamen ohne Programmvariable aus. Mindestens auf drei begrifflich voneinander unabhängigen Wegen kann man zu Programmvariablen kommen. In 5.1.1 charakterisieren wir (zusammengesetzte) Programmvariable als verkümmerte Wertekeller für den Fall, daß die Kellermaschine nur repetitive Programme verarbeitet. In 5.1.2 wird die Wertverlaufsmaschine eingeführt, eine nicht-universelle Maschine, die auf die Berechnung von primitiv rekursiven Funktionen beschränkt ist. In einem gewissen Spezialfall (der n-gliedrigen Rekursion) entsteht eine Verkümmerung, die Schiebe-Variable, für $n = 2$ insbesondere die gewöhnliche Programmvariable. Programmvariable können ferner aufgefaßt werden als begriffliche Erweiterungen von Resultatparametern (1.14.2), mit sequentialisierter, „variabler" Zuordnung. In diesem Sinne werden wir in 5.2 auf einem Programmvariablenbegriff aufbauen, der auf dem Gedanken der „Einsparung von Objektbezeichnungen" beruht.

Der Begriff der Programm-Variablen bringt Schwierigkeiten mit sich: solche terminologischer Art und solche inhaltlicher Art. Schon der Variablenbegriff der Analysis hat sich historische Wandlungen gefallen lassen müssen. Sprach man im 19. Jhdt. von einer ,unabhängigen Variablen' und von einer ,abhängigen Variablen', so stand dabei die Vorstellung im Vordergrund, daß sich bei einer ,Veränderung' der einen auch die andere davon ,abhängige' Variable ,ändere'; eine mechanistische Vorstellung, die ganz einer Verwirklichung einer Funktion mittels eines Kulissenmodells entsprach (im Deutschen Museum befand sich ein solches Modell). Diese Auffassung einer Funktion, die auf Newtons „Fluxionen" zugeschnitten war, war ganz unhaltbar geworden, als Bolzano und später Weierstrass stetige Funktionen angaben, die nirgends differenzierbar waren. Eine neue Auffassung vom Wesen einer Funktion, gestützt auf den Abbildungsbegriff, brach sich Bahn. Trotzdem blieb man bei dem Wort Variable; wenn man für eine Abbildung $f\colon M \to N$ die Elementbeziehung $y \mapsto f(x)$ als $y = f(x)$ ansieht oder gar anschreibt, spricht man gerne von x und auch von y als Variablen. Da eine (determinierte) Rechenvorschrift eine Abbildung bewirkt, hätten wir in diesem Sinne das, was im 1. Kap. als Parameter bezeichnet war, auch als Variable bezeichnen können. Zur Vermeidung terminologischer Überschneidungen haben wir diesen Sprachgebrauch vermieden.

Auch in der Algebra, etwa im Zusammenhang mit einer algebraischen Gleichung, verwandte man den Ausdruck Variable zunächst gedankenlos. Es bedeutete gleichfalls eine Revolution, als man nach der Jahrhundertwende begann, in gewissen Fällen zu differenzieren und nicht mehr von Variablen zu sprechen, sondern von „Unbestimmten" (Perron) oder von „transzendenten Elementen" (Steinitz) und etwa GF_4 als „Erweiterungskörper von GF_2 nach Adjunktion einer Unbestimmten" bezeichnete. Formale Ableitung wurde so – Leibniz viel näher stehend als Newton – zu einem Kalkül, der etwa auch noch in endlichen Körpern definiert ist, in denen doch jede zu einer Auffassung von ,Veränderlichkeit' erforderliche Topologie trivial ist.

Allgemein verblieb bis heute die etwas irreführende Sprechweise ,Variable' oder ,Veränderliche' für ein Literal, das ein (noch) nicht näher spezifiziertes Element vertritt – eine „Veränderlichkeit" in einem neuen Sinn. Eine „Unbestimmte", die im Sinne der Algebra nichts als ein ,erzeugendes Element' ist, kann aufgrund des sogenannten Ersetzungsprinzips stets auch als Variable gedeutet werden (vgl. etwa van der Waerden, „Moderne Algebra", 2. Aufl. 1937, Band I, S. 50–51). Hasse („Höhere Algebra", 3. Aufl. 1951, Band I, S. 31–32) macht übrigens deutlich, daß in der Algebra die ältere, im Sinne der Analysis primitivere Auffassung von einer Funktion als ,Rechenausdruck' die tiefergehende ist, und sagt, er ziehe vor, von ,Unbestimmten' zu sprechen, „um ein Zurückfallen in den Zuordnungsstandpunkt auszuschließen". Den Informatiker könnte das als exegetischer Streit unter Mathematikern unberührt lassen. In der Tat könnte die Informatik das Wort und den Begriff ,Variable', da sie ohnehin mehr der Algebra zuneigt als der Analysis, ganz in dem oben angegebenen Sinn als Literal für ein (noch) nicht näher spezifiziertes Element gebrauchen – die der Mathematischen Logik nahestehende Theoretische Informatik tut das auch (vgl. etwa Manna 1974, S. 79: "To distinguish between the two types of symbols, the quantified symbols are called variables, while the nonquantified symbols are called constants").

Wir haben in Übereinstimmung damit in 1.1 den Begriff ,Konstante' eingeführt, statt von ,Variablen' dort jedoch aus terminologischer Vorsicht immer von ,Parametern' gesprochen.

Mit ,Programmvariable' (auch ,Speichervariable' oder ,von-Neumann-Variable') benennen wir, was man seit von Neumann 1947 in der Programmierung kurz ,Variable' nennt. So findet sich der Ausdruck im ALGOL 58-Bericht: "Constituents of ... expressions ... are numbers, variables, elementary arithmetic operators ...". Ähnlich ist es im ALGOL 60-Bericht, wobei man, dank des Fehlens von eigenen Konstanten-Deklarationen, in der Sprache gar nicht entscheiden kann, wann Programmvariable und wann Variable im Sinne der Mathematik gemeint sind. Insbesondere die Nichtunterscheidung von Eingabe- und von Resultatparametern, einer der schädlichen Ausflüsse von FORTRAN, machte als Ersatz die eigenartigen Parameterübergabe-Mechanismen ('call by value', 'call by name', 'call by reference') erforderlich. Seegmüllers Dissertation von 1966 brachte erstmals eine Klärung, und von diesem Zeitpunkt an unterschied man bei den meisten neuentwickelten Programmiersprachen ,Variable', d. h. Programmvariable, und ,Konstanten', d. h. bloße Bezeichnungen für Objekte. In dieser Hinsicht stimmen PASCAL und

ALGOL 68 überein, wenn auch in ALGOL 68 Variable grundsätzlich als Referenzimplementierungen aufgefaßt werden.

5.1.1 Spezialisierung der Kellermaschine

In 1.7.4 wurde am Beispiel der Kellermaschine gezeigt, daß in gewissen Fällen die sonst einen Werte- und einen Protokollkeller erforderlich machende Rekursion technisch einfacher abgewickelt werden kann. Für repetitive Rechenvorschriften verkümmert der Wertekeller zu einem Parameterregister, in dem nicht alle Argumente bzw. Argumentsätze, sondern nur der jeweils letzte gehalten werden müssen – ein Register, das beim ersten (mit **exec** eingeleiteten) Aufruf vorbesetzt und dann bei den weiteren (mit **goto** eingeleiteten) Aufrufen jeweils überschrieben wird.

Was nun diesem Register auf der Seite der Programmierung entspricht, nennt man einen Satz von Programmvariablen, die mit den Objekten des jeweiligen Argumentsatzes *besetzt* werden. Programmvariable hält man meist artspezifisch, unterscheidet also verschiedene Sorten zur Aufnahme von Objekten verschiedener Arten. Zunächst hilft dies der Übersichtlichkeit und erleichtert Kontrollen, in sehr maschinennaher Programmierung entspricht es überdies der Tatsache, daß Objekte verschiedener Arten fast immer recht verschiedenen „Speicherplatzbedarf" zeigen (wobei sich hinter diesem Wort der Übergang zu einer binarisierten Objektstruktur, vgl. 3.6.4, verbergen kann). Als Artbezeichnung für Programmvariable benutzen wir **var**, gefolgt von der Artbezeichnung der („möglichen") **Werte**[1] der Variablen, also etwa **var nat**, **var bool**, auch **var** μ und **var stack** μ. Zur Bezeichnung von Programmvariablen werden frei gewählte Bezeichnungen gebraucht.

Programmvariable können nun dazu dienen, im Falle (direkt-rekursiver) repetitiver Rechenvorschriften die vereinfachte Arbeitsweise der Kellermaschine auch in der Aufschreibung ersichtlich zu machen. Wir greifen dazu den einfachsten Fall, das repetitive Schema R (4.1) auf:

funct $R \equiv (\lambda\ m)\ \rho$:
  if $\mathscr{B}\lceil m\rfloor$ **then** $R(\mathscr{K}\lceil m\rfloor)$
      else $\mathscr{H}\lceil m\rfloor$ **fi** .

Einführung einer Programmvariablen und Vorbesetzung erfolgen zu Beginn in einem Zug, etwa notiert als

var $\lambda\ v := m$

(„initialisierte Vereinbarung der Programmvariablen").

Die Umbesetzung der Variablen erfolgt nur, wenn die Rekursion fortzusetzen ist; sie wird etwa geschrieben

$v := \mathscr{K}\lceil v\rfloor$

---

1 Inhalt wird nicht synonym mit Wert gebraucht. Wir reservieren das Wort Inhalt für Variable, die (vgl. 7.4.1.1) auf der Ebene der Adressierung zu Behältern geworden sind.

und ist so lange zu wiederholen, wie die Bedingung $\mathscr{B}\,\lceil v \rceil$ erfüllt ist. Dies kann etwa so notiert werden

while $\mathscr{B}\,\lceil v \rceil$ **do** $v := \mathscr{K}\,\lceil v \rceil$ **od** .

Schließlich liefert $\mathscr{H}\,\lceil v \rceil$ das Ergebnis. Insgesamt hat man also, aus den drei Stücken Initialisierung, Wiederholung und Ergebnisberechnung zusammengesetzt, die – ihre Reihenfolge unterstreichend – durch Semikolons getrennt sind, die zur obigen Fassung *definitionsgemäß* gleichwertige Fassung ohne ausdrücklich sichtbare Rekursion

```
funct R ≡ (λ m) ρ:
    ⌈ var λ v := m;
      while 𝓑⌈v⌉ do v := 𝒦⌈v⌉ od;
      ℋ⌈v⌉                          ⌋ ,
```

die explizit die Arbeitsweise der Babbage-Zuse-Maschine[2], der in 1.7.4 eingeführten Spezialisierung der Kellermaschine, beschreibt. Die Dreiteilung ist ebenso typisch wie der Umstand, daß keine Programmvariable eingeführt wird, die nicht initialisiert wird.

Die Zuweisung $v := \mathscr{K}\,\lceil v \rceil$ (und auch die Initialisierung) ist im allgemeinen kollektiv zu verstehen: im Schema R steht $\lambda\; m$ i. allg. für eine Kollektion von Parametern. Für jeden einzelnen Parameter braucht man dann eine Programmvariable. Notationell wird dies ausgedrückt, indem die Programmvariablen zu einem **Satz** gesammelt und die ihnen zuzuweisenden Objekte zu Tupeln zusammengefaßt werden, etwa

(**var nat** n, **var nat** m) $:= (N, 1)$

und

$(n, m) := (n - 1, m \times n)$

in dem sogleich zu besprechenden Beispiel.

Etwas allgemeiner kann man Rechenvorschriften in Betracht ziehen, die in repetitive Rechenvorschriften eingebettet sind. Solche Situationen entstehen z. B. bei der Technik der Klammernverschiebung und bei den Spezialfällen der beiden anderen Cooper-Transformationen in Kap. 4.

Die *repetitiv eingebettete* Rechenvorschrift S

```
funct S ≡ (λ m) ρ:
    ⌈ R(𝒞⌈m⌉) where
      funct R ≡ (μ a) ρ:
            if 𝓑⌈a⌉ then R (𝒦⌈a⌉)
                    else ℋ⌈a⌉     fi ⌋
```

ergibt *definitionsgemäß* die „entrekursivierte" Fassung

---

2 Babbage nannte seine Maschine recht treffend eine ‚mill'.

```
funct S ≡ (λ m) ρ:
    ⌈ var μ v := 𝒞⌊m⌋;
      while ℬ⌊v⌋ do v := 𝒦⌊v⌋ od;
      ℋ⌊v⌋                              ⌋  .
```

die sich nur durch das Auftreten der Initialisierungsfunktion $\mathscr{C}$ von der obigen Form unterscheidet.

Aufgabe 1: Formuliere die Transformationen von 4.2 so, daß sie auf „entrekursivierte" Fassungen führen.

So ergibt sich für die Rechenvorschrift *fac* aus 4.2.1

```
funct fac ≡ (nat N) nat:
    ⌈ (var nat n, var nat m) := (N, 1);
      while n ≠ 0 do (n, m) := (n − 1, m × n) od;
      m                                          ⌋  ,
```

während man für *gcd* aus 1.4.1 hat

```
funct gcd ≡ (nat A, nat B) nat:
    ⌈ (var nat a, var nat b) := (A, B);
      while b ≠ 0 do (a, b) := (b, mod(a, b)) od;
      a                                          ⌋
```

und etwa für *mod* aus 1.4.1

```
funct mod ≡ (nat A, nat B) nat:
    ⌈ (var nat a, var nat b) := (A, B);
      while a ≥ b do (a, b) := (a − b, b) od;
      a                                      ⌋  .
```

An diesem Beispiel erkennt man eine häufig auftretende Vereinfachungsmöglichkeit: Konstant besetzte Parameter – die beim rekursiven Aufruf unverändert bleiben – führen zu entbehrlichen, weil stets gleich besetzten Programmvariablen. Spart man im obigen Beispiel *b* ein, so ergibt sich

```
funct mod ≡ (nat A, nat B) nat:
    ⌈ var nat a := A;
      while a ≥ B do a := a − B od;
      a                              ⌋  .
```

(Denselben Effekt erzielt man durch (vorherige) Unterdrückung konstant besetzter Parameter.)

Anmerkung: Um beim „Entrekursivieren" Kopierfehler möglichst zu vermeiden, finden wir es praktisch, die Parameterbezeichnungen (Kleinbuchstaben) als Variablenbezeichnungen zu übernehmen und als neue (gebundene) Parameterbezeichnungen entsprechende Großbuchstaben zu verwenden.

Ein hierarchisch gestaffeltes System repetitiver rekursiver Rechenvorschriften läßt sich gestaffelt „entrekursivieren".

Beispiel 1.4.1 (b), geringfügig umgeschrieben

```
funct gcd ≡ (nat a, nat b) nat:
    if b ≠ 0 then gcd(b, mod(a, b))
             else a                  fi,

funct mod ≡ (nat a, nat b) nat:
    if a ≧ b then mod(a − b, b)
             else a             fi
```

geht über in

```
funct gcd ≡ (nat A, nat B) nat:
   ⌈ (var nat a, var nat b) := (A, B);
     while b ≠ 0 do (a, b) := (b, mod(a, b)) od;
     a                                         ⌋,

funct mod ≡ (nat A, nat B) nat:
   ⌈ var nat a := A;
     while a ≧ B do a := a − B od;
     a                             ⌋
```

Hier kann schließlich *mod* in *gcd* eingesetzt werden. Aus hierarchisch gestaffelten, geschachtelten Systemen ergeben sich so *geschachtelte* Wiederholungen.

Als abschließendes Beispiel nehmen wir an, daß eine Tabelle für eine Funktion F: $\mu \to \nu$ berechnet werden soll.

Präzisieren wir:

Eine Tabelle für F mit Argumenten zwischen a und b ist ein Paar $(a, F(a))$, gefolgt von einer Tabelle für F mit Argumenten zwischen *next*(a) und b, wo *next* eine streng monoton wachsende, sonst beliebige Funktion ist. (Üblicherweise nimmt man *next* linear, *next*$(a) = a + \delta$, wo δ als Argument-Inkrement bezeichnet wird.) Die eben gegebene Beschreibung ist linear rekursiv und lautet (vgl. auch 2.10.1) formalisiert

```
funct tabelliere ≡ (funct (μ) ν F, μ a, μ b, funct (μ) μ next) sequ (μ, ν):
   ⌈ tab(a) where
     funct tab ≡ (μ x) sequ (μ, ν):
         if x > b then ◊
                  else append(tab(next(x)), ⟨x, F(x)⟩) fi ⌋
```

oder auch in repetitive Form überführt (4.2.1)

```
funct tabelliere ≡ (funct (μ) ν F, μ a, μ b, funct (μ) μ next) sequ (μ, ν):
   ⌈ tab(a, ◊) where
     funct tab ≡ (μ x, sequ (μ, ν) s) sequ (μ, ν):
         if x > b then s
                  else tab(next(x), stock(s, ⟨x, F(x)⟩)) fi ⌋ .
```

Nach obenstehendem kann dies umgeschrieben werden zu

funct *tabelliere* ≡ (**funct** (μ) ν *F*, μ *A*, μ *B*, **funct** (μ) μ *next*) **sequ** (μ, ν):
⌈ (**var** μ *x*, **var sequ** (μ, ν) *s*) := (*A*, ◊);
while $x \leq B$ **do** (*x*, *s*) := (*next*(*x*), *stock*(*s*, ⟨*x*, *F*(*x*)⟩)) **od**; *s* ⌋ .

In diesem Beispiel fällt die Programmvariable *x* tatsächlich mit der „unabhängigen Variablen" *x* der „Funktion $y = F(x)$" zusammen, und auch eine der „abhängigen Variablen *y*" entsprechende Programmvariable könnte eingeführt werden. (Der Tabellenaufbauschritt *s* := *stock*(*s*, ⟨*x*, *F*(*x*)⟩) wird übrigens häufig hinter einem sogenannten Druckbefehl *print*(*x*, *F*(*x*)) versteckt.)

Möglicherweise hat diese Übereinstimmung den allgemeinen Gebrauch des Wortes ‚Variable' in der Programmierung nahegelegt. Man muß nur einen Blick in ein Lehrbuch der Praktischen Analysis vor 1910 (etwa Bruns, „Grundlinien des wissenschaftlichen Rechnens", Leipzig 1903) werfen, um zu erkennen, welche Bedeutung Tabellierung, Untertabellierung und Interpolation damals hatten. Babbages ‚difference engine' war gebaut worden, um Tabellen zu berechnen, und der ENIAC des 2. Weltkriegs, von Neumanns Denkanstoß, war dem Aberdeen Proving Ground unterstellt und berechnete Schußtafeln – wie übrigens auch Aikens Maschinen. Der Umstand, daß von Neumanns Entwurfs- und Programmierphilosophie, die ja die Entwicklung in Amerika und England recht weitgehend prägte, Speicherzellen vorsah, die mit neuen Inhalten versehen werden konnten, also *variabel* besetzt waren, bereitete dem Aufkommen des Terminus ‚variable' als Abstraktion von Speicherzellen mit den ersten Ansätzen zu einer ‚Automatischen Programmierung' weiter den Weg.

Von Neumann hatte übrigens mit seiner Erklärung von ‚bound variable' (in Goldstine, von Neumann 1947, S. 90–91) auch selbst zu einer möglichen Verwirrung beigetragen: Er beschreibt richtig ‚freie Variable' und bringt sie mit Parametern in Verbindung. Er beschreibt auch typischerweise Programmvariable, aber nimmt fälschlich an, daß der aus der Logik geborgte Term ‚gebundene Variable' darauf passe:

'A mathematical-logical procedure of any but the lowest degree of complexity cannot fail to require *variables* for its description. It is important to visualize that these variables are of two kinds, namely: First, a kind of variable for which the variable that occurs in an induction (or more precisely: with respect to which the induction takes place) is typical. Such a variable exists only within the problem. It assumes a sequence of different values in the course of the procedure that solves this problem, and these values are successively determined by that procedure as it develops. It is impossible to substitute a value for it and senseless to attribute a value to it "from the outside". Such a variable is called (with a term borrowed from formal logics) a *bound variable*. Second, there is another kind of variable for which the parameters of the problem are typical – indeed it is essentially the same thing as a parameter. Such a variable has a fixed value throughout the procedure that solves the problem, i.e. a fixed value for the entire problem. If it is treated as a variable in the process of planning the coded sequence, then a value has to be substituted for it and attributed to it ("from the outside"), in order to produce a coded sequence that can actually be fed into the machine. Such a variable is called (again, borrowing a term from formal logics) a *free variable*.'

Die „induction", von der von Neumann spricht, ist ein Spezialfall der Rekursion; wir werden uns im nächsten Abschnitt damit beschäftigen.

5.1.2 Spezialisierung der Wertverlaufsmaschine

Die in 4.3.4 geschilderte Technik suggeriert eine Maschine, die – abweichend von der Kellermaschine und auf Wertverlaufsrekursionen beschränkt – mit Hilfe einer nach dem Wertverlauf aufzubauenden Tabelle den rekursiv definierten Wert **rekurrent** berechnet.

Typischerweise kennt die Wertverlaufsmaschine keinen rekursiven Aufruf, sondern nur die Entnahme bereits berechneter Werte aus der Wertverlaufstabelle, sowie die Eintragung des nächsten, neu berechneten Werts in die Tabelle. Die Tabelle tritt also als Speicherorgan an die Stelle des Werte- und des Protokollkellers der Kellermaschine; im übrigen bewerkstelligt das Leitwerk der Wertverlaufsmaschine den Gesamtablauf, beginnend mit dem Anfangswert des Parameters, der das kleinste Element des wohlgeordneten Parameterbereichs ist, und endend mit dem gefragten Parameterwert. Diese Berechnungsstrategie entspricht ganz der Rutishauserschen Laufanweisung (1952), mittels der allgemein geschrieben werden kann

$$\text{«Für } i = 0(1)n\text{: } f^{(i)} = \mathcal{Q}\left(i, f^{(h_1(i))}, f^{(h_2(i))}, \ldots, f^{(h_{r-1}(i))}\right)\text{»} \quad ,$$

wobei $f^{(\mu)}$ für $f(m_\mu)$ steht, m_0 das minimale und m_n das in der Wohlordnung n-te Element des (abzählbaren) wohlgeordneten Parameterbereichs ist. Die Wertverlaufsbedingung fordert $h_\nu(i) < i$, $\nu = 1 \ldots r - 1$.

Es ist evident, wie man aus der in bisheriger Notation abgefaßten Definition einer Rechenvorschrift, sofern Wertverlaufsrekursion vorliegt, das Programm für eine Wertverlaufsmaschine erhält. Im Beispiel *fusc* von 4.3.4 ergibt sich

$$\begin{aligned}\text{«Für } i = 1(1)n\text{: } fusc^{(i)} = \ &\textbf{if } i = 1 \quad \textbf{then } 1\\ &\,[]\ i > 1 \ \wedge \ \textbf{even } i \textbf{ then } fusc(\tfrac{i}{2})\\ &\,[]\ i > 1 \ \wedge \ \textbf{odd } i \textbf{ then } fusc(\tfrac{i-1}{2})\\ &\qquad\qquad + fusc(\tfrac{i+1}{2}) \textbf{ fi}\text{»} \quad .\end{aligned}$$

Bei einer Wertverlaufsrekursion spricht man von **r-gliedriger Rekurrenz**, wenn im Rumpf der Rechenvorschrift f lediglich

$f^{(i-1)}, f^{(i-2)}, \ldots, f^{(i-r+1)}$ vorkommen, also $h_\nu(i) = i - \nu$ ist.[3]

Eingliedrige Rekurrenz ist der nicht-rekursive Fall, zweigliedrige Rekurrenz führt auf einen wichtigen Spezialfall (der in 2.10.1 schon angesprochen wurde):

$$\begin{aligned}\text{«Für i } = 0(1)n\text{: } f^{(i)} = \ &\textbf{if } i = 0 \textbf{ then } \text{«Anfangswert»}\\ &\textbf{else } \mathcal{Q}\left(f^{(i-1)}, i\right) \textbf{ fi}\text{»} \quad .\end{aligned}$$

Die Wertverlaufsmaschine baut die Tabelle unnötigerweise (wenn sie nicht ohnehin gebraucht wird) auf: Es wird nur der jeweils letzte Eintrag gebraucht. In einer geeignet vereinfachten Wertverlaufsmaschine kann also die Tabelle zu einem einzigen „Register" verkümmern, das den jeweils letzten Eintrag enthält. Das ist Rutishausers Idee der Indexunterdrückung[4].

3 Ist $h_\mu(i) = i - k \times \mu$, zerfällt die Wertverlaufsrekursion in k Ketten, deren Behandlung wie im weiteren erfolgen kann.

4 Rutishauser gebraucht in seiner epochalen Arbeit von 1952 über „Rechenplanfertigung" den Ausdruck ‚Variable' noch nicht. Rutishauser schreibt (S. 26) für die innere Schleife der Matrixmultiplikation

$$h_{j-1} + (a_{ij} \times b_{jk}) \Rightarrow h_j$$

Das programmiertechnische Gegenstück zu diesem Register ist eine Programmvariable; es ergibt sich in ALGOL 68-ähnlicher Notation zunächst mit einer nichtinitialisierten Variablen f

$\ulcorner$ **var** $\lambda\, f$;
for nat i **from** 0 **by** 1 **to** n **do** $f := $ **if** $i = 0$ **then** «Anfangswert»
else $\mathscr{Q}(i, f)$ **fi od**;
f $\lrcorner$,

was auch in eine initialisierte Fassung umgeformt werden kann:

$\ulcorner$ **var** $\lambda\, f :=$ «Anfangswert»;
for nat i **from** 1 **by** 1 **to** n **do** $f := \mathscr{Q}(i, f)$ **od**;
f $\lrcorner$.

Terminierung ist garantiert.

Allgemeiner ergibt sich so zu der speziellen linearen Rekursion (vgl. 4.1)

funct $F \equiv (\lambda\, m)\ \rho$:
if $m = m_0$ **then** $\mathscr{H}(m)$
else $\varphi(F($**pred** $m), m)$ **fi** ,

wenn (bezüglich der Wohlordnung von λ) m_0 das minimale Element von λ und **pred** Vorgängerfunktion ist,

pred $m_\mu = m_{\mu-1}$,

und damit die Bedingung der Wertverlaufsrekursion erfüllt ist, es sich also um eine (terminierende) 2-gliedrige Rekurrenz handelt, *definitionsgemäß* die gleichwertige Fassung

funct $F \equiv (\lambda\, m)\ \rho$:
$\ulcorner$ **var** $\rho\ v := \mathscr{H}(m_0)$;
for $\lambda\, y$ **from succ** m_0 **to** m **do** $v := \varphi(v, y)$ **od**;
v $\lrcorner$.

Beachte, daß die durch $\lambda\, y$ für die Zuweisung gebundene „Laufvariable" y keine Programmvariable ist.

---

und sagt dazu später (S. 29): „wobei folgende Speicherzellen reserviert sind: 99 für h_j (unabhängig von j, denn man braucht die alten h-Werte nicht mehr)..." Rutishauser gibt hier die Einführung von Programmvariablen mittels Index-Unterdrückung als den Übergang von einer Iterationsvorschrift

$x_j = \varphi(x_{j-1})$

zur Schreibweise der „Ergibt-Anweisung" (mit Zuses Ergibt-Pfeil)

$\varphi(x) \Rightarrow x$

Beispiel: Für *fac* ergibt sich mit Ersetzung von λ durch **nat**, m_0 durch 0 und y durch i:

```
funct fac ≡ (nat m) nat:
  ⌈ var nat v := 1;
    for nat i from 1 by 1 to m do v := i × v od;
    v                                          ⌋ .
```

Programmvariable werden also durch den Spezialfall zweigliedriger Rekurrenz unmittelbar motiviert. Für r-gliedrige Rekurrenz ($r \geqq 3$) ergibt sich jedoch ebenfalls eine Vereinfachung der Wertverlaufsmaschine: Die Tabelle kann, da stets nur die letzten $r - 1$ Tabelleneinträge gebraucht werden, durch einen Pufferspeicher (ein Schieberegister) ersetzt werden. Entsprechend gibt es (für $r \geqq 2$) zu

```
funct F ≡ (λ m) ρ:
    if m = m₀      then ℋ₀⌊m⌋
    ▯ m = m₁      then ℋ₁⌊m⌋
      ⋮
    ▯ m = m_{r-2}  then ℋ_{r-2}⌊m⌋
    ▯ m ≧ m_{r-1}  then φ(F(pred m), F(pred² m), ..., F(pred^{r-1} m), m) fi
```

unter den obigen Voraussetzungen *definitionsgemäß* die gleichwertige Fassung

```
funct F ≡ (λ m) ρ:
  ⌈ (var ρ v₁, var ρ v₂, ... var ρ v_{r-1}) := (ℋ₀⌊m₀⌋, ℋ₁⌊m₁⌋, ... ℋ_{r-2}⌊m_{r-2}⌋)
    for λ y from succ^{r-1} m₀ to m do
    (v₁, v₂, ... v_{r-2}, v_{r-1}) := (v₂, v₃, ... v_{r-1}, φ(v₁, v₂, ... v_{r-1}, y)) od;
    v_{r-1}                                                                    ⌋ .
```

5.2 Formale Einführung der Programmvariablen

Man könnte geneigt sein, die „entrekursivierte" Form repetitiver Rechenvorschriften als durch die entsprechende rekursive Form definiert anzusehen. Es ist jedoch üblich, Programmvariable in großzügigerer Weise, als es diesen speziellen Formen entspricht, zu verwenden. Sie müssen dazu unabhängig eingeführt werden. Die Eigenschaften, die ihnen dabei zugeschrieben werden, sind allerdings deutlich durch die in 5.1.1 geschilderten Züge ihrer Verwendung für repetitive Rechenvorschriften festgelegt. Auch die Trivialisierung der Wertverlaufsmaschine für 2-gliedrige und r-gliedrige ($r > 2$) Rekurrenz beleuchtet den Charakter von Programmvariablen. Weiterhin haben Variable einen gewissen Resultatcharakter, der zunächst ihre (Mit-)Verwendung als Resultatparameter nahelegt. In freier Verwendung als Parameter tritt der transiente Charakter der Variablen in Erscheinung.

Nach den vorangegangenen propädeutischen Erörterungen werden wir in diesem Abschnitt Programmvariable als Mittel zur Bezeichnungsersparnis formal einführen und damit die Programmvariable, das Grundelement der prozeduralen Ebene, als *Schreibabkürzung* für eine applikative Formulierung auffassen.

5.2.1 Sequentialisierung von Objektvereinbarungen

Wir erinnern zunächst an 1.13.3, dort werden Objektvereinbarungen als Schreibabkürzung eingeführt. Wird der Ausdruck

$\mathscr{G}\,\lfloor\mathscr{E}\rfloor$,

wenn $\mathscr{G}$ ein Ergebnis der Art **ρ** liefert, durch

$g(\mathscr{E})$ **where**
funct $g \equiv (\boldsymbol{\lambda}\, x)\ \boldsymbol{\rho}$: $\mathscr{G}\,\lfloor x\rfloor$

implementiert, so steht als Abkürzung dafür

$\boldsymbol{\lambda}\, x \equiv \mathscr{E}$ **within**
$\mathscr{G}\,\lfloor x\rfloor$.

Dabei hebt die Objektvereinbarung besonders hervor, daß der (gemeinsame) Teilausdruck $\mathscr{E}$ nur einmal berechnet werden muß.

Ebenso steht die kollektive Objektvereinbarung

$(\boldsymbol{\mu}\, x,\ \boldsymbol{\nu}\, y) \equiv (\mathscr{E},\ \mathscr{F})$ **within**
$\mathscr{G}\,\lfloor x, y\rfloor$

als Abkürzung für die Implementierung

$g(\mathscr{E},\ \mathscr{F})$ **where**
funct $g \equiv (\boldsymbol{\mu}\, x,\ \boldsymbol{\nu}\, y)\ \boldsymbol{\rho}$: $\mathscr{G}\,\lfloor x, y\rfloor$

von $\mathscr{G}\,\lfloor\mathscr{E},\ \mathscr{F}\rfloor$.

Davon zu unterscheiden ist die Implementierung von $\mathscr{G}\,\lfloor\mathscr{E},\ \mathscr{F}\lfloor\mathscr{E}\rfloor\rfloor$ als

$f(\mathscr{E})$ **where**
(*) **funct** $f \equiv (\boldsymbol{\mu}\, x)\ \boldsymbol{\rho}$: $g(x,\ \mathscr{F}\,\lfloor x\rfloor)$,
funct $g \equiv (\boldsymbol{\mu}\, x,\ \boldsymbol{\nu}\, y)\ \boldsymbol{\rho}$: $\mathscr{G}\,\lfloor x, y\rfloor$.

Mittels Unterdrückung von Parametern kann dafür auch geschrieben werden

$f(\mathscr{E})$ **where**
funct $f \equiv (\boldsymbol{\mu}\, x)\ \boldsymbol{\rho}$:
⌈ $g(\mathscr{F}\,\lfloor x\rfloor)$ **where**
funct $g \equiv (\boldsymbol{\nu}\, y)\ \boldsymbol{\rho}$: $\mathscr{G}\,\lfloor x, y\rfloor$ ⌋ .

Für dieses zweistufige System steht als Abkürzung die zweistufige Vereinbarung (der Abschnitt)

$\boldsymbol{\mu}\, x \equiv \mathscr{E}$ **within**
⌈ $\boldsymbol{\nu}\, y \equiv \mathscr{F}\,\lfloor x\rfloor$ **within**
$\mathscr{G}\,\lfloor x, y\rfloor$ ⌋ .

Die Verallgemeinerung auf mehr als zwei Stufen ist evident. Das dabei gehäuft stattfindende Auftreten der rechtsbündigen Winkelklammern war schon in 1.13.3.2 Anlaß, mit einem besonderen Sequentialisierungszeichen, dem Semikolon, zu arbeiten:

$$(**) \qquad \mu\, x \equiv \mathscr{E};\ \nu\, y \equiv \mathscr{F}\lfloor x \rfloor;\ \mathscr{G}\lfloor x, y \rfloor \quad ,$$

bedeutet also letztlich nur eine Schreibabkürzung für (*).

Eine kollektive Objektvereinbarung kann, wie man sofort sieht, in beliebiger Reihenfolge sequentialisiert werden.

Parameterunterdrückung führt zu hierarchischer Unterordnung von Rechenvorschriften, dadurch wird bereits der *natürliche Ablauf* (vgl. 1.4.4) in einem System mehr äußerlich sichtbar gemacht. Die Verwendung des Semikolons hebt dies noch deutlicher hervor, das Semikolon ist ein *explizites Sequentialisierungszeichen*. Die „sequentielle" Formulierung (**) macht den natürlichen Ablauf der applikativen Formulierung (*) deutlich. Nicht jedes System erlaubt eine sequentielle Formulierung, die in 4.4.1 diskutierte Entflechtung dient gerade dazu, durch Umformung eine Fassung herzustellen, die eine sequentielle Formulierung erlaubt: Entflechtung bedeutet also Vorbereitung der Sequentialisierung.

Beispiele:

(1) Umformung des Ausdrucks (vgl. 1.13.1.2)

$$t \uparrow 3 + t \uparrow 2 - 2 \times t - 1$$

unter Verwendung des Distributivgesetzes ergibt die Horner-Form

$$((t + 1) \times t - 2) \times t - 1 \quad .$$

Strukturierung dieses Ausdrucks ergibt den Abschnitt

```
⌈ real h1 ≡ t + 1 within
    ⌈ real h2 ≡ h1 × t − 2 within
        ⌈ real h3 ≡ h2 × t − 1 within h3 ⌋ ⌋ ⌋
```

oder explizit sequentialisiert den Abschnitt

```
real h1 ≡ t + 1; real h2 ≡ h1 × t − 2; real h3 ≡ h2 × t − 1; h3
```

(2) Fortgesetzte Bildung des arithmetischen und geometrischen Mittels

$$(a_{n+1}, b_{n+1}) = (\sqrt{a_n \times b_n}, (a_n + b_n)/2),$$

ergibt die n-stufige Schachtelung von Abschnitten

```
⌈ (real a1, real b1) ≡ (sqrt(a0 × b0), (a0 + b0)/2) within
    ⌈ (real a2, real b2) ≡ (sqrt(a1 × b1), (a1 + b1)/2) within
          ⋮
          ⌈ (real an, real bn) ≡ (sqrt(an−1 × bn−1), (an−1 + bn−1)/2) within an ⌋ … ⌋
```

oder explizit sequentialisiert den Abschnitt

$$(\textbf{real } a_1, \textbf{ real } b_1) \equiv (sqrt(a_0 \times b_0), (a_0 + b_0)/2);$$
$$(\textbf{real } a_2, \textbf{ real } b_2) \equiv (sqrt(a_1 \times b_1), (a_1 + b_1)/2);$$
$$\vdots$$
$$(\textbf{real } a_n, \textbf{ real } b_n) \equiv (sqrt(a_{n-1} \times b_{n-1}), (a_{n-1} + b_{n-1})/2);$$
$$a_n \quad .$$

In Übereinstimmung mit 1.13 legen wir fest:
Ein Abschnitt kann sein:

a) ›Ausdruck‹
oder b) ›Ausdruck‹ **where** ›Vereinbarung‹
oder c) ›Vereinbarung‹ **within** ›Ausdruck‹
oder d) ›Vereinbarung‹*;* ›Abschnitt‹.

(›Vereinbarung‹ steht dabei sowohl für (ein System von) Rechenvorschriften als auch für (kollektive) Objektvereinbarungen.)

Ein in Abschnittsklammern gesetzter Abschnitt ist selbst wieder ein Ausdruck, der häufig auch als verallgemeinerter Ausdruck bezeichnet wird.

5.2.2 Programmvariable als Mittel zur Bezeichnungsersparnis

Wenn ein Objekt nicht mehr weiter benötigt wird, kann seine Bezeichnung für ein anderes Objekt verwendet werden. Außerhalb des Bindungsbereichs einer Bezeichnung ist das ganz selbstverständlich. Es soll jetzt aber auch im Bindungsbereich geschehen (wobei die fragliche Bezeichnung nur für ein neues Objekt derselben Art verwendet werden soll). Genauer: es soll erlaubt sein, eine Hilfsbezeichnung, die anläßlich einer Objektvereinbarung eingeführt worden ist, für ein anderes Objekt, das in der expliziten Sequentialisierung später errechnet wird, wieder zu verwenden. Es soll beispielsweise erlaubt sein, in dem Abschnitt

$$\lambda\, v \equiv t \times t;\ \lambda\, w \equiv v \times v;\ w \times t$$

mit einer einzigen Ergebnisbezeichnung auszukommen, indem man etwa von der ersten Objektvereinbarung $\lambda\, v \equiv t \times t$ zur Vereinbarung einer **Programmvariablen** v:

$$\textbf{var } \lambda\, v := t \times t$$

übergeht, und von der zweiten zur **Zuweisung**[5] an v:

$$v := v \times v,$$

also insgesamt zu dem Abschnitt

5 „Zuweisung" soll lediglich zum Ausdruck bringen, daß eine Vereinbarung der Bezeichnung schon erfolgt ist und diese Bezeichnung wiederverwendet wird; eine „Behälterauffassung" ist eine zwar mögliche, aber nicht zwangsläufige Deutung.

$\textbf{var}\ \lambda\ v := t \times t;\ v := v \times v;\ v \times t$

unter Einsparung von *w*. Eine Zuweisung tritt also an die Stelle einer Objektvereinbarung, deren Bezeichnung eingespart worden ist (vgl. Burstall 1968, Pepper 1979).

Es ist ganz klar, daß dies nur möglich ist, weil das ursprüngliche *v* im Endergebnis nicht mehr gebraucht wird. Ein Abschnitt

$\lambda\ a \equiv t \times t;\ \lambda\ b \equiv a \times a;\ a \times b$

erlaubt die Wiederverwendung von *a* anstatt *b* nicht.

Mit dem Auftreten von Variablen-Vereinbarungen sprechen wir nicht mehr von Abschnitten, sondern von Blöcken. Dabei wird in Analogie zum Begriff „Abschnitt" festgelegt:

Ein **Block** besteht aus einer (initialisierten) Variablen-Vereinbarung, gefolgt von einer (möglicherweise leeren) durch Semikolon getrennten Abfolge von Vereinbarungen und Zuweisungen, und wird beendet durch einen Ausdruck, der ein abzulieferndes Ergebnis bestimmt.

Wie schon bei Abschnitten gilt dann: Ein in Abschnittsklammern gesetzter Block ist ein Ausdruck.

Definitorisch legt man dabei fest:

(A1)

Der *Block*

$$\textbf{var}\ \lambda\ x := \mathscr{E}_0;\ x := \mathscr{E}_1 \lfloor x \rfloor;\ \ldots;\ x := \mathscr{E}_n \lfloor x \rfloor;\ \mathscr{G} \lfloor x \rfloor$$

ist *gleichbedeutend* mit dem *Abschnitt*

$$\lambda\ x_0 \equiv \mathscr{E}_0;\ \lambda\ x_1 \equiv \mathscr{E}_1 \lfloor x_0 \rfloor;\ \ldots;\ \lambda\ x_n \equiv \mathscr{E}_n \lfloor x_{n-1} \rfloor;\ \mathscr{G} \lfloor x_n \rfloor$$

Dabei müssen die Objektbezeichnungen x_i „neu" sein, d. h., sie dürfen nicht schon in dem Block vorkommen. Außerdem dürfen die Ausdrücke $\mathscr{E}_i$ und $\mathscr{G}$ keine Zuweisungen an x enthalten.

Diese Definition läßt sich natürlich sofort auf den Fall verallgemeinern, daß zwischen den Zuweisungen $x := \mathscr{E}_i \lfloor x \rfloor$ eingestreut weitere Objektvereinbarungen vorkommen, also etwa

$$\ldots;\ x := \mathscr{E}_i \lfloor x \rfloor;\ \mu\ y \equiv \mathscr{F} \lfloor x \rfloor;\ x := \mathscr{E}_{i+1} \lfloor x, y \rfloor;\ \ldots$$

Das **Zuweisungszeichen** := hebt auch äußerlich eine Zuweisung an eine Programmvariable deutlich von einer Objektvereinbarung ab[6]. Mit **val** *x* bezeichnen wir den laufenden **Wert** einer Variablen *x*; die Angabe **val** ist jedoch in Ausdrücken überflüssig[7].

---

6 Gelegentlich wird auch ← verwendet. Die Zuweisung in umgekehrter Richtung zu schreiben, wäre übrigens syntaktisch und im Hinblick auf Umformungen (vgl. 5.2) günstiger. Sie war von Zuse eingeführt worden im Plankalkül von 1945 mit dem „Ergibtzeichen" ⇒.

7 Im folgenden wird **val** nur verwendet, wenn dies zur Verdeutlichung geboten scheint. Eine Auffassung von **val** als Operator wird erst beim Übergang zur Behälterauffassung im 7. Kap. notwendig werden.

Beispiel:
Statt (vgl. 5.2.1)

$$\textbf{real}\ h1 \equiv t + 1;\ \textbf{real}\ h2 \equiv h1 \times t - 2;\ \textbf{real}\ h3 \equiv h2 \times t - 1;\ h3$$

kann bezeichnungssparend unter Einführung einer Programmvariablen h geschrieben werden

$$\textbf{var real}\ h := t + 1;\ h := \textbf{val}\ h \times t - 2;\ h := \textbf{val}\ h \times t - 1;\ \textbf{val}\ h, \quad \text{kurz}$$
$$\textbf{var real}\ h := t + 1;\ h := h \times t - 2;\ h := h \times t - 1;\ h \quad .$$

Aus einer kollektiven Objektvereinbarung (1.13.3) entsteht durch den oben bezeichneten Übergang eine **kollektive Variablenvereinbarung** bzw. eine **kollektive Zuweisung** (engl. *collective assignment*[8]):

$$(\lambda\, x,\ \mu\, y) \equiv (\mathscr{E},\ \mathscr{F});\ (\lambda\, u,\ \mu\, v) \equiv (\mathscr{G}\lfloor x, y \rfloor,\ \mathscr{H}\lfloor x, y \rfloor);\ \mathscr{K}\lfloor u, v \rfloor$$

kann zu

$$(\textbf{var}\ \lambda\, x,\ \textbf{var}\ \mu\, y) := (\mathscr{E},\ \mathscr{F});\ (x, y) := (\mathscr{G}\lfloor x, y \rfloor,\ \mathscr{H}\lfloor x, y \rfloor);\ \mathscr{K}\lfloor x, y \rfloor$$

umgeschrieben werden unter Einsparung von u und v. Auch eine kollektive Vereinbarung ist *eine* Vereinbarung, eine kollektive Zuweisung ist *eine* Zuweisung.

Der Aufbau applikativer Rechenvorschriften stützt sich neben dem Einsetzungsprinzip auf Fallunterscheidungen. Wir müssen deshalb auch das Zusammenspiel von Alternativen und Variablen festlegen.

Nach dem Einsetzungsprinzip ist auf der applikativen Ebene

$$\begin{aligned} \lambda\, x \equiv \mathscr{E};\ \textbf{if}\ \mathscr{B}\lfloor x \rfloor\ &\textbf{then}\ \lambda\, y \equiv \mathscr{F}_1\lfloor x \rfloor;\ \mathscr{G}_1\lfloor y \rfloor \\ &\textbf{else}\ \lambda\, y \equiv \mathscr{F}_2\lfloor x \rfloor;\ \mathscr{G}_2\lfloor y \rfloor\ \textbf{fi} \end{aligned}$$

gleichwertig mit (für determiniertes $\mathscr{E}$)

$$\begin{aligned} \textbf{if}\ \mathscr{B}\lfloor \mathscr{E} \rfloor\ &\textbf{then}\ \lambda\, x \equiv \mathscr{E};\ \lambda\, y \equiv \mathscr{F}_1\lfloor x \rfloor;\ \mathscr{G}_1\lfloor y \rfloor \\ &\textbf{else}\ \lambda\, x \equiv \mathscr{E};\ \lambda\, y \equiv \mathscr{F}_2\lfloor x \rfloor;\ \mathscr{G}_2\lfloor y \rfloor\ \textbf{fi} \quad , \end{aligned}$$

von letzterem können wir übergehen zu

$$\begin{aligned} \textbf{if}\ \mathscr{B}\lfloor \mathscr{E} \rfloor\ &\textbf{then var}\ \lambda\, x := \mathscr{E};\ x := \mathscr{F}_1\lfloor x \rfloor;\ \mathscr{G}_1\lfloor x \rfloor \\ &\textbf{else var}\ \lambda\, x := \mathscr{E};\ x := \mathscr{F}_2\lfloor x \rfloor;\ \mathscr{G}_2\lfloor x \rfloor\ \textbf{fi} \quad . \end{aligned}$$

In den beiden Zweigen der Alternative steht nun jeweils ein Block mit einer Vereinbarung einer Programmvariablen x; diese beiden Variablen könnten auch verschieden be-

---

8 Auch *simultaneous assignment* (CPL, 1963), *multiple assignment* (Hoare 1973) oder *concurrent assignment* (Dijkstra 1976).

zeichnet sein, da sie miteinander nichts zu tun haben. Man will aber nun gerade keine zwei verschiedenen Bezeichnungen einführen, man will sogar nur *eine einzige* Vereinbarung haben. So wird definitorisch festgelegt:

(A2)

> **var** $\lambda\, x := \mathscr{E}$; **if** $\mathscr{B}\,(x)$ **then** $x := \mathscr{F}_1(x)$; $\mathscr{G}_1(x)$
> **else** $x := \mathscr{F}_2(x)$; $\mathscr{G}_2(x)$ **fi**
>
> ist gleichwertig mit
>
> $\lambda\, x \equiv \mathscr{E}$; **if** $\mathscr{B}\,(x)$ **then** $\lambda\, y \equiv \mathscr{F}_1(x)$; $\mathscr{G}_1(y)$
> **else** $\lambda\, y \equiv \mathscr{F}_2(x)$; $\mathscr{G}_2(y)$ **fi**

mit der offensichtlichen Verallgemeinerung auf beliebig viele Zuweisungen vor der Alternative und in ihren Zweigen; wie schon bei (A1) können natürlich auch weitere eingestreute Objektvereinbarungen zugelassen werden.

Die beiden Definitionen (A1) und (A2) bilden die Grundlage zur Einführung von Variablen. Gewisse notationelle Varianten sind jedoch noch nicht erfaßt, so zum Beispiel

var $\lambda\, x := \mathscr{E}_0$; **var** $\mu\, y := \mathscr{F}_0(x); \ldots; (x, y) := (\mathscr{E}_i(x, y), \mathscr{F}_j(x, y)); \ldots$

oder

(**var** $\lambda\, x$, **var** $\mu\, y) := (\mathscr{E}_0, \mathscr{F}_0); \ldots; x := \mathscr{E}_i(x, y); \ldots; y := \mathscr{F}_j(x, y); \ldots$

Man sieht jedoch leicht, daß hier keine prinzipiellen neuen Schwierigkeiten entstehen.

Auch vereinbarte Programmvariable haben einen Bindungsbereich, der nach (A1) und (A2) in Übereinstimmung mit dem Bindungsbereich entsprechender Objektvereinbarungen festgelegt wird als der Block, der die betreffende Vereinbarung unmittelbar umfaßt; auch die Definition des Gültigkeitsbereichs in 1.13.2 überträgt sich. Operativ gesehen wird oft der Bindungsbereich einer Programmvariablen ihre „Lebensdauer" genannt.

Die sich so ergebende geschachtelte Struktur der Bindungs- und Gültigkeitsbereiche (die mit ALGOL 60 eingeführt wurde) wird **Blockstruktur** genannt. Sie ist ein Gegenstück der hierarchischen Struktur von Systemen von Rechenvorschriften.

Vereinbarungen von Programmvariablen, an die außer der Initialisierung keine Zuweisung erfolgt, können definitionsgemäß als Objektvereinbarungen aufgefaßt werden. Umgekehrt können also Objektvereinbarungen durch **konstant gehaltene Variable** implementiert werden. In vielen Programmsprachen geschieht dies ganz (ALGOL 60) oder teilweise (PASCAL); zumindest *können* alle Objektvereinbarungen damit entbehrt werden. Jedoch bringt die Verwendung solcher konstant gehaltener Variablen keinerlei Vorteile, aus Gründen der Klarheit ist es vorzuziehen, zumindest anfänglich bei Objektvereinbarungen zu bleiben.

Auf der Ebene der Systemprogrammierung ist allerdings zwecks Annäherung an die speicherprogrammierte Maschine ein vollständiger Übergang zu Variablen die Regel, siehe 7. Kap.

5.2.3 Ausdruck mit Seiteneffekt

5.2.3.1 In einem Abschnitt

$$\lambda\, x_0 \equiv \mathscr{E}_0; \ldots; \lambda\, x_i \equiv \mathscr{E}_i(x_{i-1}); \ldots$$

kann es vorkommen, daß $\mathscr{E}_i(x_{i-1})$ selbst ein Abschnitt ist von der Form

$$\ulcorner \lambda\, y \equiv \mathscr{F}(x_{i-1});\ \mathscr{G}(y) \lrcorner \quad .$$

Dann erhält man

$$\textbf{var}\ \lambda x := \mathscr{E}_0; \ldots; x := \ulcorner \lambda y \equiv \mathscr{F}(x);\ \mathscr{G}(y) \lrcorner; \ldots$$

In diesem Fall – wenn nämlich $\mathscr{G}$ nicht von x_{i-1} abhängt – kann außer den Bezeichnungen x_i auch noch die Bezeichnung y eingespart werden und es entsteht insgesamt

$$\textbf{var}\ \lambda\, x := \mathscr{E}_0; \ldots; x := \ulcorner x := \mathscr{F}(x);\ \mathscr{G}(x) \lrcorner; \ldots$$

Der verallgemeinerte Ausdruck $\ulcorner x := \mathscr{F}(x);\ \mathscr{G}(x) \lrcorner$ enthält damit eine Zuweisung an eine Variable x, die nicht in dem Abschnitt (bzw. Block) selbst vereinbart ist. In einem solchen Fall sprechen wir von einem **Ausdruck mit Seiteneffekt**. Durch entsprechende Erweiterungen der Definitionen (A1) und (A2) werden diese Ausdrücke mit Seiteneffekt semantisch erklärt.

Man kann oben selbstverständlich ohne Seiteneffekte auskommen. Statt

$$\lambda\, x_i \equiv \ulcorner \lambda\, y \equiv \mathscr{F}(x_{i-1});\ \mathscr{G}(y) \lrcorner$$

kann ja gleichwertig

$$\lambda\, y \equiv \mathscr{F}(x_{i-1});\ \lambda\, x_i \equiv \mathscr{G}(y)$$

geschrieben werden, wie aus der Definition der Objektvereinbarung in 1.13.3 folgt.

Manche Programmiersprachen, so etwa ADA, verbieten die Verwendung von Seiteneffekten oder schränken sie ein. Bei der Verwendung von Ausdrücken mit Seiteneffekt in kollateralen Situationen müssen nämlich gewisse Bedingungen beachtet werden: Während „ordentliche" Ausdrücke generell als Argumente (etwa auf Parameterpositionen, in kollektiven Vereinbarungen und Zuweisungen) Seit an Seit gestellt werden können, ist dies bei Ausdrücken mit Seiteneffekt nicht immer der Fall. So können zum Beispiel die beiden verallgemeinerten Ausdrücke

$$x := x + 1; x + a \quad \text{und} \quad x := x - 1; x - a$$

nicht kollateral verwendet werden, da in beiden dieselbe Variable gebraucht und verändert wird. Aber auch die Ausdrücke

$$x := x + 1; x + a \quad \text{und} \quad y := y - 1; x - a$$

dürfen nicht nebeneinander gestellt werden. Diese Einschränkung der Einführung von Ausdrücken mit Seiteneffekt läßt sich allgemein folgendermaßen fassen:

Eine Kollektion von (verallgemeinerten) Ausdrücken $\mathscr{E}_1, \ldots, \mathscr{E}_n$ kann kollateral gebraucht werden, wenn keine Programmvariable, die in einem Ausdruck $\mathscr{E}_i$ eine Zuweisung erfährt, in einem Ausdruck $\mathscr{E}_j$ $(j \neq i)$ vorkommt[9].

5.2.3.2 Als nächsten Schritt kann man nun zulassen, daß ein Abschnitt, insbesondere ein Block kein Ergebnis mehr liefert, sondern nur noch „Seiteneffekte" hat; wir sprechen dann von einer **Anweisung** bzw. einem **reinen Block**. Die formale Einführung geschieht durch folgende Definitionen:

(A3)

> Der reine Block
>
> $\ulcorner \mathscr{S}; x := \mathscr{E} \lrcorner$
>
> (wobei $\mathscr{S}$ für eine Sequenz von Zuweisungen oder Vereinbarungen steht) ist gleichwertig mit der Zuweisung eines Blocks
>
> $x := \ulcorner \mathscr{S}; \mathscr{E} \lrcorner$
>
> – vorausgesetzt, x ist nicht in $\mathscr{S}$ vereinbart.

und

(A4)

> Die **alternative Anweisung**
>
> **if** $\mathscr{B}$ **then** $x := \mathscr{E}_1$ **else** $x := \mathscr{E}_2$ **fi**
>
> ist gleichwertig mit der Zuweisung einer Alternative
>
> $x :=$ **if** $\mathscr{B}$ **then** $\mathscr{E}_1$ **else** $\mathscr{E}_2$ **fi**

In ähnlicher Weise werden **bewachte Anweisungen** eingeführt (siehe auch 5.4.1).

Auch die in 5.1 informell eingeführten Wiederholungskonstruktionen sind Anweisungen.

---

9 Freilich könnte man ad hoc Rangfolgen für Ausdrücke festlegen, die diese Bedingung nicht erfüllen. Das würde aber bedeuten, daß man nur noch spezielle Berechnungsregeln (im Sinne von 1.7.3) zulassen würde. Wenn hinfort in einem Schema verallgemeinerte Ausdrücke kollateral vorkommen, wie etwa in

$(x_1, x_2) := (\ulcorner \mathscr{S}_1; \mathscr{E}_1 \lrcorner, \ulcorner \mathscr{S}_2; \mathscr{E}_2 \lrcorner)$,

so soll unterstellt sein, daß sie kollateral gebraucht werden dürfen.

Als Beispiel betrachte man die aus *gcd* und *mod* von 5.1.1 durch Einsetzen entstehende Rechenvorschrift (durch Umbenennung von *a* in *u* wird ein Bezeichnungskonflikt vermieden)[10]

```
(*) funct gcd ≡ (nat A, nat B) nat:
      ⌈ (var nat a, var nat b) := (A, B);
        while b ≠ 0 do (a, b) := (b, ⌈ var nat u := a;
                                       while u ≥ b do u := u − b od;
                                       val u                    ⌋) od;
        val a                                                      ⌋.
```

In der Zuweisung

$(a, b) := (b,$ ⌈ **var nat** $u := a$; **while** $u \geq b$ **do** $u := u - b$ **od**; **val** u ⌋)

kann die rechte Seite (in der b weder vereinbart wird noch eine Zuweisung erfährt) aufgrund von (A1) umgeformt werden zu einem Block,

$(a, b) :=$ ⌈ **var nat** $u := a$; **while** $u \geq b$ **do** $u := u - b$ **od**; (b, u) ⌋ .

Mittels (A3) ergibt sich daraus

```
⌈ var nat u := a;
  while u ≥ b do u := u − b od;
  (a, b) := (b, u)              ⌋ .
```

Da Anweisungen bzw. reine Blöcke keine Ergebnisse abliefern, können sie nicht in kollateralen Situationen auftreten; die oben aufgeführten Bedenken gegen Seiteneffekte richten sich also nicht gegen sie.

5.2.3.3 Die „leere“ Anweisung wird mit **skip** bezeichnet, d. h., die Äquivalenzklasse aller Zuweisungen der Form

$$(x_1, x_2, \ldots, x_n) := (x_1, x_2, \ldots, x_n)$$

wird auch durch **skip** repräsentiert. Aus (A1) folgt, daß **skip** innerhalb eines nichtleeren Abschnitts weggelassen werden kann.

5.2.4 Vollständige Sequentialisierung von kollektiven Zuweisungen

Da eine kollektive Objektvereinbarung in beliebiger Reihenfolge sequentialisiert werden darf, ist mit

10 Beachte, daß Vereinbarung und Initialisierung von *u* im innersten Abschnitt (und somit Block) erfolgen, also an der funktionell richtigen Stelle. Für eine weiter außen erfolgende (nicht initialisierte) Vereinbarung von *u* besteht zunächst keine Veranlassung.

$(\lambda\, x, \mu\, y) \equiv (\mathscr{E}, \mathscr{F})$ **within**
$\mathscr{G}\,\lfloor x, y \rfloor$

gleichwertig sowohl

var $\lambda\, x := \mathscr{E}$; **var** $\mu\, y := \mathscr{F}$; $\mathscr{G}\,\lfloor x, y \rfloor$

als auch

var $\mu\, y := \mathscr{F}$; **var** $\lambda\, x := \mathscr{E}$; $\mathscr{G}\,\lfloor x, y \rfloor$.

(Beachte, daß dabei sowohl x wie y nicht frei in $\mathscr{E}$ und $\mathscr{F}$ vorkommen *können*).

Eine kollektive Zuweisung kann nur noch unter besonderen Vorsichtsmaßnahmen sequentialisiert werden: es kann (s. o.)

$(x, y) := (\mathscr{G}\,\lfloor x, y \rfloor, \mathscr{H}\,\lfloor x, y \rfloor)$

nicht zu

$x := \mathscr{G}\,\lfloor x, y \rfloor$; $y := \mathscr{H}\,\lfloor x, y \rfloor$

umgeformt werden, wie man sofort aus der Definition (A1) sieht.

Beispiel: Für die fortgesetzte Bildung des arithmetisch-geometrischen Mittels kann bezeichnungssparend unter Einführung zweier Programmvariablen *a, b* geschrieben werden

(**var real** a, **var real** b) := (a_0, b_0);
(a, b) := (*sqrt*(**val** a × **val** b), (**val** a + **val** b)/2);
(a, b) := (*sqrt*(**val** a × **val** b), (**val** a + **val** b)/2);
⋮
(a, b) := (*sqrt*(**val** a × **val** b), (**val** a + **val** b)/2);
val a .

Damit *nicht* identisch ist die Folge

var real $a := a_0$; **var real** $b := b_0$;
$a :=$ *sqrt*(**val** a × **val** b); $b :=$ (**val** a + **val** b)/2;
$a :=$ *sqrt*(**val** a × **val** b); $b :=$ (**val** a + **val** b)/2;
⋮
$a :=$ *sqrt*(**val** a × **val** b); $b :=$ (**val** a + **val** b)/2;
val a ,

die sich durch den häufig anzutreffenden Fehler des „Überschreibens einer Variablen" ergibt[11].

11 Im Jargon auch „Gauß-Seidel-Effekt" genannt. Im obigen Beispiel ergibt allerdings auch die zweite Folge einen mathematisch interessanten Grenzwert.

Dabei geht es zunächst auch auf sichere Weise. Eine k-gliedrige kollektive Zuweisung

$$(a_1, a_2, .. a_k) := (\mathscr{E}_1, \mathscr{E}_2, .. \mathscr{E}_k)$$

zerlegt man in eine Einführung von k (Hilfs-)Konstanten der jeweiligen Art

$$(\lambda_1 H_1, \lambda_2 H_2, .. \lambda_k H_k) \equiv (\mathscr{E}_1, \mathscr{E}_2, .. \mathscr{E}_k)$$

und eine Zuweisung der Konstanten

$$(a_1, a_2, .. a_k) := (H_1, H_2, .. H_k) \quad .$$

Nunmehr kann diese kollektive Zuweisung in *jeder Reihenfolge* **sequentialisiert** werden, also auch etwa von links nach rechts

$$a_1 := H_1; a_2 := H_2; \dots a_k := H_k \quad .$$

Eine alternative Technik macht von jeder Variablen eine Kopie ihres Wertes:

$$(\lambda_1 K_1, \lambda_2 K_2, .. \lambda_k K_k) \equiv (a_1, a_2, .. a_k),$$
$$(a_1, a_2, .. a_k) := (\mathscr{E}_1{}^{(K)}, \mathscr{E}_2{}^{(K)}, .. \mathscr{E}_k{}^{(K)}) \quad ,$$

wobei $\mathscr{E}_\mu{}^{(K)}$ aus $\mathscr{E}_\mu$ durch Ersetzen aller a_ν durch K_ν entsteht.

Der übliche Ehrgeiz der Programmierer geht aber dahin, Hilfskonstante einzusparen. *Sämtliche* Hilfskonstante kann man einsparen, wenn man eine Reihenfolge π der Indizes findet, derart, daß in $\mathscr{E}_{\pi(i)}$ jeweils die Variablen $a_{\pi(1)}, a_{\pi(2)}, a_{\pi(3)} \dots a_{\pi(i-1)}$ nicht vorkommen (**gestaffeltes Ausdruckssystem**). Dann kann, in dieser Reihenfolge sequentialisiert, überall H_μ durch $\mathscr{E}_\mu$ ersetzt werden.

Beispiel:

$$(a, b) := (a + 1, a + b)$$

Nach Umordnung zu

$$(b, a) := (a + b, a + 1)$$

ist das Ausdruckssystem gestaffelt: in $a + 1$ kommt b nicht vor. Sequentialisierung ergibt

$$b := a + b; a := a + 1 \quad .$$

Im allgemeinen ist das Finden eines gestaffelten Ausdruckssystems – wenn es überhaupt ein solches gibt – oder einer Reihenfolge, die eine minimale Anzahl von Konstanten erfordert, ein kompliziertes Problem (Belady 1966).

Bei der vollständigen Sequentialisierung geht Information – nämlich darüber, welche Programmteile unabhängig voneinander ausführbar sind – und damit auch Struktur verloren. Eine Wiedergewinnung dieser Information ist im allgemeinen nur mit großem Aufwand möglich. Daher sollte vollständige Sequentialisierung möglichst erst am Ende eines Entwicklungsprozesses erfolgen.

Eine Babbage-Zuse-Maschine, die nur noch vollständig sequentialisierte Rechenvorschriften verarbeitet, wird **sequentielle Maschine**[12] genannt. Üblicherweise werden dabei auch Ausdrücke in einzelne Operationen zerschlagen, mit Zuweisungen der Operationsergebnisse an Hilfsvariable.

5.3 Prozeduren

Programmvariable traten im vorangehenden Abschnitt nur *im Innern* eines Ausdrucks auf, nach außen hin waren sie unsichtbar. Dementsprechend blieb der funktionale Charakter der Rechenvorschriften voll gewahrt. In diesem Abschnitt werden Programmvariable auch als Parameter zugelassen, wodurch neue Probleme entstehen: Besetzungstabu (vgl. 1.13.4) und Prozedur-Seiteneffekt.

5.3.1 Programmvariable als Parameter

Für Rechenvorschriften der Funktionalität **funct** (λ) λ, wie etwa

$$\textbf{funct}\, f \equiv (\lambda\ a)\ \lambda\text{:}\ \mathscr{F}\lfloor a \rfloor \quad ,$$

die dieselbe Argument- und Ergebnisart haben, ergeben sich oft Aufrufe der Form

$$x := f(\textbf{val}\ x) \quad ,$$

wo x eine Variable der Art **var** λ ist. Wenn es genügend viele solcher Zuweisungen gibt, liegt es nahe, zur notationellen Abkürzung die Zuweisung in den Rumpf der Rechenvorschrift hineinzuziehen. Da jedoch nicht immer nur dieselbe Variable x verwendet wird, muß man Programmvariable als Parameter zulassen. Es ergibt sich im obigen Beispiel

$$\textbf{proc}\, f^* \equiv (\textbf{var}\ \lambda\ v)\text{:}\ v := \mathscr{F}\lfloor v \rfloor$$

mit dem Aufruf

$$f^*(x) \quad .$$

Wir nennen Rechenvorschriften, die Programmvariable als Parameter enthalten, **Prozeduren** und kennzeichnen sie durch das Schlüsselwort **proc** anstelle von **funct**. Die be-

12 Diese Bezeichnung soll erinnern an die Verwendung des Wortes ‚sequence‘ etwa in Aikens Mark I Automatic Sequence Controlled Calculator und Mark II Selective Sequence Controlled Calculator, oder in W. J. Eckerts Selective Sequence Electronic Calculator (vgl. Randell 1973). 1947 unterschied man noch *sequencing* = Aufstellen der Befehlssequenz und *coding* = Ablochen des Programms (Harvard Symposium 1947).

treffenden Parameterbezeichnungen werden in der Kopfleiste durch das Vorsetzen von **var** vor die Artbezeichnung als Programmvariable gekennzeichnet; wenn eine Rechenvorschrift, wie oben f^*, kein Ergebnis mehr abliefert, unterbleibt natürlich auch die Angabe der Ergebnisart in der Kopfleiste.

Damit ergibt sich folgende Definition (beachte, daß $\lambda\, a$ für einen ganzen Parametersatz stehen kann):

(A5)

> Der Aufruf $f^*(x)$ der *Prozedur*
>
> **proc** $f^* \equiv$ (**var** $\lambda\ v$): $v := \mathscr{F}\lfloor$**val** $v\rfloor$
>
> (wobei x von der Art **var** λ ist) ist gleichwertig zu
>
> $x := f($**val** $x)$ mit dem Aufruf der *Funktion*
>
> **funct** $f \equiv (\lambda\ a)\ \lambda$: $\mathscr{F}\lfloor a\rfloor$.

Dies kann man auch so sehen: Je ein Argument- und ein Resultat-Parameter (vgl. 1.13.4) werden also zu einem **transienten** Parameter, auch „Zugriffsparameter" (engl. *access parameter*) genannt, vom Charakter einer Programmvariablen verschmolzen.

Nachdem nun die Zuweisung in die Parameter hineingezogen wurde, der Rumpf also von der Gestalt $v := \mathscr{F}\lfloor$**val** $v\rfloor$ ist, können die Definitionen (A1) – (A4) verwendet werden, um weiter zu vereinfachen. Dabei kann der Variablen-Parameter v dazu dienen, im Rumpf „lokale" Objektbezeichnungen einzusparen.

Beispiel: Die Rechenvorschrift *ord* (1.12) zur Bestimmung des Maximums und Minimums zweier Zahlen kann zu einer Prozedur zur Ordnung zweier Zahlen umgeformt werden:

```
proc ord* ≡ (var nat r, var nat s):
      (r, s) := if r ≧ s then (r, s)
                ▯ r ≦ s then (s, r) fi
```

Unter Benutzung von (A4) und mit **skip** für $(r, s) := (r, s)$ ergibt sich sodann der Abkömmling

```
proc ord* ≡ (var nat r, var nat s):
      if r ≧ s then skip
      ▯ r < s then (r, s) := (s, r) fi    .
```

Die Variable x im Aufruf $f^*(x)$ kann entweder im umfassenden Block vereinbart oder selbst wieder formaler Parameter einer übergeordneten Prozedur sein („Durchreichen" von Variablen). Als spezielle notationelle Variante kann man, parallel zum Fall des Resultat-Parameters in 1.13.4, die initialisierte Vereinbarung an der Stelle des aktuellen Parameters im Aufruf vornehmen:

$f^*($**var** $\lambda\ x := \mathscr{E})$

ist also gleichwertig zu

$$\textbf{var}\ \lambda\, x := \mathscr{E};\ f^*(x) \quad .$$

Beispiel: Eine Rechenvorschrift zum Weiterzählen einer Variablen

```
proc zählen ≡ (var λ x):
      x := succ x    .
```

Ihre Verwendung könnte, nach den drei oben angeführten Fällen unterschieden, erfolgen

(a) mit vorher vereinbartem aktuellem Parameter (der „Normalfall"):

```
funct bisdreizählen ≡ λ:
   ⌈ var λ n := 0;
     zählen(n); zählen(n); zählen(n);
     val n                              ⌋
```

(b) mit Durchreichen eines Parameters:

```
proc dreimalzählen ≡ (var λ x):
   ⌈ zählen(x); zählen(x); zählen(x) ⌋
```

(c) mit Vereinbarung im Aufruf:

```
funct bisdreizählen ≡ λ:
   ⌈ zählen (var λ n := 0); zählen(n); zählen(n);
     val n                                        ⌋   .
```

Eine Reihe von Verallgemeinerungen der obigen Regel (A5) sind für die Praxis erforderlich:

Zunächst kann f natürlich noch weitere Argumentparameter enthalten, die nicht mit Resultatparametern verschmolzen werden, also etwa:

$$\textbf{funct}\ f \equiv (\lambda\, a,\ \mu\, b)\ \lambda\colon\ \mathscr{F}\,[a,\ b]$$

mit einem beabsichtigten Gebrauch der Form

$$x := f(\textbf{val}\ x,\ \mathscr{E}) \quad .$$

In diesem Fall ergeben sich als entsprechende Prozedur und Aufruf

$$\textbf{proc}\ f^* \equiv (\textbf{var}\ \lambda\, v,\ \mu\, b)\colon\ v := \mathscr{F}\,[\textbf{val}\ v,\ b] \quad \text{und} \quad f^*(x,\ \mathscr{E}) \quad .$$

Ebenso kann es vorkommen, daß es weitere „echte" Resultate gibt, d. h. solche, die nicht mit einem Argumentparameter verschmolzen werden, also etwa

$$\textbf{funct}\ f \equiv (\lambda\ a)\ (\lambda,\ \rho)\!:\ (\mathcal{F}\lfloor a \rfloor,\ \mathcal{G}\lfloor a \rfloor)$$

und einem beabsichtigten Aufruf der Form

$$(x, y) := f(\textbf{val}\ x) \quad .$$

Die entsprechende Prozedur liefert dann noch ein Ergebnis ab:

$$\textbf{proc}\ f^* \equiv (\textbf{var}\ \lambda\ v)\ \rho\!:\ \lceil\ \lambda\ h \equiv \textbf{val}\ v;\ v := \mathcal{F}\lfloor h \rfloor;\ \mathcal{G}\lfloor h \rfloor\ \rfloor$$

mit dem Aufruf

$$y := f^*(x) \quad .$$

(Hängt hier der Ausdruck $\mathcal{G}\lfloor a \rfloor$ nicht von a ab, so ist die Sequentialisierung im Rumpf von f ohne Einführung einer Hilfsbezeichnung h möglich.) Diese beiden Formen der Verallgemeinerung können natürlich auch gemischt auftreten.

In allen bisher besprochenen Fällen von Variablen-Parametern kamen transiente Parameter vor, die als Verschmelzung je eines Argument- und eines Resultatparameters aufgefaßt werden können. Man kann jetzt auch die „Entartungsfälle" zulassen, bei denen nur ein Argument- bzw. nur ein Resultatparameter zu einer Variablen gemacht wird („Eingabe-Variable", „Resultat-Variable").

Im ersten Fall haben wir

$$\textbf{funct}\ f \equiv (\lambda\ a)\ \rho\!:\ \mathcal{F}\lfloor a \rfloor$$

mit dem beabsichtigten Aufruf

$$y := f(x) \quad ,$$

woraus entsteht

$$\textbf{proc}\ f^* \equiv (\textbf{var}\ \lambda\ v)\ \rho\!:\ \mathcal{F}\lfloor \textbf{val}\ v \rfloor$$

mit dem Aufruf

$$y := f^*(x) \quad .$$

Beachte, daß hier im Rumpf von f^* der Variablen-Parameter v im allgemeinen nicht benutzt werden darf, um etwa weitere Objektvereinbarungen einzusparen. Dies hätte nämlich zur Folge, daß nach dem Aufruf $f^*(x)$ der Wert von x verändert wäre. Es bringt aber keinerlei Vorteile, Variablen-Parameter zu verwenden, die im Rumpf keine Zuweisung erfahren[13].

---

13 In ALGOL 60 durch die Spezifikation **value** ausgedrückt. Dijkstra (1976) fordert, daß solche Variable jedenfalls gekennzeichnet werden sollen. Dann kann man sie auch als Objektparameter interpretieren.

Anders ist es im zweiten Fall: Aus

$$\textbf{funct}\ f \equiv (\lambda\, a)\ \rho\colon\ \mathscr{F}\lfloor a\rfloor \quad ,$$

Aufruf: $y := f(\mathscr{E})$, entsteht

$$\textbf{proc}\ f^* \equiv (\lambda\, a,\ \textbf{var}\ \rho\ v)\colon\ v := \mathscr{F}\lfloor a\rfloor \quad ,$$

Aufruf: $f^*(\mathscr{E}, y)$.

Hier kann die Resultat-Variable v ohne weiteres benutzt werden, um im Rumpf von f^* Vereinfachungen vorzunehmen. Es kann jetzt jedoch geschehen, daß nicht-initialisierte Variablenvereinbarungen in sinnvoller Weise auftreten. Aus dem Aufruf

$$\textbf{var}\ \rho\ y := f(\mathscr{E})$$

wird jetzt

$$\textbf{var}\ \rho\ y;\ f^*(\mathscr{E}, y)$$

bzw. direkt

$$f^*(\mathscr{E},\ \textbf{var}\ \rho\ y)$$

(vgl. dazu auch 5.3.4).

Beispiele: Für gewisse Rechenvorschriften von 5.1.1 bilden wir Gegenstücke als Prozeduren mit Variablen-Parametern. So kann man etwa einführen an Hand von *fac*

```
proc fac* ≡ (var nat n, var nat m):
     while n ≠ 0 do (n, m) := (n − 1, m × n) od
```

und hat dann

```
funct fac ≡ (nat N) nat:
    ⌈ (var nat n, var nat m) := (N, 1);
      fac*(n, m);
      val m                              ⌋ .
```

In *fac** sind n und m transiente Parameter. Echte Resultatfunktion hat nur m; n hat schließlich ja stets den Wert 0, ein Resultat, an dem man nicht sonderlich interessiert ist.

An Hand der ersten Fassung von *mod* in 5.1.1 kommt man zu

```
proc m* ≡ (var nat a, var nat b):
     while a ≧ b do (a, b) := (a − b, b) od    .
```

Wenn man hier die Zuweisung vereinfacht zu $a := a - b$, also

```
proc m* ≡ (var nat a, var nat b):
     while a ≧ b do a := a − b od    ,
```

so ist **var nat** *b* „Eingabe-Variable". Aber man kann statt dessen ja einen gewöhnlichen Parameter **nat** *B* benutzen, wie es der zweiten Fassung von *mod* in 5.1.1 entspricht.

Unterscheidet man Parameter nach

a) Argumenten (gewöhnliche (Objekt-)Parameter)
b) Resultaten (reine Resultatparameter) und
c) Transienten (transiente Parameter),

so übernehmen diese Rollen *par excellence*

a) gewöhnliche Objekte
b) Zwischenergebnisbezeichnungen
c) Programmvariable.

Programmvariable können allerdings alle drei Rollen übernehmen. Dies trägt ebensosehr zu ihrem Glanz bei wie zum Elend derer, für die der Unterschied verwischt wird.

Liefert eine Prozedur noch ein Ergebnis ab, so ist ihr Rumpf ein Ausdruck mit Seiteneffekt; liefert sie gar kein Ergebnis mehr ab – in diesem Fall spricht man auch von einer **reinen Prozedur** –, so ist ihr Rumpf eine Anweisung, eventuell ein reiner Block. Entsprechendes gilt auch für die Aufrufe.

Wir ergänzen daher die bisherigen Möglichkeiten des Aufbaus eines Abschnitts oder Blocks durch die Festlegungen:

Der Aufruf einer Prozedur ist ein Ausdruck (mit Seiteneffekt).
Der Aufruf einer reinen Prozedur ist eine Anweisung.

Verbietet man Ausdrücke mit Seiteneffekt, so verbleiben nur reine Prozeduren.

5.3.2 Gleichbesetzungstabu, Alias-Verbot und unterdrückte Variablenparameter

Selbstverständlich gilt auch für Variablenparameter, ihrem Resultatcharakter entsprechend, das (vgl. 1.13.4)

(Gleich-)Besetzungstabu: In einem Aufruf (wie auch auf der linken Seite einer kollektiven Zuweisung) dürfen keine zwei aktuellen Variablenparameter übereinstimmen.

Es ist also verboten, einen Aufruf wie *fac**(*v*, *v*) zu schreiben; dies würde ja zu der sinnlosen Zuweisung $(v, v) := (v - 1, v \times v)$ führen.

Selbstverständlich ist auch ein Aufruf

*ord**(*a*, *a*)

sinnlos – auch wenn in diesem speziellen Fall kein Zuweisungskonflikt entsteht.

Lediglich Variablenparameter, die im Rumpf gar keine Zuweisung erfahren („Eingabe-Variable"), könnten vom Besetzungstabu ausgenommen werden. Dies ist jedoch unnötig, denn an ihrer Stelle kann (und soll) man gewöhnliche Objektparameter verwenden.

Auf der Ebene vollständig sequentialisierter Rechenvorschriften muß zwar das Besetzungstabu immer noch beachtet werden, aber die Begründung erscheint nicht mehr so unmittelbar. So wird zwar für die Aufgabe, eine reine Prozedur anzugeben, die eine Variable mit 2 multipliziert, zu einer anderen 1 addiert[14],

---

14 Etwa als Hilfsprozedur zur Behandlung der Aufgabe
(**nat** *n*: $n \neq 0$) **nat**: ι **nat** *a*: $2^a \leq n < 2^{a+1}$

proc $s \equiv$ (**var int** x, **var int** y):
$(x, y) := (2 \times x, y + 1)$

niemand auf die Idee des Aufrufs $s(a, a)$ kommen, aber für die sequentialisierte Implementierung

proc $s1 \equiv$ (**var int** x, **var int** y):
$x := 2 \times x; y := y + 1$

läßt etwa ALGOL 60 den Aufruf

$s1(a, a)$

zu[15], mit der Wirkung

$a := 2 \times a + 1$.

Sequentialisiert man aber zu

proc $s2 \equiv$ (**var int** x, **var int** y):
$y := y + 1; x := 2 \times x$,

so hat $s2(a, a)$ die Wirkung

$a := 2 \times a + 2$.

Unter Beachtung des Besetzungstabus sind $s1$ und $s2$ gleichwertige Prozeduren; der Überraschungseffekt des mißbräuchlichen Aufrufs beruht auch darauf, daß $s1(a, a)$ und $s2(a, a)$ nicht mehr zusammenfallen. Vom Standpunkt der Programmtransformation und der Programmverifikation ist also das Besetzungstabu auch auf der Ebene vollständiger Sequentialisierung zu fordern.

Ein anderes Beispiel (Dijkstra) betrifft die Drehung eines Vektors in der Ebene um den Winkel φ. In vollständig sequentialisierter Form löst jemand diese Aufgabe vielleicht in der Fassung

proc $rot1 \equiv$ (**var real** u, **var real** v):
⌈ **real** $h \equiv u \times cos\varphi - v \times sin\varphi; v := u \times sin\varphi + v \times cos\varphi; u := h$ ⌋ ,

ein anderer in der (völlig gleichwertigen) Fassung

proc $rot2 \equiv$ (**var real** u, **var real** v):
⌈ **real** $h \equiv u; u := u \times cos\varphi - v \times sin\varphi; v := h \times sin\varphi + v \times cos\varphi$ ⌋ .

---

15 Es kostete 1960 einige Mühe, übereifrige ALGOL-Anhänger davon abzuhalten, darin einen besonderen Vorteil von ALGOL 60 zu sehen.

Ein Aufruf *rot1* (a, a) oder *rot2* (a, a) hat natürlich nichts mit der ursprünglichen Aufgabenstellung zu tun, er ist sinnlos. Wird er, wie in ALGOL 60, erlaubt, so leistet *rot1* (a, a) soviel wie $a := a \times (cos\varphi - sin\varphi)$, während *rot2* (a, a) die Wirkung von $a := a \times (cos\varphi + sin\varphi)$ hat. Zwei unter Beachtung des Besetzungstabus gleichwertige Rechenvorschriften fallen also unter Mißachtung des Besetzungstabus auseinander! Besser ist es jedenfalls, von einer kollektiven Zuweisung auszugehen,

```
proc rot ≡ (var real u, var real v):
    (u, v) := (u × cos φ − v × sin φ, u × sin φ + v × cos φ)    ,
```

dann wird man auch wenig versucht sein, einen Aufruf *rot* (a, a) ins Auge zu fassen.

Jemand könnte es schwierig finden, das Besetzungstabu für die Prozedur

```
proc exch0 ≡ (var λ s, var λ t): (s, t) := (t, s)
```

zu akzeptieren, da ja *exch0* (a, a) keinerlei Probleme aufwirft, insbesondere wenn die möglicherweise effizientere Implementierung

```
proc exch1 ≡ (var λ s, var λ t):
    if s = t then skip
              else (s, t) := (t, s) fi
```

verwendet wird. Tatsächlich gibt es im Rumpf dynamisch keinen Besetzungskonflikt. Das Besetzungstabu ist hier eine Frage von Disziplin gegen Bequemlichkeit.

In einem gewissen Zusammenhang mit dem Besetzungstabu steht noch eine weitere Forderung:
Wir betrachten dazu die Anweisung

$$x := \mathscr{E}_1;\ y := \mathscr{E}_2;$$

falls $\mathscr{E}_1$ nicht von y und $\mathscr{E}_2$ nicht von x abhängt, ist sie gleichwertig zu

$$(x, y) := (\mathscr{E}_1, \mathscr{E}_2)$$

und damit zu

$$y := \mathscr{E}_2;\ x := \mathscr{E}_1 \quad .$$

Diese Umformungen sind jedoch nur richtig, wenn nicht x und y für dieselbe Programmvariable stehen. Man tut also vom Standpunkt der Programmtransformation und -verifikation gut daran zu fordern:

Verschieden bezeichnete Programmvariable sind verschiedene Programmvariable.

Dies ist eine wesentliche Forderung für Programmvariable. In der Fassung „es darf nicht ein und dieselbe Variable zwei verschiedene Bezeichnungen haben“ wird sie **Alias-Verbot** genannt. Das Alias-Verbot macht auch die Überprüfung des Besetzungstabus einfacher: es muß nur auf Nicht-Übereinstimmung der Bezeichnung geprüft werden.

Insbesondere Horning und Gries haben auf die Gefährlichkeit der Identifizierung von Variablen im Hinblick auf die Zuweisung hingewiesen: etwas vergröbert gesagt, ist es absurd mit einer Zuweisung wie $x := 3$ auch die Vorstellung einer Zuweisung von 3 an die mit x identifizierte Variable y zu verbinden. Eine Schwäche von ALGOL 68 ist es, die Identifizierung von Variablen sogar zu begünstigen.

Variablenparameter unterdrücken zu können, ist zur Vereinfachung der Notation ebenso angezeigt wie bei gewöhnlichen Parametern. Es verschwindet aber mit der Unterdrückung auch die Warnung vor möglicher, im Resultatcharakter der Variablen liegender Veränderung des Inhalts. Eine solche stillschweigende Inhaltsänderung von Variablen ist ein häufig zu Irrtümern Anlaß gebender **Prozedur-Seiteneffekt**. Die Unterdrückung von Variablenparametern soll daher auch bei reinen Prozeduren nur überlegt vorgenommen werden. (Gleiches gilt für Programmvariable, die für einen Abschnitt nicht-lokal sind.)

Im Falle unterdrückter Variablenparameter hat man überdies achtzugeben, daß eine mit dem Aufruf verbundene Substitution nicht im Ergebnis dem Besetzungstabu widerspricht: eine Rechenvorschrift

proc *soso* ≡ (**var int** *x*): ⌈ $a := a + 1;\ x := 2 \times x$ ⌋

mit unterdrücktem Parameter a darf nicht mit der aktuellen Variablen a aufgerufen werden, *soso*(*a*) verstößt gegen das Besetzungstabu.

Aus solchen Gründen verlangt Dijkstra allerdings, daß für jeden Abschnitt alle darin benutzten Variablen – auch wenn sie weiter außen vereinbart sind – angegeben werden (Dijkstra 1976).

5.3.3 Gemeinbenutzung von Variablen

Die Gefährlichkeit der Identifizierung von Variablen wird auch illustriert durch das Problem der *Gemeinbenutzung von Variablen.*

Die Rechenvorschrift (*) von 5.2.3.2 benutzt für den inneren Block eine eigene Variable. Wir wollen zeigen, daß diese eingespart werden kann. Dazu sollen jetzt die Rechenvorschriften *gcd* und *mod* auf geeignete Rechenvorschriften mit Variablenparametern abgestützt werden. Für *mod* haben wir aus 5.3.1

```
funct mod ≡ (nat A, nat B) nat:
    ⌈ proc m* ≡ (var nat u, nat B)
            while u ≥ B do u := u − B od;
      var nat u := A; m*(u, B); val u        ⌋   ,
```

für *gcd* ergibt sich analog

```
funct gcd ≡ (nat A, nat B) nat:
    ⌈ proc g* ≡ (var nat a, var nat b):
            while b ≠ 0 do (a, b) := (b, mod(a, b)) od;
      (var nat a, var nat b) := (A, B); g*(a, b); val a  ⌋   .
```

Nunmehr kann in g^* der Aufruf *mod*(a, b) – genauer *mod*(**val** a, **val** b) – durch den Abschnitt $m^*(a, b)$; **val** a – genauer $m^*(a,$ **val** $b)$; **val** a – ersetzt werden. Dabei wird die formale Programmvariable u von m^* durch die aktuelle Programmvariable a von g^* ersetzt – die Programmvariable u samt ihrer Vereinbarung verschwindet, die Programmvariable a muß alle Operationen erdulden, die mit u vorzunehmen sind.

Dieses Vorgehen ist natürlich nur möglich, weil in der durch Einsetzen von *mod* entstehenden Anweisung

$(a, b) := (b,$ ⌈ **var nat** $u := a$; $m^*(u, b)$; **val** u ⌋)

zum einen eine Zuweisung an a enthalten ist – der alte Wert von a also auf jeden Fall zerstört wird – und zum anderen in dem Block die Variable a nach der Zuweisung an u nicht mehr vorkommt.

Einsetzen von m^* ergibt

```
proc g* ≡ (var nat a, var nat b):
     while b ≠ 0 do (a, b) := (b, ⌈ while a ≥ b do a := a − b od;
                                    val a                        ⌋) od   .
```

Beachte, daß der Ausdruck mit Seiteneffekt

while $a \geq b$ **do** $a := a - b$ **od**; **val** a

mit dem Ausdruck b keine Variable gemeinsam hat! Damit kann die kollektive Zuweisung auch umgeformt werden (beweiswürdig!) zu

```
while a ≥ b do a := a − b od;
(a, b) := (b, a)
```

und es ergibt sich nach schließlichem Einsetzen von g^* in *gcd*

```
funct gcd ≡ (nat A, nat B) nat:
    ⌈ (var nat a, var nat b) := (A, B);
      while b ≠ 0 do while a ≥ b do a := a − b od;
                     (a, b) := (b, a)              od;
      val a                                          ⌋   .
```

Man vergleiche nunmehr mit (∗). Auch Rückübersetzung in ein System aus zwei rekursiven Rechenvorschriften ist lehrreich.

5.3.4 Initialisierung

In den Definitionen (A1) – (A2) werden nur initialisierte Variablenvereinbarungen erklärt. Die Forderung der vollständigen Initialisierung (**Initialisierungsgebot**) schließt Schreibweisen aus wie

var int x; **if** $\mathscr{B}$ **then** $x := 1$ **else skip fi** oder
var int x, y; **if** $\mathscr{B}$ **then** $x := 1$ **else** $y := 1$ **fi** .

Eine vollständig *definierte* Initialisierung lautet etwa

var int $x :=$ **if** $\mathscr{B}$ **then** 1 **else** 2 **fi** ,

unvollständig definiert ist

var int $x :=$ **if** $\mathscr{B}$ **then** 1 **else** Ω **fi** ,

ein „halbwegs unmöglicher Auftrag"; vollständig undefiniert ist die Initialisierung

var $\lambda\ x := \Omega$,

die zum Abbruch führt. Dagegen ist

var $\lambda\ x := \omega$,

wo

funct $\omega \equiv \lambda$: $\eta\ \lambda\ x$: **true** ,

eine wohldefinierte, für manche Implementierung bedeutsame Pseudo-Initialisierung.

Variablenparameter (in der Kopfleiste angegebene formale Parameter oder auch unterdrückte Parameter), die reine Resultatparameter sind, erfahren wesensgemäß keine Initialisierung. Eigentlich sollte man sie gesondert von Variablen behandeln (vgl. dazu auch 5.3.1 und 1.13.4).

Um das Initialisierungsgebot formal aufrechtzuerhalten, kann man für Variable, die reinen Resultatcharakter haben, eine Pseudo-Initialisierung mittels eines **belanglosen Objekts** ω vornehmen.

Das Initialisierungsgebot wird häufig auch aus Effizienzgründen verletzt. Man betrachte dazu etwa die Rechenvorschrift (vgl. (*) in 5.2.3)

```
funct gcd ≡ (nat A, nat B) nat:
    ⌈ (var nat a, var nat b) := (A, B);
      while b ≠ 0 do var nat u := a;
                       while u ≥ b do u := u − b od;
                       (a, b) := (b, u)              od;
      val a                                          ⌋ .
```

Hier muß bei jeder äußeren Wiederholung die Variable u erneut vereinbart werden. Daher zieht man die Vereinbarung gern in den äußeren Block, wo dann eine Initialisierung allerdings nicht mehr möglich ist (bzw. nur noch eine Pseudo-Initialisierung mit einem belanglosen Objekt ω):

```
funct gcd = (nat A, nat B) nat:
    ⌈ (var nat a, var nat b, var nat u) := (A, B, ω);
     while b ≠ 0 do u := a;
                    while u ≥ b do u := u - b od;
                    (a, b) := (b, u)           od;
     val a                                      ⌋ .
```

Wenn es dagegen darum geht, Speicherplatz zu sparen, ist ein solches Herausziehen von Vereinbarungen nicht angezeigt.

Aufgabe 1: Überführe gcd in eine vollständig sequentialisierte Form mit nichtinitialisierten Variablenvereinbarungen.

5.3.5 Eigenschaften von Programmvariablen

Zusammengefaßt sind die wichtigsten Eigenschaften[16] von Programmvariablen die folgenden:

(1) Die Bezeichnungen von Programmvariablen sind *gebundene Bezeichnungen*. Die Bindung erfolgt in einer Vereinbarung, die *stets initialisiert* wird, der Bindungsbereich ist der kleinste, durch Abschnittsklammern oder Entsprechendes eingegrenzte Block, der die Vereinbarung umfaßt. Der Gültigkeitsbereich, der auf diesen Block beschränkt ist, kann durch Verschattung (vgl. 1.13.2) hervorgerufene Löcher haben.
(2) Programmvariablen werden *artspezifisch* Objekte *zugewiesen*. Die Zuordnung ist *variabel*: Programmvariable werden vorbesetzt (initialisiert) und umbesetzt; sie haben stets einen allerdings *im Ablauf wechselnden* („variablen“) Wert – gegebenenfalls auch ω. Der Bindungsbereich ist, operativ gesehen, ihre „Lebensdauer“.
(3) Jede Inkarnation des Aufrufs einer rekursiven Rechenvorschrift[17] hat, wenn überhaupt, ihre eigenen „koexistenten“ Variablen.
(4) Variable haben Resultatcharakter, es gilt das *Besetzungstabu*.
(5) Verschieden bezeichnete Programmvariable sind verschiedene Programmvariable. Programmvariable haben „eindeutige Identität“ (Alias-Verbot).
(6) Variable sind, wenn man ihnen überhaupt Objektcharakter zubilligen will, unselbständige Objekte: sie haben keinen Sinn ohne andere Objekte, ihre **Wertobjekte**, sie haben keine reale Existenz außer durch eine Vereinbarung.
(7) Programmvariable unterscheiden sich von gewöhnlichen Objekten dadurch, daß für sie nur wenige, universelle Operationen festgelegt sind (Zuweisung, literaler Vergleich, siehe 7.2.2) und daß keine individuellen Operationen definiert werden können.

Mit der Einführung des Semikolons als explizitem Sequentialisierungszeichen haben wir in 5.2.1 die **prozedurale Ebene** betreten, mit der Zulassung von Variablen als Parameter wurde dieser Schritt vollendet.

---

16 Eine Charakterisierung von Programmvariablen durch ihre Eigenschaften hat erstmals 1970 Dijkstra (in einem Brief an Hoare vom 31. Aug. 1970, EWD-292) gegeben.
17 Der Verschattungseffekt kommt insbesondere in rekursiven Situationen zur Wirkung.

Dem „variablen“ Charakter der Programmvariablen entsprechend, führt man auf der prozeduralen Ebene den Begriff **Ablaufposition** („Ablaufzeitpunkt“) ein[18]. Damit kann man etwa formulieren: „Eine Variable kann in verschiedenen Ablaufpositionen verschiedene Werte besitzen“ oder „zwei verschiedene Variable können in derselben Ablaufposition denselben Wert besitzen.“ Die Ablaufposition wird neben der Gesamtheit der Variablen zum Beschreibungsmittel, mit dessen Hilfe die Semantik der prozeduralen Ebene alternativ beschrieben werden kann.

Es wurden, beginnend mit McCarthy 1962, verschiedene semantische Systeme angegeben: die sog. „Wiener Definition“, die „denotational semantics“, die Semantik von Floyd und Hoare. Wir werden (in 5.4) allein letztere (in der Verschärfung durch Dijkstra als Prädikattransformation) behandeln, da sie einer wichtigen Programmiermethode entspricht; wir werden auch ihren Zusammenhang mit der applikativen Ebene herstellen.

5.4 Axiomatische Beschreibung von Programmiersprachen

Zurückgreifend auf Ansätze von Floyd (1966), hat Hoare (1969) ein System zur Beschreibung von Programmiersprachen entwickelt, das unter dem Schlagwort „axiomatische Semantik“ bekannt geworden ist. Genau genommen handelt es sich hierbei jedoch nicht um eine Semantik[19], sondern um einen Kalkül mit Ableitungsregeln und Axiomen, in dem Beweise über Programme durchgeführt werden können.

Die Forderung, daß die Semantik einer Sprache den Ableitungsregeln und Axiomen eines vorgegebenen Kalküls genügen muß – also ein „Modell“ dafür ist –, macht diesen Kalkül natürlich zu einer genauen Beschreibung der Sprache[20]. So wurden in diesem Kapitel etwa Variable mit Hilfe der Regeln (A1) – (A5) auf die applikative Ebene und damit auf die mathematische bzw. operative Semantik abgestützt. Wenn wir also im folgenden einen Kalkül für das „Rechnen“ mit Programmvariablen angeben, dann muß die auf (A1) – (A5) aufgebaute Semantik die Regeln dieses Kalküls erfüllen.

Dijkstra (1974, 1975) hat der Hoareschen Methode die Fassung eines „Kalküls der Prädikattransformationen“ gegeben.

5.4.1 Prädikattransformationen

Grundlegend für den Kalkül der Prädikattransformationen ist die Möglichkeit, in jeder Ablaufposition („Ablaufzeitpunkt“) Aussagen über Werte von Variablen zu machen[21]. Insbesondere kann man also zu einer beliebigen Anweisung $\mathscr{A}$ in einem Programm angeben:

---

18 Nicht zu verwechseln mit **Zustand** (engl. *state*) im Sinne von McCarthy 1962 (siehe auch 5.4.1).

19 Zumindest nicht in dem Sinn, in dem der Begriff im 1. Kapitel verwendet wurde.

20 “... is equivalent to accepting the axioms and rules of inference as the ultimately definitive specification of the meaning of the language.” (Hoare 1969).

21 Die Zuordnung aller Variablen zu ihren Werten wird üblicherweise als **Zustandsvektor** (engl.: *state vector*, McCarthy 1962) bezeichnet; jede Zuweisung ändert diesen Vektor. Aussagen über Werte von Variablen sind also Aussagen über den Zustandsvektor. Der Ausdruck *state vector* wurde, nicht sonderlich glücklich, aus der Quantenmechanik übernommen.

eine **Vorbedingung** $\mathcal{P}$, d. h. eine Aussage darüber, welche Werte gewisse Variable vor der Ausführung von $\mathcal{A}$ haben, wie auch
eine **Nachbedingung** $\mathcal{R}$, d. h. eine Aussage darüber, welche Werte diese Variablen nach der Ausführung von $\mathcal{A}$ haben.

Man gibt dann der Schreibweise

$$\mathcal{P}\{\mathcal{A}\}\mathcal{R}$$

die Interpretation: „Wenn $\mathcal{P}$ vor der Ausführung von $\mathcal{A}$ wahr ist, dann ist $\mathcal{R}$ nach der Ausführung von $\mathcal{A}$ wahr.“ Eine Konstruktion $\mathcal{K}$ der Programmiersprache kann nun charakterisiert werden, indem zu jeder Nachbedingung $\mathcal{R}$ eine geeignete Vorbedingung $\mathcal{P}$ angegeben wird, so daß $\mathcal{P}\{\mathcal{K}\}\mathcal{R}$ gilt.

Dijkstra (1975) hat diesen Ansatz verschärft, indem er zu einer Nachbedingung $\mathcal{R}$ nicht irgendeine, sondern die **schwächste Vorbedingung** (engl. *weakest precondition*) angibt[22], notiert als $wp(\mathcal{K} \mid \mathcal{R})$.

Es gilt also $wp(\mathcal{K} \mid \mathcal{R})\ \{\mathcal{K}\}\ \mathcal{R}$.

Bezüglich der Beschreibung durch Prädikattransformationen sind zwei Anweisungen $\mathcal{S}_1$ und $\mathcal{S}_2$ **äquivalent**, wenn gilt

$$wp(\mathcal{S}_1 \mid \mathcal{R}) = wp(\mathcal{S}_2 \mid \mathcal{R}) \text{ für jede Nachbedingung } \mathcal{R}.$$

Wir betrachten nun die Prädikattransformation für die einzelnen Anweisungsformen. Zunächst ist intuitiv klar: die Zuweisung $x := \mathcal{E}$ und die Nachbedingung $\mathcal{R}\lfloor x \rfloor$ haben als schwächste Vorbedingung $\mathcal{R}\lfloor \mathcal{E} \rfloor$[23]: man findet (für determiniertes, definiertes $\mathcal{E}$) das

„Zuweisungsaxiom“ $wp(x := \mathcal{E} \mid \mathcal{R}\lfloor x \rfloor) = \mathcal{R}\lfloor \mathcal{E} \rfloor$.

Dieses Zuweisungsaxiom soll auch für initialisierende Zuweisungen gelten.

Daß aufgrund der Regel (A1) von 5.2.2 das Zuweisungsaxiom erfüllt ist, macht man sich folgendermaßen klar[24]:
Betrachte den Abschnitt $x := \mathcal{F}\lfloor x \rfloor;\ \mathcal{G}\lfloor x \rfloor$; sein abgelieferter Wert sei r. Damit ist also $\mathcal{G}\lfloor x \rfloor = r$ Nachbedingung für die Zuweisung $x := \mathcal{F}\lfloor x \rfloor$. Aufgrund des obigen Axioms lautet die schwächste Vorbedingung dann $\mathcal{G}\lfloor \mathcal{F}\lfloor x \rfloor \rfloor = r$.

Die Regel (A1) ergibt als Abschnitt, der zu den obigen gleichwertig ist: $\lambda\, x_1 \equiv \mathcal{F}\lfloor x \rfloor;\ \mathcal{G}\lfloor x_1 \rfloor$. Nach dem Einsetzungsprinzip liefert dies (für determiniertes $\mathcal{F}$) ein Ergebnis r gleich $\mathcal{G}\lfloor \mathcal{F}\lfloor x \rfloor \rfloor$.

---

22 Während Hoare sich also mit einer hinreichenden Bedingung begnügt, arbeitet Dijkstra mit einer hinreichenden und notwendigen Bedingung.

23 Zur Erinnerung: $\mathcal{R}\lfloor x \rfloor$ steht für einen Ausdruck (hier ein Prädikat), in dem x beliebig oft – also eventuell auch gar nicht – vorkommt. $\mathcal{R}\lfloor \mathcal{E} \rfloor$ steht dann für den Ausdruck, der entsteht, wenn *jedes* Vorkommnis von x in $\mathcal{R}$ durch den Ausdruck $\mathcal{E}$ ersetzt wird.

24 Ein streng formaler Beweis ginge über den Rahmen dieses Buches hinaus.

Im allgemeinen folgen der Vereinbarung von Programmvariablen mehrere Zuweisungen, bevor ein Ausdruck kommt, der ein abzulieferndes Ergebnis bestimmt. Das Semikolon ist nicht allein Trennzeichen: es wird zum bedeutungstragenden Zeichen der Zusammensetzung von Zuweisungen mittels Aneinanderhängen (engl. *composition*): eine Anweisung $\mathcal{S}_1$ gefolgt von einer Anweisung $\mathcal{S}_2$, verbunden durch ein Semikolon, ist wieder eine Anweisung.

Die Bedeutung dieser Konstruktion ergibt sich schrittweise aus dem

„Zusammensetzungsaxiom" $wp(\mathcal{S}_1;\ \mathcal{S}_2 \mid \mathcal{R}) = wp(\mathcal{S}_1 \mid wp(\mathcal{S}_2 \mid \mathcal{R}))$

Wiederum ist die Übereinstimmung mit der Bedeutung gestufter Objektvereinbarungen nachweisbar.

Auch der Aufruf einer reinen Prozedur fällt unter den Begriff Anweisung: Parameterersetzung ergibt eine Anweisung im obigen Sinn.

Für die alternative Anweisung (5.2.3) ergibt sich intuitiv das

„Fallunterscheidungsaxiom"
$wp(\textbf{if } \mathcal{B} \textbf{ then } \mathcal{S}_1 \textbf{ else } \mathcal{S}_2 \textbf{ fi} \mid \mathcal{R}) = \mathcal{B} \wedge wp(\mathcal{S}_1 \mid \mathcal{R}) \vee \neg \mathcal{B} \wedge wp(\mathcal{S}_2 \mid \mathcal{R})$

in Übereinstimmung mit der durch (A4) festgelegten Bedeutung.

Neben alternativen Anweisungen (5.2.3) führt man auch **bewachte Anweisungen** ein: Sind $\mathcal{S}_1, \mathcal{S}_2, \ldots, \mathcal{S}_n$ Anweisungen, so soll auch

$\textbf{if } \mathcal{B}_1 \textbf{ then } \mathcal{S}_1 \ [] \ \mathcal{B}_2 \textbf{ then } \mathcal{S}_2 \ [] \ \ldots \ \mathcal{B}_n \textbf{ then } \mathcal{S}_n \textbf{ fi}$

eine Anweisung sein. Ihre Bedeutung ist festgelegt durch das

„Axiom für die bewachte Anweisung"
$wp(\textbf{if } \mathcal{B}_1 \textbf{ then } \mathcal{S}_1 \ [] \ \mathcal{B}_2 \textbf{ then } \mathcal{S}_2 \ [] \ \ldots \ \mathcal{B}_n \textbf{ then } \mathcal{S}_n \textbf{ fi} \mid \mathcal{R}) =$
$(\mathcal{B}_1 \vee \mathcal{B}_2 \vee \ldots \vee \mathcal{B}_n) \wedge \forall i = 1, \ldots, n{:}\ \mathcal{B}_i \Rightarrow wp(\mathcal{S}_i \mid \mathcal{R})$

Beachte, daß $\mathcal{B}_i \Rightarrow wp(\mathcal{S}_i \mid \mathcal{R})$ gilt, falls $\mathcal{B}_i = \textbf{false}$! Falls alle Wächter sperren, so ergibt sich als schwächste Vorbedingung **false**, d. h. die Wirkung des „unmöglichen Auftrags" **abort**, mit der Definition

$wp(\textbf{abort} \mid \mathcal{R}) = \textbf{false}$ für jede Nachbedingung $\mathcal{R}$.

Aufgrund des Axioms für die bewachte Anweisung gilt die (verallgemeinerte) Regel (A4) aus 5.2.3

$x := \textbf{if } \mathscr{B}_1 \textbf{ then } \mathscr{S}_1 \, [] \, \mathscr{B}_2 \textbf{ then } \mathscr{S}_2 \, [] \ldots [] \, \mathscr{B}_n \textbf{ then } \mathscr{S}_n \textbf{ fi}$

$$\updownarrow$$

$\textbf{if } \mathscr{B}_1 \textbf{ then } x := \mathscr{S}_1 \, [] \, \mathscr{B}_2 \textbf{ then } x := \mathscr{S}_2 \, [] \ldots [] \, \mathscr{B}_n \textbf{ then } x := \mathscr{S}_n \textbf{ fi}$

sicher, wenn die Disjunktion der Wächter stets **true** ergibt: andernfalls entsteht oben $x := \Omega$, unten **abort**. Es ist also zweckmäßig, $x := \Omega$ als unmöglichen Auftrag festzusetzen.

Mit **skip** bezeichnet man die „leere Anweisung" mit der Definition

$wp(\textbf{skip} \mid \mathscr{R}) = \mathscr{R}$ für jede Nachbedingung $\mathscr{R}$.

Aus den Axiomen ergibt sich, daß die eingliedrige bewachte Anweisung

$\textbf{if } \mathscr{B} \textbf{ then } \mathscr{S} \textbf{ fi}$

nicht gleichbedeutend ist mit der einseitigen Alternative

$\textbf{if } \mathscr{B} \textbf{ then } \mathscr{S} \textbf{ else skip fi}$:

Es gilt nämlich unmittelbar

$$wp(\textbf{if } \mathscr{B} \textbf{ then } \mathscr{S} \textbf{ fi} \mid \mathscr{R}) = \mathscr{B} \wedge wp(\mathscr{S} \mid \mathscr{R}),$$
$$wp(\textbf{if } \mathscr{B} \textbf{ then } \mathscr{S} \textbf{ else skip fi} \mid \mathscr{R}) = \mathscr{B} \wedge wp(\mathscr{S} \mid \mathscr{R}) \vee (\neg \mathscr{B} \wedge \mathscr{R})$$

Aufgabe 1: Man leite aus den vorausgehenden Axiomen die Äquivalenz von $x := x$ und **skip** *her.*

Aufgabe 2: Zeige, daß die Aussagen

$(\mathscr{B} \wedge \mathscr{S}_1) \vee (\neg \mathscr{B} \wedge \mathscr{S}_2)$ *und* $(\mathscr{B} \Rightarrow \mathscr{S}_1) \wedge (\neg \mathscr{B} \Rightarrow \mathscr{S}_2)$

äquivalent sind.

Auch für die Wiederholung gibt es eine charakteristische Prädikattransformation:

„Wiederholungsaxiom"

$wp(\textbf{while } \mathscr{B} \textbf{ do } \mathscr{S} \textbf{ od} \mid \mathscr{R}) = (\exists K, K \geqq 0\colon \varphi_K(\mathscr{R}))$,

wo

$\varphi_0(\mathscr{R}) = \neg \mathscr{B} \wedge \mathscr{R}$

$\varphi_i(\mathscr{R}) = wp(\textbf{if } \mathscr{B} \textbf{ then } \mathscr{S} \textbf{ else skip fi} \mid \varphi_{i-1}(\mathscr{R}))$

Der Zusammenhang zwischen dieser rekursiven Definition und der Einführung der Wiederholung in 5.1.1 ist offensichtlich. Für die Anwendung wichtig ist der aus dem Wiederholungsaxiom abgeleitete

Satz: *Falls* $\mathscr{P} \wedge \mathscr{B} \Rightarrow wp(\mathscr{S} | \mathscr{P})$,
dann $\mathscr{P} \wedge wp(\textbf{while } \mathscr{B} \textbf{ do } \mathscr{S} \textbf{ od} \mid \textbf{true}) \Rightarrow wp(\textbf{while } \mathscr{B} \textbf{ do } \mathscr{S} \textbf{ od} \mid \mathscr{P} \wedge \neg \mathscr{B})$.

Dabei heißt ein Prädikat $\mathscr{P}$, das der Voraussetzung genügt, eine **Invariante** der Wiederholung. $wp(\textbf{while } \mathscr{B} \textbf{ do } \mathscr{S} \textbf{ od} \mid \textbf{true})$ ist die (schwächste) Voraussetzung für Terminierung[25].

Beachte, daß eine geeignete Invariante $\mathscr{P}$ immer erst gesucht werden muß, daß der obige Satz also nicht erlaubt, sie für eine beliebige Nachbedingung einfach „auszurechnen". Dies liegt natürlich daran, daß hinter der so harmlos anmutenden Wiederholung eine Rekursion steckt; aus einer gleichwertigen rekursiven Definition läßt sich jedoch sofort eine Invariante der Wiederholung gewinnen.

Der Kalkül der Prädikattransformationen wird vervollständigt durch die üblichen Ableitungsregeln der Prädikatenlogik und die folgenden allgemeinen Eigenschaften, die für den **Prädikattransformator** *wp* definitorisch festgelegt werden:

(1) **Isotonie**
Wenn $\mathscr{Q} \Rightarrow \mathscr{R}$ dann $wp(\mathscr{S} \mid \mathscr{Q}) \Rightarrow wp(\mathscr{S} \mid \mathscr{R})$

(2) **Konjunktions-Verträglichkeit**
$wp(\mathscr{S} \mid \mathscr{Q}_1 \wedge \mathscr{Q}_2) = wp(\mathscr{S} \mid \mathscr{Q}_1) \wedge wp(\mathscr{S} \mid \mathscr{Q}_2)$

(3) **Schwache Disjunktions-Verträglichkeit**
$wp(\mathscr{S} \mid \mathscr{Q}_1 \vee \mathscr{Q}_2) \Leftarrow wp(\mathscr{S} \mid \mathscr{Q}_1) \vee wp(\mathscr{S} \mid \mathscr{Q}_2)$

(4) **„Gesetz vom ausgeschlossenen Wunder" (Dijkstra)**
$wp(\mathscr{S} \mid \textbf{false}) = \textbf{false}$

Ist $\mathscr{S}$ deterministisch, so gilt sogar

(3′) **Disjunktionsverträglichkeit**
$wp(\mathscr{S} \mid \mathscr{Q}_1 \vee \mathscr{Q}_2) = wp(\mathscr{S} \mid \mathscr{Q}_1) \vee wp(\mathscr{S} \mid \mathscr{Q}_2)$

Man sieht unmittelbar, daß diese Gesetze für das Zuweisungsaxiom gelten. Im nichtdeterministischen Fall findet man auch leicht ein Gegenbeispiel für (3′).

Anmerkung:

Wesentlich für die Brauchbarkeit dieses Kalküls ist das Alias-Verbot (5.3.2). Genauer: das Zuweisungsaxiom erfordert im Falle der Identifizierung von Variablen eine subtile Verfeinerung; wir werden darauf in 7.2 zurückkommen. Hier genüge ein Beispiel, um zu zeigen, daß die gedankenlose Verwendung des Zuweisungsaxioms für identifizierte Variable zu Irrtümern führt (nach Gries):

Es seien x und y identifiziert, somit gilt stets **val** x = **val** y. Betrachte etwa die Zuweisung $x := 5$ mit der Nachbedingung $x^2 = y$; dies ergibt $wp(x := 5 \mid x^2 = y) = (25 = y)$.

Andererseits ist wegen der Identifizierung von x und y die Nachbedingung $x^2 = y$ gleichwertig zu $x^2 = x$ und damit zu $x = 1 \vee x = 0$. Dies durch die Zuweisung $x := 5$ zu erreichen, ist ein unmöglicher Auftrag, denn es gilt $wp(x := 5 \mid x = 1 \vee x = 0) = \textbf{false}$. Die schwächste Vorbedingung ist also nicht $(25 = y)$, sondern **false**.

---

25 Hoare 1969 nennt $\mathscr{P}$ Invariante, wenn $\mathscr{P}\{\mathscr{S}\}\mathscr{P}$ gilt. Im *wp*-Kalkül ist die Terminierung mit einbezogen.

Aufgabe 3: Zeige die Gültigkeit der beiden Transformationen[26]:

$$\frac{x := \mathcal{E}_1;\ x := \mathcal{E}_2}{x := \mathcal{E}_2}\updownarrow \qquad \frac{y := \mathcal{E}_1;\ x := \mathcal{E}_2}{x := \mathcal{E}_2;\ y := \mathcal{E}_1}\updownarrow \quad \begin{cases} x \textit{ kommt nicht in } \mathcal{E}_1 \textit{ vor} \\ y \textit{ kommt nicht in } \mathcal{E}_2 \textit{ vor} \end{cases}$$

Spielt hier das Alias-Verbot eine Rolle?

5.4.2 Programmverifikation

Zu einem gegebenen Programmstück und einer Nachbedingung kann also die schwächste Vorbedingung „ausgerechnet" werden[27]. Die sich so ergebende „Rückwärtsberechnung" der Prädikate ist jedoch nicht unnatürlich, sondern sogar der Aufgabenstellung angepaßt. Wählt man nämlich eine ein Problem charakterisierende Bedingung als Nachbedingung, und fällt sodann für ein gewisses Programm die schwächste Vorbedingung zu **true** aus, so ergibt dieses Programm eine Lösung des Problems; man sagt, das Programm wird **verifiziert.**

Beispiel: Für das Problem

$$(\textbf{int}\ X)\ \textbf{int}\colon\ \eta\ \textbf{int}\ Y\colon\ Y > 0 \wedge |Y| > |X|$$

ist eine mögliche Lösung

$$(\textbf{int}\ X)\ \textbf{int}\colon$$
$$\ulcorner\ \textbf{var int}\ x := X;\ \textbf{if}\ x \geqq 0\ \textbf{then}\ x := x + 1\ \textbf{else}\ x := -(x-1)\ \textbf{fi};\ x\ \lrcorner \quad ,$$

wie sich folgendermaßen verifizieren läßt:
Aus der Problemstellung ergibt sich als Nachbedingung direkt

$$\mathcal{R}\,\llbracket x \rrbracket =_{\text{def}} x > 0 \wedge |x| > |X| \quad .$$

Damit ist

$$\begin{aligned}
& wp(\textbf{var int}\ x := X;\ \textbf{if}\ x \geqq 0\ \textbf{then}\ x := x + 1\ \textbf{else}\ x := -(x-1)\ \textbf{fi} \mid \mathcal{R}\,\llbracket x \rrbracket) \\
= {} & wp(\textbf{var int}\ x := X \mid wp(\textbf{if}\ x \geqq 0\ \textbf{then}\ x := x + 1\ \textbf{else}\ x := -(x-1)\ \textbf{fi} \mid \mathcal{R}\,\llbracket x \rrbracket)) \\
= {} & wp(\textbf{var int}\ x := X \mid x \geqq 0 \wedge wp(x := x + 1 \mid \mathcal{R}\,\llbracket x \rrbracket) \vee \\
& \qquad\qquad\qquad\qquad x < 0 \wedge wp(x := -(x-1) \mid \mathcal{R}\,\llbracket x \rrbracket)) \\
= {} & wp(\textbf{var int}\ x := X \mid x \geqq 0 \wedge \mathcal{R}\,\llbracket x + 1 \rrbracket \vee x < 0 \wedge \mathcal{R}\,\llbracket -(x-1) \rrbracket) \\
= {} & wp(\textbf{var int}\ x := X \mid x \geqq 0 \wedge x + 1 > |X| \vee x < 0 \wedge -x + 1 > |X|) \\
= {} & X \geqq 0 \wedge X + 1 > |X| \vee X < 0 \wedge -X + 1 > |X| \\
= {} & X \geqq 0 \vee X < 0 = \textbf{true} \quad .
\end{aligned}$$

---

26 Diese beiden Regeln sind Teil eines Axiomensystems, das McCarthy (1962) seiner Semantik zugrundegelegt hat (vgl. auch de Bakker 1969).

27 Zusammensetzungs- und Fallunterscheidungsaxiom sähen übrigens ähnlich aus, wenn man zu einer Vorbedingung die *stärkste Nachbedingung* suchen würde. Das Zuweisungsaxiom fällt dagegen in der anderen Richtung komplizierter aus.

Nicht trivial ist, wie gesagt, die Verifikation, wenn das Wiederholungsaxiom gebraucht wird: für ein durch die Nachbedingung $\mathcal{Q}$ definiertes Problem muß ein geeignetes Prädikat, eine „Invariante" $\mathcal{P}$ gefunden werden, so daß gleichzeitig

$$\mathcal{P} \wedge \neg \mathcal{B} = \mathcal{Q}$$

und

$$\mathcal{P} \wedge \mathcal{B} \Rightarrow wp(\mathcal{S} \mid \mathcal{P})$$

gilt.

Die letztere Bedingung ist insbesondere erfüllt, wenn

$$\mathcal{B} \Rightarrow (\mathcal{P} = wp(\mathcal{S} \mid \mathcal{P}))$$

gilt. $\mathcal{P}$ ist dann sogar eine unter $\mathcal{S}$ invariante Eigenschaft.

Für eine fest vorgegebene Bedingung $\mathcal{B}$ und eine Anweisung $\mathcal{S}$ zu jeder *beliebigen* Nachbedingung $\mathcal{Q}$ ein $\mathcal{P}$ zu suchen, wird meist eine Rätselaufgabe sein – überdies braucht $\mathcal{P}$ nicht eindeutig bestimmt zu sein, existiert vielleicht gar nicht. Wir nehmen das Beispiel

```
proc m ≡ (nat A, nat D: D ≠ 0) nat:
  ⌈ var nat x := A;
    while x ≧ D do x := x − D od; x ⌋
```

(Terminierung ist aus Monotoniegründen gesichert.)

Hier ist im Hinblick auf die bedingte Wiederholung

$$\mathcal{B} \equiv x \geqq D \quad \text{und} \quad \mathcal{S} \equiv x := x - D \quad ,$$

es ist

$$wp(\mathcal{S} \mid \mathcal{P}\,\lfloor x \rfloor) = \mathcal{P}\,\lfloor x - D \rfloor \quad ,$$

und somit haben wir zu erfüllen

$$\mathcal{P}\,\lfloor x \rfloor \wedge x < D = \mathcal{Q} \quad \text{und}$$
$$\mathcal{P}\,\lfloor x \rfloor \wedge x \geqq D \Rightarrow \mathcal{P}\,\lfloor x - D \rfloor \quad .$$

Für $\mathcal{Q}$ ≡ **true** ist dies nicht erfüllbar. Für $\mathcal{Q}$ ≡ **false** ist man an einer Lösung ohnehin nicht interessiert ($\mathcal{P}\,\lfloor x \rfloor$ ≡ **false** wäre eine). Was ist eine „gescheite" Nachbedingung? Das ist keine sinnvolle Frage. Eher schon wird man aus der zweiten Gleichung Ansatzpunkte für eine „gescheite" invariante Eigenschaft finden: Die Bedingung $x \geqq D$ garantiert die Ausführbarkeit der Subtraktion $x - D$; die zweite Gleichung enthält also im wesentlichen die Aussage: $\mathcal{P}\,\lfloor x \rfloor$ muß periodisch sein mit der Periode D.

Wählen wir somit etwa $\mathcal{P}\,\lfloor x \rfloor \equiv D|x$, so ergibt die obige Forderung $\mathcal{P} \wedge \neg \mathcal{B} = \mathcal{Q}$, also $D|x \wedge x < D \equiv \mathcal{Q}$, d. h. $\mathcal{Q} \equiv (x = 0)$. $D|x$ ist also nur für diese eine, dazu nicht sonderlich interessante, Problemstellung eine Invariante. Darüber hinaus wird $D|x$ durch die initialisierende Zuweisung $x := A$ nicht gewährleistet.

Genug des grausamen Spiels! Wählen wir

$$\mathscr{P}\lfloor x \rfloor \equiv D|(A - x) \quad ,$$

so ist die zweite Gleichung ebenfalls erfüllt, wir erhalten

$$\mathscr{Q} \equiv x < D \wedge D|(A - x) \quad ,$$

d. h., wir haben die Aufgabe (vgl. *mod*, 1.11.2)

$$\iota\,\textbf{nat}\, x\colon x < D \wedge D|(A - x)$$

vor uns.
$\mathscr{P}\lfloor x \rfloor \equiv D|(A - x)$ ist Vorbedingung der Wiederholung,
$\mathscr{P}\lfloor A \rfloor \equiv D|(A - A) \equiv \textbf{true}$ ist Vorbedingung der Initialisierung, es wird also die gestellte Aufgabe auch gelöst.

Das Beispiel sollte gezeigt haben, daß eine invariante Bedingung kaum vom Himmel fällt. Verifikation ist jedoch nicht als Rätselspiel gedacht. Gries schreibt 1979: "... it is difficult to prove an existing program correct. Instead, the correctness proof and the program should be developed hand-in-hand – with the former usually leading to the latter."

Ausgehend von der Aufgabenstellung

$$\iota\,\textbf{nat}\, x\colon x < D \wedge D|(A - x)$$

sollten wir also als Nachbedingung

$$\mathscr{Q} \equiv x < D \wedge D|(A - x)$$

wählen und dies zerlegen als $\neg\,\mathscr{B} \wedge \mathscr{P}\lfloor x \rfloor$ mit

$$\mathscr{B} \equiv x \geqq D \quad \text{und}$$
$$\mathscr{P}\lfloor x \rfloor \equiv D|(A - x) \quad .$$

$\mathscr{S} \equiv x := x - D$ ist unter der Voraussetzung $\mathscr{B}$ definiert und läßt $\mathscr{P}\lfloor x \rfloor$ invariant. So entsteht

$$\textbf{while}\; x \geqq D\; \textbf{do}\; x := x - D\; \textbf{od}$$

Vorsetzen von $x := A$ ergibt $\mathscr{P}\lfloor A \rfloor \equiv D|(A - A) \equiv \textbf{true}$, also

$$\textbf{true} \Rightarrow wp(x := A;\, \textbf{while}\; x \geqq D\; \textbf{do}\; x := x - D\; \textbf{od}\,|x < D \wedge D|(A - x)) \quad .$$

Damit ist der Rumpf entwickelt – Terminierung muß noch bewiesen werden.

Vergleich mit 1.11.4 zeigt allerdings, daß das Vorgehen – dort die Herleitung einer rekursiven Fassung – technisch völlig gleichartig ist und sich lediglich in der verwendeten Notation unterscheidet.

Programmverifikation kann auch *zusätzlich* zu einer Herleitung eines iterativen Programms durch eine Folge von Programmtransformationen von Bedeutung sein: In diesem Fall hat man kaum Schwierigkeiten, geeignete invariante Eigenschaften zu finden, ist aber u. U. in der Lage, den Beweisweg gegenüber der Herleitung abzukürzen. Dabei handelt es sich allerdings mehr um eine Probe als um einen Beweis, die Probe gibt aber gewisse Sicherheit gegen Flüchtigkeitsfehler bei der Durchführung verwickelter Transformationen.

5.5 Variable für strukturierte Objekte

Auch für strukturierte, zusammengesetzte Objekte gibt es selbstverständlich Variable. Zu beachten ist dabei, daß die Selektion einer Komponente, wie etwa bei

rest(*a*) oder *a*[*U*] – deutlicher geschrieben
rest(**val** *a*) oder (**val** *a*)[*U*] –

keine Variable ergibt, also nicht linksseitig in einer Zuweisung vorkommen kann.

Bei gewissen Rechenstrukturen, die zusammengesetzte Objekte definieren, wie etwa Sequenzen, sind für Variable besondere Benennungen üblich. So nennt man eine Variable für Stapel einen **Keller**, eine Variable für Schlangen einen **Puffer**; ferner wird eine Variable für Reihungen ein **Feld**[28] genannt, und eine Variable für Rollen ein **Band**.

Beim Übergang von rekursiven Funktionen über solchen Rechenstrukturen zu prozeduralen Programmen mit Variablen für Zusammensetzungen entstehen im Fall der Sequenzen typischerweise Zuweisungen der Form

a := *append* (**val** *a*, *U*) .

append ist ein Beispiel für diejenigen Funktionen der zugrundeliegenden Rechenstruktur, die eine Zusammensetzung als Ergebnis haben. Ersetzt man solche Funktionen durch Prozeduren mit Variablenparametern für die betreffenden Zusammensetzungen, so ergeben sich etwa für Sequenzvariable folgende Operationen:

proc *push* ≡ (**var sequ** μ *a*, μ *U*): *a* := *append*(**val** *a*, *U*)
proc *pop* ≡ (**var sequ** μ *a*: **val** *a* ≠ ◊): *a* := *rest*(**val** *a*)
funct *last* ≡ (**sequ** μ *A*: *A* ≠ ◊) μ: *top*(*A*)
proc *trunc* ≡ (**var sequ** μ *a*: **val** *a* ≠ ◊): *a* := *upper*(**val** *a*)
funct *first* ≡ (**sequ** μ *A*: *A* ≠ ◊) μ: *bottom*(*A*) .

---

28 K. Zuses Begriff „Feldrechner" ist in diesem Sinne zu verstehen.

Für Keller sind typischerweise nur *push, pop* und *last*, für Puffer nur *push, trunc* und *first* verfügbar[29]. Auf diese Weise entstehen Konglomerate aus Variablen, Prozeduren und Funktionen, die man üblicherweise **Moduln** nennt. Die systematische Einführung von Moduln, die zu abstrakten Typen gehören, wird in Laut 1980 behandelt[30].

5.5.1 Selektive Änderung

Besondere Bedeutung kommt in Moduln solchen Prozeduren zu, die das Ersetzen einer bestimmten Komponente einer Zusammensetzung bewirken: die **selektive Änderung** des Inhalts ihres Variablenparameters. Beispielsweise in den Rechenstrukturen für Reihungen (und Aggregate) ist dies eine reichlich komplexe Angelegenheit: es erfordert die Bildung einer neuen Reihung, in der alle Komponenten bis auf eine aus dem Inhalt der Variablen übernommen werden und diese eine durch das neue Element ersetzt wird, also etwa $a := \langle a[1],\ -8,\ a[3] \rangle$.

Führt man Reihungen **index array** μ auf **FLEX** von 3.3.1.2 zurück, so steht die Operation *alt* zur Verfügung; beim Übergang zu einem Modul ergibt sich die Prozedur

$$\textbf{proc}\ alter = (\textbf{var index flex}\ \mu\ a,\ \textbf{index}\ I,\ \mu\ X) \text{: } a := alt(a, I, X) \quad .$$

Die Komplikation ist damit ganz auf die Implementierung der Prozedur *alter* abgeschoben.

Eine solche rekursive bzw. (nach geeigneter Umformung) iterative Konstruktion der neuen Reihungen empfiehlt sich selbst im Falle fester Indexgrenzen, wenn die Indexmenge groß ist. Häufig dürfte sich ohnehin schon von der Aufgabenstellung her anbieten, statt Reihungen mit errechneten Indexgrenzen die Rechenstrukturen *FLEX* oder *BIFLEX* zu verwenden.

Führt man *alter* als Primitives ein, so kann auch der vollständige Aufbau einer Reihung „auf einer Variablen für die Reihung“ mittels *alter* sukzessive durchgeführt werden. Beachte, daß auch in diesem Fall die Variable wesensgemäß initialisiert eingeführt wird, nämlich mit *init* initialisiert.

Häufig wird mißverständlich

$$„a[I] := X\text{“} \quad \text{für} \quad alter(a, I, X), \quad \text{also für} \quad a := alt(a, I, X)$$

geschrieben, was eigentlich für Reihungen von Variablen (siehe 7.1) reserviert bleiben sollte. Dijkstra 1976 weist mit Nachdruck auf die mit dieser Schreibweise verbundene Gefahr der Selbsttäuschung hin und plädiert für die Schreibweise[31]

a: $alter(I, X)$ oder „weniger puritanisch“
a: $[I] = X$.

---

29 Knuths Schreibweise $a \Leftarrow U$ für $push(a, U)$ oder, in Operationsschreibweise, a **push** U betont den Zuweisungscharakter dieser Operation.

30 Dort wird insbesondere auch ein einfaches Kriterium bezüglich der Einhaltung des Alias-Verbots beim Übergang auf Moduln angegeben.

31 “... in order to stress that such an operation affects the array ... as a whole”.

Auch in Rechenstrukturen ist nicht jede selektive Änderung zusammengesetzter Objekte umständlich: so kann etwa die selektive Änderung des obersten Elements eines Kellers oder der *joint*-Komponente eines Bands unkompliziert, nämlich ohne die übrigen Elemente einzeln anzusprechen, formuliert werden.

5.5.2 Bemerkungen zur Ein-/Ausgabe

Hier ist auch der Platz, etwas Grundsätzliches über „Ein-/Ausgabe" und „Hintergrundspeicher" zu sagen. Zur Behandlung der Ein-/Ausgabe werden prinzipiell keine zusätzlichen programmiersprachlichen Konstruktionen benötigt, sondern lediglich eine Auswahl von Variablen für besondere Sequenzen, wobei im Falle reiner Ausgabe nur die Operation *push*, im Falle reiner Eingabe nur *first* und *trunc* verwendet werden; im gemischten Fall handelt es sich um einen Puffer[32]. Sei **IO** eine artunspezifische globale Standardbezeichnung für einen solchen Puffer, dann sind etwa *print* und *read* definiert durch

proc *print* = (μ *X*): *push*(**IO**, *X*)

oder

proc *read* = (**var** μ *a*): ⌈*a* := *first*(**IO**); *trunc*(**IO**)⌋ .

Hintergrundspeicher sind funktionell nichts anderes als spezielle, nicht artspezifische Variable für Rollen oder Reihungen, wobei die einzelnen Zugriffsoperationen unterschiedlich effizient realisiert sind.

Magnetband- und Platteneinheiten sind Realisierungen für *Bänder*; üblicherweise sind dabei nur Prozeduren verfügbar, die *a* := *advance*(*a*) und *a* := *open*(*a*), vgl. 2.11.2, entsprechen. Die *joint*-Komponente ist zugriffsmäßig ausgezeichnet: Nur auf sie kann lesend zugegriffen werden; nur sie kann selektiv geändert werden, wobei bei Magnetbandgeräten die *r*-Komponente „leer" gemacht wird:

a := **roll**: ⟨*l* **of** *a*, *X*, ◊⟩ .

Adressierbare Magnetplatten-Einheiten sind Variable für flexible Reihungen beschränkter Länge, also *Felder*. Prozeduren, die *a* := *ext*(*a*, *X*) und *a* := *rem*(*a*) entsprechen, sind zusammen mit dem oben besprochenen *alter* verfügbar. Der lesende Zugriff (mittels *sel*) ist wahlfrei und direkt („random access").

Diese funktionelle Betrachtungsweise ermöglicht auch eine klare Trennung von Zugriffs- und Formatierungsaufgaben, wobei letztere durch typische Rechenvorschriften zur Zeichenverarbeitung behandelt werden.

Eine Schlußbemerkung: *Von Variablen für strukturierte Objekte sind begrifflich zu unterscheiden zusammengesetzte Objekte, deren Komponenten Variable sind. Ihre Verwendung ist typisch auf der Ebene der maschinennahen Systemprogrammierung;* wir werden in 7.1 darauf zurückkommen.

---

32 Als Kernspeicher noch eine Seltenheit waren, wurde häufig mittels Lochkarten gepuffert; Rutishauser stellte seinen Umwälzalgorithmus zur Invertierung einer Matrix darauf ab.

Anhang zum 5. Kapitel. Notationen

Programmiersprachen, die im wesentlichen nur Programmvariable kennen, müssen wenigstens beim Prozeduraufruf zwischen echten Variablenparametern (‚call by reference') und konstant gehaltenen Variablen, die Objekte ersetzen, (‚call by value') unterscheiden. In PASCAL („parametrische Variablen", „parametrische Konstanten", Wirth 1972) geschieht dies in einer Schreibweise

procedure *multiply*(*x*, *y*: *integer*; **var** *z*: *integer*);

die durch Umdeutung die Brücke zu einer applikativen Auffassung der parametrischen Konstanten zu schlagen erlaubt.

Eine dritte Art der „Parameterübergabe", ‚call by name', die textuelle Übergabe (‚call by expression', Strachey, Wilkes 1961, vgl. 1.7) bedeutet, war in ALGOL 60 vorgesehen und mußte als Ersatz für Prozedur-Parameter (in PASCAL „parametrische Prozeduren") dienen. In ALGOL 60 fehlte dafür fatalerweise der ‚call by reference', der in FORTRAN vorhanden war; ein ‚value result' gab es in ALGOL W.

Häufig erlaubt man abkürzende Schreibweisen für Vereinbarungen mehrerer Variablen derselben Art, etwa in ALGOL 60 **int** *a, b, c*. In PASCAL geschieht eine solche Vereinbarung in der Form **var** *a, b, c*: *T*, wo *T* die Art der Werte angibt.

Bei manchen Programmsprachen ist die Verbindung der Vereinbarung mit einer initialen Zuweisung nicht möglich (ALGOL 60, PASCAL).

In MESA, das sonst der PASCAL-Linie folgt, wird die Variablen-Vereinbarung a: $T \leftarrow \mathscr{E}$ von der Konstantenvereinbarung a: $T = \mathscr{E}$ unterschieden – letztere ist, was wir als Objektvereinbarung bezeichnet haben.

Für (gezählte und ungezählte) Wiederholungen gibt es eine Fülle von Schreibweisen, worauf wir im Anhang zum 6. Kapitel zurückkommen werden.

Programmvariable verletzen notgedrungen die Forderung von Quine 1960 nach ‚referential transparency': daß eine „Variable" (Bezeichnung) an jeder Stelle der Niederschrift denselben Wert besitzt. Rutishauser trug dieser natürlichen Forderung (im Falle der Wertverlaufsrekursion) schon dadurch Rechnung, daß er sich etwa bei

$$h := h + 1$$

„unsichtbare" (eingeklammerte) Zustandsindizes vorstellt,

$$h^{(i+1)} := h^{(i)} + 1 \quad .$$

Nur notationell anders geht man bei LUCID vor, um das vertraute Bild der prozeduralen Schreibweise mit der Transparenz der applikativen Semantik zu verbinden:

$$\mathit{first}\ a = 1$$
$$\mathit{next}\ a = a + 1 \quad .$$

Als Zuweisungszeichen wurde von Zuse im Plankalkül (1945) das Zeichen $\Rightarrow$ verwendet, in der (richtigen) Reihenfolge

$$a + 3 \Rightarrow h \quad .$$

ALGOL führte := ein,

$h := a + 3$,

was sich auch in PASCAL, CLU u. a. hält. Oft wird auch (ALPHARD, MESA) ein Pfeil verwendet,

$h \leftarrow a + 3$;

Zuses Reihenfolge ist „natürlicher", dies zeigt sich bei maschinennahen Meliorierungen wie auch bei gekoppelten Zuweisungen (siehe 7.3.1).

In ALGOL 68 ist in der „strict language" eine Variablenvereinbarung von der Form **ref int** a = **loc int**, sie kann abgekürzt werden zu **int** a, was häufig zu Verwirrungen führt.

Gelegentlich unterläßt man Programmvariablen-Vereinbarungen und unterstellt sie „mit dem ersten Auftreten einer Zuweisung an die frei gewählte Bezeichnung". Dies mag bei artunspezifischen Variablen vertretbar sein. Barbarisch ist es, gewisse Buchstaben für gewisse Arten zu reservieren.

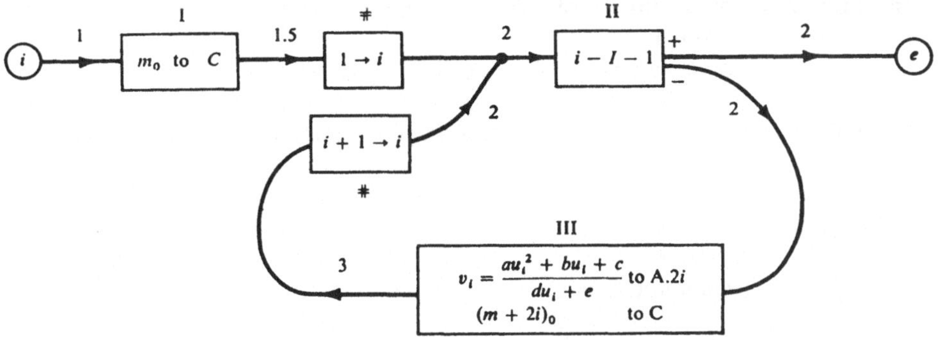

Ein Ablaufplan nach von Neumann

6. Kapitel. Ablaufbestimmende Elemente

"The absence of *goto*'s does not always make a program better."

Geschke et al. 1977

Die Einführung von Variablen im vorigen Kapitel erlaubt nun, den Ablauf gewisser Systeme freizulegen. In diesem Kapitel werden Hilfsmittel zur expliziten Beschreibung von Abläufen eingeführt. Dabei braucht man sich nicht auf sequentielle Abläufe zu beschränken. Zur Illustration koordinierter Abläufe werden Petri-Netze herangezogen.

6.1 Entparametrisierung und formale Behandlung der Wiederholung

In 5.1 wurden Wiederholungen informell behandelt, um damit wesentliche Züge der in 5.2 einzuführenden Programmvariablen zu motivieren. Eine formale Behandlung der Wiederholung auf der Basis von 5.2 soll jetzt nachgeholt werden. Wir beginnen mit der Entparametrisierung entflochtener Rechenvorschriften und ihren Auswirkungen auf den Ablauf.

6.1.1 Entparametrisierung

Die Ausführung einer rekursiven Rechenvorschrift kann – auf heute gängigen Maschinen ebenso wie auf der Kellermaschine (vgl. 1.7.4) – wesentlich effizienter erfolgen, wenn der Parameterkeller zu einem Parameter-Register kollabiert. Auf dem Variablenniveau bedeutet dies, daß man zu der rekursiven Rechenvorschrift als Gegenstück eine Prozedur mit *unterdrückten* Variablen-Parametern angibt. Die formale Herleitung einer solchen Prozedur ergibt als notwendige und hinreichende Voraussetzung für den Übergang, daß die Rechenvorschrift in entflochtener Form vorliegt. Zur Illustration der einzelnen Schritte dieser Herleitung verwenden wir das einfache Beispiel von 4.4.1

```
funct pbw ≡ (int A, nat E) int:
      if E = 0 then A
               else sq(pbw(A, E - 1)) fi   .
```

A ist dabei ein starrer Parameter und braucht nicht behandelt zu werden. Eine genügend detaillierte Form ist

```
funct pbw ≡ (int A, nat E) int:
      if E = 0 then A
               else nat H ≡ E - 1; sq(pbw(A, H)) fi   .
```

a) Zunächst wird, gestützt auf die Funktion *pbw*, eine neue Prozedur *pbw** definiert

```
proc pbw* ≡ (int A, var nat e) int: pbw(A, e)   .
```

b) Expandieren des Aufrufs *pbw* ergibt

```
proc pbw* ≡ (int A, var nat e) int:
     if e = 0 then A
              else nat H ≡ e - 1; sq(pbw(A, H)) fi   .
```

c) Im Rumpf der Prozedur können wir jetzt die Hilfsbezeichnung *H* durch die Programmvariable *e* selbst ersetzen, gemäß der Regel (A1) von 5.2.2. Die dort aufgeführten Nebenbedingungen zeigen direkt, daß dies nur möglich ist, da *e* hinter der Vereinbarung von *H* nicht mehr vorkommt, mit anderen Worten da die Rechenvorschrift *pbw* entflochten ist. Wir erhalten so mit Seiteneffekt

```
proc pbw* ≡ (int A, var nat e) int:
     if e = 0 then A
              else e := e - 1; sq(pbw(A, e)) fi   .
```

d) Komprimieren mittels der ursprünglichen Definition der Prozedur *pbw** aus Schritt a) ergibt nun eine rekursive Fassung der Prozedur:

```
proc pbw* ≡ (int A, var nat e) int:
     if e = 0 then A
              else e := e - 1; sq(pbw*(A, e)) fi   .
```

e) Als abschließenden Schritt können wir jetzt die Parameter unterdrücken. Insgesamt ergibt sich, eingebettet in den Rahmen der Rechenvorschrift *pbw*,

```
funct pbw ≡ (int A, nat E) int:
     ⌈ var nat e := E; pbw*
       where proc pbw* ≡ int:
                 if e = 0 then A
                          else e := e - 1; sq(pbw*) fi ⌋   .
```

Entscheidend für den Erfolg des Verfahrens ist Schritt c). Daß dieser nicht immer möglich ist, zeigt schon das einfache Gegenbeispiel

```
funct fac ≡ (nat N) nat:
      if N ≠ 0 then N × fac(N - 1)
               else 1              fi   .
```

Hier lautet die kritische Zwischenform

```
proc fac* ≡ (var nat n) nat:
      if n ≠ 0 then nat H ≡ n - 1; n × fac(H)
               else 1                         fi   .
```

Die Hilfsbezeichnung H kann nicht durch n ersetzt werden.

Nun wird der wesentliche Zweck des „Entflechtungs-Verfahrens" aus 4.4.2 deutlich. Dort wurde gezeigt, daß jede rekursive Rechenvorschrift (und auch jedes System) entflochten werden kann, allerdings oft nur unter expliziter Zuhilfenahme von Stapeln. Damit ergibt sich allgemein die wichtige Feststellung:

> Jede (rekursive) Rechenvorschrift kann entparametrisiert werden; das gleiche gilt für Systeme von Rechenvorschriften.

Man kann mit dem oben beschriebenen Verfahren nicht nur die Parameter allein, sondern häufig auch zugleich die Resultate der Rechenvorschrift durch Programmvariable ersetzen. Man erhält dann reine Prozeduren. Wir betrachten dazu das etwas anspruchsvollere Beispiel (siehe auch 1.5)

```
funct morris ≡ (int X, int Y) int:
      if X = Y then succ Y
               else morris(X, morris(pred X, succ Y)) fi   .
```

Eine entflochtene Form erhält man durch Funktionsumkehr, sie lautet (gemäß 4.4.2):

```
funct morris' ≡ (int X, int Y)(int, int):
      if X = Y then (X, succ Y)
               else (int X1, int Y1) ≡ (pred X, succ Y);
                    (int X2, int Y2) ≡ morris' (X1, Y1);
                    int X3 ≡ succ X2;
                    morris' (X3, Y2)                    fi   .
```

Beachte, daß durch Verwendung der Umkehrfunktion **succ** hier gilt X_3 = **succ** X_2 = **succ** X_1 = **succ pred** $X = X$. (Die Gleichheit von X_1 und X_2 erfordert jedoch grundsätzlich einen Induktionsbeweis; dieser ist jedoch in der Konstruktionsmethode von 4.4.2 implizit enthalten.)

Wir variieren nun Schritt a) des obigen Verfahrens und definieren eine neue Prozedur in folgender Form:

```
proc morris* ≡ (var int x, var int y): (x, y) := morris'(x, y)   .
```

Die übrigen Schritte erfolgen unverändert. Zunächst liefert Expandieren zusammen mit der Regel (A4) aus 5.2.3

```
proc morris* ≡ (var int x, var int y):
    if x = y then (x, y) := (x, succ y)
            else (x, y) := ⌈ (int X₁, int Y₁) ≡ (pred x, succ y);
                             (int X₂, int Y₂) ≡ morris'(X₁, Y₁);
                             int X₃ ≡ succ X₂;
                             morris'(X₃, Y₂)                    ⌋ fi   .
```

Die Objektbezeichnungen X_i, Y_i können jetzt sukzessive durch die Programmvariablen x, y ersetzt werden:

```
proc morris* ≡ (var int x, var int y):
    if x = y then (x, y) := (x, succ y)
            else (x, y) := (pred x, succ y);
                 (x, y) := morris'(x, y);
                      x := succ x;
                 (x, y) := morris'(x, y)      fi   .
```

Komprimieren mit der ursprünglichen Fassung von *morris** und Unterdrückung der Parameter x, y sowie geringfügige Vereinfachung liefert schließlich insgesamt

```
funct morris ≡ (int A, int B) int:
   ⌈ (var int x, var int y) := (A, B); morris*; val y
     where proc morris* ≡ :
                  if x = y then y := succ y
                           else (x, y) := (pred x, succ y);
                                morris*;
                                x := succ x;
                                morris*                  fi ⌋   .
```

In 4.4 war für einige nicht-lineare Rekursionsschemata die entflochtene Form entwickelt worden. Der Vollständigkeit halber soll jetzt noch die zugehörige entparametrisierte Fassung angegeben werden.

Zu der kaskadenartig rekursiven Rechenvorschrift F aus 4.4.2

funct $F \equiv (\lambda\, x)\ \rho$:
  if $\mathscr{B}\lfloor x \rfloor$ **then** $\varphi\,(F(\mathscr{K}_1\lfloor x \rfloor), F(\mathscr{K}_2\lfloor x \rfloor), \mathscr{E}\lfloor x \rfloor)$
    else $\mathscr{H}\lfloor x \rfloor$ **fi**

lassen sich nach der Entflechtung Variable v, sv und z einführen, die die jeweiligen Zwischenergebnisse tragen und in F^* als Parameter unterdrückt werden. Dies ergibt[1]

1 ω bedeutet ein belangloses Objekt, vgl. 5.3.4. Die Verwendung einer pseudoinitialisierten Variablen kann hier nicht vermieden werden, da z für F^* reinen Resultatcharakter besitzt.

```
funct F ≡ (λ x) ρ:
   ⌈ (var λ v, var stack ρ sv, ρ z) := (x, empty, ω);
     F*; z where
     proc F* ≡ :
         if ℬ⌊v⌋ then v := 𝒦₁⌊v⌋;
                      F*;
                      v := 𝒦̄₁⌊v⌋;
                      (v, sv) := (𝒦₂⌊v⌋, sv & z);
                      F*;
                      v := 𝒦̄₂⌊v⌋;
                      (sv, z) := (rest sv, φ(top sv, z, ℰ⌊v⌋))
                 else z := ℋ⌊v⌋                               fi ⌋   .
```

Analog ergibt sich für die geschachtelt rekursive Rechenvorschrift G aus 4.4.2

```
funct G ≡ (λ x) ρ:
   if ℬ⌊x⌋ then φ (G(ψ(G(𝒦₁⌊x⌋), 𝒦₂⌊x⌋)), ℰ⌊x⌋)
           else ℋ⌊x⌋                               fi
```

als entparametrisierte Form mit den Variablen v, sv und z

```
funct G ≡ (λ x) ρ:
   ⌈ (var λ v, var stack λ sv, var ρ z) := (x, empty, ω);
     G*; z where
     proc G* ≡ :
         if ℬ⌊v⌋ then v := 𝒦₁⌊v⌋;
                      G*;
                      v := 𝒦̄₁⌊v⌋;
                      (v, sv) := (ψ(z, 𝒦₂⌊v⌋), sv & v);
                      G*;
                      (v, sv, z) := (top sv, rest sv, φ(z, ℰ⌊top sv⌋))
                 else z := ℋ⌊v⌋                               fi ⌋   .
```

Schließlich wurde in 4.4.3 ein Spezialfall von F durch Klammernverschiebung (aufgrund der Assoziativität von σ) in geschachtelte Rekursion umgeformt und dann entflochten. Aus der Endfassung in 4.4.3 ergibt sich eine Formulierung, die die wesentlichen Einsparungen deutlich erkennen läßt:

```
funct F ≡ (λ x) ρ:
   ⌈ (var λ v, var stack λ sv, ρ z) := (x, empty, e);
     F*; z where
     proc F* ≡ :
         if ℬ⌊v⌋ then (v, sv, z) := (𝒦₂⌊v⌋, sv & v, ℰ⌊v⌋ σ z);
                      F*;
                      (v, sv) := (𝒦₁⌊top sv⌋, rest sv);
                      F*;
                 else z := ℋ⌊v⌋ σ z                           fi ⌋   .
```

Das Ergebnis dieser Entparametrisierung ist in der Tat die Offenlegung der reinen Ablaufstruktur (engl.: *control structure*) des Algorithmus.

6.1.2 Semantik der Wiederholung

Besonders nahe liegt das Vorgehen der Entparametrisierung bei repetitiven Rechenvorschriften und Systemen. So erhält man etwa aus (vgl. 4.2.1) der Einbettung

```
funct fac ≡ (nat N) nat: G(N, 1),
funct G   ≡ (nat N, nat M) nat:
      if N ≠ 0 then G(N − 1, M × N)
               else M                  fi
```

nach entsprechender Behandlung von G die Einbettung

```
funct fac ≡ (nat N) nat:
    ⌈ (var nat n, var nat m) := (N, 1); G* where
      proc G* ≡ nat:
          if n ≠ 0 then (n, m) := (n − 1, m × n); G*
                   else m                            fi ⌋   .
```

Für repetitive Systeme führt die Methode der Entparametrisierung zu einem allgemeinen Transformationsschema, das wir in 6.2 aufgreifen werden. Für eine direkt-rekursive, repetitive Rechenvorschrift ergibt sich das Transformationsschema

```
funct R ≡ (λ M) ρ:
      if 𝓑⌊M⌋ then R(𝒦⌊M⌋)
              else ℋ⌊M⌋    fi
  ─────────────↕─────────────
funct R ≡ (λ M) ρ:
    ⌈ var λ m := M; R* where
      proc R* ≡ ρ: if 𝓑⌊m⌋ then m := 𝒦⌊m⌋; R*
                           else ℋ⌊m⌋          fi ⌋   .
```

Aufgabe 1: In 4.2.1, 4.2.2 und 4.2.3 wurden Schemata angegeben, die von linearer auf repetitive Rekursion führen. Man kombiniere diese Schemata jeweils mit dem obigen (das repetitive Rechenvorschriften entparametrisiert), so daß Schemata entstehen, die linear rekursive Rechenvorschriften direkt in entparametrisierte Prozeduren überführen.

Die Prozedur R^* im obigen Schema kann in eine reine Prozedur umgewandelt werden, indem die Berechnung von $\mathscr{H}\lfloor m \rfloor$, die im Terminierungszweig erfolgt, „herausgezogen" wird; d. h., die Berechnung wird in der übergeordneten Rechenvorschrift nach dem Aufruf der Prozedur vorgenommen. Es ergibt sich folgende Variante der Transformation

```
funct R ≡ (λ M) ρ:
    if ℬ ⌊M⌋ then R(𝒦 ⌊M⌋)
             else ℋ ⌊M⌋      fi
       ─────────↕─────────
funct R ≡ (λ M) ρ:
    ⌈ var λ m := M; R**; ℋ ⌊m⌋ where
      proc R** ≡ :
           if ℬ ⌊m⌋ then m := 𝒦 ⌊m⌋; R**
                    else skip          fi   .
```

Nun bedeutet aber diese Form nichts anderes, als daß die (kollektive) Zuweisung $m := \mathscr{K}\lfloor m \rfloor$ so lange wiederholt wird, wie $\mathscr{B}\lfloor m \rfloor$ gilt; ist $\mathscr{B}\lfloor m \rfloor$ erstmals verletzt, so bricht die Rekursion ab.

Wir können also nachträglich die in 5.1 informell eingeführte **Wiederholung** definieren als notationelle Variante der obigen rekursiven Prozedur. Dies führt auf die Definition

> Die reine Prozedur (mit unterdrücktem Variablen-Parameter)
>
> **proc** R ≡: **while** $\mathscr{B}$ **do** $\mathscr{S}$ **od**
>
> wo $\mathscr{S}$ irgendeine Anweisung ist, wird rekursiv erklärt durch
>
> **proc** R ≡: **if** $\mathscr{B}$ **then** $\mathscr{S}$; R **else skip fi**

Anders ausgedrückt:

while $\mathscr{B}$ **do** $\mathscr{S}$ **od**

ist gleichbedeutend mit

```
if ℬ then 𝒮; while ℬ do 𝒮 od
     else skip                fi   .
```

Vergleich der Transformation und der repetitiven Fassungen in 5.1 ergibt völlige Übereinstimmung.

Die der Wertverlaufsrekursion unmittelbar entsprechende gezählte Wiederholung läßt sich auf eine gewöhnliche Wiederholung bzw. auf eine rekursive Fassung zurückführen. Einzelheiten darüber bringt 6.4.4.

Aufgabe 2: Man überführe die Rechenvorschriften fac, gcd und mod aus 1.4.1 *unter Verwendung geeigneter Transformationen in die Form von Wiederholungen.*

6.1.3 Analytische Behandlung des Protokollkellers

Als Prototyp des Ergebnisses der Entflechtung und Entparametrisierung ganz verschiedenartiger Rekursionstypen erhielten wir in 6.1.1 die Form

```
proc M ≡:
    if 𝓑 then 𝒮₁; M; 𝒮₂; M; 𝒮₃
        else 𝒮₄                  fi  .
```

Dieses Schema kann, ganz wie in 4.3.2 geschehen, durch „Arithmetisierung des Ablaufs" behandelt werden. Wir wollen hier eine äußerlich andere, der Idee des Protokollkellers näherliegende Methode betrachten: die analytische Behandlung des Ablaufs mittels eines Kellers für binäre Merkmale. Der innere Zusammenhang mit der früher geschilderten Methode ist offensichtlich, wenn man bedenkt, daß ein Stapel aus binären Merkmalen einer Dualzahl entspricht, und man wird einen Vergleich der hier benutzten Stapeloperationen mit den in 4.3.2 benutzten arithmetischen Operationen, insbesondere mit der Hilfsfunktion γ, unschwer durchführen können.

Eingeführt wird also ein Stapel von binären Merkmalen

```
mode mark ≡ atomic {1., 2.}   ,
```

und es wird *M* eingebettet in die um einen Merkmalskeller als Parameter erweiterte Prozedur *M**

```
proc M  ≡: M*(empty),
proc M* ≡ (stack mark p):
    if 𝓑 then 𝒮₁; M*(p & 1.); 𝒮₂; M*(p & 2.); 𝒮₃
        else 𝒮₄                                    fi  .
```

Wenn jetzt ein rekursiver Aufruf beendet wird, so sieht man dem Stapel *p* bereits an, wo danach die Arbeit fortgesetzt wird: Ist **top** $p = \mathit{1.}$, so wird die Arbeit mit $\mathscr{S}_2$ fortgesetzt, ist **top** $p = \mathit{2.}$, so wird die Arbeit mit $\mathscr{S}_3$ fortgesetzt.

Mit Hilfe der im Stapel *p* enthaltenen Informationen kann man die rekursiven Aufrufe also in die Zweige einer (hier binären) Fallunterscheidung verlegen und hat damit einen entscheidenden Schritt in Richtung auf eine repetitive Form gemacht.

Allerdings zeigt schon die obige Formulierung „... wird die Arbeit mit ... fortgesetzt ...", daß an den Stellen, an denen die ursprüngliche Rechenvorschrift *M* terminierte, jetzt zusätzliche rekursive Aufrufe stehen müssen. Damit sind bei den rekursiven Aufrufen zwei Fälle zu unterscheiden: die „echten" Rekursionen, die den bisher schon vorhandenen Aufrufen entsprechen, und die „unechten" Rekursionen, die für die Fortsetzung der Arbeit an den bisherigen Terminierungsstellen sorgen. Diese beiden Fälle erfordern verschiedene Rechenvorschriften *rec, cont.* Insgesamt ergibt sich so ein repetitives System

```
proc M   ≡: rec(empty),
proc rec ≡ (stack mark p):
    if 𝓑 then 𝒮₁; rec(p & 1.)
        else 𝒮₄; cont(p)     fi,
```

```
proc cont ≡ (stack mark p):
    if p ≠ empty then if top p = 1. then 𝒮₂; rec(rest p & 2.)
                      ▯ top p = 2. then 𝒮₃; cont(rest p)   fi
                 else skip                                  fi   .
```

Die Rekursion wird genau dann beendet, wenn ein Terminierungsfall vorliegt und der Stapel p leer ist, dieser Fall befindet sich in *cont* in dem Zweig mit **skip**.

Es ist lehrreich, noch einmal den Spezialfall der linearen Rekursion zu betrachten. Die entparametrisierte Form entspricht dem Schema

```
proc L ≡:
    if ℬ then 𝒮₁; L; 𝒮₂
         else 𝒮₃        fi   .
```

Eine Überführung der obigen Art liefert daraus

```
proc L    ≡: rec(empty),
proc rec  ≡ (stack mark p):
    if ℬ then 𝒮₁; rec(p & 1.)
         else 𝒮₃; cont(p)     fi,
proc cont ≡ (stack mark p):
    if p ≠ empty then if top p = 1. then 𝒮₂; cont(rest p) fi
                 else skip                                 fi   .
```

Man sieht sofort, daß der Stapel p nur *1.* (also Strichzahlen) enthält; es würde genügen, durch einen Zähler ihre Anzahl festzuhalten. Zweck dieses Zählers ist dann nur noch, die Terminierung herbeizuführen, sobald er den Wert 0 erreicht hat. (Dieselbe Aufgabe kann jedoch auch der Parameterkeller erfüllen.) Außerdem zeigt sich, daß *cont* nie mehr *rec* aufruft. Es ergibt sich

```
proc L    ≡: rec(0),
proc rec  ≡ (nat p):
    if ℬ then 𝒮₁; rec(p + 1)
         else 𝒮₃; cont(p)     fi,
proc cont ≡ (nat p):
    if p ≠ 0 then 𝒮₂; cont(p − 1)
           else skip             fi   .
```

Diese Form entspricht im wesentlichen derjenigen Variante der funktionellen Umkehr, die „mitlaufende Zählung" benutzt (vgl. das Beispiel *cos* aus 4.2.3).

Die in den letzten beiden Abschnitten gezeigte Methode zur Einführung von Parameter- und Protokollkeller stellt eine systematische und formale Herleitung eines spezifischen Verfahrens dar, das unschwer auch auf den Fall von drei und mehr Aufrufen im Rumpf der Rechenvorschrift (mit entsprechend ternären usw. Merkmalen) erweitert werden kann. Dieses Verfahren kann ergänzend neben die im Übersetzerbau üblichen Methoden der Implementierung rekursiver Rechenvorschriften, die im wesentlichen auf eine Implementierung der Kellermaschine hinauslaufen, treten. Es ist verwandt mit einem Vorgehen, das Scholl 1976 als „Traversieren des Aufrufbaums" vorgeschlagen hat.

6.2 Sprünge

6.2.1 Schlichter Aufruf als ablaufbestimmendes Grundelement

Bisher haben wir gewisse direkt rekursive und gestaffelt rekursive Rechenvorschriften „entrekursiviert", d. h. auf Wiederholungen zurückgeführt. Nun betrachten wir verschränkt rekursive Systeme. Als Beispiel nehmen wir eine Rechenvorschrift *positiv*, die eine vorgegebene Vorzeichenfolge auf ein einziges Vorzeichen zurückführt und sich auf ein System *pos, neg* (vgl. 1.4.1e)) stützt. Dabei sei **mode sign** ≡ **atomic** {+, −}.

```
funct positiv ≡ (stack sign A) sign:
   ⌈ pos(A) where
     funct pos ≡ (stack sign A) sign:
           if A ≠ empty then if top(A) = + then pos(rest(A))
                             ▯ top(A) = − then neg(rest(A)) fi
                        else +                                fi,
     funct neg ≡ (stack sign A) sign:
           if A ≠ empty then if top(A) = + then neg(rest(A))
                             ▯ top(A) = − then pos(rest(A)) fi
                        else −                                fi ⌋   .
```

Die Untersuchung dieses Beispiels zeigt, daß die Aufrufe *pos* bzw. *neg* die letzte Tätigkeit bei der Ausführung der jeweiligen aufrufenden Rechenvorschrift sind. Es handelt sich somit hier um den schon bei den repetitiven Rechenvorschriften vorkommenden Sonderfall, bei dem eine Rückkehr in die aufrufende Rechenvorschrift nicht mehr erforderlich ist, und somit die Tätigkeiten der Rückkehrorganisation eingespart werden können[2].

Wir haben diesen Sonderfall, bei dem der Aufruf einer Rechenvorschrift *q* die *letzte Tätigkeit* bei der Ausführung einer Rechenvorschrift *p* ist, als *schlichten* Aufruf (vgl. 1.4.3) bezeichnet.

Solche schlichten Aufrufe, deren Bedeutung also dadurch erklärt ist, daß für die Fortsetzung der Verarbeitung gilt:

> „Unbeschadet aller noch anstehenden Rückkehrverpflichtungen setze die Arbeit fort (kurz: **goto**) am Beginn der aufgerufenen Rechenvorschrift" [3]

stellen Vorformen von Sprüngen üblicher Art (vgl. 1.7.4) dar.

---

2 Knuth (1974) macht die treffende Bemerkung: "Rule number one for simplifying procedure calls is: If the last action of procedure *p*, before it returns is to call procedure *q*, simply **goto** the beginning of procedure *q* instead."

3 Diese Regel wurde schon 1965 von Gill angegeben; unabhängig von Knuth hat Haskell 1975 auf ihre Bedeutung hingewiesen. Der BLISS-Übersetzer von Wulf et al. (1973) ist fähig, die Vereinfachung vorzunehmen.

Auch ein Aufruf derselben Rechenvorschrift läßt sich so behandeln[4] und führt in der im 5. Kapitel behandelten Weise auf die Wiederholung; dies ist bereits ein Spezialfall, in dem ein schlichter Aufruf eine vollständige Entrekursivierung mittels ablaufbestimmender Elemente – Wiederholung oder allgemeiner Sprung – ermöglicht.

Die Entrekursivierung unseres obigen Beispiels eines **repetitiven Systems**, d. h. eines verschränkt rekursiven Systems, in dem nur schlichte Aufrufe vorkommen, erfolgt in mehreren elementaren Schritten.

Zunächst führen wir, wie in 6.1, Variable ein, um mit ihnen die beim Aufruf an den Parametern vorzunehmenden Operationen durchführen zu können. Unter Einführung geeigneter neuer Prozeduren *pos**, *neg** erhalten wir zunächst

```
funct positiv ≡ (stack sign A) sign:
   ⌈ var stack sign v := A; pos*(v) where
    proc pos* ≡ (var stack sign v) sign: pos(v),
    proc neg* ≡ (var stack sign v) sign: neg(v),
    funct pos ≡ (stack sign A) sign:
        if A ≠ empty then if top(A) = + then pos(rest(A))
                          ▯ top(A) = − then neg(rest(A)) fi
                     else +                                fi,
    funct neg ≡ (stack sign A) sign:
        if A ≠ empty then if top(A) = + then neg(rest(A))
                          ▯ top(A) = − then pos(rest(A)) fi
                     else −                                fi ⌋   .
```

Das Verfahren von 6.1 kann jetzt sowohl für *pos** als auch für *neg** durchgeführt werden. Etwa für *pos** ergibt sich dabei (unter Verwendung der abkürzenden Kelleroperationen **pop** und **last**)

```
proc pos* ≡ (var stack sign v) sign:
    if v ≠ empty then if last v = + then pop v; pos*(v)
                      ▯ last v = − then pop v; neg*(v) fi
                 else +                                fi   .
```

Der Parameter *v* kann jetzt in *pos** wie in *neg** unterdrückt werden. Insgesamt ergibt sich schließlich

```
funct positiv ≡ (stack sign A) sign:
   ⌈ var stack sign v := A; pos* where
    proc pos* ≡ sign:
        if v ≠ empty then if last v = + then pop v; pos*
                          ▯ last v = − then pop v; neg* fi
                     else +                             fi,
```

4 Knuth (1974): "When $q = p$, the argument is perhaps a bit subtle, but it's all right."

```
    proc neg* ≡ sign:
        if v ≠ empty then if last v = + then pop v; neg*
                          ▯ last v = − then pop v; pos* fi
                     else −                           fi ⌋ .
```

Der Deutlichkeit halber kennzeichnen wir nun noch informell die schlichten Aufrufe durch eingefügtes (goto) und die „gewöhnlichen" Rückkehrstellen (d. h. die Terminierungsstellen) durch (return) :[5]

```
funct positiv ≡ (stack sign A) sign:
    ⌈ var stack sign v := A; (goto) pos* where
    proc pos* ≡ sign:
        if v ≠ empty then if last v = + then pop v; (goto) pos*
                          ▯ last v = − then pop v; (goto) neg* fi
                     else + (return)                          fi,
    proc neg* ≡ sign:
        if v ≠ empty then if last v = + then pop v; (goto) neg*
                          ▯ last v = − then pop v; (goto) pos* fi
                     else − (return)                          fi ⌋ .
```

Dabei zeigt (return) allgemein die Beendigung des momentan aktuellen („hängenden") Aufrufs an, in unserem Beispiel also die Beendigung des Aufrufs *pos** in der 2. Zeile – und damit faktisch auch die Beendigung der Abarbeitung von *positiv*.

Insgesamt kann man den hier vorgeführten Transformationsprozeß abstrahieren und zu einer – sehr informellen – Transformationsregel zusammenfassen (deren Beweis genau den oben vorgeführten Schritten folgt):

```
funct F ≡ (λ M) ρ:
    ⌈ F_i(𝒢[M]) where
    funct F_1 ≡ (λ M) ρ: ~~~~~~~~ ,
      ⋮
    funct F_i ≡ (λ M) ρ:
        if
        ...
        ▯ 𝒫_i then ℋ_i[M]
        ...
        ▯ 𝒬_i then F_{l_i}(𝒦_i[M])
        ...
        fi,
      ⋮
    funct F_n ≡ (λ M) ρ: ~~~~~~~~ ⌋
    ─────────────↕─────────────
```

5 (goto) und (return) haben nur die Funktion von Kommentaren, d. h., sie tragen keinerlei syntaktische oder semantische Bedeutung.

```
funct F ≡ (λ M) ρ:
   ⌈ var λ m := 𝒢(M); (goto) F_i where
     proc F_1 ≡ ρ: ~~~~~~~~ ,
       ⋮
     proc F_i ≡ ρ:
          if
          ...
          ▯ 𝒫_i then ℋ_i(m) (return)
          ...
          ▯ 𝒬_i then m := 𝒦_i(m); (goto) F_{l_i}
          ...
          fi,
       ⋮
     proc F_n ≡ ρ: ~~~~~~~~           ⌋ .
```

Die informelle Notation dieses Schemas soll andeuten, daß das repetitive System aus n Rechenvorschriften besteht, die alle im wesentlichen den gleichen Aufbau haben wie der angegebene Repräsentant F_i; insbesondere dürfen Abbruchfälle und (direkt oder indirekt rekursive) Aufrufe beliebig gemischt in der bewachten Fallunterscheidung auftreten.

"... there is a considerable similarity between labels and the identifiers of parameterless ... procedures"

Landin 1965

6.2.2 Einführung von Sprüngen

Echte Sprünge (mit Marken als Sprungzielen) entstehen nun aus (bedingten und unbedingten) schlichten Aufrufen, wenn wir die Kopfleiste der Rechenvorschriften zu Marken rückbilden. Dabei sind die informell eingesetzten (goto) jetzt ernstzunehmen und als Sprünge **goto** auf solche durch „Degeneration" entstandene Marken zu interpretieren[6]. Gleichzeitig müssen aber auch die an allen Terminierungsstellen informell eingesetzten (return) ernstgenommen und als Ausstieg **return** aus dem Rumpf der Rechenvorschrift verstanden werden. Sie haben somit ebenfalls eine spezielle Sprungbedeutung: Sprung hinter die Aufrufstelle derjenigen Rechenvorschrift, die das System unmittelbar umfaßt **(Rücksprung)**[7], zusätzlich wird ein Resultat abgeliefert.

Bei dieser Einführung von Sprüngen handelt es sich allerdings nicht um eine bloße notationelle Formalität, es ist eine Auffassungsänderung damit verbunden. Ursprünglich ist ein Aufruf einer (parameterfreien) Rechenvorschrift als eine textuelle Ersetzung erklärt, die durch den Einsetzungspfeil veranschaulicht wird (vgl. 2.9.3):

```
proc pos* ≡ ...
     ... ; pos*
```

6 Dies betrifft insbesondere auch den ‚Startaufruf' des Systems.

7 Die Idee des Rücksprungs aus einer Prozedur fand sich schon in ALGOL 58.

Nunmehr wird jedoch die Aufschreibung als fixiert angesehen, man „springt“ mit dem Finger, der die Abarbeitung begleitet („Sprungpfeil“):

```
┌─► pos*: . . .
│
│        . . .  ; goto pos*
│                       │
└───────────────────────┘
```

Die Umkehrung der Pfeilrichtung ist charakteristisch für den Auffassungswandel.

Im Beispiel von 6.2.1 bezieht sich (*return*) ursprünglich auf die Terminierung von *pos**. Weil aber *pos** als Rechenvorschrift entfällt, bezieht sich **return** somit auf die nächstumfassende Rechenvorschrift, also auf *positiv*. Für unser Beispiel erhalten wir mit diesem abschließenden Übergang, der *totale* Sequentialisierung mit sich bringt,

```
funct positiv ≡ (stack sign A) sign:
   ⌈ var stack sign v := A; goto pos*;
   pos*: if v ≠ empty then if last v = + then pop v; goto pos*
                           ▯ last v = − then pop v; goto neg* fi
                      else + return                          fi;
   neg*: if v ≠ empty then if last v = + then pop v; goto neg*
                           ▯ last v = − then pop v; goto pos* fi
                      else − return                          fi ⌋ .
```

Hier liegt also eine Form vor, in der auch der schlichte Aufruf innerhalb einer Rechenvorschrift – die Wiederholung – durch einen Sprung realisiert ist. Wir werden speziell die Implementierung der Wiederholung durch Sprünge in 6.4 näher betrachten. Festzuhalten ist hier, daß wir sie aus schlichten Aufrufen begrifflich entwickeln können.

Fassen wir nun zusammen: Ein System verschränkt rekursiver Rechenvorschriften von derart spezieller Form, daß nur schlichte Aufrufe vorkommen, läßt sich (über ein System entsprechend spezieller Rechenvorschriften) direkt in eine iterative Form mit Sprüngen („verschränkte Form“) überführen:

```
funct F ≡ (λ M) ρ:
   ⌈ F_j(𝒢⌊M⌋) where
   funct F_1 ≡ (λ M) ρ: ~~~~~~~~ ,
     ⋮
   funct F_i ≡ (λ M) ρ:
         if
         . . .
         ▯ 𝒫_i then ℋ_i⌊M⌋
         ▯ 𝒬_i then F_{l_i}(𝒦_i⌊M⌋)
         . . .
         fi,
     ⋮
   funct F_n ≡ (λ M) ρ: ~~~~~~~~ ⌋
                ↕
```

```
funct F ≡ (λ M) ρ:
  ⌈ var λ m := 𝒢⌊M⌋; goto F_j;
    F_1: ~~~~~~~~~ ;
     ⋮
    F_i: if
          ...
          ▯ 𝒫_i then ℋ_i⌊m⌋ return
          ...
          ▯ 𝒬_i then m := 𝒦_i⌊m⌋; goto F_{l_i}
          ...
          fi;
     ⋮
    F_n: ~~~~~~~~                       ⌋ .
```

Aufgabe 1: Gegeben sei die Rechenvorschrift

```
funct k ≡ (sequ {[,]} a) bool:
  ⌈ kk(a, 0) where
    funct kk ≡ (sequ {[,]} a, nat i) bool:
         if a = empty then i = 0
         ▯ a ≠ empty
           then if top(a) = [
                      then kk(rest(a), i + 1)
                ▯ top(a) = ]
                      then if i > 0 then kk(rest(a), i − 1)
                           ▯ i = 0 then false            fi fi fi ⌋ ,
```

die einen Erkennungsalgorithmus für korrekte Klammernfolgen darstellt.
Ausgehend von dieser Formulierung führe man schrittweise die folgenden Umformungen durch:

a) Entparametrisierung der rekursiven Aufrufe und Kennzeichnung der schlichten Aufrufe und der Terminierungsfälle;
b) Übergang zu einer iterativen Form mit Sprüngen.

Durch den bei der Betrachtung schlichter Aufrufe durchgeführten Transformationsprozeß wird also die Semantik der Sprünge in natürlicher Weise auf die der Rechenvorschriften zurückgeführt: Sie ergeben sich als schlichte Aufrufe, d. h. als spezielle Aufrufe[8], die (im Gegensatz zu allgemeinen Aufrufen) keine Rückkehrorganisation erfordern. Ob Sprünge begrifflich einfacher sind als Rechenvorschriften[9], kann dabei dahingestellt bleiben. Jedoch ist folgende Warnung angebracht:

> Sprünge im technischen Sinn (wo lediglich der neue Stand des „Befehlszählers" von Belang ist) erhält man nur, wenn im ganzen Programm keine anderen als schlichte Aufrufe vorkommen. Andernfalls muß eine bereits bestehende Rückkehrverpflichtung eingehalten werden.

Jedenfalls ergibt sich für die begrifflich so eingeführten Sprünge von selbst eine Semantik, und die durch Transformationen eingeführten Sprünge sind auch natürlich: sie spiegeln die Situationen eines repetitiven Systems wider.

---

8 Knuth 1974: "... This shows that procedure calls include **goto**-statements as a special case."

9 Knuth: "It cannot be argued that procedures are conceptually simpler than **goto**'s, although some people have made such a claim."

Allerdings ergeben sich Einschränkungen für die Verwendbarkeit von Sprüngen: Lebensdauerfragen für Rechenvorschriften drücken sich durch auf die aus ihnen entstehenden markierten Abschnitte; Gültigkeitsbereich der Marken bleibt der der ursprünglichen Bezeichnungen für Rechenvorschriften.

Dies rottet hoffentlich die ärgsten Sprung-Ungeheuer aus, die nicht ganz zu Unrecht den „goto considered harmful"-Kreuzzug herbeigeführt haben.

Die operative Semantik der Sprünge wird durch den Transformationsprozeß jedenfalls durchsichtiger als die in großer Allgemeinheit behandelte Semantik von Kandzia, Langmaack (1973) oder Strachey, Wadsworth (1974). Auch Clint, Hoare (1971) haben eine deduktive Semantik der Sprünge angegeben – in Ergänzung von Hoares axiomatischer Grundlage für Korrektheits-Beweise über Programme –, die zu einer Invariantentechnik, ähnlich der üblichen Schleifeninvariantentechnik, führt.

Eine allgemeinere Form von Rechenvorschriften[10] sieht neben schlichten Aufrufen (gekennzeichnet durch (*goto*)) auch solche vor, die mitten aus einer Rechenvorschrift F^i heraus auf eine andere Rechenvorschrift F^j des Systems erfolgen. Bei diesem **allgemeinen Prozedurwechsel**, der im folgenden mit **swap to** notiert wird, wird die Rückkehrstelle in F^i wie bei einem gewöhnlichen Rückkehrsprung „gemerkt", und bei einem folgenden **swap to** F^i (Wechsel auf F^i von irgendeinem F^l) wird die Abarbeitung von F^i an der „gemerkten" Stelle fortgesetzt. War der Wechsel **swap to** F^j von F^i auf F^j die *letzte* Tätigkeit bei der Abarbeitung von F^i (Spezialfall des schlichten Aufrufs), so wird beim nächsten **swap to** F^i wieder am Anfang von F^i fortgesetzt.

Ein System von Rechenvorschriften, das solche allgemeinen Prozedurwechsel erlaubt, heißt ein System von **Koprozeduren** (Conway 1963).

Bekannt gewordene Koprozedur-Mechanismen zeigen bemerkenswerte Unterschiede in den Details. Koprozeduren verstricken in komplizierter Weise Sprünge und Variable, wodurch sie zu mehrdimensionalen Ablaufzuständen führen. In vielen Fällen verdunkeln sie die Struktur eines Algorithmus. Insbesondere scheinen sie nicht in natürlicher Weise aus applikativen Konstruktionen zu entstehen.

Koprozeduren sind insbesondere nicht erforderlich zur Formulierung von Problemen mit „quasi-parallelem Ablauf" (Knuth 1973, S. 293), wie etwa Mischungsproblemen. Zum Beispiel kann die Rechenvorschrift *merge* von Abschnitt 1.9.1 durch Klammernverschiebung (vgl. 4.2.1) in repetitive Form gebracht werden:

```
funct merge ≡ (sequ χ a, sequ χ b) sequ χ:
  ⌈ merger(a, b, ◊) where
    funct merger ≡ (sequ χ a, sequ χ b, sequ χ r) sequ χ:
         if a = ◊ then b & r
         ▯ b = ◊ then a & r
                elsf bottom(a) ≥ bottom(b) then
                       merger(upper(a), b, append(r, bottom(a)))
                     ▯ bottom(a) ≤ bottom(b) then
                       merger(a, upper(b), append(r, bottom(b))) fi ⌋  .
```

Aufgabe 2: Zeige, daß merge(a, b) = merge(b, a) ist.

---

10 Eine weitergehende Verallgemeinerung liegt mit dem Klassenkonzept von SIMULA 67 vor, s. Dahl, Hoare 1972.

6.3 Die allgemeine do-od-Konstruktion

Für repetitive Rechenvorschriften gibt es neben der bisher diskutierten, mit **while** konstruierten Wiederholung eine besondere Schreibweise, die im Prinzip von Dijkstra im Zusammenhang mit bewachten Anweisungen – zunächst für direkt rekursive, parameterfreie Rechenvorschriften – eingeführt wurde.

Für eine repetitive Rechenvorschrift mit Parametern geht man dabei (wie in 6.2.1) unter Einführung einer Hilfsprozedur zu einer entparametrisierten Form mit schlichten Aufrufen über. Dann wird der Rumpf der (parameterfreien) Hilfsprozedur durch **do-od** eingerahmt, und die Angabe der schlichten Aufrufe der eigenen Prozedur unterbleibt. Außerdem wird die Markierung der Rückkehr durch **leave** ersetzt, wobei **leave** (wie **return**) einen unmarkierten Sprung bedeutet, der jedoch hinter die **do-od**-Konstruktion führt. Schließlich wird der so modifizierte Rumpf der Hilfsprozedur an der entsprechenden Aufrufstelle eingesetzt.

Für das Beispiel *fac* (vgl. 4.2.1 und 5.1.1) entsteht so zuerst

```
funct G ≡ (nat N, nat M) nat:
    ⌈ (var nat n, var nat m) := (N, M);  (goto)  G* where
      proc G* ≡ nat:
          if n ≠ 0 then (n, m) := (n − 1, m × n);  (goto)  G*
          ▯ n = 0 then m  (return)                        fi ⌋   ,
```

(wobei der Deutlichkeit halber die schlichten Aufrufe und Rückkehrstellen wieder informell gekennzeichnet sind). Daraus ergibt sich dann

```
funct fac ≡ (nat N) nat:
    ⌈ (var nat n, var nat m) := (N, 1);
      do if n ≠ 0 then (n, m) := (n − 1, m × n)
         ▯ n = 0 then m leave                  fi od ⌋   .
```

Man sieht also, daß hier die **do-od**-Konstruktion lediglich eine notationelle Abkürzung für die Definition und den (einzigen) Aufruf der parameterfreien Hilfsrechenvorschrift G^* ist.

Aufgabe 1: Man überführe die in Aufgabe 6.2.2-1 gegebene Rechenvorschrift in eine iterative Form mit der **do-od**-Konstruktion.

Allgemein wird eine **do-od**-Schleife durch die folgende Transformation definiert:

```
proc  F ≡ ρ:
      if
      ...
      ▯ 𝓑 then 𝒮;  (goto)  F
      ...
      ▯ 𝒞 then ℰ  (return)
      ...
      fi
─────────────↕─────────────
```

```
proc F ≡ ρ:
     do if
          ...
          [] 𝓑 then 𝓢
          ...
          [] 𝓒 then 𝓔 leave
          ...
          fi
     od    .
```

𝒮 steht dabei für eine Anweisung, ℰ für einen Ausdruck mit Seiteneffekt. Alle Eigenschaften der rekursiven Form der Rechenvorschrift *F* übertragen sich aufgrund dieser Definition direkt auf die **do-od**-Konstruktion: Beide Formen sind undefiniert, falls im Laufe der Wiederholung einmal kein Wächter mehr den Weg freigibt; ebenso muß in beiden Formen gleichermaßen die Terminierung gesichert sein.

Zum Beispiel wird aus der Rechenvorschrift *merge* von 6.2.2

```
funct merge ≡ (sequ μ A, sequ μ B) sequ μ:
   ⌈ (var sequ μ a, var sequ μ b, var sequ μ r) := (A, B, ◊);
     do if a = ◊ then b & r leave
        [] b = ◊ then a & r leave
                  elsf bottom(a) ≥ bottom(b) then
                       (a, r) := (upper(a), append(r, bottom(a)))
                     [] bottom(a) ≤ bottom(b) then
                       (b, r) := (upper(b), append(r, bottom(b))) fi od ⌋   .
```

Beachte die Ähnlichkeit der **do-od**-Konstruktion mit einer Sprungimplementierung

```
proc F ≡ ρ:
   ⌈ F: if
        ...
        [] 𝓑 then 𝓢; goto F
        ...
        [] 𝓒 then 𝓔 return
        ...
        fi                    ⌋  .
```

Auf diese Weise ergibt sich also die klassische Sprungimplementierung von Schleifen.

Natürlich übertragen sich Varianten der rekursiven Formulierung der Rechenvorschrift *F* auch auf die **do-od**-Konstruktion; so entsteht etwas verallgemeinert für reine Prozeduren, wobei 𝒮, 𝒯 und 𝒰 Anweisungen sind:

```
proc F ≡ :
  ⌈ 𝓢; if
       ...
       [] 𝓑 then 𝓣; (goto) F
       ...
       [] 𝓒 then 𝓤; (return)
       ...
       fi                    ⌋
```

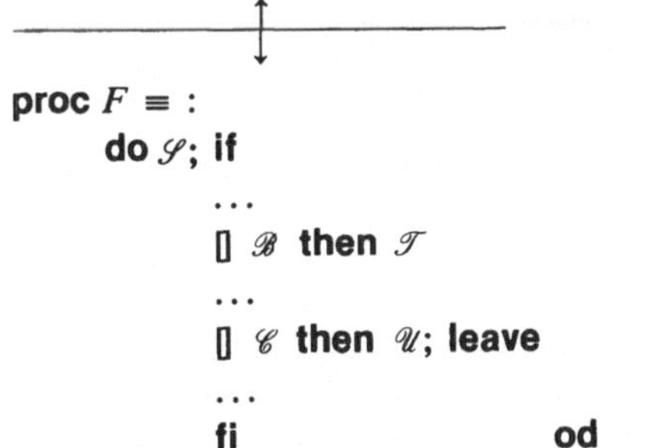

```
proc F ≡ :
      do 𝒮; if
              ...
              ▯ ℬ then 𝒯
              ...
              ▯ 𝒞 then 𝒰; leave
              ...
              fi                   od   .
```

Beachte wiederum die Ähnlichkeit mit einer Sprungimplementierung

```
proc F ≡ :
   ⌈ F: 𝒮; if
              ...
              ▯ ℬ then 𝒯; goto F
              ...
              ▯ 𝒞 then 𝒰; return
              ...
              fi                   ⌋   .
```

6.4 Schleifen

Den in 6.2.2 angesprochenen Spezialfall einer Rechenvorschrift mit nur *einem* schlichten Aufruf derselben Rechenvorschrift bezeichnen wir als **Schleife**. Verschiedene Schleifenformen und ihr Zusammenhang mit bereits diskutierten Konstruktionen sollen Gegenstand der folgenden Betrachtungen sein.

Neben der im letzten Abschnitt eingeführten allgemeinen **do-od**-Konstruktion gibt es noch einige weitere Notationen für spezielle Schleifen; die Bedeutung dieser Notationen läßt sich jeweils durch Transformation auf eine geeignete **do-od**-Konstruktion erklären.

6.4.1 Abweisende und nicht-abweisende Wiederholung

Die in höheren Programmiersprachen am häufigsten angebotene Wiederholungsanweisung hat die Form der **abweisenden Wiederholung**:

```
        while ℬ do 𝒮 od
       ────────↕────────
do if ℬ then 𝒮 else leave fi od
```

Aufgabe 1: Man zeige, daß diese Definition mit der Einführung der **while**-*Konstruktion in 6.1.2 verträglich ist.*

Die **nicht-abweisende Wiederholung** ist definiert durch

do $\mathcal{T}$ **until** $\mathcal{C}$ **od**

$\updownarrow$

do $\mathcal{T}$; **if** $\mathcal{C}$ **then leave else skip fi od**

Es erscheint zweckmäßig, diese Konstruktionen noch etwas zu verallgemeinern und generell „**until** $\mathcal{B}$" und „**while** $\neg\ \mathcal{B}$" als äquivalent aufzufassen. Damit kommen noch zwei weitere Schleifentypen hinzu, nämlich

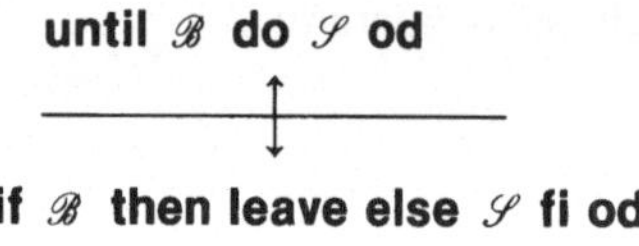

until $\mathcal{B}$ **do** $\mathcal{S}$ **od**

$\updownarrow$

do if $\mathcal{B}$ **then leave else** $\mathcal{S}$ **fi od**

und

do $\mathcal{T}$ **while** $\mathcal{C}$ **od**

$\updownarrow$

do $\mathcal{T}$; **if** $\mathcal{C}$ **then skip else leave fi od**

Als dritte Form der Wiederholung tritt bei zahlreichen Problemen die sogenannte „$(n + \frac{1}{2})$-Schleife" (Dijkstra) auf; sie hat die allgemeine Form

do $\mathcal{S}$;
   if $\mathcal{B}$ **then leave else skip fi**;
   $\mathcal{T}$ **od**

oder gleichwertig

do $\mathcal{S}$; **if** $\mathcal{B}$ **then leave else** $\mathcal{T}$ **fi od** .

Wenn man bereit ist, Programmtext zu duplizieren, läßt sich die $(n + \frac{1}{2})$-Schleife in die Form einer abweisenden Wiederholung bringen. Es sind nämlich – wie sich im wesentlichen durch Zurückführen auf die rekursive Rechenvorschrift leicht zeigen läßt – folgende Transformationen möglich:

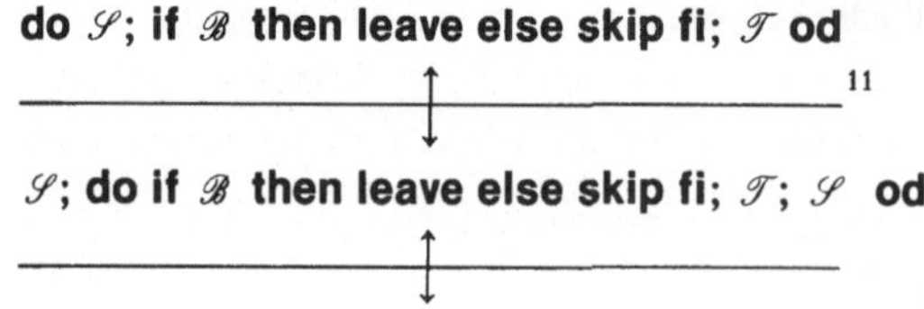

do $\mathcal{S}$; **if** $\mathcal{B}$ **then leave else skip fi**; $\mathcal{T}$ **od**

$\updownarrow$ [11]

$\mathcal{S}$; **do if** $\mathcal{B}$ **then leave else skip fi**; $\mathcal{T}$; $\mathcal{S}$ **od**

$\updownarrow$

11 Diese Transformation wird häufig „Umwälzen einer Schleife" genannt.

$\mathcal{S}$; **do if** $\mathcal{B}$ **then leave else** $\mathcal{T}$; $\mathcal{S}$ **fi od**

↕

$\mathcal{S}$; **until** $\mathcal{B}$ **do** $\mathcal{T}$; $\mathcal{S}$ **od**

Auch die Form einer nicht-abweisenden Schleife ist möglich gemäß der Ableitung

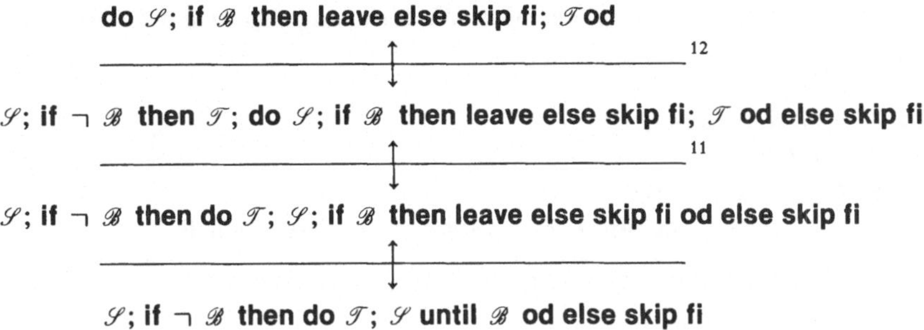

Wenn man aus dieser Form die entsprechende Form mit Sprüngen erzeugt (nach der Transformation aus 6.3), so ergibt sich nach leichten Modifikationen zunächst

$\mathcal{S}$; **if** ¬ $\mathcal{B}$ **then** M: $\mathcal{T}$;
                    $\mathcal{S}$; **if** ¬ $\mathcal{B}$ **then goto** M **else skip fi**
        else skip   **fi** .

Auf dieser Ebene ist sofort eine Vereinfachung möglich, die die doppelte Aufschreibung wieder unnötig macht:

goto Z;
(1) M: $\mathcal{T}$;
Z: $\mathcal{S}$; **if** ¬ $\mathcal{B}$ **then goto** M **else skip fi** .

(Diese Form läßt sich übrigens nicht direkt in einer **do**-**od**-Konstruktion wiedergeben, da in fast allen Programmiersprachen Sprünge in Wiederholungen hinein aus gutem Grund verboten sind.)

Ein Vergleich mit der Sprungimplementierung der ursprünglichen $(n + \frac{1}{2})$-Schleife

M: $\mathcal{S}$
(2) **if** $\mathcal{B}$ **then goto** Z' **else skip fi**;
$\mathcal{T}$; **goto** M;
Z' : ~~~~~~~~~

zeigt, daß die Version (1) etwas effizienter ist, da der bedingte Sprung zum Schließen der Schleife verwendet wird. (Derartige Betrachtungen sind typisch für Optimierungen auf der Ebene des Maschinencodes.)

12 Diese Transformation wird auch als „Strecken einer Schleife“ bezeichnet (Rutishauser 1952).

6.4.2 Gezählte Wiederholung

Eine spezielle Form der Rekursion tritt in der Praxis so häufig auf, daß die meisten höheren Programmiersprachen dafür eine besondere Notation vorsehen: die gezählte Wiederholung. Dabei handelt es sich im wesentlichen um eine Wertverlaufsrekursion (vgl. 5.1.2) über einer linear geordneten Art (λ, ≦), bei der der Parameter, der **Zähler**, in jedem Schritt mit der natürlichen Nachfolgeoperation von λ „hochgezählt" wird.

Vor diesem Hintergrund wird die **gezählte Wiederholung** allgemein definiert durch die Transformation

```
proc W = (λ start, λ ziel):
   ⌈ G (start) where
     proc G = (λ zähler):
          if zähler ≦ ziel then 𝒮; G (succ zähler) else skip fi ⌋
     ─────────────────────────↕─────────────────────────
proc W = (λ start, λ ziel):
     for λ zähler from start to ziel do 𝒮 od   .
```

Aufgrund dieser Definition ist der Bindungsbereich der Bezeichnung *zähler* auf die Anweisung 𝒮 (und den Vergleich mit *ziel*) beschränkt.

Eine notationelle Variante der gezählten Wiederholung ist

```
for λ [start .. ziel] zähler do 𝒮 od   ;
```

eine Verallgemeinerung auf die über einer beliebigen wohlgeordneten (endlichen) Objektmenge μ gebildete sukzessive Wiederholung

```
for μ zähler do 𝒮 od
```

liegt nahe.

Wie schon bei den anderen Schleifenformen, läßt sich auch für die gezählte Wiederholung aus der rekursiven Definition eine Sprungimplementierung ableiten:

```
for λ zähler from start to ziel do 𝒮 od
     ─────────────┬─────────────
                  ↓
  ⌈ var λ zähler := start;
    M: if zähler ≦ ziel then 𝒮; zähler := succ zähler;
                             goto M                    fi ⌋
```

(die Umkehrung gilt selbstverständlich nur unter der Nebenbedingung, daß 𝒮 keine Zuweisung an die Zählvariable *zähler* enthält).

6.5 Schleifen und repetitive Systeme

In 6.2 wurde für repetitive Systeme von Rechenvorschriften – also für Systeme mit ausschließlich schlichten Aufrufen – eine Implementierung mit Sprüngen angegeben.

In 6.4 wurde für den Spezialfall einer Schleife eine besondere Notation eingeführt, die bessere Lesbarkeit gegenüber der sonst gleichwertigen Form mit Sprüngen bieten soll. Hier soll gezeigt werden, daß diese Notation auch bei repetitiven Systemen zumindest teilweise benutzt werden kann.

Zur Erläuterung betrachten wir wieder unser Standardbeispiel in entparametrisierter Form:

```
funct positiv ≡ (stack sign A) sign:
   ⌈ var stack sign v := A; pos* where
     proc pos* ≡ sign:
          if v ≠ empty then if last v = + then pop v; pos*
                               ▯ last v = − then pop v; neg* fi
                        else +                                fi,
     proc neg* ≡ sign:
          if v ≠ empty then if last v = + then pop v; neg*
                               ▯ last v = − then pop v; pos* fi
                        else −                                fi ⌋    .
```

Die weitere Behandlung dieses Systems wird formal einfacher, wenn die geschachtelten Alternativen jeweils zu einer einzigen Fallunterscheidung zusammengefaßt werden; um die Aufschreibung leserlich zu gestalten, benützen wir die notationelle Abkürzung („sequentielle Konjunktion", 1.3.3)

a ⩓ *b* für[13] **if** *a* **then** *b* **else false fi**

und erhalten

```
funct positiv ≡ (stack sign A) sign:
   ⌈ var stack sign v := A; pos* where
     proc pos* ≡ sign:
          if v ≠ empty ⩓ last v = + then pop v; pos*
          ▯ v ≠ empty ⩓ last v = − then pop v; neg*
          ▯ v = empty               then +          fi,
     proc neg* ≡ sign:
          if v ≠ empty ⩓ last v = + then pop v; neg*
          ▯ v ≠ empty ⩓ last v = − then pop v; pos*
          ▯ v = empty               then −          fi ⌋    .
```

---

13 *a* ⩓ *b* kann *nicht* als Rechenvorschrift (in Infix-Notation) aufgefaßt werden, da die Parameter von Rechenvorschriften grundsätzlich kollateral ausgewertet werden; gerade das soll hier aber verhindert werden.

Wenn man hier die Prozeduren *pos** bzw. *neg** für sich allein betrachtet[14], so sind für sie alle Voraussetzungen zur Einführung von (**while**-)Schleifen erfüllt:

```
funct positiv ≡ (stack sign A) sign:
   ⌈ var stack sign v := A; pos* where
    proc pos* ≡ sign:
       ⌈ while v ≠ empty ∧ last v = + do pop v od;
        if v ≠ empty then pop v; neg*
        ▯ v = empty then +                       fi ⌋,
    proc neg* ≡ sign:
       ⌈ while v ≠ empty ∧ last v = + do pop v od;
        if v ≠ empty then pop v; pos*
        ▯ v = empty then -                       fi ⌋ ⌋   .
```

Dabei wurde in *pos** zur Vereinfachung ausgenutzt, daß nach Ende der Schleife das oberste Element von v, falls v nicht leer ist, mit Sicherheit ein „ – " ist.

Wird nun wieder das System als ganzes betrachtet, so zeigt sich, daß es nach wie vor repetitiv ist. (Es liegt der Spezialfall vor, daß sämtliche schlichten Aufrufe sich nur noch auf die jeweils andere Rechenvorschrift beziehen.) Die Transformation von repetitiven Systemen auf Sprung-Form liefert also

```
funct positiv ≡ (stack sign A) sign:
   ⌈ var stack sign v := A; goto pos*;
   pos*: while v ≠ empty ∧ last v = + do pop v od;
         if v ≠ empty then pop v; goto neg*
         ▯ v = empty then + return                fi;
   neg*: while v ≠ empty ∧ last v = + do pop v od;
         if v ≠ empty then pop v; goto pos*
         ▯ v = empty then - return                fi ⌋   .
```

(Natürlich könnten hier noch das erste **goto** *pos** und das **goto** *neg** eingespart werden.)

6.6 Sequentielle Schrittschaltwerke

Binäre Rechenwerke, wesentliche Bestandteile einer Rechenanlage, wurden in 3.6.4.1 funktionell durch Rechenstrukturen beschrieben. Wir wollen nun zeigen, daß auch (binäre) Leitwerke funktionell beschreibbar sind, daß also Leitwerke nahtlos an die Beschreibungen mittels ablaufbestimmender Elemente anschließen.

Zur Illustration verwenden wir wieder das System *positiv* aus 6.2.

---

14 Die jeweils andere Prozedur wird also als primitiv angesehen und nicht als Bestandteil des gemeinsam gebildeten Systems.

Die folgende Diskussion läßt sich, ausgehend von der letzten Form des vorigen Abschnitts, auch auf dem „Variablenniveau" durchführen; dabei ist jedoch größte Vorsicht bei den einzelnen Umformungsschritten geboten, was die Ableitung ziemlich aufwendig macht.

Daher empfiehlt es sich – wie in vielen anderen Fällen – auch hier, von der rein applikativen Ebene auszugehen.

Die symmetrische Form von *pos* und *neg* fordert geradezu heraus, nach Vereinfachungen zu suchen. Einen allgemeinen Ansatz zur Behandlung solcher symmetrischer Systeme liefert das folgende Verfahren:

Für jede Rechenvorschrift wird ein zusätzlicher boolescher Parameter als „Schalter" eingeführt. Das ganze System wird zu einer einzigen Rechenvorschrift „verschmolzen", wobei die Rümpfe der früheren Einzelrechenvorschriften jetzt zu – von den jeweiligen Schaltern bewachten – Zweigen einer Fallunterscheidung werden. Voraussetzung ist natürlich, daß alle Rechenvorschriften des Systems dieselbe Ergebnisart haben.

Angewandt auf das System *positiv* ergibt sich somit

```
funct positiv ≡ (stack sign A) sign:
   ⌈ pn(A, true, false) where
     funct pn ≡ (stack sign A, bool po, bool ne: ne = ¬ po) sign:
           if po then if A ≠ empty
                        then if top(A) = + then pn(rest(A), true, false)
                             ▯ top(A) = – then pn(rest(A), false, true) fi
                        else +                                           fi
           ▯ ne then if A ≠ empty
                        then if top(A) = + then pn(rest(A), false, true)
                             ▯ top(A) = – then pn(rest(A), true, false) fi
                        else –                                           fi fi ⌋ .
```

Selbstverständlich könnte man in dem vorliegenden Beispiel mit nur einem booleschen Parameter auskommen, da stets *ne* = ¬ *po* gilt. Generell reicht für ein System mit *n* Rechenvorschriften ein Parameter der Art **nat** [1 .. *n*] aus. Derartige Effizienzsteigerungen durch Codierung sind jedoch nicht wesentlich für die allgemeine Methode.

Man sieht jetzt sofort, daß einige elementare Umformungen für die Fallunterscheidungen möglich sind (vgl. 4.1, Transformation (c): „Vertauschen zweier Abfragen"). Außerdem kann man als Vorbereitung für den folgenden Schritt die Konstanten **true** und **false** in den rekursiven Aufrufen von *pn* durch *po* bzw. *ne* ersetzen, da die Wächter den jeweiligen Wert von *po* und *ne* erkennen lassen.

```
funct positiv ≡ (stack sign A) sign:
   ⌈ pn(A, true, false) where
     funct pn ≡ (stack sign A, bool po, bool ne: ne = ¬ po) sign:
           if A ≠ empty
             then if top(A) = + then if po then pn(rest(A), po, ne)
                                     ▯ ne then pn(rest(A), po, ne) fi
                  ▯ top(A) = – then if po then pn(rest(A), ne, po)
                                     ▯ ne then pn(rest(A), ne, po) fi fi
             else if po then +
                  ▯ ne then – fi                                  fi ⌋   .
```

Die nächste Verbesserung bietet sich jetzt sofort an: Eine Alternative mit identischen Zweigen reduziert sich auf einen solchen Zweig:

if $\mathscr{B}$ **then** $\mathscr{S}$ **else** $\mathscr{S}$ **fi** geht über in $\mathscr{S}$ (falls $\mathscr{B}$ definiert).

Mit dieser Transformation ergibt sich

```
funct positiv ≡ (stack sign A) sign:
    ⌈ pn(A, true, false) where
      funct pn ≡ (stack sign A, bool po, bool ne: ne = ¬ po) sign:
            if A ≠ empty
               then if top(A) = + then pn(rest(A), po, ne)
                    ▯ top(A ) = − then pn(rest(A), ne, po) fi
               else if po then +
                    ▯ ne then − fi                      fi ⌋ .
```

Mit den Transformationen der vorigen Abschnitte läßt sich dies nun in eine Schleifen- oder Sprungform übertragen, etwa in

```
funct positiv ≡ (stack sign A) sign:
    ⌈ (var stack sign va, var bool vpo, var bool vne) := (A, true, false);
      while va ≠ empty do
            if last va = − then (vpo, vne) := (vne, vpo) else skip fi;
            pop va                                          od;
      if vpo then + ▯ vne then − fi                             ⌋ .
```

Hierbei ist natürlich auf zulässige Sequentialisierung zu achten, d. h., **pop** *va* darf nicht vor der Fallunterscheidung stehen. Die überflüssige Zuweisung (*vpo*, *vne*) := (*vpo*, *vne*) im Falle **last** *va* = + ist weggelassen worden.

Die Booleschen Variablen (*vpo*, *vne*) entsprechen nun einem Flipflop, und man erkennt unmittelbar die mögliche Realisierung als binäres Ablaufleitwerk, als Schrittschaltwerk (vgl. Bauer, Goos 1973, S. 198), das die Operationen (*vpo*, *vne*) := (*vne*, *vpo*) und **pop** *va* anstößt, solange *va* ≠ *empty*. Wie bereits erwähnt, kann die Zuweisung zu (*vpo*, *vne*) := (¬ *vpo*, ¬ *vne*) umgeformt und sodann eine der Variablen eingespart werden.

Daß dieses Verfahren auch bei Systemen mit mehr als zwei Rechenvorschriften funktioniert, kann man sich an folgendem Beispiel klarmachen:

Gegeben sei das System zur Bestimmung der Teilbarkeit einer dual dargestellten Zahl durch 3:

```
funct teilbar ≡ (sequ bit y) bool:
    ⌈ hatrestnull(y) where
      funct hatrestnull ≡ (sequ bit x) bool:
            if x = ◊ then true
            ▯ x ≠ ◊ then if bottom(x) = O then hatrestnull(upper(x))
                                          else hatresteins(upper(x)) fi fi,
```

```
funct hatresteins ≡ (sequ bit x) bool:
        if x = ◊ then false
        [] x ≠ ◊ then if bottom(x) = O then hatrestzwei(upper(x))
                                        else hatrestnull(upper(x)) fi fi,
funct hatrestzwei ≡ (sequ bit x) bool:
        if x = ◊ then false
        [] x ≠ ◊ then if bottom(x) = O then hatresteins(upper(x))
                                        else hatrestzwei(upper(x)) fi fi ⌋ .
```

Für dieses System ergibt sich, etwa in der Sprungform notiert, (nach offensichtlicher Vereinfachung) das Ablaufleitwerk über der Bedingung $v \neq ◊$ und der Prozedur $v := upper(v)$

```
funct teilbar ≡ (sequ bit y) bool:
    ⌈ var sequ bit v := y;
      (var bool hr0, var bool hr1, var bool hr2) := (true, false, false);
      M: if v ≠ ◊ then if bottom(v) = O
                           then (hr1, hr2) := (hr2, hr1)
                           else (hr0, hr1) := (hr1, hr0) fi;
                        v := upper(v); goto M
            else hr0 return                              fi ⌋ .
```

Aufgabe 1: Man führe den oben skizzierten Transformationsprozeß in allen Einzelschritten durch.

Aufgabe 2: Gib eine Variante von teilbar, die eine Schaltvariable der Art **var nat** [1 .. 3] *benützt.*

Auch hier liegt die binäre Realisierung durch ein Schrittschaltwerk mit drei Flipflops wieder auf der Hand. (Diese Schrittsteuerung wird sich übrigens als Spezialfall allgemeinerer Abläufe in Petri-Netzen erweisen.)

Weitere Einsparung erzielt man, wenn man nicht für jede Rechenvorschrift eine eigene boolesche Variable vorsieht, sondern bis zu 2^N Rechenvorschriften mittels N boolescher Variablen codiert. Dem entspricht ein codiertes Schaltwerk (vgl. Bauer, Goos 1973, S. 199).

Da auch adressierte Speicher funktionell als Reihung von Variablen anzusehen sind (siehe Kap. 7), ist tatsächlich eine vollständige Rechenanlage funktionell in „höheren" programmiersprachlichen Begriffen beschreibbar, ja sie fordert geradezu die Einführung dieser Begriffe. (Schecher hat schon 1970 einen Kleinrechner in ALGOL 68 beschrieben.)

6.7 Ablaufdiagramme

Alle bisher behandelten Abläufe[15] waren – abgesehen von der kollateralen Beschaffung von Operanden – sequentieller Natur. Im folgenden sollen nun auch konkurrierende

15 In der Literatur wird oft auch von **Prozessen** gesprochen. Dabei bedeutet Prozeß häufig den Ablauf eines Systems in der Zeit. Diese Auffassung ist uns zu eng: eine Wiederholung kann in der Zeit (Puls), aber auch räumlich (Ornament) erfolgen; eine Additionsbeschreibung (vgl. 3.6.6) kann sowohl ein Serienaddierwerk (Ablauf in der Zeit) wie ein Paralleladdierwerk (Ablauf im Ort) meinen.

(„parallele“) Abläufe betrachtet und die Probleme erörtert werden, die bei der Koordinierung konkurrierender Abläufe entstehen.

6.7.1 Klassische Ablaufdiagramme

Betrachtet man die Abläufe der gleichwertigen (siehe 4.2) rekursiven Rechenvorschriften (vgl. 1.4.1)

funct $fac \equiv$ (**nat** n) **nat**:
  if $n = 0$ **then** 1 **else** $n \times fac(n - 1)$ **fi**

und (vgl. 6.1.2)

funct $fac \equiv$ (**nat** n) **nat**: $G(n, 1)$,
funct $G \equiv$ (**nat** n, **nat** m) **nat**:
  if $n = 0$ **then** m **else** $G(n - 1, m \times n)$ **fi** ,

so kann man für beide Abläufe Bilder geben wie in Abb. 6.1.

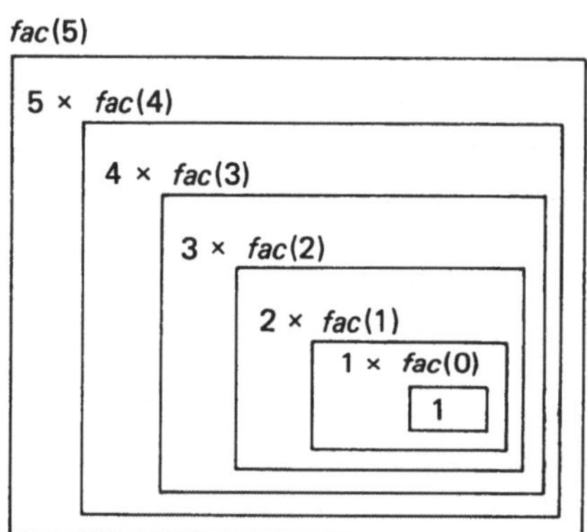

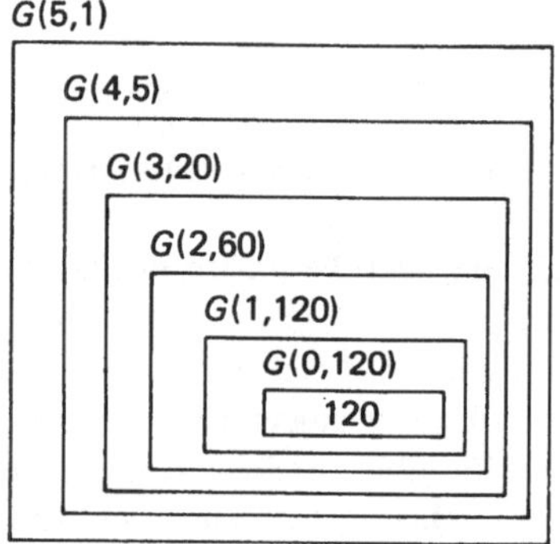

Abb. 6.1

Die einzelnen **Inkarnationen** von *fac* (in der ersten Form) bzw. G haben dabei voneinander unabhängige Existenz (vgl. 1.7.4 und die „hängenden“ Operationen bei der Funktionsumkehrung, 4.2.3). Für den zweiten Ablauf kann allerdings auf die Rückkehrorganisation (und damit auf die Existenz verschiedener Inkarnationen) verzichtet werden (schlichter Aufruf). Nach Einführung eines Sprunges drückt sich dies dadurch aus, daß die „aktuelle Position“ im **Ablaufdiagramm**[16] mit **Verzweigung** und **Zusammenführung** (Abb. 6.2) ergänzt durch den Stand der Variablen u, v, die rekursive Situation bereits wiedergibt: die Rekursion ist „in die Variable gekrochen“. Dementsprechend sind auch die Verfahren zum Beweis der „Richtigkeit“ eines Programms auf dieser Ebene auf Zustände

16 Die Norm DIN 66001 sieht kein Symbol für die Ablieferung eines Ergebnisses vor; wir verwenden dafür das allgemeine Sinnbild für **Anzeige**.

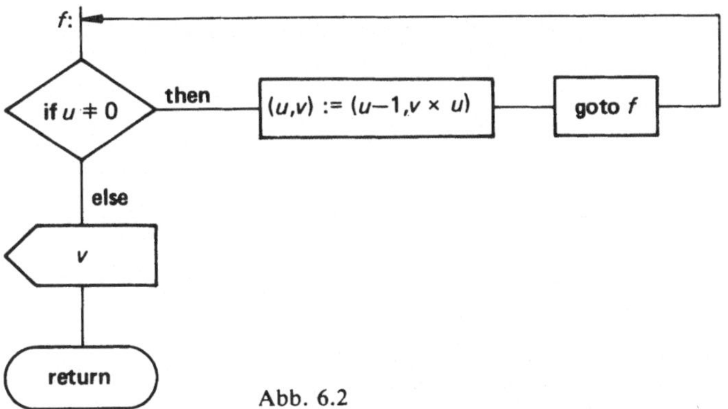

Abb. 6.2

von Variablen und Eigenschaften bez. dieser Zustände in den Knoten des Ablaufdiagramms ausgerichtet, die Semantik der Prädikattransformationen ist darauf abgestellt.

Man könnte nun annehmen, jeder Algorithmus könnte durch ein entsprechendes Ablaufdiagramm dargestellt werden. Aus 4.3 wissen wir aber, daß es Klassen rekursiver Rechenvorschriften gibt, für die kein Ablaufdiagramm existiert (Paterson, Hewitt 1970). Man sagt kurz: *Rekursion ist mächtiger als Repetition.*

Es liegt nahe zu versuchen, den Ablaufdiagramm-Begriff so zu verallgemeinern, daß er auch allgemeinste rekursive Situationen erfaßt. Dies gelingt, indem man den Graphen des Ablaufdiagramms durch einen sogenannten H-Graphen ersetzt, bei dem gewisse Knoten selbst wieder Graphen sind (Pratt 1969).

Ablaufdiagramme brauchen nicht determiniert zu sein. Das Ablaufdiagramm eines „nicht-deterministischen 1-Keller-Automaten" in Abb. 6.3 (vgl. die Rechenvorschrift *pal1* in 2.10-5) dient der Bestätigung, daß ein vorgegebenes Wort x ein Palindrom gerader Länge ist. Es ist nichtdeterminiert: In der schraffiert gezeichneten Verzweigung kann ein beliebiger Zweig eingeschlagen werden. Ist x jedoch ein Palindrom gerader Länge, so gibt es stets einen „akzeptierenden" Ablauf (der bei der Hälfte des Wortes in den rechten Teil des Diagramms überwechselt); andernfalls gibt es keinen. An den Ausgängen der Verzweigungen sind jeweils die Wächter angegeben, unter denen der betreffende Zweig eingeschlagen werden darf[17].

Aufgabe 1: Gib ein Ablaufdiagramm zur Erkennung, ob ein gegebenes Wort x Palindrom gerader Länge ist, basierend auf pal2 von 2.10-5.

Aufgabe 2: Unter welchen Bedingungen ist

if $p \vee q$ **then** A **else** B **fi**

äquivalent zu

```
  if p then A
elsf q then A
     else B fi ?
```

17 Dabei haben wir die in DIN 66001 vorgesehenen Sinnbilder um die „nichtdeterministische Verzweigung mit bewachten Zweigen" (deren Bedeutung intuitiv unmittelbar klar ist) erweitert.

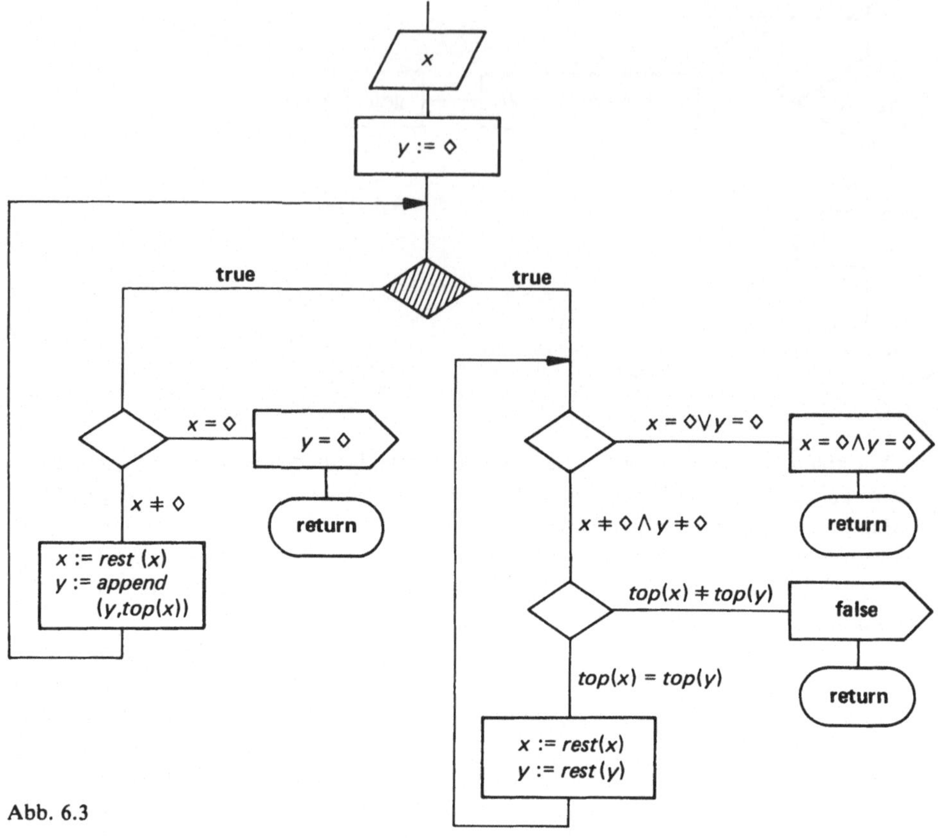

Abb. 6.3

6.7.2 Aufspaltung und Sammlung

6.7.2.1 Nach Überführung eines Programms in ein Ablaufdiagramm könnte man daran denken, die aktuelle Position, d. h. die gerade auszuführende Operation, durch ein brennendes Lämpchen anzuzeigen (Abb. 6.4). Besonders naheliegend ist eine derartige Anzeige bei einem Schrittschaltwerk (6.6): Es brennt stets genau eines der N Positions-Lämpchen, die die Zustände der N Flipflops anzeigen.

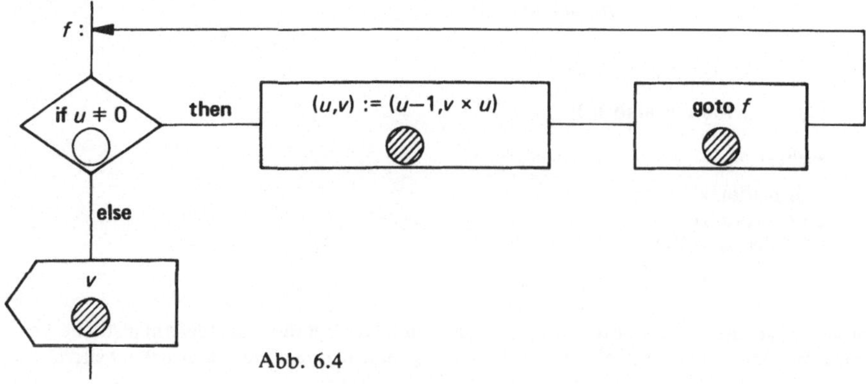

Abb. 6.4

Gerade bei einem Schrittschaltwerk erheben sich aber sofort die Fragen:

Warum brennt stets genau *ein* Lämpchen?
Könnten nicht gelegentlich Teilabläufe unabhängig voneinander (speziell: parallel) abgewickelt werden?
Könnte nicht das Leitwerk „schizophren" werden?

Diese Fragen sind im Zusammenhang mit klassischen Ablaufdiagrammen wegen der dort vorliegenden strengen Sequentialisierung irrelevant. Sie gewinnen aber an Bedeutung, wenn man die bei Problemlösungen üblicherweise auftretenden kollateralen Situationen betrachtet. Im obigen Beispiel enthält die kollektive Zuweisung

$(u, v) := (u - 1, v \times u)$

implizit eine solche parallele Situation, die nach Umschreibung in

$(\textbf{nat}\ x, \textbf{nat}\ y) \equiv (u - 1, v \times u);$
$(u, v) := (x, y)$

sichtbar wird.

Unter Benutzung spezieller Paare von Klammern $\lceil\!\lceil$, $\rfloor\!\rfloor$, die *parallele* Ausführung anzeigen sollen (sie entsprechen den von Dijkstra 1965 eingeführten Klammersymbolen **parbegin, parend**), kann das obige Beispiel auch geschrieben werden

$\lceil\!\lceil\ \textbf{nat}\ x \equiv u - 1 \ ||\ \textbf{nat}\ y \equiv v \times u\ \rfloor\!\rfloor;$
$\lceil\!\lceil\ u := x \ ||\ v := y\ \rfloor\!\rfloor\quad.$

Allgemein werden in Ablaufdiagrammen parallele Konstruktionen durch eine sogenannte **Aufspaltung** und eine sogenannte **Sammlung** dargestellt[18]. Für das vorliegende Beispiel ergibt sich (wobei jetzt zwei Positionslämpchen gleichzeitig leuchten können) Abb. 6.5.

---

18 Nach DIN 44300 (1972):

Nr.	Benennung	Bestimmung
83	**Aufspaltung**	Eine Stelle im Programmablaufplan, von der aus im Programmablauf mehrere Zweige parallel verfolgt werden können. Die Benennung wird bei der Beschreibung des Programmablaufes auch für den Vorgang des Aufspaltens benutzt. *Anmerkung: Sinnbild siehe DIN 66001.*
84	**Sammlung**	Eine Stelle im Programmablaufplan, an der im Programmablauf alle in den zusammenlaufenden Zweigen parallel ablaufenden Tätigkeiten zu Ende gebracht sein müssen, ehe der weiterführende Zweig verfolgt wird. Die Benennung wird bei der Beschreibung des Programmablaufes auch für den Vorgang des Sammelns benutzt. *Anmerkung: Sinnbild siehe DIN 66001.*

Fortsetzung nächste Seite

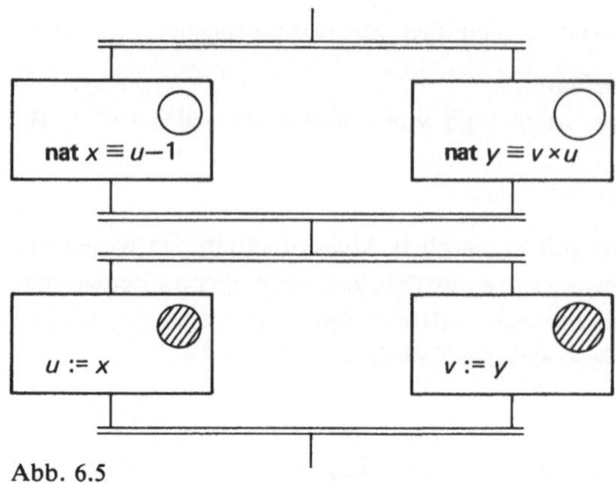

Abb. 6.5

6.7.2.2 Allgemein werden parallele Konstruktionen eingeführt durch eine definierende Transformation; für eine kollektive Zuweisung die folgende

$$(x_1, x_2, \ldots, x_n) := (\mathscr{E}_1, \mathscr{E}_2, \ldots, \mathscr{E}_n)$$

$$\updownarrow \quad \{\forall i, j : i \neq j : x_i \text{ kommt nicht frei in } \mathscr{E}_j \text{ vor}$$

$$\llbracket x_1 := \mathscr{E}_1 \,\|\, x_2 := \mathscr{E}_2 \,\|\, \ldots \,\|\, x_n := \mathscr{E}_n \rrbracket$$

Eine ähnliche definierende Transformation gibt es für kollektive Objektvereinbarungen und Variablen-Vereinbarungen. Die Bedingung für die Transformation ist ein Spezialfall einer von Bernstein 1966 aufgestellten Bedingung:

Nach DIN 66001 (1977):

Nr.	Sinnbild	Benennung und Bemerkung
4.4.	═══	**Synchronisation bei Parallelbetrieb** *(parallel mode)*
4.4.1.	┴ ═══ ┬┬┬	**Aufspaltung** Eine ankommende Strecke, mehrere abgehende Strecken
4.4.2.	┴┴┴ ═══ ┬	**Sammlung** Mehrere ankommende Strecken, eine abgehende Strecke
4.4.3.	┴┴┴ ═══ ┬┬┬	**Synchronisationsschnitt** Ebenso viele ankommende wie abgehende unabhängige Wege

Eine Kollektion von Anweisungen $\mathcal{S}_\mu$ kann parallel durchgeführt werden, wenn keine Programmvariable, die in einer Anweisung $\mathcal{S}_i$ eine Zuweisung erfährt, in einer Anweisung $\mathcal{S}_j (j \neq i)$ vorkommt (**Bernstein-Bedingung,** *vgl. auch* 5.2.3)[19].

Sobald im weiteren parallele Schreibweise

$$\ulcorner\!\ulcorner\ \mathcal{S}_1 \parallel \mathcal{S}_2 \parallel \ldots \parallel \mathcal{S}_n \ \lrcorner\!\lrcorner$$

benützt wird, soll stillschweigend vorausgesetzt werden, daß die Bernstein-Bedingung für alle $\mathcal{S}_\mu$ erfüllt ist – eine entsprechende Voraussetzung wurde über kollaterale verallgemeinerte Ausdrücke gemacht.

Erfüllt eine Kollektion von Anweisungen $\mathcal{S}_i =_{\text{def}} \mathcal{S}(i)$ für $i = 1, 2, \ldots, n$ die Bernstein-Bedingung, so kann die gezählte Wiederholung

$$\textbf{for nat } [1 \mathinner{..} n] \ i \textbf{ do } \mathcal{S}(i) \textbf{ od}$$

parallel abgearbeitet werden, das heißt wie

$$\ulcorner\!\ulcorner\ \mathcal{S}(1) \parallel \mathcal{S}(2) \parallel \ldots \parallel \mathcal{S}(n) \ \lrcorner\!\lrcorner \quad .$$

6.7.2.3 Selbstverständlich gibt es für das obige Problem auch andere Realisierungen, z. B. trivialerweise eine streng sequentielle wie (vgl. 5.2.4)

$$\textbf{nat } x \equiv u - 1; \textbf{ nat } y \equiv v \times u; \ u := x; \ v := y$$

oder auch

$$\textbf{nat } x \equiv u - 1; \textbf{ nat } y \equiv v \times u; \ v := y; \ u := x \quad ,$$

was zu

$$\textbf{nat } x \equiv u - 1; \ v := v \times u; \ u := x$$

verkürzt und für (teilweise) parallele Ausführung in die Form

$$\ulcorner\!\ulcorner\ \textbf{nat } x \equiv u \mathbin{\dot{-}} 1 \parallel v := v \times u \ \lrcorner\!\lrcorner; \ u := x$$

gebracht werden kann. Dies wiederum kann auch sequentialisiert werden zu

$$v := v \times u; \textbf{ nat } x \equiv u - 1; \ u := x$$

und verkürzt zu

$$v := v \times u; \ u := u - 1 \quad .$$

19 Eine etwas schwächere Bedingung ist notwendig, damit die Anweisungen $\mathcal{S}_\mu$ in *jeder Reihenfolge* ausgeführt werden können: Hilfsvariable für vollständig interne Zwischenergebnisse können zwei Anweisungen gemeinsam sein. Beachte, daß die Anweisungen $\ulcorner h := a; a := b; b := h \lrcorner$ und $\ulcorner h := c; c := d; d := h \lrcorner$ (wo h später nicht mehr gebraucht wird) in jeder Reihenfolge ausgeführt werden können, aber nicht parallel.

Die entsprechenden Darstellungen durch Ablaufdiagramme liegen dabei auf der Hand.

Die Umformungen im obigen Beispiel beweist man, indem man zeigt, daß für die betreffenden Anweisungen die Bernstein-Bedingung erfüllt ist. Auch für solche Umformungen kann ein Kalkül angegeben werden. Eine der Transformationsregeln ist zum Beispiel (Broy 1980)

$$\begin{array}{l} \llbracket\, \mathcal{S}_1;\ \mathcal{S}_2 \,\|\, \mathcal{S}_3 \,\rrbracket \\ \quad \downarrow\uparrow \quad \{\text{Bernstein}\ (\mathcal{S}_1,\ \mathcal{S}_3) \\ \mathcal{S}_1;\ \llbracket\, \mathcal{S}_2 \,\|\, \mathcal{S}_3 \,\rrbracket \end{array}$$

Wenn $\mathcal{S}_2$ als **skip** interpretiert wird, ergibt sich daraus

$$\begin{array}{l} \llbracket\, \mathcal{S}_1 \,\|\, \mathcal{S}_3 \,\rrbracket \\ \quad \downarrow\uparrow \quad \{\text{Bernstein}\ (\mathcal{S}_1,\ \mathcal{S}_3) \\ \mathcal{S}_1;\ \mathcal{S}_3 \end{array}$$

unter der Benutzung der weiteren Regeln

$$\llbracket\, \textbf{skip} \,\|\, \mathcal{S} \,\rrbracket \leftrightarrow \llbracket\, \mathcal{S} \,\rrbracket \leftrightarrow \mathcal{S} \quad .$$

Für alternative Anweisungen gibt es eine distributive Transformation

$$\begin{array}{l} \llbracket\, \textbf{if}\ \mathcal{B}\ \textbf{then}\ \mathcal{S}_1\ \textbf{else}\ \mathcal{S}_2\ \textbf{fi} \,\|\, \mathcal{S}_3 \,\rrbracket \\ \quad \downarrow\uparrow \quad \{\text{Bernstein}\ (\mathcal{B},\ \mathcal{S}_3) \\ \textbf{if}\ \mathcal{B}\ \textbf{then}\ \llbracket\, \mathcal{S}_1 \,\|\, \mathcal{S}_3 \,\rrbracket\ \textbf{else}\ \llbracket\, \mathcal{S}_2 \,\|\, \mathcal{S}_3 \,\rrbracket\ \textbf{fi} \quad . \end{array}$$

Eine ähnliche Transformation gilt für bewachte Anweisungen.

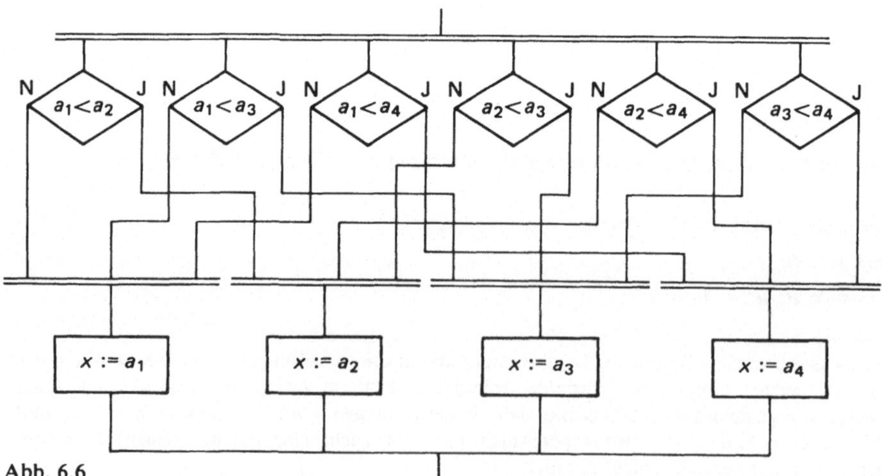

Abb. 6.6

Bei der Verwendung von Ablaufdiagrammen mit Aufspaltung und Sammlung ist stets sorgfältig darauf zu achten, daß nach einer Aufspaltung in konkurrierende Teilabläufe auch wieder „korrekt" gesammelt wird. Dies zeigt die Lösung des Problems, in zwei Takten an eine Variable x das Maximum (entsprechend der Relation $\leqq$) von 4 Objekten zuzuweisen (Dijkstra 1965).

Die vielleicht naheliegende Lösung mit Aufspaltung und Sammlung (Abb. 6.6) erweist sich bei genauer Betrachtung als falsch: Von den insgesamt sechs konkurrierenden Teilabläufen bleiben nach Bestimmung des Maximums eines Tupels (a_1, a_2, a_3, a_4) drei Teilabläufe im Wartezustand „hängen" und würden bei einer zweiten Maximum-Bestimmung für ein Tupel (a_1', a_2', a_3', a_4') zu falschen Ergebnissen führen.

6.7.3 Koordinierte Ablaufdiagramme

Bei parallelen Situationen steht die Unabhängigkeit der auftretenden Operationen im Vordergrund. Zusätzliche Probleme entstehen, wenn man außerdem eine Koordinierung der einzelnen (parallel auszuführenden) Operationen fordert, wie beispielsweise beim Erzeuger-Verbraucher-Problem:

> Eine Fabrik erzeugt Teile und verbraucht sie (jeweils in „Einheiten"); sie kann aber nur einen beschränkten Bestand der Anzahl *max* (*max* > 0) lagern und natürlich keine negativen Anzahlen auf Lager halten. Erzeugungs- und Verbrauchsprozeß sind somit zwar voneinander unabhängig, müssen aber (wegen der Beschränkung der Lagerhaltung) koordiniert werden.

Mit Hilfe von drei Prozeduren könnte man das Problem sequentiell lösen, wobei die Reihenfolge beim Erzeugen und Verbrauchen von Einheiten (im Rahmen der gegebenen Lagerkapazität) offenbleibt:

```
      (nat max, nat bestand):
        ⌈ var nat anzahl := bestand; verteiler where
          proc erzeuger ≡ :
              ⌈ «erzeuge Einheit»; anzahl := anzahl + 1;
                             verteiler                  ⌋ ,
(*)       proc verbraucher ≡ :
              ⌈ «verbrauche Einheit»; anzahl := anzahl − 1;
                             verteiler                      ⌋ ,
          proc verteiler ≡ :
                if anzahl > 0      then verbraucher
                ▯ anzahl < max then erzeuger      fi               ⌋    .
```

Man beachte, daß im Gegensatz zu den bisher betrachteten Algorithmen das System (∗) *nicht* terminiert. Dieser „Ewigkeitsfall" ist bei Betriebssystemen durchaus realistisch: dort terminieren die Programme, das Betriebssystem läuft „ewig".

Das System (∗) läßt sich auch wieder durch ein Ablaufdiagramm beschreiben unter Verwendung einer nichtdeterministischen Verzweigung (Abb. 6.7). Die Lämpchen zeigen den Anfangszustand des Systems.

Eine Organisation wie in (∗) könnte auf einen einzelnen Holzschuhmacher, der einen Verkaufsladen hat, zutreffen: er macht entweder Holzschuhe oder er steht im Laden. Was aber tun bei Arbeitsteilung? Warum sollen Erzeuger und Verbraucher nicht voneinander unabhängig arbeiten können? Lediglich das Herauf- und Herunterzählen des Lagerbestan-

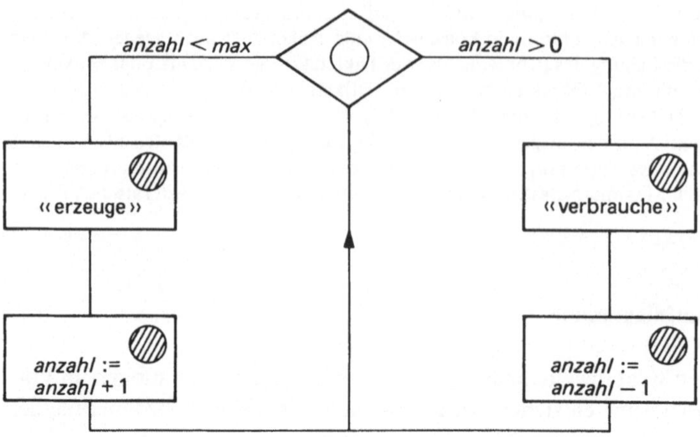

Abb. 6.7

des muß koordiniert werden; den Verteiler braucht man nicht mehr, statt dessen einen *Koordinator* – damit nicht beide Teilabläufe gleichzeitig zählen (Sperrsynchronisation, engl. *mutual exclusion,* abgekürzt *mutex*). Ein geeignetes Ablaufdiagramm zeigt Abb. 6.8.

Beachte, daß die bedingten Anweisungen jetzt mit Wächtern versehen sind, deren Werte von konkurrierenden Teilabläufen geändert werden können. Man setzt nun zweckmäßigerweise fest, daß ein Ablauf wartet, wenn kein Wächter ihm den Weg freigibt[20]. Bisher, d. h. bei Beschränkung auf rein sequentielle Abläufe, konnten wir sagen, das Ergebnis sei »undefiniert«, da der Wartezustand durch nichts aufzuheben war. (Natürlich können auch bei konkurrierenden Abläufen „ewige" Warte-Situationen eintreten, vgl. dazu 6.9, Verklemmung.)

Insgesamt gibt es drei konkurrierende Teilabläufe: die „Erzeugerschleife", die „Verbraucherschleife" und die Lagerbuchhaltung (bestehend aus zwei Teilabläufen). Dabei müssen sowohl Erzeugerschleife wie auch Verbraucherschleife in ganz bestimmter Weise mit der Lagerbuchhaltung kooperieren: sie werden auf einem Wegstück zusammen geführt. Diese Wegstücke, die somit nicht von beiden Schleifen gemeinsam durchlaufen werden können, heißen **kritische Teilabläufe**[21] („kritischer Abschnitt", engl. *critical section*),

20 Dies kann als „dynamisches Warten" implementiert werden. Man ersetze etwa

anzahl < max

durch die Warteschleife

anzahl = max   anzahl < max

Die allgemeine Methode ist offensichtlich.

21 Man könnte dabei an Züge denken, die ein Stück weit dieselben Gleise benutzen.

sie sind im Diagramm fett gezeichnet. Der jeweilige Stand der Teilabläufe ist wiederum durch Positionslämpchen markiert.

Kritische Teilabläufe müssen jeweils durch eine Sammlung eingeleitet und durch eine Aufspaltung beendet werden. Tritt – bedingt durch eine fehlerhafte Koordination der einzelnen Teilabläufe – eine gegenseitige Behinderung ein, so spricht man von **Kollision**.

Eine verwandte Methode ist als „Methode der Signaltäfelchen" bei eingleisigen Eisenbahnen seit deren Erfindung bekannt. Bei der Mainzer Straßenbahn war sie noch 1960 gebräuchlich: einen kritischen Abschnitt darf nur befahren, wer das Signaltäfelchen bei sich hat. Allerdings kann dabei der „kritische Abschnitt" nur immer wechselweise befahren werden, während im Erzeuger-Verbraucher-Beispiel sowohl Erzeuger wie Verbraucher den kritischen Teilablauf mehrfach nacheinander durchlaufen können.

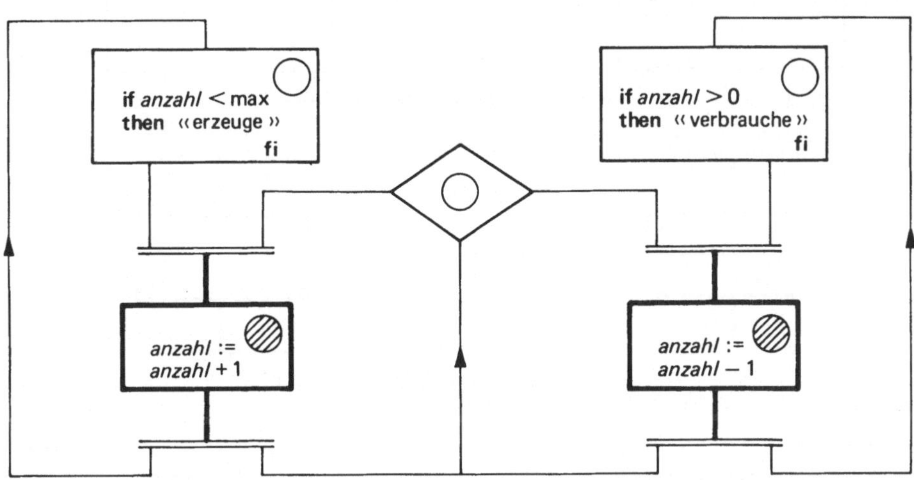

Abb. 6.8

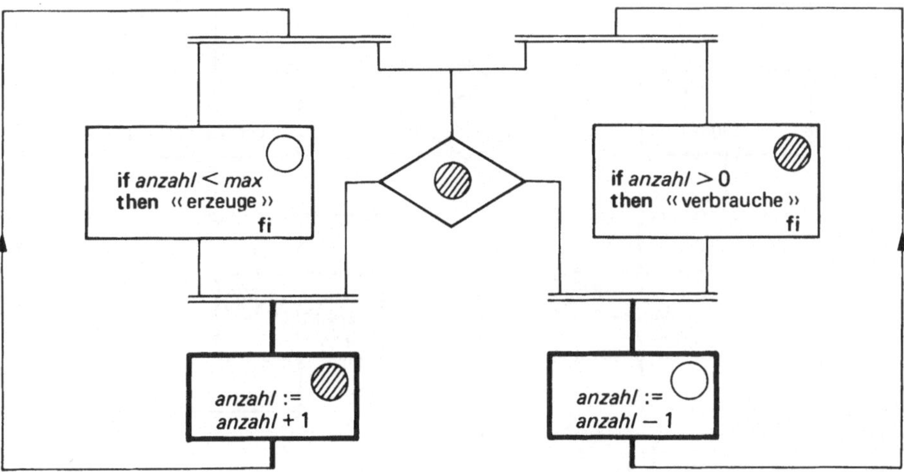

Abb. 6.9

Die oben vorkommende Verzweigung ist vollkommen nichtdeterministisch, sie kann nach links oder rechts führen – sofern dort die Sammlungsbedingung (vgl. 6.7.2.1, Fußnote) erfüllt ist. (Im vorliegenden Beispiel ist das jedoch trivial.) Das in Abb. 6.8 vorliegende Diagramm läßt sich nicht mittels $\sqcap\!\!\sqcap$ und $\sqcup\!\!\sqcup$ ausdrücken; die lineare Aufschreibung derartiger Diagramme wird in 6.9 behandelt.

Mit dem in Abb. 6.8 gleichwertig, lediglich „durchgestülpt", ist das Diagramm in Abb. 6.9.

Hier wurde auch eine andere Position der Teilabläufe markiert[22]. Zu beachten ist dabei, daß ein Zustand wie in Abb. 6.10 nicht vorgesehen ist und auch aus der in Abb. 6.8 angegebenen Ausgangssi-

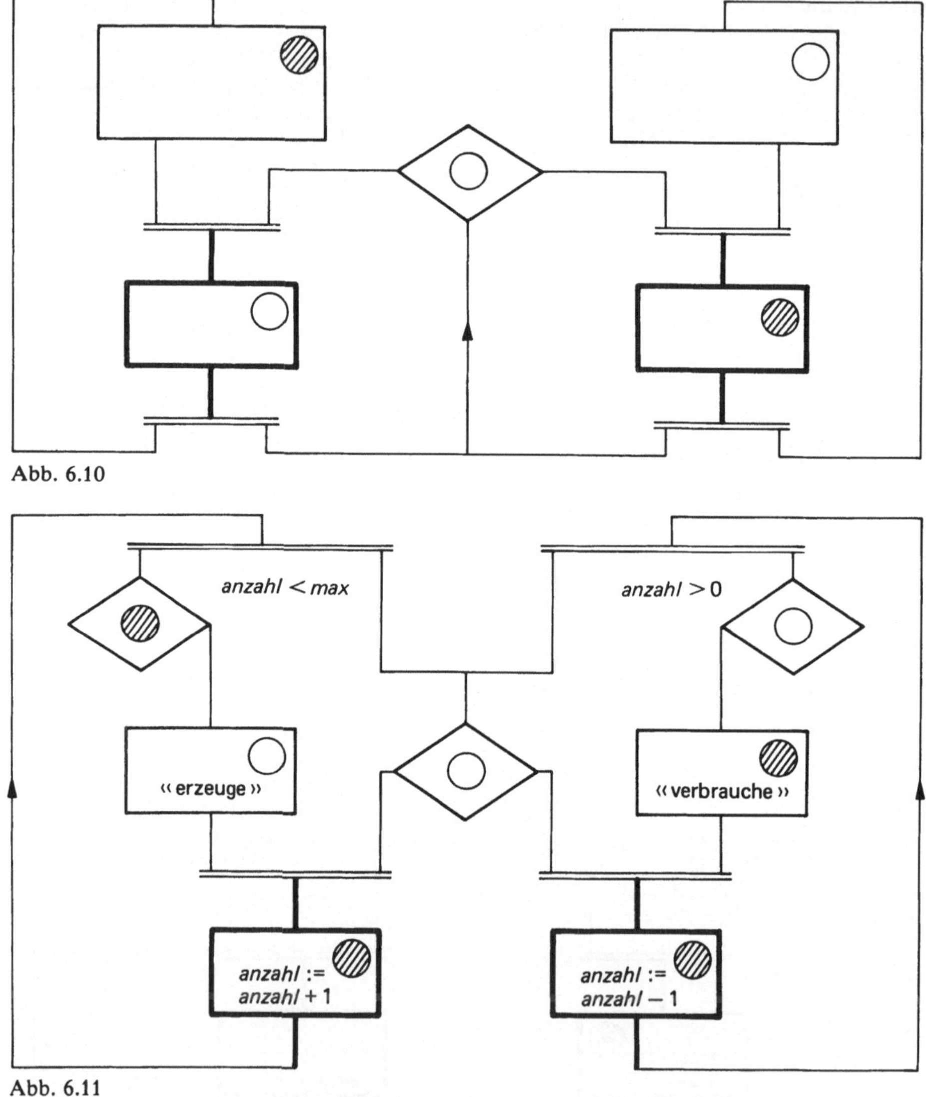

Abb. 6.10

Abb. 6.11

22 Die zwei Teilabläufe, die in diesem Zustand ‚aktiv' sind, sind gegenseitig nicht kritisch: Eine Verminderung von *anzahl* beseitigt die Gültigkeit von *anzahl* < *max* nicht.

tuation nicht erhalten werden kann, da die Übergänge von einer Ablaufposition in eine andere durch die für Aufspaltung und Sammlung angegebenen Bedingungen (vgl. 6.7.2.1, Fußnote) festgelegt sind.

Wie man von einer Ablaufposition zu der Folgeposition kommt, ist im vorliegenden Beispiel intuitiv klar; eine formale Erklärung wird in 6.8 über die Semantik der Petri-Netze gegeben. Dort wird insbesondere auch klar werden, wann ein koordiniertes Ablaufdiagramm „sinnvoll" aufgebaut ist.

Eine andere Fassung, die auch noch die Wartebedingungen explizit ausdrückt, findet sich in Abb. 6.11.

Eine weitere wichtige Variante erhält man, wenn man zwei boolesche Variable als Wächter einführt (Abb. 6.12). Dabei bietet sich sofort eine Vereinfachung an: Die Zuweisung im linken Zweig

$nichtleer := anzahl > 0$ (bzw. $nichtvoll := anzahl < max$ im rechten Zweig)

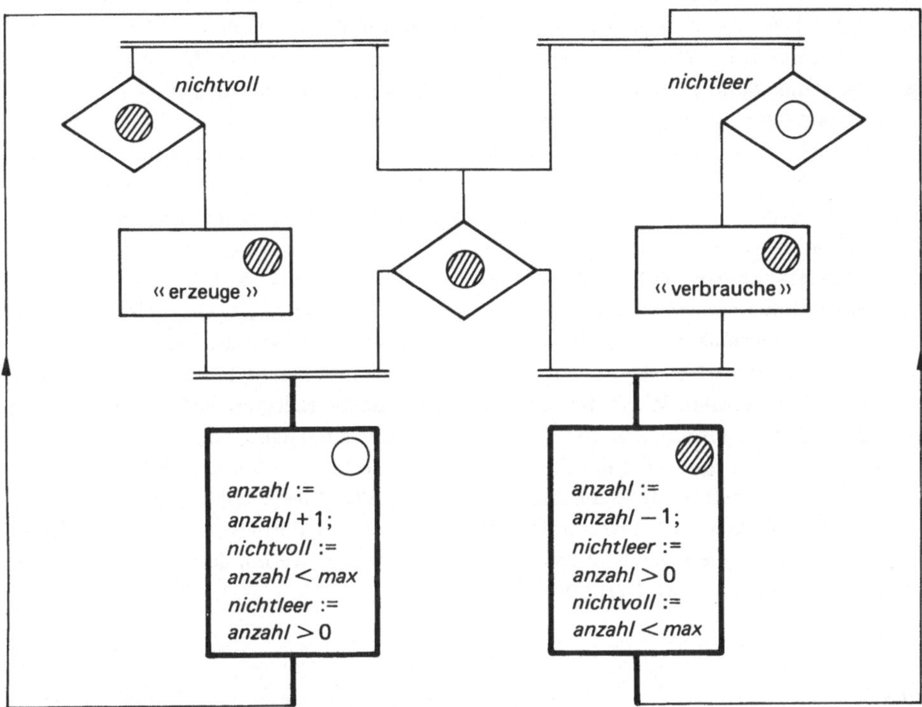

Abb. 6.12

kann durch die Zuweisung

$nichtleer :=$ **true** (bzw. $nichtvoll :=$ **true**)

ersetzt werden, da beiden Zuweisungen jeweils die Änderung der Anzahl

$anzahl := anzahl + 1$ (bzw. $anzahl := anzahl - 1$)

vorausgeht und somit gilt

$\{anzahl \geqq 0\}\ anzahl := anzahl + 1\ \{anzahl > 0\}$
(bzw. $\{anzahl \leqq max\}\ anzahl := anzahl - 1\ \{anzahl < max\}$) .

6.8 Petri-Netze

Der abstrakte Hintergrund von koordinierten Ablaufdiagrammen mit (deterministischer oder nicht-deterministischer) Verzweigung, Zusammenführung, Aufspaltung und Sammlung ist der nachfolgend behandelte Begriff des Petri-Netzes.

6.8.1 Theorie der Petri-Netze

Ein **Petri-Netz**[23] ist ein zweigeteilter (engl. *bipartite*) gerichteter Graph, d. h. ein gerichteter Graph mit zwei disjunkten Mengen von Knoten: **Plätze** (engl. *places*) und **Hürden** (engl. *transitions*), deren Elemente mit ○ bzw. ❙ bezeichnet werden. Die Kanten des Graphen führen jeweils von einem Element der einen Knotenmenge zu einem Element der anderen Knotenmenge. Jeder Platz, von dem eine Kante zu einer Hürde H führt, heißt **Eingabeplatz** (engl. *input place*) von H, jeder Platz, zu dem eine Kante von H führt, heißt **Ausgabeplatz** (engl. *output place*) von H.

Zusätzlich zu den statischen Eigenschaften, die durch den Graphen repräsentiert werden, hat ein Petri-Netz auch dynamische Eigenschaften, die aus einer (veränderungsfähigen) **Belegung** (engl. *marking*) der Plätze resultieren. Je nach Belegung der Plätze mit natürlichen Zahlen oder Wahrheitswerten unterscheidet man **nat**- oder **bool**-Petri-Netze[24]. Bei einer diagrammartigen Darstellung eines Petri-Netzes wird die Belegung üblicherweise durch Spielsteine (engl. *markers, tokens*) dargestellt. Eine **Änderung der Belegung** ist zulässig, falls mindestens eine Hürde existiert, deren sämtliche Eingabeplätze mit **true** (im falle eines **bool**-Petri-Netzes) bzw. mit einer natürlichen Zahl $\geqq 1$ (im Falle eines **nat**-Petri-Netzes) belegt sind. Wenn über eine solche Hürde die Belegung geändert wird, dann sagt man, daß diese Hürde „zündet" (engl. *firing*). Eine zulässige Änderung der Belegung eines **bool**-Petri-Netzes wird dann durchgeführt, indem für die zündende Hürde die Belegung *aller* Eingabeplätze auf **false** und die Belegung *aller* Ausgabeplätze auf **true** gesetzt wird. Bei einer zulässigen Änderung der Belegung eines **nat**-Petri-Netzes werden (wiederum für *eine* Hürde) die Belegungen *aller* Eingabeplätze um 1 vermindert und die Belegungen *aller* Ausgabeplätze um 1 erhöht.

Aufgabe 1: Man gebe je ein Petri-Netz an, bei dem durch eine einzige zulässige Belegungsänderung ein Platz δ genau dann belegt wird, wenn
a) ein Platz α und ein Platz β belegt sind;
b) ein Platz α oder ein Platz β belegt ist;
c) von drei Plätzen α, β, γ mindestens zwei belegt sind.

---

23 Die Theorie der Petri-Netze geht zurück auf C. A. Petri, der sich in seiner Doktorarbeit mit der Beschreibung des Informationsflusses in Systemen beschäftigte (Petri 1962). Eine ausführliche Übersicht findet sich in Peterson 1977.

24 Grundsätzlich sind Belegungen mit Objekten einer beliebigen Art λ denkbar, für die eine Wohlordnung definiert ist.

Eine Belegung eines Petri-Netzes heißt **lebendig** (engl. *live*), wenn sie eine Änderung erlaubt und jede aus ihr durch eine Änderung entstehende Belegung wieder lebendig ist. Andernfalls heißt eine Belegung **terminierend**[25].

Beispiel einer lebendigen Belegung ist eine, die einen Zyklus erlaubt. Ausgehend von dem Petri-Netz in Abb. 6.13 (Dennis 1973) bilden die Platzbelegungen[26]

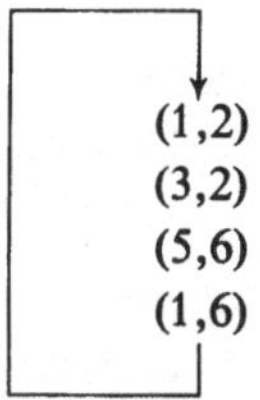

einen Zyklus. (1,3) wäre ein Beispiel für eine terminierende Belegung.

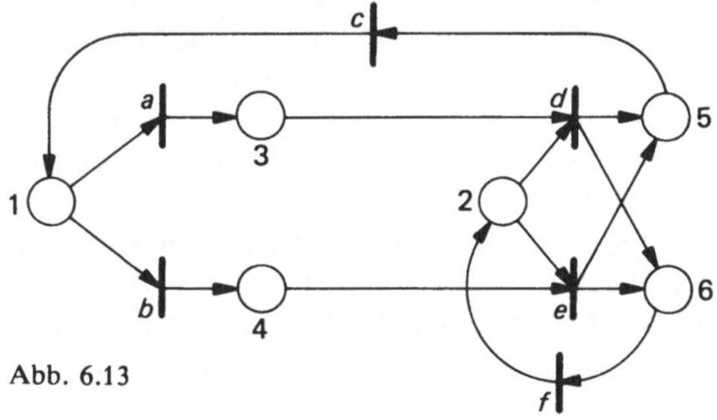

Abb. 6.13

Aufgabe 2: a) Für das **bool**-*Petri-Netz der Abb. 6.14 gebe man Anfangsbelegungen an, die*
(1) keine Änderung,
(2) genau eine Änderung,
(3) eine zyklische Änderungsfolge der Periode 3 zulassen.
b) Gibt es Anfangsbelegungen für dieses Petri-Netz, die zu keiner der drei angegebenen Klassen gehören?

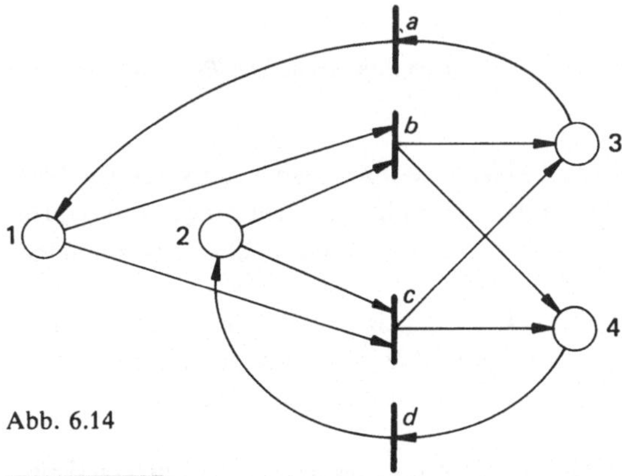

Abb. 6.14

25 Insbesondere auch, wenn die gegebene Belegung gar keine Änderung erlaubt.

26 Sind die Plätze mit Nummern bezeichnet, so genügt zur Charakterisierung einer Belegung mit Wahrheitswerten die Angabe derjenigen Plätze, die mit **true** belegt sind.

Ein anderes Beispiel für eine lebendige Belegung zeigt das **nat**-Petri-Netz in Abb. 6.15.

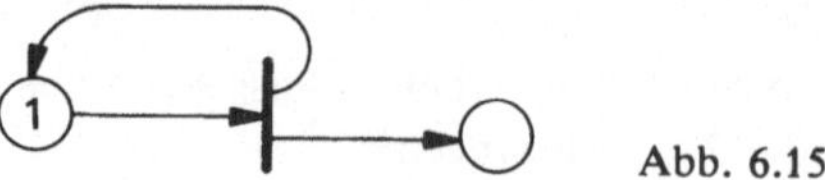

Abb. 6.15

Ein Petri-Netz, in dem stets genau *ein* Platz mit 1 bzw. **true** belegt ist und alle anderen Plätze mit 0 bzw. **false**, heißt ein **Ein-Stein-Petri-Netz.** Ein solches Ein-Stein-Netz beschreibt einen sequentiellen Ablauf vermöge des (trivialen) Satzes:

Satz: *Wenn jede Hürde genau einen Eingabe- und einen Ausgabeplatz hat, und eine Ein-Stein-Belegung vorgegeben ist, handelt es sich um ein Ein-Stein-Petri-Netz, und umgekehrt.*

Läßt man bei einem Ein-Stein-Petri-Netz die Hürden weg, so kommt man zurück zum klassischen sequentiellen Ablaufdiagramm, mit den Plätzen als Ablaufpositionen. Aber auch bei einem Ein-Stein-Netz können von einem Platz mehrere Kanten ausgehen. Solche Kanten heißen **alternativ**, das Petri-Netz hat dort eine **Verzweigung**. Ebenso können auch **Zusammenführungen**, Plätze, auf denen mehrere Kanten einmünden, vorkommen. In einer bestimmten Belegungssituation gibt es normalerweise mehrere zulässige Belegungsänderungen. In diesem Fall kann man willkürlich entscheiden, welche Änderung durchgeführt werden soll. In der Simulation (s. u.) spricht man dann von **freier Wahl** (engl. *free choice*). Es kann dabei auch vorkommen, daß für zwei zulässige Änderungen die Durchführung der einen die andere unzulässig macht (beide Hürden haben einen gemeinsamen Eingabeplatz). Dann sagt man, die Hürden sind **in einem Konflikt**, der durch freie Wahl gelöst werden kann.

Bei Ein-Stein-Netzen findet an der Verzweigung eine freie Wahl statt (die bei einer Interpretation des Netzes von der Auswertung der dort herrschenden Bedingung gesteuert wird), die Hürden sind dort stets im Konflikt. Bei Mehr-Stein-Netzen hängt die Änderungsmöglichkeit nicht mehr von der Belegung einer einzigen Verzweigung ab.

Im Beipiel des Petri-Netzes von Abb. 6.13 mit der Belegung (2,3,4) sind die Hürden *d* und *e* in einem Konflikt.

Aufgabe 3: Welche Hürden können in dem Netz aus Aufgabe 2 in einem Konflikt sein? Man gebe entsprechende Belegungen an.

Als **Simulation** eines Petri-Netzes oder als **Spiel** bezeichnet man eine (wegen der Möglichkeit der freien Wahl i. allg. nichtdeterministische) Folge von Belegungen (im sequentiellen Fall ist es eine Abfolge von Platz- bzw. Positionswechseln!). Ein Spiel terminiert, wenn es keine zulässige Änderung mehr gibt.

Eine Belegung eines Petri-Netzes heißt **sicher**, wenn kein Spiel zu einem „Auffahrunfall“ führt, wenn also für jede zulässige Änderung die Ausgabeplätze der entsprechenden Hürde frei sind, d. h. mit **false** belegt in einem **bool**-Petri-Netz und mit 0 belegt in einem **nat**-Petri-Netz[27].

Für das Petri-Netz von Abb. 6.13 sind die in dem Zyklus angegebenen Belegungen sicher.

27 Gleichwertig ist für **nat**-Petri-Netze, daß nach keiner zulässigen Änderung auf einem Platz mehr als ein Stein liegt (Dennis).

In dem Beispiel des **bool**-Petri-Netzes in Abb. 6.16 ist (1,3,5) eine sichere Belegung, während z. B. (1,4,5) keine sichere Belegung ist, da für die zulässige Änderung an Hürde *d* der Ausgabeplatz 5 bereits belegt ist.

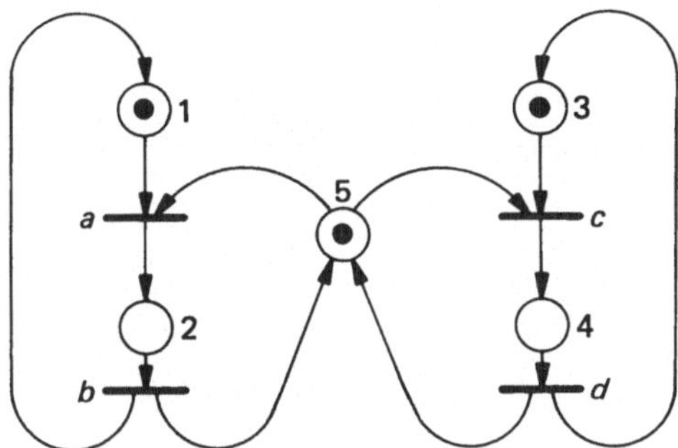

Abb. 6.16

Eine wichtige Aussage über sichere Belegungen liefert der folgende

Satz: *Die sicheren Belegungen bilden eine Teilmenge von Belegungen, die unter den (zulässigen) Änderungen abgeschlossen ist.*

Es gibt Petri-Netze, die keine sichere Belegung zulassen, wie

und solche, für die jede Ein-Stein-Belegung sicher ist: Ein-Stein-Petri-Netze.

Der Zusammenhang zwischen sicher belegten **nat**- und **bool**-Petri-Netzen wird hergestellt durch den

Satz: *Ein* **nat**-*Petri-Netz mit einer sicheren Belegung kann stets durch ein entsprechend (sicher) belegtes* **bool**-*Petri-Netz ersetzt werden und umkehrt* (1 ≙ **true**, 0 ≙ **false**).

Wenn man sich also bei gewissen Anwendungen auf sichere Belegungen von **nat**-Petri-Netzen beschränkt, kann man gleich zu sicher belegten **bool**-Petri-Netzen übergehen. Andererseits sind manchmal auch die echten **nat**-Petri-Netze nützlich.

Aufgabe 4: Man gebe für das Petri-Netz aus Aufgabe 2 die Menge der sicheren Belegungen an.

6.8.2 Aufbau von Petri-Netzen, Zusammenhang mit koordinierten Ablaufdiagrammen

Petri-Netze können stets zerlegt werden, so daß sie aus folgenden Elementen aufgebaut sind (Abb. 6.17).

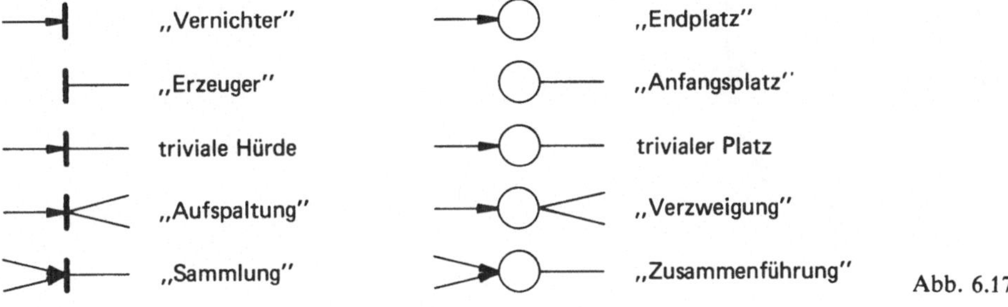

Abb. 6.17

Eine Hürde wie die „Synchronisationsstelle“

kann unter Einführung eines Hilfsplatzes zerlegt werden:

Petri-Netze sind zunächst uninterpretierte Formalismen. Versehen mit einer Interpretation (= Belegung der Plätze) dienen sie dem Entwurf, der Beschreibung und der Analyse von Systemen. Der Hauptvorteil ihrer Verwendung liegt in der adäquaten Beschreibungsmöglichkeit für parallele, konkurrierende oder nichtdeterministische Situationen.

Zum Beispiel kann man die Bedeutung der (nichtdeterministischen) bewachten Fallunterscheidung (vgl. 1.9)

if $\mathscr{B}_1$ **then** $\mathscr{A}_1$ ▯ $\mathscr{B}_2$ **then** $\mathscr{A}_2$ **fi**

durch das folgende interpretierte Petri-Netz beschreiben:

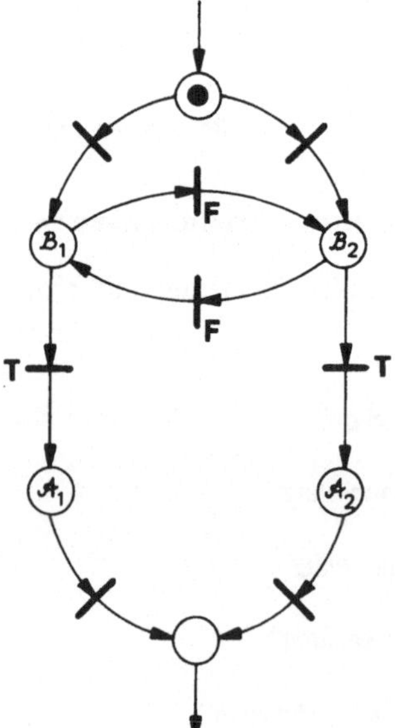

Abb. 6.18

Zwischen *sicher belegten* **bool**-Petri-Netzen bzw. *sicher belegten* **nat**-Petri-Netzen und den in 6.7.3 behandelten koordinierten Ablaufdiagrammen besteht ein eindeutiger Zusammenhang (Abb. 6.19).

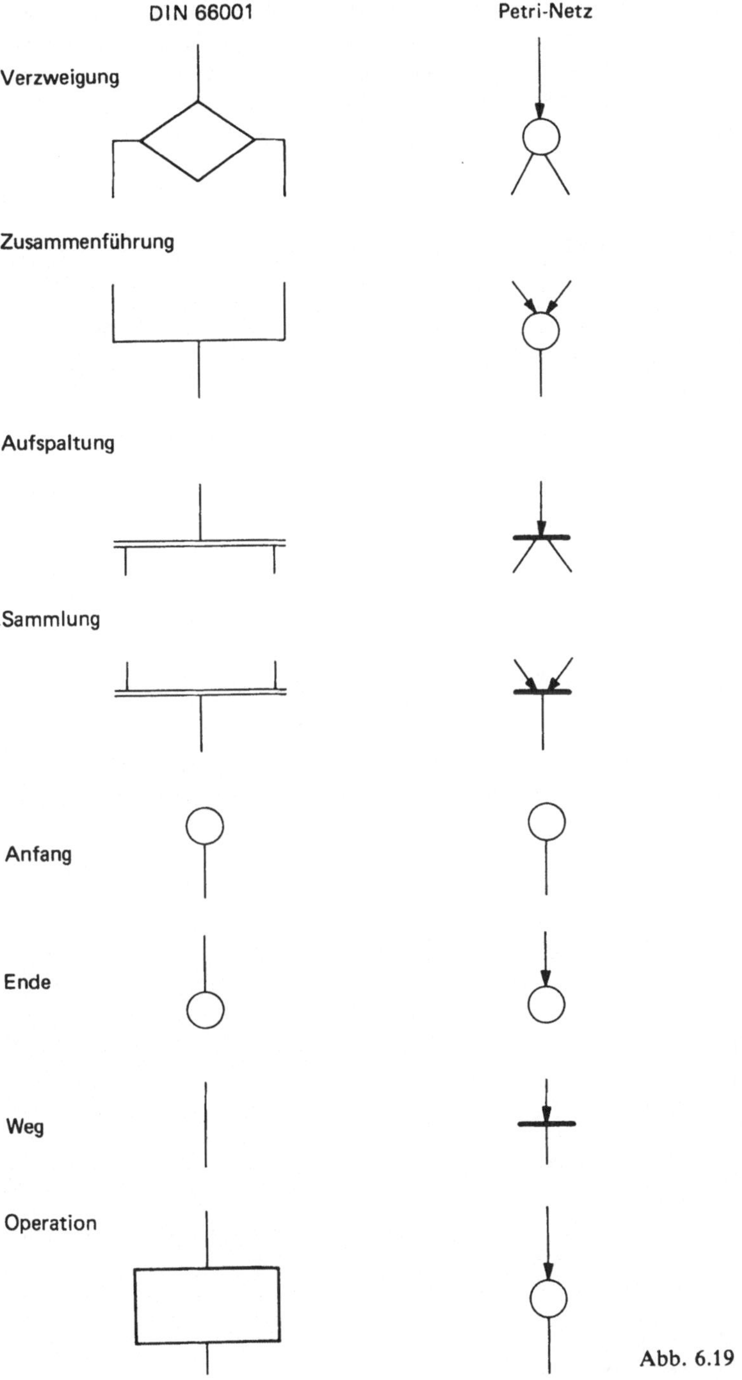

Abb. 6.19

Die Regeln der Belegungsänderung in einem Petri-Netz spiegeln sich dabei in Aufspaltungs- und Sammlungsbedingungen wider; die Möglichkeit der freien Wahl wird durch die nichtdeterministische Verzweigung dargestellt.

Da bei koordinierten Ablaufdiagrammen im Gegensatz zu den allgemeineren Petri-Netzen nicht beliebige Ausgangsbelegungen zugelassen sind, kann (und muß) man in koordinierten Ablaufdiagrammen durch geeignete Führung der Abläufe[28] ein „Auffahren“ vermeiden. *Koordinierte Ablaufdiagramme entsprechen daher sicher belegten Petri-Netzen.*

6.9 bool-Petri-Netze, Signale

In den Ablaufdiagrammen Abb. 6.7 und Abb. 6.8 aus 6.7.2 sind die folgenden **bool**-Petri-Netze (samt Anfangsbelegungen) enthalten:

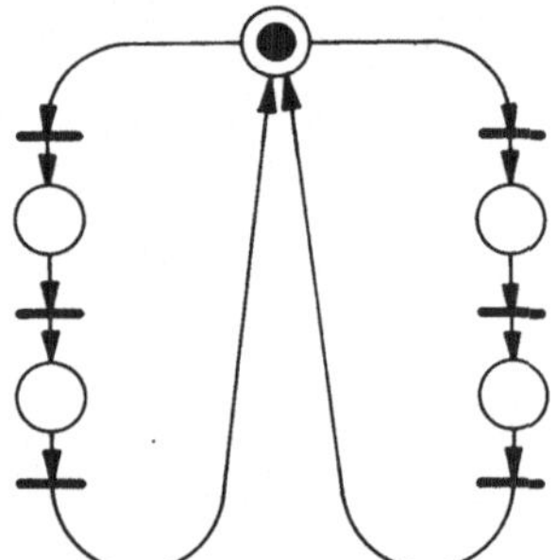

Abb. 6.21

28 Das dem Petri-Netz Abb. 6.15 nachempfundene Ablaufdiagramm (Abb. 6.20) zeigt *keine* geeignete Führung der Abläufe; es ist auch kein koordiniertes Ablaufdiagramm, da es keine nichttriviale sichere Belegung erlaubt.

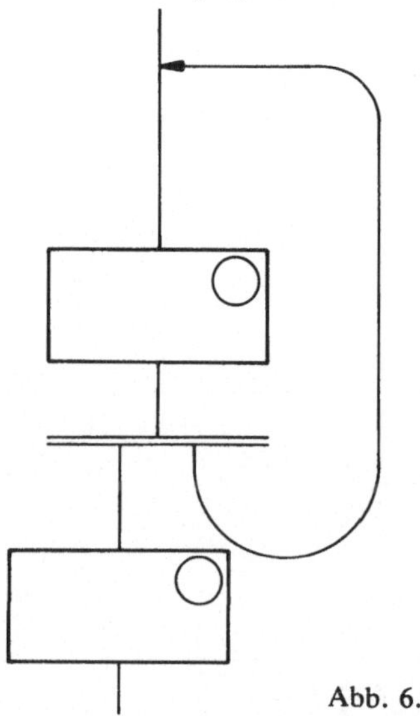

Abb. 6.20

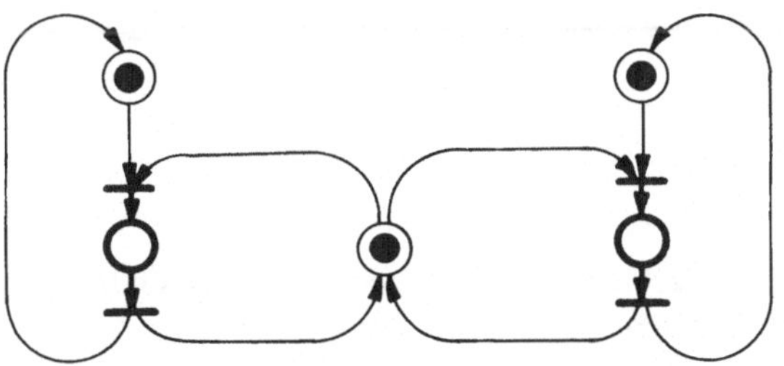

Abb. 6.22

Das erste ist ein Ein-Stein-Petri-Netz, der Ablauf ist nicht determiniert, aber streng sequentiell. Das zweite ist ein sicher belegtes nicht-sequentielles **bool**-Petri-Netz. Die „kritischen Teilabläufe" sind jeweils fett gezeichnet. Es wird lediglich während der Veränderung der Variablen *anzahl* eine Sperrsynchronisation vorgenommen; dabei wird unterstellt, daß die Abfragen *anzahl* < *max* bzw. *anzahl* > 0 sich gegenseitig nicht stören[29]. Weder Erzeuger noch Verbraucher sind an den Werten von *anzahl* interessiert. Für sie ist lediglich interessant, ob das Lager voll ist oder nicht bzw. leer ist oder nicht.

Zur Charakterisierung des Belegungszustandes in einem **bool**-Petri-Netz können wir nun besondere Variable, **Signale**[30] genannt, mit der Artbezeichnung **flag** einführen. Signale bewirken in einem Ablaufdiagramm das Anhalten oder Durchfahren eines Zuges. Sie haben den Charakter von **var bool** und können geprüft, ein- oder umgestellt werden. Der wesentliche Unterschied zu gewöhnlichen booleschen Variablen besteht darin, daß für Signale nur spezielle Operationen definiert sind. Dijkstra hat die beiden (den Grundbestandteilen der Sperrsynchronisation entsprechenden) Operationen an Signalen (*signal* sei von der Art **flag**), die Sperroperation **p** *signal* und die Freigabeoperation **v** *signal*,

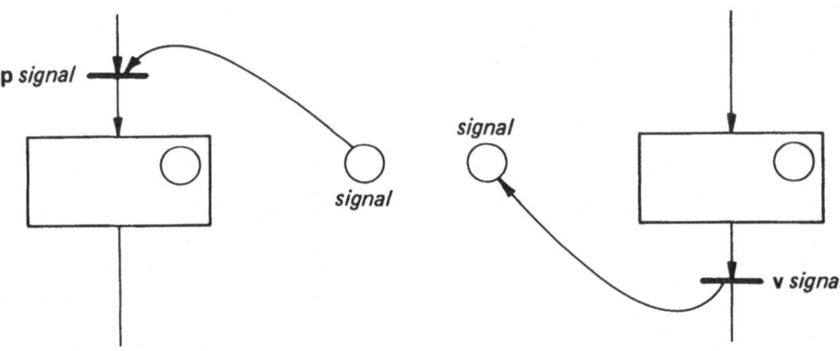

Abb. 6.23

als Elemente von Programmiersprachen eingeführt. Mit **p** (holl. *passeren*) und **v** (holl. *vrijgeven*) bezeichnen wir auch in koordinierten Ablaufdiagrammen die Sperr- bzw. Freigabeoperation von Signalen (Abb. 6.23).

---

29 Bekanntlich können ja auch zwei Leute in einer Zeitung lesen, ohne sich etwas wegzunehmen – daß der eine vielleicht nervös wird, mag dahingestellt bleiben.

30 Signale heißen bei Dijkstra 1965 **binäre Semaphore** (vgl. 6.10).

p *signal* kann implementiert werden als Warteschleife

f: **if** *signal* **then** *signal* := **false**
else goto *f* **fi** .

Dabei wird unterstellt, daß das Abfragen und das Setzen des Signals *unteilbar* sind, d. h., daß sich kein anderer Vorgang, der das Signal ändern könnte, dazwischen setzen kann[31].

Entsprechend kann

v *signal*

als

signal := **true**

implementiert werden, wobei wiederum Unteilbarkeit (der Zuweisung) unterstellt ist.

Die Operationen **p** und **v** können nun in trivialer Weise benutzt werden, um den „selbsttätigen Streckenblock" im Eisenbahnverkehr nachzubilden (Abb. 6.24).

Ihre Verwendung – zusammen mit Aufspaltung und Sammlung – erlaubt auch die Behandlung komplizierterer Koordinierungsprobleme.

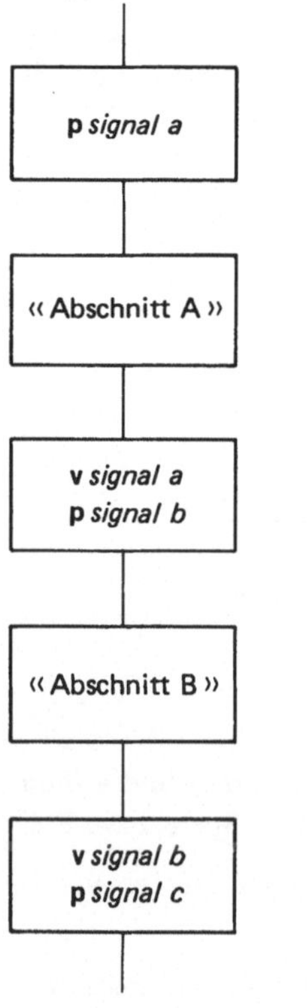

Abb. 6.24

31 Dazugehörige Schaltungen sind leicht vorstellbar.

Führt man in dem Erzeuger-Verbraucher-Problem (Abb. 6.12) aus 6.7.3 neben dem Signal *mutex*, das der Sperrsynchronisation dient, noch zwei weitere Signale *nichtvoll* und *nichtleer* ein – alle von der Art **flag** –, so ergibt sich das koordinierte Ablaufdiagramm in Abb. 6.25.

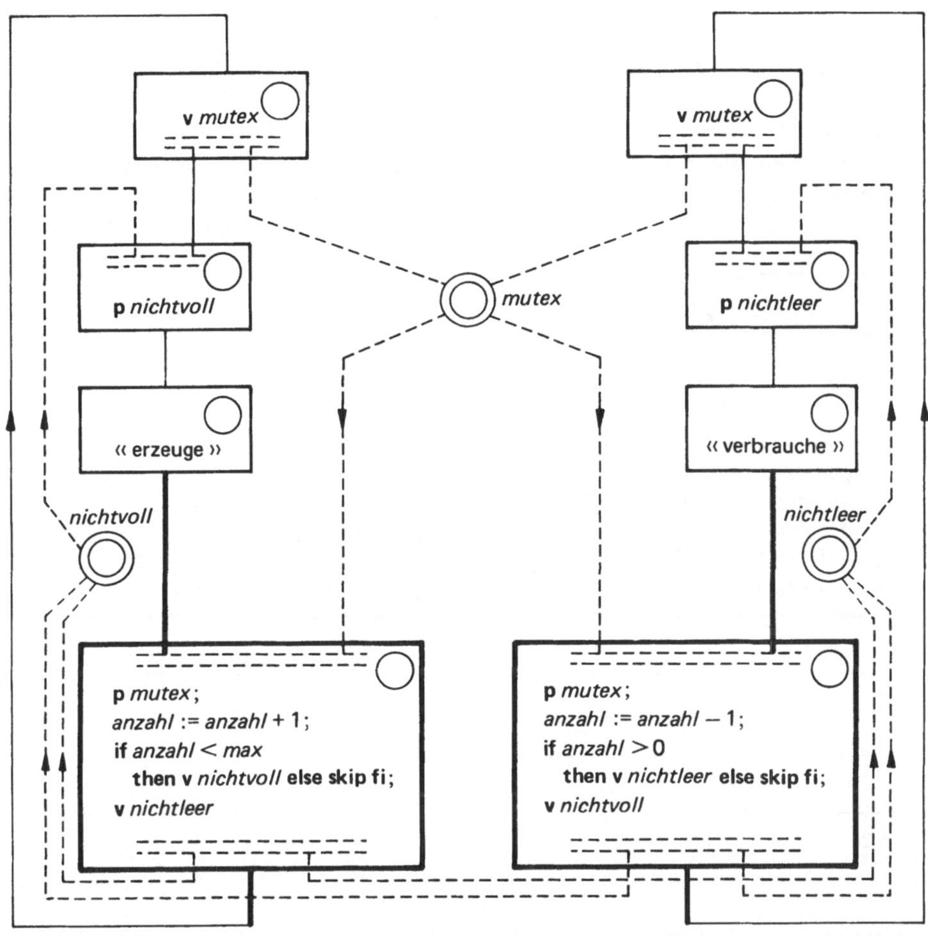

Abb. 6.25

Hierbei sind alle bloßen Koordinierungselemente gestrichelt gezeichnet. Man beachte, daß dabei im linken Zweig

nichtvoll : = *anzahl* < *max* (bzw. *nichtleer* : = *anzahl* > 0 im rechten Zweig)

durch

if *anzahl* < *max* **then** *nichtvoll* : = **true else skip fi**
(bzw. **if** *anzahl* > 0 **then** *nichtleer* : = **true else skip fi**)

ersetzt werden konnte, da das vorausgehende **p** *nichtvoll* (bzw. **p** *nichtleer*) das Signal *nichtvoll* (bzw. *nichtleer*) auf den Wert **false** gesetzt hat. Entsprechend der Argumentation in 6.7.3 konnte außerdem

nichtleer := *anzahl* > 0 (bzw. *nichtvoll* := *anzahl* < *max*)

zu

v *nichtleer* (bzw. **v** *nichtvoll*)

verkürzt werden.

Wechselt man von dem obigen Ablaufdiagramm zu der übersichtlicheren Darstellung (Abb. 6.26)

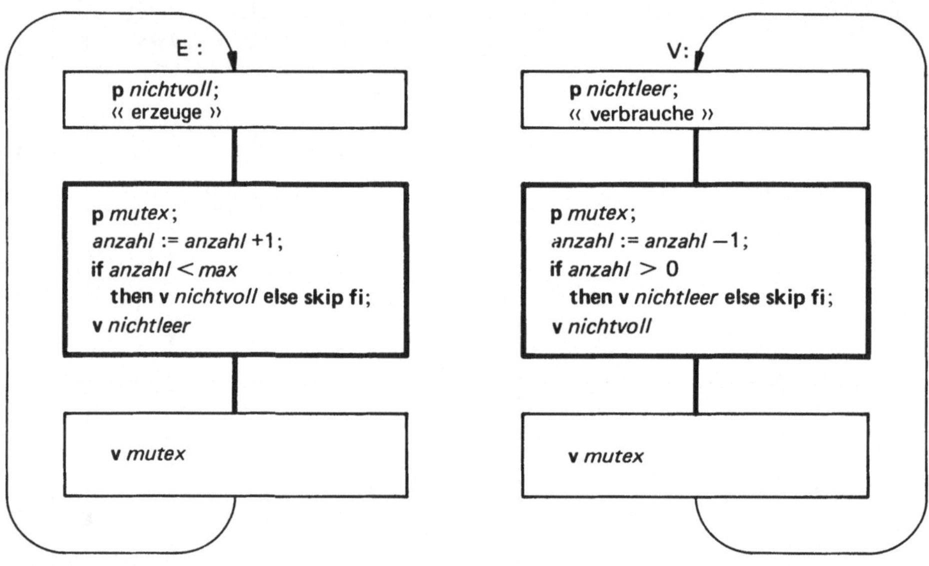

Abb. 6.26

so kann man nun – nachdem die konkurrierenden Teilabläufe getrennt sind und ihre Synchronisation über Signale erfolgt – zur Form einer parallelen Anweisung übergehen:

```
⟦ E: p nichtvoll;                          ‖ V: p nichtleer;
     «erzeuge»;                            ‖    «verbrauche»;
     p mutex;                              ‖    p mutex;
     anzahl := anzahl + 1;                 ‖    anzahl := anzahl − 1;
     if anzahl < max                       ‖    if anzahl > 0
       then v nichtvoll else skip fi;      ‖      then v nichtleer else skip fi;
     v nichtleer;                          ‖    v nichtvoll;
     v mutex;                              ‖    v mutex;
     goto E                                ‖    goto V                        ⟧ .
```

Allgemein kann man koordinierte Ablaufdiagramme mit Hilfe von Signalen so umformen, daß die jeweiligen Teilabläufe aufschreibungsmäßig trennbar sind und somit das gesamte Diagramm linear aufschreibbar wird.

In dem behandelten Beispiel dienten die Signale *mutex* und *nichtvoll* (bzw. *nichtleer*) verschiedenen Aufgaben. Während *mutex* eine Sperrsynchronisation (Sicherung der Variablen *anzahl* vor gleichzeitigem Zugriff) für die kritischen Teilabläufe brachte, dienten *nichtvoll* und *nichtleer* nur zur internen Steuerung der beiden Teilabläufe bzw. zur Kommunikation zwischen ihnen. Solche Signale, für die **p** nur in einem einzigen Teilablauf vorkommt, heißen **privat** für diesen Teilablauf.

Man kann die **p**- und **v**-Operationen, wie oben angegeben, direkt als Warteschleifen implementieren. Dabei ergeben sich weitere Vereinfachungen: Die Umbesetzungen der *privaten* Signale, *nichtvoll* := **false** bzw. *nichtleer* := **false**, in den Operationen **p** *nichtvoll* bzw. **p** *nichtleer* können herausgetrennt und bis zum nächsten Auftreten der betreffenden Variablen zurückgestellt werden. Nur noch für *mutex* bleibt ein unteilbares **p** erforderlich[32].

Durch Zusammenziehen von z. B.

nichtvoll := **false**; **if** *anzahl* < *max* **then** *nichtvoll* := **true else skip fi** zu

nichtvoll := *anzahl* < *max*

und Einführen von *voll, leer* als Negationen von *nichtvoll* bzw. *nichtleer* erhält man die übliche parallele Anweisung mit zwei parallelen Prozessen, die eine gemeinsame Variable *mutex* benutzen:

```
⫪ f1': if voll then goto f1' else skip fi;      ‖  f1'': if leer then goto f1'' else skip fi;
       «erzeuge»;                               ‖        «verbrauche»;
   f2': if mutex                                ‖  f2'': if mutex
          then mutex := false                   ‖          then mutex := false
          else goto f2'           fi;           ‖          else goto f2''          fi;
       anzahl := anzahl + 1;                    ‖        anzahl := anzahl − 1;
       voll   := anzahl = max;                  ‖        leer   := anzahl = 0;
       leer   := false;                         ‖        voll   := false;
       mutex  := true;                          ‖        mutex  := true;
       goto f1'                                 ‖        goto f1''                          ⫫
```

Unverkennbar ist hier die Benützung von Signalen, also im Kern von booleschen Variablen für „ferngesteuertes Warten"; boolesche Variable werden aber auch für Verzweigungen benutzt („ferngesteuerte Schalter"). Darüber hinaus stimmt das Vorgehen, einen Ablauf durch eine Anzahl ablaufbestimmender boolescher Variablen zu beschreiben, mit dem von 6.6, das auf Schrittschaltwerke führte, überein. Die Einführung von Signalen ist ein halber Schritt in diese Richtung.

---

32 Um dieses kommt man allerdings nicht herum.

Würde man übersehen, im linken Ablauf **v** *nichtleer* (und im rechten **v** *nichtvoll*) vorzusehen, so läge eine **Blockierung** vor: Wenn der linke Ablauf einmal bei **p** *nichtvoll* wartet, kann er durch kein Ereignis wieder in Gang gesetzt werden (dito der rechte bei **p** *nichtleer*).

Es können sich auch zwei Abläufe gegenseitig blockieren. Man stelle sich vor, daß **v** *nichtvoll* im rechten Ablauf von einer Bedingung abhängig ist, die nur durch den linken Ablauf hergestellt werden kann. Eine solche Blockierung nennt man **Verklemmung** (engl. *deadly embrace*).

Aufgabe 2: Die Regelung des Verkehrs an Kreuzungen kann als Koordinationsproblem paralleler Teilabläufe (Verkehrsteilnehmer) aufgefaßt werden.

a) Man übertrage die Begriffe Verklemmung, kritischer Teilablauf, Kollision und „Auffahrunfall" (vgl. 6.7.3) sinngemäß auf den Straßenverkehr und erläutere, was sie dort bedeuten.

b) Man gebe an, welche der folgenden Verkehrsregelungen verklemmungsfrei sind, und beschreibe gegebenenfalls eine Verklemmungssituation:
(1) Straßenkreuzung mit vorfahrtberechtigter Hauptstraße,
(2) Straßenkreuzung mit Vorfahrtsregelung „rechts vor links",
(3) Kreisverkehr mit Vorfahrt für Verkehrsteilnehmer im Kreis (alte StVO),
(4) Kreisverkehr mit Vorfahrt für Verkehrsteilnehmer, die in den Kreis einfahren wollen (neue StVO).

c) Warum werden im Straßenverkehr Verklemmungen in Kauf genommen, und wie werden sie aufgelöst?

6.10 nat-Petri-Netze, Semaphore

Zum Erzeuger-Verbraucher-Problem gibt es auch ein echtes **nat**-Petri-Netz, bei dem die Funktion der Variablen *anzahl* von einem Platz übernommen wird (ein „zählendes" Petri-Netz) (Abb. 6.27). Es ist symmetrisch und entsteht durch Überlagerung zweier unsymme-

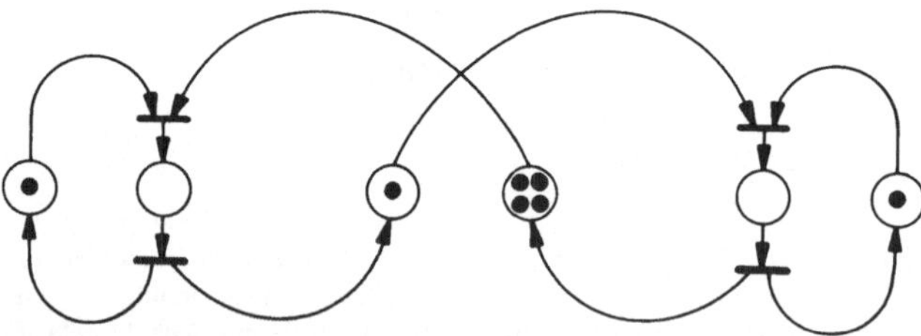

Abb. 6.27

trischer Petri-Netze der Form von Abb. 6.28, der Grundform einer **Pufferung**. Sie liegt (in Betriebssystemen) etwa bei einer Schreib-(Ausgabe-)Pufferung (von Objekten der Art λ) vor, wenn Prozessor und Ausgabeeinheit voneinander unabhängige Steuerung besitzen und die

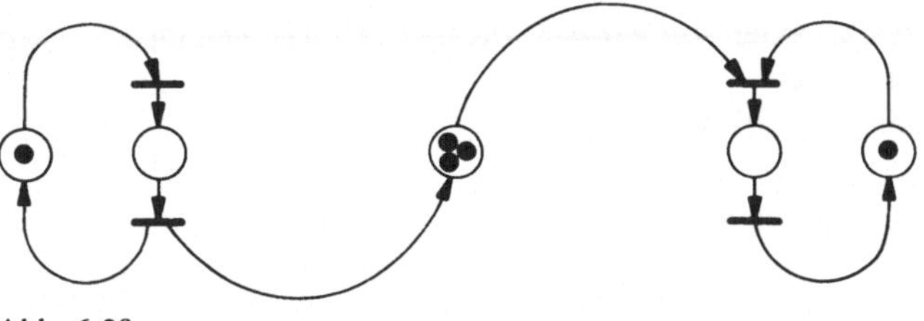

Abb. 6.28

Pufferungsmöglichkeit unbeschränkt ist (Abb. 6.29, der Puffer ist eine Variable für Objekte der Art **queue** λ, vgl. 5.5). Alltägliche Situationen, wie das Wartezimmer eines Arztes als Puffer zwischen Empfang und Behandlung, sind geläufig.

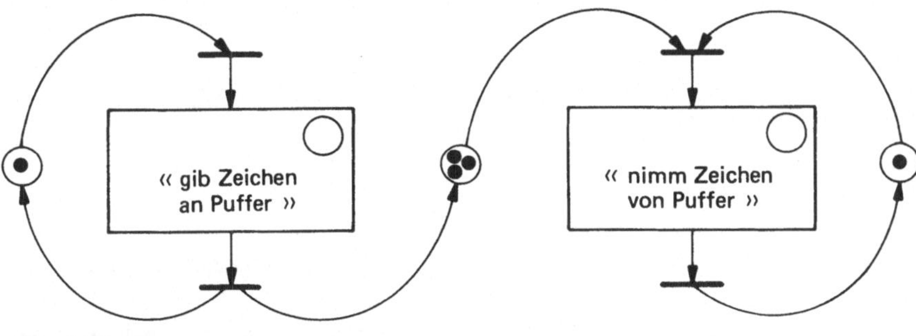

Abb. 6.29

In symmetrischer Form bei beschränkter Pufferungsmöglichkeit hat man:

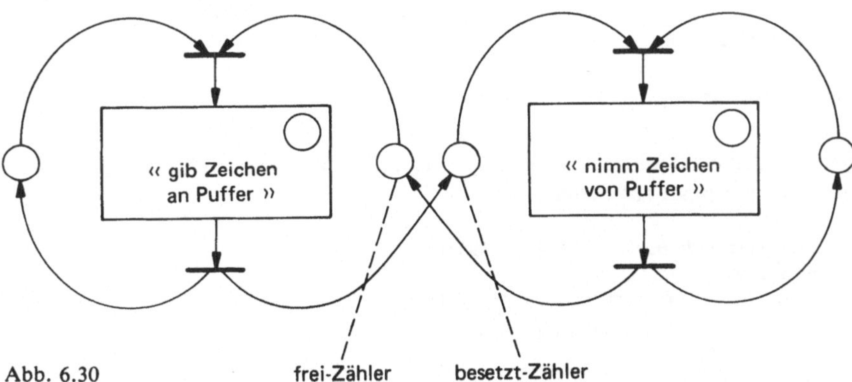

Abb. 6.30

Zur Darstellung der Belegungen eines „zählenden Platzes" können wir wieder besondere Variable, genannt **Semaphore**[33], mit der Artbezeichnung **sema** einführen. Im Gegen-

33 Semaphore, ab 1791 als optische Telegraphen verwendet, haben i. allg. mehr als zwei mögliche Flügelstellungen. Für Eisenbahnsignale werden in Deutschland nur binäre Semaphore eingesetzt (abgesehen vom Signal HpRu der bayerischen Eisenbahnen, das z. B. noch im Bahnhof Mühldorf zu finden ist, und den Abdrücksignalen im Rangierdienst).

satz zu Signalen haben sie den Charakter von **var nat**; die beiden zulässigen Operationen werden wieder mit **p** und **v** bezeichnet.

Für ein Objekt *semaphor* der Art **sema** kann

p *semaphor*

implementiert werden als

f: **if** *semaphor* > 0 **then** *semaphor* := *semaphor* − 1
else goto *f* **fi**
(Dynamisches Warten)

und

v *semaphor*

kann implementiert werden als

semaphor := *semaphor* + 1 .

Analog zu Signalen müssen auch hier das Abfragen und Neubesetzen eines Semaphors *unteilbare* Operationen sein.

Für das Erzeuger-Verbraucher-Problem mit beschränkter Pufferungsmöglichkeit hat man zwei Zählplätze *freianzahl* und *besetztanzahl* und schreibt im linken Teilablauf

p *freianzahl*; «Gib Zeichen an Puffer»; **v** *besetztanzahl*

und im rechten Teilablauf

p *besetztanzahl*; «Nimm Zeichen vom Puffer»; **v** *freianzahl* .

Die bei den Signalen eingeführten Begriffe „privat", „Blockierung" und „Verklemmung" übertragen sich sinngemäß auf Semaphore.

Aufgabe 1: „Der schlafende Barbier" (Dijkstra 1965)
Die Skizze

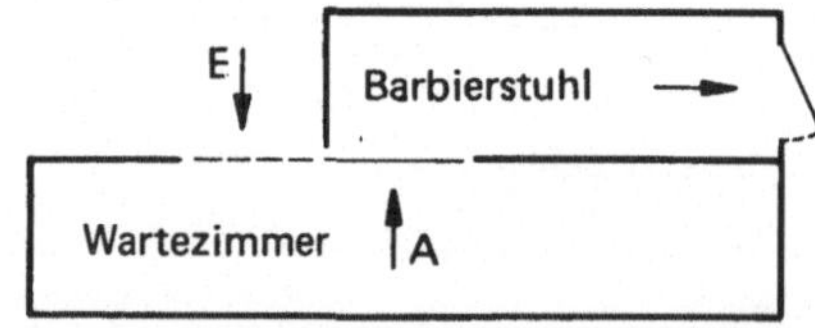

stellt einen Barbier-Laden mit einem separaten Wartezimmer dar. Das Wartezimmer hat einen Eingang E und gleich daneben einen Ausgang A in den Raum mit dem Barbierstuhl; beide teilen sich eine Schiebetür, die jeweils einen von beiden schließt. Darüber hinaus ist der Eingang so schmal, daß jeweils nur ein Kunde eintreten kann. Dadurch wird die Reihenfolge der Kunden festgelegt und der gegenseitige Ausschluß gesichert.
Wenn der Barbier mit einer Rasur fertig ist, öffnet er die Tür zum Wartezimmer und schaut nach. Wenn der Warteraum nicht leer ist, bittet er den nächsten Kunden, anson-

sten legt er sich auf einen der Stühle im Wartezimmer schlafen. Die Kunden dagegen verhalten sich so: wenn schon andere Kunden da sind, warten sie, wenn sie dagegen den Barbier schlafend finden, wecken sie ihn auf.
Man beschreibe das Zusammenspiel zwischen Barbier und Kunden mit Hilfe von Semaphoren, so daß keine Verklemmungssituation auftreten kann.

nat-Petri-Netze und Semaphore[34] sind zur Behandlung von Koordinierungsproblemen manchmal bequemer als **bool**-Petri-Netze und Signale. Man kann sie aber entbehren[35], denn zum Zählen stehen ja bereits die natürlichen und die ganzen Zahlen zur Verfügung. Man kann für Kooperation und Koordination mit den Begriffsbildungen auskommen, die auf **bool**-Petri-Netzen beruhen. Es gibt übrigens Petrinetze, die nur in einer etwas gekünstelten Weise durch eine Batterie von Signalen oder Semaphoren dargestellt werden können (Parnas 1972).

Abgesehen von den oben diskutierten Systemen der Signale und der Semaphore, die „test-and-set"-Variable (Dekker, vgl. Dijkstra 1965) benutzen, wurden Systeme vorgeschlagen, die etwas freieren Gebrauch von koordinierenden Variablen machen („conditional critical regions", Hoare 1971). Programmtransformationen im Zusammenhang mit der „wait"-Anweisung von Hoare hat Broy 1980 studiert.

Kosaraju 1973 hat gezeigt, daß sogar allgemeine Petri-Netze nicht ausreichen, um gewisse Koordinierungsprobleme zu behandeln. Dementsprechend sehen einige neuere Vorschläge variablenfreie Kommunikationsmechanismen zwischen parallelen, konkurrierenden Abläufen vor („communicating sequential processes", Hoare 1978; „distributed processes", Brinch Hansen 1978).

Anhang zum 6. Kapitel. Notationen

Die gezählte Wiederholung findet sich schon bei Rutishauser 1952 in der Form

„Für $j = 1(1)\ 10$:
$h_{j-1} + (a_{ij} \times b_{jk}) \Rightarrow h_j$
Ende Index j"

die zur Eingabe allerdings noch eine Umcodierung erfahren mußte. Die Mischung von gezählter und bedingungsabhängiger Wiederholung in ALGOL 60 führte zu einer dynamischen Beeinflußbarkeit des Indexlaufs, die im allgemeinen nachteilig war. Die reine bedingte Wiederholung in ALGOL 68 war abweisend und wurde geschrieben

while $\mathcal{B}$ **do** $\mathcal{S}$;

eine Form, die weiteste Verbreitung fand. Der Abschluß durch **od** (revidiertes ALGOL 68) vereinfacht die Syntax und erleichtert die Lesbarkeit geschachtelter Schleifen.

---

34 Zur Unterscheidung von binären Semaphoren nennt Dijkstra diese **allgemeine Semaphore**.

35 Dijkstra (1965): "In this section we shall show the superfluity of the general semaphore and we shall do so ... using binary semaphores only."

Die nicht-abweisende Wiederholung war die berüchtigtste Falle, die FORTRAN bot. In PASCAL findet sie sich in der Fassung

repeat $\mathscr{S}$ **until** $\mathscr{B}$.

Für „(n + $\frac{1}{2}$)-Schleifen" gibt es verschiedene notationelle Vorschläge; O.-J. Dahl hat als adäquate Notation vorgeschlagen die Form

loop: $\mathscr{S}$; **while** $\neg$ $\mathscr{B}$: $\mathscr{T}$ **repeat** ,

die für leeres $\mathscr{S}$ bzw. $\mathscr{T}$ auch die abweisende bzw. die nicht-abweisende Wiederholung umfaßt. Die Einführung von **leave** (bzw. im Rumpf von Rechenvorschriften von **return**) geht auf BCPL und BLISS zurück.

Koprozeduren (‚coroutines‘) wurden 1963 von M. E. Conway eingeführt und durch SIMULA I (1966) bekanntgemacht.

Eine lineare Notation für konkurrierende Abläufe beginnt sich erst zu entwickeln. ALGOL 68 erlaubt mit der Schreibweise ($\mathscr{S}_1$, $\mathscr{S}_2$) nur ein Nebeneinander von Anweisungen, die in jeder Reihenfolge (aber nicht notwendig parallel) ausgeführt werden können, vgl. Fußnote 19. Gegenüber der Parallelkonstruktion bringt diese etwas weitere Klasse so gut wie keine Vorteile.

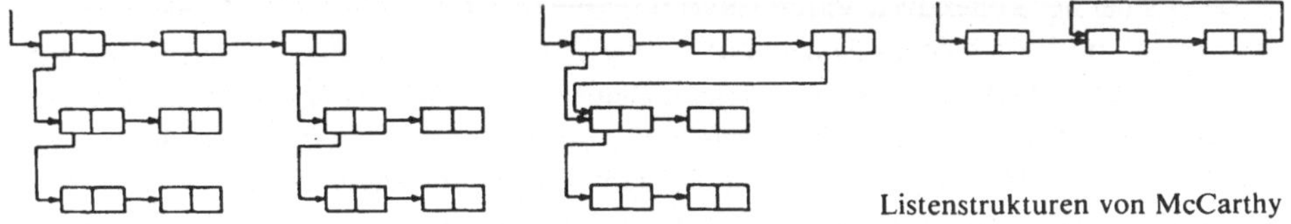

Listenstrukturen von McCarthy

7. Kapitel. Organisierte Speicher und Geflechte

> "Machine language coding is ... the original dark craft from which we try to abstract ourselves, but into which we all lapse from time to time."
>
> Turski 1978

> "Von Neumann languages constantly keep our noses pressed in the dirt of address computation and the separate computation of single words."
>
> Backus 1978a

In diesem Kapitel wird Programmvariablen ein gewisser Objektcharakter zugebilligt: sie können beispielsweise als Bestandteile von Zusammensetzungen auftreten (‚organisierte Speicher'). Die sich damit ergebenden Notwendigkeiten – etwa „Erzeugung" von Variablen –, Besonderheiten hinsichtlich der Identität wie auch die Möglichkeiten der Implementierung rekursiv definierter Objektstrukturen mittels organisierter Speicher werden erörtert. Die Bildung von Nexen von Variablen führt nach Übergang zu einem anderen semantischen Modell zur Einführung von Zeigern und der Bildung von Geflechten. Schließlich wird der Übergang zu Adressen diskutiert. Diese Begriffe führen an eine Grenze heran, hinter der die eigentliche Domäne der maschinennahen (System-)Programmierung erst beginnt. Für Weiterführungen und Ergänzungen siehe: G. Seegmüller, „Einführung in die Systemprogrammierung" (Mannheim 1974). Es kommt uns hier jedoch darauf an, zu zeigen, daß man zunächst keine spezielle Maschinenorganisation an die Spitze der Darlegung stellen muß.

Der Übergang von einer Variablen für zusammengesetzte Objekte einer bestimmten Art zu einer entsprechenden Zusammensetzung von Variablen, die **Speicherimplementierung**, ist ein wichtiger Wechsel der Objektstruktur in Richtung zu üblichen Maschinen. Er ist aber auch ein gefährlicher Schritt, da er die Speicherorganisation offenlegt.

7.1 Organisierte Speicher

Programmvariable, wie sie aus der Kellermaschine und der Wertverlaufsmaschine hergeleitet werden, haben speichernde Eigenschaften. Wir nennen deshalb eine Menge von Programmvariablen einen **Speicher**. Die Gesamtheit aller für eine repetitive Rechenvorschrift oder ein repetitives System vereinbarten Variablen ist dann der Speicher dieser Rechenvorschrift bzw. dieses Systems.

Bereits bei der kollektiven Variablenvereinbarung und der kollektiven Zuweisung tritt eine Menge von Variablen als Einheit auf. In der Parameterleiste tritt eine Auflistung auf, die i. allg. aus Variablen und gewöhnlichen, elementaren (vgl. 2.3) Objekten gemischt ist. Es erscheint nur konsequent, zuzulassen, daß zusammengesetzte Objekte außer aus gewöhnlichen Objekten auch oder nur aus Variablen zusammengesetzt sind.

Die im 2. Kapitel eingeführte Notation und Bedeutung überträgt sich auch auf diese Erweiterung zunächst problemlos. Ebenso können die im 3. Kapitel erörterten, mit χ parametrisierten Rechenstrukturen auch über Variablen aufgebaut werden; es muß nur die Art χ als **var** μ gedeutet werden[1]. Solche Strukturen aus Variablen heißen **strukturierte** oder **organisierte Speicher**. Eine *Behälterauffassung* muß nicht unterlegt werden, sie kann aber veranschaulichend benutzt werden. Wegen des Alias-Verbots darf ein aus Variablen zusammengesetztes Objekt allerdings höchstens einmal in ein zusammengesetztes Objekt eingebaut werden. Damit wird erst recht gefordert, daß die aufgebauten Strukturen halbregulär sind.

Für einige spezielle organisierte Speicher gibt es besondere Benennungen: Ein Stapel von Variablen heißt **Kellerspeicher** (LIFO *store*), unter **Pufferspeicher**[2] (FIFO *store*) versteht man eine Schlange von Variablen. Bei Kellerspeichern und Pufferspeichern akzeptiert man gewöhnlich die Beschränkung auf eine Höchstlänge. Die Benennungen stehen in Analogie zu *Keller* und *Puffer* als Benennungen für Stapel- und Schlangen-Variable.

Ein Heft oder eine Rolle von Variablen soll **Bandspeicher** heißen. Eine (biflexible) Reihung von Variablen heißt **Linearspeicher**, eine Reihung fester Länge von Variablen heißt auch **Register**, das **Schiebe-Register** ist gleichzeitig Register und Pufferspeicher fester Länge. Ein Ausgabegerät in Verbindung mit einem dazu passenden Eingabegerät (z. B. Kartenstanzer/Kartenleser) kann als Pufferspeicher dienen. Einzelne Ein- bzw. Ausgabegeräte sind funktionell degenerierte Pufferspeicher mit Nur-Lese- bzw. Nur-Schreib-Charakter. Hintergrundspeicher sind funktionell üblicherweise Bandspeicher oder Linearspeicher beschränkter Länge, je nachdem ob sie wie Magnetbandgeräte oder wie Trommeln und Platten aufgebaut sind.

Eine Zusammensetzung von Variablen ist ein Objekt, das (wie jedes andere zusammengesetzte Objekt) durch Vereinbarung mit einer Bezeichnung versehen oder auch an eine geeignete Programmvariable zugewiesen werden kann. Das Alias-Verbot führt, wie gesagt, dazu, daß ein und dieselbe Zusammensetzung von Variablen höchstens eine Bezeichnung tragen darf oder höchstens einmal zugewiesen werden kann.

7.1.1 Selektive Umbesetzung

Den Komponenten einer Zusammensetzung von Variablen kann man natürlich Objekte zuweisen wie allen Programmvariablen. Ist etwa a ein Objekt der Art **nat** [1 .. 3] **array var int**, so kann man schreiben

$$a[2] := -8 \quad ;$$

dies ist eine gewöhnliche Zuweisung an die „indizierte Variable" $a[2]$.

1 In diesem Zusammenhang ist es wichtig, daß auf χ außer der universellen Gleichheitsoperation keine weiteren Operationen vorausgesetzt sind.

2 „Puffer" im engeren Sinn gebraucht.

Eine Zuweisung an eine Komponente eines aus Variablen zusammengesetzten Objekts nennen wir eine **selektive Umbesetzung** des Objekts (engl.: *selective updating*).

Vergleicht man mit der selektiven Umbesetzung

$a[I] := X$

die komplizierte Rechenvorschrift in 5.5.1 für

$a: [I] = X$,

das heißt für die *selektive Änderung* einer Komponente des Inhalts einer Variablen für ein zusammengesetztes Objekt, so erkennt man: Die Unkompliziertheit der selektiven Umbesetzung rechtfertigt eigentlich erst richtig die Einführung organisierter, strukturierter Speicher; man hat nunmehr die Möglichkeit, durch einen Wechsel der Rechenstruktur von Variablen für zusammengesetzte Objekte überzugehen auf Zusammensetzungen von Variablen und die selektive Änderung des Inhalts einer Variablen mit anschließender Zuweisung an diese Variable zu *implementieren* durch selektive Umbesetzung.

Selektive Umbesetzung gibt es natürlich für alle Bauarten, nach denen Objekte zusammengesetzt werden können. Umbesetzt können dabei stets nur solche Komponenten werden, die (durch einen Selektor erreichbar und) selbst Variable sind.

Sei etwa c eine einseitig flexible Reihung von Variablen, also ein Objekt der Art **index flex var int**, oder d eine Sequenz von Variablen, ein Objekt der Art **sequ var int**. Dann kann das I-te Element von c umbesetzt werden,

$sel(c, I) := 17$,

vorausgesetzt, es gilt

$I \leqq hib(c)$;

oder beide Enden der Sequenz können umbesetzt werden,

$(top(d), bottom(d)) := (5, -3)$,

vorausgesetzt

$\neg\ isempty(d) \wedge \neg\ isempty(rest(d))$

gilt. Durch mehrstufige Selektion kann man hier auch andere Komponenten umbesetzen.

Sei e eine Rolle von Variablen, also ein Bandspeicher der Art **roll var int**. Dann kann die „Lese-/Schreibstelle", die Stelle des „ausgezeichneten Zugriffs" (2.11.2), umbesetzt werden,

joint **of** $e := 7$.

Man beachte jedoch, daß natürlich $rest(d)$ oder l **of** e nicht Variablen (für Sequenzen), sondern Sequenzen von Variablen sind und somit nicht „auf einen Schlag" umbesetzt werden können.

7.1.2 Kollektion und Zusammensetzung von Variablen

Wohl zu unterscheiden ist also zwischen einer Variablen für ein zusammengesetztes Objekt und einer entsprechenden Zusammensetzung von Variablen. So ist etwa

var nat [1 .. 3] **array int**

eine gänzlich andere Art als

nat [1 .. 3] **array var int** .

Ein Objekt der Art **nat** [1 .. 3] **array int** kann einer Programmvariablen x der Art **var nat** [1 .. 3] **array int** wie gewohnt zugewiesen werden:

$x := \langle 3, -2, -7 \rangle$.

Ist dagegen a eine Reihung von Variablen, etwa von der Art **nat** [1 .. 3] **array var int**, so kann man zwar eine kollektive Zuweisung

$(a[1], a[2], a[3]) := (3, -2, -7)$

an die drei „indizierten Variablen", die Komponenten von a sind, vornehmen, analog zu

$(r, s, t) := (3, -2, -7)$,

wo r, s, t drei Variablen der Art **var int** sind. Jedoch kann man *nicht*

$a := \langle 3, -2, -7 \rangle$

schreiben, denn a ist nicht Bezeichnung einer Variablen für Objekte der Art **nat** [1 .. 3] **array int**. Der begrifflichen Klarheit wegen sollte man dies auch nicht als Schreibabkürzung einführen, sondern die Schreibweise

$x := \langle 3, -2, -7 \rangle$, präziser: $x :=$ **nat** [1 .. 3] **array int**: $\langle 3, -2, -7 \rangle$

nur bei Zuweisung an eine Variable x der Art **var nat** [1 .. 3] **array int** verwenden.

Anders ausgedrückt: *die Klammern auf der linken Seite einer kollektiven Zuweisung dürfen nicht als Konstruktorklammern aufgefaßt werden;* wir haben es hier nicht mit einer Zusammensetzung von Variablen, sondern nur mit einer *Kollektion* von Variablen zu tun.

Das Besetzungstabu muß jedoch von der Kollektion auf die Zusammensetzung von Variablen ausgedehnt werden: Weder dieselbe Variable noch dieselbe Zusammensetzung von Variablen darf mehrfach in Zusammensetzungen von Variablen eingebracht werden.

In vielen Programmiersprachen wird der wesentliche Unterschied zwischen Variablen für zusammengesetzte Objekte und Zusammensetzungen von Variablen notationell unterdrückt; man findet verwirrende Mischschreibweisen wie in der folgenden (unzulässigen) Konstruktion:

```
proc inv ≡ (var nat [1 .. 3] array real a):
   ⌈ real rsq ≡ (a[1] × a[1] + a[2] × a[2] + a[3] × a[3]);
     a[1] := a[1]/rsq; a[2] := a[2]/rsq; a[3] := a[3]/rsq   ⌋ .
```

Legal ist eine Rechenvorschrift mit einem „solchen" Rumpf, wenn sie eine Reihung von drei Variablen als Parameter hat:

```
proc inv1 ≡ (nat [1 .. 3] array var real a):
   ⌈ real rsq ≡ (a[1] × a[1] + a[2] × a[2] + a[3] × a[3]);
     a[1] := a[1]/rsq; a[2] := a[2]/rsq; a[3] := a[3]/rsq   ⌋
```

oder eine Rechenvorschrift mit einer „solchen" Kopfleiste, wenn die Zuweisung kollektiv an die Variable *a* erfolgt:

```
proc inv2 ≡ (var nat [1 .. 3] array real a):
   ⌈ real rsq ≡ a[1] × a[1] + a[2] × a[2] + a[3] × a[3];
     a := ⟨a[1]/rsq, a[2]/rsq, a[3]/rsq⟩                    ⌋ .
```

Die Mischform von oben bringt verständlicherweise Unsicherheit für den Programmierer; sie kann nicht zustande kommen, wenn die **val**-Angabe nicht unterdrückt wird, da *a*[1] gemäß der Artangabe auf der rechten Seite in *inv1* für **val** (*a*[1]) steht, während in *inv2* (**val** *a*)[1] geschrieben werden müßte.

In Programmiersprachen, die ganz auf Programmvariable abgestellt sind, wie ALGOL 60, verwischt sich der Unterschied zwischen Variablen für zusammengesetzte Objekte und organisierte Speicher nicht nur notationell, sondern auch begrifflich. Die damit verbundene Vereinfachung erschwert jedoch den Übergang zwischen applikativer und prozeduraler Programmierung.

7.1.3 Errechnete Variablen

Mit der Zulassung von Variablen als Komponenten zusammengesetzter Objekte spricht man den Variablen selbst einen gewissen Objektcharakter zu: Sie können jetzt auch als Ergebnisse von Operationen, nämlich Selektionen, auftreten, also aus einer **Variablenform** *errechnet* werden.

Ist wieder *a* von der Art **nat** [1 .. 3] **array var int**, so ist $a[\frac{5 \times i - 13}{3 \times i - 7}]$ etwa für $i = 1$ natür-natürlich nichts anderes als die „indizierte Variable" *a*[2].

Der nächste Schritt wäre, Variable als Ergebnis anderer Operationen zuzulassen, etwa als Ergebnis einer Fallunterscheidung in der Variablenform

if $\mathscr{B}$ **then** *x* **else** *y* **fi** := 3,

die als harmlose Schreibabkürzung für

if $\mathscr{B}$ **then** *x* := 3 **else** *y* := 3 **fi**

erscheint[3].

---

3 Eine solche Konstruktion zu verbieten, würde nichts nützen, da man das Verbot stets durch Verwendung von Zusammensetzungen der Art **bool array var** μ umgehen kann.

Im Hinblick auf das Besetzungstabu ist bei errechneten Variablen natürlich äußerste Vorsicht geboten: zwei äußerlich verschiedene Variablenformen können dieselbe Variable bezeichnen. Auch die Sammelzuweisung (vgl. 7.1.1)

$(top(d),\ bottom(d)) := (5,\ -3)$

verstößt gegen das Besetzungstabu, falls $length(d) = 1$.

Die Ausdehnung des Alias-Verbots auf verschiedene Variablenformen, die auf die gleiche Variable führen *können*, würde zu untragbaren Einschränkungen führen. Auf der Ebene organisierter Speicher gibt es keine mechanische Überprüfbarkeit des Besetzungstabus mehr, man muß mit dem Risiko, es unbeabsichtigt zu verletzen, leben und ist deshalb stets zu einer individuellen Rechtfertigung gezwungen. Wird dies vernachlässigt, führt das Arbeiten mit organisierten Speichern unweigerlich zu Programmierfehlern.

Die Einführung errechneter Variablen bringt auch noch andere Schwierigkeiten. In 5.3.2 haben wir eine „harmlose" Prozedur zum Vertauschen der Inhalte zweier Variablen betrachtet,

proc *exch0* $\equiv$ (**var** $\lambda\ s$, **var** $\lambda\ t$): $(s, t) := (t, s)$,

deren Rumpf nach den Überlegungen von 5.2.4 auch vollständig sequentialisiert werden kann:

proc *exch2* $\equiv$ (**var** $\lambda\ s$, **var** $\lambda\ t$): $\ulcorner\ \lambda\ H_1 \equiv t;\ t := s;\ s := H_1\ \lrcorner$.

Beachte, daß *exch0* wie auch *exch2* symmetrisch in den beiden Parametern sind. Nun ergeben die Aufrufe

exch2 $(a[i+1],\ i)$ und *exch2* $(i,\ a[i+1])$

bei textueller Ersetzung die Sequenzen

$\lambda\ H_1 \equiv i;\ i := a[i+1];\ a[i+1] := H_1$ bzw.
$\lambda\ H_1 \equiv a[i+1];\ a[i+1] := i;\ i := H_1$,

wobei die erstere wohl nicht das erwartete Ergebnis liefert. Dies liegt daran, daß als Parameter eine Variable verlangt ist, $a[i+1]$ aber nur eine Variablenform, ein Ausdruck zur Berechnung einer Variablen ist. Verwendet man statt *exch2*$(a[i+1],\ i)$ die Konstruktion

$\lambda\ R \equiv i+1;$ *exch2*$(a[R],\ i)$,

so ist nicht nur klar gesagt, was gemeint ist, das Ergebnis ist nun auch dasselbe wie von

$\lambda\ R \equiv i+1;$ *exch2*$(i,\ a[R])$

und von

$\lambda\ R \equiv i+1;$ *exch0* $(a[R],\ i)$.

Läßt man auf Positionen eines Variablenparameters überhaupt Variablenformen zu, so muß man also die Semantik des Aufrufs dahingehend erweitern, daß zuallererst die aktuelle Variable errechnet wird, im obigen Falle einer Reihung also der Indexausdruck ausgewertet wird[4].

7.1.4 Aufbau organisierter Speicher und Erzeugung von Variablen

Man könnte sich vorstellen, daß ein organisierter Speicher, etwa eine Sequenz oder eine flexible Reihung von Variablen, unter Heranziehung bereits vereinbarter Variablen aufgebaut würde.

Seien wiederum *r*, *s* und *t* bereits vereinbarte Variable von der Art **var int**. Dann verstößt eine *einfache* Konstruktion wie

nat [1 .. 3] **array var int**: ⟨*r*, *s*, *t*⟩

ersichtlich nicht gegen das Besetzungstabu. Die Konstruktion *rekursiver* Objektstrukturen bietet jedoch eine weitere Schwierigkeit: Sei etwa *c* eine einseitig flexible Reihung der Art **index flex var nat** oder *d* eine Sequenz von der Art **sequ var int**. Dann kann in *alt*(*c*, *I*, *r*) oder in *append*(*d*, *r*) *c* bzw. *d* selbst bereits unter Verwendung der Variablen *r* gebildet worden sein – das Besetzungstabu erlaubt diesen Fall nicht, eine Überprüfung ist aber äußerst schwierig.

Es liegt also nahe, die Verwendung *bereits vereinbarter* Variablen in Konstruktoren (und anderen Ausdrücken, die zur Berechnung von Variablen führen können, wie z. B. obige Fallunterscheidungen) ganz zu verbieten. Damit kann keine bezeichnete Variable als Ergebnis einer Berechnung auftreten. Wie soll man dann aber organisierte Speicher aufbauen?

Die Lösung lautet: Man muß Variable erst dann einführen, wenn sie im Konstruktor gebraucht werden, und zwar genau dort *erzeugen*, wo sie gebraucht werden. Da sie durch Selektoren ohnehin ansprechbar sind, muß man ihnen auch keine Bezeichnung geben. Damit kann Ergebnis einer *Berechnung* von Variablen nur eine unbezeichnete Variable sein.

Man führt also **anonyme** Variable ein, die durch eine spezielle Operation „erzeugt" werden: Durch die einer initialisierten Variablenvereinbarung entsprechende Konstruktion

newvar μ := ›Objekt‹

wird eine neue (d. h. von allen vorhandenen verschiedene) Variable für Objekte der Art μ erzeugt (J. Green 1959) und im Regelfall sofort initialisiert. Wo **newvar** μ := ›Objekt‹ in einem Konstruktor auftritt, wird die erzeugte Variable zur Komponente der Zusammensetzung. So kann nun etwa durch

ext(*c*, **newvar int** := 13)

eine flexible Reihung *c* von Variablen fortgesetzt, durch

---

4 In maschinennaher Programmierung wird dies durch den sog. „call by reference" bewirkt.

append(*d*, **newvar int** := 5)

eine Sequenz *d* von Variablen verlängert werden.

Auch eine feste Reihung von Variablen kann explizit gebildet werden durch

⟨**newvar int** := 3, **newvar int** := −2, **newvar int** := −7⟩ .

Diese Lösung ist auch noch aus einem anderen Grund vorteilhaft, wenn nicht sogar unumgänglich: Beispielsweise beim Aufbau sehr großer Reihungen (etwa der Art **int** [1 .. 2↑10] **array var int**) oder Sequenzen von Variablen ist es mühsam, wenn nicht unmöglich, genügend Variable mit frei gewählten Bezeichnungen zur Verfügung zu haben, die dann zusammengesetzt werden können.

Dazu muß man nun Rechenvorschriften zulassen, die Zusammensetzungen von (anonymen) Variablen bilden und auch abliefern können. So kann beispielsweise eine ausgedehnte feste Reihung unter Heranziehung der Mittel von 2.15.1 durch

initial(*n*, *m*)

gebildet werden, wobei

```
proc initial ≡ (int n, int m) int [n .. m] array var χ:
      if n > m then ◊
               else ⟨initial(n, m − 1), newvar χ := ω⟩ fi    .
```

Dabei werden die Variablen der Reihung durch ω (vgl. 5.3.4) zunächst belanglos, also (einer landläufigen Unsitte folgend) eigentlich nicht initialisiert.

Wichtig ist, daß die erzeugten Variablen, obschon anonym und nicht durch eine frei gewählte Bezeichnung unterscheidbar, stets paarweise verschieden sind.

Da anonyme Variable keine Bezeichnung haben, ergibt sich ihre Lebensdauer auch nicht einfach aus dem Bindungsbereich ihrer Bezeichnung. In Ergänzung von 5.3.5 wird daher festgelegt:

Anonyme Variable, die als Komponenten in zusammengesetzten Ergebnissen einer Rechenvorschrift abgeliefert werden, müssen als Lebensdauer mindestens den Bindungsbereich der Bezeichnung dieser Rechenvorschrift haben. (Dabei ist ein Block als Rechenvorschrift anzusehen, die auf der Stelle aufgerufen wird.)

Eine anonyme Variable kann so auch mehrfach „nach außen transportiert" werden unter jeweiliger Erweiterung der Lebensdauer.

Treten anonyme Variable als Komponenten einer Zusammensetzung auf, die einer Variablen *u* zugewiesen oder durch Vereinbarung mit einer Bezeichnung *u* versehen wird, so muß – damit „Verweise ins Leere" vermieden werden – für diese anonymen Variablen eine Lebensdauer festgesetzt werden, die mindestens den Bindungsbereich von *u* umfaßt. Manche Programmiersprachen geben anonymen Variablen eine unbeschränkte Lebensdauer (**heap**-Operator in ALGOL 68).

Während also **newvar** eine Speicher*zuteilung* bedeutet, regelt sich die Speicher*freigabe* durch die Lebensdauer der erzeugten Variablen. Die von einem Übersetzer, der applikative oder prozedurale Konstruktionen in Maschinensprache transformiert, vorzunehmende *dynamische Speicherverteilung* kann als ein solcher Aufbauprozeß verstanden werden. Durch Freigabe des Variablen-Erzeugungs-Operators wird also für den Programmierer die Speicherverteilung zugänglich gemacht.

Die nachfolgenden Beispiele zeigen den Aufbau von flexiblen Reihungen und Sequenzen von Variablen:

Beispiel: Aufbau einer flexiblen Reihung **index flex var** μ von *N* Variablen und Besetzung mit Werten einer Funktion *g*

```
proc tabg ≡ (nat N, funct (nat) μ g) index flex var μ:
    if N = 0 then init
             else ext(tabg(N − 1, g), newvar μ := g(N)) fi
```

Durch Funktionsumkehrung erhält man daraus die iterative Form

```
proc tabg ≡ (nat N, funct (nat) μ g) index flex var μ:
   ⌈ (var index flex var μ vz, var nat n) := (init, 0);
     while n ≦ N do (vz, n) := (ext(vz, newvar μ := g(n)), n + 1) od;
     vz                                                        ⌋
```

mit einer natürlich eingeführten Programmvariablen *vz* für eine flexible Reihung von Variablen.

Beispiel: Aufbau einer Sequenz **sequ var** μ von *N* Variablen und Besetzung mit Werten einer Funktion *f*

```
proc tabf ≡ (nat N, funct (nat) μ f) sequ var μ:
    if N = 0 then empty
             else append(tabf(N − 1, f), newvar μ := f(N)) fi
```

Für die Darstellung von organisierten Speichern benutzt man **Speicherbilder**, Diagramme im Sinne von 2.9.1, in denen die Variablen durch (eventuell artspezifische) Kästchen dargestellt werden; für eine Linkssequenz von Variablen etwa Abb. 7.1, wobei jedes Kästchen eine Variable der Grundart andeutet.

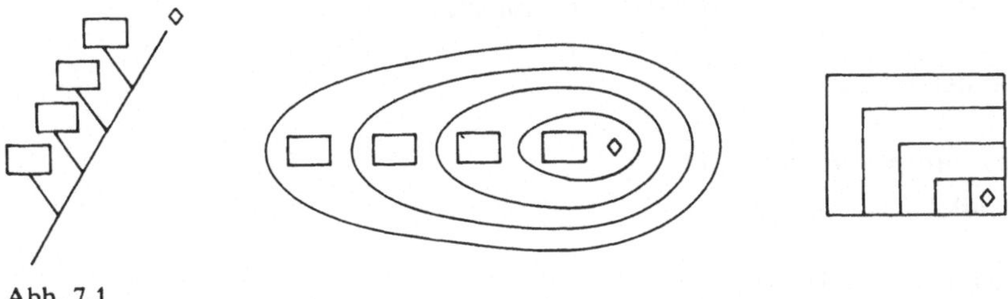

Abb. 7.1

Für *tabf*(5, (**nat** *x*) **nat**: *x*↑2)) erhält man ein abgeliefertes Ergebnis, das das Speicherbild der Abb. 7.2 hat.

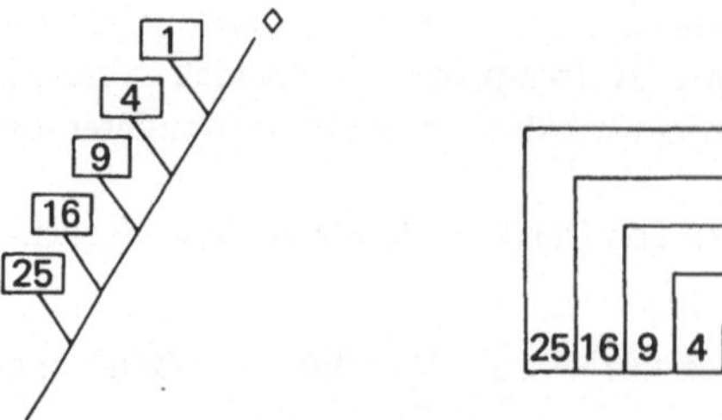

Abb. 7.2

Auch Objektvereinbarungen für Zusammensetzungen von (initialisierten) *erzeugten* Variablen sind möglich, etwa (vgl. 7.1.2)

nat [1 .. 3] **array var int** a ≡ ⟨**newvar int** := 3,
newvar int := −2,
newvar int := −7⟩ .

Für den Fall ausgedehnter Reihungen etwa der Art **int** [1 .. 2↑10] **array var int** kann man die Erzeugungsfunktion *initial* von oben verwenden:

int [n .. m] **array var** χ g ≡ *initial*(n, m) .

In ALGOL 60 wird implizit sogar immer mit dieser Funktion gearbeitet: Eine Vereinbarung **integer array** $g[n{:}\ m]$ in ALGOL 60 entspricht gerade **int** [n .. m] **array var int** g ≡ *initial*(n, m); die dynamische Speicherverteilung (d. h. die *Gesamtheit* der **newvar**-Operationen) wird hinter einer Kurzschreibweise versteckt[5]. Rutishauser sprach in diesem Zusammenhang davon, „die Büchse der Pandora verschlossen zu halten". In ALGOL 60 sind außer Reihungen keine organisierten Speicher verfügbar. Damit ist es dort leicht, auf den expliziten **newvar**-Operator ganz zu verzichten. In Systemprogrammierungssprachen kommt man aber ohne Beeinflussung der Speicherverteilung nicht aus. Auf eine abgesicherte Behandlung des **newvar**-Operators in Verbindung mit Zeigern werden wir in 7.4.2 stoßen.

Natürlich sind Objektvereinbarungen für Zusammensetzungen von Variablen nicht auf (feste) Reihungen beschränkt. So könnten oben c und d durch

index flex var int c ≡ *ext*(*init*, **newvar int** := 18) oder
sequ var int d ≡ *append*(*empty*, **newvar int** := 6)

eingeführt worden sein. Auch

index flex var int c ≡ *init* und
sequ var int d ≡ *empty*

sind konsequente Konstruktionen.

5 Dies ist selbstverständlich auch so, wenn wir initialisieren und etwa kurz **var int** x := 3 statt **var int** x ≡ (**newvar** := 3) schreiben. (Dem entspricht in ALGOL 68 die Verkürzung von **ref int** x = **loc int** := 3 zu **int** x := 3.)

7.1.5 Vor- und Nachteile organisierter Speicher

Nicht nur in Reihungen, sondern auch in Sequenzen und flexiblen Feldern von Variablen ist die Auswechslung einer Komponente eine komplizierte Operation, während die selektive Umbesetzung einer einzelnen Variablen aus einer Sequenz oder einem flexiblen Feld von Variablen nichts als die Selektion der Komponente und anschließende Umbesetzung erfordert. Der begriffliche Unterschied zwischen selektiver Änderung und selektiver Umbesetzung sollte gerade deshalb nicht verwischt werden.

Nun liegt es nahe zu fragen, warum man nicht sogleich zu organisierten Speichern übergeht, bei denen die Zugriffsoperationen doch einfacher sind. Drei Gründe sprechen dagegen:

Zum ersten bringt die Ebene der organisierten Speicher begriffliche Komplikationen. Auf sie wurde unter dem Stichwort „anonyme Variable" weiter oben hingewiesen.

Zum zweiten fällt bei der Programmentwicklung zunächst der Begriff der Variablen für ein zusammengesetztes Objekt an, wenn man von rekursiven Definitionen ausgeht. Diese aber sind wiederum gerade den komplizierten (rekursiven) Objektstrukturen auf den Leib geschrieben. Der Übergang von Variablen für zusammengesetzte Objekte zu organisierten Speichern *ist* wirklich ein Implementierungsschritt.

Ganz besonders problematisch wird aber bei organisierten Speichern das Problem der Identität von Variablen. Das hat Dijkstra 1976 veranlaßt, von der an ALGOL 60 orientierten Auffassung eines ‚array' als „endlicher Menge elementarer, konsekutiv numerierter Variablen" abzurücken. Wir werden darauf in 7.2 eingehen. In manchen relativ maschinennahen Programmiersprachen, wie ALGOL 60, in denen *nur* Variable vorkommen, sind Linearspeicher das einzig verfügbare Strukturierungsmittel für Objekte[6]. Solcher Zwang behindert nicht nur die Programmentwicklung, er verführt auch zu gefährlicher Programmierung.

Eine andere Frage ist es, ob man zusammengesetzte Objekte wirklich von organisierten Speichern unterscheiden muß. Hoare, Wirth und andere verneinten das zuerst und standen u. a. aus diesem Grund in Opposition zu ALGOL 68. Insbesondere ist Hoares *record* (1965) auf der Ebene des organisierten Speichers gebildet. Heute scheint es klar zu sein, daß man beides braucht.

7.2 Nochmals: Identität von Variablen und Alias-Verbot

Durch Beschränkungen beim Aufbau von organisierten Speichern – Zusammensetzungen von Variablen dürfen höchstens einmal zur Konstruktion von weiteren zusammengesetzten Objekten verwendet werden, und es dürfen dabei nur anonyme Variable herangezogen werden – haben wir das Alias-Verbot nicht vollständig gewährleisten können: Für den Fall, daß Objekte als Selektoren vorkommen, wie etwa bei festen und bei flexiblen Reihungen (und im allgemeinen bei beliebigen abstrakten Rechenstrukturen) kann die Selektion errechnet werden, verschiedene Ausdrücke können den gleichen Wert ergeben und damit

---

6 In ALGOL 60 ist allerdings die Adressierung, die einheitliche Implementierung in einem einzigen linearen Speicher, unzugänglich.

dieselbe Variable ansprechen. Eine Überprüfung des Besetzungstabus erscheint hier ganz aussichtslos, wenn man nicht etwa ein Nebeneinander von $a[i]$ und $a[k]$, wo i und k selbst Variablen sind, verbieten will.

7.2.1 Revision des Zuweisungsaxioms

Auch für die Gültigkeit des klassischen Zuweisungsaxioms (5.4) ist Voraussetzung, daß alle vorkommenden Variablen verschiedene Variablen, insbesondere errechnete Variable nicht identisch sind. Darauf haben im Zusammenhang mit „indizierten Variablen" schon Hoare und Gries hingewiesen; besonders klar wurde das Problem von Dijkstra formuliert: "In the axiomatic definition of the assignment statement ... one cannot afford – as in, I guess, all parts of logic – any uncertainty as to whether two variables are the same or not" (Dijkstra 1976).

Im Falle errechneter „indizierter Variablen" muß das Hoaresche Zuweisungsaxiom geändert, nämlich in subtiler Weise ergänzt werden.

Die präzise Fassung des Zuweisungsaxioms für „indizierte Variable" lautet (Gries 1978) für determiniertes $\mathscr{E}$:

$$wp(x[r] := \mathscr{E} \mid \mathscr{R}\left(x[s_1], x[s_2], \ldots x[s_m]\right))$$
$$= \mathscr{R}\left(\textbf{if } r = s_1 \textbf{ then } \mathscr{E} \textbf{ else } x[s_1] \textbf{ fi}, \textbf{ if } r = s_2 \textbf{ then } \mathscr{E} \textbf{ else } x[s_2] \textbf{ fi}, \ldots, \textbf{if } r = s_m \textbf{ then } \mathscr{E} \textbf{ else } x[s_m] \textbf{ fi}\right) \quad .$$

Beispiel:

1) Zu $x[r] := 5$ und der Nachbedingung

$$P\left(x[i]\right) \equiv x[i]^2 = 25$$

ergibt sich als schwächste Vorbedingung

$$P\left(\textbf{if } r = i \textbf{ then } 5 \textbf{ else } x[i] \textbf{ fi}\right), \quad \text{also}$$
$$\textbf{if } r = i \textbf{ then } 25 = 25 \textbf{ else } x[i]^2 = 25 \textbf{ fi} \quad \text{oder}$$
$$r = i \vee (r \neq i \wedge x[i]^2 = 25) \quad \text{oder}$$
$$r \neq i \Rightarrow x[i]^2 = 25$$

2) Zu $x[r] := 5$ und der Nachbedingung

$$P\left(x[r], x[j]\right) \equiv x[r]^2 = x[j]$$

ergibt sich als schwächste Vorbedingung

$$P\left(\textbf{if } r = r \textbf{ then } 5 \textbf{ else } x[r] \textbf{ fi}, \textbf{ if } r = j \textbf{ then } 5 \textbf{ else } x[j] \textbf{ fi}\right), \quad \text{also}$$
$$25 = (\textbf{if } r = j \textbf{ then } 5 \textbf{ else } x[j] \textbf{ fi}) \quad \text{oder}$$
$$\textbf{if } r = j \textbf{ then } 25 = 5 \textbf{ else } 25 = x[j] \textbf{ fi} \quad \text{oder}$$
$$r \neq j \wedge 25 = x[j] \quad .$$

Entsprechende Präzisierungen müßte man für alle Bauarten vornehmen, nach denen Variable zusammengesetzt werden, insbesondere auch für die technisch bedeutsamen flexiblen Reihungen und Aggregate von Variablen sowie für Kellerspeicher und Pufferspeicher.

Es ist klar, daß mit einem derart modifizierten, komplizierteren Zuweisungsaxiom manche Vorteile, die die Verwendung von organisierten Speichern mit sich bringt, wieder relativiert werden. Die Situation ist recht bezeichnend: eine gefällige Begriffswelt gaukelt eine bequeme Verwendbarkeit vor, das dicke Ende kommt (beim Verifikationsprozeß) nach.

Auch die Fallunterscheidung als Variablenform erfordert eine Anpassung des Zuweisungsaxioms:

$$wp(\textbf{if } \mathscr{B} \textbf{ then } x \textbf{ else } y \textbf{ fi} := \mathscr{E} \mid \mathscr{R}\lfloor x, y \rfloor) = \mathscr{B} \Rightarrow \mathscr{R}\lfloor \mathscr{E}, y \rfloor \wedge \neg \mathscr{B} \Rightarrow \mathscr{R}\lfloor x, \mathscr{E} \rfloor$$

7.2.2 Überprüfung des Besetzungstabus

Um die Einhaltung des Besetzungstabus überprüfen zu können, ist es zweckmäßig zu fordern, daß Operationen, die Variable als Ergebnis liefern, injektiv sind: dann kommen gleiche Ergebnisse nur vor, wenn die Parameter gleich besetzt sind. Für eine Reihung von Variablen ist dies der Fall; die Variablenformen $a[i]$ und $a[k]$ errechnen nur dann dieselbe Variable, wenn $i = k$ ist.

Soll beispielsweise die Vertauschung der Inhalte der i-ten und der k-ten Komponente einer Reihung von Variablen oder die Rotation in der Ebene der i-ten und k-ten Achse für eine Reihung von Variablen bewerkstelligt werden, ist es notwendig, aber auch hinreichend, dies unter den Wächter $i \neq k$ zu stellen, also (vgl. 5.3.2)

if $i \neq k$ **then** $rot(a[i], a[k])$ **else abort fi** bzw.

(∗) **if** $i \neq k$ **then** $exch0(a[i], a[k])$ **else skip fi** .

Man könnte auch daran denken – unter Betonung des Objektcharakters von Variablen – den Variablenvergleich als algorithmische Operation

$x :=: y$

einzuführen, um damit das Besetzungstabu aufweichen zu können: Würde man das Beispiel des Inhaltstauschs von 5.3.2 nunmehr so schreiben:

```
proc exch11 = (var μ s, var μ t):
      if s :=: t then skip
                 else (s, t) := (t, s) fi    ,
```

so wäre gegen einen Aufruf *exch11*$(a[i], a[k])$ im Falle $i = k$ auch kein formaler Einwand möglich. Allerdings ist diese Fassung unter Umständen weniger effizient als *exch1*$(a[i], a[k])$. Im übrigen ist es wohl nur eine Frage der Bequemlichkeit, auf *exch1* oder *exch11* zu verzichten und statt dessen die umständlicher zu schreibende, aber gegenüber (∗) effizientere, den Sachverhalt ebenfalls deutlich wiedergebende Konstruktion

(**) **if** $a[i] \neq a[k]$ **then** *exch0*$(a[i], a[k])$ **else skip fi**

niederzuschreiben, die den Variablenvergleich unnötig macht.

Außerdem ist auch für diese letztgenannte Konstruktion eine Parametrisierung möglich, wenn die Indexart der Reihung, der die Variablen $a[i]$ und $a[k]$ entstammen, konstant ist oder als Parameter mitgeführt wird. So kann man etwa einführen

proc *arrayexch* = (ν **array var** μ *a*, ν *i*, ν *k*):
  if $a[i] \neq a[k]$ **then** $(a[i], a[k]) := (a[k], a[i])$ **else skip fi**

und bewirkt dann die obenstehende Konstruktion (**) mittels des Aufrufs

arrayexch(*a*, *i*, *k*) ,

der ihren Kern wiedergibt.

Es zeigt sich jetzt, welche Bedeutung die Eigenschaft der Halbregularität von Objektstrukturen (2.14) hat: Für Strukturen, die aus Variablen aufgebaut sind[7], garantiert die Halbregularität gerade die Injektivität der Variablenform und damit die Überprüfbarkeit der Identität von Variablen durch Vergleich der Selektoren.

Halbregulär sind insbesondere die im 2. Kapitel betrachteten endlichen rekursiven Objektstrukturen. Fordert man für sie das Besetzungstabu für den Konstruktor, so läßt sich ein modifiziertes Zuweisungsaxiom, wie oben für Reihungen von Variablen angegeben, ebenfalls explizit formulieren.

Nichtendliche rekursive Objektstrukturen sind nicht notwendig halbregulär (mit ihrer Implementierung werden wir uns in 7.4 beschäftigen). Nicht halbregulär ist auch die Art **sequ** μ, wo *top*(*d*) mit *bottom*(*d*) zusammenfallen kann.

Das Vorhandensein solcher „Gleichungen" ist geradezu bezeichnend für den Aufbau abstrakter Rechenstrukturen. Als Konstruktoren wirken jetzt Operationen, die aus Variablen Terme aufbauen, als Selektoren solche, die Terme reduzieren. Auch wenn man für Konstruktoroperationen wieder das Besetzungstabu fordert, lassen sich nur für solche Variablenformen, in denen lediglich injektive Selektoroperationen auftreten, modifizierte Fassungen des Zuweisungsaxioms explizit angeben.

Die Gleichstellung von Variablen mit Objekten wird jedenfalls erheblich beeinträchtigt durch das Besetzungstabu und das dessen Einhaltung dienende, aber auch für das Zuweisungsaxiom erhebliche Alias-Verbot. Selektive Umbesetzung einerseits, Alias-Verbot andererseits zeigen Glanz und Elend des Arbeitens mit organisierten Speichern, das für die Systemprogrammierung so kennzeichnend ist. Programmiersprachen wie CLU und ALPHARD, die abstrakte Rechenstrukturen nur auf Variablenbasis zulassen, machen es sich selbst schwer.

7.3 Implementierung von Objektstrukturen durch organisierte Speicher

7.3.1 Die Implementierung von Objektstrukturen durch organisierte Speicher derselben Bauart – kurz als **(homologe) Speicherimplementierung** bezeichnet – bedeutet letztlich die Vertauschung von Inhaltsbildung und Selektion: Wird bei einer Variablen für ein zu-

7 Es ist zu vermuten, daß Turski, auf der Linie von Wirth und Hoare, dies stillschweigend annimmt.

sammengesetztes Objekt zuerst die **val**-Angabe und dann ein Selektionsoperator angewandt, so wird in einem organisierten Speicher zuerst der entsprechende Selektionsoperator und dann die **val**-Angabe angewandt.

Einfache Verhältnisse hat man bei der Implementierung von Reihungen durch Reihungen von Variablen. Wird a von der Art **var** ν **array** μ durch $\hat{a}$ der Art ν **array var** μ ersetzt, so wird ein Zugriff wie (**val** a) $[I]$ durch einen Zugriff **val** ($\hat{a}\,[I]$) ersetzt, eine selektive Änderung $a : [I] = X$ durch die Einzelzuweisung $\hat{a}\,[I] := X$. Wenn die **val**-Angabe unterdrückt wird, besteht im ersten Fall gar kein notationeller Unterschied.

So ist also (vgl. 7.1.4)

nat [1 .. 3] **array var int** $\hat{a}$ ≡ ⟨**newvar int** := 3, **newvar int** := −2,
newvar int := −7⟩

eine Implementierung von

var nat [1 .. 3] **array int** a := ⟨3, −2, −7⟩

und (vgl. 7.1.1)

$\hat{a}\,[2] := -8$

ist eine Implementierung von

$a := \langle a[1],\ -8,\ a[3]\rangle$.

Auch in ALGOL 68 hat man sich von der Dominanz der Vorstellung des organisierten Speichers nicht völlig frei gemacht. Dies zeigen Ausnahmeregelungen für Dereferenzierung, insbesondere aber die faktische Vertauschbarkeit von **val**-Angabe und Selektion. So darf in ALGOL 68 irreführenderweise $a[2] := -8$ nicht nur geschrieben werden, wenn a von der Art **nat** [1 .. 3] **array var int** ist, sondern auch, wenn a von der Art **var nat** [1 .. 3] **array int** ist.

Analog wird bei der Speicherimplementierung etwa von Sequenzen eine Sequenz von Variablen eingeführt. Wird dann a von der Art **var sequ** χ durch $\hat{a}$ von der Art **sequ var** χ ersetzt, so wird ein Zugriff *top*(**val** a) durch einen Zugriff **val** *top*($\hat{a}$) ersetzt, die Konstruktor-Operation

append(**val** a, X)

erfordert den Übergang zu einer Speicherzuteilung

append($\hat{a}$, **newvar** χ := X) .

Die Ersetzung von *rest*(**val** a) durch *rest*($\hat{a}$) (beachte: **val** *rest*($\hat{a}$) wäre sinnlos!) wird illustriert durch nachfolgende Implementierung einer Rechenvorschrift zur Bestimmung der i-ten Komponente einer unter einer Variablen a gespeicherten Sequenz:

funct *sel* ≡ (**var sequ** χ a, **pnat** i: $i \le$ *length*(**val** a)) χ:
  if $i = 1$ **then** *top* (**val** a) **else** *sel*(*rest*(**val** a), $i - 1$) **fi**

wird implementiert durch

funct *sel* ≡ (**sequ var** χ *â*, **pnat** *i*: $i \leq length(\hat{a})$) χ:
  if $i = 1$ **then val** *top*(*â*) **else** *sel*(*rest*(*â*), $i - 1$) **fi** .

Ähnlich geht man bei der Speicherimplementierung von flexiblen Reihungen und Aggregaten vor, wobei für *ext* bzw. *hiext, loext* sowie *put* eine Speicherzuteilung erforderlich wird.

7.3.2 Generell führt die Speicherimplementierung abstrakter Rechenstrukturen für alle Termkonstruktoroperationen zur Verwendung des **newvar**-Operators. Dies kann bedeuten, daß fortgesetzt mehr Speicher beansprucht wird. Demgegenüber kann bei der eben behandelten Speicherimplementierung keine vorzeitige Speicherfreigabe erfolgen. Dies wird erst möglich, wenn man (vgl. *tabg* in 7.1.4) Programmvariable für Strukturen von (anonymen) Variablen einführt. Den Prozeduren mit Sequenzvariablen *push, pop* und *trunc* (vgl. 5.5) entsprechen z. B. die Prozeduren

proc *pûsh* ≡ (**var sequ var** μ *vâ*, μ *U*):
  vâ := *append*(*vâ*, **new var** μ := *U*)
proc *pôp* ≡ (**var sequ var** μ *vâ*):
  vâ := *rest*(*vâ*)
proc *trûnc* ≡ (**var sequ var** μ *vâ*):
  vâ := *upper*(*vâ*)

im **Speichermodul** Kellerspeicher bzw. Pufferspeicher.
Bei *pôp* und *trûnc* besteht der neue Inhalt von *vâ* aus einer (Variablen-)Komponente weniger als der alte Inhalt von *vâ*; die zuletzt geschaffene (LIFO) bzw. die zuerst geschaffene (FIFO) Variable geht also verloren. Der entsprechende Speicher kann sogar sofort freigegeben werden, falls nicht **val** *vâ* auch noch einer anderen Variablen zugewiesen werden kann – falls nämlich das Alias-Verbot beachtet wird.

Auch für die Speicherimplementierung von Reihungen mit errechneten Grenzen benötigt man Variable für Reihungen von Variablen.

7.3.3 Interessant sind auch Speicherimplementierungen, die aus Wechseln der Rechenstruktur und homologen Implementierungen zusammengesetzt werden. Für flexible Reihungen beschränkter Länge und Aggregate beispielsweise ist die Implementierung zugehöriger Variablen als Register bzw. Linearspeicher von größter Bedeutung.

So bestehen etwa die folgenden Korrespondenzen für eine Implementierung von *AGREX*(**int** [*n* .. *m*], χ) nach 3.6.2.3, wobei *a* von der Art **var int** [*n* .. *m*] **grex** χ durch *â* der Art **int** [*n* .. *m*] **array var** χ ersetzt wird:

var int [*n* .. *m*] **grex** χ *a* := *vac* ↔ **int** [*n* .. *m*] **array var** χ *â* ≡ *initial*(*n, m*)[8],
(**val** *a*) [*I*] ↔ **val** (*â* [*I*]),
a := *put*(**val** *a, I, X*) ↔ *â* [*I*] := *X* .

---

8 Die Korrespondenz *isaccessible*(*a, I*) ↔ **val** (*â* [*I*]) ≠ ω gilt nicht! Damit sie gilt, muß ω durch das *feste* Sonderelement ℓ ersetzt werden.

Insbesondere die letzte Korrespondenz ist von praktischer Bedeutung für das „maschinennahe" Arbeiten, weil sie eine komplizierte Operation durch die einfache selektive Umbesetzung ersetzt.

Aufgabe 1: Gib, in Anlehnung an die Rechenvorschrift initial, eine Prozedur an, die die Korrespondenz zu a := vac zu formulieren gestattet.

Für das Beispiel der beschränkten Stapel (3.1.3.3) ergibt sich so aus der Implementierung durch Aggregate (3.6.3) eine Speicherimplementierung, wobei

b von der Art **var bs** χ durch
$\mathfrak{b}$ von der Art (**var nat** $[0 \,..\, N]$ i, **nat** $[1 \,..\, N]$ **array var** χ a)

ersetzt wird – durch ein Paar aus einer „inneren" Pegelvariablen mit dem Selektor i und einem „Arbeitsregister" mit dem Selektor a.

Für die wichtigsten Operationen gelten die Korrespondenzen

$$\textbf{var bs}\ \chi\ b := \mathit{empty} \leftrightarrow (\textbf{var nat}\ [0\,..\,N],\ \textbf{nat}\ [1\,..\,N]\ \textbf{array var}\ \chi)\ \mathfrak{b} \equiv (0,\ \mathit{initial}(1, N))$$

$$\begin{array}{ll} \mathit{isempty}(\textbf{val}\ b) & \leftrightarrow \textbf{val}\ (i\ \textbf{of}\ \mathfrak{b}) = 0 \\ \mathit{isfull}(\textbf{val}\ b) & \leftrightarrow \textbf{val}\ (i\ \textbf{of}\ \mathfrak{b}) = N \\ \mathit{top}(\textbf{val}\ b) & \leftrightarrow \textbf{val}\ (a\ \textbf{of}\ \mathfrak{b}[i\ \textbf{of}\ \mathfrak{b}]) \quad . \end{array}$$

Statt *append* und *rest* benutzt man besser

$$\begin{array}{ll} \mathit{push}(b, U) & \leftrightarrow \ulcorner\, i\ \textbf{of}\ \mathfrak{b} := \mathit{succ}(i\ \textbf{of}\ \mathfrak{b});\ a\ \textbf{of}\ \mathfrak{b}\ [i\ \textbf{of}\ \mathfrak{b}] := U \,\lrcorner \\ \mathit{pop}\ (b) & \leftrightarrow i\ \textbf{of}\ \mathfrak{b} := \mathit{pred}(i\ \textbf{of}\ \mathfrak{b}) \quad . \end{array}$$

In manchen Programmiersprachen wird der Unterschied zwischen einem Selektor innerhalb einer Zusammensetzung von Variablen und einer Variablen notationell mißachtet und damit begrifflich verwischt; in unserem Beispiel könnte der Selektor i fälschlicherweise als Pegelvariable bezeichnet werden – tatsächlich wählt er nur die (anonyme) Pegelvariable aus, die damit völlig *abgeschirmt* ist.

In 3.6.2.3 wurde auf die Bedeutung der Hinzunahme einer Operation *truncshift* zu einer Rechenstruktur vom abstrakten Typ **FLEX** (3.3.1) hingewiesen; *truncshift* erlaubt für Schlangen beschränkter Länge eine Implementierung durch **FLEX** mit beschränktem Wertebereich von *hib*, und entsprechend für Decks und Sequenzen beschränkter Länge eine Implementierung durch **BIFLEX** mit beschränktem Wertebereich von *hib* – *lob*. Dem entspricht nun eine Implementierung von Puffern beschränkter Länge durch eine Reihung einer festen Anzahl von Variablen, durch ein Register.

Die Operation etwa der „Linksverschiebung" muß dann effizient implementiert werden, dies geschieht üblicherweise durch eine **kollektive Linksverschiebung der Variableninhalte,**

$$(a[1], a[2], \ldots, a[N-1]) := (a[2], a[3], \ldots, a[N]) \quad .$$

Ein Register **nat** [1 .. *N*] **array var** χ, für das diese Operation verfügbar ist, heißt **Schieberegister**. Zur Beschreibung von „Schaltungen" werden insbesondere Register und Schieberegister der Art **nat** [1 .. *N*] **array var bit** benutzt („Registertransfersprachen").

Eine sequentielle Implementierung ist

for *i* **from** 1 **to** $N - 1$ **do** $a[i] := a[i + 1]$ **od** .

7.4 Geflechtimplementierung organisierter Speicher

Organisierte Speicher wurden im vorigen Abschnitt abstrakt-rekursiv definiert. Die Methoden von 2.14 lassen sich auch auf diese Fälle anwenden. Nexen von Variablen liefern Geflechtimplementierungen organisierter Speicher, wie sie z. B. in PASCAL unterstellt sind. Der Operator **newvar** kann dabei in abgesicherter Weise mit der Geflechtbildung verbunden werden.

7.4.1 Verweise auf Variable: Zeiger

> "There appears to be a close analogy between references in data and jumps in a program."
>
> Hoare 1973

Entparametrisierte Rechenvorschriften mit verzögerter Auswertung waren in 2.14 auf gewöhnliche Objekte abgestellt. Auch für Strukturen, die mittels Variablen aufgebaut sind, kann man eine solche Bildung von Nexen vornehmen. So ergibt sich aus der Rechenvorschrift *convert* von 2.14.2 eine Implementierung auf Linkssequenzen von Variablen

```
funct convert ≡ (nat a) lsequ var bit:
      if a = 0 then ◇
               else ⌈ f where
                      lazy funct f ≡ lsequ var bit:
        if even(a) then lsequ var bit: ⟨newvar bit := O, convert(a/2)⟩
        ▯ odd(a)  then lsequ var bit: ⟨newvar bit := L, convert((a − 1)/2)⟩ fi ⌋ fi
```

wobei die wesentliche Änderung gegenüber 2.14 ist, daß der Konstruktor **lsequ var bit:** mit der Erzeugung einer Variablen durch den Operator **newvar bit** einhergeht.

7.4.1.1 Nun tritt aber ein neuer Zug hinzu: Die Speicherimplementierung legt eine *Behälterauffassung*[9] nahe, bei der das *Einsetzen* eines Ausdrucks uminterpretiert wird zu einem *Verweisen* auf den Ausdruck (unter gleichzeitiger Umkehrung der Pfeilrichtung – ganz wie bei der Einführung von Sprüngen). Es wird also das Bild von 2.14 (Abb. 7.3) zunächst ersetzt durch das Speicherbild (Abb. 7.4) dann aber umgedeutet unter Umkehr der Pfeilrichtung (Abb. 7.5)

---

9 **val** bekommt die Bedeutung eines Operators, der den **Inhalt** eines Behälters liefert.

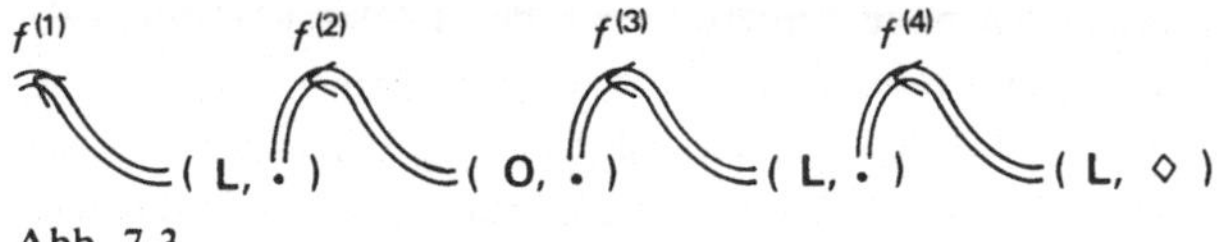

Abb. 7.3

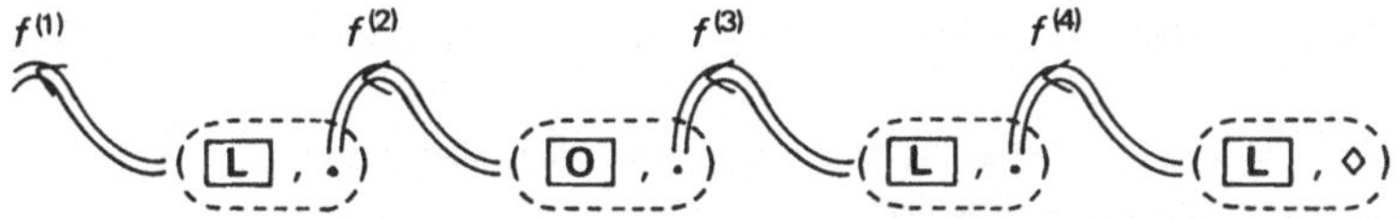

Abb. 7.4

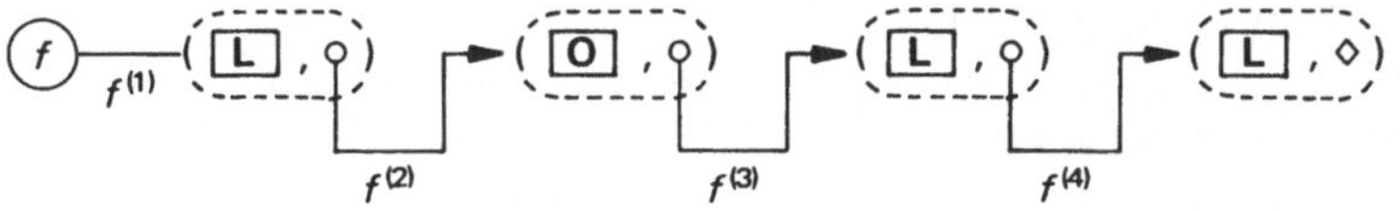

Abb. 7.5

Die neuen Pfeile heißen **Verweise** oder **Referenzen**.

Eine ähnliche Situation ist uns in 6.2 bei der Einführung von Sprüngen begegnet: dort wurde aus dem Aufruf einer entparametrisierten Rechenvorschrift ein Sprung, wobei die Sprungrichtung ebenfalls zur Einsetzungsrichtung entgegengesetzt ist; hier wird aus dem Aufruf einer entparametrisierten Rechenvorschrift mit verzögerter Auswertung ein *Verweis* und zwar, da wir organisierte Speicher vor uns haben, ein Verweis auf eine Zusammensetzung von Variablen, ein **Zeiger** (engl. *pointer, link*). Natürlicherweise sind solche Zeiger *artspezifisch*.

Der besondere Vorteil der Einführung von Zeigern liegt darin, daß mit ihnen von verschiedenen Stellen aus auf dieselbe Zusammensetzung von Variablen verwiesen werden kann, während der direkte mehrfache Einbau derselben Variablen durch das Besetzungstabu verboten wird – ganz abgesehen davon, daß man in der Behälterauffassung das Duplizieren von Behältern auch aus ökonomischen Gründen vermeiden möchte.

Im Referenzkonzept von ALGOL 68 werden die Begriffe ‚Verweis' und ‚Variable' vermischt. Der verwendete allgemeine Referenzbegriff bringt allerdings gegenüber dem streng applikativen Begriff der Rechenvorschrift mit verzögerter Auswertung keine Vorteile; eine Beschränkung auf Zeiger entsprechend der ursprünglichen Idee von C. A. R. Hoare ist andrerseits der maschinennahen Programmierung durchaus angemessen.

Es liegt nahe, beim Arbeiten mit organisierten Speichern hinsichtlich der Zeiger noch einen Schritt weiter zu gehen und auch *Behälter für Zeiger* vorzusehen, entsprechend Abb. 7.6.

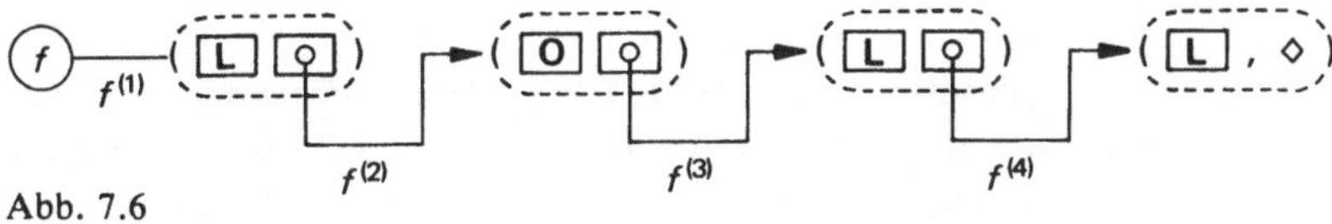

Abb. 7.6

Das bedeutet, daß auch für Zeiger Variable eingeführt werden (**Zeigervariable**, engl. *pointer variables*) und daß auch solche Variable in Zusammensetzungen bei der Bildung organisierter Speicher vorkommen. Die einzelnen Bestandteile eines solcherart organisierten Speichers sind dann ‚records' in dem Sinne, in dem Hoare dieses Wort ursprünglich gebraucht hat, es sind Verbunde aus Variablen und Zeigervariablen. Das gesamte zusammengesetzte Objekt wird implementiert durch ein **Geflecht**, auch **Liste** (engl. *linked list*), solcher Verbunde. Verbunde, die Zeigervariable enthalten, heißen auch **geflechtbildende Verbunde** (engl. *record*); die Zeiger *bilden* das Geflecht, sie sind in den Zeigervariablen festgehalten.

Geflechte aus Verbunden, die genau eine bzw. genau zwei Zeigervariable enthalten, heißen **Einweg-Listen** bzw. **Zweiweg-Listen**.

7.4.1.2 Eine geringfügige Änderung von *convert* zu

```
funct convert ≡ (nat a) lsequ var bit:
  ⌈ f where
    lazy funct f ≡ lsequ var bit:
             if a = 0 then ◊
                      else if even(a) then ...
                           ▯ odd(a)  then ... fi fi ⌋
```

führt zu Abb. 7.7 und damit nach der Umdeutung zu einem Speicherbild mit einheitlichen geflechtbildenden Verbunden zu Abb. 7.8.

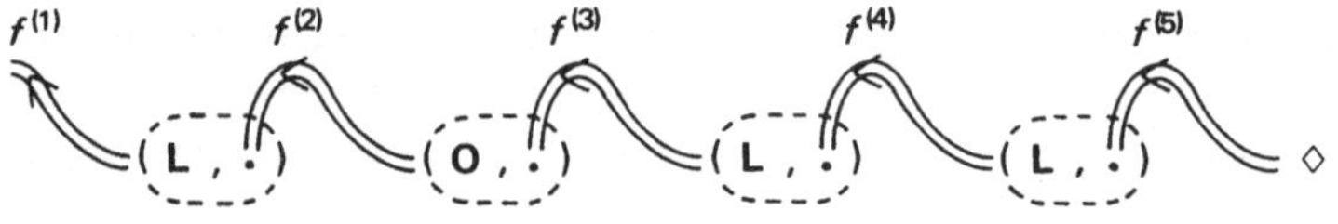

Abb. 7.7

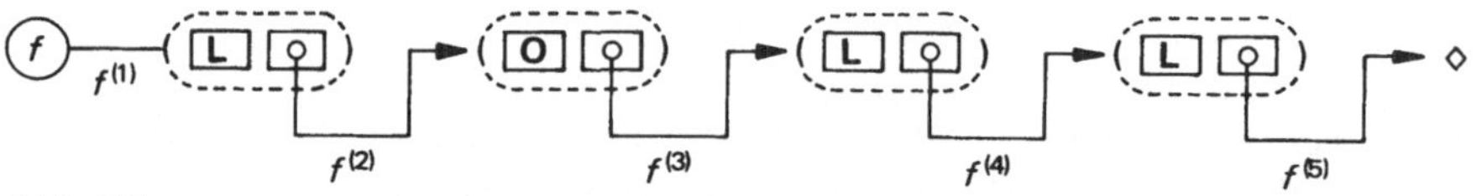

Abb. 7.8

Der häufig vorkommende Zeiger auf das 0-tupel ◊ wird universell durch die Bezeichnung **nil** wiedergegeben. Somit schreibt man auch

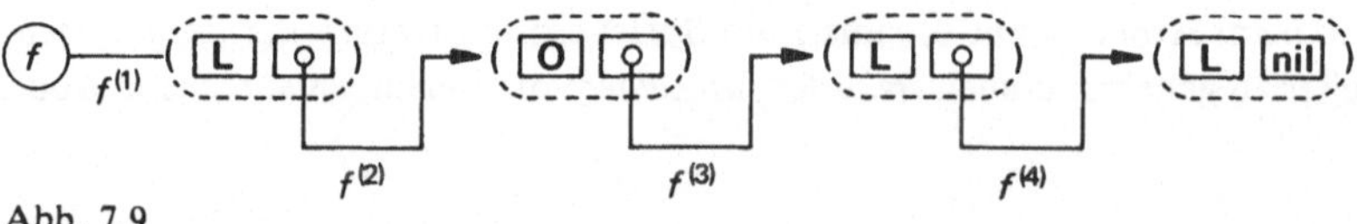

Abb. 7.9

7.4.1.3 Die Einführung von Zeigern in Verbindung mit der Behälterauffassung von Variablen bedeutet den Übergang zu einem geläufigen semantischen Modell: es werden nicht mehr (rekursiv definierte) Zusammensetzungen von Variablen betrachtet, sondern aus

Verbunden von Zeigervariablen und gewöhnlichen Variablen durch die Verweispfeile gebildete *Geflechte*; das Geflecht ersetzt dabei den (finitären) Nexus. Damit einher geht (wie auch bei Sprüngen) eine Änderung der Notation: **pt** μ bezeichnet die Art der Zeiger auf Objekte der Art μ; die Vereinbarung einer Funktion mit verzögerter Auswertung

lazy funct ›Funktionsbezeichnung‹ ≡ ›Ergebnisart-Spezifikation‹: ~~~~

wird ersetzt durch die **Zeiger-Vereinbarung**

pt ›Ergebnisart-Spezifikation‹ ›Zeigerbezeichnung‹ ≡ ~~~~

in der äußeren Form einer (Zeiger-)Objektvereinbarung unter Einführung von Bindungs- und Gültigkeitsbereich für den vereinbarten Zeiger wie in 1.13.3.

In unserem Beispiel haben wir (mit **bit** für χ) eine Darstellung von **lsequ var** χ durch Zeiger entweder auf das 0-tupel oder auf ein Paar von Variablen. Schreiben wir nun noch **pt s**χ statt **lsequ var** χ, so ergibt sich die folgende Implementierung durch Einweg-Listen: Ersetze **lsequ var** χ durch **pt s**χ, wo

mode sχ ≡ **empty** | (**var** χ *key*, **var pt s**χ *next*)[10] .

Insgesamt wird also

lsequ var χ durch {**nil**} | **pt** (**var** χ *key*, **var pt s**χ *next*)

ersetzt, wobei **nil**, der universelle Zeiger auf das 0-tupel, formal von der Art **pt empty** ist.

Aus dem Konstruktor

lsequ var χ: ⟨., .⟩

wird so (durch Vorsetzen von **new** vor **pt**)

newpt sχ : ⟨**newvar** χ := ., **newvar pt s**χ := .⟩ ;

dies kann gedeutet werden als Schaffung eines neuen Zeigers auf ein Objekt der Art **s**χ.

deref *S* bezeichnet die Zusammensetzung von Variablen, auf die der Zeiger *S* verweist.

7.4.1.4 Nunmehr liefert die umgeschriebene Rechenvorschrift *convert** ausdrücklich einen Zeiger ab, sie lautet (unter entsprechender Ersetzung von ◇ durch **nil**)

```
funct convert* ≡ (nat a) pt sbit:
   ⌈ f where
     pt sbit f ≡
        if a = 0 then nil
                 else if even(a) then
     newpt sbit: ⟨newvar bit := O, newvar pt sbit := convert*(a/2)⟩
                         ▯ odd(a) then
     newpt sbit: ⟨newvar bit := L, newvar pt sbit := convert*((a − 1)/2)⟩ fi fi ⌋
```

10 Die *next*-Komponente ist nicht von der **lsequ var** χ entsprechenden Art **pt s**χ, sondern von der Art **var pt s**χ, entsprechend dem Umstand, daß wir für Zeiger Behälter vorgesehen haben.

Hier bekommt der neugeschaffene Zeiger die Bezeichnung f; genauer gesagt, $f^{(1)}$, $f^{(2)}$, $f^{(3)}$, $f^{(4)}$ und $f^{(5)}$ ≡ **nil** bezeichnen in unserem Beispiel die vier bzw. fünf Zeiger, die in den einzelnen Inkarnationen von *convert** gebildet werden.

Wir können aber auch mit anonymen Zeigern arbeiten. Expandieren von f ergibt

```
funct convert* ≡ (nat a) pt sbit:
     if a = 0 then nil
              else if even(a) then
     newpt sbit: ⟨newvar bit := O, newvar pt sbit := convert*(a/2)⟩
                      ▯ odd(a) then
     newpt sbit: ⟨newvar bit := L, newvar pt sbit := convert*((a − 1)/2)⟩ fi fi
```

Analog ergibt sich aus der Rechenvorschrift *transit* von 2.14.2 eine Rechenvorschrift, die Zweiweglisten als Geflechte von dreikomponentigen Verbunden der Art

```
mode cχ ≡ empty |(var pt cχ left, var χ node, var pt cχ right)
```

aufbaut:

```
funct transit* ≡ (lsequ χ a) pt cχ: ⌈ trans*(a, nil) where
funct trans*   ≡ (lsequ χ a, pt cχ z) pt cχ:
     if a = ◊ then nil else
   ⌈ f where
     pt cχ f ≡ newpt cχ: ⟨newvar pt cχ := z,
                          newvar χ := item of a,
                          newvar pt cχ := g⟩,
     pt cχ g ≡            trans*(trunk of a, f)      ⌋ fi ⌋  .
```

In diesem Beispiel ist es, entsprechend dem Umstand, daß unendliche Objekte aufgebaut werden, nicht mehr möglich, gänzlich ohne eine frei gewählte (Hilfs-)Bezeichnung für Zeiger auszukommen. Ein Zeiger kann allerdings explizit eliminiert werden, man erhält

```
... ⌈ f where
    pt cχ f ≡ newpt cχ: ⟨newvar pt cχ := z,
                         newvar χ := item of a,
                         newvar pt cχ := trans*(trunk of a, f)⟩ ⌋ ...
```

*convert** sowohl wie *trans** haben als Ergebnis einen Zeiger. Parallel zu 7.1.4 legen wir fest:

Zeiger, die als Ergebnisse einer Rechenvorschrift abgeliefert werden, leben auch noch im Bindungsbereich der Bezeichnung dieser Rechenvorschrift.

Die Lebensdauer der bezogenen (anonymen) Variablen ist ebenfalls auf diesen Bindungsbereich festgelegt.

Im Hinblick auf das Besetzungstabu ist auch die Feststellung wichtig, daß in verschiedenen Inkarnationen einer Rechenvorschrift erzeugte Zeiger, analog zu in verschiedenen Inkarnationen vereinbarten Rechenvorschriften, verschieden sind, auch wenn sie die gleiche Bezeichnung haben.

7.4.1.5 Die beiden vorstehenden Beispiele haben gezeigt, daß der Artwechsel von rekursiv definierten Objekten zu Geflechten und die Umschreibung zugehöriger, applikativer, mit verzögerter Auswertung formulierter Rechenvorschriften in zwei Schritten vor sich geht: zuerst Übergang zu Zusammensetzungen von Variablen, dann Einführung von Zeigern auf diese Zusammensetzungen. Eine streng formale Behandlung würde den Rahmen dieses Buches sprengen. Wir zeigen diesen Gesamt-Übergang jedoch noch an einem Beispiel:

Eine Lösung von Aufgabe 2.14.2-2 (mit **bit** für χ) ist die Herstellung einer Einweg-Ringliste mittels

```
funct ring ≡ (lsequ bit l: l ≠ ◊) lsequ bit:
    ⌈ head where
      lazy funct head ≡ lsequ bit: cl(l),
           funct cl ≡ (lsequ bit l: l ≠ ◊) lsequ bit:
           if trunk of l = ◊ then lsequ bit: ⟨item of l, head⟩
                              else ⌈ lsequ bit: ⟨item of l, f⟩ where
                                     lazy funct f ≡ lsequ bit: cl(trunk of l) ⌋ fi ⌋
```

Der vorzunehmende Übergang besteht nun darin, **lsequ bit** zuerst durch **lsequ var bit** und dann durch **pt sbit** zu ersetzen, wobei letzteres wie oben definiert ist; dabei werden auch die Selektoren

item **of** . durch *key* **of deref** . und
trunk **of** . durch *next* **of deref** .

ersetzt, sowie ◊ durch **nil**.

Der Konstruktor **lsequ bit**: ⟨., .⟩ wird zuerst durch
lsequ var bit: ⟨**newvar bit** := ., .⟩ und dann durch
newpt sbit: ⟨**newvar bit** := ., **newvar pt sbit** := .⟩ ersetzt.

Schließlich wird **lazy funct** . ≡ (**lsequ bit**): zuerst durch
lazy funct . ≡ (**lsequ var bit**): und dann durch
pt sbit . ≡ ersetzt.

Dies ergibt insgesamt

```
funct ring* ≡ (pt sbit l: l ≠ nil) pt sbit:
    ⌈ head where
      pt sbit head ≡ cl(l),
      funct cl ≡ (pt sbit l: l ≠ nil) pt sbit:
          if next of deref l = nil then newpt sbit: ⟨newvar bit := key of deref l,
                                                      newvar pt sbit := head⟩
                                   else ⌈ newpt sbit:
                                            ⟨newvar bit := key of deref l,
                                             newvar pt sbit := f⟩
                                            where
                                            pt sbit f ≡ cl(next of deref l)  ⌋  fi ⌋ .
```

7.4.1.6 Reinrassige Verbunde sind solche geflechtbildende Verbunde, die ausschließlich aus Zeigervariablen bestehen. Hoare hat ursprünglich nur solche Verbunde betrachtet[11]. Man kann ohne Einschränkung der Allgemeinheit stets mit reinrassigen Verbunden auskommen, indem man alle Komponenten eines geflechtbildenden Verbunds, die nicht Zeigervariable sind, durch Zeigervariable entsprechender Art ersetzt und die ursprünglichen Komponenten-Variablen durch zusätzliche Zeiger anbindet. Zunächst scheint das ein übertriebener Aufwand zu sein, es entspricht jedoch mit seiner klaren Trennung von (durch die Verbunde von Zeigervariablen ausgedrückter) Speicherung der Objektstruktur und Speicherung der eigentlichen Objekte einem klaren Entwurfsprinzip.

Für eine Geflechtimplementierung rekursiver Objektstrukturen durch reinrassige Verbunde ergibt sich ein völlig mechanischer Übergang. Bei der Realisierung von Übersetzern wird deshalb häufig eine solche Implementierung benutzt. Eine Geflechtimplementierung kann auch als semantisches Modell einer (operativen) Durchführung der D-Berechnungsregel von 1.14.3 dienen (Wadsworth 1971).

7.4.2 Wirths Kopplung

Um die vorstehende, den Ablauf der Speicherverteilung und der Schaffung von Zeigern präzise operationell wiedergebende Schreibweise abzukürzen, kann man für die Vereinbarung von f in 7.4.1.4 auch lediglich

pt sbit $f \equiv$ **if** $a = 0$ **then nil**
        else if *even*(a) **then newpt**: ⟨**O**, *convert**$(a/2)$⟩
            ▯ *odd*(a) **then newpt**: ⟨**L**, *convert**$((a-1)/2)$⟩ **fi fi**

schreiben, da alle übrige Information, die zu der früheren Form gehört, aus der Artvereinbarung

mode sbit $\equiv$ **empty** | (**var bit** *key*, **var pt sbit** *next*)

entnommen werden kann. Gleicherweise kann man in 7.4.1.5 abkürzend

pt cχ $f \equiv$ **newpt**: ⟨z, *item* **of** a, *trans*(*trunk* **of** a, f)⟩

schreiben und alle relevante Information aus der Artvereinbarung oben für **c**χ entnehmen. Der Kürze der Schreibweise steht die Undurchsichtigkeit der operativen Bedeutung gegenüber – für den Anfänger wird, wie üblich, die ausführlichere Schreibweise zu empfehlen sein, der Fortgeschrittene wird besser mit der Kurzschreibweise arbeiten.

Unabhängig von dieser rein notationellen Frage ist die Feststellung, daß in den obigen Beispielen der **newvar**-Operator nur in Verbindung mit dem **newpt**-Operator vorkommt. Bei reinen Geflechtimplementierungen organisierter Speicher ist dies wesensgemäß so. Angesichts der (in 7.1 diskutierten) Probleme, die der Speicherzuteilungsoperator aufwirft, erhebt sich die Frage, ob man seine Verwendung nicht auf diese Verbindung mit einer Geflecht-Implementierung beschränken soll.

---

11 ‚record' wird noch heute häufig in diesem originalen Sinn gebraucht: 'An object may refer to objects. For example, a record object refers to the objects that are components of the record' (Liskov et al. 1977).

Wirth tut dies in PASCAL (die Grundgedanken reichen auf Hoare zurück) und führt eine starre Kopplung zwischen dem Speicherzuteilungsoperator und der Schaffung eines Zeigers ein. „Werte von Zeigertypen werden generiert, wenn ein neues Datenelement dynamisch zugewiesen wird. ... Zu diesem Zweck führen wir die interne Standard-Prozedur *new* ein. Sei *p* eine Zeiger-Variable vom Typ *Tp*, dann weist die Anweisung *new*(*p*) effektiv eine Variable vom Typ *T* zu, generiert einen Zeiger vom Typ *Tp*, der auf diese neue Variable zeigt, und weist diesen Zeiger der Variablen *p* zu. Der Zeigerwert selbst kann nun angesprochen werden als *p* (d. h. als Wert der Zeiger-Variablen *p*). Dagegen wird die durch *p* referenzierte Variable mit *p*↑ bezeichnet. ..." (Wirth 1975).

Man erkennt sofort den wesentlichen Unterschied, daß in PASCAL keine Objektvereinbarungen für Zeiger, sondern lediglich Zuweisungen an Zeiger-Variable vorgenommen werden dürfen. Damit entfällt auch die Möglichkeit, in jeder Inkarnation einer rekursiven Rechenvorschrift eigene Zeiger zu vereinbaren. Somit kann *convert** in der durchsichtigen rekursiven Fassung von oben in PASCAL nicht direkt formuliert werden.

Wirths Kopplung bedeutet, daß die Pandora-Büchse, vor der Rutishauser gewarnt hatte, zwar geöffnet, aber unter ein Fliegengitter gestellt wird.

Mit der starr gekoppelten Konstruktion allein kommt man jedoch immer aus, das Beispiel *transit** zeigt, daß man die Schaffung von Zeigern unabhängig von **newvar** auch nicht verfügbar haben muß, wenn man unendliche Objekte rekursiv aufbauen will.

In jedem Fall beziehen sich Zeiger nicht auf Variable, die explizite Bezeichnungen haben, sondern lediglich auf anonyme Variable bzw. auf Verbunde solcher. Damit wird dem Alias-Verbot Rechnung getragen und überdies das Problem der „baumelnden Referenzen", das die freie Verwendbarkeit von Referenzen mit sich bringt, vermieden, weil die Lebensdauer aller bezogenen Variablen automatisch mit dem Gültigkeitsbereich des auf sie gerichteten Zeigers übereinstimmt.

Die Verwendung von Zeigern kann nicht ganz ohne Bedenken geschehen, auch Wirths Kopplung beseitigt nur einen Teil der Schwierigkeiten. Wir haben sie deshalb auf die Ebene der organisierten Speicher beschränkt: "The introduction of references into a high-level language is a serious retrograde step" (Hoare 1973).

7.4.3 Leit-Variable

Variable für Zeiger als Bestandteile von Zusammensetzungen in organisierten Speichern haben wir schon eingeführt („Behälter"). Die rekursive Situation bezüglich eines Zeigers in dem obigen Beispiel *trans** läßt erkennen, daß bei einem Übergang zu iterativen Rechenvorschriften auch *selbständige* Programmvariable für Zeiger erforderlich werden. Solche Zeigervariable sollen **Leitvariable** (Knuth 1973: „link variables") heißen.

Nun sind sowohl *convert** wie *trans** nicht repetitiv und erlauben keinen unmittelbaren Übergang zu einer Wiederholung. Beide lassen sich jedoch mit den Methoden von Kap. 4 in repetitive Form überführen. Um-Klammerung liefert beispielsweise

```
funct convert ≡ (nat a) lsequ var bit:
   ⌈ conv(a, ◊) where
   funct conv ≡ (nat a, lsequ var bit z) lsequ var bit:
         if a = 0 then z
                  else if even(a) then conv(a/2, stock(z, O))
                       ▯ odd(a)  then conv((a − 1)/2, stock(z, L)) fi fi ⌋   .
```

Dabei tritt bezeichnenderweise die Operation *stock*, das Anfügen am „falschen" Ende einer Linkssequenz, auf; man vergleiche damit das Schema *R* in 4.2.1. Detaillierung liefert

```
... else if even(a) then conv(a/2, ⌈ f where
                          lazy funct f ≡ lsequ var bit: stock(z, O) ⌋ )
      ▯ odd(a) then conv((a - 1)/2, ⌈ f where
                          lazy funct f ≡ lsequ var bit: stock(z, L) ⌋ ) fi fi ⌋   .
```

Wird nun die Darstellung von **lsequ var bit** durch **pt sbit**, wo **sbit** geflechtbildende Verbunde der Art

mode sbit ≡ empty | (var bit *key*, **var pt sbit** *next*)

sind, *bequemerweise* so gewählt, daß

stock (**deref** *S*, *X*) = **sbit**: ⟨**newvar bit** := *X*, **newvar pt sbit** := *S*⟩

gilt, so ergibt sich[12]

```
funct convert* ≡ (nat A) pt sbit:
   ⌈ conv* (A, nil) where
     funct conv* ≡ (nat a, pt sbit zz) pt sbit:
          if a = 0 then zz else
          if even(a) then conv*(a/2, ⌈ f where
                                       pt sbit f ≡ newpt sbit:
                                       ⟨newvar bit := O,
                                        newvar pt sbit := zz⟩ ⌋)
          ▯ odd(a) then conv*((a - 1)/2, ⌈ f where
                                          pt sbit f ≡ newpt sbit:
                                          ⟨newvar bit := L,
                                           newvar pt sbit := zz⟩⌋) fi fi ⌋
```

oder einfacher, ohne Einführung von Zeigerbezeichnungen und in abgekürzter Schreibweise

```
funct conv* ≡ (nat a, pt sbit zz) pt sbit:
     if a = 0 then zz
              else if even(a) then conv* (a/2, newpt: ⟨O, zz⟩)
                   ▯ odd(a) then conv* ((a - 1)/2, newpt: ⟨L, zz⟩) fi fi   .
```

Die Rekursion ist repetitiv und läuft sowohl über die Zahl *a* wie über den Zeiger *zz*, der Übergang zu iterativer Schreibweise erfordert somit die Einführung einer *Leitvariablen*. Damit ergibt sich

---

12 Allerdings wird nunmehr das Geflecht revertiert, vom „falschen" Ende her, aufgebaut – die Implementierung ist nicht homolog.

```
funct convert* ≡ (nat A) pt sbit:
  ⌈ (var nat a, var pt sbit zz) := (A, nil);
    while a ≠ 0 do
    if even(a) then (a, zz) := (a/2, newpt: ⟨O, val zz⟩)
    ▯ odd(a) then (a, zz) := ((a − 1)/2, newpt: ⟨L, val zz⟩) fi od;
    val zz                                                        ⌋ .
```

Der Deutlichkeit halber haben wir dabei die sonst unterdrückte **val**-Angabe hingeschrieben. Die Leitvariable *zz* enthält stets den Zeiger auf den letzten hinzugefügten Verbund, den sogenannten „Aufhänger". **val** *zz* liefert einen Zeiger ab, der zugehörige organisierte Speicher besteht aus dem 0-tupel oder einem Paar von Variablen, dessen linke Komponente wiederum einen Zeiger enthält usw.; dieses Paar erhält man als **deref val** *zz*, **val** (*next* **of deref val** *zz*) (kurz auch *next* **of deref** *zz*) ist der erwähnte Zeiger.

Eine komplexe Zuweisung von der Form, die oben auftrat,

```
zz := newpt: ⟨X, val zz⟩
```

oder ausführlich

```
zz := newpt sbit: ⟨newvar bit := X, newvar pt sbit := zz⟩    ,
```

muß also, wie jede Zuweisung, von rechts nach links gelesen werden: zuerst werden Variable erzeugt (und initialisiert), auf den Verbund der so geschaffenen Variablen wird ein neu geschaffener Zeiger gerichtet, dieser wird der Leitvariablen zugewiesen.

Führt man eine explizite Zeigerbezeichnung *f* ein,

```
zz := ⌈ f where pt sbit f ≡ newpt: ⟨X, val zz⟩ ⌋   ,
```

und bricht man die Vereinbarung auf in eine vorläufige Initialisierung und eine (Sammel-)Zuweisung,

```
zz := ⌈ f where pt sbit f ≡ newpt: ⟨ω, ω⟩; (next, key) of deref f := (X, zz); f ⌋ ,
```

so erhält man schließlich

```
pt sbit f ≡ newpt: ⟨ω, ω⟩;
(key, next) of deref f := (X, zz);
zz := f   .
```

In PASCAL muß statt dessen eine Hilfs-Zeigervariable *ff* eingeführt werden, der der anonyme Zeiger zugewiesen wird:

```
ff := newpt: ⟨ω, ω⟩;
(key, next) of deref val ff := (X, zz);
zz := val ff   .
```

Führt man noch eine Hilfsprozedur *new* ein,

```
proc new ≡ (var pt sbit uu): uu := newpt: ⟨ω, ω⟩    ,
```

so ergibt sich, vollständig sequentialisiert, beispielsweise

new(*ff*); *next* **of deref val** *ff* := *zz*; *zz* := *ff*; *key* **of deref val** *ff* := *X* .

Ein Vergleich dieser Endfassung mit Wirth 1975 (4.13),

new(*q*); *q*↑. *next* := *p*; *p* := *q*; *q*↑. *key* := *n* ,

ist lehrreich.

Aufgabe 1: Behandle analog die Überführung von trans in repetitive Form.*

7.4.4 Implementierung von Rechenstrukturen mit Hilfe von Geflechten

7.4.4.1 Wir können jetzt auch eine Implementierung der ganzen Rechenstruktur *STACK* von 3.2.5 durch lineare Geflechte (Einweg-Listen) angeben.

```
structure STACK ≡ (mode χ) stack χ, empty, isempty, top, rest, append:
        ⌈ mode s χ       ≡ empty |(var χ key, var pt s χ next),
          mode stack χ   ≡ pt s χ,
          funct empty    ≡ pt s χ: nil,
          funct isempty  ≡ (pt s χ a) bool: a = nil,
          funct top      ≡ (pt s χ a: a ≠ nil) χ: key of deref a,
          funct rest     ≡ (pt s χ a: a ≠ nil) pt s χ: next of deref a,
          funct append   ≡ (pt s χ a, χ x) pt s χ: newpt: ⟨x, a⟩          ⌋
```

Beachte, daß die Beziehung

mode stack χ ≡ **pt s** χ

bedeutet, daß jede Sequenz durch einen Zeiger dargestellt ist, daß also z. B. *append* einen Zeiger abliefert.

Als Beispiel behandeln wir zunächst die Implementierung der Rechenvorschrift *contains* von 2.10,

```
funct contains ≡ (stack χ a, χ x) bool:
      if a = empty then false
                   else if top(a) = x then true
                                      else contains(rest(a), x) fi fi   .
```

Mit der obigen Rechenstruktur *STACK* erhalten wird durch Expandieren der Aufrufe von *empty, top* und *rest*

```
funct contains* ≡ (pt s χ a, χ x) bool:
      if a = nil then false
                 else if key of deref a = x then true
                                            else contains*(next of deref a, x) fi fi
```

was auch unmittelbar einleuchtet.

Aufgabe 1: Behandle gleichermaßen die Rechenvorschrift search von 2.10.2.

Geht man zu einer Wiederholung über, so ergibt sich etwa

```
funct contains* ≡ (pt s χ A, χ x) bool:
   ⌈ var pt s χ aa := A;
     while val aa ≠ nil
           do if key of deref val aa = x
                 then true return
                 else aa := next of deref val aa fi od;
     false                                          ⌋ .
```

Die Variable *aa* ist wieder eine *Leitvariable*, die Angabe von **val** wird meistens unterdrückt. Wir ersparen uns, weitere Umformungen (etwa in die allgemeine **do-od** Form) anzugeben, geben aber[13] noch die Fassung, die unter Einführung einer zusätzlichen booleschen Variablen das Ausspringen aus der Schleife vermeidet

```
⌈ (var pt s χ aa, var bool b) := (A, false);
  while aa ≠ nil ∧ ¬ b
        do (aa, b) := (next of deref val aa, key of deref val aa = x) od;
  b                                                              ⌋
```

die sich trivial aus der applikativen, mit *contains* äquivalenten Fassung

```
funct contains ≡ (stack χ a, χ x) bool: cont(a, x, false),
funct cont ≡ (stack χ a, χ x, bool b) bool:
      if a = empty ∨ b then b
                       else cont(rest(a), x, top(a) = x) fi
```

ergibt.

Aufgabe 2: Überführe die in Aufgabe 1 genannte Rechenvorschrift in iterative Form[14].

In diesem Beispiel waren Geflechte lediglich zu durchmustern. Etwas problematischer ist die Geflechtimplementierung der Stapel für Rechenvorschriften, die sich auf *append* stützen. Nunmehr müssen Geflechtsbezüge neu hergestellt werden. Zentrale Aufgabe ist die Konkatenation. Folgt man der ursprünglichen Definition in 2.10, so erhält man

```
funct conc* ≡ (pt s χ a, pt s χ b) pt s χ:
      if a = nil then b
                 else newpt: ⟨key of deref a, conc*(next of deref a, b)⟩ fi   .
```

Hier wird als Ergebnis ein völlig neues Geflecht aufgebaut, indem zuerst das an *a* hängende Geflecht kopiert wird bis auf das **nil** im „untersten" Verbund, das durch einen Zeiger auf *b* ersetzt wird (Abb. 7.10).

13 Zum Vergleich mit Wirth 1975 (4.20).
14 Zum Vergleich mit Wirth 1975, Programm 4.1.

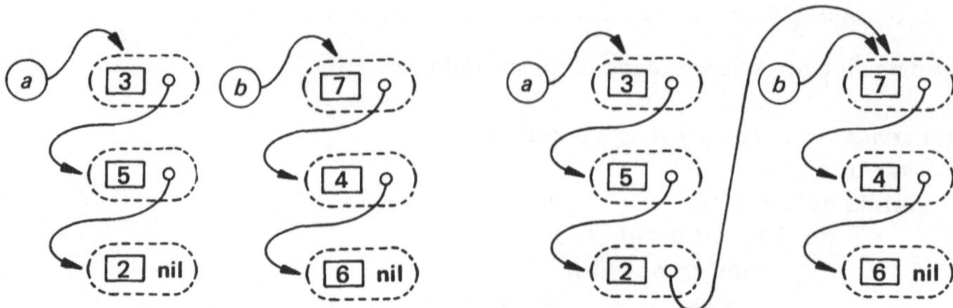

Abb. 7.10

Eine effizientere Behandlung werden wir in 7.5 kennenlernen.

Aufgabe 3: Behandle gleichermaßen die Rechenvorschriften replace und sort aus 2.10.2.

Aufgabe 4: Ein Stapel kann aufgefaßt werden als Stapel von beschränkten Stapeln. Konkretisiere also die Rechenstruktur STACK (χ) *als STACK* (**bs** χ) *und führe dann eine Geflechtimplementierung für STACK ein, sowie die Implementierung von BS*(χ, *N*) *über* **mode fstack** χ ≡ (**nat** [0 .. *N*] *i*, **nat** [1 .. *N*] **array** χ *a*) *(vgl. 3.6.3).*

7.4.4.2 Die obenstehende Implementierung von **STACK** kann man erweitern zu einer Implementierung von **FLEX**. Dabei wird die Operation *sel* jedoch recht ineffizient implementiert.

Für die Implementierung von **SEQU** durch Zweiweglisten siehe 7.5.2.

Zur Implementierung nichtlinearer Objektstrukturen benutzt man häufig zunächst einen Übergang auf die Art **list** χ von allgemeinen Listen (vgl. 2.9.1). Man erhält für diese die Geflechtimplementierung

mode list χ ≡ **pt l** χ, wo
mode l χ ≡ **sequ** (**var pt l** χ | **var** χ) ,

eine Implementierung mittels gemischter Sequenzen von Zeigervariablen und von Variablen für Objekte der Art χ.

Aufgabe 5: Gib für die Art **plex** χ *aus 2.9.1 eine Geflechtimplementierung an.*

7.4.5 Eigenschaften von Zeigern

Zusammengefaßt sind die wichtigsten Eigenschaften von Zeigern die folgenden:

(1) Die Bezeichnungen von Zeigern sind *gebundene Bezeichnungen.* Die Bindung erfolgt in einer Vereinbarung unter Zuordnung zu einem Bezugsobjekt, der Bindungsbereich ist der kleinste, durch Abschnittsklammern oder Entsprechendes eingegrenzte Abschnitt, der die Vereinbarung umfaßt. Der *Gültigkeitsbereich,* der auf diesen Abschnitt beschränkt ist, kann durch Verschattung (vgl. 1.13.2) hervorgerufene Löcher haben.

(2) Einem Zeiger wird *artspezifisch* ein organisierter Speicher *zugeordnet.* Diese Zuordnung ist invariabel, sie wird einmal hergestellt und ist unlösbar für die gesamte Lebensdauer des Zeigers.

(3) Jede Inkarnation des Aufrufs einer rekursiven Rechenvorschrift hat, wenn überhaupt, ihre eigenen, koexistenten Zeiger.

(4) Zeiger, die als Ergebnisse von Rechenvorschriften abgeliefert werden[15], haben als Lebensdauer den Bindungsbereich der Bezeichnung dieser Rechenvorschrift.

(5) Verschieden bezeichnete Zeiger sind verschiedene Zeiger (sie haben nichts miteinander zu tun). Zeiger haben „eindeutige Identität".

(6) Zeiger sind, wenn man ihnen überhaupt Objektcharakter zubilligen will, *unselbständige Objekte*: sie haben keinen Sinn ohne andere Objekte, ihre **Bezugsobjekte** (Hoare 1973: „no independent meaning"); sie haben keine reale Existenz außer durch eine Vereinbarung.

(7) Zeiger unterscheiden sich von anderen Objekten darin, daß für sie nur einige wenige universelle Operationen definiert sind (Vergleich mit **nil**[16], Zuordnung eines Bezugsobjektes) und daß keine individuellen Operationen festgelegt werden können.

7.5 Meliorierung von Algorithmen mit Geflechten durch selektive Umbesetzung

In geflechtbildenden Verbunden können auch die Zeigervariablen umbesetzt werden. Dies erlaubt häufig beträchtliche Meliorierungen von Algorithmen.

Diese Art selektiver Umbesetzung bringt allerdings Probleme: durch Umbesetzung können aus hierarchisch gegliederten Strukturen zyklische Strukturen werden, wodurch die Halbregularität und damit die leichte Überprüfbarkeit des Besetzungstabus hinfällig wird. Auch eine Änderung gemeinsamer Unterstrukturen kann unerwartete Auswirkungen haben, worauf Hoare 1973 („prohibition on selective updating") hingewiesen hat. Jedenfalls sind die nachfolgend besprochenen Algorithmen wieder ganz auf prozeduralem Niveau.

Notationell werden wir hinfort die **deref**-Operation wie auch schon bisher die **val**-Operation unterdrücken.

7.5.1 Algorithmen für Einweglisten

Der Algorithmus zur Konkatenation zweier linearer Geflechte in 7.4.4 bewirkt im Effekt die Umbesetzung einer Zeigervariablen, die ursprünglich mit **nil** besetzt ist und schließlich mit dem Zeiger *b* besetzt wird. Dazu reicht es aus, lediglich das Geflecht *a* zu durchmustern, um sein Ende festzustellen. Allerdings muß dabei das an *a* hängende Geflecht verändert werden. Statt *a* wird man also eine Leitvariable *aa* einführen, die das Ergebnis auf-

---

15 Haben Rechenvorschriften Zeiger als Ergebnisse, so sind für die Außenwelt nicht die Zeiger selbst, sondern die Inhalte derjenigen Zusammensetzung von Variablen, auf die sie deuten, von Belang. Die sog. „Ausgabe" besteht dann in einer Rückverwandlung in eine entsprechende Zusammensetzung von Objekten.

16 Da **nil** als universeller Zeiger auf das „leere Wort" eingeführt ist, ist **deref nil** also stets definiert, es ist ein 0-tupel von Variablen, also *keine* Variable, und weder ist ein Inhalt von **deref nil** definiert, noch eine Zuweisung an **deref nil** erlaubt.

nimmt. Zum Durchmustern wird eine weitere Leitvariable *pp* benützt. So ergibt sich der gegenüber 7.4.4 wesentlich effizientere Algorithmus

```
proc cônc ≡ (var pt s χ aa, pt s χ b):
    if aa = nil then aa := b
                else ⌈ var pt s χ pp := aa;
                       until next of pp = nil do pp := next of pp od;
                       next of pp := b                         ⌋ fi   .
```

Das letztgenannte Beispiel zeigt eine gegenüber den Methoden des 4. Kap. neuartige „Entrekursivierung". Auch hierfür gibt es schematische Transformationen. Für die in 4.2.1 behandelten Schemata *R* von Rechenvorschriften über der Rechenstruktur *STACK* gilt mit der Implementierung von 7.4.4 auf einem organisierten Speicher: Wird

```
funct R ≡ (stack χ a, μ y) stack χ:
    if ℬ ⌊a, y⌋ then ℋ ⌊a, y⌋
                else append (R(rest(a), y), top(a)) fi
```

ersetzt durch die Prozedur

```
proc R̂ ≡ (var pt s χ aa, μ y): «aa := R(aa, y)»,
```

so ist letzteres äquivalent zu

```
proc R̂ ≡ (var pt s χ aa, μ y):
    if ℬ̂ ⌊aa, y⌋ then aa := ℋ̂ ⌊aa, y⌋
                 else
    ⌈ var pt s χ pp := aa;
      until ℬ̂ ⌊next of pp, y⌋ do pp := next of pp od;
      next of pp := ℋ̂ ⌊next of pp, y⌋                ⌋ fi   .
```

Der formale Beweis erfordert neben selektiver Umbesetzung nur Expandieren und Komprimieren.

Ähnliche Transformationen kann man für Spezialfälle von Rechenvorschriften auf anderen Rechenstrukturen, beispielsweise Kaskaden, aufstellen.

Aufgabe 1: Behandle mit den Methoden dieses Abschnitts die Rechenvorschrift sort aus 2.10.

Stellen wir noch zusammen, was für die Operationen am „falschen" Ende eine Stapels zu sagen ist: *bottom* ist in 2.10 bereits repetitiv und überträgt sich zu einem einfachen Durchmustern auf **nil**. *upper* braucht nicht mehr auf zweifaches Revertieren gestützt zu werden, es wird implementiert durch selektives Umbesetzen der *next*-Komponente im vorletzten Verbund. Dabei wird der letzte Verbund unzugänglich. In *trunc* könnte eine Speicherfreigabe erfolgen. *stock* schließlich ergibt das „Aufstocken" eines Geflechts am „falschen" Ende (vgl. Bauer, Goos 1973, S. 108).

Nun ist aber *stock* ein Spezialfall von *conc* (vgl. 2.10):

```
funct stock ≡ (stack χ a, χ x) stack χ: conc(a, append(empty, x))
```

und somit ergibt sich aus *cônc* für die Geflechtimplementierung

```
proc stôck ≡ (var pt s χ aa, χ x):
   ⌈ pt s χ b ≡ newpt: ⟨x, nil⟩;
     if aa = nil then aa := b
                 else var pt s χ pp := aa;
                      until next of pp = nil do pp := next of pp od;
                      next of pp := b                       fi ⌋ .
```

Wollen wir für *convert* aus 7.4.3 eine homologe Implementierung erhalten, so müssen wir auch dort *stock* auf *append* abstützen. Aus der repetitiven Fassung von *convert* in 7.4.3 ergibt sich direkt eine iterative Fassung, die nach Übergang zur Zeigerimplementierung lautet

```
funct convert* ≡ (nat A) pt sbit:
   ⌈ (var nat a, var pt sbit zz) := (A, nil);
     while a ≠ 0 do if even(a) then (a, zz) := (a/2, stock(zz, O))
                    ▯ odd(a) then (a, zz) := ((a − 1)/2, stock(zz, L)) fi od;
     zz                                                               ⌋ .
```

Es ergibt sich für die Wiederholung, teilweise sequentialisiert

```
while a ≠ 0 do if even(a) then a := a/2; stôck(zz, O)
                          else a := (a − 1)/2; stôck(zz, L) fi od
```

oder expandiert

```
while a ≠ 0 do pt sbit b ≡
        if even(a) then a := a/2; newpt: ⟨O, nil⟩
                   else a := (a − 1)/2; newpt: ⟨L, nil⟩ fi;
        if zz = nil then zz := b
                    else var pt sbit pp := zz;
                         until next of pp = nil do pp := next of pp od;
                         next of pp := b                        fi od
```

Nunmehr wird in der Wiederholung *stôck* stets erneut ausgeführt und jedesmals das lineare Geflecht bis zum jeweils untersten Element durchlaufen, um dort den jeweiligen neugeschaffenen Verbund anzuhängen. Auch dies läßt sich noch, dank der Möglichkeit des Festhaltens von Zeigern in Zeigervariablen, umgehen: Man speichert den jeweiligen Zeiger auf das unterste Element in einer zusätzlichen Zeigervariablen *tt* und erspart sich das Durchlaufen – eine bemerkenswerte operative Meliorierung. Man erhält so

```
funct convert* ≡ (nat A) pt sbit:
   ⌈ (var nat a, var pt sbit zz, var pt sbit tt) := (A, nil, nil);
     while a ≠ 0 do pt sbit b ≡
            if even(a) then a := a/2; newpt: ⟨O, nil⟩
                       else a := (a − 1)/2; newpt: ⟨L, nil⟩ fi;
            if zz = nil then zz := b
                        else next of tt := b fi;
            tt := b                                               od;
     zz                                                            ⌋
```

7.5.2 Algorithmen für Zweiweglisten

7.5.2.1 Zweiweglisten sind aufgebaut aus geflechtbildenden Verbunden, die zwei wesentliche Zeiger enthalten, sie entsprechen den in 2.14.1 behandelten endlichen und unendlichen Objekten der Art **casc** χ. Speziell die linearen Zweiweglisten als Mittel zur symmetrischen Implementierung von Sequenzen verdienen Beachtung. Schon bei Einweglisten hat es sich empfohlen, eine Zeigervariable einzuführen, mit deren Hilfe man stets das „falsche" Ende erreichen kann – das war gerade die Bedeutung von *tt* in der Endfassung von *convert** in 7.5.1. Zur symmetrischen Implementierung von Sequenzen benutzt man nun ein *Paar* von Zeigern, die auf die beiden Enden einer linearen Zweiwegliste verweisen.

Die Zweiweglisten sollen also aufgebaut sein aus Verbunden der Art (vgl. 7.4.1.5)

```
mode cχ ≡ empty | (var pt cχ left, var χ node, var pt cχ right)   .
```

top, rest und *append* werden dann (auf gleiche Weise wie in 7.4.4.1 für *STACK* angegeben) über den linken Zeiger realisiert; *bottom, upper* und *stock* entsprechend über den rechten. *conc* degeneriert zur typischen Zweiweg-Kopplung: unter Ausnutzung selektiver Umbesetzung wird der linke Zeiger des rechten Geflechts in der rechten Komponente des linken Geflechts und der rechte Zeiger des linken Geflechts in der linken Komponente des rechten Geflechts eingetragen.

Der Übergang von Sequenzen zu linearen Zweiweglisten, also der Strukturhomomorphismus, wird durch den Algorithmus *transit* von 7.4.1.4 realisiert. Man kann den dortigen Algorithmus *trans** unter Verwendung selektiver Umbesetzung in die Form bringen

```
funct trans* ≡ (lsequ χ a, pt cχ z) pt cχ:
      if a = ◊ then nil
                else ⌈ pt cχ f ≡ newpt cχ: ⟨newvar pt cχ := z,
                                          newvar χ := item of a, newvar pt cχ := nil⟩;
                       right of f := trans*(trunk of a, f);
                       f                                                    ⌋ fi   .
```

Dabei werden immer noch die „hängenden" *right*-Verweise abschließend eingetragen („Nachklappern"). Durch eine der Methode der Umklammerung (4.2.1) verwandte Umformung erhält man daraus die iterative Form mit unverzüglichem „Nachtragen" der *right*-Verweise und, wie oben erklärt, mit einem Paar von Zeigern als Ergebnis:

```
funct transit* ≡ (lsequ χ A) (pt c χ, pt c χ):
   ⌈ (var lsequ χ a, var pt cχ zz, var pt c χ tt) := (A, nil, nil);
     while a ≠ ◊
     do pt cχ f ≡ newpt: ⟨zz, a, nil⟩;
        if tt = nil then tt := f else right of zz := f fi;
        (a, zz) := (trunk of a, f)                          od;
     (tt, zz)                                                ⌋   .
```

Aufgabe 1: Gib eine Implementierung der sequentiellen Dateien **file** χ *und* **roll** χ *durch lineare Zweiweglisten an.*

Lineare Zweiweglisten können durch Zweiweg-Kopplung der beiden Enden zu Zweiweg-Ringlisten gemacht werden. Die Implementierung zyklischer Objekte der Art **casc** χ mittels Zweiweg-Ringlisten erfordert damit keine über das Besprochene hinausgehenden Maßnahmen.

Schließlich verbleiben von den klassischen Fällen noch die hierarchischen Kaskaden. Ihre Implementierung mittels hierarchischer Geflechte von **c** χ ist unmittelbar klar.

7.5.2.2 Aufgaben wie das Traversieren von kaskadenartigen Objektstrukturen („binären Bäumen") legen jedoch schon auf applikativem Niveau eine Implementierung durch gewisse unendliche Objekte aus **casc** χ („gefädelte Listen", engl. *threaded trees*) nahe, derart, daß sich die Traversierungsreihenfolge ablesen läßt. In der Geflechtimplementierung bedeutet dies, daß (nach Perlis, Thornton 1960) in allen Knoten des hierarchischen Geflechts, in denen beide Verweise **nil** sind, ein Traversierungsverweis gesetzt wird. Dies ist um so mehr angezeigt, als sich eine „sparsame" Lösung geradezu anbietet.

Zu diesem Zweck wird der Verbund **c** χ ergänzt eine Boolesche Komponente, die aussagt, ob es sich bei *right* um eine Baumfortsetzung oder eine Traversierungsfortsetzung handelt:

mode travc χ $\equiv$ **empty** | (**var pt travc** χ *left*, **var** χ *node*, **var bool** *rtag*,
var pt travc χ *right*) .

Die Traversierung nach der Präfix-Ordnung erfolgt nun, wie die nachfolgenden Bilder illustrieren,

Abb. 7.11

folgendermaßen (Abb. 7.11). Ist der linke Verweis verschieden von **nil**, so folgt man diesem, anderenfalls folgt man dem rechten Verweis, falls dieser verschieden von **nil** ist (gleichgültig ob es ein Traversierungsverweis (*rtag* = **true**) oder ein normaler Verweis (*rtag* = **false**) ist).

Erreicht man einen Knoten, in dem linker und rechter Verweis **nil** sind, so ist der Durchlauf beendet. Diesem (am weitesten rechts stehenden) Knoten kann man einen besonderen Traversierungsverweis (genannt Rückmeldung) geben.

Alternativ zur Rechenvorschrift *traversetree* (2.13) erhält man damit die iterative Implementierung

```
funct traversetree ≡ (pt travc χ A) sequ χ:
  ⌈ (var pt travc χ a, var sequ χ s) := (A, ◊);
    do if a = nil then leave
       elsf left of a ≠ nil then (a, s) := (left of a, append(s, node of a))
                            else (a, s) := (right of a, append(s, node of a)) fi od;
    s                                                                          ⌋
```

traversetree liefert im Gegensatz zu der Fassung in 2.13 einen Keller, in dem die Markierungen der zuerst besuchten Knoten zuunterst im Keller stehen, also wieder keine homologe Implementierung.

Die richtige Besetzung des Traversierungsverweises kann auf einfachste Weise beim Aufbau des Baums erfolgen: Erfolgt ein Aufbau aus zwei (nichtleeren) Teilbäumen, so wird die Rückmeldung des linken als Traversierungsverweis auf die Wurzel des rechten Teilbaums geführt, die Rückmeldung des rechten ist neue Rückmeldung.

Fehlt nur der linke Teilbaum, so wird auf die Wurzel des rechten Teilbaums kein Traversierungsverweis geführt. Fehlt nur der rechte Teilbaum, so ist die neue Rückmeldung die alte des linken Teilbaums. Sind beide Teilbäume leer, so handelt es sich um den Endknoten. Entsprechend erhält man

```
funct build ≡ (pt travc χ a, χ x, pt travc χ b) pt travc χ:
      if a = nil then newpt travc χ: ⟨a, x, b = nil, b⟩
    elsf b = nil then newpt travc χ: ⟨a, x, true, b⟩
                 else change(a, b); newpt travc χ: ⟨a, x, false, b⟩ fi   ,
```

gestützt auf

```
proc change ≡ (pt travc χ a, pt travc χ b: a ≠ nil):
    if left of a = nil then if right of a = nil
                              then right of a := b
                              else change(right of a, b) fi
                       else if right of a = nil
                              then change(left of a, b)
                              else change(right of a, b) fi fi   .
```

In ähnlicher Weise kann man auch Traversierungsverweise zur Herstellung einer Postfixordnung auf dem linken Verweis unterbringen – das überrascht nicht. Das symmetrische Vorgehen erlaubt jedoch auch, Traversierungen nach der Infix-Ordnung vorzunehmen. Für Einzelheiten siehe Knuth 1973, 2.3.1.

7.6 Adressierung

> "The address of a variable *a* – now called a reference – was ... introduced in the language EULER and denoted by @ *a*".
>
> Wirth 1974

Mit der Einführung der Begriffe der Objektadresse und Sprungadresse geschieht der Übergang zur speicherprogrammierten Maschine, bei der schließlich Prozeduren und Objekte in einen homogenen Speicher von Binärworten gepackt sind.

Das mit der Einführung von Objektadressen und Sprungadressen erreichte Zwischen-Niveau kann als das Niveau der **Aiken-Maschine** (Aiken 1937) bezeichnet werden, die charakterisiert ist durch Trennung von Befehls- und Objektspeicher und durch besondere Vorkehrungen für Adressenarithmetik, die bei Kilburn 1949 voll ausgebildet ist.

Wir nehmen hinfort an, daß alle Objekte *einheitlich* durch Objekte einer bestimmten Art **μ**, insbesondere (siehe 7.6.3) durch Binärworte fester Länge – im Extremfall auch durch Objekte der Art **bit** – implementiert sind.

7.6.1 Variablenadressen

"Pointer arithmetic is a popular pastime for system programmers".

Geschke et al. 1977

Für Variable gibt es bisher nur triviale Operationen. Werden sie, soweit sie sich auf ein- und dieselbe Art beziehen, linear geordnet, so sind auch die Operationen *succ* und *pred* (partiell) auf Variablen definiert. Wir nennen diese angeordneten Variablen **Speicherzellen**, ihre Bezeichnungen heißen (Variablen-)**Adressen**. Aus den Zeigervariablen, insbesondere Leitvariablen, werden **Leitzellen**. Leitzellen „enthalten" somit Zeiger, gewöhnliche Speicherzellen „enthalten" gewöhnliche Objekte – in der Sprechweise der Behälterauffassung. Die Verwendung von Leitzellen geht auf Schecher 1956 zurück.

Wegen der Isomorphie einer linear geordneten (endlichen) Menge von Variablen mit einem Intervall natürlicher Zahlen oder ganzer Zahlen dienen für Speicherzellen häufig aus Bezeichnungen natürlicher oder ganzer Zahlen abgeleitete Identifikatoren als Adressen, kenntlich gemacht etwa durch Anhängen einer kleinen Null:

$\ldots 3539_0, 3540_0, 3541_0, \ldots$

In diesem Fall spricht man auch von **Relativadressen**. (Werden keine Zahlbezeichnungen verwendet, so handelt es sich bei den linear geordneten Bezeichnungen um **symbolische Adressen**.)

Gestützt auf *succ* und *pred*, kann dann die Addition einer ganzen Zahl zu einer Adresse und die Subtraktion einer ganzen Zahl von einer Adresse definiert werden, mit dem Ergebnis einer Adresse (vgl. 3.5.1). Auch die Subtraktion einer Adresse von einer Adresse, mit dem Ergebnis einer ganzen Zahl, ist dadurch definiert. Andere, „exotische" Operationen mit Adressen werden kaum jemals benötigt.

Artspezifische Adressen als Objekte sollen die Spezifikation **adr** **μ** haben.

Aufgabe 1: Gib Rechenvorschriften für die oben erwähnten Operationen der „Adressenarithmetik" an.

Charakteristisch für das Arbeiten mit Adressen und damit für das gesamte Niveau der Adressierung ist, daß man einen Zeiger, also einen Bezug auf eine Variable oder eine Zusammensetzung von Variablen, *zusammenfallen* läßt mit der Adresse der betreffenden Variablen bzw. mit einer typischen Adresse unter den Adressen der Zusammensetzung („Anfangsadresse", „Schlußadresse", „Schlußadresse + 1". Dies ist erlaubt, weil Zeiger invariable Bezüge haben[17]. Die Adressenoperationen erlauben dann die Berechnung der Adressen einzelner Komponenten.

17 In ALGOL 68, wo kein Unterschied zwischen Referenzen und Variablen besteht, ist dies allerdings nicht möglich. ALGOL 68-Konstruktionen der Systemprogrammierung werden dadurch mit einer zusätzlichen Referenzstufe belastet.

Leitzellen beinhalten somit Adressen („indirekte Adressierung“).

Die Schaffung einer neuen Variablen reduziert sich auf die Verfügbarmachung durch Berechnung einer „noch nicht dagewesenen“ Adresse. Sie kann mit Hilfe einer Leitzelle EBS_μ („Ende benutzter Speicher“) der Art **var adr** μ durch *succ* ausgedrückt werden:

newvar μ wird implementiert als $EBS_\mu := succ(EBS_\mu)$; **val** EBS_μ.

Die Variablen sind dann in der Reihenfolge ihrer Verfügbarmachung linear geordnet.

newpt μ wird implementiert als Festhalten der „typischen“ Adresse einer als Bezugsobjekt auftretenden Zusammensetzung der Art μ von Variablen; im Falle von Wirths Kopplung ist es die typische Adresse, die mit der Schaffung einer Zusammensetzung von Variablen anfällt.

Die Operation **deref**, die das Bezugsobjekt eines Zeigers liefert, wird trivial.

7.6.2 Sprungadressen

Sprünge sind das Gegenstück zu Zeigern (vgl. 7.4.1.1). Mit der Einführung von Variablenadressen korrespondiert die Einführung von Sprungadressen, als die fortlaufende oder auch lückenhaft fortlaufende Numerierung der Marken in einer vollständig sequentialisierten Prozedur.

Mit der Einführung von Sprungadressen wird häufig der Ablauf weitgehend „zerstückelt“:

Sogar die Fallunterscheidung, eine grundlegende Konstruktion, die uns seit dem 1. Kapitel begleitet hat, wird zerhackt. Die zugehörige Transformation lautet für eine alternative Anweisung, falls $\mathscr{B}$ definiert ist,

if $\mathscr{B}$ **then** $\mathscr{S}_1$ **else** $\mathscr{S}_2$ **fi**

$\updownarrow$

if $\mathscr{B}$ **then goto** *m1* **else skip fi**;
$\ulcorner \mathscr{S}_2 \lrcorner$; **goto** *m2*;
m1: $\ulcorner \mathscr{S}_1 \lrcorner$;
m2:

Statt dessen kann auch $\mathscr{B}$ negiert und die Rolle von $\mathscr{S}_1$ und $\mathscr{S}_2$ vertauscht werden, was manchmal Vorteile bringt, z. B. wenn $\mathscr{S}_2$ leer ist:

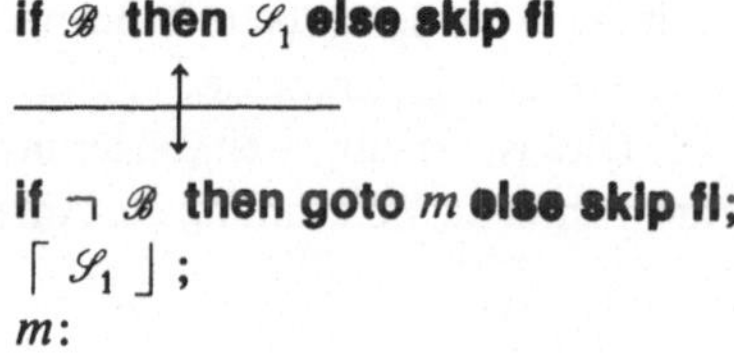

Die Umbildung der Prozedurköpfe zu Marken wird meist mit einem generellen Unsichtbarmachen der Blockstruktur einhergehen; vorher muß die Elimination von Objekt-

und Variablenvereinbarungen stattfinden, wie auch die Ersetzung des Ausstiegs **return** durch einen Rücksprung hinter den Aufruf.

Auf weitere Einzelheiten, die aus der Systemprogrammierungspraxis und dem Übersetzerbau bekannt sind, braucht hier nicht eingegangen zu werden.

Für das hier erreichte Niveau der sogenannten **Assemblierung** ist bezeichnend die Verwendung einzelner „Befehle" (vgl. auch die Kellermaschine, 1.7.2). Häufig arbeiten dabei einstellige Operationen auf einer speziellen Variablen, dem „Akkumulator" **AC**; zweistellige Operationen benutzen zusätzlich zum Akkumulator eine Speicherzelle: „Ein-Adreß-Befehle"). Ein Beispiel für eine solcherart aufbereitete Prozedur findet sich in (*f'*), Seite 469. Gemäß der Behälterauffassung „befinden" sich nun auch Befehle in Zellen des „Befehlsspeichers".

7.6.3 Echte Adressen

Adressen schlechthin erhält man, wenn auch der Unterschied zwischen Variablenadressen und Sprungadressen aufgegeben wird. Ein Beispiel hierfür liefert (*g'*), Seite 469, wo Variablenzellen und Befehlszellen gemischt vorkommen.

Echte Adressen sind ferner dadurch charakterisiert, daß sie sich ausgesprochen auf Binärworte einer festen Wortlänge beziehen. Echte Objektadressen unterstellen also Binarisierung und eventuell Packen der Objekte, echte Sprungadressen das gleiche für **Befehle**, d. h., für elementare Bruchstücke der vollständig sequentialisierten Prozedur. Aus Zellen werden **Binärwort-Zellen**.

Endergebnis der Adressierung ist mit der Einführung echter Adressen die Aufgabe jeglicher Unterscheidung von Arten; damit entfallen wichtige Überprüfungsmöglichkeiten. Auch der Unterschied zwischen Objekten und Variablen wird verwischt: Objekte können nur noch als Inhalte von Zellen vorkommen. Konkret ergibt sich die klassische **speicherprogrammierte binäre Maschine** (Eckert, Mauchly, von Neumann, Goldstine 1945, vgl. Randell 1973) mit homogenem Binärwortspeicher, einem **Rechenwerk** als Ausführungsorgan für einige verbleibende primitive Operationen (zumindest Nachfolgeoperation und Identitätsvergleich umfassend), und einem **Leitwerk** als Ausführungsorgan für die verbleibenden ablaufbestimmenden Elemente: (bedingter) Sprungbefehl, Fortschalten zum Nachfolgebefehl. Im Extremfall von Binärworten der Länge 1 spricht man von **bitadressierten** Maschinen.

Typisch ist die Aufgabe, auf der so erreichten Ebene die Bauart **list** χ (vgl. 2.9.1) durch eine geeignete Objektart zu implementieren, und zwar entweder in einem *Linearspeicher* oder als *Geflecht* (vgl. 7.4.4). Dabei mag erschwerend hinzukommen, daß die Grundart χ selbst Varianten enthält, die verschieden viele Binärwort-Zellen beanspruchen.

In beiden Fällen können unendliche Objekte aus **list** χ auftreten, es kann also Unterlisten geben, die sich selbst als Bestandteil enthalten oder die auf mehreren Positionen stehen. Ein Beispiel dafür[18] ist das Objekt

list $\chi\ L \equiv \langle a, B, B, L \rangle$,
list $\chi\ B \equiv \langle b, c \rangle$

18 Seegmüller 1974, S. 205.

mit a, b, c von der Art χ, wobei etwa a und c eine Binärwort-Zelle, b deren drei beansprucht.

Für dieses Objekt L gilt u. a. (für die Notation vgl. 2.6)

$$top \circ rest^3(L) = top \circ rest^3 \circ top \circ rest^3(L) = \ldots = L,$$
$$top \circ rest(L) = top \circ rest^2(L) = B$$
$$top \circ top \circ rest(L) = top \circ top \circ rest^2(L) = b \quad .$$

Führt man der notationellen Bequemlichkeit halber Indizes ein, und zwar für $top \circ rest^i(x)$ („das i-te Bein von x") kurz $x[i]$, so lauten obige Beziehungen kürzer

$$L[3] = L[3, 3] = \ldots = L$$
$$L[1] = L[2] = B$$
$$L[1, 0] = L[2, 0] = b \quad .$$

Im Fall des Linearspeichers läuft die Implementierungsaufgabe darauf hinaus, die **Speicherabbildungsfunktion** zu finden, eine Abbildung der Selektoren auf die Adressen.

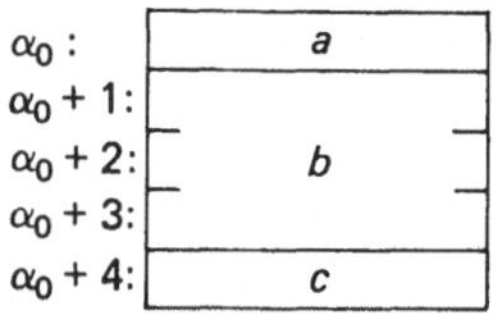

α_0 :	a
$\alpha_0 + 1$:	
$\alpha_0 + 2$:	b
$\alpha_0 + 3$:	
$\alpha_0 + 4$:	c

Abb. 7.12

Für das obige Beispiel ergibt sich für das Objekt ein Speicherbild (Abb. 7.12) und die folgende Abbildung der (zusammengesetzten) Indizes auf die **Anfangsadressen**

$$[0] \cong [3, 0] \cong [3, 3, 0] \cong \ldots \rightarrow \alpha_0$$

$$\left.\begin{array}{l}[1, 0] \cong [3, 1, 0] \cong [3, 3, 1, 0] \cong \ldots \\ [2, 0] \cong [3, 2, 0] \cong [3, 3, 2, 0] \cong \ldots\end{array}\right\} \rightarrow \alpha_0 + 1$$

$$\left.\begin{array}{l}[1, 1] \cong [3, 1, 1] \cong [3, 3, 1, 1] \cong \ldots \\ [2, 1] \cong [3, 2, 1] \cong [3, 3, 2, 1] \cong \ldots\end{array}\right\} \rightarrow \alpha_0 + 4$$

Eine solche Darstellung einer Liste ist durchaus zweckmäßig, wenn darin nur Elemente der Grundart χ aufgesucht und eventuell umbesetzt werden. Sobald aber (vgl. 2.13-2) Löschungen, Hinzufügungen oder Ersetzungen mit Veränderung des Speicherbedarfs vorgenommen werden sollen, ist die Darstellung nicht mehr flexibel genug, da die genannten Operationen eine Abänderung der Speicherabbildungsfunktion erforderlich machen. Ob eine Implementierung mehr oder weniger geeignet ist, hängt auch hier vom Umfang der geforderten Operationen ab.

Die Geflechtimplementierung zeigt die gewünschte Flexibilität, erfordert aber mehr Speicherplatz. Unter der Annahme, daß sich ein Zeiger in *einer* Binärwort-Zelle unterbringen läßt, ergibt sich aus 7.4.4 für das obige Objekt etwa die Darstellung in Abb. 7.13, wobei jeder der beiden **Zellenblöcke** in sich zusammenhängt, die Blöcke aber *gestreut* gespeichert werden können.

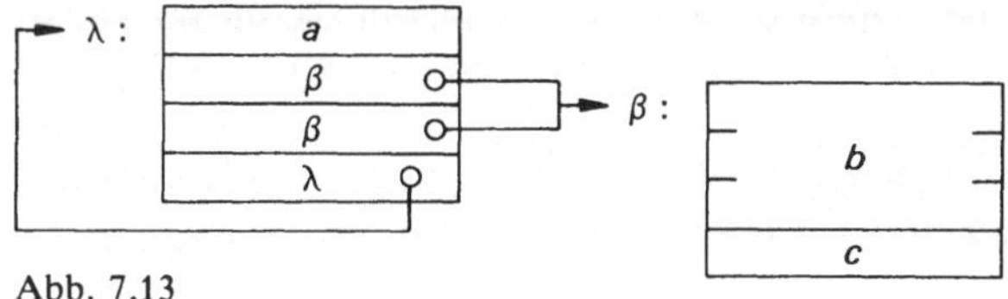

Abb. 7.13

Da diese Darstellung immer noch nicht genügend flexibel ist, führt man besser auch für die einzelnen Sequenzen eine Geflechtdarstellung ein, wobei man jedem Element der Sequenz – dargestellt durch eine Binärwort-Zelle für einen Listenzeiger oder durch eine geeignete Anzahl von Binärwort-Zellen für Objekte der Grundart – eine Binärwort-Zelle zur Aufnahme des Zeigers auf den Sequenzrest beifügt. In unserem Beispiel ergibt sich etwa, wenn auch noch für *L* ein Block vorangestellt wird,

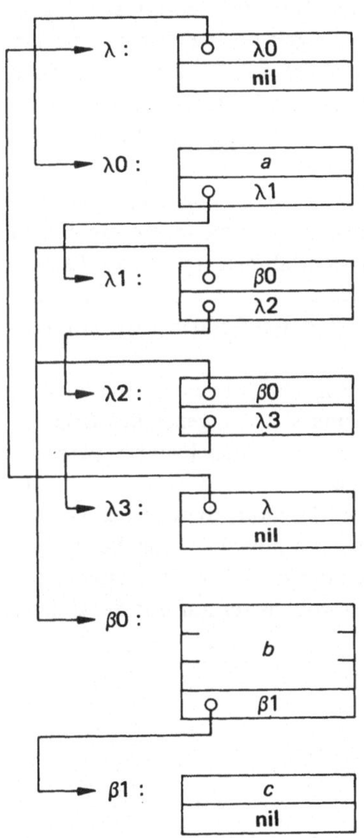

Abb. 7.14

Die gestreute Speicherung dieser einzelnen Blöcke erlaubt nun in einfachster Weise, Abänderungen der strukturellen Zusammensetzung vorzunehmen.

Etwas vereinfacht, aber im Grunde ähnlich ist die Aufgabe, die Art **lisp** χ in einem Linearspeicher oder als Geflecht von Binärworten zu implementieren. Es gibt Compiler, deren Arbeitsweise ganz auf das Arbeiten mit **list** oder **lisp** abgestellt ist, und maschinenorientierte Programmiersprachen (das ursprüngliche LISP fällt hierunter), die die Bauart **lisp** fest eingebaut haben; häufig wird auch die Bauart **list** zugrundegelegt (SAC-1, Collins 1967).

Die Linearspeicher- und die Geflechtimplementierung dieser beiden Bauarten auf dem Niveau der Adressierung ist deshalb eines der bevorzugten Themen der Systemprogrammierung.

7.6.4 Ausblick auf die Systemprogrammierung

Wir haben in diesem Kapitel den Anschluß an die Systemprogrammierung vorbereitet und einige wesentliche Gesichtspunkte behandelt. Andere blieben unerörtert.

Eine Systemprogrammiersprache muß insbesondere gestatten, organisierte Speicher auf den einheitlichen Speicher einer als Schnittstelle gegebenen Maschine in einer im einzelnen bestimmbaren Weise abzubilden; dabei muß diese Abbildung abgeschirmt sein gegenüber Zugriffen aus anderen Systemschichten, damit die offengelegte Speicherorganisation nicht unabsichtlich gestört wird. Wegen der Risiken freier Programmierung mit Adressen ist es auf der Ebene der Systemprogrammierung auch üblich, die Fehlerbehandlung explizit einzubeziehen. Die Verwendung von Geflechten macht – bei knappem Speicher – die gelegentliche oder laufende Speicherbereinigung notwendig.

Ein weiteres Charakteristikum der Systemprogrammierung ist die Forderung, alle Objekte so darzustellen, daß aus der Darstellung alle Angaben über Arten der Komponenten und die Struktur der Zusammensetzung entnommen werden können. (Tut man dies für das Beispiel in 7.6.3, so gelangt man unmittelbar zum Beispiel in Figur 27 in Seegmüller 1974.) Damit erst wird es möglich, Programme allgemeiner Art auf beliebig strukturierte Objekte anwenden zu können.

Wegen der relativ großen Unterschiede, die die Maschinenschnittstellen aufweisen, entziehen sich solche Gesichtspunkte oft der in diesem Buch angestrebten generellen Behandlung, sie werden in der Praxis jedenfalls ziemlich individuell und oft auch ad hoc geregelt. So wird es auch in manchen Lehrbüchern, die auf begriffliches Verständnis Wert legen, an dieser Stelle zweckmäßig, auf das Beispiel einer speziellen Maschine überzugehen (Knuth 1973: MIX, Seegmüller 1974: M1). Insbesondere sind im Zusammenhang mit Betriebssystemen Speicherschutz, privilegierte Befehle, Unterbrechungen und Vielfachzugriffsbetrieb zu erörtern. Hierfür liegt eine reichhaltige Literatur vor, es sei nur auf Seegmüller 1974 oder Graham 1975 hingewiesen.

Anhang zum 7. Kapitel. Notationen

ALGOL 68 kennt zwar den Unterschied zwischen Variablen und Objekten, hat aber eine auffällige Sonderregelung für die ‚Dereferenzierung', die geeignet ist, ihn notationell zu verwischen. ALGOL 60 wie auch PASCAL operieren ganz auf der Basis von Programmvariablen.

Eine „Variable“

var *x*: *matrix* ,

wo

type *matrix* = **array** [1 .. 2, 1 .. 2] **of** *integer* ,

ist nicht als *eine* Programmvariable für Matrizen, sondern als eine Matrix von vier Programmvariablen

x[1, 1], *x*[1, 2], *x*[2, 1], *x*[2, 2]

aufzufassen, wie auch aus folgender Erklärung der Parameterübergabe für „parametrische Variable“ hervorgeht: „Ist die Variable indiziert, so werden die Index-Ausdrücke ausgewertet. Die dadurch identifizierte Variable wird für den formalen Parameter substituiert“ (Wirth 1972, S. 91). In SNOBOL heißt es: “A programmer defined data object is an ordered set of variables called fields.”

Spezielle Systemprogrammierungssprachen legen begreiflicherweise dem Arbeiten mit organisierten Speichern große Bedeutung bei. Als Beispiel sei nur BCPL herausgegriffen.

In PL/I sind Zeiger nicht artspezifisch. Anders ist es in ALGOL 68, ALGOL W, SIMULA, PASCAL: dort ist auch automatische Speicherbereinigung (“garbage collection”) möglich. In PL/I dagegen muß der Halden-Speicherplatz explizit freigegeben werden, was zu schwerwiegenden Fehlern führen kann. Wird insbesondere vergessen, einen Zeiger, der auf ein soeben freigegebenes Objekt zeigt, durch **nil** zu ersetzen, so ergeben sich die gefürchteten „undefinierten Zeiger“ (“dangling references”).

In PASCAL bezeichnet **file** eine Variable für Dateien, besser gesagt eine Struktur von Variablen, **file of** *T* entspräche in unserer Notation

mode pascalfile *t* ≡ (**var sequ t** *vorne*, **var sequ t** *hinten*, **var t** *puffer*) .

Für Objekte *s* der Art **pascalfile** gibt es nun typische Operationen, etwa

„löschen“: *rewrite*(*s*) ↔ (*vorne*, *hinten*, *puffer*) **of** *s* := (*empty*, *empty*, ω)
„puffern“: *s*↑ := *x* ↔ *puffer* **of** *s* := *x*
„anfügen“: *put*(*s*) ↔ *push*(*hinten* **of** *s*, *puffer* **of** *s*)
„rücksetzen“: *reset*(*s*) ↔ (*vorne*, *hinten*, *puffer*) **of** *s* := (*empty*, *vorne* **of** *s* & *hinten* **of** *s*, *top* (*vorne* **of** *s*))
„fortschreiten“: *get*(*s*) ↔ (*vorne*, *hinten*, *puffer*) **of** *s* := (*vorne* **of** *s* & *top* (*hinten* **of** *s*), *rest*(*hinten* **of** *s*), *top*(*hinten* **of**.*s*))
„prüfen“: *eof*(*s*) ↔ *hinten* **of** *s* = *empty*

Schließlich wird Ein- und Ausgabe wiedergegeben durch

read(*s*, *v*) ↔ *v* := *puffer* **of** *s*; *get*(*s*)
write(*s*, *e*) ↔ *puffer* **of** *s* := *e*; *put*(*s*) .

Schluß. Programmieren als Entwicklungsprozeß

Programmspezifikation und -entwicklung in einheitlicher Sprache

Um ein kompliziertes Problem zu lösen, kann man zwei extreme Wege einschlagen: Man benutzt eine hinreichend komplizierte Maschine und hat dann die Aussicht, eine „einfache" Lösung zu finden, oder man benutzt eine einfache Maschine und muß mit einer „komplizierten" Lösung rechnen.

Dies gilt für Rechenvorschriften wie für Objektstrukturen. Die verschiedenen Fassungen von Algorithmen, die wir für das Beispiel der Bestimmung des größten gemeinsamen Teilers betrachtet haben, sind in Tab. 1 nochmals zum Vergleich zusammengestellt: eine in den Schritten (a') bis (g') ausgedrückte Entwicklung beginnt mit einer einfach anzuschreibenden Rechenvorschrift für eine raffinierte Maschine und gelangt zu komplizierten, unübersichtlichen Programmen für eine grobschlächtige Maschine, wie z. B. die speicherprogrammierte Maschine. Darüber hinaus ist in der Folge (a') – (a'') – (a''') eine Verbesserung bezüglich des Aufwands ausgedrückt, die ihrerseits einen Wechsel der Objektstruktur nahelegt. Die weiteren analogen Schritte nach (b'''), (c''') usw. sind nicht mehr angegeben.

In gleicher Weise wurden einfach zu beschreibende, aber hochentwickelte Maschinen erfordernde Objektstrukturen, wie eine beschränkte (Links-)Sequenz in Tab. 2, Schritt für Schritt durch immer kompliziertere Strukturen ersetzt, um eine Behandlung mit einfachsten Zugriffsmechanismen, z. B. denen eines homogenen linearen Speichers, zu erreichen.

Den Maschinen, auf die letztlich alles zugeschnitten werden muß, verdankt die Informatik manche Faszination, verdanken die Informatiker ihr tägliches Brot. Während der einfache Programmierer den erforderlichen Entwicklungsprozeß lediglich in Einzelfällen selbständig durchführt – in der Regel stützt er sich auf angelernte Regeln und auf mechanische Übersetzer („compiler") –, muß der Informatiker diesen Entwicklungsprozeß nicht nur gänzlich selbst durchführen können, er muß ihn auch *beherrschen*: er muß ihn formal beschreiben können, sowohl um ihn andere zu lehren als auch um Übersetzer zu bauen. Nun ist eine Maschine zusammen mit einem Übersetzer in ihre Sprache – ein Programmiersystem – gleichwertig einer höher organisierten Maschine („abstrakte Maschine"). Die bisherige Übersetzertechnik beschränkte sich darauf, eine mäßig hoch organisierte abstrakte Maschine zu gewinnen, wozu dann nach dem oben Gesagten eine mäßig komplizierte Beschreibung erforderlich ist. Das durch das jeweilige Programmiersystem bestimmte Niveau kann dabei höher (ALGOL) oder niedriger (BASIC) liegen. Es ist im übrigen nicht als scharfe Ebene aufzufassen, sondern eher als Bandbreite, die manchmal umfänglicher (ALGOL 68) und manchmal enger (ALGOL 60) ist.

Tabelle 1. Algorithmen auf verschiedenen Entwicklungsebenen

Problem: *Bestimme den größten gemeinsamen Teiler der natürlichen Zahlen a und b.*

Ebene der deskriptiven Formulierung, Suchmaschine (1.11.1)

```
(a)   funct gcd ≡ (nat a, nat b: a ≠ b ∨ b ≠ 0) nat:
             ι nat x: x|a ∧ x|b ∧ ∀ nat y: (y|a ∧ y|b ⇒ y|x)
      (für ι lies: „dasjenige ...“)                                   (1.10.2-2)
```

Ebene der applikativen (rekursiven) Formulierung, Herbrand-Kleene-Maschine (1.7.3)

```
(a')  funct gcd ≡ (nat a, nat b) nat:
             if b = 0 then a
             [] b > 0 ∧ a < b then gcd(b, a)
             [] b > 0 ∧ a ≧ b then gcd(a − b, b) fi                   (1.7.1, 1.11.2)

(a'') funct gcd ≡ (nat a, nat b) nat:
             if b = 0 ∨ a = b then a
             [] b ≠ 0 ∧ a ≠ b then if even a ∧ even b then dupl(gcd(a/2, b/2))
                                   [] even a ∧ odd b  then gcd(a/2, b)
                                   [] odd a  ∧ even b then gcd(a, b/2)
                                   [] odd a  ∧ odd b  then
                                          if a < b    then gcd(b, a)
                                          [] a > b    then gcd(b, a − b)      fi fi fi
                                                                      (1.13.1-2)

(a''') funct gcd ≡ (sequ bit a, sequ bit b) sequ bit:
             if b = empty ∨ a = b then a
             [] b ≠ empty ∧ a ≠ b then
                if bottom(a) = O ∧ bottom(b) = O then gcd(upper(a), upper(b)) & O
                [] bottom(a) = O ∧ bottom(b) = L then gcd(upper(a), b)
                [] bottom(a) = L ∧ bottom(b) = O then gcd(a, upper(b))
                [] bottom(a) = L ∧ bottom(b) = L then
                                         if a < b then gcd(b, a)
                                         [] a > b then gcd(b, a − b)          fi fi fi
                                                                      (3.6.4.1)  ;
```

Ebene der strukturierten funktionalen (rekursiven) Formulierung, ALGOL-Maschine (1.7.3)

```
(b')  funct gcd ≡ (nat a, nat b) nat:
             if b = 0 then a
                      else gcd(b, mod(a, b)) fi,
      funct mod ≡ (nat a, nat b) nat:
             if a < b then a
                      else mod(a − b, b) fi                           (1.4.1, 1.7.1)
```

Ebene der (teilweise kollateralen) iterativen Formulierung, Babbage-Zuse-Maschine (1.7.4)

```
(c')  funct gcd ≡ (nat a, nat b) nat:
           ⌈ (var nat x, var nat y) := (a, b);
             while y ≠ 0
                   do (x, y) := (y, ⌈ var nat z := x;
                                      while z ≧ y do z := z − y od;
                                      z                          ⌋) od;
             x                                                   ⌋
                                                                      (5.2.3)
```

Tabelle 1 (Fortsetzung)

Ebene der (vollständig sequentialisierten) prozeduralen Formulierung, sequentielle Maschine (5.2.4)

```
(d')  funct gcd ≡ (nat a, nat b) nat:
        ⌈ var nat x; var nat y; var nat z;
          x := a; y := b;
          while y ≠ 0 do z := x;
                         while z ≥ y do z := z - y od;
                         x := y;
                         y := z                          od;
          x                                              ⌋        (5.3.4-1)
```

Ebene der Formulierung als Ablaufplan (6.7.1)

```
(e')            ~
                if a ≥ b then goto m1 fi;
                ⌈⌈x := b || y := a⌋⌋ ;
                goto m2;
            m1: ⌈⌈x := a || y := b⌋⌋ ;
     rep1:  m2: if y = 0 then goto exit1 fi;
                z := x;
          rep2: if z < y then goto exit2 fi;
                z := z - y;
                goto rep2;
         exit2: x := y;
                y := z;
                goto rep1;
         exit1: ~
```

Ebene der symbolisch adressierten Ein-Adreß-Formulierung (7.6.1)

```
(f')
          ~
   start: AC := a;
          AC := AC - b;
          if AC ≥ 0 then goto m1 fi;
          AC := b;
          x := AC;
          AC := a;
          y := AC;
          goto m2;
```

Ebene der speicheradressierten Ein-Adreß-Formulierung (7.6.3)

```
(g')
          a:3539₀ ~~~~~~
          b:3540₀ ~~~~~~
          x:3541₀
          y:3542₀
          z:3543₀
    start:3544₀  AC := cont 3539₀;
          3545₀  AC := AC - cont 3540₀;
          3546₀  if AC ≥ 0 then goto 3552₀ fi;
          3547₀  AC := cont 3540₀;
          3548₀  3541₀ := AC;
          3549₀  AC := cont 3539₀;
          3550₀  3542₀ := AC;
          3551₀  goto 3556₀;
```

Tabelle 1 (Fortsetzung)

```
     m1: AC := a;                              m1:3552₀  AC := cont 3539₀;
         x := AC;                                 3553₀  3541₀ := AC;
         AC := b;                                 3554₀  AC := cont 3540₀;
         y := AC;                                 3555₀  3542₀ := AC;
rep1: m2: if AC = 0 then goto exit1 fi;   rep1: m2:3556   if AC = 0 then goto 3568₀ fi;
         AC := x;                                 3557₀  AC := cont 3541₀;
         z := AC;                                 3558₀  3543₀ := AC;
   rep2: AC := AC - y;                      rep2:3559₀  AC := AC - cont 3542₀;
         if AC < 0 then goto exit2 fi;            3560₀  if AC < 0 then goto 3563₀ fi;
         z := AC;                                 3561₀  3543₀ := AC;
         goto rep2;                               3562₀  goto 3559₀;
  exit2: AC := y;                          exit2:3563₀  AC := cont 3542₀;
         x := AC;                                 3564₀  3541₀ := AC;
         AC := z;                                 3565₀  AC := cont 3543₀;
         y := AC;                                 3566₀  3542₀ := AC;
         goto rep1;                               3567₀  goto 3556₀;
  exit1: ~                                 exit1:3568₀  ~
```

Tabelle 2. Objektstrukturen auf verschiedenen Entwicklungsebenen

Problem: *Führe (Rechts-)Sequenzen begrenzter Länge von Objekten der Art χ ein.*

Ebene der deskriptiven Formulierung

(a) Einschränkung auf Rechtssequenzen einer Höchstlänge N

mode bs $\chi \equiv \{$**rsequc** $\chi\, b$: *length*$(b) \leqq N\}$ (3.1.3.3)
(Für **rsequc** χ siehe 3.1.3.2)

Ebene der applikativen Formulierung

(b) Pegeldarstellung

mode bs $\chi \equiv$ (**nat** $[0\,..\,N]\; i$, **nat** $[1\,..\,N]$ **grex** $\chi\, a$) (3.6.3)
(Für **grex** χ siehe 3.3.3)

Ebene der prozeduralen Formulierung

(c) Pegeldarstellung in organisierten Speichern

var bs $\chi \triangleq$ (**var nat** $[0\,..\,N]\; i$, **nat** $[1\,..\,N]$ **array var** $\chi\, a$) (7.3.3)

Wird eine *Programm*sprache lediglich zur *Programmnotierung* benutzt, so kann die Bandbreite ihrer Ausdrucksmöglichkeiten eng sein, dies wird vor allem der Ästhetik der Konstruktionen dienen. LISP ist dafür ein Beispiel, in gewissem Sinn auch APL. Umgekehrt muß eine *Programmier*sprache, die auch eine Programm*entwicklung* zu erfassen gestattet, einen im allgemeinen weiten Bereich zwischen dem Einstiegsniveau der Problemspezifikation und dem Ausstiegsniveau der (abstrakten oder konkreten) Maschine umfassen, sie muß eine *Breitbandsprache* sein. Im Grenzfall muß eine solche Breitband-Programmiersprache den gesamten Bereich ausfüllen, der der Algorithmisierung zur Verfügung steht, den Bereich der abstrakten ALGORITHMISCHEN SPRACHE, wie sie diesem Buch (unbeschadet der Notation) begrifflich zugrunde liegt.

Die Programmentwicklung geht vom Problem zur Maschine. Stellt man sich, landläufiger (geisteswissenschaftlicher!) Betrachtung gemäß, die Maschine als „unten" und das Problem als „oben" stehend vor, so geschieht Programmentwicklung von oben nach unten. Eine Entwicklung von der Maschine zum Problem dürfte als Aufgabenstellung nur selten zu finden sein („dekompilieren").

Die Technik der Programmentwicklung kennt allerdings zur Herstellung dieses Übergangs „von oben nach unten" zwei extreme Wege und viele Zwischenformen. Das eine extreme Verfahren ist eine strenge Vorwärts-Entwicklung. Es wurde in diesem Buch häufig vorgeführt. Das andere extreme Verfahren ist eine strenge Rückwärts-Entwicklung: Zu einer gegebenen Maschine konstruiert man geeignete, häufig gebrauchte Rechenvorschriften und Rechenstrukturen, auf diesen aufbauend weitere Rechenvorschriften und Rechenstrukturen, und so weiter, um schließlich eine Rechenvorschrift zu erhalten, die das vorgegebene Problem löst. (Im Jargon nennt man eine Vorwärts-Entwicklung auch *top-down*, eine Rückwärts-Entwicklung *bottom-up*.) Das Verfahren der Rückwärts-Entwicklung setzt manchen Betrachter in ungläubiges Erstaunen, denn es ähnelt einem rückwärts laufenden Film, in dem sich die Bruchstücke einer Explosion auf wunderbare Weise zu einem Paket zusammensetzen. In der Tat führt das Verfahren in der Praxis häufig in Sackgassen. Die klassische Methode der Programmbibliothek macht aus dieser Not eine Tugend: es wird auch das Ergebnis einer für das vorliegende Problem *nicht* brauchbaren Rückwärts-Entwicklung festgehalten, „für alle Fälle". Daß Programmbibliotheken größeren Ausmaßes eine Reihe von Schwierigkeiten aufweisen, ist bekannt, insbesondere findet man in ihnen trotz Parametrisierung für ein vorgegebenes Problem in aller Regel keine Lösung. Ein wichtiges Beispiel für (maschinennahe) Rückwärtsentwicklung ist jedoch die oben erwähnte Einführung „abstrakter Maschinen", die gegenüber der Grundmaschine komfortablere Operationen (z. B. Vektoroperationen) und Objekte (z. B. **lisp** oder **list**) aufweisen.

Auch bei der Vorwärts-Entwicklung gerät man oft in Sackgassen – nur zeigen die vorgeführten Beispiele das natürlich nicht. Immerhin hat es den Anschein, daß Vorwärts-Entwicklung intuitiv leichter zu bewältigen ist. Vor allem erlaubt sie durch „Verzögerung von Entscheidungen" das Offenhalten von Sackgassen der Entwicklung. Beide, Vorwärts- und Rückwärts-Entwicklung sind maschineller Unterstützung bedürftig. Im übrigen wird meistens ein kombiniertes Verfahren verwendet, bei dem von beiden Seiten her gearbeitet wird – zum Beispiel eine Vorwärts-Entwicklung auf gewisse Standard-Teilaufgaben, die wohlbekannt sind. Der intuitive Anteil an diesem Prozeß ist nicht hoch genug einzuschätzen, deshalb haben auch heuristische Methoden der sogenannten „artificial intelligence" nur beschränkte Bedeutung.

Begrifflicher Aufbau der algorithmischen Sprache

Der begriffliche Aufbau der ALGORITHMISCHEN SPRACHE muß unserer festen Überzeugung nach am Prozeß der Programmentwicklung orientiert sein. Dabei sollte man nicht erwarten, daß der Unterschied zwischen Vorwärts- und Rückwärts-Entwicklung einen Unterschied im begrifflichen Gerüst ergibt, da ja schließlich jede durchgeführte Vorwärts-Entwicklung in eine Rückwärts-Entwicklung umgeschrieben werden kann, und umgekehrt. Eine andere Frage ist es, in welcher Richtung man den Aufbau lehrt.

In der für dieses Buch gewählten Darstellung steht die vollständig binär organisierte Speichermaschine am Ende einer logischen Entwicklung. Man kann sie auch, der historischen Entwicklung folgend, an den Anfang stellen. Der dann umgekehrt verlaufende Aufbau ist jedoch, wie Beispiele gezeigt haben, in Gefahr, im Detail stecken zu bleiben. Er kann auch in die Irre führen: "The sneaky reintroduction of patently pernicious facilities from the era of machine coding is not an acceptable solution" (Wirth 1974). Der Leser wird bemerkt haben, daß unser Vorgehen eine Relativierung von Sprüngen, art-unspezifischen Objekten und Adressen mit sich bringt, um nur die drei Hauptproblempunkte zu nennen, die Wirth dabei im Auge hat.

Zuses Plankalkül ging den Weg der konsequenten Rückwärts-Entwicklung, ausgehend vom Bit. Lange Zeit schien das ein natürlicher Weg zu sein. Betrachtet man allerdings einige Lehrbücher, die allesamt mit der Definition „unserer Maschine" – aber jedes mit einer anderen – beginnen, dann befallen einen Zweifel an der pädagogischen Brauchbarkeit dieses Vorgehens. Häufig führt die Rückwärts-Entwicklung auch dazu, daß die „höheren" Künste der Programmierung, die ja dabei erst später ins Spiel kommen, vernachlässigt oder unterdrückt werden. Es mag vom (kurzsichtigen) Standpunkt des Herstellers her ein Vorteil darin liegen, von einer bestimmten Maschine auszugehen (und auch noch die als „Systemprogrammierer", „Systemanalytiker", „EDV-Spezialisten" usw. Angelernten an ein bestimmtes Fabrikat zu binden). Für eine wissenschaftliche Ausbildung ist es unabdingbar, den begrifflichen Aufbau der Programmierung längs des Weges „vom Problem zur Maschine" zu lehren und die Maschine(n) als Endergebnis eines Entwicklungsprozesses zu erklären. Der Gewinn an Abstraktionsvermögen dürfte dabei der entscheidende didaktische Vorteil sein. „Top-down teaching" in diesem Sinn wurde vielfach mit Erfolg benutzt und liegt auch diesem Buch zugrunde.

Der Wunsch nach disziplinierter Freiheit drückt sich auch in unserer Einstellung zur Rekursivität aus. Viele berufsmäßige Programmierer – nicht allein solche, die nur in FORTRAN zu programmieren verstehen – wissen von der Rekursivität soviel wie ein Geigenanfänger von den Flageolett-Tönen.

Wirth (1975) hat nun einen Abschnitt „Wo Rekursion zu vermeiden ist". Aus dem Bewußtsein einer „weitverbreiteten Abneigung und Antipathie gegen die Rekursion" heraus argumentiert er apologetisch: „... hat die Erklärung des Konzeptes rekursiver Algorithmen anhand von ungeeigneten Beispielen ... zur Gleichsetzung von Rekursivität mit Ineffizienz geführt" und folgert, „ ... daß man auf Verwendung von Rekursion immer dann verzichten sollte, wenn es eine offensichtliche Lösung mit Iteration gibt", wobei er aber zu bedenken gibt, „daß Algorithmen, die ihrem Wesen nach eher rekursiv als iterativ sind, auch als rekursive Prozeduren formuliert werden sollten".

Was ist das aber, eine „offensichtliche Lösung mit Iteration", oder gar „ein dem Wesen nach rekursiver Algorithmus"? Dieses Buch sucht darauf eine Antwort zu geben, indem es die Problemstellung als *Spezifikation in prä-algorithmischer Fassung* in den Programmierungsprozeß einbezieht und diesen als schrittweisen Verbesserungs- und Verfeinerungsprozeß ansieht. Eine „offensichtliche Lösung mit Iteration" ist dann eine Lösung, die man nach bekannten Transformationsschemata erhält. Ein dem Wesen nach rekursiver Algorithmus ist vielleicht einer, bei dem keine bekannte Transformation zur Erzielung einer iterativen Fassung anwendbar ist – oder vielleicht nur *noch* keine Transformation, ja nicht einmal der Schimmer einer methodischen Behandlung bekannt ist. Das kann sich schnell ändern (vgl. die Umwandlung der rekursiven Fassung einer Problemklasse, zu der die „Türme von Hanoi" gehören, in eine iterative, auf dem Binärzählen beruhende nach Partsch und Pepper in 4.3.2).

Es kann ja auch dahingestellt bleiben, was ein „dem Wesen nach" rekursiver Algorithmus ist. Wichtig ist, daß nach der neuen Auffassung von der Programmierung der ‚*horror procedurae*' ganz unnötig wird – der Erfahrene wird in aller Regel zwar in einer gewissen Phase der Programmentwicklung rekursive Prozeduren verwenden, jedoch fast immer über diesen Entwicklungsstand hinausgehen, zumindest wenn ihm die relative Effizienz seines Algorithmus wichtig genug ist. Damit wird sogar die Ausrede, FORTRAN erlaube den rekursiven Gebrauch von Subroutinen nicht, ziemlich hinfällig. (Allerdings wird man die ‚*ultima ratio*' der iterativen Behandlung rekursiver Prozeduren, die Einführung von Kellern (*stack variables*), in FORTRAN auch nur ungern anpacken, wenn man bedenkt, daß man dazu Keller auf Feldern mit festen Indexgrenzen simulieren muß.)

Auch im Hinblick auf Rekursivität von Datenstrukturen ist eine Entkrampfung notwendig. Implementierungen mit Zeigern, d. h. *records* im Sinne von Hoare, sollten im Entwicklungsprozeß nicht verfrüht eingeführt werden, der offensichtlichen Nachteile für die Durchsichtigkeit und Sicherheit wegen. Das gilt natürlich auf der Seite der Prozeduren ebenso für Sprünge, obschon es unter diesen ganz harmlose gibt, die sich als „schlichte Aufrufe" erkennen lassen. Jedenfalls muß sich der „Kreuzzug" (‚*war against pointers*') gleichmäßig gegen Zeiger und Sprünge richten, er sollte aber auch nicht übertrieben werden.

Die Benutzung von Mengen als Objekten der Programmierung sollte ebenfalls natürlicher betrachtet werden. Der Einwand etwa, die Kardinalität der Grundmenge sollte klein sein – möglichst nicht größer als die Wortlänge (ist das 24 oder 60?) –, ist nur insoweit stichhaltig, als gelegentlich solche Mengenarten bis zum Ende der Programmentwicklung im Spiel bleiben. Häufig treten aber Mengen nur in frühen Stadien der Programmentwicklung auf, jedenfalls nur intermediär. Dann spielt die Kardinalität der Grundmenge keine Rolle, ja selbst die Menge der natürlichen Zahlen kann verwandt werden, wenn das der Einfachheit des Lösungsgedankens dient.

Soweit wir sehen, haben wir – bis auf Notation und Terminologie – nur in einem Punkt eine zu Wirth echt konträre Meinung. Dies betrifft die Kollateralität. Wir meinen, daß diese etwas ganz Natürliches ist, und daß Sequentialisierung erklärt werden muß (sie stellt den „Sündenfall" dar). Das Fehlen jeder Ausdrucksmöglichkeit für kollaterale Situationen in PASCAL, zumindest aber das Fehlen der kollektiven Zuweisung, halten wir für einen echten Mangel in PASCAL: Wer erst einmal

$$(y, x) := (x, x + y)$$

geschrieben hat, wird wissen, daß die Sequentialisierung

$$z := x;\ x := x + y;\ y := z$$

nur die Dinge verdunkelt, und die „trickreiche" Sequentialisierung

$$x := x + y;\ y := x - y$$

in die Mottenkiste gehört; Taschenspielertricks sollten aus der Informatik verschwinden.

Methodik des Programmierens

Es gibt mancherlei Bücher zur Methodik des Programmierens, zu empfehlen sind etwa: Aho, Hopcroft, Ullman 1983: „Data Structures and Algorithms“, Alagić, Arbib 1978: „The Design of Well-Structured and Correct Programs“, Arsac 1977: „La Construction de Programmes Structurés“, Dijkstra 1976: „A Discipline of Programming“, Gries 1981: „The Science of Programming“, Jones 1980: „Software Development: A Rigorous Approach“, Turski 1978: „Computer Programming Methodology“, Wirth 1975: „Algorithmen und Datenstrukturen“. Wir haben in dem vorliegenden Buch das Schwergewicht auf das begriffliche Gerüst gelegt, aus Umfangsgründen mußten die methodischen Bemerkungen stets kurz gehalten werden. Wir glauben aber, daß das nicht schadet, daß nämlich dieses Buch sehr wohl auch als Begleitbuch für praktische Übungen in der Programmentwicklung dienen kann. Programmieren erlernt man ohnehin nicht allein durch das Lesen eines Buches.

Von naiver Programmverifikation halten wir wenig; schließlich fallen Programme nicht vom Himmel, um verifiziert zu werden. Mit Gries (1979) stimmen wir aber darin überein, daß Programmverifikation, aufgefaßt als simultane Entwicklung von Programm und Beweis, nur eine andere Form der Programmentwicklung ist.

Insgesamt ist mehr Freiheit in der Wahl der Programmierungswerkzeuge (unbeschadet disziplinierten Gebrauchs des einmal gewählten Werkzeugs) vonnöten. Wir sehen deshalb den sogenannten „funktionalen“ Stil der Programmierung nur als Alternative zum noch vorherrschenden „prozeduralen“ Stil, und nicht als eine neue Heilslehre – eine Auffassung, der auch Backus, trotz einiger radikaler Töne, zuzuneigen scheint.

Das Wort „Disziplin“ taucht neuerdings öfters auf, etwa in Seegmüller 1974a: “Systems Programming as an Emerging *Discipline*” oder Dijkstra 1976: “A *Discipline* of Programming”. In Bauer 1975 steht: “Programming as a scientific *discipline* means: Programming can be taught, is to be taught. Programming needs *discipline*”. In dieser zweiten Bedeutung wird das Wort „Disziplin“ ebenfalls zusehends häufiger gebraucht, in Feststellungen wie: “flexibility without discipline appears contrary to ... reliability” (Denning 1976). Programmieren ist aber auch eine Frage der Mentalität. Mancher lernt eben nur durch schmerzliche Erfahrungen: “the insight that it is best to write programs correctly from the very beginning” (Seegmüller 1974a).

> “Most problems have either many answers or no answer. Only a few problems have a single answer.”
>
> Edmund C. Berkeley

Literaturverzeichnis

Ackermann, W. (1928): Zum Hilbertschen Aufbau der reellen Zahlen. Math. Ann. *99,* 118–133 (1928)

Aho, A. V., Hopcroft, J. E., Ullman, J. D. (1983): Data Structures and Algorithms. Reading, Mass.: Addison-Wesley 1983

Aho, A. V., Ullman, J. D. (1972): The Theory of Parsing, Translation, and Compiling. Englewood Cliffs, N. J.: Prentice-Hall, Vol. I 1972, Vol. II 1973

Aiken, H. H. (1937): Proposed Automatic Calculating Machine. Manuskript 1937. In: Randell 1973, p. 191–197

Alagić, S., Arbib, M. A. (1978): The Design of Well-Structured and Correct Programs. New York-Heidelberg-Berlin: Springer 1978

Arsac, J. J. (1977): La Construction de Programmes Structurés. Paris: Dunod 1977

Babbage, C. (1837): On the Mathematical Powers of the Calculating Engine. Manuskript 1837. In: Randell 1973, p. 17–52

Backus, J. (1973): Programming Language Semantics and Closed Applicative Languages. Conference Record of the 1st ACM Symposium on Principles of Programming Languages, Boston 1973, p. 71–86

Backus, J. (1978a): Can Programming be Liberated from the von Neumann Style? A Functional Style and its Algebra of Programs. Commun. ACM *21,* 613–641 (1978)

Backus, J. (1978b): The History of FORTRAN I, II, and III. Preprints ACM SIGPLAN History of Programming Languages Conference, Los Angeles 1978. SIGPLAN Notices *13:* 8, 165–180 (1978)

de Bakker, J. W. (1969): Semantics of Programming Languages. In: Tou, J. (ed.): Advances in Information Systems Science, Vol. 2. New York: Plenum Press 1969, p. 173–227

de Bakker, J. W. (1976): Semantics and Termination of Nondeterministic Recursive Programs. In: Michaelson, S., Milner, R. (eds.): Automata, Languages and Programming, Proceedings 1976. Edinburgh: Edinburgh University Press 1976, p. 435–477

de Bakker, J. W., Scott, D. (1969): A Theory of Programs. IBM-Seminar, Wien 1969, unveröffentlichtes Manuskript

Bauer, F. L. (1971): Software Engineering. Proc. IFIP Congress 71, Ljubljana. Amsterdam: North-Holland 1971, p. 530–538

Bauer, F. L. (1975): Programming as an Evolutionary Process. Proc. 2nd International Conference on Software Engineering, San Francisco 1976, p. 223–234. Auch in: Bauer, F. L., Samelson, K. (eds.): Language Hierarchies and Interfaces. International Summer School, Marktoberdorf 1975. Lecture Notes in Computer Science, Vol. 46. Berlin-Heidelberg-New York: Springer 1976, p. 153–182

Bauer, F. L., Broy, M. (eds.) (1979): Program Construction. International Summer School, Marktoberdorf 1978. Lecture Notes in Computer Science, Vol. 69. Berlin-Heidelberg-New York: Springer 1979

Bauer, F. L., Goos, G. (1973): Informatik. Erster Teil, 2. Aufl. Heidelberger Taschenbücher, Bd. 80. Berlin-Heidelberg-New York: Springer 1973

Bauer, F. L., Goos, G. (1974): Informatik. Zweiter Teil, 2. Aufl. Heidelberger Taschenbücher, Bd. 91. Berlin-Heidelberg-New York: Springer 1974

Bauer, F. L., Samelson, K. (1957): Verfahren zur automatischen Verarbeitung von kodierten Daten und Rechenmaschine zur Ausübung des Verfahrens. Deutsche Patentauslegeschrift 1094019. Anm.: 30. März 1957; Bek.: 1. Dez. 1960

Bauer, F. L., et al. (1981): Report on the Wide Spectrum Language CIP-L. Institut für Informatik der TU München, 1981 (im Erscheinen)

Bayer, R. (1971): Binary B-Trees for Virtual Memory. In: Codd, E. F., Dean, A. L. (eds.): Proc. 1971 ACM-SIGFIDET Workshop on Data Description, Access and Control, San Diego, Cal.,

1971, p. 219–235. Vgl. auch: Bayer, R., McCreight, E. M.: Organization and Maintenance of Large Ordered Indexes. Acta Informatica *1*, 173–189 (1972)

Belady, L. A. (1966): A Study of Replacement Algorithms for a Virtual Storage Computer. IBM Syst. J. *5*, 78–101 (1966)

Berkling, K. J. (1974): Reduction Languages for Reduction Machines. Proc. 2nd Annual Symposium on Computer Architecture, Houston 1975. New York: IEEE 1975 und ACM-SIGARCH Computer Architecture News *3*, No. 4, December 1974, p. 133–140. Erweiterte Fassung: GMD Bonn, Interner Bericht ISF-76-8, 1976

Bernstein, A. J. (1966): Analysis of Programs for Parallel Processing. IEEE Trans. Electronic Computers *15*, 757–763 (1966)

Bobrow, D. G., Raphael, B. (1964): A Comparison of List-Processing Computer Languages. Commun. ACM *7*, 231–240 (1964)

Bottenbruch, H. (1958): Übersetzung von algorithmischen Formelsprachen in die Programmsprachen von Rechenmaschinen. Z. math. Logik Grundl. Math. *4*, 180–221 (1958)

Brinch Hansen, P. (1978): Distributed Processes: A Concurrent Programming Concept. Commun. ACM *21*, 934–941 (1978)

Broy, M. (1980): Transformation parallel ablaufender Programme. Fakultät für Mathematik der TU München, Dissertation, TUM-I 8001, 1980

Broy, M., Gnatz, R., Wirsing, M. (1979): Semantics of Nondeterministic and Noncontinuous Constructs. In: Bauer, Broy 1979, p. 553–592

Broy, M., Möller, B., Pepper, P., Wirsing, M. (1983): Algebraic Implementations Preserve Program Correctness. Sci. Comp. Program. (im Erscheinen)

Broy, M., Wirsing, M. (1980): Programming Languages as Abstract Data Types. In: Dauchet, M. (ed.): 5ème Colloque sur les Arbres en Algèbre et en Programmation, Lille 1980, p. 160–177

Burstall, R. M. (1968): Semantics of Assignment. In: Dale, E., Michie, D. (eds.): Machine Intelligence, Vol. 2. Edinburgh: Oliver and Boyd 1968, p. 3–20

Burstall, R. M. (1969): Proving Properties of Programs by Structural Induction. Computer J. *12*, 41–48 (1969)

Burstall, R. M., Goguen, J. A. (1977): Putting Theories together to Make Specifications. Proc. 5th International Joint Conference on Artificial Intelligence, Cambridge, Mass., 1977, p. 1045–1058

Church, A. (1936): A Note on the Entscheidungsproblem. J. Symbolic Logic *1*, 40–41, 101–102 (1936)

Church, A. (1941): The Calculi of Lambda-Conversion. Annals of Mathematics Studies, Vol. 6. Princeton: Princeton University Press 1941

Clifford, A. H., Preston, G. B. (1961): The Algebraic Theory of Semigroups, Vol. I. Providence, R. I.: American Mathematical Society 1961 (Vol. II 1967)

Clint, M., Hoare, C. A. R. (1971): Program Proving: Jumps and Functions. International Summer School on Program Structures and Fundamental Concepts of Programming, Marktoberdorf 1971. Auch Acta Informatica *1*, 214–224 (1972)

Collins, G. E. (1967): The SAC-1 List Processing System. University of Wisconsin, Computing Center, Technical Report, July 1967. Neuauflage: University of Wisconsin, Computer Sciences Department, Technical Report No. 129, 1971

Conway, M. E. (1963): Design of a Separable Transition-Diagram Compiler. Commun. ACM *6*, 396–408 (1963)

Cooper, D. C. (1966): The Equivalence of Certain Computations. Computer J. *9*, 45–52 (1966)

Courcelle, B., Nivat, M. (1976): Algebraic Families of Interpretations. Proc. 17th Annual Symposium on Foundations of Computer Science, Houston 1976, p. 137–146

Coxeter, H. S. M., Moser, W. O. J. (1972): Generators and Relations for Discrete Groups, 3rd ed. Berlin-Heidelberg-New York: Springer 1972

Curry, H. B., Feys, R. (1958): Combinatory Logic, Vol. I. Amsterdam: North-Holland 1958

Dahl, O.-J., Dijkstra, E. W., Hoare, C. A. R. (1972): Structured Programming. London: Academic Press 1972

Dahl, O.-J., Hoare, C. A. R. (1972): Hierarchical Program Structures. In: Dahl, Dijkstra, Hoare 1972, p. 175–220

Damm, W., Fehr, E. (1978): On the Power of Self-Application and Higher Type Recursion. In: Ausiello, G., Böhm, C. (eds.): Automata, Languages and Programming, Proceedings 1978. Lecture Notes in Computer Science, Vol. 62. Berlin-Heidelberg-New York: Springer 1978, p. 177–199

Darlington, J., Burstall, R. M. (1973): A System which Automatically Improves Programs. Proc. 3rd International Joint Conference on Artificial Intelligence, Stanford, Cal., 1973, p. 479 – 485. Auch Acta Informatica *6,* 41 – 60 (1976)

Denning, P. J. (1976): Sacrificing the Calf of Flexibility on the Altar of Reliability. Proc. 2nd International Conference on Software Engineering, San Francisco 1976, p. 384 – 386

Dennis, J. B. (1973): Concurrency in Software Systems. In: Bauer, F. L. (ed.): Advanced Course on Software Engineering. Lecture Notes in Computer Science, Vol. 30. Berlin-Heidelberg-New York: Springer 1973, p. 111 – 127

Dennis, J. B. (1979): The Varieties of Data Flow Computers. Proc. 1st International Conference on Distributed Computing Systems, Huntsville, Alabama, 1979. New York: IEEE 1979, p. 430 – 439

Dijkstra, E. W. (1960): Recursive Programming. Numerische Math. *2,* 312 – 318 (1960)

Dijkstra, E. W. (1965): Cooperating Sequential Processes. Technological University, Eindhoven 1965. Reprinted in Genuys, F. (ed.): Programming Languages. London-New York: Academic Press 1968, p. 43 – 112

Dijkstra, E. W. (1969): Structured Programming. In: Buxton, J. N., Randell, B. (eds.): Software Engineering Techniques, Report on a Conference, Rome 1969. Brüssel: NATO Scientific Affairs Division 1970, p. 84 – 88

Dijkstra, E. W. (1972): Notes on Structured Programming. In: Dahl, Dijkstra, Hoare 1972, p. 1 – 82.

Dijkstra, E. W. (1974): A Simple Axiomatic Basis for Programming Language Constructs. Indagationes Math. *36,* 1 – 15 (1974)

Dijkstra, E. W. (1975): Guarded Commands, Non-Determinacy, and Formal Derivation of Programs. Commun. ACM 18, 453 – 457 (1975)

Dijkstra, E. W. (1976): A Discipline of Programming. Englewood Cliffs, N. J.: Prentice-Hall 1976

Dyck, W. (1882): Gruppentheoretische Studien. Math. Ann. *20,* 1 – 44 (1882)

Earley, J. (1971): Towards an Understanding of Data Structures. Commun. ACM *14,* 617 – 627 (1971)

Egli, H. (1975): A Mathematical Model for Nondeterministic Computations. Forschungsinstitut für Mathematik der ETH Zürich, 1975

Eickel, J. (1974): „Algorithmus" und Grenzen der Algorithmisierbarkeit. Abteilung Mathematik der TU München, Bericht Nr. 7413, 1974, S. 43 – 70. Auch in: Weinhart, K. (Hrsg.): Informatik im Unterricht – eine Handreichung. Mathematik – Didaktik und Unterrichtspraxis. Bd. 2. München-Wien: Oldenbourg 1979, S. 58 – 76

Ershov, A. P. (1977): On the Essence of Compilation. In: Neuhold, E. J. (ed.): Proc. IFIP Working Conference on Formal Description of Programming Concepts, St. Andrews, Canada, 1977. Amsterdam: North-Holland 1978, p. 391 – 420

Faltin, F., Metropolis, N., Ross, B., Rota, G.-C. (1975): The Real Numbers as a Wreath Product. Advances Math. *16,* 278 – 304 (1975)

Fischer, M. J. (1972): Lambda-Calculus Schemata. SIGPLAN Notices *7:* 1, 104 – 109 (1972)

Floyd, R. W. (1966): Assigning Meaning to Programs. In: Schwartz, J. T. (ed.): Mathematical Aspects of Computer Science. Proc. Symposia in Applied Mathematics, Vol. XIX, 1966. Providence, R. I.: American Mathematical Society 1967, p. 19 – 32

Floyd, R. W. (1967): Nondeterministic Algorithms. J. ACM *14,* 636 – 644 (1967)

Friedman, D. P., Wise, D. S. (1976): CONS Should not Evaluate its Arguments. In: Michaelson, S., Milner, R. (eds.): Automata, Languages and Programming, Proceedings 1976. Edinburgh: Edinburgh University Press 1976, p. 257 – 284

Friedman, D. P., Wise, D. S. (1978): Unbounded Computational Structures. Software, Practice Experience *8,* 407 – 416 (1978)

Galton, F. (1889): Natural Inheritance. London: Macmillan 1889

Geschke, C. M., Morris, J. H. jr., Satterthwaite, E. H. (1977): Early Experience with Mesa. Commun. ACM *20,* 540 – 553 (1977)

Gill, S. (1965): Automatic Computing: Its Problems and Prizes. Computer J. *8,* 177 – 189 (1965)

Gnatz, R., Pepper, P. (1977): *fusc*: An Example in Program Development. Institut für Informatik der TU München, TUM-INFO-7711, 1977

Gödel, K. (1931): Über formal unentscheidbare Sätze der Principia Mathematica und verwandter Systeme I. Monatsh. Math. Phys. *38,* 173 – 198 (1931)

Goguen, J. A., Tardo, J. (1977): OBJ-0 Preliminary Users Manual. University of California at Los Angeles, Computer Science Department, 1977

Goguen, J. A., Thatcher, J. W., Wagner, E. G. (1978): An Initial Algebra Approach to the Specification, Correctness, and Implementation of Abstract Data Types. In: Yeh, R. T. (ed.): Current Trends in Programming Methodology, Vol. 4. Englewood Cliffs, N. J.: Prentice-Hall 1978, p. 80 – 149

Goldstine, H. H., von Neumann, J. (1947): Planning and Coding Problems for an Electronic Computing Instrument. Part II, Vol. 1, 1947. In: John von Neumann, Collected Works, Vol. V. Oxford: Pergamon Press 1963, p. 80 – 151

Gordon, M. (1975): Operational Reasoning and Denotational Semantics. Stanford University, Computer Science Department, Memo AIM-264, 1975. Auch in: Huet, G., Kahn, G. (eds.): Construction, Amélioration et Vérification des Programmes. Colloques IRIA 1975, p. 83 – 98

Graham, R. M. (1975): Principles of Systems Programming. New York: Wiley 1975

Gries, D. (1978): The Multiple Assignment Statement. IEEE Trans. Software Eng. *4,* 89 – 93 (1978)

Gries, D. (1979): Current Ideas in Programming Methodology. In Bauer, Broy 1979, p. 77 – 93

Gries, D. (1981): The Science of Programming. New York-Heidelberg-Berlin: Springer 1981

Griffiths, M. (1975): Program Production by Successive Transformations. In: Bauer, F. L., Samelson, K. (eds.): Language Hierarchies and Interfaces. International Summer School, Marktoberdorf 1975. Lecture Notes in Computer Science, Vol. 46. Berlin-Heidelberg-New York: Springer 1976, p. 125 – 152

Guttag, J. V. (1975): The Specification and Application to Programming of Abstract Data Types. University of Toronto, Department of Computer Science, Ph. D. Thesis, Report CSRG-59, 1975

Harvard Symposium 1947: Proceedings of a Symposium on Large-Scale Digital Calculating Machinery. The Annals of the Computation Laboratory of Harvard University, Vol. XVI. Cambridge, Mass.: Harvard University Press 1948

Haskell, R. (1975): Efficient Implementation of a Class of Recursively Defined Functions. Computer J. *18,* 23 – 29 (1975)

Henderson, P., Morris, J. H. jr. (1976): A Lazy Evaluator. Conference Record of the 3rd ACM Symposium on Principles of Programming Languages, Atlanta 1976, p. 95 – 103

von Henke, F. W. (1975): On Generating Programs from Types: An Approach to Automatic Programming. In: Huet, G., Kahn, G. (eds.): Construction, Amélioration et Vérification des Programmes. Colloques IRIA 1975, p. 57 – 69

Herbrand, J. (1931): Sur la Non-Contradiction de l'Arithmétique. J. reine angew. Math. *166,* 1 – 8 (1931)

Hermes, H. (1978): Aufzählbarkeit, Entscheidbarkeit, Berechenbarkeit. 3. Aufl. Berlin-Heidelberg-New York: Springer 1978

Hewitt, C. (1977): Viewing Control Structures as Patterns of Passing Messages. Artificial Intelligence *8,* 323 – 364 (1977)

Hilbert, D. (1918): Axiomatisches Denken. Math. Ann. *78,* 405 – 415 (1918)

Hilbert, D., Bernays, P. (1934): Grundlagen der Mathematik, Bd. 1. Berlin: Springer 1934. 2. Auflage 1968

Hilbert, D., Bernays, P. (1939): Grundlagen der Mathematik, Bd. 2. Berlin: Springer 1939. 2. Auflage 1970

Hoare, C. A. R. (1965): Record Handling. Algol Bull. *21,* 39 – 69 (1965). Wesentlich überarbeitete Fassung in: Genuys, F. (ed.): Programming Languages. London: Academic Press 1968, p. 291 – 347

Hoare, C. A. R. (1969): An Axiomatic Basis for Computer Programming. Commun. ACM *12,* 576 – 583 (1969)

Hoare, C. A. R. (1970): Notes on Data Structuring. International Summer School on Data Structures and Computer Systems, Marktoberdorf 1970. Wesentlich überarbeitete Fassung in Dahl, Dijkstra, Hoare 1972, p. 83 – 174

Hoare, C. A. R. (1971): Towards a Theory of Parallel Programming. International Seminar on Operating System Techniques, Belfast 1971. Auch in: Hoare, C. A. R., Perrott, R. (eds.): Operating Systems Techniques. New York: Academic Press 1972, p. 61 – 71

Hoare, C. A. R. (1972): Proof of Correctness of Data Representations. Acta Informatica *1,* 271 – 281 (1972)

Hoare, C. A. R. (1973): Recursive Data Structures. Stanford University, Computer Science Department, Report STAN-CS-73-400, 1973. Erweiterte Fassung: International J. Computer Inform. Sci. *4,* 105 – 132 (1975)

Hoare, C. A. R. (1978): Communicating Sequential Processes. Commun. ACM *21,* 666 – 678 (1978)

Hoare, C. A. R., Wirth, N. (1973): An Axiomatic Definition of the Programming Language Pascal. Acta Informatica *2,* 335 – 355 (1973)

Hopcroft, J. E., Ullman, J. D. (1969): Formal Languages and Their Relation to Automata. Reading, Mass.: Addison-Wesley 1969

Huntington, E. V. (1933): New Sets of Independent Postulates for the Algebra of Logic, with Special Reference to Whitehead and Russel's Principia Mathematica. Trans. Amer. Math. Soc. *35,* 274 – 304, 557 – 558 (1933)

Jones, C. B. (1980): Software Development: A Rigorous Approach. Englewood Cliffs, N. J.: Prentice-Hall 1980

Kandzia, P., Langmaack, H. (1973): Informatik: Programmierung. Stuttgart: Teubner 1973

Kantorovic, L. V. (1957): Über eine mathematische Symbolik, die zur Durchführung von Rechnungen auf Computern geeignet ist (russ.). Doklady Akad. Nauk SSSR *113,* 738 – 741 (1957)

Kennaway, J. R., Hoare, C. A. R. (1980): A Theory of Nondeterminism. In: de Bakker, J. W., van Leeuwen, J. (eds.): Automata, Languages and Programming, Proceedings 1980. Lecture Notes in Computer Science, Vol. 85. Berlin-Heidelberg-New York: Springer 1980, p. 338 – 350

Kilburn, T. (1949): The University of Manchester Universal High-Speed Digital Computing Machine. Nature *164,* 684 – 687 (1949)

Kleene, S.C. (1936): General Recursive Functions of Natural Numbers. Math. Ann. *112,* 727 – 742 (1936)

Kleene, S. C. (1952): Introduction to Metamathematics. New York: Van Nostrand 1952

Knuth, D. E. (1973): The Art of Computer Programming, Vol. 1: Fundamental Algorithms, 2nd ed. Reading, Mass.: Addison-Wesley 1973

Knuth, D. E. (1974): Structured Programming with **go to** Statements. Computing Surveys *6,* 261 – 301 (1974)

Kosaraju, S. R. (1973): Limitations of Dijkstra's Semaphore Primitives and Petri Nets. Operating Systems Review *7:* 4, 122 – 126 (1973)

Lamé, G. (1844): Note sur la Limite du Nombre des Divisions dans la Recherche du Plus Grand Commun Diviseur entre Deux Nombres Entiers. C. R. Acad. Sci., Paris, *19,* 867 – 870 (1844)

Landin, P. J. (1964): The Mechanical Evaluation of Expressions. Computer J. *6,* 308 – 320 (1964)

Landin, P. J. (1965): A Correspondence Between ALGOL 60 and Church's Lambda-Notation: Part I. Commun. ACM *8,* 89 – 101 (1965)

Landin, P. J. (1966): The Next 700 Programming Languages. Commun. ACM *9,* 157 – 166 (1966)

Langmaack, H. (1974): On Procedures as Open Subroutines II. Acta Informatica *3,* 227 – 241 (1974)

Langmaack, H., Olderog, E.-R. (1980): Present-Day Hoare-Like Systems for Programming Languages with Procedures: Power, Limits and Most Likely Extensions. In: de Bakker, J. W., van Leeuwen, J. (eds.): Automata, Languages and Programming, Proceedings 1980. Lecture Notes in Computer Science, Vol. 85. Berlin-Heidelberg-New York: Springer 1980, p. 363 – 373

Laut, A. (1980): Safe Procedural Implementations of Algebraic Types. Inform. Processing Letters *11,* 147 – 151 (1980)

Ledgard, H. F. (1971): Ten Mini-Languages, a Study of Topical Issues in Programming Languages. Computing Surveys *3,* 115 – 146 (1971)

Lippe, W. M., Simon, F. (1980): Semantics for LISP without Reference to an Interpreter. In: Robinet, B. (ed.): International Symposium on Programming, Proceedings 1980. Lecture Notes in Computer Science, Vol. 83. Berlin-Heidelberg-New York: Springer 1980, p. 240 – 255

Liskov, B. H., Zilles, S. N. (1974): Programming with Abstract Data Types. Proc. ACM Conference on Very High-Level Languages. SIGPLAN Notices *9:* 4, 50 – 59 (1974)

Liskov, B. H., Zilles, S. N. (1975): Specification Techniques for Data Abstractions: IEEE Trans. Software Eng. *1,* 7 – 19 (1975)

Liskov, B. H., Snyder, A., Atkinson, R., Schaffert, C. (1977): Abstraction Mechanisms in CLU. Commun. ACM *20,* 564 – 576 (1977)

Lonseth, A. T. (1945): An Extension of an Algorithm of Hotelling. Proc. Berkeley Symposium Mathematical Statistics and Probability 1945, 1946. Berkeley-Los Angeles: University of California Press 1949, p. 353 – 357

Lorenzen, P. (1962): Metamathematik. Mannheim: Bibliographisches Institut 1962

Lucas, P., Walk, K. (1969): On the Formal Description of PL/I. Annual Review Automatic Programming *6:* 3, 105 – 182 (1969)

Łukasiewicz, J. (1963): Elements of Mathematical Logic. Oxford: Pergamon Press 1963

Magó, G. A. (1979): A Network of Microprocessors to Execute Reduction Languages. Internat. J. Computer Inform. Sci. *8,* 349 – 358, 435 – 471 (1979)

Malcev, A. I. (1939): Über die Einbettung von assoziativen Systemen in Gruppen (russ.). Mat. Sbornik, n. Ser. *6*, 331 – 336 (1939)

Manna, Z. (1974): Mathematical Theory of Computation. New York: McGraw-Hill 1974

Manna, Z., McCarthy, J. (1969): Properties of Programs and Partial Function Logic. In: Michie, D. (ed.): Machine Intelligence, Vol. 5. Edinburgh: Edinburgh University Press 1969, p. 27 – 37

Manna, Z., Ness, S., Vuillemin, J. (1973): Inductive Methods for Proving Properties of Programs. Commun. ACM *16*, 491 – 502 (1973)

Markov, A. A. (1951): Algorithmentheorie (russ.). Trudy Mat. Inst. Steklov *38*, 176 – 189 (1951). Englische Übersetzung: Amer. Math. Soc., Translat., II. Ser. *15*, 1 – 14 (1960)

McCarthy, J. (1959): Letter to the Editor. Commun. ACM *2:* 8, 2 – 3 (1959)

McCarthy, J. (1960): Recursive Functions of Symbolic Expressions and their Computation by Machine, Part I. Commun. ACM *3*, 184 – 195 (1960)

McCarthy, J. (1961): A Basis for a Mathematical Theory of Computation. Erweiterte Fassung eines Vortrags bei der Western Joint Computer Conference 1961. In: Braffort, P., Hirschberg, D. (eds.): Computer Programming and Formal Systems. Amsterdam: North-Holland 1963, p. 33 – 70

McCarthy, J. (1962): Towards a Mathematical Science of Computation. Proc. IFIP Congress 62, München. Amsterdam: North-Holland 1962, p. 21 – 28

Morris, J. H. jr. (1968): Lambda-Calculus Models of Programming Languages. Massachusetts Institute of Technology, Cambridge, Mass., Ph. D. Thesis. Project MAC Report MAC-TR-37, 1968

Morris, J. H. jr. (1971): Another Recursion Induction Principle. Commun. ACM *14*, 351 – 354 (1971)

Myhill, J. (1953): Criteria of Constructibility for Real Numbers. J. Symbolic Logic *18*, 7 – 10 (1953)

von Neumann 1947: siehe Goldstine, von Neumann 1947

Newell, A., Shaw, J. C. (1957): Programming the Logic Theory Machine. Proc. Western Joint Computer Conference 1957, p. 230 – 240

Newell, A., Simon, H. A. (1956): The Logic Theory Machine: A Complex Information Processing System. IRE Trans. Inform. Theory *2*, 61 – 79 (1956)

Parnas, D. L. (1972): On a Solution to the Cigarette Smokers' Problem (without Conditional Statements). Carnegie-Mellon University, Pittsburgh, Pa., Computer Science Department 1972

Partsch, H., Pepper, P. (1976): A Family of Rules for Recursion Removal. Inform. Processing Letters *5*, 174 – 177 (1976)

Paterson, M. S., Hewitt, C. E. (1970): Comparative Schematology. Record of the Project MAC Conference on Concurrent Systems and Parallel Computation, Woods Hole, Mass., 1970. New York: ACM 1970, p. 119 – 127

Peano, G. (1889): Arithmetices Principia Nova Methodo Exposita. Turin: Bocca 1889

Pepper, P. (1979): A Study on Transformational Semantics. In: Bauer, Broy 1979, p. 322 – 405

Perlis, A. J., Thornton, C. (1960): Symbol Manipulation by Threaded Lists. Commun. ACM *3*, 195 – 204 (1960)

Péter, R. (1976): Rekursive Funktionen in der Komputer-Theorie. Budapest: Akadémiai Kiadó 1976

Peterson, J. L. (1977): Petri Nets. Computing Surveys *9*, 223 – 252 (1977)

Petri, C. A. (1962): Kommunikation mit Automaten. Schriften des Rheinisch-Westfälischen Instituts für Instrumentelle Mathematik an der Universität Bonn, Heft 2, 1962

Plotkin, G. D. (1976): A Powerdomain Construction. SIAM J. Computing *5*, 452 – 487 (1976)

Pratt, T. W. (1969): A Hierarchical Graph Model of the Semantics of Programs. Proc. AFIPS Spring Joint Computer Conference 1969, p. 813 – 825

Quine, W.V. (1960): Word and Object. Cambridge, Mass.: MIT Press, and New York: Wiley 1960

Rabin, M. O., Scott, D. (1959): Finite Automata and their Decision Problems. IBM J. Res. Develop. *3*, 114 – 125 (1959). Auch in: Moore, E. F. (ed.): Sequential Machines: Selected Papers. Reading, Mass.: Addison-Wesley 1964, p. 63 – 91

Randell, B. (ed.) (1973): The Origins of Digital Computers – Selected Papers. Berlin-Heidelberg-New York: Springer 1973

de Rham, G. (1947): Un Peu de Mathématiques à Propos d'une Courbe Plane. Elemente Math. *2*, 73 – 76, 89 – 97 (1947)

Rice, H. G. (1965): Recursion and Iteration. Commun. ACM *8*, 114 – 115 (1965)

Robinson, R. M. (1950): An Essentially Undecidable Axiom System. Proc. International Congress of Mathematicians, Cambridge, Mass., 1950, Vol. I. Providence, R. I.: American Mathematical Society 1952, p. 729 – 730 de Roever, W. P. (1972): A Formalization of Various Parameter Mechanisms as Products of Relations within a Calculus of Recursive Program Schemes. Séminaires IRIA: Théorie des Algorithmes, des Langages et de la Programmation, 1972, p. 55 – 88

Rutishauser, H. (1952): Automatische Rechenplanfertigung bei programmgesteuerten Rechenmaschinen. Mitteilungen aus dem Institut für angewandte Mathematik an der ETH Zürich, Nr. 3. Basel: Birkhäuser 1952

Rutishauser, H. (1954): Der Quotienten-Differenzen-Algorithmus. Z. angew. Math. Phys. *5,* 233 – 251 (1954)

Rutishauser, H. (1967): Description of ALGOL 60. Berlin-Heidelberg-New York: Springer 1967

Samelson, K., Bauer, F. L. (1959): Sequentielle Formelübersetzung: Elektron. Rechenanlagen *1,* 176 – 182 (1959). Englische Übersetzung Commun. ACM *3,* 76 – 83 (1960)

Schecher, H. (1956): Maßnahmen zur Vereinfachung von Rechenplänen bei elektronischen Rechenanlagen. Z. angew. Math. Mech. *36,* 377 – 395 (1956)

Schecher, H. (1970): Prinzipien beim strukturellen Aufbau kleiner elektronischer Rechenautomaten. Fakultät für Allgemeine Wissenschaften der TH München, Habilitationsschrift, 1970

Schecher, H. (1973): Funktioneller Aufbau digitaler Rechenanlagen. Heidelberger Taschenbücher, Bd. 127. Berlin-Heidelberg-New York: Springer 1973

Schönfinkel, M. (1924): Über die Bausteine der mathematischen Logik. Math. Ann. *92,* 305 – 316 (1924)

Scholl, P. C. (1976): Interprétation de Programmes comme le Traitement d'Arbres: Un Aspect de la Production des Programmes par Transformations Successives. Laboratoire IMAG Grenoble, Rapport de Recherche PR54, 1976

Scott, D. (1970): Outline of a Mathematical Theory of Computation, Proc. 4th Annual Princeton Conference on Information Sciences and Systems 1970, p. 169 – 176. Auch: Oxford University Computing Laboratory, Programming Research Group, Technical Monograph PRG-2, 1970

Scott, D. (1976): Data Types as Lattices. SIAM J. Computing *5,* 522 – 587 (1976)

Seegmüller, G. (1966): Zum Begriff der Prozedur in algorithmischen Sprachen. Fakultät für Allgemeine Wissenschaften der TU München, Dissertation, 1966

Seegmüller, G. (1974): Einführung in die Systemprogrammierung. Reihe Informatik, Bd. 11. Mannheim-Wien-Zürich: Bibliographisches Institut 1974

Seegmüller, G. (1974a): Systems Programming as an Emerging Discipline. Proc. IFIP Congress 74, Stockholm. Amsterdam: North-Holland 1974, p. 419 – 426

Shoenfield, J. R. (1967): Mathematical Logic. Reading, Mass.: Addison-Wesley 1967

Simon, F. (1978): Zur Charakterisierung von LISP als ALGOL-ähnlicher Programmiersprache mit einem strikt nach dem Kellerprinzip arbeitenden Laufzeitsystem. Institut für Informatik und Praktische Mathematik der Universität Kiel, Bericht Nr. 2/78, 1978

Skolem, T. (1923): Begründung der elementaren Arithmetik durch die rekurrierende Denkweise ohne Anwendung scheinbarer Veränderlichen mit unendlichem Ausdehnungsbereich. Skrifter utgit av Videnskapsselskapet i Kristiania, I. Matematisk-Naturvidenskabelig Klasse 1923, No. 6

Steele, G. L. (1977): Macaroni is Better than Spaghetti. SIGPLAN Notices *12:* 8, 60 – 66 (1977)

Steele, G. L., Sussman, G. J. (1978): The Art of the Interpreter or, the Modularity Complex. Massachusetts Institute of Technology, Cambridge, Mass., AI Memo No. 453, 1978

Stoy, J. E. (1977): Denotational Semantics: The Scott-Strachey Approach to Programming Language Theory. Cambridge, Mass.: MIT Press 1977

Strachey, C., Wadsworth, C. (1974): Continuations, a Mathematical Semantics for Handling Full Jumps. Oxford University Computing Laboratory, Programming Research Group, Technical Monograph PRG-11, 1974

Strachey, C., Wilkes, M. V. (1961): Some Proposals for Improving the Efficiency of ALGOL 60. Commun. ACM *4,* 488 – 491 (1961)

Strong, H. R. (1970): Translating Recursion Equations into Flow Charts. Proc. 2nd Annual ACM Symposium on Theory of Computing, New York 1970, p. 184 – 197. Auch J. Computer System Sci. *5,* 254 – 285 (1971)

Tennent, R. D. (1976): The Denotational Semantics of Programming Languages. Commun. ACM *19,* 437 – 453 (1976)

Thue, A. (1914): Probleme über Veränderungen von Zeichenreihen nach gegebenen Regeln. Skrifter utgit av Videnskapsselskapet i Kristiania, I. Matematisk-Naturvidenskabelig Klasse 1914, No. 10

Turing, A. M. (1936): On Computable Numbers, with an Application to the Entscheidungsproblem. Proc. London Math. Soc., II. Ser. *42,* 230–265 (1936), *43,* 544–546 (1937)

Turner, D. A. (1979): A New Implementation Technique for Applicative Languages. Software, Practice Experience *9,* 31–49 (1979)

Turski, W. M. (1971): A Model for Data Structures and its Applications. Acta Informatica *1,* 26–34, 282–289 (1971)

Turski, W. M. (1975): Datenstrukturen (poln.). Warschau: Wydawnictwa Naukowo-Techniczne 1971. Deutsche Übersetzung Berlin: Akademie Verlag 1975

Turski, W. M. (1978): Computer Programming Methodology. London: Heyden 1978

Vuillemin, J. (1973): Correct and Optimal Implementations of Recursion in a Simple Programming Language. IRIA, Rapport de Recherche No. 24, 1973. Auch J. Computer System Sci. *9,* 332–354 (1974)

Vuillemin, J. (1975): Syntaxe, Sémantique et Axiomatique d'un Langage de Programmation Simple. Interdisciplinary Systems Research, Vol. 12. Basel-Stuttgart: Birkhäuser 1975

Wadsworth, C. P. (1971): Semantics and Pragmatics of the Lambda-Calculus. Oxford University, Ph. D. Thesis, 1971

Whitehead, A. N., Russell, B. (1910): Principia Mathematica, Vol. I. Cambridge: Cambridge University Press 1910

Wiehle, H. R. (1973): Looking at Software as Hardware? International Summer School on Structured Programming and Programmed Structures, Marktoberdorf 1973

Wirsing, M., Broy, M. (1980): Abstract Data Types as Lattices of Finitely Generated Models. In: Dembiński, P. (ed.): Mathematical Foundations of Computer Science, Proceedings 1980. Lecture Notes in Computer Science, Vol. 88. Berlin-Heidelberg-New York: Springer 1980, p. 673–685

Wirsing, M., Pepper, P., Partsch, H., Dosch, W., Broy, M. (1980): On Hierarchies of Abstract Data Types. Institut für Informatik der TU München, TUM-I 8007, 1980

Wirth, N. (1967): On Certain Basic Concepts of Programming Languages. Stanford University, Computer Science Department, Report STAN-CS-67-65, 1967

Wirth, N. (1971): Program Development by Stepwise Refinement. Commun. ACM *14,* 221–227 (1971)

Wirth, N. (1972): Systematisches Programmieren. Stuttgart: Teubner 1972, 2. Auflage 1975

Wirth, N. (1974): On the Design of Programming Languages. Proc. IFIP Congress 74, Stockholm. Amsterdam: North-Holland 1974, p. 386–393

Wirth, N. (1975): Algorithmen und Datenstrukturen. Stuttgart: Teubner 1975

Wirth, N., Hoare, C. A. R. (1966): A Contribution to the Development of ALGOL. Commun. ACM *9,* 413–432 (1966)

Wössner, H. (1974): Rekursionsauflösung für gewisse Prozedurklassen. In: Seminar über Methodik des Programmierens. Abteilung Mathematik, Gruppe Informatik der TU München, Interner Bericht 1974, p. 69–81

Wulf, W. A., Russell, D. B., Habermann, A. N. (1971): BLISS: A Language for Systems Programming. Commun. ACM *14,* 780–790 (1971)

Wulf, W. A., Johnson, R. K., Weinstock, C. P., Hobbs, S. O. (1973): The Design of an Optimizing Compiler. Carnegie-Mellon University, Pittsburgh, Pa., Computer Science Department 1973

Wulf, W. A., London, R. L., Shaw, M. (1976): An Introduction to the Construction and Verification of Alphard Programs. IEEE Trans. Software Eng. *2,* 253–265 (1976)

Wynn, P. (1956): On a Device for Computing the $e_m(S_n)$ Transformation. Math. Tables and Other Aids to Comp. *10,* 91–96 (1956)

Zemanek, H. (1968): Abstrakte Objekte. Elektron. Rechenanlagen *10,* 208–217 (1968)

Zilles, S. N. (1974): Algebraic Specification of Data Types. Massachusetts Institute of Technology, Cambridge, Mass., Laboratory for Computer Science, Progress Report XI, p. 52–58, und Computation Structures Group Memo 119, 1974

Zuse, K. (1945): Der Plankalkül. Manuskript 1945. Veröffentlicht durch die GMD Bonn, Bericht Nr. 63, 1972. Für eine kurze Übersicht siehe: Bauer, F. L., Wössner, H.: Zuses „Plankalkül“, ein Vorläufer der Programmiersprachen – gesehen vom Jahre 1972. Elektron. Rechenanlagen *14,* 111–118 (1972)

Literatur zu den im Text erwähnten Programmiersprachen

ADA

Preliminary Ada Reference Manual. SIGPLAN Notices *14:* 6, Part A (1979)

Ichbiah, J. D., Heliard, J. C., Roubine, O., Barnes, J. G. P., Krieg-Brückner, B., Wichmann, B. A.: Rationale for the Design of the Ada Programming Language. SIGPLAN Notices *14:* 6, Part B (1979)

ALGOL 58

Perlis, A., Samelson, K. (eds.): 1958 December Preliminary Report – International Algebraic Language. Commun. ACM *1:* 12, 8–22 (1958)

Perlis, A., Samelson, K. (eds.): 1959 January Report on the Algorithmic Language Algol. Numerische Math. *1,* 41–60 (1959)

ALGOL 60

Naur, P. (ed.): Report on the Algorithmic Language ALGOL 60. Commun. ACM *3,* 299–314 (1960). Auch Numerische Math. *2,* 106–136 (1960)

Naur, P. (ed.): Revised Report on the Algorithmic Language ALGOL 60. Numerische Math. *4,* 420–453 (1962). Auch Computer J. *5,* 349–367 (1962) und Commun. ACM *6,* 1–17 (1963)

Woodger, M. (ed.): Supplement to the ALGOL 60 Report. Commun. ACM *6,* 18–23 (1963)

ALGOL 68

van Wijngaarden, A. (ed.), Mailloux, B. J., Peck, J. E. L., Koster, C. H. A.: Report on the Algorithmic Language ALGOL 68. Numerische Math. *14,* 79–218 (1969)

van Wijngaarden, A., et al.: Revised Report on the Algorithmic Language ALGOL 68. Acta Informatica *5,* 1–236 (1975). Auch Berlin-Heidelberg-New York: Springer 1976 und SIGPLAN Notices *12:* 5, 1–70 (1977)

ALGOL W

siehe Wirth, Hoare 1966

ALPHARD

siehe Wulf et al. 1976

APL

Iverson, K. E.: A Programming Language. New York: Wiley 1962

BASIC

Kemeny, J. G., Kurtz, T. E.: BASIC (User's Manual), 3rd ed. Hannover, N. H.: Dartmouth College Computation Center 1966

Kemeny, J. G., Kurtz, T. E.: BASIC Programming. New York: Wiley 1967

BCPL

Richards, M.: BCPL – a Tool for Compiler Writing and Systems Programming. Proc. AFIPS Spring Joint Computer Conference 1969, p. 557–566

Richards, M., Whitby-Stevens, C.: BCPL – the Language and its Compiler. Cambridge: Cambridge University Press 1979

BLISS

siehe Wulf et al. 1971. Außerdem:

Wulf, W. A., et al.: BLISS Reference Manual. Carnegie-Mellon University, Pittsburgh, Pa., Computer Science Department 1970

CLU

siehe Liskov et al. 1977

COBOL

COBOL: Initial Specification for a Common Business Oriented Language. U.S. Department of Defense. Washington, D.C.: U.S. Government Printing Office 1960

American National Standard COBOL. ANSI X3.23-1974. New York: American National Standards Institute 1974

CPL

Barron, D. W., Buxton, J. N., Hartley, D. F., Nixon, E., Strachey, C.: The Main Features of CPL. Computer J. *6,* 134 – 143 (1963)

EULER

Wirth, N., Weber, H.: EULER: A Generalization of ALGOL, and its Formal Definition. Commun. ACM *9,* 13 – 23, 89 – 99 (1966)

FORTRAN

Specifications for the IBM Mathematical FORmula TRANslating System, FORTRAN. New York: IBM Corporation 1954

American National Standard FORTRAN. ANSI X3.9-1966. New York: American National Standards Institute 1966 (FORTRAN IV)

American National Standard Programming Language FORTRAN. ANSI X3.9-1978. New York: American National Standards Institute 1978 (FORTRAN 77)

GEDANKEN

Reynolds, J. C.: GEDANKEN – A Simple Typeless Language Based on the Principle of Completeness and the Reference Concept. Commun. ACM *13,* 308 – 319 (1970)

IPL

Newell, A., Tonge, F.: An Introduction to Information Processing Language-V. Commun. ACM *3,* 205 – 211 (1960)

Newell, A.: Documentation of IPL-V. Commun. ACM *6,* 86 – 89 (1963)

Newell, A., et al.: Information Processing Language-V Manual, 2nd ed. Englewood Cliffs, N. J.: Prentice-Hall 1964

LISP

siehe McCarthy 1960. Außerdem:

McCarthy, J., et al.: LISP 1.5 Programmer's Manual. Cambridge, Mass.: MIT Press 1962

Berkeley, E. C., Bobrow, D. G. (eds.): The Programming Language LISP: Its Operation and Applications. Cambridge, Mass.: MIT Press 1964

LUCID

Ashcroft, E. A., Wadge, W. W.: Lucid – a Formal System for Writing and Proving Programs. University of Waterloo, Computer Science Department, Technical Report CS-75-01, 1975. Auch SIAM J. Computing *5,* 336 – 354 (1976)

Ashcroft, E. A., Wadge, W. W.: Lucid, A Nonprocedural Language with Iteration. Commun. ACM *20,* 519 – 526 (1977)

MESA

siehe Geschke et al. 1977. Außerdem:

Mitchell, J. G., Maybury, W., Sweet, R.: Mesa Language Manual, Version 5.0. Report CSL-79-3. Palo Alto, Cal.: Xerox 1979

PASCAL

Wirth, N.: The Programming Language Pascal. Acta Informatica *1,* 35 – 63 (1971)

Jensen, K., Wirth, N.: Pascal User Manual and Report, 2nd corrected reprint of the 2nd ed. Berlin-Heidelberg-New York: Springer 1978

Plankalkül

siehe Zuse 1945

PL/I

Radin, G., Rogoway, H. P.: NPL: Highlights of a New Programming Language. Commun. ACM *8,* 9 – 17 (1965)

American National Standard Programming Language PL/I. ANSI X3.53-1976. New York: American National Standards Institute 1976

SETL

Schwartz, J. T.: On Programming. An Interim Report on the SETL Project. Part I: Generalities. Part II: The SETL Language and Examples of its Use. New York University, Courant Institute of Mathematical Sciences, Computer Science Department 1975

Kennedy, K., Schwartz, J. T.: An Introduction to the Set Theoretical Language SETL. Comput. Math. Appl. *1*, 97 – 119 (1975)

SIMULA I

Dahl, O.-J., Nygaard, K.: SIMULA – an ALGOL-Based Simulation Language. Commun. ACM *9*, 671 – 678 (1966)

SIMULA 67

Dahl, O.-J., Myrhaug, B., Nygaard, K.: SIMULA 67 Common Base Language, revised ed. Norwegian Computing Centre Oslo, Publication No. S-22, 1970

SNOBOL

Farber, D. J., Griswold, R. E., Polonsky, J. P.: SNOBOL, a String Manipulation Language. J. ACM *11*, 21 – 30 (1964)

Griswold, R. E., Poage, J. F., Polonsky, J. P.: The SNOBOL 4 Programming Language, 2nd ed. Englewood Cliffs, N. J.: Prentice-Hall 1971

Quellenangaben

Die Abbildung vor Kap. 0 ist aus

K. Menninger, „Zahlwort und Ziffer", Bd. II (2. Aufl., Göttingen: Vandenhoeck & Ruprecht 1958);

die Abbildungen vor Kap. 1 und 2 sind aus

F. L. Bauer, „Andrei und das Untier" (München: Bayerischer Schulbuch-Verlag 1972),

diejenigen vor Kap. 3 und 4 sind, mit freundlicher Genehmigung, der

Süddeutschen Zeitung, München

entnommen;

die Abbildung vor Kap. 5 gibt den (nicht verwirklichten) Entwurf einer Medaillenrückseite wieder, den Leibniz einem Brief vom 2. Januar 1697 an den Herzog Rudolf August zu Braunschweig und Lüneburg beigefügt hatte. Diese Abbildung stammt aus dem Werk

C. G. Ludovici, „Ausführlicher Entwurf einer vollständigen Historie der Leibnitzischen Philosophie", Teil I (Leipzig: Löwe 1737);

die Abbildung vor Kap. 6 ist aus

H. H. Goldstine, J. v. Neumann: „Planning and Coding of Problems for an Electronic Computing Instrument", Part II, Vol. 1, 1947. In: J. v. Neumann, Collected Works, Vol. V. (Oxford: Pergamon Press 1963);

schließlich stammt die Abbildung vor Kap. 7 von

McCarthy (1960, Commun. ACM *3*).

Die Tabelle in Fußnote 18, S. 397/398, ist auszugsweise wiedergegeben mit Erlaubnis des DIN Deutsches Institut für Normung e.V. Maßgebend für das Anwenden der Norm ist deren Fassung mit dem neuesten Ausgabedatum, die bei der Beuth Verlag GmbH, Burggrafenstraße 4–10, 1000 Berlin 30, erhältlich ist.

Sach- und Namenverzeichnis

(* bedeutet einen Hinweis auf das Glossar am Ende des Buches.)

Rechenvorschriften

Grundarten

Arten

Rechenstrukturen

Abstrakte Typen

Glossar

Menge
„eine Zusammenfassung von bestimmten wohlunterschiedenen Objekten unserer Anschauung oder unseres Denkens (welche Elemente der Menge genannt werden) zu einem Ganzen" (Cantor 1895)

(zweistellige) Relation (in *M*)
eine Menge geordneter Paare von Elementen einer Menge *M*
Allgemein ist eine *n*-stellige Relation zwischen Mengen M_i, $i = 1, \ldots, n$, erklärt als eine Menge geordneter *n*-Tupel $(m_1, \ldots, m_n)$ mit $m_i \in M_i$. Eine Relation heißt homogen, wenn alle M_i gleich sind, und sonst heterogen.

Äquivalenzrelation (in *M*)
eine reflexive, transitive, symmetrische Relation in einer Menge *M*

Äquivalenzklasse
in einer Menge mit einer Äquivalenzrelation eine nichtleere Teilmenge von Elementen, die paarweise zueinander äquivalent und zu keinem Element außerhalb der Teilmenge äquivalent sind

*

Ordnung (in *M*)
eine reflexive, transitive, antisymmetrische Relation in einer Menge *M*

Striktordnung (in *M*)
eine irreflexive, transitive (also asymmetrische) Relation in einer Menge *M*

geordnete Menge $(M, \leqq)$
eine Menge *M* mit einer Ordnung $\leqq$

minimales Element (einer geordneten Menge *M*)
ein Element (der Menge *M*), dem kein anderes Element von *M* (im Sinne der Ordnung) vorausgeht

kleinstes Element (einer geordneten Menge *M*)
ein Element der Menge *M*, das jedem Element von *M* (im Sinne der Ordnung) vorausgeht
(In einer geordneten Menge hat jede Teilmenge höchstens ein kleinstes Element.)

lineare Ordnung, totale Ordnung
Ordnung, in der je zwei Elemente in Relation stehen
(In einer linear geordneten Menge ist jedes minimale Element kleinstes Element.)

Kette
linear geordnete Menge

Noethersche Ordnung („*well-founded set*")
Ordnung, in der jede nichtleere Teilmenge ein minimales Element besitzt (absteigende Kettenbedingung)
Wohlordnung
eine lineare Noethersche Ordnung
(Zu jeder nichtleeren Teilmenge gibt es genau ein minimales Element, nämlich ein kleinstes Element.)
Anfangsabschnitt
Teilmenge einer wohlgeordneten Menge M, die zu jedem ihrer Elemente auch alle kleineren Elemente von M enthält
Noethersche Induktion
für eine Noethersch strikt geordnete Menge $(M, <)$ die folgende Schlußweise:

$$\forall a \in M : (\forall b \in M, b < a : P(b) \Rightarrow P(a)) \quad \text{impliziert} \quad \forall a \in M : P(a)$$

*

Zuordnung (von A und B)
eine Menge geordneter Paare von Elementen aus A und B (Relation)
auf B eindeutige Zuordnung
eine Zuordnung von A und B, bei der kein Element von A mit verschiedenen Elementen von B in Relation steht (rechtseindeutige Relation)
auf A eindeutige Zuordnung
eine Zuordnung von A und B, bei der kein Element von B mit verschiedenen Elementen von A in Relation steht (linkseindeutige Relation)
eineindeutige Zuordnung
eine Zuordnung von A und B, die auf A und B eindeutig ist (eineindeutige, d. h. links- und rechtseindeutige Relation)
(bezüglich A) totale Zuordnung
eine Zuordnung von A und B, bei der jedes Element von A in einem Paar vorkommt (linkstotale Relation)
partielle Abbildung (von A in B)
auf B eindeutige Zuordnung von A und B (nicht notwendig total)
(totale) Abbildung (von A in B)
eine Zuordnung von A und B, die bezüglich A total und auf B eindeutig ist (linkstotale, rechtseindeutige Relation)
injektive Abbildung, Injektion
eine (partielle) Abbildung von A in B, die auch auf A eindeutig ist (eineindeutige Relation)
surjektive Abbildung, Surjektion, Abbildung von A „auf" B
eine Abbildung von A in B, die auch bezüglich B total ist (links- und rechtstotale, rechtseindeutige Relation)
bijektive Abbildung, Bijektion
eine injektive und surjektive Abbildung (eineindeutige, links- und rechtstotale Relation)
Funktion
synonym partielle Abbildung, vornehmlich in der Analysis

Operation
synonym partielle Abbildung, vornehmlich in der Algebra

Term
eine aus Operations- und Operandensymbolen aufgebaute „wohlgeformte" Zeichenreihe

*

gleichmächtig
bijektiv aufeinander abbildbar

ordnungsisomorph
unter Erhaltung der Ordnungsrelation bijektiv aufeinander abbildbar

Kardinalzahl (von M)
Äquivalenzklasse der mit einer Menge M gleichmächtigen Mengen

Ordinalzahl
Äquivalenzklasse ordnungsisomorpher wohlgeordneter Mengen

Kardinalität
Abbildung, die einer beliebigen Menge ihre Kardinalzahl zuordnet

abzählbare Menge
eine Menge, die zu der Menge der natürlichen Zahlen gleichmächtig ist

endliche Menge
eine Menge, die zu keiner echten Teilmenge gleichmächtig ist (nach Bolzano)

Zeichenvorrat
endliche Menge, deren Elemente Zeichen genannt werden

Zeichenreihe
Sequenz (Verkettung) von Zeichen eines Zeichenvorrats

Alphabet
linear geordneter Zeichenvorrat

*

gerichteter Graph (M, R)
eine Menge M (Knoten) zusammen mit einer Relation R in M (Pfeile)

(ungerichteter) Graph (M, S)
eine Menge M (Knoten) zusammen mit einer irreflexiven, symmetrischen Relation S in M (Kanten)

Baum
zyklenfreier, zusammenhängender ungerichteter Graph

Arboreszenz
zyklenfreier, zusammenhängender gerichteter Graph, der in jedem Knoten höchstens einen einlaufenden Pfeil hat

bipartiter Graph
(gerichteter oder ungerichteter) Graph, dessen Knotenmenge aus zwei Sorten von Knoten besteht, derart daß stets nur Knoten der einen Sorte mit Knoten der anderen Sorte in Relation stehen

*

Relationengebilde

eine Familie von Mengen, genannt Trägermengen, zusammen mit einem endlichen Satz von Relationen zwischen diesen Trägermengen

algebraisches Gebilde, Algebra

Relationengebilde, in dem sämtliche Relationen Operationen sind; zwei algebraische Gebilde, deren Operationen paarweise gleiche Funktionalitäten haben, heißen homolog

Homomorphismus

Abbildung $\varphi: A \to B$ eines algebraischen Gebildes A in ein homologes Gebilde B, die mit allen Paaren von Operationen f_A bzw. f_B der Gebilde „verträglich" ist, d. h.

$$\varphi(f_A(x_1, \ldots, x_n)) = f_B(\varphi(x_1), \ldots, \varphi(x_n))$$

Isomorphismus

Paar von Homomorphismen $\varphi: A \to B$ und $\psi: B \to A$ mit der Eigenschaft, daß die Anwendung sowohl von ψ nach φ als auch von φ nach ψ die identische Abbildung (von A bzw. B) ist